郭棐《粵大記》（一五九五）中的香港地圖

小但竿
但竿洲
東姜
蒲笞
香港
大潭
赤柱
鉄坑
仰船洲
黃泥埇
急水門
鯉魚門
大小官富
春花落
將軍澳
官富巡司
九龍山
尖沙嘴
淺灣
葵涌
軍營

徐承恩——著

香港

鬱躁的家邦

本土觀點的香港源流史

目錄

增修版作者序

《香港，鬱躁的家邦》在臺灣出版，距今剛逾兩載。惟香港形勢丕變，猶似換了人間。港臺兩國，同遭中華帝國覬覦，同病相憐。己亥春夏之交，特區政府欲為帝國張目，適逢有港人於臺灣鬧出命案，就巧立名目修訂引渡之法。然而明修棧道，實為暗度陳倉。強鄰以黨國凌駕法律，舉世皆知。如今之所以言修法，乃傀儡政權助黨國魔爪侵我香港之陰謀也。惡法既起，抗爭乃成，世局又日新矣。

己亥之變，起因自臺灣之命案；如今義旗既舉，又牽動臺灣之局勢。港臺為友好之邦，乃反帝之共同體也。臺灣朋友物傷其類，關心香港、聲援抗爭，吾等港人銘記於心。承蒙臺灣讀者厚愛，使拙著能得以再版，本人無言感激。如今藉再版之機會，再補充截至己亥深秋前之大事，並修正舊版之筆誤。惟盼拙著之再版，能為港臺互諒略盡綿力，助兩國謀反帝自立之大業矣。

是為序。

作者序

本書的第一版《鬱躁的城邦：香港民族源流史》於二〇一五年出版，距今不足兩年。但香港正處於歷史的轉折點，局勢轉變快若閃電，一夕之間、如隔三秋。筆者故此推出更名為《香港，鬱躁的家邦：本土觀點的香港源流史》的第三版，除了於書末加添對近兩年局勢之描述，亦著手修訂其他章節的內容。臺灣與香港，同為備受中國帝國主義欺壓的新興國族，故筆者特意到臺灣出版第三冊，讓臺港兩國讀者能從彼此的經驗中互相學習、彼此支援。

一些讀者不明白何以本書書名會有「鬱躁」，亦有些朋友以為本書為關於精神健康的科普著作。可笑的是，一些批評者未有瞭解本書的論據，就「標題黨」地指斥本書過於「灰暗」。而親中共的中央政策組顧問王卓祺教授，甚至指：「我們最近有些年輕人自殺，可能與這類書籍（提及）的想像有關。」（《明報》，二〇一六年四月廿二日）

本書之命名，與李維史陀無關，亦不是源於麥嘜的《算憂鬱亞熱帶》。本人起題之目的，是要向王育德先生的《臺灣：苦悶的歷史》致敬。該書與史明前輩的《臺灣人四百年史》同為臺灣本土史觀之起源。因著這種以本土解放為念的史觀，臺灣人才能夠在中國國民黨的威權統治下持續抗爭，到一九七〇年代末更展開令臺灣演進為自由民主國家的本土運動。如果解嚴前的臺灣是苦悶的話，那麼當今受中國殖民主義欺壓的香港，即是既憂鬱、亦躁動，故曰「鬱躁」。

本人先要向幾位朋友致謝。感謝Nicholas Tseung在百忙之中幫忙打字，而Simian Yun及克萊門特的校對亦功不可沒。筆者不是全職學者，只能於工餘時間從事研究，是以專家朋友的建言不可或缺。感謝歷史系畢業的阿晉介紹中國近代史的最新研究。張彧暋博士亦曾向本人介紹社會科學近年的國族主義研究，特別要感激他向本人推介管禮雅老師（Liah Greenfeld）的著作：她的著作開了本人的心眼。曾參與反國民教育運動及雨傘革命的張秀賢同學足智多謀，為本書之再版給予不少意見。亦要感謝出版社左岸文化黃秀如總編輯、王湘瑋同工、黃暐鵬同工的幫忙。感激吳叡人老師年來的鼓勵，上幾次到訪臺灣，他都熱情款待，就如一句老掉牙的說法：臺灣最美麗的風景就是人。亦要感謝吳老師、練乙錚先生、楊海英教授和余杰先生慷慨賜序。除此之外，還要感謝《香港民族論》編輯李啟迪先生、《雙城對倒：新加坡模式與香港未來》作者鄺健銘先生以及旅美社會學家孔誥烽副教授推薦拙著。為了撰寫本書，本人可謂夙夜匪懈、主義是從。感謝家人在這段日子的包容。

是為序。

推薦序
歷史尋找本土[1]

練乙錚
香港《蘋果日報》特約評論人

讀了史家徐承恩先生寫的香港史，有感而言。或者可從日前大陸「兩會」上人大委員長張德江的一句話談起。他說：「中央任命行政長官時，不是橡皮圖章，而是有實質任命權。」如果不細察語境，這句話沒什麼奇怪；當權派認為天經地義，反對派覺得那是共產黨一貫的專制話語。但是，張德江那句話值得玩味，其中包含兩個要害：

一、「實質任命權」是當民意背離黨意時直接由黨全權行使的，等同「反民意任命權」。不過，共產黨怕尷尬，不採用「反民意」這個詞，而用「實質」。也好，大家可更清楚看透共產黨的實質。

二、「橡皮圖章」的意思和用法，被這位黨國領導人徹底顛覆。「橡皮圖章」一般指這樣的一種決策機構：在重大議題上，機構成員的意見無份量，決定由頭到尾都由「上頭」做，成員只負責舉手通過，在文件上蓋章。這種機構到處有，中國特別多，「兩會」是典範。奇怪的是，領導人談香港選舉，竟強調自己「並非橡皮圖章」，那是什麼意思？

如果《基本法》說的那個「具充分代表性」（能反映民意？）的選委會選出一個不完全契合張德江心

1 本文最初發表於香港《蘋果日報》二〇一七年三月十五日壹週Plus，承該社慨允轉載，謹此致謝。

意的人當特首，而他竟被逼接受這個結果及背後的民意，那麼堂堂人大委員長就變成「橡皮圖章」了；因此他當然要提醒大家，他會代表中央一意孤行，行使絕對的否決權。

共產黨簡單一句話，裡頭也那麼多的「微言大義」，如果由它來寫它自己的歷史，這歷史你可相信？如果由它來寫你的歷史，這歷史你能接受？

鄭成功為例：歷史書寫面面觀

明末活躍在福建沿海一帶的海商鄭芝龍，與荷蘭殖民人合作，在東海一帶走私，作業範圍北至日本，後來接受明朝招安，改為對付荷蘭人，並在臺灣開設基地，是為漢族經營臺灣的開始。他在日本的時候，娶九州平戶女子田川氏為妻，生下鄭成功。鄭成功繼承亦商亦盜的家業，明亡之後受南明賜國姓朱，世稱「國姓爺」（荷文 Koxinga），繼續抗清，並在臺灣扎根。這個「扎根」，什麼意思呢？

臺灣當時並非荒島一個，而是大量原民生活了至少一萬年的居地。有實物證據的史前史說明，在五千年中華文明出現之前，他們就已經在那裡繁衍；現代人類學者歸類之為「南島人」（Austronesian）。和所有海洋帝國主義者一樣，鄭成功扎根臺灣，靠的是對那裡的「低等民族」大規模搶地、殺戮，種下的是四百年「原漢衝突」。

然而，殺剩的原民太少，他們沒有文字歷史，而漢人寫的歷史諱言事實；後來清帝國收復臺灣之後，延續漢人政策殖民臺灣，繼續漠視島上「化外之民」的利益，更對原漢衝突閃爍其詞。因此，在漢族的歷史論述裡，鄭成功不僅順利當上反清復明民族英雄，更是開發臺灣的最大功臣。今天北京強調的「臺灣自古以來就是我國領土」，便是鄭氏功勞。甚至，以早期漢族或漢化百越族移民的後代為主的臺灣人

（即前一段時期裡俗稱的「本省人」），竟也普遍認同這個論述。

但臺灣原民並不這樣看鄭成功。二〇一七年三月六日民進黨籍立委Kolas Yotaka（阿美族）於立法院質詢大會上發言指出，內政部每年辦理「春祭」並由部長擔任主祭，當中包含鄭成功紀念儀式，原民對此十分不解，因為當年就是鄭成功進行武裝拓墾，將原民土地任意分配給他手下文武官員，剝削程度甚於荷蘭人。因此她說：「這就好像現在在臺灣還有人拜蔣介石、陳誠，大家是什麼心情？」[2]

臺灣有關鄭成功的爭議，主要已不在於歷史事實，而在於對史實的看法和態度。換句話說，史實怎樣解讀，歷史怎樣書寫，無可避免有立場問題。

史料集和歷史：非一一對應

理想國裡，歷史是自然科學，相應一套客觀真實，只有一個準確的對真實的論述。但事實上，除了在處理個別微細史料的時候，史家通常不能絕對客觀；史料的整合程度越高，書寫便越發包含主觀意識與立場：為什麼要將史料A結合史料B而得出結論，而不是選取史料A和史料C的組合呢？當史料組合足以支持一個單一複雜歷史事件（如八九六四天安門事件）的重構之時，據此作出來的大體上客觀的論述卻往往不止一個；而所謂「大歷史」的書寫，就更難規範。

這是因為任何發生了的事情、場景和背景，加起來總是無比複雜的；史家在收集史料，並對之篩選、加權、最後試圖重構成為一個「有理故事」的時候，每一步都牽涉主觀。簡單地說，史料集和基於這個

2 柯昱安，〈「塑建蔣公銅像」規定還在　葉俊榮要廢〉，《新頭殼》，二〇一七年三月六日。

史料集而書寫出來的歷史，之間的關係並不是簡單的一一對應；從同一個史料集出發，可以「客觀地」書寫出若干套取態甚或結論都不同的歷史。何況，史家有時還會從相當不同的史料集出發書寫歷史。（注意，這還未考慮刻意歪曲或捏造歷史等不良動機和行為。）

例如，過去我們通常讀到的清朝歷史，主要是民國以來史家根據漢文史料寫成的。九十年代興起的「新清史學派」，則重視從滿、蒙文中發掘原始材料，建構出不同的或者是更大的史料集，然後進行書寫。後者自會帶有不同的視角，於是產生了所謂「邊陲作為中心」[3]的另類論述。這個學派的發軔，與上世紀六七十年代新馬克思主義者對西方近現代殖民主義時期佔了主導地位的「歐洲中心主義」思維所作的批判，無疑密不可分。

可以說，任何一套哪怕是嚴格地使用客觀史料書寫出來的歷史，也不可能是唯一合理的、絕對權威的；若有一套歷史說法定於一尊，那很可能是受惠於政治權力肆意排他的結果。這個道理，替新的歷史書寫打開了門路。

本土運動和歷史書寫

顯然，像臺灣這樣的一個多族群國家，歷史書寫包含了一個深層矛盾。要解決這個矛盾，生成一套各方都可接受的歷史，政治前提是族群平等，並且在平等的基礎上走向融合，而文化前提則是每個民族首先要寫出自己的信史。要做到這點絕對不容易；政治和文化資源的長期不平等是障礙，但更根本的是，弱勢民族必須從不識自我的沉睡中醒覺，意識到需要有自己的歷史論述。知此而後可行。

在臺灣，迄今佔主流地位的大歷史論述特別是近代史論述，還是國民黨政府一九四九年遷臺時帶過去的那一套，香港人完全熟悉，因為基本上就是特區政府在中學廢除中史必修科之前教授的、以「中原／華夏史觀」為基礎的同一套。這套論述特別是其近代史部分，經過近百年來學者的千錘百煉，學理基礎已經十分穩固，再加上政權力量在學校裡強制傳授了幾十年，已經佔據起碼兩代中國人的頭腦，根深蒂固。

不過，臺灣的本土運動源遠流長，政治民主化之後也經歷了三次政黨輪替，故有一套歷史觀念和歷史教學的壟斷地位已然鬆動。以本土史觀寫出來的歷史著作，逐漸能夠和原來的一套分庭抗禮，其中尤以左翼史家施朝暉（筆名史明）以獨立臺灣、勞苦大眾的觀點寫出來的《臺灣人四百年史》最重要。

施氏早年留學日本，於其時已經主張臺灣獨立，觀點與中共當時操控的臺灣共產黨一致；二戰期間，他到大陸領導「臺灣隊」抗日，後因不滿共產黨的獨裁傾向而分道揚鑣，重新回到日本，之後埋頭苦幹十餘年，寫成他那本今天不少臺獨人視為「聖經」的臺灣史。原民方面，筆者孤陋寡聞，還未見過定義性的原民史面世；臺灣國史館文獻館在這方面做的工作相當多，但主要還是原民史料的發掘和整理。[4]

香港人：自己歷史自己寫？

一直以來，香港的重要性都是以其對大陸的影響而言的。例如，在論述孫文革命和香港的關係、省港大罷工和中共的關係、韓戰時期香港的轉口港角色對大陸的貢獻、大陸改革開放時期對香港資本和管

3 新清史學派史家Mark C.Elliot之語：見Mark Elliott (2014). "Frontier Stories: Periphery as Center in Qing History," *Frontiers of History in China* 9(3): 336–360. doi: 10.3868/s020-003-014-0025-1。

4 見國史館臺灣文獻館，〈原住民史〉：http://www.th.gov.tw/new_index/pages/e/e_03.php 。

理經驗的依賴、八九民運裡香港人組織的「黃雀行動」如何支援中國民運等等之時，香港都只是因中國而重要。

這種香港從屬中國、邊陲從屬中土的觀念，不僅主導了建制思維，也一直是香港民主運動裡普遍的、幾乎是自明的根本立場：香港民主運動只是中國民主運動的一個組成部分。這種觀念的壟斷性很強，要到二〇一〇年以後、本土運動興起了，才慢慢給打破。

反倒是在學術圈子裡，七八十年代起便有變化。例如，耶魯大學社會人類學教授蕭鳳霞和她的研究團隊近四十年來以香港為基地做出的大量嶺南研究，特別是漢文化與嶺南非漢民族之間的複雜關係的研究，提供了豐富的史料和思考素材，有助建構以香港為主體的歷史觀。[5]史家徐承恩先生的近作《香港，鬱躁的家邦》（改寫自他在香港出版的《鬱躁的城邦》），大量利用了這些學術研究，根基扎實。

筆者與徐先生素未謀面，之前只讀過他以介紹文獻為主的《城邦舊事》，覺得很有啟發，這次再讀他的新書，一些長期覺得困擾的關於香港歷史的疑惑給解開了，因而覺得值得把書推介給更多的讀者和朋友。適值本土運動進入「休漁期」，要是大家選擇停一停，讀點書，充實一下自己，很可能是更有益的。

5 蕭鳳霞和劉志偉合寫的一篇論文〈宗族、市場、盜寇與蛋民——明以後珠江三角洲的族群與社會〉是社會人類學嶺南研究者必讀，全文見《中國社會經濟史研究》二〇〇四年第三期。

推薦序 高貴的鬱躁[1]

吳叡人—中央研究院臺灣史研究所副研究員

"To begin, begin." — William Wordsworth

一

徐承恩這部《鬱躁的城邦：香港民族源流史》的完成，終於為香港民族主義的意識形態領域填補了一塊關鍵的空白——民族史的歷史敘事，也象徵了香港民族主義思想結構的初步成形。陳雲以雄辯的《香港城邦論》[2]率先發難，引古今城邦自治傳統與華夷變態之論建構香港主體，掀起本土浪潮，抵擋強國入侵。繼之則有港大《學苑》的青年志士們在《香港民族論》[3]以社會科學之「民族」理念為香港主體命名、賦權，並以民族之名重申港人自決權利，直接挑戰香港政治想像的邊界，以及強國對「民族」

1 本文原為此書初版（香港：圓桌文化，二〇一五）所作之推薦序。

2 陳雲，《香港城邦論》（香港：天窗出版，二〇一一）。

3 二〇一三年香港大學學生會學苑編，《香港民族論》（香港：香港大學學生會出版，二〇一四）。

話語之壟斷。二〇一五年，安靜內斂的專業人士徐承恩獨力完成了一部香港人的「民族的傳記」（安德森語），為新興的香港民族認同提供了歷史縱深與情感正當性，使習於流離、不善記憶的香港人開始有了歷史意識，知道了自己過去從何處而來，未來應往何處而去，這將使他們惶惑的心獲得安頓，受傷的感情獲得療癒，使他們獲得鼓舞，有了更多的勇氣，決定要在這個美麗的城邦土地上，穩穩地，深深地生根、茁壯。短短四年之內，《城邦論》、《民族論》和《鬱躁的城邦》先後問世，說明了這波香港民族主義浪潮同時也是一場波瀾壯闊的意識與思想的革命運動。如今這三部作品勢將鼎足而三，相互對話詰問，共同創造當代香港政治本土主義的思想磁場，誘導著來日更多元、複雜乃至激進的論述的出現。

二

《鬱躁的城邦》是徐承恩二〇一四年著作《城邦舊事：十二本書看香港本土史》[4]的延伸與完成，然而他在《城邦舊事》中所勾勒出的本土史觀卻又是港大《學苑》二〇一四年二月號〈香港民族．命運自決〉特輯所提出之香港民族論的歷史根據。另一方面，《鬱躁的城邦》同時也承接，乃至吸收了學苑《香港民族論》當中進一步提出的公民民族主義論（discourse of civic nationalism）與香港準國家論。[5]這個有趣而微妙的知識系譜學一方面顯示了當代香港民族主義各種思潮之間依然活潑地彼此滲透、相互影響的密切關係，另一方面也明確指出了《鬱躁的城邦》在香港政治思想光譜上接近於民族自決論的位置。不過，徐承恩在書中同時也使用「城邦」概念來指涉香港民族的政治形式，而《鬱躁的城邦》的歷史敘事事實上也融合了「城邦」與「民族」兩種視野，因此也呈現了某種「香港民族城邦史」（history of the national city-state of Hong Kong）的特質。在這個限定的、政治的意義上，這部香港民族史應該能夠在城邦論與民族論之間，架起一道對話的橋樑。

三

本書篇幅很長，然而論證與敘事結構卻相當清晰。基本上，作者主張香港民族的起源，是位處中華帝國的國家力量（reach of the state）之邊緣或外部的東南方邊陲、底層諸族群，如漢化甚晚的廣府族群、被歧視的嶺南賤民族群（客家人），以及具有強烈無政府傾向的海洋族群（閩南人與蜑家人）。如借用印度底層研究（subaltern studies）的概念，這四個香港的先驅族群乃是當時中華帝國邊緣不折不扣的底層階級（subaltern classes）。這些位處中華帝國國家力量之邊緣或外部的底層族群長期與中華帝國關係疏離，乃至敵對，並且在中國現代民族國家形成之前，即被吸收到另一個帝國，也就是大英帝國的外圍歷史軌道之內，在「處中國之外，在中國之旁」的獨特地緣政治位置中經驗了一段獨特的族群融合與民族形成的歷史，最終在七〇年代形成了香港民族意識，但同樣也因為這個微妙的位置，造成香港民族意識因來自中國因素的不斷干擾而欠缺穩定性。作者在本書的敘事，大體環繞香港人與兩個宗主國，也就是中華帝國與英國的關係而開展。前三章敘述香港建城諸東南賤民族群與來自北方的中華帝國之疏離、抗拒與被征服收編或排除的關係，第四章到第十四章描述港英統治一百五十年過程中，一個英國準自治領的形成，以及香港社會的整合、土著化與民族意識的興起。第十五章（按：新版第十五、十六章）敘述中華

4 徐承恩，《城邦舊事：十二本書看香港本土史》（香港：紅出版，二〇一四）。

5 關於公民民族主義以及港英政府所創造之準自治領的制度性效應分析，請參照吳叡人，〈The Lilliputian Dream：關於香港民族主義的思考筆記〉，收於《香港民族論》，頁七七－九八。

帝國再度崛起陰影下香港人試圖爭取民主以掌握自身命運的失敗嘗試。第十六章（按：新版第十七、十八章）則描述九七之後中國再殖民的情境下香港青年世代民族意識的高漲與本土主義的勃興。

上述香港民族形成史的論證在結構上與臺灣人形成史的結構頗有類似之處。臺灣人的民族意識同樣是處於中華帝國國家力量較脆弱的邊緣部位或外部的諸族群，包含臺灣本島各原住民族、拒絕降清的鄭氏東寧王國部眾，以及干犯海禁渡臺的閩粵拓荒者集團在長期經歷與不同帝國中心國家力量之衝突、拉鋸、降伏、同化與抵抗過程中逐漸形成的。換言之，臺灣與香港的民族意識都是帝國邊緣或底層的族群在複數帝國的夾縫之間被壓擠塑造形成的。從中國官方民族主義的觀點而言，臺灣人和香港人因此都是身處近代中國民族國家形成過程外部的「未完成的中國人」，其異邦人性格必須加以克服與改造。所不同的是，最後統治臺灣的中華民國是一個無母國的殖民政權，而臺灣人民經由民主自決去除其殖民性格，並經由國家繼承獲得了實質獨立，但是香港人則早被強權剝奪自決與自治權利，並在九七之後在另一個宗主國下繼續承受被殖民的命運，尚未獲得獨立自主。

四

從當代民族主義理論的脈絡觀之，徐承恩的香港民族源流論——或許我們可稱之為一種「非漢族的多族群起源論」——其實與英國民族主義理論家Anthony Smith的折衷主義論頗為接近：他主張民族形成的歷史路徑固然可大分為公民—領土型（civic-territorial type）與族群—文化型（ethnic-cultural type）兩種主要類型，但不管哪一種路徑的民族形成，都必須預先存在一個具有某些雖鬆散但仍可辨識之共通性的族群原型（ethnie）作為基礎，不能憑空建構。他稱之為「民族的族群起源」（the ethnic origins of nations）。[6]在徐承恩筆下，構成香港民族原型的四大先驅族群雖然各有差異，但他們共享某些嶺南邊陲原住民族的共同特性，因此或許可以視為某種香港民族的「族群原型」吧。這個族群原型日後在港英殖民地的準國家架構與公民制度塑造下形成民族意識，因此具有很強的公民民族主義性格，但他們畢竟並非港英建政之後陸續來港的中國移民，而是早期定住與土著化的原住民。因此，或許我們可以將徐承恩在本書中描繪的香港民族源流史，視為一種修正的公民民族論。這種「非漢族的多族群起源論」的一個重大的理論與政治意涵是，它否定了陳雲華夷變態論的華夏中心主義，從而將香港民族文化的特質定位為多族群、多元主義，同時具有非漢族成分的混血文化。解構籠罩香港的漢族意識與漢文化霸權——這是《鬱躁的城邦》在思想上重要的原創性之一。

五

毫無疑問，《鬱躁的城邦》是一部由民間史家所作，具有明確政治實踐意圖和強烈本土史觀的香港通史。然而正因徐承恩不是香港學術體制內的學院史家，他才能夠如此放膽顛覆正統史學觀點，自由描摹香港民族的歷史造像。所謂學院史家們大多已在學術體制與新宗主國國家主義意識形態的雙重規訓下喪失了勇氣、想像力，以及道德熱情。對他們而言，歷史書寫早已墮落為一種知識遊戲或社會控制，然而素人書寫的《鬱躁的城邦》卻是一段與香港人民的歷史意識與集體記憶的深度對話。事實上，《鬱躁的城邦》的書寫固然是一次民間史家試圖介入政治現實的語言行動（linguistic action），但它也是一次具

6 Anthony D. Smith, *The Ethnic Origins of Nations* (Oxford: Blackwell, 1986).

有深度知識意涵的政治行動：這位民間史家在書寫過程大量閱讀、消化、吸收比較客觀公正的國內外學院史學研究成果，並將他的讀書心得先寫成《城邦舊事》這冊閱讀筆記，然後在這個基礎上將這些學院歷史知識轉化為具有原創性——儘管也是政治性——的詮釋與敘事。就此而言，本書與戰後第一代臺灣民族史經典，語言學家王育德教授飽讀史料史著而在一九六四年寫就的《台湾：苦悶するその歴史》[7]可謂前後輝映。這是一次香港公民公共史學（public history）的傑出實踐。

六

這本由香港民間史家書寫的香港民族史，帶有一種奇妙的國際性格。此處我所指的「國際性格」，並非徐承恩在先後兩本書中再三致意的西方或日本學者如Robert Antony、Carl T. Smith、John M. Carroll、Ian Scott以及濱下武志等人關於香港史或海洋史的作品，而是這本書與另一個位處帝國邊緣的國家——臺灣——的因緣。如作者自序所言，他最初因受到王育德教授《台湾：苦悶するその歴史》的啟發而起心動念書寫香港人之民族史，而他也在成書之後將本書獻給已故的王育德教授。這是本書和臺灣的第一層因緣。在撰寫香港建城到二次大戰終戰這段期間的歷史時，作者多次參照引用一本極其特殊的著作，也就是旅美臺籍史家蔡榮芳教授的《香港人之香港史》。[8]《香港人之香港史》或許是第一部明確強調「從香港人的觀點」或香港本土角度書寫的中文香港通史，然而它的作者卻是一位臺灣人。這是本書和臺灣的第二層因緣。值得注意的是，蔡榮芳寫作這部本土香港史時心中時刻念茲在茲者竟是同樣被籠罩在中國崛起陰影下的祖國臺灣。或許我們可以推測，身為臺灣人的生命體驗，使他獲得一種從邊陲與外部觀察歷史的視角，也使他對處於類似結構位置的香港人曖昧的認同更為敏感。他這部香港本土史最大的特色，就是擺脫了中國愛國史觀的虛構，細膩地捕捉到香港人「認同中國，但希望與中國保持距離」的矛盾心理與雙重認同。最終，蔡榮芳以香港歷史印證臺灣民主獨立的現況，並且宣告：

> 民族國家意識由歷史演變而成，愛國主義與國家認同，是人民自發性的意識表現，而不是任何政權所能強加於人民的身上。這是政治常識，也是客觀現實。[9]

臺灣人蔡榮芳在中國崛起的前夜為理解帝國邊緣人民認同的共同困境而書寫的香港本土史，在十五年後被映照在香港市民史家徐承恩為香港書寫的民族史之中，而啟發這部香港民族史的原點，則是上一個世代的臺灣人民間史家王育德在流亡中書寫的臺灣民族史。如此迂迴、跨越世代與空間的啟示與折射，如此動人而自然的傳承，體現的不是什麼「臺獨與港獨合流」之類低級、粗暴而反智的指控，而是處在帝國邊緣、帝國夾縫中的所有賤民階級共有的苦悶、憂傷，以及關於自由與尊嚴的狂熱的、甚至是高貴的鬱躁。

7 王育德，《台湾：苦悶するその歴史》（東京：弘文堂、1964）。
8 蔡榮芳，《香港人之香港史一八四一－一九四五》（Hong Kong: Oxford University Press, 2001）。
9 《香港人之香港史一八四一－一九四五》，頁二九五。

七

第一支箭向烈日射出了。
第一句話向風中呼喚了。
我為自己命名了。
我開始記憶了。
已經啟航了，就不會回頭了。
To begin, begin.

二〇一五・五・一九
台北草山

推薦序

猛醒啊！香港民族不能重蹈草原蒙古人的覆轍

楊海英—靜岡大學人文社會科學系教授

一

我是蒙古人，祖輩代代遊牧於長城外的中亞草原。中共政權自一九四九年成立後稱我們為「蒙古族」，並說出「蒙古族是中華民族成員之一」等謊言，彷彿我們和蒙古人民共和國（即今日蒙古國）的主人公是不同的國族。而且，這「中華民族」一詞裡還包含了一種遠至西伯利亞的政治和領土野心。

蒙古人稱中國人即漢人為Irgen kun，意為「被統治者」、「屬民」等，皆為蒙古帝國的歷史記憶在其子孫後裔頭腦中的傳承。與Irgen kun相比，民間多用Janagh一詞，源於「支那」即China。可見在蒙古人的哲學思想裡面，我們與中國人和其他國族的界限涇渭分明，不容混淆。到現在，我們依然認為中國人就是漢人；漢人以外的各個國族只是在戶籍制度上屬中國公民，在國族性質上我們永遠是蒙古人。蒙古人過去不是中國人，現在不是，將來也不會是！

身為蒙古人，我是在一九八〇年代第一次知道香港。高中時，同學家裡得到了一捲鄧麗君的音樂錄音帶。於是，我們全學年好幾個班的同學都擠在一起偷聽來自遙遠南國的「靡靡之音」。「腐敗的資本主義世界」的歌手讓草原上的青春期少年神魂顛倒，不得不重新認識中共政權的政治宣傳。「在大英帝國統治之下痛苦呻吟」、「過著牛馬不如的生活」的香港人，他們美麗的精神生活竟然和「邁步走在通往人類至善的共產主義大道上」那貧困的自己有天壤之別。因為，當時的我們，也就是中共「模範自治區」的內蒙古人民，還吃不飽肚子。這是一個飢餓少年心中的香港。

「從草原來到天安門，高舉金杯把讚歌唱」，這樣的我進入北京的大學後，見到了真正有血有肉的香港人。一九八七年我已畢業擔任教職，認識了一位到「祖國」求學的香港學子。我教他日文，同時向他表達對於「香港處在殖民地狀態下的同情」。可是「被同情」者拒絕了「好意」，他甚至不承認自己是漢人或是「中國人」。他一直堅持自己是「香港人」。似乎香港人與漢人、中國人不能劃等號，我一直覺得他的國族觀與草原蒙古人相近。

蒙古與圖博（藏）、維吾爾，雖然被稱為「少數民族」，但其作為國族的歷史悠久，根本不需要任何政治上的追認。中共在建政以後，為了表現其「開明」而大張旗鼓地進行「民族識別」工作，至今共「識別」了五十五個民族，連同「老大哥」加在一起，總共有「五十六朵花」點綴著「共和國」的花壇。從事「民族識別」工作者多為政工幹部，毫無民族學、語言學知識，以至於將不同的族群強行劃為同一「民族」。反之亦有，將同一國族分裂成兩個或數個民族。儘管中共的民族政策部分體現了「想像的共同體」，試圖以蘇聯模式解決民族問題，但其多年來的高壓政策反而激化了「兄弟們與漢族老大哥」的關係，從而出現了眾多「民族分裂集團」，不能不說是歷史的諷刺。

徐承恩先生這部《香港，鬱躁的家邦》，大膽描繪出一個新的國族概念的歷史輪廓。作者主張香港國族之淵源有三：百越傳承，西方現代文明和大陸政治遺民。處於中華帝國國家力量和地緣政治學邊緣的香港，得天獨厚地匯聚東西南北各方面文明而形成了獨特的國族。香港國族既非中國人，亦非邊陲「賤民」，而是具有天賦之自治自決權的國族。誠然，此著作之成書不乏中國大陸之政治壓力，但奔流於徐承恩先生筆下的思想洪流則是近代國族主義的另一歷史背景。此為其魄力之一也。

二

香港國族該如何避免走我們蒙古人走過的荊棘之途呢？我們雙方面對的是同一個從不守信用的流氓政治團體，即中國共產黨。

中共早在其建黨初期的一九二二年七月第二次全國代表大會上通過的「關於國際帝國主義與中國和中國共產黨的決議案」中提出：「在自由聯邦制原則上，聯合蒙古、西藏、回疆，建立中華聯邦共和國。」同年同月公布的「中國共產黨第二次全國代表大會宣言」裡高調宣布：「尊重邊疆人民的自主，促成蒙古、西藏、回疆三自治邦，再聯合成為中華聯邦共和國，才是真正民主主義的統一。」

當湖南人毛澤東帶領紅軍「北上抗日」途徑川藏地區時，曾在一九三五年五月發出「中國工農紅軍西北軍區政治部少數民族工作須知」，令其部屬：「為爭民族自決權直到脫離中國獨立建立自己的聯合會和政權。」至八月，又進一步提出：「無條件地承認他們有民族自決權，即在政治上有隨意脫離壓迫民族即漢族而獨立的自由權。」十二月二十日，毛共流亡至陝北以後，對我們家鄉公布了「中華蘇維埃中央政府對蒙古人民宣言」，稱：「內蒙古民族只有與我們共同戰鬥才能保存成吉思汗時代的光榮，避免民族的滅亡，走上民族復興的道路，而獲得如土耳其、波蘭、烏克蘭、高加索等民族一樣的獨立與自由。」[1]

1 中共中央統戰部，《民族問題文獻匯編》（北京：中共中央黨校，一九九一）。

一切華麗的語言都隨著泥腿子農民軍進城而化做泡沫，中共從來沒有給任何民族「獨立與自由」權；我們只被許諾有「區域自治權」。而在漢人即中國人擔任中共書記的各級「區域自治」政府中，各個民族從來沒有得到過半點「自治權」。這就是中共民族政策的最大特點。香港又如何呢？徐承恩先生有詳盡敘述。

三

一九六六年北京發動文化大革命以後，在一九三〇至一九四〇年代，曾為獲取民族自決權而奮鬥的蒙古人統統被中共送上了斷頭臺。官方承認有十二萬「民族分裂主義者」被致殘，卅四萬人被逮捕，兩萬九千七百人被殺。當時的蒙古人口為一百四十萬，平均每家一人被捕，五十九人裡有一人被殺。時至今日，蒙古人認為這是一場「種族大屠殺」。[2]

一九九七年香港「回歸到祖國溫暖的懷抱」時，中共曾高調宣稱要「港人治港」，「自治」乃「高度自治」。蒙古人當時羨慕地認為：還是漢人對漢人好！漢人之間可以高度自治，而我們則永遠被人宰割，被人強姦，遭人屠殺。然而，事實證明蒙古人的羨慕和香港人的天真期待都不過是一場春夢而已。徐承恩先生再三強調了這一事實。

毋庸置疑，隨著蘇聯的解體，歐亞大陸各民族得到了真正的民族自決權，而得以建立國族國家。蘇聯憲法自始至終承認民族自決權，規定各加盟共和國有退出蘇維埃聯邦的權利；與之相比，中共只是口頭禪，中國憲法根本不賦予各民族「獨立」權。有人戲稱曰：與俄羅斯結婚的各個民族可以離婚；而與中國成婚的五十五個民族無論如何遭受暴力，都無法同漢人協議「離婚」。每遭受一次劇烈「家暴」之後，暴力丈夫會加倍要求「女人」更愛「家」；「女人」也為了不再被強暴而不得不迎合。

香港國族，正處在緊要時刻。草原上的遊牧人忠告妳們：讀徐承恩先生的書，準備和中國大陸徹底「離婚」！

二〇一七年二月吉日

日本富士山下

2 楊海英，《沒有墓碑的草原》（新北：八旗文化，二〇一四）。

推薦序　陸沉未必由洪水

余杰——《一九二七：共和崩潰》作者

徐承恩之《香港，鬱躁的家邦》堪稱半部「遺民史」。秦漢時代，嶺南諸民族即奮力抗拒來自北國的殖民統治和漢化政策；元朝覆滅南宋、滿清取代明朝，中原士族紛紛南遷至此一天高皇帝遠的荒島；一九一二年，清朝覆亡於辛亥革命之時，有清遺民寧可移居英國治下的香港，也不願接受民國的統治；一九四九年，中共政權顛覆民國，更有在意識形態上絕不接受共產主義的民眾逃難至香港，形成了香港半個多世紀以來生生不息的反共傳統。

香港開埠雖不足兩百年，但香港依托的嶺南文化卻源遠流長，在語言、文字、信仰、習俗乃至飲食上都別具一格。在中國有文字記載的兩千多年歷史中，廣東（有時也包括廣西）處於獨立或半獨立狀態的時間多於被統一的時間。而香港是中國的「逃城」，無論先來後到，香港居民有點像當年英國以「不從國教者」自居、乘坐五月花號奔赴美洲新大陸的清教徒，從富庶之地到蠻荒之地「逆向移民」。清教徒是「分離主義者」(separatists)，不願與英國國教中的腐敗現象同流合汙；清教徒又自願形成另一種命運共同體——尚未登陸，他們便簽署了《五月花號公約》，組成了「公民政治體」(civil body politic)，由此在普利茅斯形成了「小小共和國」。香港人雖然沒有遠赴北美「應許之地」的「天路客」那樣的信仰傳統和歷史機遇，但從「逃離」和「重建」之角度進入香港的歷史與現實，就能順理成章地理解這座城市為何是「叛逆之城」、這個族群為何是「反抗之民」。

長期以來，香港被趾高氣揚的「北京中心主義者」視為充滿銅臭氣味的「文化沙漠」。金庸在香港寫膾炙人口的武俠小說，其價值觀卻是華夏的「天下興亡，匹夫有責」，最有趣的細節是：在道義和功夫兩個層面，平民出身的「射鵰英雄」郭靖都高於鐵蹄踏遍亞歐兩大洲的蒙古大汗。雖然中國一度亡於蒙古帝國，金庸卻在小說中以精神勝利法讓蒙古向中國低頭，如同香港武俠片中霍元甲打敗西洋和東洋武士的情節讓觀眾大呼過癮。香港的武俠小說和武俠影視「北伐」成功，我的青少年時代浸泡其中；但其內在的思想脈絡卻是大中華和大一統、民族主義與國家主義，這本身就何其弔詭。

香港主體性的建構，外在的催化劑是中國取代英國成為新宗主國之後北京政府一系列倒行逆施的野蠻政策，讓香港人產生了「去中國化」的想像與實踐。第一部建構香港主體性的著作是陳雲的《香港城邦論》，但作者只是反對「政治中國」，而癡迷於「文化中國」，如同明朝滅亡之後的朝鮮儒生，以明朝衣冠對抗滿清蠻夷，徒增笑柄。更年輕一代的徐承恩則沒有「五千年華夏文明打遍天下無敵手」的虛驕和自戀，他以嚴謹的歷史考據、廣闊的國際視野、高屋建瓴的普世價值，書寫香港的前世今生，並為香港找尋「告別中國」之後必需的「以民主、自由、公平和平等為己任的公民國族意識」。香港一直沒有一部具備香港主體性的香港史，「自己的歷史自己寫」，香港人寫香港本位的香港史，始於徐承恩。

不是鬱躁，而是覺醒

在本書的導論中，徐承恩引述歐洲宗教改革運動先驅者馬丁．路德之名言「這是我的立場，我別無選擇」來自我勉勵，並宣稱：「香港國族主義是筆者的立場，也是香港七百萬被鄰國帝國主義壓迫者之立場。我無法為了所謂的『政治正確』和『公正持平』，不以香港國族的立場寫香港的歷史故事！」此擲地有聲之言，讓人肅然起敬。

本書初版以「城邦」為書名、以「民族」為副題，正如臺灣學者吳叡人所論，《鬱躁的城邦》的歷史敘事融合了「城邦」與「民族」兩種視野，呈現了某種「香港民族城邦史」的特質，在城邦論與民族論之間架起一道對話的橋樑。而我更感興趣的是「城邦」這個詞彙和觀念如何在漢語文化中激發出創造性思維。

在東周之後的中國政治傳統中，只有「天下」而無「城邦」，只有臣民而無公民，所謂「普天之下，莫非王土；率土之濱，莫非王臣」。中國的君主「奉天承運，皇帝詔曰」，享有無限權力，卻不負任何責任；歐洲的君主則只是貴族中相對強大的那個而已，比如神聖羅馬帝國的君主由「選帝侯」選舉產生，權力首先，亦需負責。

城邦概念自近代進入中國，嚴復、梁啟超均有論述。而對後毛澤東時代中國的思想解放產生重大影響的兩個人物林昭和顧準，其思想中都具備反對中央集權的城邦論。獨立紀錄片導演胡杰拍攝了紀錄片《尋找林昭的靈魂》，將被中共虐殺的林昭從歷史的泥潭中打撈出來。林昭的父親彭國彥於一九二二年考入東南大學主修政治經濟，其畢業論文是《愛爾蘭自由邦憲法述評》。獨立學者傅國涌在臺灣國史館查找到彭國彥的檔案資料，彭國彥在國民政府任職並加入國民黨，但對國共兩黨的暴力奪權、中央集權模式並不認同。或許，在北大被打成右派、革命激情退潮之後，林昭從父親那裡發現了「愛爾蘭自由邦」那筆財富，然後尋覓到被遮蔽在鐵幕另一邊的歐洲城邦史及基督教史，並以此為顛覆毛主義的思想武器。

同樣也是右派的經濟學家顧準說過：「歷史的探索，對於立志為人類服務的人來說，從來都是服務於改革當前顯示和規劃出未來方向的。」顧準在生存困厄、資料有限的情形下，完成了《希臘城邦制度

——讀希臘史筆記》，在西方是中學教科書中常識的希臘城邦文化，在中國卻需要由普羅米修斯式的人物像盜火一樣盜來。對此，獨立學者李劼評論說：「顧準在一個全然封閉的意識形態鐵桶裡，能夠抬起思想者的頭顱，向希臘城邦的民主制度致敬並且表達其衷心嚮往，不啻叛逆，幾近先知。顧準的《希臘城邦制度》不僅以此標畫出了中國知識分子的良知，而且還藉此突破了三、四十年代中國自由主義知識分子的侷限：不再受制於歐洲的左翼思潮，而是直承古希臘史學家和思想家的自由精神。」

徐承恩是繼林昭、顧準和陳雲之後第四位倡導城邦價值的學者。這又讓我想起了四川學者冉雲飛所著的地方史著作《從歷史的偏旁進入成都》，冉雲飛將長期被當作帝國邊緣的成都形塑成另一個「中心」——當「中心」變多的時候，也就無所謂「中心」了；當成都、香港能與北京、上海、長安併肩而立的時候，中央也就支離破碎了。

一九九七年，英國國旗在雨中緩緩降下，香港跟昔日的臺灣命運相似，是「被出賣的亞細亞孤兒」；二〇一四年，香港的「佔領中環運動」（或者用徐承恩的說法「雨傘革命」）無疾而終，徐承恩用「鬱躁」這個比較悲觀的詞語形容當下香港的處境——「鬱躁」不僅指香港炎熱的亞熱帶氣候，更是指港人在獨裁中國龐大陰影下焦慮與無助的心態。吳叡人以「高貴的鬱躁」為推薦序之標題，試圖賦予這場「螞蟻對抗大象」的鬥爭多幾分亮色；我卻更為樂觀地認為，當下的香港，最佳的定語不是「鬱躁」，而是「覺醒」。香港若沉入大海，不能完全諉過於共產黨的邪惡、英國的撒手、資本家的貪婪、知識階層的怯懦以及中共安排持單程證來港的港奸之卑賤——每一個港人，都有主宰自己命運、誠實生活的權利和責任。裝睡的人是叫不醒的，而港人已然覺醒。香港不會步西藏之後塵，香港已然走上了新加坡的獨立建國之路。而且，當年的新加坡是被動地走向獨立，今天的香港則是主動地走向獨立。

真學術不在學院，而在民間

《鬱躁的城邦》是一本跨越政治學、歷史學、社會學、文化人類學等多門學科的傑作。發人深省的是，徐承恩不是學院中人，《鬱躁的城邦》也不是由學院孕育出的著作。這一事實從反面說明，學院已不再是原創思想誕生之地。

大學的僵化自二十世紀中葉以來即成為一個全球性議題。羅素．雅各比在《最後的知識分子》一書中對美國學術界作出嚴厲批判。他發現，墨守成規、因循守舊的大學教師，正在取代自由撰稿、具有波西米亞精神、大膽前衛的知識分子；而學術圈的層級制度，「對於富有想像力與冒險精神的思想家大為提防」。美國公共知識分子紐頓．艾文指出，一種「新的美國學者類型」，亦即「管理革命」的一個副產品，正到處得勢，大學的教授們「放棄了廣泛、滿足求知欲、開拓冒險，以及合乎人道的研究」。評論家懷特．米爾斯也感嘆說：「知識分子就階級、地位和自我認知來看，已經成為較為穩當的中產階級，坐辦公桌的人物，住在令人稱羨的郊區。」米爾斯呼籲說，知識分子應當成為社會的道德良知，堅守「真理政治」。

今天，要成為知識分子，必須要擁有一個學校的地址，沒有的話就要被阻擋在外。如果身處名校，教授們刻意使用印有大學徽章的信箋，似乎這能帶來無上光榮。研究知識分子問題的學者理察．霍夫斯塔特指出：「知識分子被大學所吸收，意謂著他們不僅喪失了傳統固有的反叛風骨，而且就某種程度來說，他們也已停止發揮知識分子的功能了。」雖然美國的大學持續鼓勵出版發表，但主要是為了學校的榮譽，而它們獎賞凡庸的頻率高於鼓勵卓越，並且對持有異議的教職員施加壓力，以迫使他們乖乖就範。

香港的大學更是如此。香港「回歸」中國以來，媒體的新聞自由和大學的學術自由急劇下滑。二〇一七年初，總部位於華盛頓的「自由之家」組織給香港的自由指數綜合評分為六十一分，較上一年下降兩分，自由度評級為「部分自由」。在從一分到七分的政治權利和公民自由方面，香港的得分是五分和兩分。「自由之家」預測說，香港的自由度還將在未來繼續下降。這個組織認為，香港自由度下降主要是由於北京對這個特別行政區的干預，表現在香港五位書商「被失蹤」、北京單方面解釋香港基本法等事件上。

共產黨百般滲透、操控香港學界，作為香港高等教育旗艦的香港大學首當其衝。傾向民主的法學家陳文敏，其港大副校長任命受阻，發起佔領中環運動的法學教授戴耀廷受打壓，港大校長馬斐森未完成任期即辭職……寒蟬效應不斷擴大，大學師生道路以目。香港大學教師的待遇在全球首屈一指，誰願意因說真話失去教職呢？吳叡人感嘆說：「所謂的學院史家大多已在學術體制和新宗主國國家主義意識形態的雙重規訓下喪失了勇氣、想像力，以及道德熱情。」孔誥烽也對當前香港人文社會科學領域的狀況有如是評論：「今天香港主流人文社科學界中人，有的忙於應付在西方期刊發表著述的壓力，因而不由自主地沾染西方學界無視香港存在之偏見；有的在北京的政治正確史觀之下誠惶誠恐，不敢還原香港主體歷史的原貌；有的被舊民主派的大中國偏執長期禁錮，而本能地將香港主體置放在從屬於中國主體的低等位階；有的心智和時間，長期被各種以中國學生為對象、以盈利為根本的自資課程蠶食。」

處廟堂之高，則只能生產御用之學問；處江湖之遠，方有自由之思想。在西方的知識傳統中，很多一流知識分子自覺地身處學院之外，如塑造了現代美國精神的愛默生，以及自稱「咖啡館文人」的班雅明。在近代以來中國的知識譜系中也是如此：從章太炎以下，直到當下的華語文化圈中，李劼、毛喻原、何清漣、冉雲飛、余世存、王怡等人，無不是自我放逐之後，方獲得心靈的自由。徐承恩亦可歸入此一「自由學人序列」，願他永遠保有自由之身和自由之魂。

文章存佚關興廢，懷古傷今涕泗漣

在如今五毛猖獗、文革氛圍濃郁、越境綁架案頻發、中共特務和香港黑幫與警察稱兄道弟的香港，寫作《鬱躁的城邦》這樣的著作，不僅需要「史識」，更需要「史膽」。富庶的香港最缺乏的就是勇氣和良知。徐承恩在沒有學術基金資助的情形下自行撰寫《鬱躁的城邦》，讓我想起了以宋遺民自居的鄭思肖發奮著《心史》、以民國遺民自居的陳寅恪發奮著《柳如是別傳》的往事。

南宋詩人、畫家鄭思肖曾獻策抵抗元人南侵軍隊，未被朝廷採納。宋亡，隱居吳中，發奮著述。坐臥必向南，自號「所南」。鄭思肖專工畫蘭，特徵為花和葉蕭疏，畫蘭不畫土地和根，寓意宋朝淪亡。他將一生著作的精華彙編成《心史》，裝入鐵匣，沉入井中。明末崇禎年間，蘇州久旱，抗旱者在古井裡發現一具鐵函，裡面藏有《心史》一部。此時，明朝的統治風雨飄搖，局勢宛如南宋末年。人們爭相傳抄、刊刻此書。

《心史》刊刻之後，一度遭到清廷查禁。《心史》中「陸沉未必由洪水，誰為神州理舊疆」的詩句，為呂留良的再傳弟子沈在寬所引用，卻為其引來殺身滅族之禍。雍正皇帝親自撰寫公布沈在寬罪狀的諭旨，抓住「陸沉未必由洪水」這句話作文章。「神州陸沉」比喻國土淪陷，不言自明；沈氏以此將滿清諭為洪水猛獸，乃是舊典新用。

國共易幟之後，留在嶺南、拒不北上的史學大師陳寅恪，以對鄭思肖的推崇來曲折地表達其心志。陳寅恪在《柳如是別傳》中寫道：「所南心史，固非吳井之藏；孫盛陽秋，同是遼東舊本。」並又賦詩曰：「孫盛陽秋海外傳，所南心史井中全。文章存佚關興廢，懷古傷今涕泗漣。」據《晉書．孫盛傳》，孫氏所撰「《晉陽秋》詞直而理正，咸稱良史」，其中如實記載權臣桓溫枋頭之戰失利事，桓溫要求刪改，並威脅「若此史遂行，自是闢君門戶事。」孫盛諸子要父親為全家百口計改動原作，孫盛不從，但「諸子遂爾改之」，孫盛就寫了兩定本寄往遼東以存其真。

陳寅恪的心情，偏偏被未曾與之謀面的後輩學人余英時觸摸到。一九五八年秋天，年輕的余英時在哈佛大學偶然讀到陳寅恪《論再生緣》的油印稿本，引起精神上極大的震盪。陳寅恪對「自由之思想，獨立之人格」的捍衛，影響了余英時的人生與學術之路。多年之後，余英時旅居香港，出任香港中文大學副校長、新亞書院院長，在香港的文化和學術史上留下重要一筆。徐承恩在書中引用了余英時當時反思中國中央集權政治模式的一段話：「被認為是天經地義的中國的政治大一統，無形中也淹沒了很多東西。很早的統一，書同文，車同軌，人們歌頌秦始皇的功業，把很多地方文化、地方特性都埋沒了。」余英時的思想超越了新儒家諸大師，這段話宛如是對當下的香港人所說。

從鄭所南到陳寅恪，從余英時到徐承恩，不同時代的歷史學者，以人生為學術，以歷史為戰場，正應了史學大師貝克的一句話：「每個人都是他自己的歷史學家。」香港本土運動和本土意識仍在不斷深化與提升之中。在此意義上，《香港，鬱躁的家邦》是一本尚未完成的書，精彩的續集，有待每一名熱愛香港和熱愛自由的港人來書寫。我這個不能踏上香港土地的天涯旅人，在遙遠的他鄉等待著閱讀更為精彩的篇章，那就是《香港獨立史》。

關於本書用語

中國國族主義，在一八九五年日清戰爭後才成為席捲全國的風潮。在此之前，「中國」兩個字所指涉的，可以是「中間那堆文明國家」、「中原列國中間那個國家」、「世界中心的那個國家」、「本王國」或是「本帝國」。我們不能假設在當今中國領土的古帝國，是延續而無歷史斷層的國度（關於「中國」此概念之演變，參：羅志田，一九九六；葛兆光，二〇〇一）。是以本書會盡量直呼這些帝國的名字，比如是「清帝國」、「明帝國」和「宋帝國」等。

在描述長時段的歷史時，為方便閱讀，本書會泛稱那一系列的帝國為「東亞大陸帝國」，簡稱「大陸帝國」、「大陸」或「帝國」。

在翻譯外國人的講法時，以往China一般可稱為「支那」。但這兩個字會於中日戰爭時遭濫用，為免勾起部分讀者的慘痛回憶，本書將一八九五年以前的China一律翻譯為「震旦」。這兩個字的字源，很可能是梵文的「支那斯坦」（Cinasthana）。

Nation、nationalism、ethnic group以及race這幾個含意不同的詞語，在漢文往往含混不清。事緣日本在明治中期ethnic nationalism興起，一些翻譯家就故意把nation與ethnic group同樣翻譯為「民族」。而後來中國的ethnic nationalist到日本求學，也照用不誤（王柯，二〇一五）。為免引起混淆，除引文外，本書會稱nation為「國族」，nationalism為「國族主義」，nation state為「國族國家」，ethnic group為「族群」或「民族」，race則會稱之為「種族」。

導論：書寫香港人的歷史故事

沒有歷史的國族，就沒有未來。偏偏市面上的香港通史，大部分都不是由香港人書寫的。本人冒昧撰寫此書，為的是要抗衡香港人缺席之主流史觀，並確立香港國族的歷史地位。

在英治時代，殖民史觀的著述將開埠前的香港描述為荒島，藉此說明香港之建設全是英國人的功勞。這或許是香港這片領域的歷史，卻不是香港人之歷史：開埠之前，參與創建香港的先民，就已經在香港一帶地區活動。而在主權移交前後，劉蜀永等中國歷史學者撰寫了一批大中華史觀的香港史。這些歷史大多僅將香港視為中國的延伸，為的是要替中國帝國主義為虎作倀，肯定中國侵奪香港之合理性。一些大中華論述，甚至會歌頌中共的專權黨國體系。劉蜀永本人就承認他撰寫的所謂香港史，是為中國國族主義服務，是要否定香港人應得的自決分離權（王菡，二〇一六）。香港人在其筆下，只是被動配合中國國族主義而面目模糊的一群，其獨特而有別於中國的身分文化則被故意忽視（王宏志，二〇〇〇）。由於中國資本的公司長期壟斷香港出版市場，這些黨國史觀的史書縱然不合香港人口味，亦能夠長期霸佔香港大書局的書架。

縱然市面上仍有其他尊重本土觀點的香港通史，卻多是英文學術著作，未能接觸到普羅讀者。能夠負擔翻譯開支的，又多是財雄勢大的中資出版社。高馬可（John M. Carroll）的《香港簡史》於二〇一三年推出的中譯本，由中資出版社中華書局出版。《信報》記者隨後發現中譯本竄改了部分敏感內容（《信報》，二〇一三年七月十九日）。出版社於東窗事發後即收回刪節版，重新推出未經刪節的版本。在種種限制下，欲求探索香港史之讀者，往往只能從這些不放香港人在眼內的史書入手。

而大中華意識形態以至是黨國主義，亦會於歷史課中暗度陳倉，令情況雪上加霜。雖然目前的課綱未有明確規定，但教科書往往對近代史避重就輕，避免對中國政府有太尖銳的批評。比如中國歷史科教科書對一九八九年的六四慘案的描述，篇幅不會太多，細節欠奉，又會用中性字眼淡化中國軍隊屠殺平民的暴行。一些教科書則會把重心放在一九九〇年代的經濟發展，並強調鄧小平能克服種種挑戰，從而推動中國現代化（黃偉國，二〇一〇）。香港教育局於二〇一六年九月至十月就初中中國歷史科課程作公共諮詢，適逢本土派立法會議員的宣誓鬧出滿城風雨（參後記），包括丁新豹、趙雨樂、李金強、周子峯、劉智鵬、林啟彥、卜永堅、區志堅、馬冠堯、羅永生（樹仁大學歷史學系教員，不是嶺南大學文化研究系副教授）在內的親中媚共史家，亦趁機向教育當局勸進。他們在十月十八日的一封公開信，主張從「中小學的歷史科目入手」，糾正「年青人錯誤歷史觀念」，並把中國歷史科變作中學「必修的國史科」。言下之意，就是要把學校的歷史教育轉化為灌輸中國國族意識的洗腦教育，強迫學生歡迎中國對香港的帝國主義擴張。這些曲學阿世的所謂歷史學家，千方百計摧毀香港人獨特的身分認同。

筆者撰寫此書，就是要抵抗中國侵略者消滅香港的圖謀，以香港人的立場、透過香港人的視野述說香港自身的歷史故事。本書開宗明義，正是要探索香港國族之源流史。而香港國族有三大歷史淵源：百越傳承、西方現代文明與大陸遺民。

一、百越傳承：香港本為百越之地，其民亦為百越之後人。雖然嶺南於十五世紀起漢化，但百越文化仍存在於漢文化的包裝之下。嶺南諸民族的語言、習俗以至是飲食均明顯有異於五嶺以北的東亞大陸。這種獨特之嶺南文化，使香港一直有異於由北方漢人主導的帝國。

二、**西方現代文明**：香港位處南中國海海岸，鄰近國際貿易大埠廣州，令世居香港一帶的邊緣族群很早就受到西方文化薰陶。他們接受西方教育、有的選擇皈依西方的基督宗教、並於香港這座由西方人管治的領域發展事業。這群西化華人是第一批視香港為家邦的香港人。他們渴求來自西方的現代文明，尤其是西方先進的科技和物質文明。雖然香港人在文化上未有全盤西化，但其公民文化卻受到英國政治文化的啟蒙（Hampton 2015）。源自西方的自由、民主、法治等普世價值，於主權移交前已成為香港核心價值不可或缺的一部分。

三、**大陸遺民**：東亞大陸的政治自十九世紀末，連續發生多場翻天覆地的巨變。自國民黨北伐到一九四九年中共統治，中國經歷了專制體系由上而下的社會改造和國族建構，本質上已變成與前代斷裂的陌生國度。香港在中國之外、處中國之旁，卻未有參與近代中國血腥暴力的國族建構。大批因政局不變而流亡的前朝遺民，亦因而選擇定居香港。這些滿清遺民、民國遺民將中國的精緻文化引進香港。大批南來避秦的難民到香港尋求自由與幸福，並在隨後的社會發展中初嚐尊嚴的滋味，使他們逐漸把香港視為自己的家邦。

在本書的頭三章，會討論史前到開埠前夕香港一帶之歷史。雖然嶺南自漢武帝年間就遭漢帝國吞併，但其原住民一直抗拒漢化。直到十五世紀珠江口大規模填海造陸，原住民為參與圈地競賽，才杜撰譜牒並按《朱子家禮》祭祖，將自己裝扮為漢人。於圈地競賽勝出的大宗族自命為源於中原的華夏正統，將其與中原迥異的獨特文化披上漢文化之偽裝。而於競賽中落敗的原住民，則成為被邊緣化的海洋族群。他們生活艱苦，有的為謀生而參與地下活動。但正因他們位於東亞帝國體系的邊緣，當西方人來到東亞水域，海洋族群就成為第一批受西方文明洗禮的華人。中國帝國主義者常以「血濃於水」為理由，強稱香港人為中國人。先不論這種建基於血緣的論述乃不折不扣的種族主義，我們若瞭解香港開埠前的嶺南史，就可以肯定「血濃於水」的講法並無事實根據。

在第四、五章，則會討論到西方人在香港一帶與華人之互動。有的西方人收養了華人情婦，並誕下混血兒。這些混血兒雖受華洋雙方歧視，但他們天生又是華洋之間的橋樑，當清帝國逐漸向西方開放，這群混血兒亦能發展其事業。有更多的華人接受西方的基督教或世俗教育，因而拓闊眼界，對西方的現代化進程感到興趣，成為了精神上之混血兒。香港這座由英國人管治的城邦，亦順理成章地成為這些肉體及精神上之混血兒安居樂業之所。香港縱然承傳了部分華夏正統文化，那卻不是香港文化根源的全部。香港人是在既有百越文化的根基上，選擇性吸收東亞文明和西方文明的精華，並在香港這個在大陸之外、處大陸之旁的特殊領域追尋現代化。在這個特定空間建立的現代文明，就是香港特有的文化。

在隨後兩章，我們會看到香港之穩定發展，並非全是英國人的功勞。逃避戰亂的大陸移民將結社自治的傳統引入香港，才使香港於一八六〇年代起擺脫無法管治之困局。在第八章，我們會看到華人精英在十九世紀末，便已經有把香港視為家鄉的本土意識。在之後兩章的討論，可見到這群精英成功抵抗中國國族主義的進逼，並與香港政府結為政治夥伴。雖然這時香港本土認同主要是精英階層的身分認同，但正如安德森（Benedict Anderson）在《想像的共同體》中指出，精英階層之身分認同可透過教育及傳媒的潛移默化，演化為普羅階層的國族主義。世界上大部分的國族主義運動，都是如此誕生（Anderson 1982）。

一八九〇年的日清戰爭打破幾千年的東亞帝國秩序，清帝國的知識階層也只得思索如何把東亞大陸的文明體系，裝扮為國族國家的模樣。在第九、第十章，我們可看到席捲東亞大陸的中國國族主義，無可避免會對香港社會造成衝擊。部分主張地方分權的中國國族主義論述，吸引著遊走粵港兩地的香港精英，使他們憧憬能參與包括香港和廣東的粵語區的地方自治。只是在五四運動後，鼓吹先鋒黨以中央集權領導無知大眾的國族論述，逐漸成為中國的主流。這種信奉黨國威權的國族主義思想，在國民黨北伐後得國家暴力之助，成為中國獨一的正統。不論是國民黨還是共產黨，都主張由黨國主導國族建構、都主張以中央集權壓制地方。這種專橫獨裁的黨國主義基本上與香港絕緣。之後來到的中國移民，也是因為香港置身於中國國族建構的過程之外，才會選擇到香港避秦。亦因如此，縱然香港是個移民社會，但由於來香港的中國移民大部分都是逃避中國國族建構的難民，香港人的國族身分也必然有異於東亞大陸的中國人。

在十一章，則會探討香港於一九二〇年代末如何開始發展為現代化的工業社會。這個進程卻因日本的侵略而暫時中斷。在隨後三章，我們會看到香港如何於戰後延續這工業化的過程。中國於一九四九年赤化後，港中邊界相對封閉，困在香港的新一代就將香港視為家鄉。他們受南來文人大中華文化主義影響，察覺到香港與共產中國之差異，卻又在感情上未能完全丟下中國。不論如何，他們仍是充滿糾結地投入香港社會之發展。在這個大環境下，香港本土潮流文化逐漸興起，普羅大眾亦意識到自己是有異於東亞大陸各族群的獨特群體，香港人因而成為「自在的國族」(nation in itself)。

此時香港在深圳河以南一千多平方公里的土地，與東亞大陸有著明確而相對區隔的地理疆界。管治香港的政府，雖然為殖民地政權，卻仍能對香港實行有效而自主的統治。香港人亦普遍視香港為家，並開始視中國為他邦異域，並肯定香港是個有異於中國的獨特領域。香港人有著共同的文化，他們承傳著在中國日漸變質的嶺南文化、亦有一套完全屬於香港的潮流文化。縱然香港仍實行忽略民眾主體性的殖民地制度，而香港人亦殘存著大中華的迷思，但香港此時肯定已不只是一個大城市，而是一個事實上的國家。可惜的是，香港的政制卻因種種陰差陽錯未能展開民主化，美其名為「諮詢式民主」的殖民地仁慈專政亦迴避香港主體之建立，令香港人未能成為百分百的香港公民。在大國政治的陰影下，香港人沒有機會為國族的共同命運發聲，未能建立一個完全屬於自己的獨立國家。

當英國正逐步把香港去殖民化，他們卻未能於談判桌上抵擋中共侵略香港之野心，令香港人須要面對中國威權主義的二次殖民。在最後四章，我們可看到香港人如何建立公民意識，團結抵抗中國之侵佔。雖然過程充滿挫折，但年輕一代已明確地要告別中國，並於雨傘革命時出現以爭取民主、自由、公平和平等為己任的公民國族意識（civic nationalism）。他們渴求命運自主，要把香港從「自在的國族」提升為「自為的國族」（nation for itself）。而在本書的後記，則會簡述雨傘革命落幕後香港局勢的發展。

本書無意要「公正持平」地回復歷史的原貌：那大概也是個不可能的任務（Carr 1964）。本書會引用一些嚴謹的歷史研究，但不論是本書還是先賢的研究，都沒可能做到完全的中立。而歷史，又往往為掌權者書寫。在香港的處境，歌頌中國帝國主義的歷史書寫實在太多，西方既有的香港史論述亦未能避免東方主義的迷思，令香港人的立場往往被有意無意地忽視。面對不對等的權力，具社會關懷的歷史書寫就不是要追求中立，而是要奮力為歷史中無法自我言說的弱勢者仗義執言。惟有完全站在無權勢的一邊，歷史的真相才有可能於正邪的辯證中逐漸浮現。

亦因如此，此書並不中立持平，甚至會被既得利益者斥為偏激。但是本人就是要為備受強權欺壓的香港人作辯護士，為屢遭打壓的香港國族說該說的話。傳聞馬丁路德（Martin Luther）曾於沃木斯帝國會議（Diet of Worms）如此陳情：「這是我的立場，我別無他選！（Hier stehe ich, ich kann nicht anders!）」

香港國族主義是筆者的立場，也是被鄰國帝國主義壓迫的七百萬同胞之立場。我無法為了所謂的「政治正確」和「公正持平」，不以香港國族的立場寫香港的歷史故事！

這書無法涵蓋香港歷年發生過的所有大事，而就如大部分通史著作那樣，本書亦多引用二、三手資料。本書討論的焦點，亦集中在以華人為主的主流社會。然而香港國族的成員，顯然有不少來自五湖四海的非華人：香港是個國際化的商埠，幾乎世界各國都有人來香港尋找機會，他們當中有不少都視香港為家，自覺與這座城邦的華洋居民分享著共同的命運（丁新豹、盧淑櫻，二〇一四）。本書不多論及少數族裔，純粹是因為筆者不熟悉相關研究。

倘若讀者想深入探索，或是要做學術研究，請依照書中所引用的參考書目，自行於學海翱翔。那是筆者最用心準備的章節，本人亦希望讀者能多鑽研、引用先賢的著作，不要浪費他們研究的心血。身為香港人、讀書人，在此亂世中有種責任，都要盡一己之力書寫自己之歷史。就如歷史學大師貝克（Carl L. Becker）所言：每個人都是他自己的歷史學家（Everyman his own historian）（Becker 1932）。

第一部

談舊憶往：開埠前後的歷史、地理和人物

The opium ships at Lintin, China, 1824, by William John Huggins
圖中的內伶仃島與香港西北只有一水之隔。
在十九世紀初，香港及其鄰近水域是西方走私商與海洋族群交易的場所。

第一章 細說從頭：嶺南諸族源流考

要講述香港的歷史，該從哪時開始說起？當香港仍是英國屬土，那時的主流論述，稱香港史始於一八四一年開埠。在此之前，香港不過乃不顯眼的荒島。無可置疑，若非英國人決定於香港建設據點，我們熟悉的香港根本不可能存在。但是在稍後的章節中我們會提到，英國之所以選擇香港，正是因為香港不只是一座荒島。英國在清中葉的對華貿易，甚為依靠居於南中國海海岸的海洋族群之幫助，而香港正是英人與海洋族群打交道的地方。一八四一年固然是重要時刻，但在此之後的歷史，並非與之前的事完全割裂。

另一種講法，是將新界大宗族的歷史，視為香港史的開端：這些宗族的祖先在宋帝國時期南遷香港，開展香港歷史。這種講法有兩個問題。首先，開埠前後參與創建香港的，是沿海的海洋族群以及隨後遷入香港的各方移民，而不是新界農耕的宗族。即使新界於一八九八年成為英國租界，香港政府仍然將九龍山脈以北的地段分開管治。新界與香港市區之間雖有貿易往來，但大體上卻是兩個平行的社會。直到一九六〇年代開拓新市鎮，香港市區民眾遷居新界，新界宗族又因擁有土地而成為新興權貴，新界大宗族所在地方，才算是融入為香港一部分（Hayes 2006）。除此以外，這些宗族南遷的事跡，其實只是族人對歷史的詮釋。據歷史學家及人類學的研究，這些南遷故事只是基於實際需要而由先人杜撰，宗族的祖先很大可能是嶺南本地人（Faure 2007）。這樣的話，將新界宗族南遷史當作香港史前編，算是弄錯焦點了。

那麼，香港史當由什麼時候說起呢？也許，就從香港開始有人時說起比較穩當。但講到香港最早的一批人，我們需要認識香港鄰近地區的地理，因為先民的遷徙，乃取決於一方之地理。

香港鄰近地區之地理

香港位於嶺南，與華中、華東之間有山脈相隔。廣東北部與湖南之間，隔著五嶺山脈，廣東東部與江西、福建隔著武夷山脈。嶺南多丘陵，缺乏方便耕作的平地。平地大部分處於珠江水系江河的沿岸，此外廣東東部潮汕地區的韓江流域亦見。

珠江水系主要分西江、北江與東江，均為先民交通之要道，如今位於香港西北方的珠江三角洲，原為一個海灣，海岸線位於廣州附近。今日珠三角的土地，一大部分要到十五世紀才形成。珠江最初入海的位置，位於今日廣州西南，上溯至三水，則分為西江與北江。三水之名，乃源於其處於西江、北江、珠江三水匯聚之地。西江為較大的支流，向上走就是廣西，灕江則是於梧州匯入西江，上溯可到桂林。秦代桂林附近修築了靈渠，可通長江水系的湘江。是以廣西是嶺南最早接觸漢族文化的地方。

三水沿北江向上走，可以走到韶關，湞水在此匯入北江。湞水上游為南雄，那處有個叫珠璣巷的山谷，旁邊有大庾山脈的岔口，岔口北邊是江西大余縣，旁邊是長江水系的贛江。唐玄宗在位時，張九齡於此岔口開闢梅嶺古道。古人於大余上岸後，走十餘公里，可到湞水繼續搭船。此路線在唐帝國是嶺南與江南之間的捷徑，是以廣東北部亦為較早漢化之地。

西江、北江流域多沖積平原，便利農耕，其住民亦較早接觸漢文化。明帝國初期，這些農耕過活的先民發展為廣府族群。明中葉起，廣府人於廣州以南海灣大規模引沙造地，形成今日的珠江三角洲，是以珠三角亦為廣府族群主要聚居地。珠三角西南的潭江流域，相對隔絕，但在西江的先民亦可經江門遷移過去。清帝國於此處設四縣，故名四邑，遷居四邑的廣府人形成四邑族群。

珠三角形成前，東江原為一條於東莞獨立入海的河流，上游為粵東丘陵，是原住民畲族世居之地。畲人與歷代南遷少數漢人混合，漸漸採用漢文化，明帝國中葉在廣東、福建、江西三省交界處形成客家族群（Leong 1997；湯錦台，二〇一〇）。山地不易居，令客家人四出遷徙。他們或沿東江西行，或是到延續至香港東北的粵東丘陵找尋無主可耕地。他們到達珠三角，因較廣府人遲出現，故被稱為客家人。清順治年間沿海遷界，到康熙復界，大批客家人走進珠三角、四邑以及臺灣尋找機會。他們常為爭奪資源，與廣府人械鬥。客家與廣府間族群矛盾於清末影響太平天國的發展。

客家人經東江畔的惠州，經粵東丘陵最西端的深圳龍崗，再遷入新界，多居於未有廣府族群的山村。部分客家人則遷到牛池灣、筲箕灣，以採石為生。香港開埠所需的石材，亦多出自客家人之手。雖然客家族群一直在陸地生活，但他們習慣流徙。是以當他們於沿海遇上輪船，亦勇於登船到南洋闖天下。婆羅洲的蘭芳共和國，就是由客家人羅芳伯所創建。

福建至廣西的海岸線，多為山連水的海灣，珠三角成形後，成為縱橫交錯的水道。這地理環境有利海洋族群的生活，他們以舟為居，或於岸邊搭建棚屋，靠捕魚或海洋貿易為生。廣東沿岸的海洋族群為蜑家族群，他們有傳是拒絕漢化的原居民（羅香林，一九五五）。不過，蜑家族群與廣府族群之間的邊界一直比較模糊，雖然蜑家的社會地位一直較低，但要到明清之交，蜑民才完全斷絕於廣府人的上向流動機會之外。我們之後會再詳論蜑民與廣府人之族群發展史。

福建南部沿海，住著叫閩南族群的海洋族群。他們為福建南部原住民與南渡漢人之後，因福建缺乏農地，便下海尋求機會（湯錦台，二〇一三）。他們沿海遷徙，於韓江流域定居的為潮汕人，亦有於海豐、陸豐定居成汕尾人，有的還繼續走到澳門、雷州半島和海南島。不少閩南人走到南洋諸國，構成當地華僑主體。明末閩南人東遷臺灣、澎湖，使閩南、客家及原住民成為臺灣本土三大族群。公元七世紀起，閩南人多從事海洋貿易，香港亦成為他們的據點之一。閩南、蜑家等海洋族群，與陸上其他族群有文化差異，亦遭到陸上人排擠，甚至被貶為賤民。英人於香港開埠，對海洋族群來說其實是機遇，而非被外人侵略和欺壓。

香港正好處於各族群勢力範圍的交界。香港西北為珠三角，西邊對岸為澳門、四邑。這些地方連同新界西、新界北的平原，都是廣府族群之居地。香港東北連著粵東丘陵，此地與九龍、新界的山區都是客家族群聚居地。香港東北沿岸，即閩南族群聚居的汕尾，他們會搭船到香港一帶經商。長洲住著一批閩南移民，他們於乾隆年間參建祭祀北帝（玄天上帝）的玉虛宮（Hayes 2012），為香港僅存的閩南嶺南混合式廟宇。蜑家族群則散居香港這個避風海灣。香港，似乎一開始就註定要成為多族共和之地（圖1.1、1.2）。

先民遷居嶺南史

目前人類物種為現代智人（*Homo Sapiens*），約於二十萬年前出現在非洲。十一萬年至一萬二千年前，正值最後冰期（last glacial period），非洲糧食不足，令人類須逃出非洲覓食，造成大量人口遷移。到大約三萬三千年前，有兩批人進入東亞。一批沿海走到東亞，卻被後來者逼遷，最終去到漠北，部分經由當時仍為陸地的白令海峽走到北美洲。另一批則經緬甸、雲南走到東亞，他們有一支走去了日本，另一支去了雲南、西藏和印度東北。

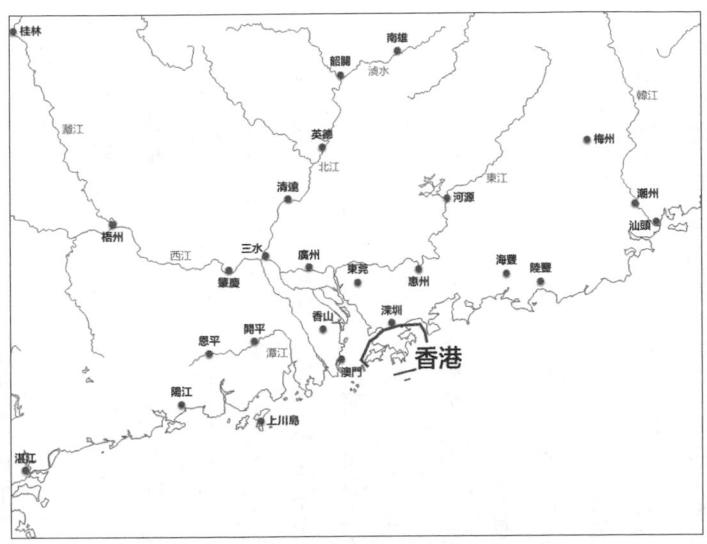

圖 1.1 ——香港鄰近地區之地理形勢

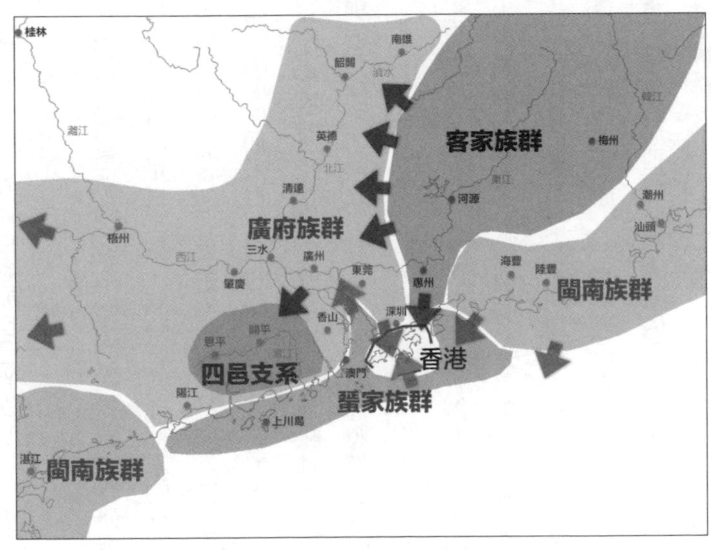

圖 1.2 ——香港鄰近地區的族群分佈

到三萬三千年至一萬九千年前，有另一批人經緬甸進入東亞（Yan et al. 2013）。其中一支沿長江而下，將黃河、長江的舊東亞人趕上漠北，這一支就是漢族的祖先。另一支則沿西江走到嶺南，形成百越族（陸艷等，二〇一一）。百越族與漢族很早就互相貿易往來，但一直各自發展自己的文明，政治上互不隸屬。

縱然漢族的文化確是比百越族先進，但兩者的文化交流並非是單向的。近年的植物遺傳學研究顯示，人工培植的稻米品種最先於廣西西江流域出現。百越族很可能是世上第一個學會栽種稻米的族群，是百越族將種稻技術傳授予長江流域的漢人，以至是東南亞及南亞各地以米飯為主食的民族（Huang et al. 2012）。在一萬四千年前的新石器時代，廣東北部已經出現以稻米為主食的農耕社會（廣東省珠江文化研究會，二〇一三）。而在四千年前，當中原由傳說中的夏國稱霸時，嶺南沿海亦已出現農耕社會。這時候住在南丫島深灣的先民，以農耕捕魚為生，亦有餘糧飼養牲畜。除此之外，他們亦掌握製作陶瓷的技術（香港博物館，一九七八）。

周帝國稱霸中原之時，亦即公元前十一至八世紀，百越族人已經從長江流域進口青銅器。之後的春秋時代，廣東、廣西皆已有部族自行鑄造青銅器，代表百越族正式進入青銅器時代（張榮芳、黃淼章，一九九五）。他們製作的青銅器，大多仿製中原流行款式，但百越族的銅鼓卻是嶺南特色。各部族大多會在部落中間放置銅鼓，當遇上危急情況，負責看更的就會敲打銅鼓召集族人。據《呂氏春秋》記載，公元前五至三世紀的戰國時代，嶺南已經有縛婁、陽禺、番禺等小國，但對此等國家內部情況所知不詳。百越族那時應該有好幾個部族國家，但組織架構應該不會太複雜。

秦始皇滅六國後，便計劃將版圖擴展至嶺南，並於秦始皇二十九年，即公元前二一八年，展開侵略。起初秦軍出師不利，不習慣嶺南的亞熱帶氣候，多死於瘧疾，翌年秦軍為改善補給，於桂林附近修築長三六·四公里的靈渠。秦始皇卅三年，即公元前二一四年，朝廷派任囂、趙佗領軍再犯嶺南，最終成功攻佔嶺南以及現時的越南北部。秦將新佔領的土地據為領土，並設南海、桂林、象郡三郡（李東華，一九八八）。率領侵略軍的任囂獲任命為南海郡尉。由於嶺南為百越族世居之地，未必願意臣服於漢族的外來政權，朝廷破例准許任囂這位執政官同時掌握軍權。

此時嶺南與中原相比，建設落後，亦因而主要是朝廷流放罪犯之地。部分從事嶺南貿易的漢族商人亦開始南遷。不過，漢族人普遍視嶺南為畏途，是以嶺南居民始終以百越族為主。

短暫自立的南越國

秦國對嶺南的控制只維持大約十年。秦始皇於公元前二一〇年暴斃後，中原爆發民變，原六國遺民亦興兵謀求復國。公元前二〇六年，西楚霸王項羽殺害秦子嬰，秦國覆亡，此時任囂亦辭世，部下趙佗接掌嶺南軍政大權，借勢封住往中原之要道，兩年後自立為南越國王，定都於時稱番禺的廣州。之後趙佗又用了兩年時間，討伐割據越南北部的安陽王，並於該地設交趾、九真兩郡，鞏固南越國對嶺南的統治（李東華，一九八八；張榮芳、黃淼章，一九九五）。

趙佗自知身為漢人，或會令百越族原住民視南越國為外來政權，故以「漢越和集」政策管治國家。朝廷一方面鼓勵漢族與百越族通婚以促進族群融合，另一方面國王自己亦融入百越族的文化，日常生活亦跟隨百越風俗。總體而言，南越國的漢人都採用百越風俗，因此算是百越國家而非漢族國家。不過，縱然南越國奉百越文化為正朔，亦不忘從中原引進先進技術，特別是鐵器，以及牛、馬等提供勞力的牲畜，從而促進嶺南農耕技術發展。朝廷亦引進水利技術，造鹽業、造船業因此得以發展。本土的青銅器鑄造日益成熟，成品款式不再一味模仿中原，亦出產大批銅鼓。此時嶺南的對外貿易開始蓬勃，但貨幣經濟仍未發達，貿易多以易物方式進行。

不過，此時南越國的發展，主要集中在越南北部的紅河三角洲。廣東、廣西以及首都附近反而人丁單薄。南越國覆亡後的公元一世紀，嶺南人口仍然集中在紅河流域的交趾、九真兩郡，廣東、廣西發展仍是相對落後（李東華，一九八八）（表1.1）。

在對漢帝國的外交政策上，趙佗起初接受漢使陸賈之勸告，受冊封為藩屬國。但漢高祖劉邦離世後，趙佗與呂后把持的漢帝國交惡，決定自立為越武帝。南越國斷絕對漢帝國的貿易，並派兵攻伐湖南。呂后欲派軍侵佔嶺南，但遇上瘟疫，使南越國倖免於難。公元前一八〇年，漢文帝即位，與南越國再度修好。南越國王亦放棄帝號，再次接受冊封為藩屬。此後南越國採用對漢帝國友善的政策，換取後者對南越國的支持。

但南越國與漢帝國的權力平衡，最終卻因為內外交困而打破。公元前一三五年，位於福建的閩越國侵略南越國，越文王趙眛向漢武帝求援，漢帝國亦派兵滅閩越國，並將之併入領土。事件平息後，文王派太子趙嬰到長安做人質，但此舉開啟讓漢帝國干預南越國的壞先例。

表 1.1 ——公元二年嶺南諸郡的縣數、戶數和口數

郡	縣數	戶數	口數
南海	6	19,613	94,253
蒼梧	10	24,379	146,160
鬱林	12	12,415	71,162
交趾	10	92,440	746,237
九真	7	35,743	166,013
日南	5	15,460	69,485
合浦	5	15,398	78,980

資料來源：李東華，一九八八

當時曾經服侍多位國王的丞相呂嘉權傾朝野，在南越國望族中具號召力，開始威脅朝廷權威。公元前一一三年，樛太后被揭發私通漢帝國使節安國少季，激起民憤，呂嘉亦趁機攻擊朝廷。樛太后為求自保，不惜遊說越哀王趙興賣國，勸其上書漢武帝求內屬漢帝國，借外來勢力抗衡呂嘉等權臣。呂嘉得悉此事，決定先下手為強發動政變。越哀王、樛太后及安國少季均遭殺害，哀王兄長趙建德被立為呂嘉的傀儡國王。此外，南越軍隊亦在各要道加強防守，以應付漢帝國的侵略。呂嘉橫挑強鄰的做法，反而加速南越國滅亡。次年，漢武帝即派軍全面侵略南越國，南越國守了一年，番禺淪陷而亡國，國祚只得九十三年。

自此嶺南就成為東亞大陸帝國屬土。漢帝國於嶺南設郡縣，劃分為南海、合浦、蒼梧、鬱林、交趾、九真、日南七郡，視之為朝廷直接統治的領土（張榮芳、黃淼章，一九九五）。

不甘心的帝國臣民

嶺南淪為東亞大陸帝國的屬土，原住民卻未有心悅誠服。南越國是亡了，但嶺南基本格局始終未變。中原的漢族人繼續視嶺南為畏途，嶺南大部分住民都是拒絕漢化的百越族人。只要朝廷控制稍為放鬆，不甘受外來政權統治的本土人就有機會奮起抗爭。

公元一世紀初，王莽以「受禪」之名篡奪帝位，惟其志大才疏，弄至民不聊生，之後民變四起，漢宗室後人又互相討伐，二四年才由漢光武帝劉秀統一中原。當時局勢初定，朝廷力不及邊陲的嶺南。徵側、徵貳姊妹於四〇年勇敢起義，一度收復越南北部及廣西，並自立為王。縱使朝廷迅速鎮壓，但此事已植入百越族的集體回憶。

越南官方歷史論述中，徵氏姊妹那短暫的王國，是越南史上第一個獨立政權，亦是越南獨立抗爭的開端。據越南史籍記載，交趾太守蘇定是一位暴戾的貪官，戀棧嶺南出產的各種珍寶，比如珍珠、犀牛角、象牙，以及銀、銅等貴金屬，還有嶺南特產的熱帶水果。民間傳說蘇定為搶奪珍寶，殺害了原住民領袖徵側的丈夫，因而觸發反漢抗爭。不過，當時交趾為母系部族社會，這次起義比較可能是徵氏恢復地方權力的計劃，而不是徵側替夫復仇的情緒反應。縱然兩年後馬援離間交趾各部族，伺機率兵鎮壓，然後再打擊地方部族的勢力。但外來官員與原住民爭奪資源之事仍時有發生，很容易就會令嶺南局勢處於失控邊緣（Taylor 1991；黎明釗、林淑娟，二〇一三）。

東漢初年，中原平定，朝廷亦漸漸掌握嶺南控制權，但到了公元二世紀，朝廷接連發生外戚與宦官的權鬥，後來士大夫與貴族聯手對抗宦官卻終歸失敗，大批士大夫遇害，是為黨錮之禍。到一八四年，連年民怨終於爆發成黃巾民變，此時朝廷中央已經無人可用，只能靠地方勢力平亂，各地刺史轉化為手執兵權的州牧。黃巾民變要到二〇五年才完全平息，但地方軍閥坐大之勢已成，漢代亦無可避免要過渡至三國時代。

位處邊陲的嶺南，亦為軍閥和地方勢力割據、角力之地。百越族人對東亞大陸帝國有離心，令地方官須擁兵權隨時鎮壓，但他們亦能動用同樣武力為自己拓展地盤。二一〇年，劉表部下吳據欲將嶺南劃為根據地，被孫權部下步騭打敗，並由步擔任交州刺史。除此以外，孫權亦拉攏到地方勢力士燮合作，但孫權稱帝後，二二六年士燮病逝，孫權便派戴良為廣州刺史，派呂岱為交州刺史。士燮之子士徽見官位未如所願世襲，便起兵反抗。雖然吳國鎮壓亂事，但自此嶺南民眾屢次起義。

到二七九年，廣州部曲郭馬起兵反朝廷，吳末帝派滕修、陶浚、陶璜下嶺南鎮壓。次年亂事未平，晉軍已攻陷建康，吳國滅亡。滕、陶三人改為效忠晉帝國，然後以晉軍身分鎮壓。晉帝國採用中央集權制，削地方官之軍權，並分封宗室為諸王以作監察。惟朝廷見嶺南情況特殊，不罷州兵，又為以後嶺南的反抗埋下伏筆。晉帝國的統一維持不久。二九一年，宗室諸王爭權，發展成十五年內戰，是為八王之亂。晉室尚未回復元氣，匈奴人劉聰於永嘉五年，即三一一年攻陷洛陽，整個黃河流域自此落入漠北部族之手。琅邪王司馬睿在三一八年於建康稱帝，在吳國故土建立遷佔者政權，可是這個自稱繼承晉帝國道統的新政權卻受制於地方士族，無力處理嶺南的問題。自此直到公元六世紀，嶺南頻起反抗，可謂每數十年就會有一次起事。留守嶺南的將領往往恃著嶺南與江南有天險隔絕，將嶺南變做自己的根據地，伺機推翻在江南的中央政權（表1.2）。

三九八年，王恭欲謀奪取中央政權失敗，五斗米道教主孫泰因參與這場政變而被殺。孫泰之侄孫恩流亡海上，次年率眾於浙江登陸，進攻首都建康。朝廷重臣劉裕興兵討伐，四〇二年擊潰孫恩叛軍，孫自殺。孫恩的妹夫盧循原為位處浙江、福建交界的永嘉郡太守，卻因孫恩起事而被劉裕追擊。次年盧率部下逃往嶺南，四〇四年攻陷廣州，自任廣州刺史。盧循於嶺南重整實力，之後四〇九年趁劉裕進軍華北，起兵北伐。起初盧循進攻首都建康，惟久攻不下，便改攻荊州。劉裕趁盧循部隊轉向發動反攻，一路追到越南北部的交州，盧循最終兵敗自殺（黎明釗、林淑娟，二〇一三）。嶺南原住民對割據嶺南九年的盧循印象深刻，部分沿海原住民曾響應盧循的號召，參與對抗朝廷的戰役。戰後這群原住民遭貶為奴隸，被遣往大嶼山替朝廷造鹽。而珠江口一帶之後亦流傳著盧亭的故事：相傳盧循兵敗後，其子孫逃往海上，化身為半人半魚的怪物，是為盧亭（孔誥烽，二〇一二）。

雖然嶺南起事大多失敗收場，歷史上卻曾有從嶺南出發奪取中央政權的成功例子。陳霸先原為蕭梁帝國的將領，五四一年交州李賁的建國運動，以及次年廣州盧子略、盧子烈的叛亂，均由陳所平定。之後陳霸先長駐廣州，自己卻也成為割據一方的軍閥。梁武帝晚年日趨迷信，荒廢政事，寵信東魏降將

表 1.2 ——公元三至六世紀嶺南地區主要起事列表

公元	紀年	嶺南主要起事
210	漢獻帝建安十五年	劉表部下吳據與孫權部下步騭爭交州，步騭獲勝
226	吳大帝黃武五年	士徽起事
235	吳大帝嘉禾四年	盧陵李恒，南海羅厲起事
248	吳大帝赤烏十一年	交州原住民女子趙嫗起事
263–271	吳景帝永安六年—吳末帝建衡三年	交趾郡吏呂興起事，欲聯魏抗吳，吳軍南征失利，八年方能鎮壓
279–280	吳末帝天紀三年—晉武帝咸寧六年	廣州部曲郭馬起事
290	晉武帝太熙元年	九真戍兵趙祉起事
311	晉懷帝永嘉五年	廣州郭訥起事，在亂事平定後，王機再引杜弢等人起事
315	晉愍帝建興三年	梁碩起兵推翻交州刺史顧壽，並迎陶威為新刺史
318	晉元帝大興三年	梁碩起事
403–411	晉安帝元興二年—義熙七年	盧循南侵廣州，圖北伐建康
417	晉安帝義熙十三年	廣州徐道期起事
450	宋文帝元嘉廿七年	廣州籥簡起事
460	宋孝武帝大明四年	廣州陳檀起事
468	宋明帝泰始四年	交州李長仁起事，後與朝廷和解，被任命為交州刺史
479–488	宋順帝昇明三年—齊武帝永明六年	交州李叔獻起事，自任交州刺史，後與朝廷和解，獻上珍寶並下台
498	齊東昏煬侯永元元年	廣州周世雄起事
541–546	梁武帝大同七年—十二年	交州李賁起事，為陳霸先所鎮壓
542	梁武帝大同八年	廣州盧子略、盧子烈起事，為陳霸先所鎮壓
548–603	梁武帝太清二年—隋文帝仁壽三年	李賁餘部佔據交州，隋文帝時派劉方南征鎮壓
549–552	梁武帝太清三年—梁成帝承聖元年	廣州陳霸先以平定侯景之亂為名北伐，攻佔建康，挾天子以令諸侯
557	梁敬帝太平二年	廣州蕭勃起事
569–573	陳宣帝太建元年—四年	廣州歐陽紇起事

資料來源：黎明釗、林淑娟，二〇一三

侯景。後皇姪蕭淵明為東魏所俘，梁武帝欲以侯景交換，侯景於五四八年發動政變囚禁梁武帝，事件發展為南朝傷亡最為慘重的政治動亂。侯景大舉清算建康士族，開展建基於暴力的恐怖統治。據《南史》所載，當時建康「千里煙絕，人跡罕見，白骨成聚，如丘隴焉」。

此時在嶺南的陳霸先得原住民支持，與王僧辯以平亂之名興師北伐，並於五五二年攻入首都建康。之後蕭梁帝國的政治，由陳、王二人掌握，但二人卻為爭權反目。陳霸先於五五五年發起軍事政變，殺害王僧辯，之後挾天子以令諸侯。兩年後又逼梁敬帝禪讓，以自己姓氏為國號，史稱其為陳武帝（蔣祖緣、方志欽，一九九三）。

對原住民的間接統治

由於嶺南局勢持續不穩，當地大部分居民均為抗拒漢化的原住民，令朝廷必須倚靠原住民領袖之合作，分享部分權力，透過本土精英對嶺南進行間接管治。自晉帝國起，朝廷於嶺南推行羈縻政策，向原住民領袖加官賜爵，實行「以俚治俚」的政策，為了製造官缺安納原住民領袖，南朝各代傾向將原有州郡分割，增加州郡及縣的數目。在吳國統治下，嶺南設有二州九郡，晉帝國則增為二州十九郡，到了陳帝國，州郡數目更膨脹為十九州七十郡（黃金鑄，一九九九）（表1.3）。

由於東亞大陸南部的政權普遍處於弱勢，原住民領袖能夠遊走於朝廷及地方

表 1.3 ——吳、晉、南朝各代嶺南州、郡數目

朝代	吳	晉	宋	齊	梁	陳
州	2	2	2	2	20	19
郡	9	19	30	40	54	70

資料來源：黃金鑄，一九九九

軍閥之間，謀求政治利益，以至為族群謀取自治空間。活躍於公元六世紀的巾幗英雄冼夫人，乃擅長這種政治遊戲的表表者。

冼夫人生於廣東西南部的高涼郡，其父為世襲的原住民首領，其族為嶺南勢力最大的望族之一，統領著十多萬家的部族，勢力甚至能跨越瓊州海峽，直達海南島北部的儋耳郡。管治該地區的漢人官吏，乃羅州刺史馮融。馮家祖先為公元四世紀初永嘉之禍後，華北十六國之一的漢人國家北燕之國君，但在四三六年，北燕為北魏所吞併，末代君主馮弘流亡高句麗，並派流亡王子馮業投奔南朝宋，於是馮家世襲於廣東西南的官職，惟其政令不出衙門。後來冼夫人嫁予馮融之子、高涼太守馮寶。這是一場政治婚姻：冼夫人與馮寶二人共治、共同審案，史載當時高涼郡「政令有序，人莫敢違」。

五四八年侯景叛亂，時任高州刺史李遷仕與侯景勾結，發兵一路攻至江西。冼夫人反對侯景，便用計謀伏擊李遷仕。她先派人獻物，扮作向李軍投誠，然後趁敵鬆懈打敗李遷仕。事後冼夫人與陳霸先會師，並立下盟約。冼夫人有閱人之才，知道陳的成就不會局限在嶺南。她對夫君馮寶這樣說：

> 陳都督大可畏，極得眾心。我觀此人必能平賊，君宜厚資之。

之後馮寶病逝，冼夫人繼續統領嶺南，並幫助新建立的南朝陳管治嶺南。五六九年，書法家歐陽詢的父親歐陽紇時任廣州刺史，欲背叛朝廷。冼夫人與另一位原住民領袖章昭達合作剿平叛亂。事後冼夫人之孫馮僕被封為信都侯，任石龍太守，而冼夫人則獲陳宣宗封為高涼郡太夫人，禮儀待遇與刺史同級。不過，陳帝國終究未能長治久安。侯景之亂的恐怖管治令建康及江南元氣大傷，更難面對華北北周以及隋之進擊。陳後主陳叔寶於五八二年登基後，荒廢政事，只會擁著愛妃張麗華飲酒作樂，吟詩作對。如此令南朝陳的國勢無可挽回地衰落。

五八九年，隋二王子楊廣攻陷建康，東亞大陸結束南北分治的局面。隋將韋洸奉命南下嶺南招降。當時嶺南由陳將徐璒鎮守，但冼夫人堅拒投降，兩軍一度對峙。後來隋帝國使節奉上兵符、犀杖及陳後主親筆書信，冼夫人方肯定陳帝國早已覆亡，遂向韋洸投降。隋帝國仍然希望倚重冼夫人的力量，賜封為宋康郡夫人。

不久後，番禺王仲宣起事，包圍韋洸。原先剿除叛軍的重任，交由冼夫人孫子馮暄執行，但叛軍將領陳佛智為其友好，故裹足不前。冼夫人大義滅親，囚禁馮暄，改派另一位男孫馮盎討叛，而她自己亦披甲騎馬上陣。亂事平息後，朝廷任命馮盎為高州刺史，亦赦免馮暄之罪、任命其為羅州刺史。馮寶則獲追封為譙國公，冼夫人亦因此成為譙國夫人。冼夫人獲准設有自己的幕府，為長史或其下級官員組成。除此之外，冼夫人亦能調動六州兵馬，並在所處之廣東西南有緊急行政權。這樣，冼夫人便透過周旋朝廷和軍閥等各方勢力，為所屬族群爭取地方自治的空間。

唐帝國建立後，雖然中央政權不再軟弱無力，但嶺南地方政治起初仍由原住民領袖主導。冼夫人之孫馮盎趁隋末民變四起，割據廣東西部自治，並將勢力擴展至廣西及海南島。唐立國後，馮盎名義上為唐帝國的地方官，卻對朝廷的命令置若罔聞，堅拒北上長安拜見皇帝。唐太宗於六二八年及六三一年兩度向馮盎發敕文，而各州長官均奏稱馮盎謀反。唐太宗一度考慮派軍隊剿滅馮盎勢力，但諫官魏徵卻以天下初定為由，力勸皇帝莫為嶺南邊陲之地大動干戈。最終馮盎讓步，派兒子馮智戴向朝廷求和，並即時朝貢以示誠意。之後馮智戴留在長安作唐太宗的侍衛，實即當作人質。馮氏一族於唐太宗、高宗年間，為實質統治廣東西部的地方勢力。

到武后執政期間，政壇掀起鼓吹告密的白色恐怖風潮，馮盎之孫、時任潘州刺史的馮智衡被誣謀反，武后於六九八年派李千里入侵嶺南，馮智衡戰死沙場，馮氏一族亦家道中落。馮智衡的兒子馮元一倖免於難，為宦官高延福收為養子，後來亦成為宦官。他就是唐玄宗寵信的高力士（賀喜，二〇〇八）。

除了廣東西部的馮氏，嶺南各州州官均為原住民望族出任，比如廣西欽州一直為寧氏所自理。由於中原漢人大多視嶺南為罪犯流放之地，不肯自願赴嶺南當官，令朝廷只能從原住民當中挑選官員。但由於地方望族包攬地方官職，造成嶺南地區割據自治的局面。朝廷為促進中央集權，高宗年間的六七六年推行南選政策，嶺南地方官職不再由原住民望族自動世襲，改為不定期委任郎官御史為選補使，遣往嶺南，負責從原住民中挑選人才擔任官職。新制度一方面令地方官職不再由原住民望族壟斷，另一方面令朝廷亦能「以俚制俚」，挑選忠心的原住民制衡其他或有異心的原住民。

不過，南選制度並非萬無一失。朝廷並沒有定期選補使南下挑選人才，而挑選人才最頻密時，亦只有四年一次。安史之亂後，朝廷對地方的控制大為削弱，由南選產生的地方官，亦逐漸不敵原住民望族的挑戰。到唐末各藩鎮發展成割據自治的軍閥，朝廷對嶺南的管治亦越發不穩固。在公元八

表1.4——唐代嶺南起事列表

公元	紀年	叛亂
728	唐玄宗開元十六年	瀧州刺史陳行範聯同馮仁智、何遊魯起事
771	唐代宗大曆六年	原住民梁崇章起事
773	唐代宗大曆八年	哥舒晃起事
799	唐德宗貞元十五年	是年鎮壓海南島維持百年之起事
807	唐憲宗元和二年	海南島再起事
863–865	唐懿宗咸通四年—咸通六年	林邑進攻安南，佔據交州兩年後，方由安南都護高駢鎮壓
879	唐僖宗乾符六年	黃巢攻佔廣州，一度割據嶺南，後因軍中爆發瘟疫而北退

資料來源：曾華滿，一九七三

世紀末至九世紀，嶺南地區不時起事，縱然不如公元三至六世紀那般頻密，但至少到公元十世紀，嶺南仍然為東亞大陸帝國體系中所謂的「化外之地」（表1.4）。

作為化外之地的嶺南

在唐帝國的嶺南，除了廣州稱得上是帝國版圖內舉足輕重的大城市，其餘地方大多為不毛之地，以嶺南為家的漢人為數不多，大多集中在廣州以及靠近嶺北的廣東北部，原住民則普遍未漢化。除了位處西北黃土高原的隴右道外，嶺南道是唐帝國諸道中人口最少的道，人口密度亦為全國倒數第二（表1.5）。

唐玄宗開元年間（七一三—七四一），嶺南各州中，以廣州人口最多，已登記的戶口有六四、二五〇戶，位於廣西的桂州有三六、二六五戶，廣東北部的韶州有二〇、二六四戶，廣東西北的康州有一三、一五二戶，其餘各州均只有千餘至數千戶。到了唐憲宗元和年間（八〇六—八二〇），只有廣州才算人口密集，有七四、〇九九戶，其餘各州均只有幾百至幾千戶。唐

表1.5——唐帝國各道戶數及戶口密度

道	戶數	每平方公里戶數
江南	1,737,137	2.35
河南	1,863,561	5.36
河北	1,487,503	7.08
劍南	937,124	3.12
關內	817,189	1.94
河東	630,511	3.71
山南	600,327	2.01
淮南	390,664	2.79
嶺南	388,471	0.79
隴右	121,413	0.49

資料來源：曾華滿，一九七三

代嶺南各州之所以戶數稀少，主要是因為嶺南人口稀少，當中編戶的漢人更少。除此以外，不少漢人亦為了避稅而逃避人口登記，這解釋了何以在朝廷勢弱的晚唐，嶺南偏遠州份的戶數會暴跌。

唐帝國期間，嶺南大部分居民為原住民，大多過著刀耕火種的生活，甚為窮困，不少原住民選擇賣身為奴，或者將子女賣掉。他們的文化有異於中原漢人，未受儒家觀念薰陶，卻甚為迷信鬼神之說。他們的信仰接近泛神論，卜筮之風甚盛，亦興建了大批被儒生譏為「淫祠」的廟宇。原住民的倫理觀亦與儒家教條大異其趣。他們的父子不會共享家庭，更不會強調子女對父母的反哺，兄弟姐妹在成年後多會分家。他們在兩性關係上亦比較自由，男女常於同一條河川上一起洗澡，青年男女自由約會，情投意合未談婚嫁即可性交，女方交合後即會返回娘家，直到懷孕才會移居至夫家。這樣不少原住民女子的子女，其實並非真的是其丈夫的後裔。

飲食方面，原住民多喜食海鮮，亦多進食未經烹調的生肉，在餐桌上，他們多用手取飯，未有用筷子的習慣，中原漢人多以為怪。定居於嶺南的漢人，多混居於原住民中間，過著同樣困苦的生活。

學術文化上，嶺南更是乏善可陳。禪宗祖師六祖慧能為少數居於嶺南，而又能著述流傳的思想家。不過，當時佛教在嶺南的影響力，只及廣州、廣東北部以及廣東東部的潮州。慧能之例子，只能算是嶺南的異數，未能反映佛教在嶺南流傳的狀況。

中原漢人普遍視嶺南為異域。唐帝國政治鬥爭中敗陣的官員，不少會被貶職，派往嶺南任官。八一九年，唐憲宗迎佛骨入宮供奉，刑部侍郎韓愈諫阻，憤怒的皇帝將其貶為潮州刺史。潮汕地區居民懷念韓愈的政績，甚至將境內最大的江河命名為韓江，韓愈卻有另一番感受：任內他巡視韓江，發現該處鱷魚為患，寫了篇《祭鱷魚文》，當中其實是一種視潮汕為化外之地的想像。晚唐政治家王贊亦不無輕蔑地指：「嶺外地，非貶不去。」諷刺的是，王贊自己沒有貶往嶺南的機會：在九〇五年，權臣朱溫準備篡唐，一舉屠殺連王贊共卅位朝廷命官，投屍黃河，史稱「白馬之禍」。

嶺南生人勿近，廣州卻是唯一例外。當時造船技術比以前大有提升，以往南洋商船只敢航行至風平浪靜的東京灣，然後在越南北部的交州靠岸。新款船隻則能穿過瓊州海峽，航經受季風吹襲的沙堤以南、香港以南水域，直抵廣州。商貨在廣州可轉河船，航至南雄聘挑夫走約八公里長的梅關古道，再上船就可經過長江水系，連接到大運河走遍全國。就這樣，廣州成為海上絲綢之路的貿易重鎮。雖然唐帝國西北有經中亞到西方的絲綢之路，但海運的數量及時間均比較方便，而唐帝國於安史之亂後亦無法再稱霸中亞，對海上絲綢之路更為倚重。朝廷於廣州設市舶司，負責登記船隻、收取關稅。由於貿易興盛，索賄的機會多，掌軍權的嶺南節度使，以及負責管理港口城市廣州的廣州刺史，是為各界爭奪的肥缺。

廣州除了吸引漢人官員及商賈，亦有不少阿拉伯商人僑居。阿拉伯商人是海上絲綢之路的連繫人，足跡遍及東亞、東南亞、印尼列島、南亞、東非、中東及地中海，是將東西方貿易網路連在一起的一群人。在廣州城的西部設有蕃坊，由蕃人官員治理，阿拉伯商人多在此僑居。對廣州有興趣的，不只是阿拉伯殷實商人，亦包括來自中東的罪犯。唐肅宗統治期間的七五八年，阿拉伯和波斯海盜進攻廣州，刺史章利見得知對手來勢洶洶，棄城逃命（曾華滿，一九七三）。

不過，到唐僖宗期間，黃巢之亂又威脅到廣州阿拉伯社群的安危。八七九年，黃巢攻佔廣州，屠殺數以十萬計的外國商人，只是後來黃巢軍中爆發瘟疫，士兵譁變，黃巢只好放棄廣州北伐。縱然部分商人因這場屠殺而將駐地改在泉州，廣州很快便回復昔日的繁華。

政治敗壞的獨立王國

劉謙本來是一位移居福建的河南人，後來到廣州從軍，期間獲得嶺南節度使韋宙賞識，韋將姪女許配給他。劉謙在黃巢之亂時立功，八八二年獲委任為封州刺史。到八九四年其子劉隱繼承此職，並著手擴充地盤，割據廣州以及今日之肇慶。九〇七年，朱溫毒殺唐哀帝，自立為後梁皇帝，但後梁之影響力只及黃河流域，其餘地方多自行立國，東亞大陸自此進入五代十國時代。劉隱起初賄賂朱溫，使其於九一一年獲封為南海郡王，但其弟劉龑繼位後，卻因封號地位太低而與朱溫的梁朝反目，九一七年自立為南漢皇帝（陳欣，二〇一〇）。

南漢不重視農業生產，是東亞少數以商立國的國家，但是君主見海上絲路的貿易獲利豐厚，又受不住誘惑，將商貿所得供皇帝過奢侈生活。南漢靠商業支撐，朝廷卻不知招商有道，只知一味以苛捐雜稅勒索商賈。外交方面，更是無心經營，南漢與中原政權關係惡劣。南漢與位處湖南的楚國及江西的吳國接壤，初時南漢與吳國及繼承吳的南唐關係友好，保住梅關古道的貿易線，但九五一年南唐滅楚後，南漢與之交惡，使南漢陷入外交孤立的困境，與華中及華東的貿易網亦隨之斷絕。

越南北部的交州，亦於南漢期間脫離朝廷控制獨立，自此越南的獨立成為常態，走上與東亞大陸帝國不同的道路。九三〇年，南漢高祖派大軍攻佔交州，惟次年即失守。七年後南漢又乘交州發生內亂再派兵攻伐，卻在白藤江全軍覆沒，連領兵的九皇子劉弘操都戰死沙場。自此交州成為安南，為獨立的朝貢國。此時南詔的貿易，亦捨南漢而取道安南。失去腹地的廣州，實力大不如前，位於閩南的泉州遂興起，成為東亞大陸帝國最繁榮的港口（李東華，一九九七）。

南漢國雖然恃著貿易所帶來的巨富，卻又無力擴充貿易，使其貿易優勢漸為泉州所代。除此以外，南漢並無認真發展廣州以外的鄉郊以彌補貿易流失的缺陷。南漢四任皇帝均無治國之才，只懂得花費貿易利潤沉迷享樂。到九七一年，宋太祖派潘美南侵廣州，南漢覆亡，國祚僅五十四年。

剛接管嶺南的宋帝國，正處於東亞大陸歷史上嘗試以「數目字管理」的關鍵時刻（黃仁宇，一九九三）。原先主導帝國政治的貴族，多年動亂後所餘無幾。宋太祖以「杯酒釋兵權」的做法，將軍權盡收歸朝廷，令武人政治成為絕響。在此以後，宋帝國所有官員都是經科舉考試產生。縱然能中舉的大多來自較富裕階層，但理論上凡是男性編戶齊民皆可參加，那就是說科舉制度將整個帝國考生的命運連繫在一起了。

與此同時，宋帝國的戰略重心不斷南移，如今把嶺北士人連繫在一起的制度轉變，嶺南人再也不能置身事外。下一章我們會談到在此以後嶺南之巨變。

第二章 是漢？非漢？嶺南陸上族群之形成

南漢為宋帝國所滅後，朝廷初期沿用南漢舊制統治，原住民此時仍未有漢化跡象。仁宗年間，廣西壯人儂智高遊走宋帝國與越南之間。他在宋越之間的灰色地帶建立地方政權，並希望能內附宋帝國、接受其冊封。宋帝國卻拒絕內附的請求，堅持要儂智高只向越南皇帝效忠。儂智高之後於一〇五二年起兵，橫掃廣西、兵臨廣州、割據嶺南，並準備派軍北伐湖南。宋仁宗命狄青領軍進攻，兩年後才成功鎮壓。儂智高流亡到位於雲南的大理國，卻為當局所囚禁，次年被斬。歷史似乎仍在重複，但一場靜默革命，正要為嶺南帶來翻天覆地的蛻變（Anderson 2007）。

儂智高起事前，朝廷欲於廣州推廣文教，便把位於蕃坊的夫子廟改建為教授儒家經典的學校。鎮壓後，這所學校獲遷至新址，其後多次擴建。此後廣東各處亦掀起創辦儒學的風潮（Faure 2007）。與此同時，科舉制度亦於東亞大陸帝國的制度中擔當更重要的角色。唐帝國雖已開科取士，但貴族勢力依然強大，平民出身的進士，在政壇上常遭貴族出身的官員壓制。但在五代十國，貴族大多在亂世中沒落，到宋帝國科舉便成為選拔官員的獨一制度。這轉變有兩方面的意義。首先，縱然不是每個家庭均有能力讓子弟丟下農務讀書應試，但理論上不論出身，已編戶的男性只要熟讀儒家經典就有中舉的機會，那即是說，修習儒學是取得朝廷俸祿的脫貧路徑，亦是平民獲得充權參與政治的方法。除此之外，科舉制度於各地方培育一群被稱為士紳的知識階層。他們一方面代表地方利益，另一方面又因為與朝廷命官有人事關係，且都信奉朝廷主張的儒家倫理，所以與朝廷利益一致。這新興士紳階層，成為帝國各地方與中央政權之間的黏合劑，而嶺南這次亦無例外（余英時，二〇〇三）。

於科舉考獲功名，除了能得到官職俸祿，在官場打滾時所建立的人際關係，亦能為家族帶來各種方便。利之所在，不少原住民決定漢化，登記為編戶齊民。雖然他們如此放棄自己身分，便需要向朝廷交稅，但這樣他們的族人便有資格應試。據清年間阮元編修的《廣東通志》所記載，在五代十國，全廣東歷年有八位進士，其中兩位來自廣州，到北宋廣東進士的數目增至一百八十九位，其中卅一位來自廣州。這代表著嶺南的精英開始接受儒家文化，在科舉的表現突飛猛進，此現象亦由廣州擴散至廣東較偏遠的地區。

宋帝國北部邊界一直受遼、金、西夏等國家威脅，如此令整個帝國的重心南移，令朝廷不能像前朝那般視嶺南為無關痛癢的邊陲之地。一一二七年，金軍攻陷首都開封，宋徽宗、宋欽宗二帝淪為俘虜，史稱靖康之難。之後金國繼續南侵，倖免於難的宋軍負隅頑抗，要到一一三八年局勢穩定下來，宋高宗才能夠正式於杭州臨安府建都。自此宋朝只剩下南部半壁江山，朝廷必須把嶺南與其他未淪陷的地區等量齊觀，大幅提升嶺南的發展水平（Faure 2007）。

為了善用珠江口一帶土地，自公元十一世紀起珠江沿岸開始大規模修築堤圍，使農地免受洪水威脅。宋哲宗年間的一〇八七年，地方當局修築東江堤，使東江岸邊新形成的沖積地能免受江水沖擊，從而增加可耕地面積。翌年東江近海之處則修建了鹹潮堤，令近岸農地免受海水倒灌之害。這些水利工程亦能透過改變水流，將江河的泥沙引至河口附近的海邊，從而填海造陸。宋徽宗年間，南海九江鎮附近修築了桑園圍。當地居民善用新填地的低窪地勢興建魚塘，並於堤圍上種桑樹。這是一種盡用土地價值的水利工程。桑樹可以鞏固堤圍，桑葉可養蠶取絲，蠶糞可以作為魚糧，魚糞累積而成的塘泥則可為桑樹施肥（吳建新，一九八七）。

而宋帝國商品經濟蓬勃發展，則為嶺南的開發帶來了動力。農業此時並不限於為農民提供糧食，亦生產可供跨地區貿易的農產品。隨著耕地增加以及農業技術發展，農民更易種出足夠的糧食，亦因而能把更多精力放在生產利錢豐厚的經濟作物上。廣東的米可以在臨安賣得更好價錢，同時由於南中國海鹹度高，日照時間亦較東亞大陸北部長，令廣東產鹽業效率較高。廣東人能向廣西賣鹽，換取更多的米北運。廣西本身是茶馬貿易的中途站，再加上桑園圍生產的絲，使嶺南與地區貿易網路結為一體。商品貿易的興起，令嶺南的農地開發成為一項潛在回報豐厚的投資。不過，並不是每個人都能夠參與開拓農地的投資。要成為地主，一個人必須先編入戶口，這意味著漢化是參與這場遊戲的先決條件。除此以外，土地的擁有權涉及家族之間的劇烈競爭，由於古代土地測量及登記的限制，家族之間的土地紛爭十分常見。這些爭端往往會以暴力械鬥收場，但如果家族中有成員曾經中舉，那麼他們便能夠憑藉官府的連繫擺平競爭對手。

嶺南原住民就這樣看著選擇漢化的同胞考取功名，帶挈家族於土地開發獲利，成為地方新貴。即使他們只能通過初級考試，這些下層士紳仍會獲地方官邀請合作，成為官府與地方大眾的橋樑。他們縱無官職，亦會是社區事務的組織者，並因而有一定的身分地位。官員親屬以及下層士紳均能憑著與官方的連繫，從商時免受官府及地方勢力敲詐，這樣他們較容易靠商品貿易致富。與此同時，朝廷對其治下原住民的歸化來者不拒。如此種種皆衝擊著原住民的身分認同（Faure 2007）。

做漢人還是做原住民？

嶺南原住民此時普遍開始考慮漢化的問題。一直以來，原住民都選擇承傳祖宗的身分與文化，與漢人和睦相處而拒絕漢化。在公元十世紀之前，這種做法未有太大的挑戰，而身為俚人不須繳付漢人的稅項，亦不用服漢人的徭役。但自宋帝國起，科舉制度帶來的上向流動機會，再加上商品貿易的蓬勃發展，為原住民帶來漢化的經濟誘因。這時拒絕漢化的唯一好處，就只是能夠跟隨代代相傳的文化認同誠實地過活。可是，誠實這種美德難敵經濟利益，堅持拒絕漢化的代價亦會越來越大（圖2.1）。

當身分與利益分配劃上等號，社會壁壘（social closure）就會產生。已獲利者為排拒新來的競爭，會開始區別自己、新來者以及原住民。已漢化的嶺南人對未漢化的原住民創作了新的稱謂，以區分「我們」和「他們」。部分原住民習水性，以舟艇為家（羅香林，一九五五），他們就被漢化嶺南人稱為蜑，或寫作蛋。這個稱謂，原先是用來稱呼重慶一帶的舟居少數民族，到公元十一世紀以後才專指於嶺南舟居的原住民（Ho 1959）。而在山上生活的原住

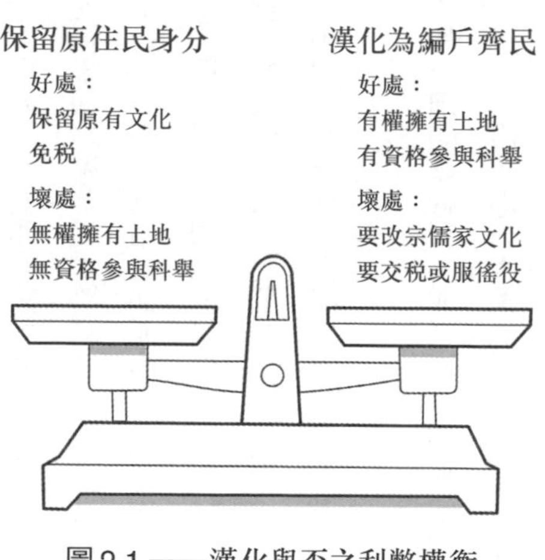

圖2.1 ——漢化與否之利弊權衡

民，則被漢化嶺南人稱為瑤族。這是因為原住民不用服徭役，故先被稱為「莫徭」，到後來再改稱為瑤（Faure 2006）。

不過，漢蜑、漢瑤之間的界線，直到公元十五、十六世紀仍有點模糊。明帝國末年名將袁崇煥原是東莞東江蜑民，其父因從事沿江貿易致富。為了逃避歧視蜑民的法規，他辦了一個假戶籍，到廣西藤縣應試。不過，袁崇煥考取進士資格後，東江沿岸的村民就沒有再排拒其出身，甚至設法與他認祖歸宗（Siu and Liu 2006）。與此同時，亦有不少漢人為了逃稅，甘心放棄編戶，改為過蜑民或瑤民的生活。

只是漢蜑、漢瑤有別的意識，到了明清之交就越收越緊。蜑民與瑤民逐漸被視為難以翻身的賤民，亦令華南陸上族群與水上族群分道揚鑣。中國歷史的主流論述，以及嶺南宗族對歷史的詮釋，都會指現時嶺南漢人大都是於宋帝國期間，特別是南宋年間南遷漢人的後代。誠然，宋帝國北方常受遼、金等異族國家侵擾，確有不少漢人南下加速嶺南漢化的過程，不過我們絕對不應誇大當年漢人移民的規模。根據徐傑舜和李輝的研究，廣府族群的母系基因，有八成來自百越族。而父系基因中，有四成是百越基因，北方漢人的基因僅僅過半（徐傑舜、李輝，二〇一四）。須要留意的是，母系基因的傳播遠比父系基因的傳播困難：女性十月懷胎，生產時或會難產身亡，之後要等好幾個月才能再次懷孕。而父系基因要傳播，只要有能力找到性伴侶就可。是以母系基因的比率，會比較貼近歷史上原住民與移民的人口比率。而父系基因則反映哪些族群的男性比較容易找到伴侶。我們可以推論，嶺南人口始終是以原住民為主，但當中有一定數目的南遷漢人。少數的南遷漢人卻是嶺南社會的優勢族群，他們的男性比較容易找到大多是原住民的妻子，甚至有能力納妾。

我們亦可以比較一下宋帝國和明帝國的戶口普查。一二一四年的戶數和口數與一〇八〇年相比，非但沒有明顯增幅，而且還有倒退。雖然古代人口統計往往未能忠實反映人口變化，但這已否定了中國主流史觀以及嶺南宗族族譜所論及的大規模移民。比較奇怪的是，明太祖洪武年間的一三九三年，戶數卻增至六七五、五九七戶，口數增至三、〇〇七、九三二口，比宋末翻了幾倍。要知道元末發生過大饑荒，然後又有民變和內戰，人口大量死亡。雖然在一三九三年明已立國廿六年，但應未有足夠時間令人口自然倍增。我們可以推斷，這增長乃源於登記制度的轉變，令大批原先未有登記的原住民成為明帝國的編戶齊民（徐松石，一九三九）（表2.1）。

明太祖朱元璋登基後，推行以十戶為一甲、十甲為一里或一圖的里甲制度，與此同時亦規定里甲中有哪些戶口專責替朝廷提供徭役或兵役，並釐定丁稅的計算方法。由於里甲制度關乎賦稅，地方當局舉行大規模戶口普查。這一方面使大批原住民人口獲編入戶，亦同時改變了嶺南的地方權力架構。洪武初年，嶺南政治一度由何真實際管治。何原為元帝國的地方官員，元末民變時演變成割據的地方勢力，到一三六八年向明帝國投降。何真獲朝廷封官，但本人必須留在南京，並於一三八八年病逝。十年後其於廣東的後人因涉及藍玉案，被誣謀反而滿門抄斬。自此廣東的地方豪族的勢力完全消滅。與此同時，嶺南各家族為應付里甲制度，開始分工合作，有的支族負責服兵役，有的則負責為家族囤積土地。嶺南原住民先是被編入戶口，各家族又為分工混合為宗族，而這些宗族將會主導明清的嶺南社會（Faure

表 2.1 ——宋、明、清三代廣東之戶口數目

公元	紀年	戶	口
1080	宋神宗元豐三年	565,534	1,134,659
1264	宋理宗景定五年	443,906	775,638
1393	明太祖洪武廿六年	675,597	3,007,932
1578	明神宗萬曆六年	530,712	5,040,655
1818	清仁宗嘉慶廿三年		12,323,616（丁口）

資料來源：徐松石，一九三九；Faure 2007

2007)。

在既有水利建設的基礎上，明帝國在珠江三角洲開始大規模填海造陸的工程，令廣東地貌起了翻天覆地的變化。南海、番禺、順德三縣大部分的土地，以及中山北部、新會、東莞沿海等地，亦是在明帝國的填海工程中形成(劉志偉，一九九九)。這可能是荷蘭以外，世界上規模最大的填海工程。填海造陸的潛在回報極為豐厚，但亦須耗大量人力物力。填海之前，首先要在欲填海的水域建造堤圍，將泥沙引至合適的地方。當土地開始成形後，則要種植水草，然後等幾年以至幾十年才能栽種其他作物。最終出來的土地，亦有機會不是良田，但在新填地尚未完全開發之時，展開填海的地主就已經要向朝廷繳稅。填海造陸亦因而是一項高風險、高回報的投資(吳建新，一九八七)(圖2.2)。

不過到十五世紀，明帝國的商品經濟在沉寂逾一世紀後再度復興。江南、華北等地對廣東的稻米及生絲需求甚殷。這樣珠江三角洲的家族之間，就掀起了一場鬥快填海造陸的圈地競賽。這場競爭十

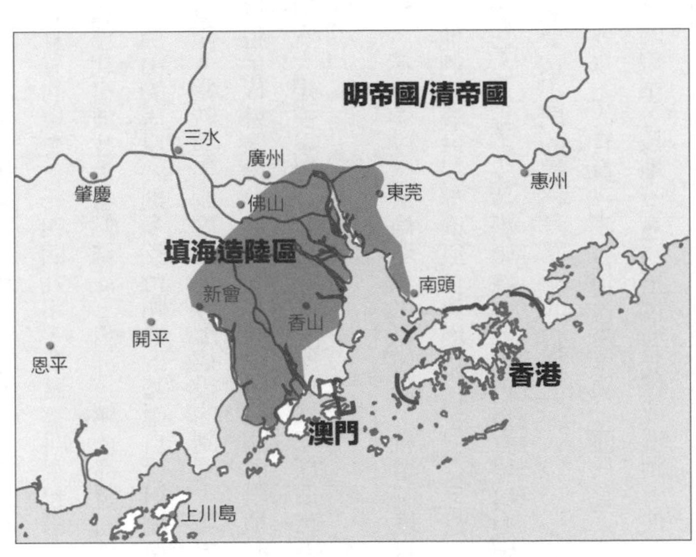

圖2.2——珠江三角洲的填海造陸區

分激烈，以致家族甚至縣府之間常為新填地的業權起紛爭，不時會發展成血腥械鬥。要在這場競爭脫穎而出，家族需要有足夠的人力物力，同時需要靠官場的人事關係撐腰。為了參與圈地競賽，並戰勝鄰近的競爭者，原住民不惜放棄堅持了逾千年的身分認同，徹底漢化，並凝聚為建基於儒家倫理的宗族。

到明英宗正統年間，尚未漢化的原住民得到了改變身分的機會。一四四九年，黃蕭養糾眾起事，其部隊一度攻佔廣州，事件要用一年時間才完全平息。這場起事波及大半個珠江三角洲，順德靠近新填地的地區為蜑民聚居之地，多支持黃蕭養一方。而南海、佛山的居民，則多支持朝廷，甚至自發組織衛隊抵抗黃蕭養的部隊。鎮壓之後，地方當局再推行里甲登記。當時里甲制度已從分配徭役的制度，發展為稅務上的編戶。原先須要服兵役、徭役的戶口，亦能以稅金代替服役。部分因參與填海造陸而累積財富的蜑民，亦趁機擺脫賤民身分，成為百分百的漢人。這次大規模里甲登記，開展了原住民家族演化為漢化大宗族的進程（Faure 2007, Siu and Liu 2006）。

而朝廷為了預防原住民起事，亦支持嶺南地方文教，希望能以儒家倫理教化原住民，科舉制度自宋帝國起就在嶺南培育了一批奉行儒家思想的士紳階層，他們透過辦學促進原住民漢化（Faure 2007）。明帝國奉朱子學說為正統，有意識地於民間推廣《朱子家禮》。《朱子家禮》對婚嫁喪葬等禮俗有嚴格規定，當中對祭祖禮俗的約束尤其嚴格，不同階級的民眾皆須要按不同的規格拜祭祖先（楊志剛，二〇一〇）。比如一般庶民，只准拜祭上至曾祖的三代祖先，只有九品或以上的官員，才有權修築家廟，而只有天子才能夠於冬至當天祭祖。地方的士紳則會將《朱子家禮》的規定，按地方實際情況而詮釋或增刪。他們出版相關的注釋書及禮書，令朱熹的教導得以普及在民間（何淑宜，二〇〇〇）。在整個帝國的層面，《朱子家禮》使朝廷能更有效監控國民的舉止行為。而在嶺南，《朱子家禮》的推廣一方面促成原住民的文化改造，另一方面亦成為原住民家族凝聚為大宗族的藍圖。

經過士紳階級跨朝代的薰陶，廣東於明帝國中葉亦培育出自己的儒家大師。新會白沙鄉的陳獻章為開創嶺南學派的理學家，與同代人陽明子王守仁同為心學的提倡者。陳白沙先生本身厭棄功名，但其私塾收了幾位高中的弟子，使他能與官府保持良好關係。其得意弟子湛若水為中央朝廷命官，與同期廣東出身的霍韜、方獻夫皆於朝廷得勢，最終令整個廣東的士族地位大為提升。

明武宗沉迷酒色，荒廢朝政，一五二一年死在豹房。正德皇帝雖然好色，卻未有留下後代，最終朝廷只能按兄終弟及原則，迎接興國世子朱厚熜登基，是為明世宗。但這種承繼方法，又引起另一個爭議：究竟新皇帝該奉誰為皇考，即是法統上的父親？傳統上皆會奉上一位皇帝，亦即是正德皇帝為皇考，這是當朝官員的主流意見。但明世宗則以孝順親父為由，欲奉亡父朱祐杬為皇考，並追奉之為明興獻帝。只有湛若水、霍韜、方獻夫等五位大臣力排眾議支持皇帝，其他大臣均反對皇帝另立皇考，這場爭議史稱大禮議。一五二四年，逾兩百位大臣跪在北京皇城左順門外，欲逼使嘉靖皇帝收回成命。最終朝廷決定武力鎮壓，逾百位大臣入獄，十六位大臣在受廷杖時慘遭活生生打死，而成功揣摩上意的湛、霍、方三位廣東進士，則成為皇帝的寵臣，獲得各種賞賜。

霍韜支持嘉靖皇帝的理由，是基於《朱子家禮》的規定，兒子必須拜祭已故親生父親，方算是符合孝道。按照同一邏輯，霍韜於家鄉南海石頭鄉興建了祠堂，以拜祭自己的祖先。與此同時，霍韜亦以儒家禮法為理由，查禁了廣東各地祭祀地方神祇的「淫祠」。不少佛寺亦於這場風波遭沒收土地。道貌岸然的儒禮推廣運動之背後，卻是士紳強搶土地中飽私囊的陰謀。於大禮議中得寵的廣東士紳以打擊淫祠為名，將沒收的土地撥歸自己的家族。霍韜的祠堂以及湛若水位於白雲山的甘泉書院，原址皆為受士紳逼害而遭清拆的佛寺。憑著皇帝的恩寵，廣東士紳得以擴展其宗族的影響力，於圈地運動中先拔頭籌，成為廣東有頭有面的地主階級。這些大宗族的祠堂，亦取代原住民一直參拜的廟宇，成為廣東社會活動的聚焦點。而其他剛漢化的原住民家族，亦繞過只准品官設家廟的規定，跟從大宗族的做法，透過興建祠堂促進家族團結（Faure 2007）。

這樣廣東各家族之間的圈地競賽，便發展為宗族建設的競賽。原住民家族先是通過里甲制度，抹去身上的原住民色彩，之後採用儒家禮法，促令子弟接受儒家教育，然後透過科舉獲取官場中人的庇蔭。他們的祠堂越建越宏偉，只為證明自己為歷史悠久的漢人世家。除此以外，他們亦杜撰譜牒，重新詮釋家族歷史，透過充滿想像力的歷史故事，指出自己家族自古以來乃華夏不可分割的一部分，聲稱家族為中原南遷漢人的後代。

大部分廣府家族皆稱祖先於宋室南遷後闖禍，因而從南雄珠璣巷遷移至現址。他們為證明家族於現址的業權，大多畫蛇添足地力指家族遷移前取得官府批文：但明顯地這並非宋制，而是明帝國里甲制度的規定。有部分家族像新界鄧族那樣聲稱自己為宋皇族或貴族的後裔。新界鄧族聲稱他們的祖先是於靖康之難時南逃的皇姑，但卻沒有確實文獻證據能支持此說。除沒有聲稱自己是皇姑後人的屏山鄧族外，其他在新界及東莞的鄧族在明帝國初年均未有登記戶籍。屏山鄧族如此登記，乃是因應一三六八年一道禁止虛構家族連繫的法令行事。其他堅持要流傳皇姑傳說的鄧族，則待這道法令被遺忘後才登記戶籍（Faure 1989，頁72、379）。譜牒亦常將鄰近同姓家族描述為有著相同祖先的「同宗」，藉此擴大自己宗族的規模，有時這是為了攀附有成員考獲功名的同姓家族。（Faure 1989）。

由於廣府族群宗族的譜牒，大都是為了合理化既有土地利益而杜撰，譜牒中的歷史論述往往錯漏百出。不同宗族的譜牒中之論述，亦往往互相矛盾。香港中文大學歷史系前主任葉漢明教授如此評論：

> 大部分族譜的內容都有不少疑點或自相矛盾之處，可推想其編造時的難處。多年來爬梳過大量廣

東族譜的譚棣華就舉出不少例子。如順德大良的《南門羅氏族譜》和《北門羅氏族譜》都說其祖先為「雄州珠璣巷人」，南宋時為避難而遷至大良。但二族從無往來痕跡，其後人亦覺奇怪。故二者或有一為非，或二者皆非，而珠璣巷故事多為杜撰。至於上文述及的冼族，已證實為嶺南土著，但族譜中仍說來自南雄，也附會於珠璣巷傳說。研究番禺《沙灣何氏族譜》的劉志偉也指出，何族一方面要附會珠璣巷傳說，以認同明清之際珠江三角洲的新興大族，另一方面，又要強調始遷祖與宋代名臣交厚，比珠璣巷逃難者高貴，致令祖先系譜矛盾百出，成了一筆糊塗賬。此外，庶民在編譜時攀附達官之家甚至皇室的例子也很普遍。沙灣何氏就將宋朝名人拉入系譜之中而編出「三鳳流芳」的故事，以顯其簪纓世胄的高貴血統（葉漢明，二〇〇〇）。

這種將祖先視為華夏落難英雄的敘事模式，在東亞大陸帝國的邊陲極為常見，乃邊緣族群為面對強勢漢人的挑戰而建構的論述（王明珂，二〇〇六）。透過杜撰族譜以擴大宗族規模，透過於祠堂舉行祭祀團結族人，宗族逐漸成為主導廣東社會的力量。集合宗族之力能夠得到足夠的人力物力，於珠江三角洲填海造陸，亦能夠有足夠的剩餘勞力，可以挑選資質聰穎的子弟，讓他們專心求學考取功名，令宗族能取得官府的奧援。

即使在近代，廣府宗族仍不時顯露其為私利舞弄禮法的傳統作風。在二〇一二年九月，出身新界大宗族的侯志強力挺開拓新界東北的規劃，聲言有足夠賠償，即使清拆家族的祠堂亦沒有問題（《蘋果日報》，二〇一二年九月廿日）。此話令眾人譁然，卻意外道出了宗族的歷史本質：宗族是為了調動資源圈地而建立的，而宗族當初興建祠堂，亦只是為了協助家族能更有效地於地產投資中獲利。既然祠堂是為土地利益而設立的，那麼為土地利益拆掉祠堂，對逐利的宗族來說並非出奇之事。

率先採納儒家思想的廣府大族，亦透過鄉約、社學等渠道推廣儒家禮法，藉此加強對弱勢族群的社會控制。通過儒家以禮輔法、以紳助官的意識形態，壟斷儒家教育的大族，就可以得到官方的認可，並以文明開化、取締異端的名義欺壓較遲漢化的族群。弱勢族群既失去對生產要素的控制，亦無法提出與廣府大族抗衡的平行論述，嶺南就在十六世紀急速漢化。而信奉正統儒家禮教的地方精英強調忠君孝親的秩序情結，令嶺南社會趨向穩定，他們於是在取得地方權力之同時，促進明帝國對嶺南社會的控制（葉漢明，二〇〇〇）。

廣府族群文化之形成

崇禎末年，明帝國內外交困。東北有女真人建立的清國進犯，內部亦受到瘟疫、饑荒與民變的多重打擊。一六四四年，李自成的叛軍攻陷北京，明思宗逃到皇城以北的煤山上吊自盡。李自成自立為大順皇帝，但新皇朝卻未能有立足的機會。駐紮在山海關的明將困在李自成與清國之間，最終決定投靠滿清。清軍迅速擊敗李自成，並佔據華北大片土地。明帝國遺臣嘗試於華東、華南擁立宗室登基，謀求復興，但卻沒有宋帝國的運氣，遺臣以及宗室諸王未能團結抗敵，令南明不能像南宋那般有效管治其半壁江山，面對清軍攻擊即迅速崩潰。

廣東為南明最後據點之一，使其於明清之交幾乎遭受滅頂之災。一六四六年，廣東同時出現兩位皇帝。朱由榔於肇慶登基，是為明昭宗；而朱聿鐭同時於廣州登基，是為明文宗。清軍未攻進廣東，兩位皇帝已為爭奪正統而內戰，到年底清軍攻陷廣州，明文宗登基後只四十日，即被擄遇害。翌年清軍攻擊位於肇慶的明昭宗，珠江三角洲展開了抵抗滿清的社會運動。陳子壯、張家玉與陳邦彥組織部隊與清軍交戰，被譽為廣東三忠。

之後在廣東爆發的連場激戰，並不只是滿人與漢人的對決，更是反清廣東人與決定投降的同胞之間的血腥鬥爭。一六四七年，帶領清軍的明帝國叛將李成棟決定重新效忠明室，令廣州再次易手，但李於次年即戰死沙場。到一六五〇年，清軍再次攻陷廣州，屠城五日，逾十萬民眾因而喪命，之後清帝國下令居民剃髮留辮，改穿滿服。

到一六六一年，南明將領鄭成功驅逐統治臺灣的荷蘭人，建立東寧王國。為免沿海民眾接應鄭軍，滿清朝廷下令山東至廣東沿海民眾內遷卅至五十華里，而沿海地段則劃為禁區。珠江三角洲的繁華地段，多淪為杳無人煙的不毛之地，要到一六六九年，朝廷才批准部分地區復界，但不少廣東人已深受顛沛流離之苦。當時廣東乃是交由明帝國叛將平南王尚可喜、靖南王耿精忠間接統治，其管治甚為殘暴，不少廣東士紳因曾參與抗清而逃亡自保。直到一六八三年，清海軍於澎湖打敗東寧王國的海軍而吞併臺灣，廣東才完全復界。清聖祖康熙皇帝為安撫人心，遣王士禎至廣東黃埔祭祀南海，並與廣東的南明遺民和解，局面才逐漸回復正常。

遭遇連場劫難後，廣東宗族發展日趨成熟。一些大宗族開始於廣州興建合族祠，進一步凝聚同姓族人的力量。此時地契制度亦日漸繁複，宗族投資土地的方式亦與現代公司合股制雷同：宗族此時或可視為一間由族人共同擁有的股份有限公司，但「董事會」的運作，則是由較有名望的支系主導。而宗族並不只集中精力在圈地運動，亦開始投資在工商行業。康熙復界後，廣東的商品經濟迅速恢復，廣東與其他省份以至海外的貿易亦空前頻繁，大宗族於其中獲利甚豐（Faure 2007）。

廣東原住民於公元十五世紀起為了參與圈地運動，採取了漢人的文化而捨棄原住民的本土身分，但他們終究意識到自己與嶺北漢人仍然存在著不可磨滅的分歧。清帝國初年，廣府族群開始將自己界定為與眾不同的漢人。屈大均乃第一位替廣府族群定位的廣東士紳。屈曾短暫服務於肇慶的南明朝廷，康熙初年吳三桂決定背叛滿清後，曾一度擔任吳的幕僚，但最後發現吳無心復興明朝而黯然離開。之後屈大均不問政事，潛心著述。也許他發現清帝國的政治已無可能按其意願發展，唯有改以學術研究方式作文化抗爭。

屈大均竭力發掘當代與廣東相關的知識，並將之輯錄成書。他四出收集廣東的文學作品，並編修為《廣東文集》和《廣東文選》。除此之外，他亦將廣東的人文地理知識輯錄為《廣東新語》，使之成為廣東有史以來最詳盡的方誌。《廣東新語》並不算是一本客觀的百科全書，反而更像屈大均對廣東史地的個人詮釋。雖然清廷曾因屈大均之反清立場而查禁其著作，但他對廣府族群的自我詮釋，卻又深深植入廣府族群的意識之中。《廣東新語》卷七〈真粵人條〉如此描述廣府族群：

> 今粵人大抵皆中國種。自秦漢以來，日滋月盛，不失中州清淑之氣，其有鄭髮紋身越人，即今之傜（瑤）、僮（壯）、平鬃、狼、黎、岐、蜑諸族是也。

在屈大均眼中，廣府族群為南遷的華夏遺民，文化上與嶺北的中原漢人毫無差別。與此同時，他又與瑤族、壯族以至是蜑民劃清界線，強調廣府族群雖然與這些群體於廣東混居，他們卻是與廣府族群毫無關係（程美寶，二〇〇六）。這種講法其實反映了廣府族群的自我焦慮，始終擔心嶺北的漢人仍舊會視他們為南蠻，只好急不及待的將拒絕漢化或遲漢化的原住民斥為非我族類。但這種視廣府人與嶺北漢人為同類漢人的看法，並無法經得起現實的考驗。廣府人與嶺北漢人在語言、文化以至是生活習慣上，均存在極大的差異。比如廣府族群的母語粵語雖然與嶺北漢語同屬漢藏語系（Sino-Tibetan）漢語族（Sinitic

Languages）的語言，但粵語當中有不少常用詞彙源於古百越語，有學者估計有五分之一的粵語詞彙有古百越語淵源（李敬忠，一九九一；龔群虎，二〇〇一）。雖然粵語大體上依隨漢語族語言的語法，但部分語法卻與壯侗語系的壯語及苗瑤語系的瑤語相似（李敬忠，一九九〇）。嶺南原住民於十一世紀後逐漸改用中古漢語時，改不掉百越語言的語法及音調，是以粵語雖屬漢語族語言，但終究與嶺北漢語不能相通。隨著帝國內部交往日趨頻繁，屈大均這種自我定位終究會站不住腳，更何況廣府族群對其獨特的生活方式引以為傲。

最終廣府族群想到一種折衷的詮釋方法：廣府族群之所以獨特，是因為五嶺的阻隔使廣東避免中原的動蕩，令華夏古風能不受干擾地於廣東得以承傳。道光年間，陳澧於《廣州音說》解釋粵語何以有異於嶺北漢語：

> 朱子云：「四方聲音多訛，卻是廣中人說得聲音尚好。」此論自朱子發之，又非余今日之創論也。至廣中人聲音之所以善者，蓋千餘年來中原之人徙居廣中，今之廣音實隋唐時中原之音，故以隋唐韻書切語核之，而密合如此也。

按照這種講法，廣府族群之所以在嶺北漢人眼中顯得怪異，是因為他們保存了中原早已失傳的華夏古風。廣府族群非但不是南蠻，反而比其他漢人更接近華夏正宗：也許廣府人還能嘲諷嶺北漢人的文化曾受北方夷狄的污染呢。這種自我認同有一點近乎自我矛盾：廣府族群一方面對自己的獨特抱有優越感，但另一方面又要強調本身與華夏的文化連帶，不肯建立脫離華夏的本土意識。不過，我們要理解廣府族群是靠服膺儒家禮教發跡，而英清戰爭前，華夏文化是廣府人所知最卓越的文化。將自己定位為高級華夏人，是當時廣府人確立本土獨特性最理性的進路。不過，直到今天，部分香港人仍然以同一套路，詮釋香港人有異於中國人的身分認同（陳雲，二〇一三a）。這也算是本土運動的路徑依賴（path dependency）。

清初康熙、雍正、乾隆三代，清帝國享有逾一個世紀的太平日子，消費文化得以蓬勃發展，大眾的娛樂需求，亦使廣東出版界出版大批粵語文學以及通俗文化刊物。雖然廣東士紳大都覺得粵語入文不能登大雅之堂，堅持文言寫作方為正統，但是從事通俗寫作的作家，大多有一定文化程度，或是屬於只能通過初級考試的下層士紳。如此廣東普及文化的特色，乃是「俗中有雅，雅中有俗」。粵語文化一方面普及化，另一方面同時精緻化。一八二一年，舉人招子庸將粵語普及歌詞輯錄為《粵謳》，可謂廣東通俗文學的經典。這套文學最終於十九世紀末發展為包括粵劇、三及第文學[1]在內的廣東特色文化（程美寶，二〇〇六）。

不過，粵語文化的興起，其實為廣府族群建立了文化資本（cultural capital），並藉此將來自大宗族的廣府人與蜑族、閩南、客家等外來者作出區別（Bourdieu 1984）。當文化資本的分野出現後，族群區隔漸趨壁壘分明，像十六世紀以前那種流動界線，亦已成陳年往事。

廣府人對蜑家人的歧視尤其嚴重。其實兩者起初都是嶺南原住民，但部分原住民較遲漢化，又未能於明中的圈地運動中勝出，最終只能居於舟艇之上，而成功圈地的廣府人卻對舟居的蜑家人落井下石，將其污名化。屈大均於《廣東新語》卷七〈蜑家賊條〉如此抹黑蜑民：

> 廣中之盜，患在散而不在聚，患在無巢穴者，而不在有巢穴者。有巢穴者之盜少，而無巢穴者之賊多，則蜑家其一類也。蜑家本鯨鯢之族，其性嗜殺，彼其大艟小艑出沒波濤，江海之水道多岐，

而罟朋之分合不測。

在廣府族群眼中，蜑家人絕非圈地失敗的貧民。他們認為蜑家本來就是野蠻民族，天性就是要做潛伏水上的賊。蜑家人因而成為廣東社會的賤民。雍正年間的一七二九年，皇帝下詔替蜑民平權，准蜑民上岸定居，定居三代後的子弟則有權參加科舉。可是，族群歧視並不能靠一紙公文完全消滅。廣府族群的成見既在，明末袁崇煥由蜑民搖身一變為抗清英雄之事跡再也不會再出現。

這可反映於一八二五年的案例。當時有一位蜑民，已經上岸三代。他從商獲利，欲花點錢買個官銜，卻遭到官府的重罰。官府指蜑民捐官時，並無申報曾經身為蜑民，有訛騙官府之嫌。除此以外，他的姊姊早前嫁了給蜑民；這麼一來捐官人其實並不算是第三代可任官之人。從今日觀點看，這種判案實在是匪夷所思。只是因為捐官人是蜑家後人，官府就百般刁難，就是不讓他得到官員名分。

華南學派的蕭鳳霞教授和劉志偉教授，如此抽述廣府族群肯定自我、排斥弱勢的漢化歷程：

> 我們和科大衛（David Faure）在有關珠江三角洲宗族的研究中指出，大多數宗族關於祖先定居歷史的記憶和敘述是令人存疑的，這些宗族的祖先並不一定是來自中原的移民，他們實際上更多是本地的土著。這些宗族的部分成員，在不同的歷史階段，操控著他們認作國家權力的象徵，加上他們自己的創造，建立起自己在帝國秩序中的「合法」身份；通過貼上了「漢人」的標記，他們與當地其他原居

1 三及第文體是一種文言、白話、粵語並用的文體，風趣幽默卻不失韻味。初見於十九世紀初的廣東，代表作包括招子庸的《粵謳》及邵彬儒的《俗話傾談》。二十世紀中常見於香港、澳門和廣東的報章。擅於寫三及第文體的香港作家，包括筆名三蘇的高德雄、以及殿堂級詞人黃霑（黃湛森）。

民劃清界線。這些宗族控制了廣袤的沙田，也控制了墟市和廟宇，修築祠堂，編纂族譜，炫耀自己與士大夫的聯繫。這些努力提升自己社會地位的人，在演示一些被認為是中國文化的正統命題和身份標誌的同時，也創造著一套最後為官方和地方權勢共同使用的排他性語言。（Siu and Liu 2006）。

除歧視蜑民外，廣府族群對「犵獠」、「客賊」以至是「匪」都沒有什麼好說話。這群盜賊，所指的其實是廣東另一支陸上族群：他們是來自廣東東部的客家族群。

客家族群在廣東

廣東的陸上族群，除了由原住民漢化而成的廣府族群外，還有客家族群。客家之所以稱為客，是因為他們在原住民漢化後，才陸續遷入珠江流域定居。客家族群聲稱自己為宋帝國士族的後代，因逃避戰亂才逃至廣東、福建、江西三省交界的山區，之後再陸續遷至廣東、福建、臺灣以及南洋。不過，客家族群自視為華夏苗裔的觀點，心態上與自命華夏正宗的廣府族群雷同，很可能是對外人種族歧視的條件反射。根據民族學研究，客家語的結構與少數民族畬族的語言相似，而早期的歷史文獻，亦常將客家族群與畬族混為一談。由此推斷，客家族群很可能是漢化的畬人，或至少是南遷漢人與畬族的混血兒（Leong 1997）。

在唐帝國的史籍，已記載於三省交匯之山區，居住著刀耕火種的畬族。他們亦居於福建南部以及廣東其他地方，有時亦被稱為輋族。公元十二、十三世紀，在福建南部的閩南族群為爭奪稀少的平原耕地，驅逐當地畬人，畬人只得集中於三省交匯之處，並遇上大批逃避金人的南遷漢人。畬族與漢人難民於山區混居，逐漸凝聚為一個獨特的族群。到公元十六世紀，畲族曾經發起大規模民變。一五一七年，陽明子王守仁以巡撫身分到江西南部山區鎮壓，斬殺起事首領，屠殺三千一百餘位畲民，兩千三百餘位婦孺淪為俘虜。翌年王守仁乘勝追擊，鎮壓廣東東北的畲族。殺戮過後，朝廷於畲民聚居地推行人口登記。就像珠江三角洲在黃蕭養起事之後的情況那樣，大批畲民趁機登記為編戶齊民。不過，與廣東原住民的處境不同，畲民並不是為了圈地而登記，動機主要是逃避漢人對他們的種族逼害。

清帝國於一六八三年侵佔臺灣後，取消了遷界令，但多年流徙令廣府族群大量死亡，以致於珠江三角洲有大批無人認領的空置田地。客家族群世居的廣東東北、江西南部與福建西部為貧瘠山區，缺乏良田，他們因而大批遷移至珠江三角洲。客家人起初開拓荒地和山地，站穩陣腳後，又開始與廣府族群爭奪沖積平原的良田。

客家族群的出現，使清帝國廣東出現嚴重族群矛盾。十九世紀中，廣東出現了規模堪比內戰的土客械鬥。一八五〇年代興起的太平天國，領導者多為廣東、廣西兩省的客家人，某程度上這場於東亞大陸帝國史上死傷最慘重的內戰，可以視為客家族群與廣府族群衝突之延續（湯錦台，二〇一〇）。

香港的西北面，為廣府族群聚居的珠江三角洲，但東北則是廣東東部丘陵地帶之延續，亦正好為客家族群播遷之路徑。是以在香港的山區及偏遠海灣，大多為客家村落。而在元朗平原、梧桐河平原、林村河谷等沖積平原，則多廣府人聚居。為了應付客家人的武裝襲擊，他們興建設防的圍村保護自己，亦因而被稱為圍頭人。

居於沖積平原的廣府族群，開埠初期並未擔當重要角色。佔香港人口大多數的廣府族群，祖先大多是香港成為大都會後，因避秦南遷歸化的移民。但客家族群自開埠起就參與香港的建設。開埠前後已有客家人在維多利亞港兩岸採石為生。牛池灣（Hayes 2012）及筲箕灣（陳雲，二〇一三b）在初開發時，皆是採石客家人聚居的村莊。而開埠初期參與建城的建築工人，亦大多源自客家族群（Munn 2009）。

不過，真正於香港開埠擔當重要角色的，卻是以海洋為家的海洋族群。他們有的是因為山多地貧而出海營商的閩南族群。除此之外，不少嶺南原住民因為遲漢化，或是未能適應圈地競賽的遊戲規則，而成為以舟為居的蜑家族群。不瞭解這些海洋族群的歷史，我們就無法理解香港何以為香港。

第三章 南海的大航海時代：嶺南海洋族群之興起

一直以來，東亞大陸帝國都被視為一個大陸強權。誠然，這個帝國的擴張一直都在陸上邊界進行，並未有像英國和荷蘭這類海權國家那般派海軍南征北討。不過，東亞大陸自漢帝國期間起，已通過南中國海與南洋以至南亞諸國進行貿易。唐帝國曾於廣州設立市舶司，管理對外海洋貿易事宜，大批阿拉伯商人居住在廣州的蕃坊，與當時位於絲綢之路起點的首都長安同為國際都市。那時候的海洋貿易網路，已經穿越印度洋，直達東非沿岸（吳承志，一九六八）。

宋帝國具海洋性格，而且工商業發展興盛，大批包括瓷器和布匹等製成品獲海外買家青睞。但當時絲綢之路卻為西夏所佔據，令宋人必須靠海路與南亞和中東諸國貿易。靖康之難後，朝廷只剩半壁江山，使帝國的重心轉移到東南沿海。失去疆土，意味著朝廷亦失去地稅收入，這樣朝廷更為倚重海外貿易的關稅。這樣令宋帝國海洋貿易異常發達，東亞大陸沿岸的貿易網路亦逐漸成型（Lo 2012）。

東亞大陸的海洋貿易可分為兩類。第一類為帝國內部的沿岸貿易，東亞大陸各地有不同物產，而沿岸貿易可補足各地所需。華北盛產大豆、棉花、蜜棗，東北山海關以外則盛產漢人趨之若鶩的人蔘。不過，華北冬季嚴寒，每年只有一造農作物，有糧食不足的問題。江南的工業較為發達，當地出產的布匹、陶瓷、手工藝品皆為上品。原本江南土地肥沃、氣候適中，本應盛產農作物，但該處亦為東亞大陸都市發展最發達之地，自公元十五世紀起越來越依賴進口農產品。華南位處亞熱帶，每年可種兩至三造稻米，氣候亦適合種植甘蔗。南中國海的海水鹹度及日照時間均利於製鹽，而廣東東部及福建的丘陵地帶則適合種茶。沿海貿易一方面滿足東亞大陸對消費品的需求，亦同時解決華北及江南糧食不足的困境，其重要程度遠超主流史觀所描述。

東亞大陸帝國的涉外貿易，又可分為東洋貿易與南海貿易。東洋貿易即是與日本的貿易。由於日本對東亞大陸的生絲需求甚殷，商人通常以生絲換取銅、白銀等貴金屬，是以東洋貿易支撐著東亞大陸帝國銀本位、並以銅錢為輔的貨幣制度。南洋貿易又可細分為兩條路線，較傳統的走法是從嶺南沿海航行，由潮州、廣州等港口出發，經安南、暹羅到馬來半島，之後可經麻六甲海峽走到南亞、中東、東非等地，或是在現時為印尼的群島之間航行。到十六世紀又多了一條向東南走的航線，由廈門出發，越過臺灣海峽到臺灣，再越過巴斯海峽到菲律賓，然後一路走至今日印尼東部的香料群島。起初南洋貿易商人以帝國的製成品，換取南洋諸國胡椒、丁香、豆蔻等香料。明式家俬採用的紅木，亦是來自南洋。

清帝國初年人口倍增，明帝國覆亡前全國約有一億人口，至晚清則已高達四億。清帝國糧食不足，過分耕作又已造成水土流失等環境災害。南洋貿易此時成為帝國的救命草。安南、暹羅和臺灣的稻米養活了清帝國，南洋及臺灣的蔗糖則為飯菜加添滋味。此時歐洲人亦已於南洋及南亞建立據點，購買清帝國的茶葉和瓷器。他們向清帝國輸入支撐其貨幣體系的南美銀幣，之後向其銷售印度的棉花。後來棉花滯銷，歐洲人則改為傾銷令人上癮的印度鴉片（圖 3.1）。

南中國海既然有著高度發展的貿易體系，那麼沿岸就自然住著靠海洋為生的海洋族群。他們包括居住在廣東沿岸的蜑家族群，以及發源於福建南部的閩南族群。

與廣府族群一樣，蜑家族群的祖先亦為世居嶺南的原住民。廣東沿岸多海灣，珠江水系水道縱橫交錯，是以原住民早有以舟為居、靠水為生的傳統。這些水上居民主要出沒在廣東沿海，以及珠江、韓江流域的水道（羅香林，一九五五）。他們大部分都是漁夫，但因為熟悉水性，亦會利用自己的船隻從事貿易以及河道、海道的運輸工作，有的會於商人的船隻上擔任水手。珠江三角洲在公元十五世紀起大規模填海造陸，水上居民靠近岸邊，因此能向填海的大宗族販賣勞力。部分原住民善用圈地運動的機遇使其家族發跡，之後棄舟登陸，像廣府族群那樣透過里甲登記、杜撰譜牒、建設宗祠和參與科舉，洗刷家族身為原住民的往事。

但有相當數目的原住民始終無法完全漢化，亦無法於陸上宗族的圈地競賽中脫穎而出，只能繼續以舟為居，事實上他們於陸地亦再無立錐之地，被自命為正宗漢人的廣府族群排斥，使留在水上的原住民到清初淪為次一等的賤民。他們被貶稱為蜑家人，被禁止於陸地定居，不准穿著絲綢織成的貴價衣物，更被禁止參與科舉考試。雍正年間，皇帝宣佈容許蜑民獲得與陸地居民同等的權利，但他們還

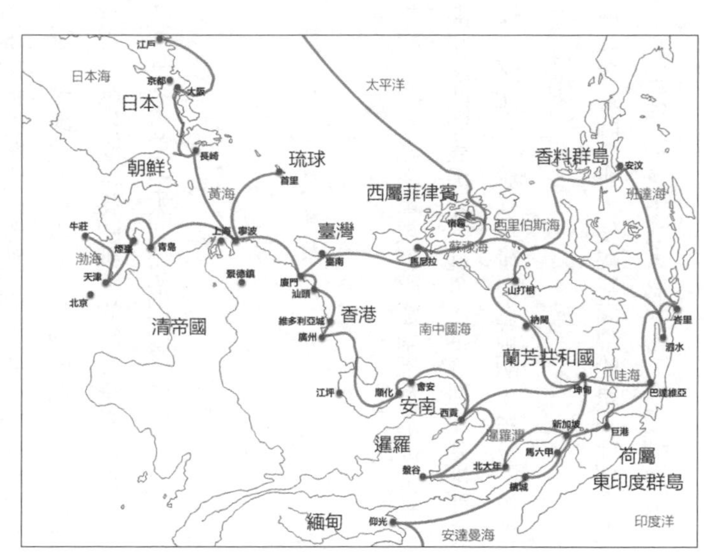

圖 3.1 ——清帝國東亞海域的貿易航線

是受到陸上廣府族群的歧視。蜑家人大部分都極為貧窮，縱然有少部分蜑家人因為參與沿海貿易致富，但始終不為廣府人接納，這又使大部分發跡的蜑家人千方百計隱瞞自己的出身（Faure 2007）。

除蜑家族群外，閩南族群亦是活躍於廣東及福建沿海的海洋族群。他們的祖先很可能是福建南部原住民與南遷漢人的後代。漢帝國初年，福建為閩越國之地，該國與位處兩廣、越南的南越國同為獨立的藩屬國。公元前一一〇年，漢武帝派兵侵吞閩越國。官方文獻指漢軍將閩越國的國民全數遷徙至長江與淮河之間，但這種說法極有可能是誇大其辭。不論如何，直到唐帝國年間福建仍為原住民聚居之地。《開元錄》如此記載：

> 閔縣，越州地，即古東甌，今建州亦其地。皆夷種，謂林、黃是其裔。

福建地區一直被中原漢人視為化外之地。唐睿宗年間，陳元光率軍鎮壓福建南部及潮汕地區的原住民起事。鎮壓之後，陳上奏朝廷，促請朝廷於泉州、潮州之間開設漳州。此外，他亦派軍隊開墾荒地，並引入中原較先進的農業技術。福建南部的住民甚為懷念陳元光，於其身後奉為神明，至今開漳聖王仍為閩南族群最誠心供奉的神明之一。

唐帝國滅亡前的黃巢之亂，破壞了之前一直主導海洋貿易的廣州，使福建南部的泉州能逐漸取而代之，自十世紀起成為東亞大陸帝國最重要的通商港口。原住民的物質生活大為改善，亦受到漢文化的薰陶，逐漸與新遷入閩南的漢人凝聚為閩南族群（湯錦台，二〇一三）。

福建地區主要為丘陵地帶，缺乏便於耕作的平地。不過，福建沿海有大量可供停泊的港口、海灣，亦接近主要航道，無法找到農地的閩南人便會到海洋謀生，或是捕魚，或是於船隻上當水手，亦多下海從商者（Antony 2002）。蒙古人於一二七九年在崖山消滅奮戰到最後一刻的宋軍後，不少閩南人一方面忠於宋室無法事元，另一方面又難在福建討生活，便大批沿著通商航道向南遷徙（Lo 2012）。

閩南人在十五世紀後不再只聚於福建南部，有的遷移到明帝國內的廣東東部、雷州半島以及海南島北部，在帝國以外他們亦遷移到安南、馬來半島、婆羅洲、東印度群島、臺灣以及菲律賓。居於潮汕地區的閩南人若移居海外，多會遷居暹羅。一七六九年，祖籍潮汕澄海的鄭信被擁立為暹羅國王。現時統治泰國的王朝，其王室亦有潮汕人的血統。一七八二年，暹羅將領朱拉洛（Phraphutthayotfa Chulalok）推翻鄭信自立為王，其母有潮汕血統，而他向清朝貢時亦以漢名鄭華自稱（湯錦台，二〇一三）。

海洋族群並不像陸上族群那般遵從儒家倫理的規範，這是因為他們缺乏廣府族群那種建構宗族的過程，亦因此保留了較多原住民的風俗文化。海洋族群不會強調《朱子家禮》的人倫規範，某程度上保存了原住民性愛自由的風俗。同性戀在海洋族群中頗為普遍，而同性性行為甚至可稱得上是一種成人禮。而女性在海洋族群中的地位較在陸上的女性高，女性當家乃常見之事，這亦是原住民留下的優良傳統。在海上謀生易遇不測之風雲，如此又令海洋族群傾向迷信，供奉神明比陸上人來得虔誠。做任何決定前，必定先求神問卜，若無吉兆，即使事關重大，亦寧願改期。這種信命的態度，使他們多追求短期回報，少作長遠規劃，賺取錢財後亦多用於祭祀、賭博與揮霍。他們的人生觀是：既然明天很可能就葬身魚腹，何苦要積穀防饑？

為了使運氣長留身邊，海洋族群可謂見神就拜，廟宇建得比其他族群精緻，祭祀的花費亦特別豪爽，媽祖（天后）、觀音、玄天上帝（北帝）及洪聖則為最常敬奉的神明。十七世紀之前海洋族群奉玄天上帝為主神，在清帝國控制東亞大陸後則最尊崇媽祖。他們祭祀的神祇有部分亦為陸上族群所供奉，但不同族群信仰的重點並不相同：陸上族群會側重神明於倫理道德上對信眾的教誨，但海洋族群則著重神明的法力以及其對未來的啟示（Antony 2002）。這其實是因為海洋族群借用陸上族群敬奉的神明，以延續原住民的宗教習俗。在明代，大宗族為推廣儒家禮教而拆除原住民神明的「淫祠」，海洋族群便在官方認可的廟宇中暗地裡延續昔日的宗教習俗，以作為對儒家文化逼害的反抗（Faure 2007）。

大陸帝國與海洋族群的鬥法

廣東、福建兩省在十八世紀，大約有三分之一的人口是靠海洋為生（Antony 2002）。但自十四世紀明太祖厲行海禁後，東亞大陸帝國喪失原先的海洋性格。宋帝國一直嘗試建立以經濟學原則管治國家的體制，但過程一直跌跌碰碰，除了帶來好幾次黨爭，最終亦未能做到黃仁宇所講的「數目字管理」。明帝國則完全放棄了宋帝國的政治實驗，而決定改以原始、簡化的方式管治。朝廷改以禮法規範民眾，將行政問題道德化，以禮法的人倫規範取代官僚及市場對民眾行為的調控。而明太祖為實行獨尊君主的極權政治，多次對官僚體系進行血腥清洗，令政府組織進一步簡化。朝廷認為單純的農村較為容易管治，令重農輕商成為明帝國基本國策（黃仁宇，一九九三）。

明帝國輕視商業，亦與元末民變的經驗有關。一三五一年，韓山童、劉福通在安徽潁上起義抗元，長江流域很快便陷入群雄割據的局面。方國珍割據浙江東部、張士誠割據江蘇北部，二人皆得到浙、蘇兩省商人支持，他們亦以海外貿易為主要財源，其中又以張士誠對朱元璋的威脅最大，當時有「士誠最富、友諒最桀」的講法。而且張士誠甚為禮待士紳，贏得知識階層支持，施政作風自由，治區經濟最發達，令他甚得民心。朱元璋登基後，就決定要在經濟基礎上摧毀張、方二人東山再起之機會。

一三六七年，朱元璋擊敗張士誠、方國珍，之後沒收支持張士誠的商人和地主之田產，強制遷徙，此時仍准許海外貿易，並沿用元帝國市舶司制度。但在方國珍前據地舟山群島，居民拾獲方留下的元帝國行樞密院印，並在一三六八年起事，之後一度攻佔浙江象山縣。起事被鎮壓後，朝廷將涉及起事的蘭山、秀山居民充軍，強制內徙。一三七四年，朝廷廢除市舶司，到一三八七年更廢除處於舟山的昌國縣，強逼島民遷移大陸。自此朝廷逐漸收緊海禁令：先是禁止浙江漁民出海，到一三七一年，朝廷下令「禁瀕海民私通海外諸國」，一三九四年禁民眾用洋貨，一三九七年則完全禁止海外貿易。之後朝廷於沿海要地築兵寨嚴格執行海禁，以致有「片板不許入海」的說法。自此東亞大陸的海外貿易就只限於朝貢貿易。部分已僑居南洋的海洋族群，則化身為南海諸國使者或隨員翻譯，以朝貢之名做自己的生意（曹永和，二〇〇〇）。

但東亞大陸的經濟在宋帝國後早已商品化，經濟需求從不因行政命令而改變，禁令已下，惟需求仍在，海洋貿易只好改為走私貿易。走私須以武裝自衛，既有武裝，也就可以用來攻擊競爭對手，或是在沿海各處搶掠。一四六七年，日本室町幕府崩潰，開始連場內戰的應仁之亂，大批武士流亡，有的加入走私商人的武裝部隊，有時亦會加入海上武裝集團，史稱這些武裝集團為「倭寇」。但走私商人的武裝，其實主要是由海洋族群所組成，除日本武士外，亦有來自南洋諸國的成員。直到十六世紀中葉，走私貿易主要集中在廣東以及福建南部沿海。正德、嘉靖年間，私商的組織日趨成熟，並已凝聚為幾個大型武裝集團。一五二六年，福建商人鄧獠於現為佛渡島的舟山雙嶼開設商埠。此時正值歐洲航海大發現的時代，葡萄牙人已經抵達東亞，打算與明帝國展開貿易。起初他們在珠江口一帶活動，與當地海洋族群合作從事地下貿易（鄭永常，二〇〇四）。到一五一八年，葡萄牙人更在屯門島設立走私貿易基地，位置很可能就是今日的大嶼山（林天蔚、蕭國健，一九七七）。但在一五二一及一五二二年，葡國海軍先後於屯門及西草灣被明軍擊敗，葡人只得改到新開埠的雙嶼港，藉走私商人之幫助與明帝國貿易（張彬村，一九八八，Chin 2010）。

一五四八年，明軍打壓浙江沿海私商，雙嶼港淪陷，被明軍夷為平地，港口亦被砂石永久封死，此後走私貿易的重心，從福建商人主導的南洋貿易，轉移到浙江商人主導的東洋貿易。從事日本貿易的王直藉機擴張勢力，甚至與緝私官員聯手對付競爭對手，亦因此得到海道副使丁湛的包容。王直透過整頓浙江海域的地下秩序，作為對丁湛的回報。但一五五二年，黃岩縣遭到冒進的武裝商人攻佔，令朝廷決心打擊一切走私活動。

寧波生員蔣洲和陳可願於一五五五年擔任中間人，幫助朝廷收買王直，但王直登陸後，朝廷出爾反爾，違背承諾拘捕王直，並於兩年後處斬。自此武裝走私集團群龍無首，部分淪為燒殺搶掠的汪洋大盜，令明帝國沿海治安大壞。但失去首領的走私集團無法長遠立足，亦因此大批走私商人及武裝分子走到朝廷力所不及的南洋避風頭（張彬村，一九八八）。

一些曾參與武裝走私集團的海洋族群，亦於南洋開創另一番事業。林道乾屬閩南族群，為潮州惠東人，是廣東、福建沿海走私集團的領袖。明穆宗隆慶年間朝廷放寬海禁，欲收買林道乾，但雙方談不攏條件，最終林於一五七一年再度武裝起事。一五七三年明軍擊潰林道乾的部隊，林之後可能途經澎湖、臺灣，輾轉來到南洋。之後林道乾欲於暹羅起事，暹羅向明帝國及葡萄牙求援，三國聯軍於一五七八年擊潰林道乾的部隊（張增信，一九八八）。

但林道乾經歷兩次兵敗仍大難不死，悄悄返回潮州擄人劫物，然後又成功逃脫。後來林抵達今日泰國南部時為獨立王國的北大年（Pattani），成為當地女王寵信的官員，還娶了公主為妻。傳說林道乾的妹妹之後到北大年探望兄長，嘗試勸其返回潮州侍奉母親，遊說失敗後於芒果樹下自縊。現時北大年有一所林姑娘廟紀念這位傳說中的女子，其誕辰為當地重要的地方節慶（湯錦台，二〇一三）。

功敗垂成的閩南海上帝國

自嘉靖末年起，明帝國逐漸放寬海禁。朝廷於一五五三年准許葡萄牙人立足澳門，四年後正式許可葡人於澳門定居，之後澳門成為葡萄牙帝國其中一個重要商港（鄧開頌，二〇〇五）。一五六七年，明穆宗正式撤消海禁，准許國人自由出國貿易。由於可以透過正常渠道貿易，令海上武裝力量的數目暫時得以減少。

但到十七世紀，明帝國囿於泛道德化的黨爭，政治敗壞，政策倒行逆施。天啟年間的一六二三年，朝廷再次限制海外貿易，到一六二六年更發展為全面海禁（Antony 2002）。崇禎年間，朝廷開始壓制澳門的葡萄牙人，一六三一年禁止葡國船隻於廣東靠岸，到一六四〇年更完全禁止葡人到廣州交易（鄧開頌，二〇〇五）。

海禁令使一度沉寂的武裝商船隊重新活躍起來，此時明帝國實力大不如前，令局勢變得一發不可收拾，最終東亞大陸東南海域成為閩南族群的天下。早至一六一五年，泉州商人李旦已經在臺灣魍港（今嘉義布袋鎮）設立與日本貿易的據點，天啟海禁後此處發展為武裝走私船隊的基地，並交由漳州商人顏思齊管理。

當時荷蘭來到東亞，欲於澎湖設立據點，卻在一六二四年被明軍驅逐，李旦便派鄭芝龍為翻譯，幫助荷蘭人遷移到位處臺南安平的大員。之後李旦和顏思齊相繼病逝，武裝勢力由鄭芝龍所接管（湯錦台，二〇一三）。

鄭芝龍出身泉州商人家族，幼年時隨舅父往澳門，曾於天主教堂受洗，教名為尼可拉斯（Nicolas）。由於鄭通曉外語，成年後便到日本和菲律賓營商，之後於日本平戶結識李旦而成為其部下。一六二五年，鄭芝龍接收了李旦和顏思齊的部隊，並替荷蘭人做事。荷蘭自獨立以來，就一直與前宗主國西班牙交戰。鄭芝龍的武裝部隊襲擊前往明帝國通商的西班牙船隻，開始其亦盜亦商的生涯。他除了進行走私貿易和騷擾荷蘭的敵人，偶然會派部隊洗劫廣東、福建沿岸地方。當時明帝國日趨衰落，明軍始終無法應付鄭芝龍部隊的攻擊。

當時明帝國腹背受敵，在東北既要面對滿人進攻，帝國內部亦政治腐敗醞釀民變，因而決定收買鄭芝龍，而鄭此時與荷蘭的合作出現分歧，故此於一六二八年接受蔡善繼的收買。鄭芝龍成為明軍將領後，繼續從事走私貿易，並運用官職權力，以剿匪名義打擊競爭對手。他亦嘗試與荷蘭人重修舊好，與領導另一股武裝走私集團的劉香競爭。荷蘭決定支持鄭芝龍後，劉香沉不住氣，一六三四年攻擊荷蘭人統治的臺灣。鄭芝龍與荷蘭海軍聯手夾擊，最終次年在陸豐外圍海域將劉香擊殺。

一六一五年，德川家康於大阪打敗豐臣家的殘存勢力，一統日本。德川幕府懼怕歐洲人會透過傳播基督教影響政治穩定，因而採取閉關鎖國的政策。一六三八年，幕府限制海外貿易，只准荷蘭及華商在長崎交易。由於天主教曾涉入島原之亂，幕府禁止信奉天主教的葡萄牙人與日本通商。鄭芝龍乘機擴張勢力，在幫助葡萄牙人將澳門貨物轉口長崎時從中取利。最終鄭芝龍遍佈東洋、南洋的船隊，比荷蘭在東亞的船隊大七至十一倍。

李自成在一六四四年攻陷北京後，明思宗於煤山上吊，清帝國的軍隊亦在吳三桂變節幫助下迅速橫掃華北。明帝國遺臣於南京擁立福王朱由崧，是為明安宗，但次年清軍即連陷揚州、南京，明安宗亦遇害。唐王朱聿鍵隨即在福州登基，是為明紹宗。鄭芝龍的部隊是明紹宗最重要的軍事力量，因而被封為平虜侯，但鄭見明室大勢已去，又幻想滿清需要倚重其貿易網路，決意不理部下及兒子鄭成功的勸阻，執意投降清帝國。一六四六年，鄭芝龍出賣明紹宗，使其於汀州為清軍殺害，但未能得到期望的權位，反而遭清帝國軟禁為人質，藉此要脅鄭成功投降（湯錦台，二〇一一）。

鄭成功為鄭芝龍與日本人田川氏所生的兒子。他不理清帝國以其父親性命所作要脅，堅持以廈門、金門為基地持續抗清。鄭繼續其父與荷蘭人的合作關係，但因出口稅額等紛爭，逐漸滋生不滿情緒。一六五九年，鄭成功興師北伐，但當攻至南京城外時，又因錯失時機而大敗。鄭的部下何廷斌於臺灣擔任甲必丹（Kapitan），此時向鄭成功進言挑撥其與荷蘭的關係。鄭先是派兵封鎖臺灣，癱瘓臺灣的經濟，之後何廷斌向鄭成功獻上臺灣地圖，並如此形容臺灣：

> 田園萬頃、沃野千里、餉稅數十萬，造船制器，吾民鱗集，所優為者。近為紅夷佔據，城中夷夥，不上千人，攻之可垂手得者。我欲平克臺灣，以為根本之地，安頓將領家眷，然後東征西討，無內顧之憂，並可生聚教訓也。（Andrade 2008）

鄭成功聽信何延斌，一六六一年派大軍進攻臺灣。鄭軍先是攻陷赤崁樓，然後圍困安平的熱蘭遮城。荷蘭人次年投降，鄭成功於這片前荷蘭殖民地建立東寧王國。但那時候臺灣仍未有何廷斌所指的田園沃野，大部分地方仍為未開發的熱帶雨林。鄭成功很快便因染上熱帶疫病英年早逝，其父亦因失去利用價值而被清廷賜死（Andrade 2008）。

鄭成功並非唯一一位抗清的海洋族群成員。一六四七年，居於南海的蜑民陳子壯以反清復明之名召集蜑民起事，打算進攻廣州，卻被清軍擊潰。一六七七年，蜑民謝厥扶藉吳三桂反叛清廷的機會，起兵反抗清軍，但同樣失敗收場（羅香林，一九五五）。

鄭成功身故後，鄭經與鄭襲爭奪東寧王國的王位，最終這場權力鬥爭由鄭經勝出。鄭經之後重用陳永華，在其主導下投入對臺灣的開發、派軍隊屯田、並招攬東亞大陸移民開拓農地。除此以外，他亦興建孔廟，設立學校教化民眾，其商隊則透過走私貿易，繞過遷界令的限制與東亞內陸貿易，同時亦於日本、菲律賓、暹羅和馬來半島有廣泛的商貿網路（朱德蘭，一九八六）。當時英國東印度公司初到東亞經商，亦倚靠與東寧王國的合作開拓市場。

但在一六七四年，鄭經卻做了一個災難性的戰略決定。當時吳三桂等降清明將背叛清廷，發起三藩之亂。陳永華等追隨鄭氏多年的舊臣，多希望維持東寧王國於臺灣的小康之局，並計劃拓展東南亞，在東亞大陸之外建設漢人海洋國度。但馮錫範等後來投靠的明帝國遺臣，卻念念不忘在東亞大陸的霸業，堅持要冒險反攻大陸、滅清復明。最終明帝國遺臣得勢，鄭經決定扭轉多年來專注經營臺灣的政策，乘勢率軍西征。但他迅即與盟友靖南王耿精忠交惡，因而受到耿軍清軍兩面交逼，到一六八〇年只得損兵折將敗走臺灣。期間雖然有多次和談的機會，清帝國亦願意開出優厚條件。但明帝國遺臣害怕在議和之後失勢，屢次從中作梗，使和談皆以失敗收場。鄭經見大勢已去，就整天躲在行宮中以酒色麻醉自己，到次年就病故。之後權臣馮錫範又弄權，弒繼位的鄭克臧改立鄭克塽為王。東寧王國先是不安分，橫挑強鄰，繼而政爭不息同室操戈，令這個獨立島國元氣大傷。一六八三年，東寧叛將施琅率清軍侵略臺灣，於澎湖擊潰東寧海軍，最終鄭克塽只能投降滿清。自此臺灣成為清帝國的開墾殖民地，而東寧王國這個一度稱霸東亞的海洋族群帝國亦煙消雲散（Hang 2015）。

清帝國佔領臺灣後，朝廷重新准許民眾從事海洋貿易。與教科書的描述相反，清朝並沒有採取閉關鎖國的政策。清廷對來自東西方的科技知識甚為渴求，至少在清初是如此。朝廷只是寄望與西方的交往是由自己主導，寄望西方的軍事技術能由朝廷壟斷，不希望民眾與西方人直接接觸，但本身並不排斥西方事物（Waley-Cohen 1993）。此外，清帝國亦比明帝國更熟知貿易的好處：清太祖努爾哈赤興兵反明前，乃是靠人蔘貿易發跡。到清代中葉，東亞大陸已經成為世界上最商業化的地區。跨區域農產品交易已經成為常態，帝國的不同地區存著經濟上的分工。長江三角洲和珠江三角洲亦開始都市化。墨西哥銀元的流入，則促進清帝國的經濟貨幣化，從而令沿岸南北貿易日趨頻繁。在東寧王國滅亡後，清聖祖即決定解除海禁，鼓勵與海外的自由貿易（Zhao 2013）。

初時清帝國對海外華人抱有戒心，擔心他們會與海外明帝國遺民合作顛覆政權。康熙末年，朝廷曾限令海外華人三年內歸國，否則永遠不得踏進清帝國，並限制商人逗留海外的時間，但政令從來都未能限制經濟的自然發展。清帝國經濟商業化終究令海外貿易持續增加。東南省份的官員利之所在，故意拖延執行禁令。最終朝廷屢次讓步，乾隆年間的一七五四年，將海外華人的問題交由各省自行裁決（Rowe 2009）。帝國內部的沿岸南北貿易，亦與海外貿易建立共生關係，貨物經常會在兩個貿易網路間穿梭流轉，不同港口亦互有分工，比如廈門專責對臺灣及南洋貿易，潮州專責暹羅貿易，泉州、福州專注臺灣貿易，而寧波則專注與日本貿易（Antony 2002）。

由於朝廷擔心天主教的傳入，會誘使民眾挑戰儒家禮法的權威，造成政治不穩，清聖祖康熙末年以禮儀之爭為理由禁止天主教，亦因此朝廷對歐洲人特別有戒心。但此時與西方的貿易亦日益昌盛，特別是喫茶在歐洲已成為一項風潮。廣州水路發達，珠江三角洲盛產生絲，北江可直通產茶地區，亦能經梅關古道到江西取茶、生絲及瓷器。這些貨物都深受西方市場歡迎，全都很容易在廣州找到。是以清初未限制歐洲人通商，歐洲人亦多選擇在廣州交易，後來朝廷發現帝國內的秘密傳教網路，使朝廷決心要限制西方人在清帝國的活動。廣東的官員亦向朝廷遊說，希望朝廷能使廣州壟斷一切西洋貿易。最終朝廷於一七五七年規定西方貿易限於廣州一口通商，而在廣州的各種安排，則被稱為公行制度。歐洲商人要有清帝國商人擔保才能交易，亦必須透過公行才能接觸官員。在夏季貿易季節，歐洲商人不准攜眷，而且不能離開廣州城以西的十三行，在冬季就要離開廣州，大多會去到安置家眷的澳門過冬。這套體系往往為後人所詬病，但一口通商的做法，背後有其經濟邏輯，亦令廣州變得格外繁榮（Rowe 2009）。

廣東盛產的廣彩瓷器，能夠說明清代貿易體系是如何運作。江西景德鎮瓷器素質較優，胎身較薄，但當地技工並不熟悉西方流行的花紋。廣東瓷工上彩釉的技術較佳，長期跟十三行的西人打交道，因而較明白西方的口味。於是陶瓷商人先在景德鎮燒製白瓷，然後經贛江、梅關古道、北江運到位於廣州河南的陶瓷工場。當地工人在十三行西方商人的監督下上釉上彩，然後以低溫燒出成品（廣東民間工藝博物館，二〇〇八）。這個生產過程，或能使人想起將生產鏈分佈全球各地的現代工業。

然而，在清帝國海外貿易得益的，並非海洋族群。這時候海洋貿易合乎朝廷法規，海洋族群的海上武裝船隊亦無用武之地，陸地上的大宗族既是商品的生產者，又與官員及士紳階層關係良好，他們就可以憑著官方庇護擴展其商貿網路。海洋族群、尤其是蜑家族群的生活則為貧窮所困。清初經濟繁榮，但貧富差距亦急速擴大。康熙至乾隆三朝那一百卅四年，帝國本土並無戰事，如此令人口史無前例地從初期的一億，增至十九世紀初的四億五千萬。乾隆至嘉慶年間，人均耕地面積減少百分之四十三，耕地不足使民眾過分開墾土地，造成水土流失，如此又造成生態災難，令水災等自然災害更為頻繁（Rowe 2009）。

隨著清帝國推行自由貿易政策，與官方關係密切的士紳階層，亦開始經營海內外的商品貿易，造成紳商合一的現象（余英時，一九八七）。在珠江三角洲，廣府族群的宗族亦積極參與貿易，就如科大衛所言，當時的宗族與從事商業投資的控股公司不無相似之處（Faure 2007）。但優勢的大陸族群開始從商，亦意味著弱勢的海洋族群將會難以沾手這利錢豐厚的產業。雖然在珠江航道上，來往的西方船隻需要有領航員引導他們在暗潮洶湧的珠江逆流而上、到了虎門又往往需要靠槳船把船隻拉到黃埔、途中亦需要補給糧水，這些工作固然養活了不少海洋族群成員（Van Dyke 2005），但海洋族群能分享到的收益，與以往主導走私貿易時，不可同日而語。身處繁盛的貿易航道旁卻貧困的海洋族群，有的抵受不住誘惑，鋌而走險搶劫往來的商船，這些犯罪活動逐漸形成一股風潮。

叱吒風雲的華南海上武裝集團

嘉慶年間，四川、華北與華中爆發白蓮教民變，清廷對地方控制大為削弱。華南沿岸的海上武裝力量壯大，成員多為大宗族以外的貧民，特別是被陸上人排擠的蜑家人。這些武裝船隊活動大多為漁業淡季時的即興式搶掠，但小型的非法武裝船隊日趨普遍。隨著武裝集團規模日益壯大，華南沿岸逐漸產生一套地下經濟體系，為他們提供糧水，幫忙販賣贓物，偶然亦會利用集團的武裝掩護走私貿易（Antony 2002）。

小型武裝船隊多聚集在清帝國、越南邊界的江坪鎮，於鎮內結為夥伴，然後出海搶劫。行動中擄獲的俘虜，除了用來換取贖金的人質，大多成為船隊的勞動力，部分俘虜或許受到物質引誘，自願加入為船隊的一分子。比如張保原為新會沿岸的蜑民，被鄭一的部隊擄獲，後來加入鄭一的部隊，甚至成為其同性伴侶，之後於鄭一亡故後成為紅旗軍的首領。而不肯加入武裝船隊的俘虜，則淪為奴隸，被逼替船隊幹粗活，甚至成為其洩慾對象。

乾隆年間，越南政局日趨不穩。鄭主於紅河三角洲架空後黎朝國王，挾天子以令諸侯，卻一直未能處理好當地幾年一遇的飢荒。而南部由阮氏統治的廣南國，則一直不服北方名義上的宗主，鄭阮兩大勢力爭戰多年，最終於北緯十七度附近的爭江隔江對峙。廣南國建國後，不斷向肥沃的湄公河三角洲拓展，而在越南中部的會安又是繁盛的港口，使其經濟遠比北方繁榮。只是到一七六五年武王阮福濶病逝，權臣張福巒矯詔，擁立阮福淳繼位，而貪腐問題此後亦日益惡化。西山邑檳榔商人阮文呂、阮文岳、阮文惠趁著民怨沸騰，乘勢發起農民起義。阮氏兄弟的父親原本姓胡，大概是基於割據越南南部的阮氏之威望而改姓，與阮氏並無血緣關係。一七七三年，西山阮氏佔據歸仁省，打敗阮氏、鄭氏等大族，一七七八年逼使阮氏首領阮福映敗走暹羅灣，到一七八五年則把鄭氏逐出順化。次年西山阮氏攻陷東都河內，後黎朝國王遂向清廷求援。一七八八年，清軍進攻越南，卻被西山阮氏的軍隊擊潰。清朝顏面盡失，唯有向現實低頭，冊封阮文惠為安南國王（Dutton 2006）。

為了應付與清帝國及鄭阮兩族的戰爭，西山阮氏到江坪鎮招攬武裝船隊，將其收編為其政權的海軍。陳添保為首批加入西山海軍的海上武裝集團首領。他自一七八〇年加入後，戰績彪炳，因而被封為合德侯。清軍介入越南內戰後，陳即從江坪鎮招攬其舊同伴加盟。

西山阮氏取得治權後，卻無力穩定越南局勢，國庫亦空空如也。由於他們是由農民起義起家，故此亦得不到商人的支持。此時敗走暹羅灣的阮福映得到法國支持，力謀東山再起，很快便取得西貢為根據地。一七九二年夏季季風開始後，阮福映即順著風勢興師北伐。西山阮氏唯有招攬更多武裝船隊入伍，當中又以船隊首領莫官扶、鄭七最為倚重。除了替西山阮朝打仗，船隊亦在華南沿岸打劫船隻以充實國庫。他們春天隨季風北上搶掠，秋天滿載而歸，而阮文惠亦被武裝船隊尊稱為「粵南大老板」。清廷屢次向西山阮氏抗議，但西山朝只肯象徵式地剿匪交差，風頭過後即故態復萌。

越南局勢在一八〇一年開始逆轉。西山阮氏三兄弟為爭奪王位內訌，最終不敵阮福映多年來的夏季攻勢。該年首都順化被阮福映攻陷，令西山阮氏的政權瀕臨崩潰。首位加盟的武裝船隊首領陳添保見勢色不對，即向清廷投降，西山阮氏只好倚靠鄭七領導海軍，封其為大司馬。鄭七部署反攻順化的行動，但這次絕地反擊終究失敗收場。一八〇二年七月，阮福映攻陷河內，登基為越南國王，建立阮朝。西山阮氏的政權覆亡後，武裝船隊頓失支持。阮朝與清廷關係良好，便全力消滅船隊餘黨。莫官扶等被交予清廷處決，之後阮朝派兵攻佔江坪鎮，鄭七被擒並遭處斬。原先立足於江坪鎮的海上武裝集團四散，於廣東、福建沿岸匿藏避難。

經歷了幾年低潮，鄭七的族人鄭一，於一八〇五年招攬尚存的武裝船隊簽訂合同，組織聯盟。在此之前，武裝船隊缺乏緊密的組織，主要是靠建基於個人利益交換的恩庇侍從關係（patron-client relationship）維繫。同鄉網路及個別集團首領之間的姻親、結誼關係於此擔當重要角色。鄭一嘗試將武裝船隊既有組織規範化，把艦隊分為紅、黑、白、綠、藍、黃六旗，旗下設稱為「股」的單位，每股分管十至四十艘船隻，股之下有負責統領幾艘船的老板，每艘船又設一頭目。為了維持層級責任分明的科層制度，聯盟逐一登記船隻，每隻船都會劃歸特定的部隊，並嚴禁船隻及船員轉投其他部隊。除此以外，聯盟亦訂立嚴格規定，禁止集團內訌及船員私佔贓物，所有戰利品都須上繳各旗首領，然後才論功行賞。

雖然聯盟的架構已有科層制度的雛形，但由於鄭一只是眾首領中較有威望的一位，必須倚靠人際關係維繫各旗之間的關係。率領紅旗軍的鄭一，一方面安插親屬到其他各旗做事，另一方面亦將其女性親屬介紹予欲娶妻的集團成員。簡要而言，聯盟的下層建立起科層架構，但上層仍舊以恩庇侍從關係的老辦法維持。除此以外，聯盟亦缺乏集體決策及權力接班的機制。

聯盟於雷州半島電白縣外的硇洲、潿洲設立據點，洗劫航經瓊州海峽的船隻，亦在大嶼山東涌設基地以截劫進出珠江口的交通，很快便控制了華南沿岸地區。有異於一般人的想像，當時武裝船隊並非以搶劫為主要收入來源，而是來自發放執照。船隻及沿岸的村鎮繳交費用後，即可獲發牌照，憑證可得到船隊的庇護，若有誤劫持照者，聯盟會懲罰犯事的船隊，並會對受害者作出補償（Murray 1987）。對於海洋族群的成員來說，公正地收取保護費的武裝集團，比苛索無度的貪官污吏更值得敬重，是以華南沿岸流傳著將當時的武裝船隊描述為俠盜的傳說。對於未有國家意識的平民來說，索取稅金與賄款的官府，與收取保護費的武裝組織並無本質上的區別（Tilly 1985）。

當武裝集團遇上拒交保護費的船隻和村鎮，不會手下留情，攻佔村鎮時若遇到反抗，會殘忍地屠殺居民，以期震懾鄰近村鎮，使其乖乖奉上保護費。有時集團亦會俘虜人質，向其所屬的村鎮索取贖金。受困於白蓮教民變的清廷無法有效管治地方，使武裝集團成為華南沿岸地區水域實際上的統治者，他們在澳門大模大樣地開設稅局，處理執照及贖金事宜，在廣東沿岸以至廣州亦設有收款機構。

鄭一在一八〇七年遇颱風溺死，有人估計他其實是在幫助西山阮氏時戰死。張保原為鄭一同性伴侶，之後接任紅旗軍首領，並與接替亡夫執掌武裝集團聯盟的石香姑成為情侶。在石香姑與張保合力下，聯盟實力大為擴張，除了廣東西部和珠江口，船隊在珠江上廣州的兩條大航線都設有據點。當時廣東防務空虛，地方當局缺乏艦艇，只得勉強把漕運用米艇改裝為炮艇。官府靠士紳階層組織名為團練的民兵，以里甲制度進行動員，下令要定期操練，並鼓勵各村建造防衛用的碉樓。早前兩廣總督那彥成於一八〇五年戰敗，打算改用收買政策，但又觸怒朝廷而遭撤職。廣東地方無力戰勝，卻又不得求和，處於進退維谷之境。

一八〇八年夏天，武裝集團聯盟在香港以南水域擊潰清海軍，廣東清軍損失了一半艦艇，使珠江陷入不設防狀態。次年百齡臨危受命，擔任兩廣總督，上任後採取堅壁清野政策，嚴行海禁，務求切斷船隊補給。聯盟決定派兵沿珠江北上，去珠江三角洲的村鎮徵收。自一八〇九年六月海上武裝船隊穿過崖門後，不論是朝廷海軍，還是鄉勇團練，均無法抵擋，不少有名大城鎮均受波及，部分縣城要靠交保護費避禍，船隊甚至一度逼近廣東省會廣州，只有廿五公里之遙（表 3.1）。

表 3.1 ——一八〇九年華南海上武裝集團於珠江三角洲的攻勢

日期	事件
七月廿日	許廷桂於香山擔甲門幾乎全殲白旗軍，但張保領紅旗軍反敗為勝。
七月廿一日	郭婆帶領黑旗軍沿西江北上，香山縣城繳保護費方免遭難。
八月十一日	黑旗軍攻下香山三善村展開大屠殺，先頭部隊一度距廣州只有廿五公里。
八月十三日	黑旗軍攻下順德馬州。
八月十六日	黑旗軍攻下順德三山。
八月十八日	黑旗軍欲攻番禺沙灣卻受阻，紅旗軍於東莞塘廈受阻。
八月廿日	黑旗軍於順德黃連與清水師會戰，黑旗軍撤退。
八月廿六日	紅旗軍於東莞勞村受阻。
八月底	武裝船隊摧毀香山炮台。
九月八日	紅旗軍攻下東莞到滘島，卻於大汾受阻。
九月十四日	紅旗軍於番禺沙田區受挫，班師回大嶼山整頓。
九月十五日	葡萄牙海軍於黃埔附近水域遭遇武裝船隊，惟葡軍怯戰且戰艦不利淺灘戰，無功而還卻謊報戰功。
十月一日	紅旗軍於香山乾滘受阻。
十月二日	紅旗軍洗劫順德陳村。
十月五日	紅旗軍攻南海瀾石，大開殺戒。
十月六日	清水師於番禺紫泥不戰而退。
十月八日	紅旗軍再攻乾滘受阻，是日亦洗劫附近的林頭。
十月廿一日	武裝船隊於番禺沙灣與清水師決戰，清水師慘敗，指揮官倉皇逃命。
十一月一日	兩度攻陷香山大黃埔（黃圃），展開大屠殺。

資料來源：Murray 1987

朝廷顏面盡失，此時百齡只得向英國及葡萄牙求助。英國堅持百齡要以書面作官式要求，但此舉顯然不符合清廷的外交政策。葡國海軍實力一般，且喜好謊報戰功，但卻馬上答允租出六艘戰艦，清葡於是組織聯軍打擊武裝船隊。一八〇九年十一月四日，石香姑返回大嶼山東涌時，遇上清葡聯軍。石香姑發出召集令，但只有張保的紅旗軍到大嶼山保駕。黑旗軍郭婆帶因妒忌張保扶搖直上，亦有可能憤恨張保能與他暗戀的石香姑成為情侶，因而拒絕出兵。十一月十九日，清葡聯軍包圍東涌，開始赤鱲角海戰。廿一日、廿二日，張保、石香姑欲反攻，但風向轉變令作戰失利。到廿四日晚，部分船隻突圍而出，逃往廣東東部水域。然後廿日，清軍的孫全謀打算向船隊發起火攻，但風向此時又突然改變，反倒燒毀了幾艘海軍船隻，最終張保和石香姑趁亂全身而退。

朝廷見軍隊久久未能消滅武裝集團聯盟，唯有一改早前的強硬態度，重新推行收買政策。此時集團聯盟內訌，郭婆帶的黑旗軍與張保的紅旗軍十二月十二日於虎門海戰。縱然黑旗軍最終擊退紅旗軍，但郭婆帶擔心將會腹背受敵，透過澳門法官亞利鴉架（Miguel de Arriaga）與兩廣總督百齡談判。郭婆帶於一八一〇年一月十三日正式投降，獲朝廷改名為郭學顯，並授予把總的官銜。自此黑旗軍成為清朝海軍的部隊，並即時執行消滅武裝集團餘黨的任務。

郭學顯的背叛，意味著武裝集團聯盟即將瓦解，張保亦開始謀算應否接受朝廷招降。之後張保透過澳門人周飛熊與百齡接觸，然後在亞利鴉架陪同下赴東莞穿鼻與官府展開談判。由於張保堅持要保留八十艘船和五千名部下為其親兵，令談判一度陷入膠著狀態。此時張保亦作兩手準備，一方面與英國人聯繫，另一方面透過攻擊番禺和新會向百齡施壓。到四月，石香姑親赴廣州會見百齡，並自願留下擔任人質，才令談判能持續下去。四月十四日，張保與百齡於澳門開始新一輪談判，並於廿日達成協議。張保獲准保留卅艘船的私人艦隊，其部下如果願意當兵即可被清軍錄用。張亦獲授予千總職銜，獲准與石香姑結為夫婦。

成為清帝國海軍將領的張保和郭學顯隨即投入消滅餘下的武裝船隊。在五月擊潰綠旗軍後，張保向藍旗軍首領「烏石二」麥有金勸降，但麥拒絕投降並逃亡至海南島海域，其艦隊於六月十三日全軍覆沒。黃旗軍首領「東海八」吳知青見狀隨即向清朝投降，獲朝廷赦免死罪。張保縱然成為清朝軍官，但終究為珠江三角洲的廣府族群猜忌，最終朝廷差遣他到澎湖消滅海盜，直到他於一八二二年英年早逝（Murray 1987）。

清帝國中葉於華南沿岸出沒的海上武裝集團縱然最終被收買或擊破，但他們卻留下了一個地下經濟體系。武裝船隊盛行期間，廣東沿岸出現了一批為他們服務的「賊澳」。這些港口有接手賊贓的商號，亦有為船隊提供糧水、販售軍火及維修船隻的店舖。武裝集團因著海洋族群的文化，再加上其高風險的生活模式，使其登陸後即盡情揮霍，港口的客棧、妓院和賭館亦因此林立。參與這種經濟體系的，大部分都是海洋族群的成員，還有貧困的下層士紳和低級官兵。由於當時合法海洋貿易由陸上大宗族及上層士紳所壟斷，武裝集團及由其衍生的地下經濟體系，實際上就成為財富再分配的機制，令財富能透過非法手段從少數陸上富人流向海洋族群的貧苦大眾（Antony 2003）。隨著清代中葉貧富差距急速擴大，這個地下經濟體系就成為海洋族群之生計所在，亦因此這體系並不會隨武裝集團瓦解而突然消失。在十九世紀初，華南沿海的走私貿易日趨繁盛，這個由武裝集團遺下的經濟體系便擔當著重要角色（村上衛，二〇〇八）。

在十八世紀，清帝國茶葉引入歐洲後大受歡迎，令茶葉成為清帝國對西方最大宗的出口商品。一七八四年英國國會為應付日益猖獗的茶葉走私貿易，推出折抵法案（Commutation Act）將茶稅減至私商無利可圖的百分之十二點五，並透過增設窗戶稅補足減少的稅金。自此茶葉於英國成為人人可負擔的商品，令需求急增。當時取得對華貿易專營權的東印度公司為抵消貿易赤字，便鼓勵獨立商人從事清帝國與印度之間的港腳貿易（country trade）。獨立商人在廣州售出印度物產後，將賺到的銀元用來向東印度公司購買可於印度兌現的匯票，這樣東印度公司便有充足的現金購買茶葉。初時港腳商人向廣東紡織業供應印度棉花，但在道光初年的一八二〇年代長江流域棉產量增加，而這些棉花的素質又比印度棉好，以致印度棉滯銷（陳國棟，二〇一三）。此時港腳商人找到另一種風行清帝國的印度物產：令人染上毒癮的鴉片。

縱然初時清帝國未有全力打擊，但鴉片貿易終究為違法行為，並不能光明正大地於廣州十三行交易。港腳商人便在朝廷力所不及的外海停泊貯藏鴉片的躉船，作為鴉片走私的發貨中心。沿岸的地下經濟體系參與其中，派員到躉船接貨，並透過沿岸地下網路作銷售。他們先是活躍於內伶仃島附近，然後又把走私交易的地點改在香港沿岸（Greenberg 1969）。

一八三八年，清帝國決定嚴禁鴉片的銷售及使用，清宣宗委任林則徐為欽差大臣到廣州禁煙。林在虎門以生石灰加海水銷毀從西方商人繳獲的鴉片，並要求英國商人承諾不再走私鴉片，否則禁止他們到廣州交易。英國人拒絕此等要求，先是被驅逐出廣州，之後清廷又向澳門施壓，令英國人無法在澳門立足。此後英國商人寓居於其商船上，並把船隻停泊於維多利亞港，英國人此時已與香港沿岸居民合作多年，令英人有信心能於此地避難。

英國與清帝國的戰爭隨即爆發，一八四一年一月廿五日，英國軍隊登陸上環水坑口，隨即於香港開設商埠。雖然戰事仍未結束，香港的前途仍未明朗，但大批沿海居民仍被這座新興的城邦吸引。他們有不少為蜑家人，開始以香港為基地從事走私貿易，亦有不少為英國商人運貨、裝卸。客家人則為城市建設提供石材，亦有不少成為建築工人。來自廣東的貧民亦湧入香港當苦力（Carroll 2007b）。

不少海洋族群於英清戰爭中站在英國人那邊，從而成為香港開埠後第一批華人精英。廣東沿岸居民有不少於地下經濟體系謀生，只覺林則徐道貌岸然地斷其財路。他們既為生存掙扎，也就只能看重利益，並無以清國為其國家的概念。清帝國的官員如此貶損沿岸的住民：

> 所為勇者，大抵沿岸遊手之人，奸民盜賊之無賴。為我用則用之以攻夷，為夷用則導之以擊我。（蔡榮芳，二〇〇一）

林則徐在主流的歷史論述中，往往被視為中國的民族英雄。但其實他在海洋族群之中卻是不得人心。林則徐以朝廷本位的角度看鴉片問題，但他身為儒生又沒有瞭解、正視海洋族群賤民的生計問題。他以外來官員身分高調禁絕鴉片，動機也許無可非議，然而其執行方式卻是無知冒進。王庭蘭如此評論：

> 夫逆夷滋事，豈獨漢奸引導？實亦眾百姓使然。蓋少穆（按：林則徐）查辦煙案以來，禁興販、杜走私，雷厲風行，未免操弓過急。故兵怨之、差怨之、夷怨之。當積重之餘，以為絕我衣食之原也。故於逆夷蠢動之時，群相附和。此輩頑民，既不畏王法，安顧國本？只恐逆夷不勝，鴉片不行，則前轍不能後蹈！（蔡榮芳，二〇〇一）

這樣，以海洋族群為主的第一代香港人，就樂於為英國人及他們所建立的港都服務（蔡榮芳，二〇〇一）。對於在清帝國被官員、士紳、宗族貶視的海洋族群來說，香港是一座友善的城邦，是一個充滿上向流動機會的新天地。由於英國商人早已與香港附近居民建立夥伴關係，他們大多希望英國可正式以香港為皇家殖民地。早於一八三六年，怡和洋行已響應律勞卑（William John Napier）呼籲英國派兵取得香港的建議。香港開埠後，渣甸（William Jardine）則透過在國會的親信史密夫（John Abel Smith），遊說英國政府永久統治香港（Chan 1991）。

一八四二年八月廿九日，英國與清廷簽訂《南京條約》。香港這個由英國管治的港都，就成為海洋族群大展拳腳的根據地。早前幫助過英國軍隊的海洋族群成員，亦得到豐厚報酬。蜑民盧亞貴成為上環下市場的大地主，另一位蜑民郭亞祥則替鐵行輪船（Peninsular and Oriental Steamship Company）任買辦，到一八七〇年代成為香港首富。而祖籍四邑的新加坡華僑譚亞才，亦靠外包工程及炒地皮致富。香港令一群原為東亞大陸帝國邊緣的賤民，找到改變命運的機會，能在這個由英國管治的新領域尋找自由和幸福（蔡榮芳，二〇〇一）。

但海洋族群一直缺乏營運社會組織的文化，其運作過分依賴恩庇侍從關係。在東寧王國及海上武裝集團的例子中，我們看到海洋族群難以建立穩定的管治體系，令內訌、權鬥、背叛之事屢見不鮮。香港這座海洋族群城邦要發展，必要從其他地方取經，要學習陸上士紳的結社傳統，亦要向西方學習各種在現代城邦過活所需的知識、文化和技術。當英國人與海洋族群開始在香港這座城邦一起生活，可預見即將出現一連串衝擊。

第四章 當西方遇上東方：洋商、買辦、混血兒

西方歷史中，十五世紀末常被稱為地理大發現的時代。當時歐洲人逐漸掌握世界洋流及貿易風的走向，便遠離熟悉的地中海和大西洋近岸海域，航向水深之處尋覓新航道。一四九二年十月十二日，哥倫布於巴哈馬群島登陸，自此美洲便成為歐洲人已知世界的一部分，而美洲原住民亦遭到沒頂之災，南北美洲很快便成為歐洲殖民帝國的屬土。一四九八年五月廿日，達伽馬繞過非洲南端的好望角後，抵達印度的古里（Kozhikode）。歐洲商人自此可繞過當時由土耳其人控制的中東，直接與印度和東亞大陸交易，甚至可以派海軍在南亞和東亞東征西討。

東亞的瓷器和絲綢，都是歐洲商人渴求的商品。但自茶葉於十六世紀銷售到歐洲後，因歐洲流行喝茶，令茶葉很快成為清帝國最主要出口商品。而英國則可說是最喜歡喝茶的歐洲國家，據一七八四年的估計，全英國三分之二的人每年消耗多於三磅的茶葉。同年英國國會通過削減茶稅的替代法案（Commutation Act），茶稅由百分之一百一十九減至百分之十二點五，更令喝茶成為普羅大眾的消遣活動。售賣茶葉自此成為享有對華貿易專利權的東印度公司之主要收入來源。

但此時東印度公司遇到令人困擾的問題。由於廣州商人比較少購買東印度公司的貨品，令東印度公司沒有足夠現金購買茶葉。那樣東印度公司便須從印度送運白銀至廣州，極為費時耗事，亦有於途中遇劫的風險。於是東印度公司便容許被稱為港腳商人（country trader）的獨立商人在廣州販售印度的物產。港腳商人於交易後透過東印度公司匯款，東印度公司便能得到購買茶葉的現金（陳國棟，二〇一三）。

當時清帝國對西方貿易有一定的限制。雖然這些規定是於乾隆中葉因應當時市場運作而釐定（Rowe 2009），但於十八世紀末開始於廣州立足的港腳商人對此相當不滿，紛紛指摘清帝國的政策妨礙自由貿易。這種指控言過其實，鼓勵自由貿易、振興商業，自康熙年間就是清帝國的基本國策。只是與西方商人的交涉，乃是由兩廣總督負責。他們不是專責外交貿易事務的官員，亦是每隔幾年就調遷的流官，是以在與西方商人交涉時，他們多傾向墨守成規（Van Dyke 2005）。地方政府僵化的政策，也愈來愈難適應自替代法案通過後呈爆炸性增長的西方貿易（表4.1）。

為了繞過清帝國對西方貿易的限制，他們

表4.1 —— 英國東印度公司於廣州的茶葉出口量，一七八〇至一八三一年

年度	出口量（千擔）
1780–1781	60
1785–1786	110
1790–1791	160
1795–1796	110
1800–1801	225
1805–1806	180
1810–1811	200
1815–1816	305
1820–1821	215
1825–1826	210
1830–1831	230

資料來源：陳國棟，二〇一三

便透過海洋族群的地下經濟體系進行走私貿易。一八二〇年代印度棉花滯銷，港腳商人改為銷售於清帝國開始流行的鴉片。由於鴉片是違禁品，港腳商人自此更倚重與海洋族群的合作（Greenberg 1969）。西方獨立商人與海洋族群，亦因此是開埠初期開拓香港的主要力量。

獨立商人與英清戰爭

在廣州的港腳商人日漸不滿只在英國對華貿易中擔任輔助角色。他們成為自由貿易的倡導者，並立誓要除去壟斷廣州貿易的兩座大山，一方面反對讓東印度公司持續利錢豐厚的茶葉貿易之專利，另一方面亦反對清廷限制西方人接觸華人的一口通商制度（Chan 1991）。

當時清帝國對在廣州的洋商訂下了一連串的規定。洋商只能於春、夏兩季到廣州貿易，貿易季節後就要回到澳門與親人團聚。洋商的妻室和傭工都只能留在澳門。洋商到廣州後，只能逗留在十三行之類，大部分時間均不能接觸十三行以外的華人世界。一切與賣家及官府之交涉，均要交由十三行行商代為傳達。不過，對於港腳商人來說，最大的問題是他們必須在貿易季節結束前清還所有債務，不能將債項延續至下一年，不利港腳商人週轉（Crisswell 1981）。而擔任廣州貿易中介人的行商亦不甚可靠。這些行商資本規模小，但又經常受到官府敲詐，被要脅要為官府及社會公益開支「捐款」。行商因經營不善而倒閉之事時有所聞，亦不時拖欠債務，賬目亦不公開。行商倒閉後，商人大多因前車之鑑而裹足不前，令官府不時需要強逼委任商人為行商以維持西方貿易，但這些獲委任的行商並不一定是合適人選。港腳商人卻一定要靠這些行商進行合法交易，容易因為行商賴賬而招致損失（陳國棟，二〇一三）。

港腳商人於英國進行遊說，反對由東印度公司獲得對清帝國的貿易專利權。最終他們的努力取得了成果。一八三三年，英國國會通過印度管治法案（The Government of India Act），廢除東印度公司的貿易專利權。自此東印度公司成為管治英國在印度屬土的純粹行政機關，獨立商人成為英國對華貿易的主要參與者，而英國商人亦將矛頭指向清廷的廣州貿易制度。

於此時崛起的怡和洋行主張英國應對清廷採取強硬政策。東印度公司的專利權被收回後，英國政府派律勞卑（William Napier）到廣州擔任首位駐華商務總監。怡和當時主張派皇家海軍於清帝國海域設立軍事基地以震懾清帝國，便與律勞卑通信，鼓勵他對清態度強硬。律勞卑不熟悉廣州貿易的運作，頗為倚賴怡和等英商的意見。一八三四年七月律勞卑抵達華南水域，沒有留在澳門等待兩廣總督的指示，便逕自走上廣州，之後不經行商轉介，直接將到任公文投遞予兩廣總督盧坤，當局亦毫不意外地拒絕律勞卑的公函。

遇到挫折的律勞卑反倒更依隨怡和的強硬主張，九月派巡防艦炮轟虎門炮台，以圖攻入珠江逼清廷就範。但這次軍事行動欠缺詳盡的規劃，清廷很快便派軍封鎖珠江口，冒進的英國軍艦則尷尬地被清軍圍困。由於文攻武嚇均一敗塗地，失意的律勞卑只得無奈撤往澳門。倒霉的律勞卑在澳門染上熱病，並於十月十一日病逝（Crisswell 1981）。不過，臨終前他始終未有放棄其強硬主張，並對英國當局作出最後的建議：取下香港作為英國在東亞拓展勢力的基地（Eitel 1895）。

怡和洋行縱然於此役中遇到了挫折，但仍鍥而不捨地向英國政府進行遊說。時任外相的巴麥尊子爵（Lord Palmerston）為爭取紡織業重鎮蘭開夏郡（Lancashire）的選票，正考慮以武力打開清帝國的市場，容許英國傾銷其紡織品，他亦因此成為怡和拉攏的對象。怡和洋行創辦人威廉・渣甸於一八三九年回到在蘇格蘭的故鄉，退而不休，不斷向政界遊說，自己亦投身政界，並於一八四一年當選為國會議員。曾於怡和任職的史密夫議員（John Abel Smith）為渣甸的政治盟友，積極向當局遊說，鼓勵他們與清廷開戰（Crisswell 1981）。

怡和亦於廣州的西方人社群中發起輿論戰。早至一八二七年，怡和合夥人麥地臣（James Matheson）便創辦《廣州紀錄報》（*The Canton Register*），成為廣州英國商人的喉舌，並常發表主張對清帝國強硬的評論。一八三六年的一篇社論，甚至主張英國應在香港建立自由港：

> 如果雄獅（按：雄獅為英格蘭的皇室徽號，在此用來代表整個英國）要在震旦南部立足，讓牠在香港立足（Let it be Hong Kong）。讓雄獅保證這會是一個自由港，然後在十年內此地將會成為好望角以東最為舉足輕重的商埠。葡萄牙人（在澳門）犯了錯誤：他們選擇在淺水處開埠，並採用封閉的政策。香港，卻是一個深水港，也將永遠是個自由港！（Chan 1991）

在這裡，我們可以看到怡和洋行一直對香港念念不忘。這是因為怡和此時已在香港透過海洋族群的地下經濟體系從事走私交易，已經與出沒香港水域的海洋族群建立互信，也就是說，在香港開埠以前，怡和早已視香港為他們的主場。

十九世紀初，清帝國出現白銀流失的問題。當時茶葉和生絲的出口放緩，南美洲的白銀產量亦大幅減少，兩者均為清帝國缺銀的主要原因。當時朝廷以白銀徵稅，但基層工資卻以銅錢計算，這代表實際稅率取決於黃銅與白銀的匯價。白銀短缺，令銀價急升，如此又拉高實際稅率，令本已貧富懸殊的社會生活品質進一步變壞。而鴉片貿易則進一步加劇白銀流失，令清帝國的經濟瀕臨崩潰（林滿紅，二〇一一）。

朝廷內部因此對鴉片貿易起了爭論。有論者認為應該使鴉片貿易合法化，並從中抽稅以改善財政狀況，但最終主張禁絕鴉片的一派獲勝，清宣宗道光皇帝於一八三八年派湖廣總督林則徐到廣州查禁鴉片。林則徐向英國駐華商務總監查理・義律（Charles Elliot）施壓，要求英國商人交出鴉片。義律此時代表英國政府保證會補償損失，英國商人便按林則徐之意思交出鴉片存貨，讓林將鴉片送到虎門銷毀。之後林則徐再進一步要求義律逼英商簽署保證書，承諾不再從事鴉片貿易，否則朝廷將處死。此時怡和洋行本身決定讓步，麥地臣簽署了保證書，並密謀將走私基地遷至清廷力所不及的馬尼拉。但身為英國官方代表的義律卻誓不妥協，最終林則徐下令查封廣州十三行的英國商館，英商遂於一八三九年七月四日撤至澳門，部分商船則避走維多利亞港。三日後，有英國水手於尖沙咀登岸後醉酒鬧事，毆鬥期間誤將村民林維喜打死。義律安頓好林維喜的家屬，使其不再追究，但此事卻為林則徐發現。由於英方拒絕林則徐交出肇事水手的要求，林便向澳門葡萄牙當局施壓，最終英商無法在澳門立足，只得寓居在維多利亞港的商船上。

清帝國海軍此時計劃南下襲擊在香港的英國商船，義律為阻止清軍，便於十一月二日派皇家海軍炮轟虎門炮台，為英清戰爭展開序幕。英國此時在阿富汗作戰失利（到一八四二年，從喀布爾撤退的部隊還遭到伏擊，全軍覆沒），倘若阿富汗全面失守，那俄國便可以聯同阿富汗酋長國入侵印度。英國內閣在九月底至十月初於溫莎（Windsor）舉行會議。與清帝國的糾紛並受不重視，是最後一項討論議題。但之後巴麥尊子爵發現查理・義律曾承諾補償英國商人，意識到英國庫房將會有鉅額損失。而據渣甸等人的陳情，英軍或能輕易戰勝清帝國。英國內閣遂將對清帝國開戰的提案送交國會表決（Lovell 2012）。

英國國會在一八四〇年四月七日就清帝國的局勢展開激辯，最終以兩百七十一對兩百六十二票些微差距通過與清帝國開戰的決議。六月皇家海軍的主力來到東亞，到八月就攻到鄰近北京的大沽口外。到一八四一年一月七日，英國軍隊進攻虎門、沙角，最終兩廣總督琦善與義律和談，在東莞穿鼻達成協議，同意將香港交予英國統治。之後英國軍隊於一月廿五日在上環水坑口登陸，開始把香港建設為大英帝國的商埠。不過，之後英國和清廷均不滿穿鼻協議的條款，琦善和義律均遭革職，令戰火迅速重燃（Crisswell 1981）。

是以縱然香港早已於一八四一年初開埠，但因為戰事仍未完結，所以香港的前景還未明朗。不過，早就習慣在香港與海洋族群交易的英國商人，已急不及待在香港大興土木。他們游說香港政府署任港督莊士敦（Alexander Robert Johnston），使其在香港地位未定時就開始拍賣土地（Endacott 1973）。在香港的英國商人都想英國決心堅守香港，尤其是在香港銅鑼灣已設立基地的怡和洋行。他們擔心英國會為了長江流域的市場，棄香港以換舟山。英國國會中的史密夫和威廉·渣甸積極遊說，而留守怡和銅鑼灣總部的麥地臣，則多次寫信向新任商務總監、即將成為香港總督的砵甸乍（Henry Pottinger）陳情。

直到一八四二年八月廿九日，英國與清帝國代表於停泊在南京附近的康華麗號（HMS Cornwallis）上簽訂《南京條約》，確立英國在香港之主權，在香港的英商才鬆一口氣（Chan 1991）。

香港的西方商人階層

由於西方商人在香港開埠前後，為取得香港做了大量遊說工作，他們自視為創建香港的一群，亦因此相信西方商人應該在這城邦的管治上擔當主導角色，如此又使他們與香港政府間存在張力。一八四四年，德庇時（John Francis Davis）接替砵甸乍為港督及駐華商務總監。在未加入英國外交系統前，德庇時是東印度公司的員工，擔任駐廣州的通譯。德庇時認同東印度公司之專利制度，對自由貿易沒有好感，如此令他與在港洋商關係緊張。倫敦委任德庇時，是希望他能減少香港政府對英國的財政依賴。為要達成此一目的，德庇時就必須徵稅，令洋商恨之入骨（Endacott 1973）。

由於香港是一個自由港，政府無法靠關稅補充庫房。當時香港政府的收入，主要來自名叫差餉的地租，以及拍賣專利權所得收入。一八四四年八月廿一日，當時由官守議員壟斷的立法局通過法例，要向香港居民徵收人口登記稅，稅額為每人每年一港元。西方商人對開徵新稅的舉動極為不滿，而香港華人則誤以為稅額為每人每月一元。由於當時華人苦力才月入二至三元，令華人大為震怒。十一月一日，華商發起罷市、華工發起罷工，最終香港政府於十一月十三日在民怨下讓步（Tsai 1993）。自此香港居民只須向政府登記，而不須繳交登記稅，財產逾五百元港幣者則可豁免登記，這意味著大部分洋商階層均獲豁免（Endacott 1973）。

不過，香港於開埠初期的發展，卻不如英商預期。《南京條約》規定清帝國要開放五個港口通商，而上海位處江南並鄰近長江口，令西方商人多偏好在上海租界設立據點。香港只能以嶺南為腹地，而當時廣州亦因鄉民於戰爭期間曾於三元里擊退英軍，使過分自信的廣州人抗英情緒高漲。兩廣總督是以一直未有按條約的承諾開放廣州城，如此又打擊了香港倚重的廣州貿易（Wakeman 1966）。香港因而淪陷為鴉片貨倉以及契約勞工販運之所，而放棄香港以換取舟山的說法亦甚囂塵上（Munn 2009）。對香港政府施政不滿的在港西方商人，集體向倫敦當局告狀，英國國會隨即於一八四七年三月設立調查對清帝國貿易事宜的聆訊委員會。該委員會認為英國應延續對香港的管治，但須讓在港英國人分享自治權力：

> 這個島嶼上一般本地事宜的行政權力，應透過某類型的地方政府架構（by some system of municipal government），下放予（當地的）英籍居民。（Munn 2009）

到一八四八年，德庇時因為與首席大法官休謨（John Walter Hulme）不和，擾攘一輪後自行辭職。

其港督暨英國駐華商務總監的職位則由文咸（Samuel George Bonham）接替。一八四九年一月，在港西方商人再次向倫敦上書，指責香港政府並無按照聆訊委員會的建議落實地方自治。文咸於是在一八五〇年六月按照太平紳士的建議，委任兩位立法局非官守議員。他們包括了怡和洋行的大衛・渣甸（David Jardine）以及英國商人艾德格（James Frost Edgar）（Endacott 1964）。文咸亦計劃設立有權指揮警隊的地方自治架構，但為此須向馬車和轎子徵稅以支付警隊開支。在港西方商人滿足於新到手的權力，亦不願開徵新稅，便擱置成立自治架構的建議（Endacott 1973）。自此洋商階層便有了影響香港政策的能力，相關權力亦不斷擴張。一八九四年，立法局增設香港總商會代表議席，而自一八九六年起西方商人開始獲委任入行政局（Endacott 1964）。

在香港的英國商人大多出身於中產階層。在十八、十九世紀，英國社會階級觀念重，英國商人渴望能晉身上流社會，亦因而跨越大半個地球，希望能在香港找到飛黃騰達的機會。比如威廉・渣甸本為於愛丁堡大學畢業之醫生，畢業後受聘於東印度公司為隨船醫生。當時的員工福利容許他攜帶兩箱貨品作私人買賣，威廉・渣甸藉此做起小生意，後來乾脆辭職做獨立港腳商人（Crisswell 1981）。

這群出身低微的英國商人，與其他國家的西方商人均不懂中文，因此他們長期生活在香港的西方人小圈子中，不免會互相競爭，比較各自的成就。這群渴望晉身上流社會的西方人，亦因此特別強調階級觀念，並努力在行為舉止及文化修養上證明自己是上等人。

香港開埠頭幾年，在港西方人在怡和於利園山的大宅聚會，過著英國上流社會那種社交生活。之後高級會所香港會於一八四六年成立，創會會員都是香港地位最顯赫的西方商人，包括怡和洋行合夥人當勞・麥地臣（Donald Matheson）與寶順洋行的偉堅信・顛地（Wilkinson Dent）。由於只有最富有的西方商人及政府高官才有資格入會，香港會會籍成為了西方人的身分象徵。開辦初期的入會費為港幣五十元，然後每年還要廿五元年費，比華人勞工全年收入還要高，但西方人社群對香港會會籍還是趨之若鶩。

西方人並不是為了物質享受而加入香港會。事實上，香港會對會員的行為舉止諸多規範。對局外人來說，那絕不是令人舒適的體驗。比如說，會員不得攜眷進入會所，在會所戶外派對時，既不得煮食，亦不得攜酒離開會所範圍，到星期日會員亦不得在會所玩樂。不過，這些嚴格的規則令會員能盡快習慣上流社會的禮儀。基於身分與面子，香港會會員多近乎自虐地樂於在會所內會面，而會所亦成為西方人精英的聚腳點。

未有加入香港會的西方人亦紛紛成立自己的會社，令會社生活成為在港西方人日常生活的一部分。喜愛賽艇活動的西方人成立了域多利賽艇會（Victoria Regatta Club），並於一八七二年改組為域多利會（Victoria Recreation Club）。一八四五年起，西方人於黃泥涌谷開闢賽馬場，每年一度的週年大賽馬為西方人社群的盛事，到一八八四年香港賽馬會正式成立，便成為上流社會出沒之地。除此以外，香港木球會及香港業餘話劇團均是西方人社交活動的地方。香港政府在一八六九年於皇后大道中一號設立大會堂，初期大會堂限制華人進場時段，主要為基層西方人舉行聚會的場所。

雖然西方人對名譽地位的競爭甚為激烈，但他們的較量又塑造了共同的行為規範，並使勝利者成為社群公認的領袖。如此又促進西方人社群的團結，使他們能在東亞的陌生環境中互助自救（Chan 1991）。但西方人的群體內聚力強，又使他們不易與香港的華人接觸。他們有著西方人的自信，自覺為有知識、廉潔公正且崇尚自由的一群，一方面自稱是來東亞打救華人，但另一方面卻擔心未「開化」的華人會污染其種族純潔。西方人的種族歧視使香港政府在十九世紀實行種族隔離政策，阻止華人於西方人聚居的地方定居。當華商階級崛起，並移入原為西方人社區的半山區後，政府便將山頂劃為白人專用地區，直到二次大戰前仍禁止傭工以外的華人居留。除此以外，政府亦推行華人宵禁令，要求華人入夜後外出要攜帶燈籠以資識別，並禁止他們深夜及凌晨外出。

當時西方人相信華人大多道德敗壞，認為他們大多為賊匪，對其甚為敵視，相信政府應當以嚴刑峻法對付華人，才能夠保障在港西方人的性命財產（Munn 2009）。這樣西方商人便須倚靠少數可堪信任的華人，以管理被視為懶散而又具威脅性的華人勞工，以及與誠信成疑的華人商家交易。這群為西方人信賴的華人就是買辦階層。

作為東西橋樑的買辦階層

買辦制度之源起，在於英清戰爭前廣州的公行制度。當時清廷懼怕西方商人會藉機向華人傳播基督教，影響社會穩定，便嚴格禁止他們與普羅華人接觸。西方商人要與華人交易，或是要得到華人的服務，要通過獲行商擔保的買辦處理。

當時的買辦又分為兩類。商船買辦的性質比較接近英清戰爭後的買辦。他們多來自廣府族群的大宗族，負責補給西方人的船隻，幫助他們於清帝國各地進行採購、並且負責聘用和管理洋行的華人僱工。商館買辦的角色則近似西方大宅的管家，他們負責照顧西方商人起居生活，協助打理商人的個人財物，並負責管理照顧洋商起居的家傭。

縱然西方人於英清戰爭後不用再透過行商進行交易，洋行仍須聘請商船買辦維持業務。這一方面是基於文化差異及西方人的種族偏見。西方商人不懂中文，亦不會且不屑理解華人風俗，使他們必須倚重買辦負責與華人商家及華人勞工溝通。而在中華帝國的商業交易，亦講究基於人脈關係而有之信任，這正是西方商人最缺乏的。帝國內部的產業鏈和貿易鏈，每一個環節都有很強的地域性，商品從源頭到目的地往往會經歷多次交易，唯有人面廣的華人方能充分掌握。

除此以外，清帝國複雜的金融制度亦非西方商人所能操作。清帝國以貴金屬為貨幣，白銀流通最廣，但銅錢和黃金亦常於交易上使用。不同金屬之間的兌換率固然浮動，白銀又分墨西哥銀元（鷹洋）和銀兩，兩者成色有異，而銀兩的成色亦不甚穩定。清帝國亦欠缺完善的銀行業，中式錢莊良莠不齊，部分能夠提供優厚的利息，但很多錢莊都有倒閉風險。只有熟悉行情的買辦，才懂得找值得信任的錢莊去賺取最多的利息，並善用錢莊作匯款和借貸。

基本上，洋行事無大小均要靠買辦幫助。他們負責看管洋行的錢財，替上司打探商業情報，並在洋行中經營票據、兌匯等業務。洋行的華人員工亦是由買辦負責聘請並作擔保。不過，嚴格來說，這些華人員工並非洋行的員工，而是買辦自己的僱員。亦因如此，買辦多透過人脈關係安插親信到重要職位。他們習慣讓兒子擔任助手，到退休後再將買辦一職世襲下去。

不過，買辦的主要收入來源，卻在於替洋行採購茶葉、生絲等材料特產。由於西方商人多只會留守香港或上海等地的租界，他們會派買辦到生產茶葉、生絲的地方採購。買辦透過與地方茶商、絲商的關係，套取物價情報、洽商交易細節，然後以最實惠的價錢換取合乎水準的貨品。交易時的佣金為買辦收入主要來源。當時買辦每年底薪介乎五百兩至兩千兩，雖然看上去比華人勞工豐厚得多，但買辦本身須負擔所有營運開支，包括租金以及聘請華人勞工的開支，因此買辦並不能單靠底薪過活。在每單交易中，買辦都得到百分之二至三的佣金，隨著洋行業務的發展，買辦亦能透過收取佣金，成為清帝國最富有的一群。

除收取佣金外，掌管洋行資金的買辦亦能「榨取」灰色收入。他們或是將資金存入熟悉的錢莊，將利息據為己有，更有膽識的則會挪用公款作私人投資。雖然之後發生過買辦投資失敗夾帶私逃的事，但西方商人對此多視而不見。除此以外，洋行亦准許買辦在不損害其利益的前提下自行營商，很多時還會與買辦的商號結為商業夥伴。由於《南京條約》規定西方人享有治外法權，官府亦不欲激起外交爭論，令買辦能憑藉與西方商人的關係，避免一般商人經常面對的官方敲詐。

很多時買辦累積一定資本後，便會自立門戶脫離洋行的控制。此時他們便會退休，推薦親人接任，然後專心經營自己的商號，縱使仍然會善用與洋行的良好個人關係。他們有的從事熟悉的茶、絲業務，有的會開設當舖和錢莊這類金融機構，亦有的會投資南北貿易以至是海外貿易。英法聯軍戰爭後，清廷展開洋務運動，買辦亦成為官督商辦企業的營運者。他們開辦輪船公司、礦場、機器製造廠以及各式各樣的輕工業工廠。買辦既出錢投資，亦透過於洋行的管理經驗，將西式管理模式引入官督商辦的企業。亦因如此，買辦與所謂的「民族實業」之間，並不像大中華史觀所講那麼有明確的界線（Hao 1971）。

洋行的買辦，有的是由行商介紹，有的是曾與洋行交手的華人商家，有的是由前任買辦介紹，也有部分是前任買辦的學徒。不過，英清戰爭之後的第一批買辦，卻多是海洋族群的成員。戰爭期間，不少海洋族群成員站在英國人那邊，替英國軍隊運輸、補給。他們在香港開埠後得到獎賞，有的得到廉價土地，有的成為政府承包商，亦有不少成為洋行的買辦。譚亞才原為新加坡海外華僑，在當地海軍船塢作管工，英清戰爭時替英軍供應糧水。開埠後他成為了建築承包商，建設洋行總部及政府建築，是香港第一批發跡的華人。他的朋友郭亞祥來自蜑家族群，亦嘗服務英軍，發跡後像當時少部分發跡的蜑家人那般否認其出身，藉著與譚亞才的友誼改稱自己為開平人。一八四三年，鐵行輪船（Peninsular and Oriental Steamship Company）於香港開設分行，郭亞祥獲聘為買辦。後來郭開設自己的航運及船隻維修公司，並且成為香港最富有的商人之一（蔡榮芳，二〇〇一）。

但是海洋族群的文化水平較低，比如郭亞祥就只會說僅能作簡單溝通的洋涇濱英語（Pidgin English），這樣他們便難以應付洋行日趨繁複的業務（Carroll 2007a）。而海洋族群長期從事地下犯罪交易，亦使他們賊性難改。開埠初期，清帝國積弱，令香港水域海盜活動死灰復燃，他們甚至猖狂地於香港開設收取保護費的商號。與英國人合作的海洋族群成員之行徑往往令人側目。於蘇杭街一帶的下市場做大地主的盧亞貴，被指勾結海盜，他亦在下市場開設賭檔和妓院，令鄰近居民不勝其煩。除此以外，他又賄賂政府官員，敗壞管治。譚亞才則曾應地方當局之邀，糾眾至開平清剿海盜，但其私人武裝兵賊難分，令香港當局認為他本身亦從事海盜行為（Munn 2009）。

雖然海洋族群最早與西方商人打交道，但洋行逐漸覺得他們不堪信任，難付以買辦之重任。他們希望可以讓受過一定教育、熟悉西方人化而人格又可靠的人擔任買辦。誰又能比西方商人自己的華人子女更值得信賴呢？

東西狹縫間求存的混血兒

西方商人東渡香港，主要是來尋找上向社會流動的機會。他們仍未發跡，故很可能未有結婚。即使是已婚的西方商人，亦會擔心家人未能適應香港的亞熱帶氣候和陌生環境，而選擇孤身上路。他們在香港一待就是好幾年，期間會感到寂寞，亦要解決性需求，但香港卻缺乏足夠的單身西方女性，如此便會選擇與華人女性結伴。

有少部分洋行的低級僱員會選擇定居香港。他們多為習慣跨種族婚姻的葡萄牙人，會明媒正娶與華人結為正式夫妻，其子女多從父姓，亦會為父親視為正子嫡孫。

但英國商人卻有種族歧視觀念，令商人及洋行高級僱員既不能、亦不想與華人女子建立長期關係。

部分洋行還會明文禁止員工與華人通婚。這樣商人及高級僱員大多會在香港找華人女子作短暫情婦，當要返回西方結婚或與妻子團聚，關係就會終止。他們的混血子女會被視為私生子，多會採用母姓，或是漢化的父姓（Smith 1985）。

西方商人的情婦多來自蜑家族群。她們於艇上工作，服務西方商船，使她們很早便與西方男性打交道。海洋族群的性觀念比陸上族群開放，亦比較尊重女性自主，使她們較易接受與西方人維持短暫性關係（Smith 1994）。除此以外，接受西方教育的女學生亦為西方商人的戀愛對象。拔萃女書院的前身曰字樓女館於一八六二年創校，其女學生學會用英語溝通後，大多不會完成學業，並會成為西方商人的情婦。這現象使學校飽受社會輿論批評，逼使於一八六五年暫時關閉（Sweeting 1990）。

西方人收養情婦的現象，固然有物化女性的一面，但同時亦是華人女性獲得解放的機會。成為情婦，可以令婦女脫離父親和丈夫的父權欺壓，逃避「三步不出閨門」這類僵化儒家規定的限制。西方商人多會讓情婦管理家當，當他們離去後，除非情婦遇到特別寡情薄幸的西方人，否則她們會有機會分得家產。情婦有機會擁有自己的財產，成為小當家，這是在傳統華人社會無法想像的。部分情婦還會善用情夫留下的財產進行投資，有部分還成為了富有的業主（Smith 1995）。

不過，成為情婦倒是會有相當的風險。她們與混血子女所分得的財富，完全取決於西方商人的事業，而西方商人在香港的際遇卻難以保證。何東生父何仕文（Charles H.M. Bosman）為旅港荷蘭商人，其事業卻沒有起色，最終只能黯然離開香港。由於生父破產，何東童年生活一度貧困，與母親施氏相依為命。施氏後來先後與兩位華人男子同居，何東的物質生活才稍有改善（鄭宏泰、黃紹倫，二〇〇七）。即使西方情夫留下豐厚家產，混血子女亦會缺乏父愛，且會同時受華人和西方人歧視。混血兒多會與母親生活在娘家的華人圈子，但華人一直對非華人有嚴重的種族歧視，程度不下於白人歧視非白人（Dikotter

1992）。當時華人勞工與香港政府及洋行常因勞資糾紛及執法問題與西方人衝突，令華洋關係頗為緊張（Tsai 1993）。或許是出於求偶失敗而有的妒忌心態，不少華人不恥情婦為物質利益與西方人結合，覺得她們自甘墮落淪為西方人玩偶。混血兒外貌有西方人特徵，常被華人同伴嘲笑為「雜種」、「野種」或「打亂種」，較客氣的則會稱他們為半唐番（Lee 2004）。

除葡萄牙人外，在港西方人對種族純潔異常執著，覺得混血兒受華人血統「污染」，不會接納混血兒為其一分子。與華人結婚的西方人，將不會在政府及洋行獲得晉升機會，不准定居於西方人為主的社區，亦不會獲分配進西方人職員宿舍。與華人偷情同居，已是在港西方人所能忍受的極限，是以他們普遍對混血兒的遭遇缺乏同情心。一八九五年，有混血兒在《士蔑西報》（*Hong Kong Telegraph*）撰文訴說自己的遭遇，批評其生父當年拋妻棄子。一名署名費厄皮（Fairplay）的西方人如此無情地回覆：

> 責怪歐洲人拋棄某一階層的婦女及她們的私生子，是不公平和荒謬的。首先，混血兒的母親缺乏應有的審慎，她們的後代當然是非法的……香港是一個自由的殖民地，沒有人能強逼她們去過聲名狼藉的生活。如果她們偏要選擇成為「不幸的人」，那她們必須承擔這種瘋狂行為之後果。（Smith 1994）

不過，縱然混血兒與其西方人生父多關係疏離，不少混血兒長大後仍能靠著這份微弱的關係，獲洋行聘任為學徒，走上成為買辦之路（Smith 1985）。而像何東那樣缺乏父蔭的混血兒，亦能透過教育力爭上游。他們的母親對西方有一定的認識，知道在洋行打工是一條有前景的出路。而混血兒作為邊緣族群，亦無可能參與清帝國的科舉。這樣混血兒的母親多鼓勵其子女接受西方教育。這群受過西方教育的混血兒通曉英語，亦熟悉西方文化，縱然未必得到生父的庇蔭，亦多能憑一己之力成為買辦（鄭宏泰、黃紹倫，二〇〇七）。

混血兒亦在香港政府行政吸納的政治體系中擔當了重要角色。當時要被委任為太平紳士，或要獲委任進立法局或其他政府諮詢架構，先決條件是獲委任人士須通曉英語。在十九世紀末，香港政府逐漸將其行政吸納的對象，從西方商人擴展到華人精英。成為買辦階層的混血兒，此時亦以「華人代表」的身分，成為香港殖民地體制的一部分（Chan 1991）。

不過，隨著香港之發展，單靠生物學意義上的混血兒，並不足以填補所有的買辦職位。香港政府吸納華人代表，為的是要消弭華人社群內潛在反對勢力，是以「華人代表」也不能清一色由被普羅華人歧視的混血兒擔任。這樣香港要持續運作，便須要有一群精神上、文化上的混血兒。他們不是西方商人生物學意義上的子女，卻是西方傳教士精神上的後代，包括歸信耶穌的基督徒，以及在傳教士開辦的學校中受西方教育的華人子弟。

西學東漸與文化混血兒

基督教首次在東亞大陸帝國傳播，是在唐帝國時期。但當時在帝國傳播的景教，卻不是基督宗教的主流派別。景教在西方稱為聶斯脫里派（Nestorianism），自從他們與東方正統教會（Oriental Orthodoxy）分裂，就被其他基督徒視為異端。唐帝國普遍誤認景教為佛教支派，其信眾亦多為西域人。八四五年，唐武宗下令滅絕佛教，史稱會昌法難，景教亦受到牽連（Moffett 1998），部分在唐帝國旅居的景教徒遭朝廷屠殺（穆來根等譯，一九八三）。

要到蒙古佔領東亞之時，基督教才能再次傳到東亞大陸，但信眾只限於來自西域的色目人，亦因此基督教在明帝國驅逐蒙古人後銷聲匿跡。到公元十六世紀，天主教才隨到東亞大陸貿易的葡萄牙人再次傳入。在帝國宣教的多為耶穌會會士，默許華人教友按儒禮祭祖，並以士紳為傳教對象，入教者包括徐光啟等朝廷權臣。不過，當時不同天主教修會之間有激烈的權力鬥爭，敵對修會指責耶穌會默許祭祖的做法縱容偶像崇拜，教廷最終宣佈禁止在清帝國的天主教徒祭祖，隨後的禮儀之爭使清廷下令於雍正年間禁教（Moffett 2005）。雖然在清帝國仍不時發現天主教的地下傳教網路，但基督教的公開活動已不復見（Rowe 2009）。

基督宗教到公元十九世紀再次在東亞大陸傳播，則是由於宗教改革期間與教廷決裂的新教促成。新教的傳教熱誠本來比不上天主教。根據加爾文的預定論，一個人是否蒙上帝救贖，完全是由上帝所命定。既然人力無法干預上帝的預定，新教徒亦因此缺乏傳教熱誠。這情況要到十七世紀才有所改變。當時德國像莫拉維兄弟會（Moravian Brethren）的小教派掀起了敬虔主義運動（Pietism），主張基督徒要親身經歷神聖體驗，成為重生的基督徒（Born Again Christians），然後與他人分享其神聖體驗以廣傳福音。在一六一八至一六四八年，德國信奉天主教的諸侯，與信奉新教的諸侯打了卅年內戰，小教派遭到天主教及主流新教共同逼害，逃亡到英國以及時為英國屬土的美國避難。

敬虔主義小教派隨後改造了英語世界基督教會的精神面貌，促成當地基督徒的靈性復興運動（Revivalism）。在十八世紀，美國興起大覺醒運動（Great Awakening）。約翰衛斯理（John Wesley）與弟弟查理衛斯理（Charles Wesley）亦在英國展開循道運動（Methodist Movement），並於一七三八年在倫敦創辦循道會。這些復興運動都重視宣教，並強調不論是窮人還是外邦人均有信奉基督的權利，他們立志要將福音傳至地極，積極準備向海外派遣傳教士（MacCulloch 2011）。

倫敦傳道會（London Missionary Society）於一七九五年創辦。他們首先派傳教士到非洲和南太平洋，到後來開始想辦法到清帝國傳道。當時倫敦傳道會之傳道策略，是由寶格（David Bogue）主導。寶格相信上帝的旨意是向人顯明的，凡是肯閱讀聖經的，都可以憑字面意思認識上帝。是以教育在其傳教策略中擔當著重要角色：傳教士先要學習當地語言，翻譯聖經及宗教書籍，然後要開辦學校，讓當地人讀書識字，自己讀當地語言的聖經譯本，然後友善地與當地人理性交流。

馬禮遜（Robert Morrison）在倫敦傳道會的高士泊學院（Gosport Academy）修讀神學，是寶格的學生。一八〇七年他被按立為牧師，並立志要到清帝國傳道。年底他啟程往華南地區，澳門信奉天主教的葡萄牙人不歡迎他，只得滯留在廣州十三行。他在廣州經歷文化差異，飽受挫折，不久即染病。馬禮遜在休養期間卻學好粵語與官話，並編製了一本漢英字典。為了方便接觸華人，馬禮遜於一八〇九年加入東印度公司，擔任翻譯的工作。當時在清帝國傳教，尤其是分發宗教書籍，被朝廷發現的話可以處死。東印度公司僱員的身分，掩護了馬禮遜的傳教事業。

馬禮遜開始翻譯聖經，一八一三年他先譯好新約聖經，到一八一九年譯好舊約，然後一八二三年出版包含新約舊約全書的《神天聖書》。到一八一八年，馬禮遜在麻六甲開辦英華書院，這除了是一間教會學校，亦設有印刷工場。史上首位華人新教牧師，就是這間印刷工場的員工梁發。印刷工場除印製聖經外，亦出版了名為《察世俗每月統記傳》的報紙，以及其他宗教書籍。這些書籍當中，以梁發撰寫的《勸世良言》最廣為人知。洪秀全創立太平天國時，深受這本著作影響。

但馬禮遜自己卻看不到基督宗教在清帝國傳播那天。他於一八三四年八月一日在廣州蒙主寵召，享年五十有二（Daily 2013）。那時候英清戰爭還未爆發。

傳教士與香港及清帝國的西方教育

雖然馬禮遜的僱主東印度公司為眾矢之的，他卻能夠與在廣州的英國商人建立友誼。他離世後一年，英商捐款成立馬禮遜教育基金。基金會在一八三九年於澳門創辦馬禮遜學校，並委任美國歸正會（Reformed Church in America）的牧師鮑留雲（Samuel R. Brown）為首任校長。該校建立之宗旨，在於促進華人基督徒的全人成長。學校期望學生能兼擅中文與英文，能夠用中文向其他華人介紹西方的新思維。與傳統書塾不同的是，馬禮遜學校對儒家經典並沒有很高的評價。學校會教授部分經典，但只視之為學習語言的工具。

由於馬禮遜學校並不注重儒家經典教育，期望子孫於科舉考取功名的廣府族群大宗族，對這所新式學校興趣缺缺。是以入學者，多來自鄰近澳門的香山縣之貧民，或是海洋族群的成員。他們一方面在澳門見慣西方人，另一方面亦受學校免費教育所吸引。除此以外，從事西方貿易的商人家庭因知道學習外語能有助謀生，亦會鼓勵子弟於西式學校就讀。

馬禮遜學校期望其教育能夠破除華人對西方學問的抗拒，使他們能夠學懂西方的知識、技術，並最終能歸信基督，促成清帝國的「覺醒」。學校的宗教教育除了重視研讀聖經，亦會教授抽象而理性化的神學理論，比如是加爾文的預定論，以及新教教會的教理問答（Catechism）。學校的倫理教育強調工作及勞動為快樂之源，主張天道酬勤，並挑戰華人「工字不出頭」的傳統觀念（Smith 1985）。雖然這種教育再強調理性，但仍是以宗教信念為主。不過如韋伯斷言，新教倫理的傳播終究促成工具理性的興起（Weber 2001），使華人學生能對資本主義的來臨作好準備。

除宗教教育外，馬禮遜學校的教育多強調知識的實用價值。英語教育是學校教育的重點，校內大部分知識均以英語傳授，學生入學後多很快掌握英語讀寫能力及口語。教授科學時，則會著重在科技上的實用價值，而較輕視科學方法及科學理論。

除了知識傳授，馬禮遜學校亦注重學生的品格教育。所有學生入學後均要留宿，學生於宿舍內有華人家居難見的獨立房間，一方面令學生享受自由的滋味，另一方面亦是要訓練獨立自理的能力。而院舍生活又著重宿生的禮儀規矩。鮑留雲會邀請學生參加其家庭聚會，又會邀請資助學校的葡萄牙官員和西方商人與學生茶敘。學生於這些社交聚會中學會西方商人圈子中的社交禮儀和潛規則，畢業後到洋行工作，亦能得心應手（Smith 1985）。

一八四一年香港開埠後，馬禮遜學校遷至灣仔摩理臣山（摩理臣為馬禮遜之舊譯），其他新教及天主教傳教士亦善用香港在清帝國之外、處清帝國之旁的獨特地位，在香港興辦學校並建設傳教基地。他們從西方商人取得獻金，亦得到英屬香港政府的保護，使教會與香港政商體系建立共生關係。部分傳教士因而樂於與販售鴉片的西方商人合作，並為英國軍隊蒐集情報，比如來自普魯士的牧師郭士立（Karl Gutzlaff）就曾隨私商偷渡至華北，並在交易時作即時傳譯，香港開埠後亦一度於政府任職。但大部分的傳教士卻為其政商聯繫感到良心不安。他們相信吸食鴉片是邪惡的成癮行為，英清戰爭使林則徐禁絕鴉片的努力付諸流水，在傳教士眼中是一場不義之戰。偏偏他們又是因為英國得勝才能合法進入清帝國傳教。部分傳教士因而投身於反對鴉片貿易的社會運動，但投身社運又與大部分傳教士的保守性格格格不入。這群良心受責備的傳教士便以上帝的旨意解釋一切：因為上帝立心要讓基督福音傳入清帝國，便容許鴉片貿易的罪惡發生，但一切仍在祂的掌握之中。

傳教士多會引用以賽亞書四十九章十一、十二節，以證明上帝早已命定東亞大陸要歸信基督。根據比較貼近希伯來文原文的呂振中譯本，這段經文是這樣的：

> 我必使我的眾山成為道路，我的大路也被修高。看哪，有人從遠方來，看哪，有人從北方從西方來，有人從色耶尼地（Sinim）而來呢。

色耶尼在希伯來文的意思，為「罪惡之地」，其實際位置已不可考。但英華書院校長理雅各（James Legge）卻指色耶尼與震旦（China）有相同的字源，亦因此這段經文其實是上帝對東亞大陸之預言。不少傳教士均認同這個說法，於二十世紀初翻譯白話和合本聖經時，將色耶尼翻譯為「秦國」。他們相信自己正在實踐上帝的預言，亦因此縱然他們在清帝國的合法地位是源於一場「不義之戰」，傳教士亦受之無愧。另一方面，他們相信在清帝國實現上帝的預言，基督的福音將幫助歸信的華人戒除毒癮，這樣傳教士便能「修正」自己國家所犯的彌天大罪（Wong 1996）。

傳教士在香港開埠後積極辦學。由於開埠初期香港政府只負責監督偏遠地區的村校，教會便壟斷了當時香港的教育（Ng Lun 1984）。馬禮遜學校率先遷到香港，一八四二年理雅各將英華書院由麻六甲遷到香港，一八四九年聖公會牧師史丹頓（Vincent John Stantun）創辦聖保羅書院。除此以外，天主教會亦於香港設立學校。出於教會學校的壓力，香港政府在一八四七年資助教會辦學，雖然政府明文禁止學校強逼學生信教，但亦同時訂明在香港的學校一定要提供基督教教育。傳教士寄望教會學校能培育一批受過英語教育的青年，雖然他們知道大部分學生畢業後即會在洋行或政府工作，但仍希望會有少部分學生選擇進修神學，學成後向其他華人傳道。

香港政府容許接受資助的教會學校自訂課程。理雅各為英華書院的英文課編撰了一本名為《智環啟蒙》（*A Circle of Knowledge*）的英文課本。該課本雖為教授英語而設，卻包含了不少語文以外的學問，涉及科學常識、各國的政治制度、世界各地的時事資訊等，並以一篇討論上帝屬性的文章作結。學生閱後除了可促進英語閱讀水平，亦能涉獵各方面的西方知識，是以此書甚受香港教育界歡迎，英華書院以外的教會學校亦選用此書為讀本。

但傳教士招攬華人神學生的計劃卻以失敗告終。大部分學生均只想學習英文，以便擔任文員、傳譯等工作，願意歸信耶穌的不多，進修神學的更是絕無僅有。理雅各收了李劍麟、宋佛儉和吳文秀三位入室弟子，還得意地帶他們到英國晉見維多利亞女皇。但最終只有英年早逝的李劍麟成為傳道人，宋佛儉到新加坡當英文教師，吳文秀更因失德而被逐出教會，之後成為富商。英華書院因為令盼望將基督教傳揚的捐助人失望，而被逼削減規模，在一八五六年停止招生，然後一八五八年專注出版業務。英華書院的出版業務倒有一定成績，印刷部出版了不少聖經和書籍，創製了其中一批最早的中文銅活字，還創辦香港首份中文報章《遐邇貫珍》。但到一八七〇年，英華書院將僅餘的印刷部出售予前員工王韜及黃勝，之後要到一九一四年才能復校。

香港其他教會學校，亦遭遇類似困難，陷入無以為繼的境地。理雅各在挫敗中發現華人學生想得到的，是英文及其他各種西方知識，並未準備好接受基督教的道理。唯有先滿足其對西學的需求，透過潛移默化令華人逐漸親近西方，之後才有機會肯聽講道，才有可能誠心皈依基督。而理雅各所屬蘇格蘭公理會（Congregational Church），與當時主導香港教育的聖公會相比，更相信信仰自由的環境有助傳播真道。他覺得與其讓教會徒勞無功地辦學，倒不如讓政府提供世俗英語教育，先滿足華人學生的知性需要，再改變華人社會的文化土壤後，才想傳教的問題（Wong 1996）。

香港政府於一八六〇年改組教育委員會，其英文名稱亦由Education Committee改為Education Board。理雅各之後趁聖公會主教不在香港，動議將村校合併為中央書院，而英文教育會集中於這間新學校進行。最終委員會通過決議，一八六一年立法局亦通過相關撥款。

香港的世俗西方教育

中央書院在一八六二年於歌賦街的校舍開始授課。這所學校在一八八九年更名為維多利亞書院，到一八九四年再更名為皇仁書院。理雅各找了他於鴨巴甸英皇學院（King's College of Aberdeen，後併入鴨巴甸大學）的學弟史釗域（Frederick Stewart）為首任校長。校內設兩級預備班、三級中班及三級高班。學生入學前要以中文考入學試，獲取錄後則在最低的第八級開始上課，到升上中班的第六級時，才開始學習英文。在創校初期，英文並非中班和高班的必修科，以中文授課的教師上午教書，下午讓學生自行選擇是否上英文課，但學生對英文課反應熱烈，使校方於一八六五年決定把英文列為必修。一八八六年上任的港督麥當勞（Richard Graves MacDonnell）本身對科學有興趣，使學校引入數學、科學和地理課。起初學生對這些新科目缺乏熱誠，但隨後清帝國海關入職試改制，變得更著重考生對西方各學科的知識，才令中央書院的學子重視語文以外的科目。

中央書院的經費由香港政府支付，原先打算豁免學生的學費，但因英國要求屬土盡可能自負盈虧，香港政府需要奉行小政府政策，收入甚為有限，未能長期提供免費教育，於是便在一八六三年起每年徵收五毫學費，並持續豁免書簿費。但由於中央書院的學生甚受洋行及政府青睞，其教育亦有助學生投考被視為肥缺的清帝國海關公職，不少小康家庭都願意付學費讓子弟就讀。由於洋行及政府均渴求通曉英語的華人人才，以擔任買辦、文員及翻譯等職位，不少學生未完成學業已被聘用。一八七〇年，共有卅六位學生升上最高的第一級，但只有七位學生未有於學期完結前投身職場而圓滿畢業。

不少傳教士覺得要直接向受眾傳道，才算是盡了傳道人的本分。他們對理雅各的間接策略嗤之以鼻，覺得推行世俗教育是對真理的背叛。中央書院會聘請華人老師以傳統方式教授中文，傳教士指責中央書院偏袒儒、釋、道，忽略基督教教育，憤而指責中央書院推行無神論教育：當時英國盛行持保守宗教價值的福音派信仰（Evangelicalism），這可是個能激起爭議的嚴重指控。然而中央書院作育英才的成果叫人無法推諉，使其能在萬箭穿心的情況下屹立不倒。馬禮遜教育協會亦折服於其教育成果，捐助港幣三千元成立馬禮遜獎學金。

一八八九年，因歌賦街校舍已不敷應用，更名為維多利亞書院的中央書院獲遷至鴨巴甸街的新校舍（現為ＰＭＱ元創方）。不少校友成為日後香港的華人精英，比如是何東、何啟和韋玉，不少鄰國的風雲人物亦曾經於這學校求學，比如是孫文、唐紹儀、廖仲愷等（Stokes and Stokes 1987）。

理雅各除了在香港先後引入基督教和世俗的西方教育，亦努力將東亞大陸帝國的經典著作譯為英文，促進東西文化雙向交流。蘇州儒生王韜因曾跟太平天國有關係而被清帝國追緝，並於一八六二年流亡香港。王在上海曾經在傳教士麥都思（Walter Medhurst）的墨海書樓工作，而麥為理雅各之好友，這樣王韜便當了理雅各的助手。在此以前理雅各已翻譯好四書，之後理王二人合作無間，先後翻譯《書經》、《詩經》和《左傳》。到一八七六年，理雅各得到清帝國西方商人和香港政府前任官員的支持和贊助，獲英國牛津大學聘為漢學講座教授。在牛津講學期間，理雅各撰書介紹孔孟思想，並繼續翻譯《法顯傳》、《道德經》和《莊子．秋水篇》等著作，一八九七年於牛津主懷安息（羅香林，一九六一）。

雖然理雅各於西方世界被尊為漢學大師，但他並非像莊士敦爵士（Reginald Johnston）那種自覺為儒生的漢學家。理雅各並未真心欣賞東亞文化，他也許是個細心的觀察者，但從不是東亞文化的局內人。他從不穿唐裝，亦沒有過中式生活，一直以來都只按西式審美觀過活（Law 2009）。他研究漢學，是為了「師華之技以制華」，透過認識東亞文化以幫助大英帝國在東亞的拓展，並寄望由英國主導的東亞國際秩序可幫助基督教的傳播。不過，在這個過程中，理雅各與王韜結為合作夥伴，使其由極度排外的下層士紳，轉化為倡議學習西方以求自強的現代化推手。透過點化王韜這位重量級的西學倡導先驅，理雅各大大促進西學東漸之進程（Cohen 1988）。

值得一提的是，傳教士除了促進宗教和世俗的西方教育，以及開展東西學術文化交流，亦是香港社會服務的奠基者（Smith 1995）。教會除開辦學校外，亦有開辦老人院、孤兒院和醫院。比如來自法國的天主教聖保祿女修會（Sisters of St. Paul de Chartres）早於一八四八年，已在香港開設孤兒院和老人院（Ticozzi 1997）。教會的社會救濟服務，填補了因香港政府奉行小政府政策而留下的空間。

英清戰爭後，由於清帝國與西方之間的文化差異，基層華人亦對西方人抱有仇外情緒，令傳教工作得不到很大的效果。不少華人為了取得教會的救濟品，才願意到教堂聽道。是以早期的華人基督徒多是「喫教者」（Rice Christians），他們是為了物質而入教，以至為教會打工。

站在宗教信仰的立場，為物質入教是誠信上的虧欠，教會充斥喫教者是不健康的現象。但華人基督徒為物質入教，並不意味他們永遠不能成為真誠的信徒。很多時意識形態的傳播，第一步是靠物質利益吸引受眾，從而與他們建立關係。但之後受眾是否皈依，則取決於講者能否令受眾覺得他真誠可靠，從而愛屋及烏地覺得他講的道理可信。物質利益很多時只是建立關係的契機。

由於西方傳教士得《南京條約》保護，於清帝國內享有治外法權，且背後有母國為後盾，在東亞大陸久被欺壓的弱勢族群，有不少決定歸信基督，以得到西方傳教士撐腰，助其與強勢的欺壓者對抗（邢福增，一九八九）。在華南地區，有一些客家村落為了抗衡敵對的大宗族或村莊，整村人皆成為基督徒，讓村莊成為西方傳教士的傳教據點（謝慶生，一九九八）。比如西貢鹽田仔，就是歸信天主教的客家村莊。蜑家族群最早接觸西方人，可是他們居於船艇，常要遷移捕魚或運貨。雖然他們對傳教士友善，但其工作性質便他們難以定期參與宗教聚會，使蜑民的入教率比不上客家族群（陳序經，一九四六）。不過，還是有蜑家人全族皈依，在新界東北鴨洲的蜑民，大部分都是非主流教派真耶穌教會之信眾。

不過，大部分士紳以及廣府族群的大宗族對基督教甚為反感，原因是雍正年間的老問題：祭祖。祭祖是維繫大宗族內部團結的重要儀式，而廣府族群亦是透過把南遷漢人追認為「祖先」，才能夠洗脫原住民的標籤，參與明末清初的圈地運動（Faure 2007）。宗族以虛擬的祖先確立其地權，士紳則是儒家禮制的守護者，他們作為既得利益階層，自然不願意西方傳教士打破靠祭祖維持的權力架構。

而在清代中葉前來傳教的西方傳教士，大都抱有西方文化優越感，並不像明末耶穌會教士那般願意向華人傳統風俗妥協。新教傳教士更受到敬虔主義影響，視祭祖為拜偶像，相信成為基督徒就必須「分別為聖」，待人處事均應依從基督教倫理的新樣式，並不能以傳統風俗為理由，延續皈依前因受罪惡蒙蔽而過的舊生活。中國內地會的傳教士戴德生（Hudson Taylor）在二十世紀初之宣教會議上的演講，頗能夠反映新教傳教士的主流觀點：

> 祭祖之事，由始至終、由頂至踵，並每件與其有關之事，都是拜偶像的行為。除了耶和華外，敬拜任何人，都是敗德和拂逆上帝的律法！除非我們修改十誡，否則除了耶和華外，均不能容許任何形式的崇拜……甚至討論「容忍祭祖」這個題目，也不是任何教中人應該做的。（邢福增、梁家麟，一九九七）

部分傳教士不單否定祭祖，更對華人的傳統文化存心輕蔑。美國長老會的傳教士賴恩（D.N. Lyon）如是說：

> 孔子與基督，誰更偉大？我們是否應該先解釋孔子及其學說的優點，然後指出耶穌如何補其不足呢？不能，絕對不能！耶穌是王中之王、主中之主！（邢福增，一九八九）

傳教士禁止祭祖，是士紳抗拒基督教的主要原因。部分士紳對西方知識有興趣，亦欣賞基督教的道理，卻因堅持要繼續祭祖而卻步。四邑開平儒生羅黻南在《指迷弼教論》中這樣說：

> 吾一向極欲入教，以著書傳道闡發聖經，匡其所不逮，勉其所當行，使中外一家，轄俱無猜。但因阻於祭祀一款，問心難安，不能使人心以各安，是以中止。（邢福增，一九八九）

除了祭祖問題外，納妾問題亦是士紳抗拒基督教的原因。士紳納妾除了為了性歡愉，亦是為了盡儒家倫理的孝道。當時儒士普遍相信「不孝有三，無後為大」。有時正室會有不育的問題，而即使士紳與正室有子女，亦擔心會因兒童夭折而絕後，納妾可以令士紳有更多的兒女。但是基督教並不強調血脈相傳，堅持只有一夫一妻制才合乎倫理，信徒只有於喪偶後才能名正言順地再娶。在清帝國的傳教士多信奉敬虔主義，性倫理方面格外保守，不會像西方較開明的牧師那樣默許信徒包養情婦，不少華人基督徒因為堅持納妾而被逐出教會，渴望納妾的士紳自然也不會入教自尋煩惱（Smith 1985）。

即或如此，隨著清代士紳數目的增加，部分下層士紳亦淪為邊緣階層。隨著科舉制度的發展，能夠通過初級考試而成為貢生的讀書人越來越多，只有少數貢生能通過高級考試，晉升為舉人、貢士和進士。這些貢生因而未能獲得官職，雖然還是有著一般平民沒有的特權，但若非來自富有的大宗族，很多時便會淪為窮酸秀才。他們對儒禮體制有一定積怨，成為危害政治穩定的計時炸彈（Rowe 2009）。這些上位無望的下層士紳比較願意聽傳教士講道，但西方傳教士應該沒有想到會有窮秀才借用基督教術語，動員群眾反抗朝廷。

洪秀全原為居於花縣的客家人。他成為貢生後，到廣州連續考了三次府試，卻屢次不第。洪大受打擊，之後大概是精神病發，見到古怪的幻覺。到一八四三年他再到廣州考試，期間閱讀梁發撰寫的《勸世良言》，覺得當中的基督教教導能夠解釋他早前見到的幻象。也許是出於對建制的不滿，他借用基督教符號創辦新興教派拜上帝會，並到廣西招攬信眾。當時兩廣邊界住著飽受廣府族群欺壓的客家人，而廣州當時因五口通商以及上海的興起而經濟衰退，不少失業民眾沿西江走到拜上帝會的根據地。

一八五〇年，拜上帝會揭竿起義反抗清帝國，並於翌年建立奉洪秀全為天王的太平天國。太平軍一路攻至長江流域，並於一八五三年取得南京，將其更名為天京，並以此為太平天國的首都。太平天國與清帝國對戰十一年，是人類迄今死傷最為慘重的戰爭，清帝國幾乎因而覆亡，到一八六四年才能在英國的支持下攻陷太平天國。太平天國在東亞大陸的歷史中極不尋常：這是東亞第一個以源自西方的意識形態確立權威的政權（Spence 1996）。

香港與華人基督徒

王韜是其中一位與太平天國結緣的下層士紳，他於太平天國滅亡後逃亡香港，因而在香港歷史上能佔一席位。他在一八四三年成為貢生，三年後到南京考府試落第，之後也許是出於意氣，立誓不會再參加科舉。之後在一八四七年到上海，到傳教士麥都思的墨海書樓任助手。由於當時教會認為馬禮遜的翻譯不夠文雅，墨海書樓著手翻譯委辦譯本。王韜在協助譯經時對基督教改觀，之後很可能於一八五四年受洗。他至臨終的一刻仍是基督徒，縱然他未必信得很虔誠，亦常背著妻子尋花問柳。

一八六〇年，太平軍進攻上海，王韜上書江蘇巡撫，但不為官府重視，王憤而轉投太平，以黃畹為筆名向太平天國忠王李秀成出謀獻策。但此時太平天國已為強弩之末，王韜的信件被清帝國查獲，令王淪為欽犯。英國駐上海領事以及香港英華書院校長理雅各都為麥都思友好，這樣王韜便到香港當理雅各助手。理雅各返牛津大學講學後，王韜與黃勝購入英華書院的印刷部，創辦《循環日報》，成一代報界翹楚（Cohen 1988）。

在教會任僱工，是香港華人基督徒皈依前的普遍經歷。馬禮遜在廣州十三行傳道時，結識後來撰寫《勸世良言》的印刷學徒梁發，然後送了他到麻六甲英華書院。他有一位來自南海西樵的何姓同工。何氏之子何進善後來到麻六甲見父親，入讀英華書院，並在一八三九年受洗。在英華書院畢業後，何進善到加爾各答進修神學，學成後到香港傳道，被稱為何福堂。何福堂於一八四五年按牧為牧師，講道深受華人受眾歡迎（Choa 1981）。之後他亦創辦華人教會合一堂，成為這座教會的創會主任牧師（Smith 1985）。

部分華人基督徒在未皈依前，是為了取得物質上的利益，或是為了糊口，而在香港的教會打工。廣東禮賢會創會牧師王元深是其中一個例子。他本來是廣東商人，因為生意失敗而在一八四五年到上環一間賣硫磺的店舖打工。出於好奇，他工餘時間會到附近的福音堂聽講道，很可能是去了何福堂在下市場創辦的聚會所。初時他甚為抗拒教會反對祭祖、反對拜菩薩的教導，但不久後硫磺店結業，王元深為生計而勉強入教，受薪幫助教會派發聖經。後來他有機會與郭士立面談，才為基督教之觀點說服，並立志修讀神學傳揚福音（邢福增，一九八九）。

由於教會禁止教友祭祖，華人基督徒因而受到士紳和宗族排擠。他們拒絕拜祭偶像，不能參與維繫華人社會的民間宗教活動，這樣華人基督徒便為了信仰的緣故與傳統華人社會完全割裂。除非他們生於少數全族歸信的村莊，否則便無法在清帝國立足。他們的生活空間，往往被局限在通商口岸的租界。香港為英國屬土，開埠初期的華人人口以海洋族群為主，廣府族群的士紳和大宗族在這座城邦沒有勢力，是以社會並不受儒家道統所宰制。由於香港社會環境較為友善，不少廣東的華人基督徒最終決定移居香港。華人基督徒亦較易在香港謀生。一方面，西方傳教士多選擇以香港為華南傳道活動之基地，華人基督徒較易得到教會的差事，亦較易維持與基督徒群體的社交生活。此外，由於基督徒較易接受西方事物，比一般華人更熱衷接受西方教育，亦不抗拒為西方人工作。這樣他們便能夠在洋行林立的香港建立自己的事業，有的還成為獨當一面的買辦或專業人士。在港華人基督徒受到家鄉士紳宗族的排斥，卻能夠在香港過著相對舒適的生活，得享在東亞沒有的自由和幸福。他們對大陸情感疏離，順理成章地視香港為土生土長的家邦。亦因如此，華人基督徒屬於首批擺脫籍貫意識，並以香港為家邦的香港華人。

由於香港的華人基督徒與西方人及香港政府關係良好，他們比其他華人更易在香港搜集情報，助其進行投機買賣，而受敬虔主義影響的在港傳教士亦強調清教徒式生活，這樣華人基督徒便如韋伯所描述的新教徒那樣，因為遠離不良嗜好和杜絕炫耀性消費而累積財富（Smith 1985）。何福堂在教會的報酬不算豐厚，但他善於儲蓄，在一八四六年用一百五十元積蓄於下市場購置土地。之後他在工餘時間從事借貸業務，並在廣東南海購置田地收租。到他於一八七一年息勞歸主時，遺下逾十萬港元的財富（Choa 1981）。

華人基督徒子弟多會接受西方教育，通曉英語，使他們成為香港政府行政吸納的對象。而基督徒家族之間多互相通婚或結誼，成為於香港社會有財富、名望的望族。香港頭四位華人立法局議員伍廷芳、黃勝、何啟和韋玉，都是同一個基督徒權力精英圈子的成員：何啟是何福堂之子，伍廷芳又娶何啟的大姊何妙齡為妻，黃勝與韋玉的父親韋光為馬禮遜學校的同學，韋玉長大後成為黃勝的女婿，同時亦是何啟的好友。

由於華人基督徒受到帝國體系的排擠，比一般華人更易接受西方新思想。辦學的西方傳教士會將資優學生送往西方深造，而第一批華人留學生多是基督徒。一八四七年，鮑留雲保送馬禮遜學校高材生容閎、黃寬、黃勝赴美國進修，除了黃勝因病輟學，其餘兩人均能從麻省的預備學校畢業。之後黃寬到蘇格蘭愛丁堡大學習醫，容閎則於一八五〇年入讀耶魯大學（Smith 1985）。何福堂亦將其三位兒子送往海外留學，當中名聲最響的何啟先在鴨巴甸大學習醫，之後在其妻子雅麗氏（Alice Walkden）的鼓勵下到倫敦林肯律師學院（Lincoln's Inn）進修法律（Choa 1981）。伍廷芳一八六一年於聖保羅書院畢業後，做了幾年傳譯，一八七四年自費赴英國修讀法律（Smith 1985）。華人基督徒不單是首批華人留學生，亦是於清帝國推廣西方教育的先鋒。容閎後來成為曾國藩幕僚，並向其提出清廷應派學童赴美國進修。首批留美學童於一八七二年出發，學成後多成為政界、學界和專業人才，為清帝國現代化之推手。這樣處於華南邊陲的小撮受排擠的基督徒，意外地成為清帝國的現代化先鋒（錢鋼、胡勁草，二〇〇三）。

在港基督徒亦是香港報業先驅，他們辦報紙向華人介紹世界各地新資訊，並在社論鼓勵華人莫要再固步自封，當奮起學效西方的各種新事物。黃勝是香港十九世紀的傳媒大亨，一八五八年，他與伍廷芳與《孖剌西報》（*Daily Press*）合作，出版名為《中外新報》的中文版。到一八七二年，黃勝與《德臣西報》（*The China Mail*）副主編陳靄庭合作，創辦《華字日報》（Smith 1985）。到一八七四年，他得知英華書院印刷部行將結業，便與印刷部員工王韜合資購入其印刷設備，創辦《循環日報》。王韜多於其社論批評清帝國時政，主張清廷當進行西式改革變法圖強，使《循環日報》成為華人世界最前衛的報章（Cohen 1988）。

受到儒家道統排斥的華人基督徒，因常與西方人交涉而拓寬眼界，亦有些是受到香港經驗影響，對西式現代化甚為推崇。洪仁玕為洪秀全族弟，太平天國起事時未能跟上洪秀全的部隊，後來得到瑞典傳教士韓山文（Teodore Hamberg）幫助到香港避難。西方傳教士寄望洪仁玕能協助匡正太平天國偏離正統的信仰，便在一八五四年資助洪及其友人到上海，望他們能與太平天國會合。但麥都思在洪仁玕的房間找到鴉片煙槍，終止其合作關係，而洪亦未能成功穿越清軍封鎖線。他於次年返港後，成為理雅各的翻譯助手，開始涉獵西方學問，並與理雅各等人建立深厚情誼。洪仁玕這樣便在香港度過其人生最寫意的時刻。

但洪仁玕始終對太平天國念念不忘，於一八五八年趁理雅各返回蘇格蘭省親，在其他傳教士的幫助下偷渡至天京。洪秀全大喜，封其為干王，任內洪仁玕欲透過其與西方傳教士的良好關係，爭取英國援助太平天國。他亦於此時撰寫《資政新篇》，提倡把太平天國改革為中央集權的現代國家，並推行西式的社會經濟政策，興辦鐵路與礦場，保障私有產權，促進銀行及保險業發展，並運用國家體系由上而下改革民間風俗。可惜由於洪仁玕沒有參與太平天國早期戰事，令諸王不服其施政，天王便於一八六一年派他率軍西征，征戰過後卻不再為天王信任。與此同時，西方傳教士與英國均對太平天國徹底失望，英國更決定支持清廷，令洪仁玕的努力前功盡廢。天京於一八六四年淪陷後，洪仁玕陪伴幼主逃亡江西，卻兵敗遇害收場（Platt 2012）。

同樣與太平天國關係密切的王韜亦於一八六二年到香港避難，跟洪仁玕同樣是理雅各的助手。生於江南的王韜初到香港時水土不服，亦看不起香港的華人。他在日記如此記述：

> 十月八日乃抵粵港，風土瘠惡、人民椎魯、語言侏離，不能悉辨，自憐問訊無從，幾致進退失據。
>
> （王宏志，二〇〇五）

之後他又這樣記述：

> 竄迹粵港，萬非得已。其俗侏離，其人以憂雜，異方風土，祇益悲耳……此間山赭石頑，地狹民鄙，烈日炎風，時多近夏，怒濤暴雨，發則成秋。危亂憂愁之中，岑寂窮荒之境，無書可讀，無人與言，曠難為懷，逝將安適。（王宏志，二〇〇五）

雖然王韜對香港充滿偏見，亦抱有大中原主義的優越感，但廁身於香港這座清帝國國境以南的英屬城邦，仍然能被香港的新事物、新思潮拓闊其眼界。一八六七年，他隨理雅各遊歷歐洲，更使其思想大為改變。他已經不能夠再接受將帝國視為世界中心的保守觀點：

> 謂中國為華，而中國以外統謂為夷，此大謬不然者也。（王宏志，二〇〇五）

他亦同時如此主張：

> 所望者中外輯和，西國之學術技藝大興於中土。（王宏志，二〇〇五）

這樣王韜便在香港寫了大批介紹西方學問的入門著作，包括介紹科學的《西學原始考》、《泰西著述考》和《火器說略》，介紹西方近代史的《普法戰紀》，以及介紹各地見聞的《漫遊隨錄》。他的政治評論多發表在《循環日報》，亦收錄在《弢園文錄外編》和《臺事紀聞》。王韜在政論中主張清廷推行立憲改革，透過代議政制吸納日益不耐煩的下層士紳，以朝廷之力推動工商發展，建設基建、開礦，並推行現代金融融資促進發展。這些論述對清同治光緒年間的洋務運動，起了一定推動作用（Cohen 1988）。

王韜由始至終仍對江南念念不忘。香港開了他的眼界，但他始終不願以香港為家：

> 久居粵東，意鬱鬱不歡，恆思歸耕故鄉。（王宏志，二〇〇五）

最終王韜於一八八四年獲朝廷赦免，准許到上海終老。但回到家鄉後，王的創作力大不如前，只能寫一些賺取稿費的遊戲文章，已不再是那位在香港批評時政、主張政治經濟改革的王韜了（王宏志，二〇〇五）。這側面說明了，香港若能對東亞大陸的現代化作出任何貢獻，正是因為香港位於大陸之外、處於大陸之旁，是一座英國治下的海洋族群城邦。這樣處於東西帝國的狹縫中，既塑造香港獨特身分，亦促進東西文化之交流。

受西方教育的一般華人

教會學校的學生中，真正決心入教者並不是多數。即使是學生時代成為基督徒的，畢業後又會因追求名利，未能堅守信仰生活，兼且未有定期聚會，於是離教者眾。怡和上海買辦唐景星的兄長唐茂枝，曾先後於馬禮遜學校和聖保羅書院求學，畢業後在香港的法庭任傳譯。期間他引誘一位十六歲妓女共賦同居，其鴇母上門討債。唐的叔父恐嚇該鴇母，但該妓女仍被判敗訴，期間的風雨更令唐身敗名裂。一八五一年，唐茂枝敗走美國加州，當地教會不計前嫌，使其得到教會群體支持。唐很快便站穩陣腳，漸漸成為當地富商，卻又與教會日益疏遠。一八五七年，他先任清帝國海關買辦，之後成為怡和在天津的買辦。

雖然他們並沒有成為堅信的基督徒，但受過西方教育的華人終究學懂英語，亦對西方文化習俗有一定認識，故仍深受洋行及香港政府的歡迎。西式學校的畢業生，不論是否相信耶穌，出路都甚為廣泛。他們若有族人在洋行辦事，便可到洋行當副手，若干年後成為買辦。比較多人選擇到政府任傳譯或文員。這些工作薪金中上，但不足以成為上流社會人士，又要經常面對西方人上司歧視。不過，在官場工作人脈廣，容易結識權貴，或是得到內幕消息，因此政府的工作常被視為投身商界的跳板。此外，還有西式學校畢業生投身各種專業。比較多同學會做律師行文員，為出國進修做準備。成為律師後，亦有助從商。醫科的出路當時卻是最窄：當時華人普遍拒絕西醫，他們畢業後無法私人執業，只能受聘於那打素醫院。

若是離開香港的話，西式學校畢業生多會投考清帝國海關。當時清廷將海關交予西方人管理，故此需要通曉英語的翻譯和文員。在海關任職，常與洋行和進出口商接觸，他們一方面有機會收受利益，另一方面亦能建立人脈關係，得到行業情報，有助離職後投身商界。何東在皇仁書院畢業後，先加入粵海關，之後才加入怡和成為在香港的買辦。離開香港的西式學校畢業生取得一定成就後，多選擇返回香港，比如何東、周壽臣都是如此。這側面說明這群在香港接觸西方學問的人，究竟有著怎樣的身分認同（Smith 1985）。

西方人與情婦產下的混血兒，以及接受西方宗教或學問的文化混血兒，就是這樣在大陸之外、處大陸之旁的香港，過著非東非西、亦東亦西之生活的一群。他們在英清兩個帝國的狹縫中，成為一個既華夏亦西方的獨特族群，很早就產生了以香港為家的本土意識（Carroll 2007b）。他們很快就成為香港最富有的一群，亦是香港政府行政吸納的重要對象。除此以外，他們亦有份促進東西文化交流，並為清帝國的現代化鋪平道路。

英國人在香港開埠，使得包括海洋族群、華人基督徒以及修習西學的學子，都能夠逃避儒家禮教的逼迫，在香港這個由英國人開拓的新城邦發揮自我，獲得在大陸沒有的自由和幸福。不過，在之後的討論中我們可以看到，此時香港若要穩健發展，似乎仍欠缺了一些重要元素。

第二部

開山闢地：登上世界大舞台

同德大押建於1930年代，是典型的戰前廣州式騎樓。
此大樓雖為碩果僅存的轉角弧型騎樓，
卻於2015年遭清拆，將重建為商業大樓。（作者攝）

第六章 篳路藍縷的香港建政史

在之前我們已經提到香港開埠以前，並不能算是一座荒島。到清帝國貿易的西方商人，早就與香港海域的海洋族群合作無間。英國人在香港開設一座不屬於清帝國、卻又在清帝國之旁的城邦，吸引了大批在清帝國備受排擠的華人移居香港，尋找在大陸沒有的自由和幸福。不過，一座現代城市要正常運作，除了要有居民，還需要一股將這群居民凝聚在一起的社會整合力量，而這恰好是開埠初期的香港最缺乏的。

開埠初期移居香港的華人來自五湖四海，他們並不屬於相同的社會組織，亦沒有一致的利益和信念。香港開埠前就活躍於香港水域的海洋族群，多建基於由短期利益維繫的恩庇侍從關係（patron-client relationship）。從華南海上武裝集團的興衰史中，我們可以看到海洋族群難以產生能長久服眾的社會領袖，成員只因利益不合，很快便會以拆解、內訌收場。缺乏穩固的社會組織，令海洋族群難以產生互助互信的公共倫理（Putnam et al. 1993）。香港政府很難從海洋族群找到能為大部分人發言的代表，即使能找到這樣的代表，亦可能為短期利益而背信。如此令政府難以有效管治開埠初期由海洋族群主導的華人社會。

在香港採石、做建築的客家人，又與來香港討生活的廣府貧民水火不容。兩個族群在清代經常為爭奪土地而械鬥，開埠後在清帝國爆發的太平天國戰爭和土客械鬥，更為廣府人和客家人舊怨添上新仇。

即是只論在香港的廣府族群，他們遠離家鄉，亦都來自不同的地區和宗族，這樣宗族連繫在香港根本不能發揮作用。三合會弔詭地成為在港陸上族群僅有的社會互助組織，其內部次文化講究義氣，亦因此成員能夠互相幫助，共享資源（Chan 1991）。可是三合會本身會從事非法業務，而令香港政府更為頭痛的是，三合會反對清廷的立場會令本已在惡化的英清關係更為複雜。為了維持治安及地區政治穩定，立法局於一八四五年通過《壓制三合會及其他秘密結社條例》，務求趕絕這種不受歡迎的華人互助組織。

至於在十九世紀末廣受行政吸納的西化華人及基督徒，在一八四〇及一八五〇年代仍然未成氣候，有不少仍在學校求學。這群西化華人本來就被主流華人社會排擠，此時還未能累積到幾十年後的財富和聲望，是以在開埠初期並無角色可言。

這樣香港政府在開埠初期根本找不到能與華人民眾溝通的中介人，令他們必須倚重少數誠信可疑的華人，或是屈指可數通曉中文的西方人去執行政策。如此政府的行政權力便集中在少數不可靠的中介人之上，令香港開埠初期的政治極為腐敗。

在香港始創之時，不少西方人都對這座新城充滿寄望，正如一位美國傳教士所言：

> （希望）在上帝的恩照下，以及在現正於此地高峰處飄揚的（英國）旗幟之保護下，真實的商業原則、公義以及基督教信仰均能於此地建立穩固的基礎。這些原則只須稍作保護便能毫無窒礙地得到宣揚，直到這個國家（按：清帝國）得到啟蒙和救贖。（Munn 2009）

在香港的西方人期望香港的英式法制能促進商業發展，從而吸引在清帝國的商賈遷居香港。之後西方的文明便可以透過這群移民傳入清帝國，令香港成為讓西方文明光照東亞大陸的燈塔。這種想法未免有點西方中心主義的狂妄，而事實的發展，亦很快令頭腦發熱的西方人冷靜下來。

《南京條約》規定清帝國五口通商，而上海有廣闊的長江流域為腹地，令不少原本經過廣州進行的交易改在上海進行（Munn 2009）。而在英清戰爭期間，廣州三元里鄉民與英軍衝突，時因天雨關係令英軍火器失靈，最終令該隊英軍受到重挫。廣東當局的主戰者因而高估團練對抗西方軍隊的能力，煽動廣州人的排外情緒，令廣州遲遲未能按照協議開城（Wakeman 1966）。如此珠江流域連帶香港的貿易皆受重創。而在戰爭後清帝國亦失去對地方的控制，令香港水域海盜猖獗，治安不靖。香港因而淪為一座不會沉沒的鴉片躉船，經濟持續不振，令部分西方人主張放棄香港以換取舟山。持這種論調者包括時任布政司馬田（Robert Montgomery Martin），他自一八四四年起即不斷向倫敦呈交貶低香港的報告，之後因看淡香港而與港府齟齬，並於一八四五年六月辭職。他如此形容香港：

> 一個細小、荒涼、不健康亦乏人造訪的荒島。這處沒有任何出產、未能向任何地方發施號令，甚至也不是真正處於珠江口。這兒沒有任何與歐洲以至本地的交易。這兒的人口以偷竊、海盜為生，亦很不利地處於震旦南方邊陲。（Endacott 1973）

由於香港發展未如預期，令西方商人對香港政府甚為不滿，群起向倫敦告狀，令英國國會於一八四七年展開聆訊。最終西方商人於一八五〇年爭取到兩個立法局非官守議席，但商人與政府的磨擦仍持續不斷。

華洋衝突與香港政府的高壓統治

雖然在香港的華人，不是與西人合作多年的海洋族群，就是自願遷到要受西方人管治的香港，不過除了少數精英，他們大多屬勞動階層。由於工作艱苦，與西方人交往時又遭歧視，尋覓幸福之路受挫，反而令他們容易滋生對西方人及香港政府之不滿（Tsai 1993）。為了彰顯英國的宗主權，香港政府決定以英式法律治理華人。不少人都誤解當年法院以大清律例判決華人案件，但實情當年法庭是以習慣法原則生硬詮釋大清律及華人習俗，並沒有承認後兩者的法律權力（王慧麟，二〇一一）。這樣不熟悉英式習慣法的華人不時吃虧。

清帝國奉行多層地權，大業主將土地租予小地主，小地主再將土地分租予租戶。但在英式制度中，除了聖約翰座堂，其他所有土地都是官地（Crown land），地主可向政府購入一定期限的土地使用權，並在期限內分租予租戶。英式制度只承認小地主之業權，令身為外居地主（absentee landlord）的新界大宗族喪失業權，而一些原被視為租戶、寮戶的人，亦因直接持有土地而成為香港的業主。得到業權，似是得到便宜，但他們自此須繳付俗稱差餉的地稅。而地稅之多寡，取決於其地價及規劃用途。這樣新業主的地稅，有機會高於小地主交給大業主的租金。比如黃泥涌村被劃入市區用地，自此村民不得耕作，只能留作收租。但該處又接近瘧蚊肆虐的沼澤而乏人問津。但即使沒有租客，村民仍要按著市區地價交差餉，新到手的業權對黃泥涌村村民來說，可謂食之無味棄之可惜。

而更甚者，香港政府缺乏尊重華人業權的意識，在大洋行的利益前，華人業權往往被犧牲掉。開埠之初，不少華人商號已經在嘉咸街一帶的上市場立足。起初政府准許商戶興建房地產。但到一八四四年，政府又忽然決定要把土地收回拍賣，將之撥給西方人，並讓華人集中在蘇杭街一帶的下市場。經過一輪擾攘，政府決定每戶最多賠償港幣四十元。商戶不滿，群起向政府請願，但港督砵甸乍（Henry Pottinger）一意孤行（Munn 2009）。

在這種情況下，香港華人騷亂一觸即發。一八四四年八月廿一日，立法局立例登記全港人口，每人須年繳一元登記費。十月出通告時，不少華人誤以為要交一元月費。那時華人勞工月入二至三元，故令群眾譁然。十一月一日華人商戶發起罷市，苦力則罷工響應。抗爭者在街頭貼出如下告示：

> 舊例重收地租，已無限辛苦；新例加收身價，又何等艱難……今者公議：各行工商暫行停止，貿易者罷其市，傭僱者歇其工，大眾踴躍同心，務行挾制之法，俾得聯情懇免，然後再開生意之門……（蔡榮芳，二〇〇一）

礙於群情洶湧，政府只好讓步：人口登記仍會推行，但取消徵收登記費。經此一役，華人集體抗爭漸成常態（蔡榮芳，二〇〇一）。

部分英國人以征服者自居的心態，令香港華洋關係雪上加霜。一八四九年二月廿五日，英軍士官科士打上尉（Da Costa）與戴亞中尉（Dwyer）休班期間醉酒，之後在赤柱軍營附近的黃麻角村鬧事，擅自闖入民居調戲婦女。此事為躲藏於黃麻角村海盜徐亞保撞破，徐仗義將兩位軍官擊斃，並投屍大海。徐亞保於一八五一年在皇家海軍清剿海盜的行動中被捕，香港的西方人社群高呼要將其問吊。高等法院法官抵住社群的壓力，按法例規定判案，判徐亞保終生流放澳洲塔斯曼尼亞（Tasmania）。只是徐亞保不欲忍辱偷生，於域多利監獄上吊自盡（Munn 2009）。

香港政府為促進與華人民眾溝通，一度計劃在香港實行類似清帝國的那種里甲制度，但如前所述，香港的華人來自五湖四海且互不認識，與廣東那種宗族主導的社會迥然不同。政府唯有於一八五三年在保甲制度上加添地保制度，容許各社區納稅人推選評審員，再讓評審員選舉地保。地保將擔任社區與政府之間的橋樑，並聯同評審員就社區的民事糾紛作出裁決。不過，由於缺乏社會組織的基礎，這些由上而下推行的官民溝通機制成效不彰。最終政府在一八五八年廢除保甲制度，而地保制度亦於一八六一年廢除（丁新豹，一九九七）。

官民溝通的問題尚未解決，香港的華洋族群關係卻已因華南局勢惡化而日趨緊張。太平天國利用香港在清帝國之外、處清帝國之旁的地緣優勢，於香港動員支持者從事反清活動。與此同時，廣東官員亦煽動廣東排外情緒，而到一八五六年，英法兩國與清廷開戰後，廣東當局更組織仇外群眾在香港生事。這一切均令香港政府神經緇緊。

一八五六年，立法局通過《屋宇與妨礙公安條例》，行政當局亦嚴厲執法，針對華人小販以及華人業主之違建。到十一月廿日香港華人商家召開集會，要求政府修例，並不再隨意處罰小販及商戶（蔡榮芳，二〇〇一）。次日華人商戶罷市，逾萬名華人上街示威，後來演變為騷亂。示威者高呼「打番鬼佬」，並向南亞裔警員擲石，政府最終擬派英軍平亂。華人商家見局勢失控，便在文武廟召開緊急會議，然後與布政司威廉堅（William Caine）交涉。最後威廉堅出面承諾跟進條例的問題，才平息這場風波（Munn 2009）。

這場騷動發生時，英國與清帝國早已戰火重燃。在一八六〇年代，英國與清帝國因對如何實踐《南京條約》起了分歧，關係急轉直下。到一八五六年十月，英國指清廷早前搜查香港註冊的亞羅號（Arrow）時侮辱英國國旗，而對清帝國宣戰；縱然亞羅號被搜查時，其船隻註冊早已逾期。法國亦以天主教教士在清帝國遇害為由派兵助戰。廣東當局為應付與英法聯軍的戰事，煽動廣東民眾封鎖香港，甚至派員到香港施行恐怖襲擊。廣東官府下令禁止對香港供應食物，並催促在香港的華人離開香港移居故鄉。新安縣的士紳響應官府煽動，向縣內民眾如此公告：

> 至我邑各人，向在香港裙帶路開店貿易者……限以一月，各皆罷市回家，以免株累。倘逾期不回，各該鄉衿耆，將其姓名報局，作為漢奸後緝。（蔡榮芳，二〇〇一）

廣東當局對香港充滿敵意的行徑，令香港上下草木皆兵。一八五七年一月十五日，西方人在進食由全港唯一一間麵包店裕盛辦館的麵包後，紛紛嘔吐大作，之後發現麵包含有高濃度砒霜。當時店主張阿霖正前往澳門途中，其家人亦有食用有毒麵包，張隨即啟程折返香港。事件令香港西方人社群陷入恐慌，思疑廣東當局買通麵包師傅下毒。事後推斷這事件並非蓄意下毒，而是因為麵粉與砒石同船運載而造成的食品安全危機（葉靈鳳，二〇一一）。不過，西方人普遍不信任張阿霖，要求當局將張問吊。香港法院守護了司法獨立，抵住群眾壓力，按證據判張阿霖無罪釋放。不過，礙於群情洶湧，張阿霖最終還是被逐出境，移居至越南西貢。

清廷的恐怖分子在此之後日益囂張。在港英商都爹利（George Duddell）於毒麵包案後於灣仔設烘坊供應麵包，卻於二月廿八日被人縱火焚毀。他們亦派員襲擊香港附近水域的西方商船，殺盡船上西方人後即放火燒船。遇襲船隻包括於一月十三日遭伏擊的薊號（Tistle），以及於二月廿三日遇襲的蒸汽船女皇號（S.S. Queen）（蔡榮芳，二〇〇一）。一八五六年十一月至次年四月之間，香港事故頻生。滋事者於街道上貼滿反英標語，四出破壞以至襲擊在港西方人物業，甚至密謀行刺香港政府官員。

不過，我們絕對不應高估廣東民眾的反英情緒，而這種情緒與真正的國族主義相去甚遠。廣東沿海海洋族群多已習慣與香港貿易，以至響應官府反英動員的人數遠遠不如官員預期。新安縣包括深圳、皇崗等鄉鎮皆不理會官府煽動，堅持繼續供應香港日常所需。在荃灣有勇敢的村民綁架地區士紳領袖，要求其撤回對香港罷市的煽動（Mumn 2009）。像早前的英清戰爭那樣，香港有大批華人援助英軍北伐，有的為軍隊提供勞力，甚至擔任英軍的馬前卒。和興行東主李陞出錢捐助英軍，並幫軍隊招募苦力，而為西方人打工的華人傭工，亦忠誠地向僱主通風報信，令大部分謀害西方人的陰謀均無法得逞（蔡榮芳，二〇〇一）。

即使在排外情緒至為高漲的廣州，居民的仇外情緒很快便煙消雲散。一八五八年一月英法聯軍攻佔廣州後，臨時政府很快便推行令廣州人受惠的德政。聯軍打擊了拐帶人口販運的非法活動，並減免對城中小型店舖百分之三厘稅。廣州人很快便忘掉仇恨，將英國人視為青天大老爺，期望西方官員能匡正多年來的腐敗不公（Wakeman 1966）。

但在港西方人有著圍城心態，又對華人有種族偏見，相信只有嚴刑峻法才能鎮得住其心目中的盜賊民族。這樣香港的裁判法院對華人的罰則比西方人重，常施行示眾、笞刑、鞭刑、剪辮等具羞辱意味的體罰。法院亦常將華人罪犯驅逐出境，亦常強制把他們遷移到新加坡、檳榔嶼與納閩（Labuan）等地做苦工。為了阻嚇華人罪犯，香港政府從印度和馬來亞引入大批警員，卻都無法與華人溝通，只能以武力作出威嚇。警察權力過大，反倒經常濫權，向市民勒索保護費，包庇淫業等非法行業，警賊不分，令治安大壞。腐敗的警隊反倒引起民間與政府的磨擦。

為了促進司法體系的效率，香港政府於一八四七年立例讓下級裁判法院簡易治罪，在提高定罪率的同時，亦減少呈上高等法院的案件數目。政府於一八四九年再次修例，准許裁判法院審理涉及少於港幣五十元的財產侵犯案，並授權裁判法院將被定罪華人驅逐出境。除此以外，香港政府亦會將華人轉交清帝國的官府：政府與在港西方人均覺得較講求人道的英式法律未能有效阻嚇華人罪犯。

這樣在十九世紀的香港，便大約有百分之八至十二華人民眾曾成為法庭上的被告。當時的司法程序對受審華人並不公平，亦欠缺法律專才，比如曾任首席裁判官的威廉堅是未讀過大學的軍人，唯一的法律經驗是在駐紮印度時服務過軍事法庭。當時裁判官亦須兼任警政及監獄，損害司法獨立。陪審員大多都是在港西方商人，心底相信所有華人都有賊性，覺得治亂世當用重典，不應過分考慮華人的人道狀況，是以他們常按偏見、忽略證據作出裁決，甚至會忽視法官的專業法律意見，如此華人的定罪率比其他種族的被告高，含冤者多不勝數。

當時陪審員及法官均多不懂中文，必須倚重少數中英兼擅的傳譯，但傳譯員屢遭收買，翻譯時扭曲原意，妨礙公平審訊，證人亦常遭惡勢力恐嚇、收買，令他們審訊時逃到清帝國躲藏，使法院無計可施。除了以偏袒的司法克制華人，立法局亦通過多條歧視華人的法規，當中包括惡名昭彰的華人宵禁令（Light and Pass Ordinance），此惡法於一八四二年十月推出後，時有寬緊。根據一八五六年的規定，華人下午八時至十時外出，必須攜帶燈籠以資識別。他們一般不准晚上十時至凌晨六時外出，部分人士可向當局申請夜行證，之後才可於深夜攜帶燈籠外出。執法人員如遇上違例者，有權將其槍殺。此惡法令在港華人生活不便，比如遇上孩童深夜發燒的情況，家長便無法帶孩子出外求醫。

弊案連年的開埠初期政治

由於香港是一個不設關稅的自由港，香港政府的財源甚為有限。西方商人對稅收甚為反感，令徵收新稅幾成不可能的任務。除了徵收俗稱差餉的地租外，政府只能透過拍賣專賣權取得財政收入。但是專利權投標的方式欠缺透明度，容易造成利益輸送的情況。開埠初期香港未有公務員制度，容許官員從事副業謀利，這樣政府官員在私人業務上的夥伴參與投標的話，便會造成利益衝突（Munn 2009）。

必列者士（William Tomas Bridges）於一八五一至一八六一年間在香港政府任職，但他本身亦為執業律師，他於香港開設的律師行後來成為今日之的近律師行（Deacons）。陳大光為必列者士的客戶，他於一八四五年從番禺出發到英國，皈依基督教並受訓為傳教士，到一八四九年隨聖公會主教遷居香港。可是，此人不學無術，身處外國多年忘掉如何講好粵語，但英語水平亦不入流，只懂會話而無法書寫。不論如何，聖保羅書院還是慈惠地讓他擔任講師，聖公會主教亦頗倚重他，到一八五三年帶他到上海打探太平天國的消息。但陳大光愛瑪門甚於愛上帝，結果一八五六年離開聖保羅書院任政府傳譯，並靠其於政府工作時建立的關係做起生意。陳可能就是此時結識必列者士（Smith 1985）。

一八五八年政府重新拍賣鴉片零售專利權，此次拍賣由署任布政司的必列者士負責。立法局於三月十七日完成相關立法後，同日迅速把專利權批予陳大光的團隊。這項為期一年的專營權為庫房帶來七、〇七五英鎊收入，佔全年政府收入百分之十二。長期與政府關係欠佳的報章《華友西報》（*Friend of China*）察覺事不尋常，隨即對此次專利權拍賣大肆抨擊。同年四月底一連串與此次專利權相關的官司開打後，必列者士與陳大光的不尋常關係隨即曝光。政府於五月成立調查委員會，聆訊期間發現陳大光是在截止投標後才聯絡必列者士。必列者士為陳大光濫用布政司的職權，修改與是次拍賣相關的條例，而陳於中標後聘請必列者士為法律顧問，作為對必列者士暗中幫忙的回報。

事情隨後的發展，卻反映出當時香港的腐敗者多不會得到懲罰。港督寶靈（John Bowning）決定包庇其友好，對必列者士僅譴責了事，並未要求他離職（Munn 2009）。陳大光承擔事件的所有責任，避走古巴。但在事情被淡忘後，陳於一八六七年返回香港，之後曾任東華醫院總理，並獲邀加入共濟會

（Smith 1985）。

包庇必列者士的寶靈是一位志大才疏的港督。他是哲學家邊沁的學生，信奉自由主義及和平主義，曾任英國國會議員。但他之後生意失敗陷入財務困難，其時任外相的好友巴麥尊子爵（Lord Palmerston）替他謀差事，之後他於一八四九年到廣州擔任領事，並於一八五四年接替文咸（Samuel Bonham）出任港督。原先寶靈與外交部已協定好讓其擔任名義上的港督，主責對清帝國外交事務，香港內政則交由副港督威廉堅處理。但寶靈上任後大頭症發作，屢次與威廉堅爭權，並恃著與巴麥尊的友誼向倫敦申訴。最終倫敦只得向這位執拗的港督讓步，但堅持要威廉堅留在香港任布政司，到一八五九年威廉堅才正式離任。

身為自由主義者，寶靈欲於香港推行政制改革，於立法局引入選舉議席，還要按種族平等原則讓西方人與華人有同等的投票權。對華人充滿戒心的西方商人固然群起反對，當時英國仍是個由權貴階層壟斷選舉權的半民主國家，自然也覺得寶靈的方案過於激進。除此以外，寶靈還想推行野心勃勃的基建計劃。當時香港北面海岸線處於今日皇后大道與德輔道之間，岸邊多為私人物業。寶靈打算大規模填海，並於現今電車路的位置興建由上環直抵銅鑼灣的海濱長廊，這樣就可以增加可供拍賣的土地，並讓公眾共用海岸線。但沿岸業主皆希望船隻能停靠於其物業旁邊，是以寶順洋行（Dent & Co.）為首的中環海旁業主群起反對。最終政府只能於鵝頸橋寶靈頓街一帶作小規模填海，並於今日堅拿道的位置修築運河。

屢遭挫折的寶靈之後欲增加對香港政府的影響力，立心收緊對立法局的控制。任內他於立法局中增設一個非官守議席，卻先後增加四個由政府官員出任的官守議席。令人感到諷刺的是，原為和平協會（Peace Society）會員的寶靈，卻以逾期註冊的亞羅號被搜查為由，大力鼓吹對清帝國展開戰爭。絕對權力使人絕對腐敗，直教人忘卻初衷（Endacott 1973）。

一八五六年英法聯軍戰爭開始後，香港華洋矛盾激化，令寶靈急需一位能與華人直接溝通的下屬，而當時政府內通曉中文的西方人不多，之前替政府工作的普魯士傳教士郭士立（Karl Gutzlaff），亦已於一八五一年息勞歸主。此時政府中只有高和爾（Daniel Caldwell）能與華人直接溝通，寶靈便委任他為管理華人的總登記官（Register General），並賦予他極大的權力。高和爾既負責管理和監察各甲長、保長，並負責發行小販牌、娛樂場所牌照等與華人生活息息相關的執照。除此以外，他還可以調動警力，搜查民宅。與華人相關的權力自此集中在高和爾一人身上，最終令管治急速腐化。

高和爾生於拿破崙被囚禁的聖海倫娜（St. Helena），於檳城長大，並在那裡學會中文。英清戰爭時，他曾經擔任英軍的傳譯，之後於盧亞貴的鴉片煙館工作。這樣的出身使其不受信賴，而他後來娶了華人女子為妻，更令他被在港西方人視為異類。高和爾的財政狀況亦令人擔憂。他欠債纍纍，多次為還債要求政府加薪。一八四七年，他曾為逃避債主而辭職逃往澳門，之後因被拒絕加薪，一八五五年再次請辭。

高和爾極不可靠，但整個政府就只得他通曉中文，令香港政府於一八五六年對其委以重任。在一八五五年短暫離職期間，高和爾結識綽號馬草黃的黃墨洲，兩人一起合資從商。由於兩人來往甚密，當時盛傳高和爾認黃墨洲為義父，並把黃的乾女兒包養為情婦。黃墨洲在黑白兩道均有人脈，與官員、海盜以至是太平軍均有交情。他曾糾眾洗劫新安縣在南頭的縣城，但事敗後又能火速向官府求和，最終亦逃避刑責。一八四〇年代末移居香港後，他一方面與海盜勾結，另一方面又在中環街市一帶向賭館和攤販收取保護費。之後他加入警隊，還成為香港仔警署警長，但隨後被發現於香港仔勒索婦女而遭革職。

高和爾擔任總登記官後，與黃墨洲合作無間。黃墨洲一方面打探海盜活動的情報，助高和爾立功，而高亦利用職權勒索海盜，苛索保護費，並派水警打擊拒絕合作的海盜。偶而高和爾還會與黃墨洲合作偽造證據，謀害拒絕服從者。

但兩人之不法陰謀於一八五七年七月開始敗露。美籍海盜伊拉波斯（Eli Boggs）被捕後，指控黃墨洲設計陷害，並指高和爾長期跟黃墨洲勾結。數日後，一艘商船於內伶仃島附近遭搶劫，海盜大開殺戒，但妻兒遇害的船主卻僥倖獲釋。之後逃返香港的船主在黃墨洲於文咸街的店舖發現被劫貨物，隨即報警。警方於七月十六日拘捕黃墨洲，並於其店舖搜得記錄高黃二人收取保護費的賬簿。最終高等法院於九月二日判黃墨洲及其同黨流放納閩十五年，但高和爾此時仍能置身事外。

審訊黃墨洲時，高和爾協助黃墨洲保釋，並於庭上用手勢騷擾證人。他亦很可能濫用檢控權對證人秋後算賬。初時各人對此不以為意。在一八五八年五月十日立法局會議，律政司安士德（Tomas Chisholm Anstey）批評高和爾的品格，並指控布政司必列者士及港督寶靈存心包庇。立法局隨即成立調查委員會，但公信力卻極為可疑。委員中，必列者士與另一位成員，跟高和爾同樣是共濟會會員。委員會中的立法局議員萊爾（George Lyall）則是必列者士與高和爾的友好。除此以外，委員會的法律顧問約翰迪（John Day）本來就是黃墨洲的辯護律師。聆訊未開始，高和爾已立於不敗之地。

聆訊開始後，華人怯於黃墨洲之餘威而不敢作證，而高和爾繼續用手勢干擾證人。當時搜得的賬簿，是指證高和爾最有力的證據，但必列者士竟指由於辦公室空間不足，而將賬簿燒毀。各方濫用職權且官官相衛，調查委員會自然難以指證高和爾的腐敗。

委員會於七月十七日呈交報告，指出無證據顯示高和爾曾與黃墨洲勾結，只能確定高和爾曾經經營妓院並收賄。高和爾只是被譴責了事，反而提出指控的安士德卻被逼於八月停職，並於一八五九年三月被革除。在此之後，身在納閩的黃墨洲仍透過高和爾遙控在香港的犯罪業務。他們開始於華南沿海販售私鹽，並以海軍炮擊向官府投訴他們的鹽商。

撥亂反正的羅便臣政府

寶靈時代香港政府弊案叢生，使其成為在港西方人傳媒抨擊之對象。《孖剌西報》（*Daily Press*）的主編孖剌（Yorrick Jones Murrow）批評港督後，寶靈老羞成怒地控告孖剌誹謗，令孖剌坐了好幾個月的冤獄。而《華友西報》的主編德倫（William Tarrant）更直指威廉堅與必列者士為蛇鼠一窩的貪腐集團。敢言的德倫於一八五八年及一八五九年兩度被政府控以誹謗，其中一條罪名於一八五九年九月罪成，德倫被判罰款五十英鎊，並須入獄一年。但德倫在獄中繼續投稿他報批評香港政府。此時已返回英國的安士德趁機發起反對寶靈、必列者士及高和爾的社會運動，向公眾控訴香港政府之腐敗。最終安士德的運動驚動了國會，使國會須就香港政策作出辯論。

殖民地部對高和爾極不信任。殖民地大臣加拿芬伯爵（Lord Carnarvon）於內部會議中表示：

> 一、高和爾先生不應繼續其裁判官的職權。也許亦需要有其他懲罰；
> 二、香港有不少官員，均需要由新港督與新布政司重新啟動調查，方能得以整治。
> 三、寶靈爵士離開香港的崗位，以及新港督的委任，皆越快越好。（Munn 2009）

一八六〇年初，羅便臣（Hercules Robinson）接替寶靈為新一任港督。赴任之前，殖民地部訓示羅便臣，要他設計對付高和爾。同年八月至九月，新港督會同行政局重新調查高和爾。雖然證人始終懼怕高和爾的權威，最重要的證物又已遭必列者士毀滅，但去除高和爾是港督與殖民地部的政治決定，結果調查委員會還是裁定高和爾會與黃墨洲勾結，並須解除一切政府職務。在此之前，威廉堅已於一八五九年退休，而必列者士亦隨即在一八六一年離職，香港政府管治班子被大規模撤換（Mumn 2009）。

缺了高和爾幫忙，令香港政府與華人民眾的溝通一度受阻。政府為此增加聘用華人文員及翻譯，但通曉英文的華人甚受洋行歡迎，政府既未能請得足夠人手，現有職員亦多辭職到洋行另謀高就。羅便臣向殖民地部建議推行官學生制度，透過公開競爭的考試選拔優秀的英國大學畢業生，資助他們學習中文，然後讓他們做政府翻譯。時任殖民地大臣的紐卡素公爵（5th Duke of Newcastle）即時答應。此時大英帝國才剛開始以考試聘請公務員，這種現代公務員制度首先在印度和錫蘭施行，而英國要到一八五〇年代中才開始有這種制度。是以香港的官學生制度在大英帝國之中算是先驅之一（Tsang 2007）。

官學生遴選主要考核畢業生的語言能力，牛津大學及劍橋大學畢業的學生多會獲優先考慮。在官學生計劃推行初期，官學生會先派到香港跟理雅各（James Legge）用兩年時間修習基本中文（Wong 1996）。理雅各到牛津任漢學教授後，這兩年的基本訓練便改在英國大學的漢學系進行。之後官學生會獲派到清帝國，跟一位儒士修讀中文，同時學習儒家禮教，與師傅建立傳統儒家師徒關係。部分官學生在學習過程中漸以儒生自居，並燃起對東亞文化之熱情，他們有不少於工餘時成為出色的漢學家（Airlie 2010）。

根據羅便臣原先計劃，官學生肄業後會到香港政府擔任翻譯，之後可按表現晉升至其他政府職位。為求杜絕腐化，政府亦採用高薪養廉的政策。官學生獲聘用後即可得一百英鎊資助，而在香港及清帝國受訓期間，就可得兩百英鎊年薪，另包住宿教育費用。正式加入政府後，官學生可得到四百英鎊年薪，兩年後更增至五百英鎊。當時布政司的年薪為一千五百英鎊，相比之下官學生得到的待遇極為優厚。政府希望這樣能杜絕官員私人執業的歪風，減少利益衝突的情況。

一八六二年，香港政府聘請了三位官學生，包括後來一九二五至一九三〇年港督金文泰（Cecil

Clementi）的舅父史密斯（Cecil Clementi-Smith），還有杜老誌（Malcolm Struan Tonnochy）和田尼（Walter Meredith Deane）。由於政府求才若渴，他們受訓完畢後不久即獲委以重要官職。史密斯在一八六四年即成為總管華人事務的總登記官，一八七八年被調往新加坡任海峽殖民地布政司，到一八八七年升任為總督。田尼自一八六七年起擔任警務處長，直到一八九一年因病卸任。杜老誌升職較遲，到一八七五年才擔任域多利監獄獄長。一八八二年，他署任港督一職，可惜死於任內。

之後官學生制度逐漸演化成政務主任（Administrative Officer）制度。香港公務員制度日趨成熟，而官學生則成為具團隊精神的專業管治團隊。他們成為一批既有管治專才，亦能與華人直接溝通的政務官，有的還扶搖直上成為港督。如此令香港管治走向專業化與制度化（Tsang 2007）。

不過，香港的管治要進一步改進，除了需要一批能與華人直接溝通的官員，亦需要有一個能自理社區事務的民間社會。這樣的民間社會能選出可以服眾的社會精英，他們可以動員人力物力幫助政府間接管理華人，能維持華人社會的秩序免除政府的後顧之憂，亦能成為同時獲政府及華人信賴的溝通橋樑。但這個穩定香港社會的階層之出現，卻是因清帝國之動亂而催生。

第七章 施善與自治：香港民間社會之萌芽

一八五〇年代可謂廣東有史以來最動蕩的時期。令清帝國幾乎滅亡的太平天國戰爭，亦是廣東客家人洪秀全發起，最初的戰場為廣東廣西之交界處。一八五四年，廣東三合會趁朝廷忙於與太平軍交戰發動抗清起義，圍困省會廣州。珠江三角洲西部人心思變，不少民眾參與了這場紅巾之亂。陳開於七月四日攻陷南海縣工業城鎮佛山，自立為大寧皇帝。廣東當局只能靠地方士紳組織團練保衛廣州。到次年一月十八日，清軍才在團練的支援下奪回佛山。隨之而來的，是一場令廣東人人自危的大肅清（Wakeman 1966）。

由於太平軍的主力有不少是廣東的客家族群，太平天國戰爭進一步加深廣府人與客家人之間的種族仇恨。兩個族群的成員在廣東各處械鬥，由一八五四年一直打到一八六七年，規模與死傷人數使土客械鬥可視為另一場內戰。潭江流域的四邑地區戰況尤其激烈，但珠江三角洲大部分的地方亦無法倖免（劉平，二〇〇三）。

連場戰亂破壞了廣東、尤其是四邑地區的經濟，不少廣東人為逃避戰禍或謀生而移居海外，客家族群亦於此時大批移居往南洋。除此以外，有不少廣東人成為了俗稱「賣豬仔」的契約勞工。

這一場經歷，被不少人稱為華工血淚史。但歷史事實未必像這種講法所渲染那般悲情。有部分契約勞工的確是事實上的奴隸，他們是因為被誘騙或綁架才成為勞工，然後被販運到拉丁美洲，或是在荒島採集可製成肥料及炸藥的鳥糞，或是在種植場做牛做馬。有不少華人勞工捱不過在拉丁美洲艱苦的生活而客死異鄉。不過，到美國及澳洲打工的契約勞工卻完全是另一個故事。

美國打敗墨西哥，並於一八五〇年將加利福尼亞列入第卅一個州後不久，美國人即於加州發現金礦。加州氣候溫和，中部谷地土地肥沃陽光充沛，吸引不少移民前往開發。不論是開礦、築城，還是修築直達東岸的鐵路，都需要大量勞動力。加州本身反蓄奴，南北戰爭時站在聯邦一邊，南軍一八六五年投降後，美國全國均不得販運奴隸。美國人於是越過太平洋，並在四邑等地找到大批願意出國的勞工，可以為加州的基建提供廉價勞動力。因法例所限，美國僱主必須人道對待華工。而到美國打工的，所得酬勞比一般農民優厚得多，是以闖金山可以是上向社會流動的體驗。他們的所謂血淚，其實不過是鄉愁。

香港的宗主國英國自十九世紀初即禁止販賣奴隸，但澳門的宗主國葡萄牙卻是奴隸貿易的主要參與者。這樣珠江口遙遙相對的兩座城邦，在契約勞工的轉運上擔當著迥異的角色。香港政府會定期巡查華工宿舍及運載華工的船隻，確保經香港到外地的華人勞工不會非法被賣為奴隸。政府的反奴政策使非法拐帶華人勞工的交易都集中在澳門，而廣東的勞工階層亦因而對香港的中介人較為放心。這樣香港便於一八五〇年代成為合法華工轉運的主要出口港。

華工到達美國後，大多會維持昔日在清帝國的生活方式，於是會經香港購置各種日常用品。他們取得報酬後會將大部分收入匯返家鄉，由於他們及其在家鄉的家人均不熟悉西方銀行制度，多透過中介人進行匯款。由於美國人願意對華工提供合理報酬，華工匯款回鄉後，多仍有餘錢消費。在美華工是當時華人社會中具備消費力的一群，亦多經過香港購買奢侈品，特別喜歡吸食在香港提煉的鴉片。

當時港產鴉片純度較高，價格亦較昂貴，這樣華工貿易便促進香港對外的人流物流，而少部分華工約滿後留在海外經商，亦以香港為貿易對象。參與轉介華人勞工的中介人，亦兼任華人匯款的錢莊，以及香港與美國及後來的澳洲之間日用品及奢侈品的進出口商，發展為被稱為「金山莊」的大商號（Sinn 2012）。

因華工轉運而發展起來的跨太平洋貿易網，亦與原有沿岸及南洋貿易網結合起來。在這些原有貿易網活躍的廣府士紳商人，有不少因廣東的戰亂淪為難民。他們原先沒有興趣移民香港，但隨著廣東內亂，香港在大陸以外、處大陸之旁的特點此時就成為一項優勢。廣府族群及閩南族群的商人於香港重建其事業，以香港為基地，從事東亞沿岸與南洋間的南北行貿易。米商亦以香港為基地，從越南、泰國等地購入大米，紓緩清帝國糧食不足的困境。金山莊與南北行的興起，使香港一躍而成東亞貿易網路的中心，連結北至華北、南至南洋、東至日本、以及遍佈各海外華埠的經濟腹地。這樣香港於一八六〇年代起便發展為舉足輕重的大商埠。匯豐銀行於一八六五年的創辦為標誌性的大事件，沒有金山莊與南北行的商貿網路，匯豐亦不可能短時間內發展為跨國大銀行（濱下武志，一九九六）。

廣府族群的民間慈善結社

廣府士紳商人遷居香港，亦將他們於民間結社自行辦理公益事務的傳統傳入香港。這種傳統可追溯到明帝國末年。在此之前，救濟貧民的工作先是由廟宇主持。在宋帝國年間，朝廷接管廟宇的濟貧事工，使宋帝國成為原始福利國家（proto-welfare state）。不過，這個趨勢在明帝國開國後被打破，朝廷不再以官府的力量濟貧，而主張靠遵循儒禮的鄉村基層組織自力救濟（梁其姿，一九九七）。

自公元十六世紀起，朝廷對地方的控制轉弱，商品經濟得以發展，海外貿易日趨繁盛。這時士紳階層多憑藉官場朋友的庇護，從事商業活動謀利。而商人亦漸擺脫一度低微的社會身分，資助子弟參加科舉，甚至以金錢買取官職。於是，東亞大陸帝國社會於明清之交出現紳商合一的現象（余英時，一九八七）。如此士紳本身即為商賈，並憑商業獲利，那樣他們再不把貧窮與清高等同，反而視貧窮為道德上的虧欠；他們相信窮人之所以貧困，是因為他們德行不端，沾染各種有礙財富累積的惡習。而士紳累積財富後，開始想運用其財力匡正社區的道德水平。商業投資的風險又使士紳感到畏懼，因而迷信也希望能透過行善積德保持運氣。這樣紳商階層便著手與所屬社區建立稱為善堂的慈善組織。這段時期的都市化發展，造成都市貧窮的問題，成為紳商善堂主要救濟對象。善堂一方面濟貧，另一方面亦想透過濟貧進行道德教化，其中一種常用方法是將受助者資格限制在符合道德禮教之貧民。

善堂初期主要靠紳商個人捐獻維持，但他們很快學會以投資等籌募穩定運作經費。參與善堂的紳商多熱衷於投資房產田產，以租金支付善堂日常開支。偶爾紳商可憑藉與官府的友好關係，在地方稅金中取得一定份額作為營運經費。不過，以公款濟貧並非明、清帝國的國策，善堂大部分經費均來自民間。

善堂的管理制度可分為輪值制與董事制。輪值制源於民間佛教的法社制度，主要是為針對財源不穩的問題而產生。社員須要輪流當值，若當月善堂入不敷支，便會由當值者負責。董事制則是較近期的制度，做法參考了宋帝國的社倉制。善堂選任一名或多名具名望的士紳擔任董事，每屆董事負責數年內善堂的營運。之後朝廷為加強對地方善堂的控制，便鼓勵新開設善堂採用董事制。部分善堂亦將董事專職化，董事會中增設堂長、司事等職位。

善堂在救濟之餘，亦會動用其社會組織推廣儒家禮法。比如惜字捐棺所除了替貧民等籌措殮葬費，亦旨在糾正民間不符儒禮的喪葬習俗。當時佛教多主張火葬，令火葬在無力建墳而又篤信佛教的貧民圈子中盛行，此舉為執著禮法的士紳視為大逆不道。清帝國的善堂則逐漸從縣的層次，滲透到更基層的鄉鎮層次。在鄉鎮善堂的受助者，必須是該地區行為得體的社區成員，這一方面推動社區自我認同，亦同時加強士紳對小社區各家庭及個人之監視（梁其姿，一九九七）。

紳商階層的慈善結社活動，使帝國社會出現家庭與國家之外的第三部門（呂大樂、陳健民，二〇〇一）。不過，這個民間社會並非德國社會學家哈伯馬斯（Jurgen Habermas）筆下那種能促成基層民主的公民社會（civil society）（Habermas 1991）。主管善堂的社區領袖多來自紳商合一的階層，與官府關係良好，而且都服膺於以保守、親建制角度詮釋儒學的禮法。而官府很多時有份主導開設善堂，使善堂的運作不時受地方官員監督（Wakeman 1993）。不過，善堂的資源大多於民間籌得，其日常運作、人事調動皆由參與者自行定奪。雖然他們不會監察官府，更不會與官府作對，但善堂並不能視為官僚系統的延伸（梁其姿，一九九七）。即使這種民間社會保守而親建制，那始終是民間自發以應付地方社會問題的機制。其社會組織終究能夠有效動員民眾自行救濟，而其運作過程又能培育出社區公認的領袖。

廣東的善堂發展得比帝國其他省份遲，是以地方當局在創辦善堂時的角色較為主動，善堂的經費亦較多官方補助，廣東善堂與官府的關係比較密切（侯彥伯，二〇〇九）。不過，由於廣州於清中葉為唯一能與西方通商的港口，令廣東的商業組織發展比其他省份發達。廣州開設了大批商會和行業公會，這些商業組織一方面對外維護會員的權益，另一方面亦規限會員的行為以預防爭端的發生。這些組織議定行規、釐定行業的度量衡標準，亦會仲裁會員間的糾紛。這些組織後來還形成一個名為「七十二行公會」的鬆散聯盟，管理廣州城內的市政事務（喬素玲，二〇〇八）。

在一八五〇至一八六〇年代，廣東局勢動蕩，官府自顧不暇，這些行業商人開始自力應付廣州城內的社會問題。他們於一八七一年成立愛育善堂，辦義學、向貧民施棺、賙濟窮人、贈醫施藥，是廣州首個完全獨立於官府控制的善堂。愛育善堂行董事制，設每年一任的總理、協理和值事，由各行業商會推選或派人輪值。董事會為善堂的決策架構，以過半數簡單多數決作決定。愛育善堂雖行董事制，但亦混合輪值制的元素，總理、協理和值事都會在特定月份輪班，負責善堂該月份的運作。善堂亦會向外公佈營運狀況，每個月都會將收支表張貼在大堂，並刊於徵信錄以作存檔。

值得一提的是，愛育善堂部分創辦人是活躍於香港的商人，包括天和祥的陳美揚、瑞記洋行（Arnhold & Karberg & Co.）買辦陳桂士、仁記洋行（Gibb, Livingston & Co.）買辦梁雲漢，以及鴉片商麗源公白行的陳兆祥。這些活躍於港粵兩地的買辦和商人之參與，有助把東亞大陸的民間結社慈善文化傳播到香港（侯彥伯，二〇〇九）。

在十九世紀末，廣州紳商紛紛按愛育善堂的模式開設新慈善組織，比如是方便醫院、廣濟醫院和崇正善堂。清代末年廣州開設的「九大善堂」，在清末民初成為廣州紳商實踐自治的骨幹組織（Tsin 1999）。

南北行公所與東華醫院

於一八五〇年代起南遷香港的商人，亦按照他們在廣東的經驗，在香港設立商會與行業公會。在一八六〇年代，與沿岸和南洋貿易相關的商業組織組建南北行公所，制定行規，並組成議會仲裁成員的商業糾紛。在一八六五年公佈的《南北行條例》如此訂明：

> 蓋貿易不可有一定之局，而立法不可無一定之規，以有定之規、運無定之局，何異月中？為希各得其所矣。況我南北一行，生意日盛、字號日多，倘不立有定尺規，何以繩無定之局？奚及長老、酌議規定，務期遵例而行，眾莫分夫畛域，庶幾有條不紊，義可盡夫東南。逐款書明，以充執拘。

與在廣州的情況相約，原先為解決營商問題而設的商業組織，逐漸關注起社區的市政問題。原先用來仲裁商業糾紛的議會，亦開始商議華人社區的大小事務，甚至還仲裁華人民眾之間的民事訴訟。由於南北行商人多屬紳商階層，與清廷官員有交情，使公所很快便成為香港華人聯絡清帝國官府的非正式領事。

南北行起初在文武廟議事和接見華人民眾，這座位於荷李活道的廟宇於一八四七年由盧亞貴和譚亞才創建，其值理由各行業公會及街坊組織的代表組成。在具有結社經驗的南北行商人南遷香港後，於一八五〇年代起主導值理團，亦因此文武廟為公所初期辦公之地。到一八六八年，香港政府向南北行公所批出文咸西街的土地，會所在此建成後就成為商人與華人民眾商議公共事務的場所（冼玉儀，一九九七）。

開埠初年，因廣東局勢動蕩，清廷剿匪不力，令香港治安大壞。在香港的商人多須自行聘請保鑣自衛。各行業商會很快便擔當起士紳招募團練的角色，組織更練在各社區巡邏。隨著華人社會組織日趨成熟，這些更練逐漸合併為整個華人社區的民間警察，並由南北行公所管理（Hamilton 2008）。南北行公所之後還引進消防服務，購置消防車並組織了一隊義務消防隊。公所亦嘗試對香港華人進行道德教化，在每年的孔子誕辰，南北行公所均會舉行慶祝及祭祀儀式，以圖透過儒家禮法約束民眾（冼玉儀，一九九七）。

麥當勞（Richard Graves Macdonnell）於一八六六年上任港督後，便以整頓香港治安為首要任務。身為白人至上論者，麥當勞覺得必須要以嚴刑峻法整治華人，即使要侵害華人人權亦在所不惜。他的施政均假定華人是潛在的罪犯，故其任內推行強制業主登記租客資料的法案，擴大警方執法權力，還增加警察拘捕率與法庭定罪率（Munn 2009）。不過，縱然麥當勞歧視華人，他亦是一位現實主義者，察覺到南北行公所之更練改善華人社區的治安。他希望將這支更練擴充為一支華人商家出資、並由政府管理的輔助警隊。與此同時，南北行公所的領袖亦寄望透過與香港政府合作，能在公共事務上有法定地位。

團防局（District Watch Committee）於是在一八六七年成立。團防局有一隊卅人的全職更練，分別巡邏市區五大區域，運作的資金則來自華商捐獻。不過，最終華商未能爭取到管理更練的權力。團防局的運作完全由總登記官負責，華人商家只負責出資，並獲總登記官於治安事務上作諮詢。華商對團防局不甚滿意：他們希望可以親自管理更練，並獲得管理公共事務的法定認可，並不滿足於出資和諮詢等較次要的角色（Sinn 1989）。

除了整頓香港的治安，麥當勞亦須設法回復香港政府的收支平衡。香港政府稅基狹窄，而當時賣地收益亦下降，令政府急須開拓財源。原先政府寄望一八六六年五月七日開設的香港鑄幣廠能帶來收入，但經營不善，最終於一八六八年四月倒閉。政府亦開徵文件印花稅，但此舉引起商界批評，而所得收入亦不足令財政回復平衡。

之後麥當勞決定在香港開賭，一方面解決非法賭檔引起的治安問題，另一方面亦為政府帶來額外收入。但是在港傳教士與信教的西方人對此舉甚為不滿，群起向倫敦告狀。當時英國正值維多利亞時期，保守的福音派信仰（Evangelicalism）塑造英國社會主流價值，輿論多批評香港政府寓禁於征的做法傷風敗德。一八六八年十二月，自由黨人加連威老（Granville Leveson-Gower）時任殖民地大臣，下令港府要凍結因開賭而徵得的款項。加連威老堅稱開賭收入乃不義之財，絕對不能用以支付政府日常開支。麥當勞此時陷入了有財無所用的窘境（Endacott 1973）。

正所謂禍不單行，此時香港同時發生另一單震動英倫的醜聞，令華人缺乏醫療服務之問題變得無法忽視。雖然香港政府很早就已創辦國家醫院，但當時華人對西醫缺乏信任。他們相信在香港行醫的西方醫生背後有著不可告人的陰謀，比如會挖出病人的眼睛煉藥之類，亦認為身體髮膚受諸父母，隨意毀傷是為不孝，亦因此西醫外科手術對華人來說乃匪夷所思。實際上，當時西醫仍比較原始，與中醫相比沒有特別優勢，內科仍採用草藥、放血等療效成疑的療法，而在李斯特（Joseph Lister）於一八六七年起推廣消毒方法前，外科手術的感染率及死亡率驚人，部分較複雜的手術亦無法進行。是以在國家醫院求醫的多為在港西方人。一八四二年，倫敦傳道會的合信醫生（Benjamin Hobson）於摩利臣山開設為華人服務的醫院，但求診者多是求取救濟品的貧民，最終醫院因成效不彰而在十年後關閉。

香港的華人生病時，多會找中醫或跌打師傅求診，並無入醫院求醫的觀念。他們大多租住物業，若然不幸染上頑疾，業主多會出於忌諱將其趕走，令臨終者須露宿街頭。而當時華人居住環境甚為擠逼，若業主不將患病租客趕走，容易令疫症擴散。路經香港的華工若發現染病，亦會因防疫問題，遭遺棄在香港街頭。一八五一年，譚亞才主導於太平山街設立廣福義祠，供奉於香港客死異鄉而未能歸葬的先人，並祭祀濟公活佛。自此香港街頭無家可歸的病患，便聚集在義祠中靜候死亡來臨。雖然廣福義祠並非設計為醫院，廟方卻出於慈悲容許病患寄居，廟祝會替病患提供茶水以至膳食。縱然部分病患會聘請醫師到義祠應診，義祠本身並非醫療機構，大部分病患皆只視義祠為臨終安息之所。廣福義祠是座小型廟宇，亦安置往生者之棺木，地方擠逼、通風不佳，地板亦未有鋪磚，病患的嘔吐物、排洩物與泥土混和，使義祠內充斥穢物，衛生環境異常惡劣。

到一八六九年四月，署理總登記官李仕德（Alfred Lister）負責調查一位旅港華工之死亡事故，按線索找到廣福義祠，被義祠內的惡劣環境驚嚇。他這樣形容當時所見：

> 當我首次造訪此地，這座所謂的「醫院」約有九至十位或生或死的病患。其中一位看上去將因消瘦與腹瀉而亡，他被塞進一個僅足以放置其床板的空間，那空間不足以令人站立。另一個房間有一塊床板，上面躺著兩位可憐的半死生物，還有一件屍體。而那泥地板上佈滿尿液。旁邊的房間有兩件被管理員稱為死屍的軀體，但仔細檢查下，發現其中一件還有生命跡象。（Sinn 1989）

廣福義祠的情況曝光後，演變為一宗重大醜聞。英國《倫敦震旦電訊報》（*London and China Telegraph*）報導了這件事件，令事件受英國輿論關注，英國社運組織國家社會科學促進協會（National Association for the Promotion of Social Science）藉此事攻擊香港的華工貿易制度，最終驚動殖民地部。起初麥當勞、李仕德、船政司譚碩（H.G. Tomsett）與總醫官梅利（I. Murray）互相推卸責任，之後香港政府決定關閉廣福義祠，但如此反使病患被逼露宿街頭，以至街道上佈滿死屍。

此時，香港政府想起政府文員范亞為早前曾建議興建華人醫院。三年前范亞為與四名政府文員和教師倡建服務華人的醫院，但既缺乏金錢，亦缺乏名望。總測量官韋爾遜（W. Wilson）兩度拒絕向范批地，之後才在麥當勞介入後批出文武廟附近地皮。之後范亞為等人無法籌足經費，只得縮減規模，在灣仔石水渠街藍屋的位置開設只有門診的華佗醫館。

麥當勞意識到可以藉著這次醜聞，勸華商捐款興建那未能建成的華人醫院，並順便動用那筆遭凍結的開賭收益。政府成立調查委員會詢問華人民眾的意願，並向殖民地部推銷以開賭收益創辦華人醫院的計劃。殖民地部批准這項計劃，但不准政府承擔華人醫院的日常開支，那即是說開賭收益只能一次性支付醫院的創辦，但之後就要交由華商籌款維持下去。

政府調查委員會很快便找到一群願意創辦醫院的華人領袖。他們多是活躍於南北行公所的行業公會領袖，不少為洋行的買辦，亦有一些為街坊領袖。這群創辦人之中有些是穿梭港粵兩地的商人，這段時間正籌辦廣州愛育善堂。仁記洋行買辦梁雲漢為愛育善堂之創辦人，此後亦成為香港這所新華人醫院的首屆主席。一八七〇年，立法局通過《東華醫院條例》，設立一個廿人委員會籌備創院事宜。這條條例使熱心公共事務的華人商家獲得夢寐以求的法定地位。

東華醫院與華人社區自治

東華醫院的籌備委員隨即把廣福義祠翻新，並以此為東華醫院之臨時會址。華商階層成功爭取到醫院的管理權，籌備委員會亦由廿人擴充至一百廿五人，當中最有名望、捐款最多的善長獲委任為東華醫院的創院總理。在華商階層的全力推動下，東華醫院在一八七〇年就籌到港幣四萬七千元營運經費。

一八七二年二月十四日，東華醫院在上環普仁街的院舍正式開幕。東華開張乃當時香港華人社區之大事，為隆重其事，創院總理特意邀請旅港文人王韜撰寫序言：

> 太平山側，固有所謂廣福慈航者，為寄停棺櫬，垂死病人遷處之所。特當事人以措置不善，已諭撤除。梁君鶴巢（按：梁雲漢）、陳君瑞南請於當事，因其舊址擴而新之，暫為施醫治病之地。於時捐貲集事者凡百二十人，特是經費無所出，事可暫而不可常，因群請於前任督憲麥公。麥公慨然曰：「是固地方之要務，敢不為諸君咸斯盛舉？」賜地給帑，獎勵甚至，前後撥公項至十餘萬。一時草偃風行，傾囊解囊者，無不輸將恐後，歲款之數，亦盈八千有奇。於是醫院大功告成，可垂之不朽。謂非南州諸君子盛德事哉！院中章程周密，規模宏敞，弊絕風清，固無可議。蓋天下事可以饜眾心行久遠者，要惟公而已矣。

東華醫院的運作模式與廣州愛育善堂相若，都是以董事制為主，輔以部分輪值制特色。東華醫院因為是由立法局通過法例成立，是以必須在香港法律的框架下，而章程規限董事會運作。董事會內部總理由每年一度的選舉產生，捐款多於港幣十元的人士均有投票權，而不少行業公會、同鄉會館與街坊組織均能派代表投票。由於華商的行業公會既有投票權，亦有動員會員的能力，多在提名階段就已定出下一屆的總理人選，只待週年大會投票通過。創院初期的董事會由買辦、南北行商人和各行業公會主導。創院總理當中，有五位買辦、兩位南北行商人，而米商、布商、公白行及金山莊的代表則各有一位。到十九世紀末，東華醫院的董事會中開始有紗商與典當商代表。董事會作決策，則多訴諸總理之間的共識，只有在未能達成共識時才作出表決。

在董事會外，東華醫院設有負責日常營運的協理和值理，兩者組成醫院的常務委員會。協理多為有名望的前任總理擔任，而值理在創院初期由個人擔任，到後期則由行業公會和街坊會等組織擔任。協理和值理按輪值制按月輪更，在固定月份內負責醫院日常運作，比如是前線管理、員工聘任、病人膳食、院舍衛生等事務。

東華醫院此時只提供中醫服務，但受到西式醫院的影響，是第一批提供住院服務的中醫診療所。為善用資源，只有獲醫師確定患上危疾、並獲總理之商號作保的病人方能住院。不過，此時華人仍未有住院養病的觀念，大多只視醫院為善終之地，除此以外他們亦為醫院的免費殮葬服務吸引。東華一度嘗試訓練具有西醫知識的中醫師，但計劃因成效不彰而遭腰斬。為華人民眾接種牛痘為東華唯一常設西醫服務，其接種普及率比政府的國家醫院高，這是因為華人早有接種人痘預防天花的傳統，而牛痘的風險比人痘更低，令華人樂於採納。

由於擔心醫院會變成收養貧民的場所，令開支失去控制，東華總理便著手在源頭開始減少香港的貧民。這令東華逐漸介入醫療以外的社會服務。他們協助在香港無法找到工作，又無力支付繳費的遊民返鄉，之後亦將服務對象擴展至死人，開設東華義莊，收容於香港客死異鄉者的遺體，在東華服務的商人運用其於清帝國的網路，協助將客死者的靈柩運返故鄉。而金山莊商人的網路，又幫助於海外客死的華人經香港落葉歸根。這樣東華醫院便成為了海外華人社群與清帝國之間的橋樑，並開始協助海外華人送信件和金錢返鄉。之後清帝國發生自然災害，東華亦透過這個網路向海外華人籌款賑災，除此以外，東華亦開設孤兒院，並收容精神異常的病患。

香港政府是東華醫院最大金主，總共向東華提供港幣一一五、〇〇〇元資助，當中大部分用於興建院舍，用剩的九、〇〇〇港元則以財政司名義存入銀行，利息用於支付醫院開支。這筆利息是政府對日常開支僅有的支持，餘額因倫敦的規定只能由華商自行籌措。行業公會與商會是日常營運開支的主要來源，當中又以買辦和南北行商人的支持最為舉足輕重。一八七三年，東華醫院收到港幣九、〇四〇元捐款，當中有一、五〇〇元來自南北行商人，有一、〇〇〇元來自買辦。雖云隨緣樂助，但捐款的商人多是出於行業公會領袖的壓力，為保全面子硬著頭皮認捐，而海外華社亦為東華經費的重要來源。除此以外，東華亦仿效東亞大陸帝國善堂的做法，購置房產並以租金支付開支。

不過，對於在東華服務的精英來說，東華醫院在社會服務本業以外的角色也許更為重要。每年的總理選舉為華人社區的大事，參與這場選舉的門檻並不是太高。中等收入的華人能負擔得起十元捐款，也許早已因行業公會的壓力而認捐。

各行各業的行業組織，以及各社區的街坊會，均有積極參與。這樣獲選為總理的精英，在選舉過程得到華人社區主要勢力的認受，使之能自稱為有代表性的華人代表，便擔當了傳統華人社會中由士紳擔當的角色：對於部分來自海洋族群的買辦來說，這種地位在香港開埠前是無法想像的。香港在大陸之外、處大陸之旁的特性，使華人精英能遊走於兩個帝國之間的狹縫，尋得以往未能想像的尊嚴。

而在港中兩地遊走的東華領袖，則會透過捐官取得榮譽官職，這樣他們無論在香港還是清帝國，皆能夠以士紳的形象示人。他們可以在香港以朝廷命官姿態面對華人民眾，再加上東華醫院的法定角色，令普羅華人錯認東華總理為他們的父母官。而東華大會議事，亦不再局限於東華的慈善業務，亦將華人社區之事帶入議程。有投票權的人士按照章程，有權召開特別會議，很多時社區的突發事情亦會召開大會討論，令東華醫院成為華人民眾非正式的議政廳。

除此以外，東華精英亦成為署理華人民事訴訟的民間法官。華人的合作關係多建基於信任，合夥人多不會簽訂成文合約，亦不常作商業登記。這樣華人之間的商業糾紛，較難用講求成文合約的英式法律處理。關於家產繼承的問題，一方面涉及華人倫理和輩分觀，另一方面英式法律不會承認婢女為財產，亦不會承認妾侍的合法性。遇到這類糾紛的民眾，可以預約當值協理、值理幫忙解決。他們熟悉華人傳統習俗，深受華人社群信賴，是以他們的裁決多能服眾。若遇上非英式法律解決不可之事，東華則會協助當事人尋求法律意見，助他們到香港法院申訴。

由於東華精英因通商和賑災而在清帝國有人脈關係，而因為清帝國一直都未有在香港開設領事館，他們便擔當非正式的領事職能。香港政府擔心非法奴隸販運會在轉運華工的掩飾下進行，亦委託東華總理聘請偵探調查旅港華工是否因遭誘騙或拐帶才簽訂合同，事成後政府會資助偵探的薪金。與此同時，美國駐港領事館亦託東華醫院與準備遷居美國的華人婦女面試，以證明她們是自願離境，並且不會在美國賣淫。截獲被誘拐的婦女後，東華醫院則動用在清帝國的網路，協助她們回鄉與家人團聚。

在香港的西方人對東華醫院充滿戒心，一直懷疑東華要在華人社區建立不受香港政府控制的國中之國（imperium in imperio）。但是無可否認的是，東華醫院培訓出一群得到華人群體認可的社會領袖，其架構亦能有效動員整個華人社區，這樣政府便能有一群足堪信賴而又能服眾的合作夥伴，從而促進對華人民眾的管治（Sinn 1989）。

軒尼詩（John Pope Hennessy）在一八七七年上任後，東華醫院的地位得以進一步提升。身為信奉天主教的愛爾蘭人，軒尼詩在英國常受英格蘭人及蘇格蘭人歧視，這經歷使他比較願意平等對待華人。倫敦當局亦委託他改革麥當勞和堅尼地（Arthur Edward Kennedy）嚴刑峻法整治華人的政策，以較人道的施政實行管治（Munn 2009）。這些改革使軒尼詩不受對華人有偏見的在港西方人歡迎，但卻符合香港政府以及大英帝國的利益。自一八七〇年代起，華商已取代西方商人，成為差餉的主要來源。香港的華人商家以其商貿網路助英國在清帝國銷售其製成品，而他們參與國際棉花買賣，亦有助穩定棉花價格，如此對蘭開夏郡（Lancashire）的紡織業甚為有利。即使不為促進人道，現實政治考慮亦會逼使軒尼詩推行華人友善政策（Chan 1991）。

東華醫院於軒尼詩時代成為香港政府接觸華人民眾的獨一渠道。由於東華總理能直接會見港督，華人民眾多會向總理們申訴，架空總登記官的原有角色。軒尼詩亦多透過東華醫院諮詢華人，而由於與西方人社群關係欠佳，港督亦常動員華人精英表態，與西方人社群抗衡。

一八七五年，香港政府立法禁止人口販賣，但買賣婢女、妾侍和養子的情況在華商圈子中甚為普遍。華人精英一方面想打擊苦力販運與色情事業，另一方面又想保留蓄婢和買子的陋習，於是東華總理於一八七八年提出成立保良局。保良局以傳統風俗為由，將人口販賣分別為非法與合法兩種。他們指出誘騙、拐帶人口作苦工或賣淫是非法的人口販賣，蓄養婢女、妾侍和養子則為合乎華人風俗的「合法」販賣。東華精英用以退為進的方式向政府爭取保留既有特權，以保良局收養孤兒和被拐婦女，以換取政府對其陋習網開一面（Sinn 1989）。保良局初期設在東華醫院院舍內，架構與東華相若，董事會跟東華的多人事上的重疊，是以當時有「東保一家」之說。保良局之後成為華人社區領袖育成之所，初出道的華商多先擔任保良局的總理，累積一定名望後，才參與東華董事會的競選（Chan 1991）。

除此以外，軒尼詩還開始委任華人於原先由西方人壟斷的諮詢體系中任職。仁記洋行大班吉布

（Hugh Bold Gibb）於一八八〇年辭任立法局非官守議員後，軒尼詩委任時為大律師的伍廷芳暫代其職，使立法會出現首位華人議員。伍廷芳只出任兩年，之後便獲李鴻章聘任為幕僚。後來他成為清廷外交官，一九一〇年代改為支持革命派，並在中華民國政府擔任要職。之後軒尼詩委任黃勝接任（Endacott 1973）。黃勝原為英華書院印刷員工，一八七一年購入英華書院的設備，之後擔任《華字日報》主筆，並支持王韜創辦《循環日報》。雖然黃勝是基督徒，亦非商人，但他與華商關係良好，亦有參與東華醫院的創辦。在一八八六至一八八七年，黃勝成為東華醫院丙戌年主席。這樣他在立法局中，亦間接代表著華商的利益。

香港政府亦於一八七八年委任華人為太平紳士。這再加上於立法局的常設華人議席，令華人加入東華以外的諮詢架構，成為政府常規運作之一部分。與此同時，政府亦開始容許華人宣誓取得英國國籍（Munn 2009）。這樣使香港人之後能培育出一批效忠香港政府及香港本土利益的華人精英。

西方人社群的反撲

軒尼詩親近華人的政策，令華人精英招來在港西方人以及部分政府官員之嫉妒。軒尼詩被西方人社群批評為偏袒華人，而其愛爾蘭天主教徒的身分，又使他受到以英格蘭、蘇格蘭新教徒為主的在港西方商人歧視。他們寄望軒尼詩卸任後，能改變香港政府一度與華人親近之風氣。

軒尼詩在一八八二年離職後，布政司馬師（William Henry Marsh）署任港督一職。他先是否決批地予華商興建商會的請求，之後更發通告禁止東華總理受理華人民眾申訴，要求東華醫院專注慈善。馬師重新確立總登記官為政府與華人民眾溝通的獨一渠道。總登記官自此成為行政立法兩局當然官守議員，增強總登記官於政府體系內的地位。與此同時，總登記官以下增設助理登記官，並增加總登記官辦公室的人手編制。中央書院校長史釗域於一八八三年獲委任為總登記官，他在出任校長期間學曉了粵語，與華人民眾關係甚佳。馬師的行政效率，一方面把政府對華人的治理正規化，另一方面亦矮化東華精英在官民溝通上之既有角色（Sinn 1989）。

西方人對東華醫院之反感，固然是出於白人至上主義的種族偏見，但香港華人政治地位的提升，又無可避免會帶來雙重效忠的疑惑。華人精英一方面在香港諮詢架構取得正式地位，但與此同時亦在清帝國經商和參與救濟，與清廷有千絲萬縷的關係。部分華商甚至以捐款購買清廷的官銜，再以朝廷命官的姿態面向香港華人民眾。在一八八〇年代中期，包括英國在內的西方國家，將再次與清廷發生衝突。究竟香港新興華商階層是會像英清戰爭和英法聯軍戰爭時的海洋族群那樣支持英國，還是會因為「血濃於水」而站在清廷的一方？考驗的時刻即將來臨。

第八章 以港為家：精英本土意識之萌芽

在一八八〇年代，法國積極在中南半島擴張勢力，並打算將時為清帝國藩屬的越南納為殖民地。到一八八三年，兩個帝國之間的戰爭終於在紅河三角洲開打。兩國曾經嘗試和談，但雙方各不相讓。到一八八四年八月，法國海軍攻擊在福州馬尾的清帝國海軍。福建水師全軍覆沒後，法軍企圖攻佔時為清帝國屬土的臺灣，卻在淡水滬尾灘頭遭遇挫折，最終只能派海軍封鎖臺灣。之後法國海軍出沒於華南沿岸，干擾進出香港的航運，並威脅要炮轟華南沿岸。這一方面損害香港華人之生計，同時他們在廣東沿岸的家人之生命財產亦受威脅。這樣令到香港仇外情緒異常高漲。

法清戰爭與香港排外風潮

山西巡撫張之洞於一八八四年獲晉升為兩廣總督，負責與法國對戰之事宜。張之洞原先為批評朝廷對西方過於軟弱的非主流派系「清流」，但因為戰爭的緣故，這位一直不為重用的鷹派忽然被委以重任；也許朝廷同時想藉艱難的任務挫挫這位批評者的銳氣（Rowe 2009）。當時香港為法國軍艦與商船之補給點，於是張之洞透過東華醫院的華商，勾結華人民眾收集情報，以至破壞法軍的行動，甚至不惜與有反清前科的三合會合作，只因香港的艇家多三合會成員，能夠干擾港口的運作（Tsai 1993）。

東華精英中，又以何崑山與其生意夥計李德昌反法最賣力。何崑山為英華書院畢業生，畢業後到澳洲和紐西蘭從事採礦及華工轉運之業務，之後他返港做過總登記官屬下文員，然後就到廣州的粵海關和廣東稅務局謀差事，亦因此與朝廷關係友善。後來他與李陞等人在香港創辦安泰保險公司，在一八八二年獲選為東華醫院主席，卸任後又獲選為保良局主席（Sinn 1989）。

何崑山同年亦與李德昌合辦華合電報公司，打算鋪設香港至廣州的電報線，但是該公司之合作夥伴為丹麥與俄羅斯資本合營的大北電報（Great Northern Telegraph）。香港政府忌諱其俄國聯繫，亦對何崑山抱有種族歧視，便不准這條電報線進入香港領土。界限街以南的九龍半島根據英法聯軍戰爭後簽訂的《北京條約》，一八六〇年起已成為香港的一部分，這樣電報線就只能鋪到仍屬清帝國領土的深水埗。何崑山懷恨在心，對香港政府及西方人均沒有好感（Smith 1995）。何李二人於法清戰爭期間，為清廷積極搜集情報，並協助清軍購買軍火，張之洞因而對二人甚為信賴（Sinn 1989）。

當時香港中文報章廣泛報導戰事，香港華人同一時間得知其於廣東的親屬受到武力威脅。大眾傳播媒體的出現，使大眾出現於同一時間經歷同一事件、面對相似命運的集體經驗，令他們的仇外情緒凝聚為原始國族主義（proto-nationalism）（Anderson 1982）。雖然仍有華人勞工為法軍服務，但此次戰爭所激起的仇外情緒，遠比之前的英清戰爭和英法聯軍戰爭高漲。自願加入法軍的華人與之前幫助英軍的相比，數目大不如前。法軍要以武力強行拉伕，但被虜的華人勞工屢次叛逃，使一些法國軍艦須改聘日本勞工（Tsai 1993）。香港政府因為容許法軍在港補給，亦成為華人民眾遷怒的對象。張之洞兩年後如此憶述香港的仇外情緒：

在港華民生理事事取資洋人，似有近墨染泥之處。然自前年海防有事以來，在港商賈、工徒、船戶、傭作，無分貧富賢愚，咸感敵愾，發於本心，或堅拒法役、或密輸敵情、或力助軍火、或憤發公論。（蔡榮芳，二〇〇一）

一八九四年九月三日，曾炮轟臺灣基隆的嘉林蘇尼爾號（La Galissonniere）抵港，紅磡黃埔船塢華人勞工發起工業行動，拒絕替該艦維修，但香港政府堅持招待該艦的海軍少將，令華人排外情緒進一步激化。廣東當局於此時發佈多道「諭令」，煽動香港華人反法（Tsai 1993）。船塢工人於九月十一日起拒絕服務法國船隻（Sinn 1989），到九月十八日演變為船塢工人大罷工。在廿五日部分負責運貨的艇家加入罷工行列，多位艇家因而被警方拘捕，之後法庭向每位艇家各罰款港幣五元。到卅日，所有艇家均加入罷工以作聲援。部分岸上搬運工人亦參與罷工，於油麻地聚集並擲石襲擊仍然開工的工友，令港口運作停頓。

到十月三日早上，部分艇家重返上環三角碼頭，打算服務法國以外的西方船隻，其他艇家和工人卻堅持全面罷工，憤怒地向他們投擲石頭和磚塊。到早上八時，騷亂者佔據西營盤的街道，襲擊接載西方人的轎子和人力車，見到西方人和警察就上前圍毆。在皇后大道西國家醫院附近，一名錫克教徒警員向騷亂群眾開槍，一名華人頭部中槍死亡，亦有多人受傷。華人群眾之後聚集在上環大笪地，向警察擲石，警察開槍驅散民眾，藉此向華人民眾示威。

香港的局勢發展遠超張之洞的預期。張之洞只想在香港搜集情報及滋擾法軍，無意挑起與英國人之爭端。此時德國首相俾斯麥正計劃訪問法國，修補兩國自普法戰爭後的敵對關係，令清廷擔心香港之騷亂或成德法結盟的契機。與此同時，清帝國亦須倚靠香港在大陸之外、處大陸之旁的地緣形勢，於香港取得外匯和借貸，故此亦不欲香港陷入內亂。張於是向香港華商發出電報，「勸喻」他們「適可而止」。動亂令香港商業活動停擺，使部分華商急於平息事件。東華醫院內部，除何崑山等人主張強硬抗法外，其他總理皆主張與政府合作穩定局勢（Tsai 1993）。董事會決定與總登記官史釗域談判，但雙方一度未能達成共識。東華創院主席梁雲漢草擬了一份啟事勸喻華人復工，但史釗域指當中字眼暗示政府答允東華要求特赦滋事者，不准東華張貼告示。東華方面希望政府能撤走駐在醫院的軍隊，並建議由院方召開集會勸華人民眾復工，但政府均一一拒絕。談判後期，政府發現東華精英最為介意的，是法院判罰罷工艇家的五元罰款。布政司馬師（William Henry Marsh）答允可退還罰款，雙方終達成協議。事後政府發現先前已有人代付艇家的罰款，付款人很可能是東華總理。之後香港中文報章多聲稱罷工是因為東華醫院的介入下才得以平息（Sinn 1989）。

東華醫院的協調最終發揮效用。雖然運米及運煤工人十月四日加入罷工，市面仍有零星復工者遇襲的事件，但罷工聲勢已大不如前。西營盤以外的車伕、轎伕已陸續復工，艇家亦重新向非法國船隻提供服務。不過，到晚上大笪地仍有群眾向警察擲石，之後南北行公所廣發通告，警告軍警或會隨時開火，華人民眾須避免不法行為。到五日，罷工大致平息，縱然艇家始終堅持不做法國船隻生意（Tsai 1993）。

不過，因法清戰爭挑起的仇外情緒，乃局限於某縣某鄉的原鄉意識，最終也未有發展為真正的中國國族主義。隨著戰事發展，法軍逐漸離開香港華人在廣東的故鄉。法國海軍主力轉往臺灣以及浙江沿海，而陸上的戰事則集中在越南北部，距離香港比較遙遠。既然華人在廣東的親友不再受戰禍影響，他們對法清兩軍的對壘亦採取事不關己的態度。英國於一八八五年二月起基於清廷的外交壓力，禁止法軍再在香港及其他英國屬土進行補給，此項政策改變迅速消弭華人對香港政府的反感。

法清戰爭戰事未能持久，令原始國族主義未有進一步發酵。在一八八五年初，劉福永的黑旗軍令在越南的法軍陷於苦戰，並在三月底的鎮南關戰役重挫法軍。與此同時，清帝國另一個藩國朝鮮於一八八四年底發生政變，開化黨人意欲藉日本之力打擊守舊派、並推行現代化改革，令清廷須對朝鮮用兵。最終法清雙方均願意講和，兩軍於四月休戰，並在六月九日簽訂《清法新約》，清廷正式承認法國對越南之宗主權。香港華人既覺得事不關己，戰事又草草了結，便樂得像戰前那般繼續與西方人做交易。之後要到一八九四年的日清戰爭爆發，東亞大陸的知識階層才開始有視「中國」為國族國家的觀念，中國國族主義才能開始席捲清帝國（Zarrow 2012），之後到二十世紀初才影響到香港華人民眾。

雖然東華醫院最終與政府合作平亂，但何崑山等強硬派從中作梗，再加上十月三日雙方的拉鋸，令在港西方人和政府皆對東華心存芥蒂，相信東華不是真心解決問題，而是要藉危機架空政府。匯豐銀行大班昃臣（Tomas Jackson）於立法局表示：

> 今日應該於局中公開指出，那些東華醫院的紳士只不過是慈善組織的成員，他們的權限不應超出其組織。可是他們看上去似要自我膨脹，並想得到既不可得、亦不配得到的地位。我希望我們再不會聽到東華醫院的紳士與前述之事有任何關係。（Sinn 1989）

東西之間之身分認同

為了令東華不能壟斷官民溝通，政府一方面擴充總登記官辦公室。一八八七年，政府委任駱克（James Stewart Lockhart）為亦被稱為撫華道的總登記官，他是熱愛東亞文化的業餘漢學家，深得華人民眾愛戴（Sinn 1989）。在一八八〇年代，香港已經有一群受過英文教育的西化華人精英。香港政府把這些精英視為行政吸納的對象。他們英語流利，對西方事物較為開放，多歸化入英籍，亦有的是被故鄉排擠的基督徒，是以對香港政府及本土較為忠誠。他們亦因歸化英籍而被納入陪審團或豁免陪審團名單，並有資格成為太平紳士或立法局議員（Chan 1991）。在一八七〇年代末，政府開始委任華人太平紳士，而自黃勝被委任進立法局後，立法局常設華人議員就成為憲政慣例。而在一八八三年成立的潔淨局，亦於三年後增設華人議席。舉止西化而又與傳統紳商格格不入的新興專業階層，亦成為香港政壇新貴。

何啟可說是這個新興階層的表表者。他於一八五九年三月廿一日於香港出生，是何福堂牧師之四子。何啟於一八七〇年入讀中央書院，由於他早已熟習英語且天資聰穎，他跳過預備班直接入讀中班的第四級，並在兩年後從第一級畢業，當時只有十三歲。之後他遠赴英國根德郡（Kent）巴美爾寄宿學校（Palmer House School）求學，並於一八七五年九月考進鴨巴甸大學（University of Aberdeen）醫學系。何啟於廿歲考取內外全科醫學士資格，並成為皇家外科學院院士，但他擔心在西醫未普及的香港無法謀生。其未婚妻雅麗氏（Alice Walkden）鼓勵他到林肯法律學院（Lincoln's Inn）修讀法律，之後何啟於一八八一年取得大律師資格，迎娶雅麗氏後返回香港。多年英國生活使何舉止西化，他剪掉辮子，並以西裝為日常服飾。

何啟在香港主要靠法律專業為生，得到商界和香港政府賞識，並獲邀加入共濟會。可惜其妻子於一八八四年六月八日在為何啟誕下女兒後，因感染傷寒病逝。雖然何啟之後續弦，再娶可能是混血兒的黎玉卿，但未忘喪妻之痛，於一八八七年創辦由倫敦傳道會管理的雅麗氏產科紀念醫院。該院於一八九三年擴建為雅麗氏何妙齡那打素醫院。雅麗氏醫院創院後成為香港華人西醫學院的教學醫院，何啟亦在醫學院中教授生理學和法醫學，而當時教授外科的則為康德黎教授（James Cantlie）。

醫學院的首屆學生，包括後來推動中國國族主義革命的孫文。孫此時已立志從政，修讀醫科只為能以低廉學費接受西方教育，並無意以行醫為志業。香港政府於一八八二年委任何啟為太平紳士，開始其公職生涯。一八八六年他成為潔淨局議員，並於一八九〇年獲委入立法局（Choa 1981）。

由於何啟常撰寫批評清帝國時政之文章，被部分史家譽為中國國族主義先驅者。曾國藩之子曾紀澤於一八八五年卸任駐英、俄兩國大使前，於《亞洲評論季刊》（*Asiatic Quarterly Review*）撰寫〈震旦先睡後醒論〉（China: The Sleep and the Awakening）。該文章於一八八七年二月八日在《德臣西報》（*The China Mail*）連載。文章指清帝國只是暫時沉睡，並未步入衰亡。曾紀澤指在李鴻章展開洋務運動後，火燒圓明園的恥辱將不會重演。曾亦主張清廷應在滿洲、蒙古和新疆開拓殖民地（Zeng 1887）。

何啟於二月十六日以Sinesis為筆名，於《德臣西報》批評曾紀澤，指斥先睡後醒的講法只是自欺欺人：

> 震旦永不會達成唱好者的期望，除非它首先廢除對其子民的不公對待，並學會不偏不倚地實踐公義：它必須中止所有形式的官員腐化，並以公正及自由的政策促進人民之快樂和團結。一言以蔽之，在震旦開展任何事情之前，它必須先留心於其管治體系必需的改革……除非我能見到震旦積極地推動內政改革，以根治困擾其多年的種種罪惡。這些罪惡造成這國家現狀：多麼的脆弱、多麼的不仁。這經常是它受到多次恥辱的獨一因素。（若非如此）我永不會相信它正在覺醒，縱然它改善了海防、陸軍與海軍。（*The China Mail*, 16/2/1887）

這即是說政治改革是清帝國復興的先決條件。值得留意的是，縱以何啟提及要實行自由的政策，出發點並不在民眾之天賦權利，而是國家的富強。而自由的政策，指的可能是經濟自由主義。何啟如是說：

如果政府難以取得足夠經費實行所有預期的改革，他們就必須讓私人企業將之實行。這終究是最好的做法，其他國家於多年前早已發現這點。但缺乏政府的鼓勵與信任，私人企業不會出現。那怕只是少許對公正的質疑，那怕是少許對檯底交易和政府干預——比如是施行勒索、徵收重稅與實行某種有害的特權——的恐懼，均會對私人企業作致命打擊。震旦政府能先給我們一些保證嗎？（*The China Mail*, 16/2/1887）

何啟提倡的自由，是屬於私人投資者的自由，是使投資者免受勒索、重稅和反競爭行為威脅的自由，是於一八九〇年代經常重複的主題，常見於他與友人胡禮垣於一八九五年合撰的《新政論議》，以及二人於一八九八年出版的《新政始基》。在這些政論中，最大膽的觀點乃提倡君主立憲制。何啟提議讓廿歲以上識字而身心健全之男子享投票權，讓他們選舉秀才為縣議員，秀才則能選舉舉人為府議員，舉人則可選進士為省議員。國會由省議員組成，負責選出首相。由於何建議選舉權與科舉成就掛鉤，他亦建議將科舉改革為考核西方新學問的考試，並成立西式學校培訓人才。

除此以外，何啟亦主張重商政策，提議在內閣設工部、商部以促進工商發展。他於《新政論議》中主張：

夫國之所以興且強者，其道首在於愛民；愛民之道首在於富民；富民之道在於通商。鐵路輪船為通商要務，人所皆知，而礦物種植工作俱不能緩。蓋通商者，非僅為之建立碼頭、創設舟車、多開口岸，以便運載而已也。必使貨不棄於地、民不安於逸，然後能貿遷有無、交易各得，一以示一國之土產、一以表一國之人才，然後民乃日進於上，國乃日進於隆。若是者，在免其出口之稅。凡礦物、農物、工物，其物為日用所需原不可少者，概免其稅。若其物為適情快意可有可無、或無勝於有者，如煙酒等類，則雖徵稅不為過、雖重徵亦不為過。是在議政局員之隨其事而酌其宜矣。（何啟、胡禮垣，一九九四）

表面上何啟是在提倡民權，但細心觀察的話，會發現他其實是用民權的術語提倡商權。商人一方面應有免於重稅的自由，但亦有權得到國家在政策及基建等層面的支持。而設立間接選舉產生的議會，是為了在非要徵稅不可的情況發生時，讓商人能在議會中爭取到酌情的機會。那麼何啟提倡的商權，具體上是屬於哪些商人呢？在《新政論議》中亦有提及：

或謂開礦等事謂之內政，如此一人之家事，豈彼一人之所能參？曰：為此諸非明於公法者也。夫天下數十百國也，而以一國居於其間，猶之一街數十百家也，而以一家廁乎其列。一家於街眾相資之事有應為而不為者，數十百家可群起而執責之。是故欲別之為家事，其家必不得群聚州處；欲別之為內政，其國必須無互市通商。今而互市通商也，是不得以開礦等事為內政也。如煤炭乃當今天下通用之物也，此國若有所產而不開，彼國若用之盡而來取，其能禁乎？推之鐵路等事，無不皆然。夫通商也，公其物利其事之謂也。（何啟、胡禮垣，一九九四）

言下之意，清帝國既要與外國通商，就應全面開放市場，讓外國資本有權投資於帝國的礦場和鐵路。商權者，外國資本的商權也。那麼外國資本，具體上又即是哪國的資本？《新政始基》如是說：

> 英之倡議，欲聯合美、德、法、日諸邦大開中國門戶，使各國商利均沾，因而得保中國土宇。此議固大為中國之利者。然以中國今所為政而觀，則必不能副其議，不能副其議則大勢傾矣。（何啟、胡禮垣，一九九四）

這就是說，商權即外資的商權，特別是英國資本的商權。何啟似乎相信英國的利益，即是清帝國的利益。清帝國不認識這點而閉關鎖國，就是自取滅亡。提倡英國的權益，是為了清帝國的好處。蔡榮芳教授將這種「曲線救國」的主張形容為「買辦愛國主義」（comprador patriotism）（蔡榮芳，二〇〇一）。這講法固然挑戰了國族史觀的僵化觀點：畢竟效忠於自己的國家，並不一定要因而排斥外國，而多重效忠其實亦是人類歷史的常態。但我們仍然要問：何啟真是一個中國民族主義者嗎？假如我們細心觀察何啟對曾紀澤的批評，便會發現他其實是以第三者的角度評論清帝國：

> 讓那些想振興他們本人、以及他們民族之震旦人先找出他們國家衰敗之原因，然後對準下藥。不要過於倚靠你們的陸軍、擴充你們的海軍、或依靠你們的新炮臺和新槍炮。（Law 2009）

一八九九年，英國國會議員貝思福上將（Lord Charles Beresford）以英國總商會（Associated Chambers of Commerce）代表人身分訪問香港和清帝國。包括何啟在內的八名香港華人向其呈上一封信函。這信函也許能說明以何啟為首的西化華人之身分認同：

> 透過妥善組織，以及對身為華人後代的英國臣民（British subjects of Chinese parentage）作更多鼓

勵，他們可以助大英商業一臂之力，而他們處於震旦的有利位置，使其能在敵人的競爭及下流手段下仍能屹立不倒。我們謙卑地建議派遣英國的華裔臣民到震旦內陸，以掌握各種潛在商機、成為商務的情報員、並積極聯繫各地商會。如果組織良善，並獲指派於其商貿圈子尋找機會——需要的話還能闖進內陸或任何特定地方，這些聰明的商人能創造奇蹟，並維持大英的商業優勢。（Law 2009）

除此以外，他們還支持英國的門戶開放政策：

> 在身為華人後代的英國臣民的支持和善意下，在廢除釐金以及其他令人生厭的海關管制後，英國貨品能在上乘的物流支持下供應震旦的市場。英國的整體商業利益能得以在震旦帝國發展，以至整個震旦都能成為英國的勢力範圍。大英作為自由貿易者的民族，可視為「門戶開放」的同義詞。（Law 2009）

如果我們堅持視何啟及其夥伴為中國國族主義者，那麼我們要問：為何他們會迷信英國之善意，甚至不惜犧牲清帝國之經濟自主？為何他們不只是消極配合，而是向英國政要主動遊說？不過，我們若依照某種國族史觀的看法，將他們視為賣國求榮的小人，那麼我們又如何解釋何啟為何要費神提出振興清帝國的方案？

也許比較合理的解釋是：何啟並非真正的中國國族主義者，亦未有全盤接受英國的一切。香港才是何啟心目中的祖國，而他是這座英屬城邦的英籍華人。他議論清帝國時政，並非因為他視自己為中國人，而是因為他希望清帝國展開現代化後，其香港同胞能夠從中分享到最大利益。對於香港英籍華人來說，清帝國若能按英國的意願開放市場是最好的安排。他們在文化上是華人，如此令他們能直接與漢人打交道，並能夠去到西方商人去不到的地方，但在政治上，他們卻是大英帝國的臣民，並須憑著其英國連繫才能在清帝國來去自如。香港在大陸以外、處大陸之旁的特性，使香港華人一方面不能全面認同東亞大陸政權，另一方面又要憑著其文化傳承與大陸打交道（Law 2009）。

香港處於大英帝國與清帝國兩個帝國之狹縫，在這個特殊的地緣政治空間中，這樣香港華人精英便產生一種既不屬於大陸、亦不屬於英國的獨特本土身分認同（Carroll 2007b）。

本土華人精英階級之誕生

起初有著這種視香港為家邦的本土認同的，只有部分海洋族群成員、西化華人與基督徒，而以紳商自居的廣府商人仍以清帝國臣民自居。但經常穿越邊界的商人逐漸發現紳商的名銜以至買來的官銜，均不能使他們免受官府敲詐。商人越是能夠從貿易取利，越是容易招惹官員的勒索：事實上，地方官員亦要靠壓榨才能應付脆弱的地方財政。他們發現唯有靠英國的保護，才能夠不受干擾地於東亞大陸從商，如此令何崑山那樣的死硬派逐漸失勢。廣府商人的利益與西化華人趨向一致，而東華醫院內亦漸見西化華人的身影。較傳統的華商階層因而開始與西化華人融合為團結的本土精英階級。

一八八五年春天，法清戰爭休戰，廣東卻洪水為患。東華醫院在香港及海外華社籌款賑災，十萬港元的捐款最終用剩三萬元。董事會決定將餘額撥入賑災基金留待下次發生天災時再用，但何崑山卻將此事匯報給兩廣總督張之洞。廣東當局希望能徵收這筆餘款，以作維修河堤的經費。

當時署任總登記官的駱克向東華正副主席指出作為受英屬香港法律規管的慈善組織，東華醫院如何運用資產，不容清帝國官員說三道四。但到十二月廣東司庫指當局向朝廷美言後，皇帝已賜下一塊寫上「萬物咸利」的牌匾，著東華醫院懸掛在大堂。駱克向東華警告莫在港督寶雲（George Bowen）作指示前輕舉妄動，但最終東華不敵廣東施壓而掛上牌匾，令香港政府大為不滿。死硬親清廷的何崑山於一八八六年一月二日在《華字日報》撰文，主張收清帝牌匾為東華應有之義，公然挑戰香港政府的外交原則，此事驚動了殖民地部。殖民地部意識到華商在廣東的家人易受威嚇，建議要檢討東華醫院有關的策略。

東華醫院主席關愷川於一八八六年二月到廣州經商，廣東司庫卻召見他，喝令其交出三萬元餘款。關愷川飽受驚嚇，一度想辭去主席一職，惟董事會沒有答應。此時兩廣總督亦向東華醫院發出措辭強硬的信函，指東華總理貴為縉紳，又收到清帝御賜的牌匾，就當識趣地乖乖向官府奉上餘款。布政司馬師對此甚為不滿，認為廣東當局妄圖將治權伸進香港這座英屬城邦。廣東當局明顯不理解東華賬目分明的作風，亦指出香港華人都是清帝的臣民，官府對其發施號令並無不妥。這講法逾越香港政府的底線，政府透過英國駐北京的大使，向清廷外交部門總理衙門抗議。香港政府強調東華是香港法定慈善機構，只須向香港捐款人負責，廣東當局對東華及其總理沒有任何權柄。香港政府與英國大使嚴正要求廣東當局莫再干涉餘款事宜，並當確保關愷川及其家人之人身安全。最終總理衙門電報張之洞，要其約束屬下的司庫，風波才告平息（Sinn 1989）。

這次風波對香港傳統紳商不無啟示。縱然他們盡力與清廷維持友好關係，甚至能夠用金錢換取官銜，當官府須要用錢的時候，還是會向他們開刀。他們最終能夠全身而退，不是因為他們是對清廷忠誠的紳商，而是因為是英屬香港的華裔居民。東華醫院的精英畢竟是在香港這座英屬城邦享受文明的幸福，受益於大英帝國的武裝保護，一切成就均奠基於此。香港的華商階層漸漸發覺他們其實與以香港為家的西化華人分享著相同的命運，亦因此逐漸把何啟這類因西化而被行政吸納的代表視為自己人。何啟等人相應亦自覺地擔當東華紳商的代言人。

我們可從一八八六年《公共衛生草案》的立法過程看到何啟如何成為東華華商的代議士。查維克教授（Osbert Chadwick）於一八八一年到香港調查衛生狀況，發現華人基層聚居的太平山區過於擠逼，通風與排水情況欠佳，井水亦常受污染。查維克報告書建議設立常設衛生機構，並招募華人更練兼顧治安與公共衛生。政府隨即按報告書建議成立潔淨局，並委託該局起草《公共衛生條例》。潔淨局於一八八六年十二月完成起草，草案對潔淨局之組成及權力作出規限，並擬定香港爆發疫症後的處理程序。除此以外，草案亦規定排水道及污水渠之興建方式，並要求香港興建房屋須合乎通風與公共衛生規格。

草案對建築物的規範卻引起華人業主的反彈。根據草案規定，香港之建築物每個房間均須設有窗戶，並要預留興建污水渠的空間，而每間房屋均要附設通風良好的戶外廁所。但條例某些規定卻似乎未有考慮到香港地少人多的特殊狀況。草案規定房屋不得貼著山坡，房屋與街道間要預留七呎半空間，背面亦要設有寬十呎無上蓋的後院，屋內每位住客要有不少於三百立方呎，即約八點五立方米的空間（Choa 1981）。

當時華商階層偏好置業收租，並將房屋分間為多個單位租給商戶及華人勞工。通常每棟兩至三層的房屋，每層有三百九十至九百六十平方英呎（一坪大約等於卅五．五平方呎），地下開設商舖，樓上則會分間為各佔一百平方英呎的板間房。不過，部分較無良的業主會再於板間房設幾層閣樓，連戶外可供露宿的空間亦拿來出租，最擠逼的情況下每人只能有僅足以躺臥及放置少許私人物品的空間。洋行的買辦以及外包商多會將這些逼狹的房屋，設為苦力的勞工宿舍（Chan 1991）。

若草案的建議得以實行，那麼華人業主便不能把房屋擠滿租客，使華商階層損失租金收入。雖然華人社區的確有亟待改善的擠逼問題，草案的部分內容亦未有考慮香港的特殊情況，然而香港政府以及在港西方人早已假設華人不懂衛生，這樣華商便須要靠具醫學背景而又西化的何啟替其發聲。一八八六年十二月二日，何啟向政府提交反對書。反對書的初段，何啟聲稱是從租客利益著想。

> 我並非只代表業主的利益：我自己也不是業主。我對租客和業主的利益都同樣重視。貧苦大眾把自己珍貴的居住環境硬要分一些出來，為的是要造一個模範廁所、一個美輪美奐的廚房、和一個十呎闊的華麗後院。另一邊那可惡的業主就要收取同樣的租金、或是被逼抬高租金，來補償因為重新裝修房子以符合法例新規定的損失。我不懂得有任何法律——或者愛爾蘭的是一個例外——是用來強逼業主去降低租金的。（Lau 2002）

何啟言下之意，是指華人業主不欲獨自承擔促進公共衛生的社會責任。若新例原封不動的通過，華人業主或會將成本轉嫁予租戶。除此以外，何啟亦訴諸文化差異論這種有違醫學原理之理由，否定部分衛生設施之必要：

> 試想一下那些貧苦大眾的處境會是怎樣。如果法例通過的話，他們將被逼繳付昂貴的租金，而居住的地方卻相應減少。因為那些衛生設施，如規定的廁所、廚房及後院等，都不過是歐洲人的玩意。從華人的風俗習慣來看，他們是不在乎的。（Lau 2002）

不過，我們不應責怪何啟為維護華商而罔顧衛生。他在反對書中提出了其他改善衛生環境的方法，比如是改善渠道設計，保證有充足食水供應，定期清理垃圾，限制只准於非雨季進行建築工程，以及填平低窪地帶。除此以外，他亦建議市區向香港島東西兩端發展，以減少人口擠逼的情況。在這裡我們看到何啟為維護華商利益而自相矛盾：在討論建築規範時，他以文化差異論否定華人社區有過分擠逼的問題，但在論到對華人業主有利可圖的市區擴展時，又指出這樣可改善人口過擠的問題。

一八八七年五月六日，《公共衛生條例》於立法局通過首讀，並於次日刊登憲報。何啟於十一日率領眾華人代表向署任港督的金馬倫將軍（時為上校）（William Gordon Cameron）抗議。在華人精英的壓力下，香港政府只得於二讀前修改前修改草案，並在七月將新修訂的草案刊憲。九月廿三日條例於立法局表決，政府要靠官守議員才能以一票之差三讀通過，到次年六月二日才正式刊憲執行新例。

經過修訂的條例把與窗戶、廁所、廚房及前院後院有關之規定刪除，並將之歸入《建築條例》，使建築規範與衛生問題脫勾，而《建築條例》亦只限制新建樓宇，對已建成房屋不作規管。除此以外，修訂後的條例亦確保華人業主能在潔淨局中有更大的發言權。原本的草案建議由香港總商會和太平紳士各選一名非官守潔淨局議員，修訂過的條款則規定相關議席由繳納一定數目地租者以一人一票方式選舉產生（Lau 2002）。

精英本土意識之出現

香港政府於十九世紀末繼續強化對華人精英的行政吸納。一八九一年，身兼布政司和撫華道的駱克決定改革團防局，將之納入政府正式諮詢體制。團防局的委員會轉化為「華人的行政局」，政府在實施關於華人的政策前，均會諮詢其意見。撫華道辦公室亦會定期而頻密地與團防局的華人精英聯絡議事。包括何啟、韋玉、何福在內的十二位華人代表獲委入改革後的團防局，與其他諮詢架構不同的是，西化華人與不諳英語的傳統華商均會獲委進其中。這樣促進了西化華人與其他華商之間的融合，但同時亦進一步削弱東華醫院在官民溝通上之角色（Lethbridge 1978）。

東華醫院的地位於一八九四年鼠疫爆發時大受打擊。華人基層聚居的太平山區為重災區，政府醫院部分染疫者曾入住東華醫院。院方不但未能作出診斷，病人登記亦不齊全，影響疫情之控制。政府之後將醫院病人強制送上檢疫船，雖然政府容許東華醫師上船診症，但事事均受西醫監視和掣肘。政府加強巡查華人社區，港督威廉羅便臣（William Robinson）更表示香港作為英國屬土，就要按西醫的方法進行檢疫。政府視東華醫院為疫情擴散的元凶，但死硬派保守華人又覺得東華向政府和西醫讓步太多。五月廿日，不滿政府檢疫措施的保守華人於上環騷亂，東華主席劉渭川欲前往醫院調停，卻遭暴徒伏擊。

政府在騷亂後不再強制鼠疫患者上檢疫船，患者先被送往堅尼地城由玻璃廠改建的臨時醫院，六月十三日起政府准許病人遷移到清帝國，到七月十二日起則送他們到仍為清帝國屬地的荔枝角醫院。但政府同時加強檢疫措施，強行清理不衛生的區域，甚至將太平山區內現為卜公花園的街區夷為平地。香港政府亦修改東華董事會發出的公告，強指東華醫院正與政府和西醫通力合作，使東華失去原有的威信。

疫潮高峰期後，政府應國家醫院醫官勞信醫生（James Lowson）的要求，一八九五年八月起定期派太平紳士到東華醫院巡查。總醫官雅堅信（J.K. Atkinson）甚至會不顧病人意願，強行把東華醫院的外科病患送到國家醫院施行手術。十二月廿三日，威廉羅便臣會見東華新一屆總理時，直指華商既然受惠於香港的政策，就有責任配合政府施政。港督不客氣地指東華精英若不滿意，可以選擇離開香港。東華醫院的影響力和聲望此時跌至谷底。

受到疫情衝擊的華人社會對東華精英的遭遇缺乏同情。何崑山這類強硬保守派已因不合時宜而趨向低調，素來同情東華精英的《華字日報》亦發表〈審時度勢論〉的社論，勸東華不應死抱舊觀念與政府硬碰。部分較激進的西化專業人士更乘機打落水狗，《南華早報》買辦謝纘泰指斥東華盲目附和無知大眾，妨礙控制疫情。

不過，政府的目標並非要打壓傳統華商，而是要將其誘導往正式的殖民地體制之中。為表對華人社會之誠意，政府於一八九五年末取消惡名昭彰的華人宵禁令，但同時翌年二月五日成立由駱克、何啟、遮打（Paul Charter）和韋赫（Henderson Whitehead）等人組成的調查委員會，就東華存廢進行聆訊。不過，委員會眾人均無意解散東華醫院，除了韋赫主張全面將東華醫院西化，其他委員均傾向上設監督、院內設華人駐院西醫的改革方案。當時東華已由對改革持開放態度的開明派主導。最終政府中間落墨，繼續讓東華自主運作，駐院華人西醫的工資由政府支付，並同時批地興建東華醫院新翼（Sinn 1989）。

一八九三年，政府於保良局之上設由前任總理、撫華道及華人立法局議員組成的顧問局，三年後再成立東華醫院顧問局。東華的角色似遭矮化為純粹的慈善組織，但透過顧問局，與政府諮詢體系的連繫亦得以加強。若再加上新改革的團防局，以及華人太平紳士和立法局議員，我們可看到一條華人精英升遷路線圖：在街坊組織、商會和行業公會中嶄露頭角的領袖，會先後到保良局和東華醫院為慈善服務，卸任後而又有名望的，可加入東華顧問局累積經驗和威望，等候獲委入譽為「華人行政局」的團防局，若精英通曉英語又歸化英籍，可再被委任為太平紳士，甚至是立法局華人議員（Chan 1991）。這個升遷圖既使西化華人與傳統華商在團防局及以下的階段共事，亦使傳統華商要拜託身為西化華人的太平紳士和立法局議員為他們說話。最終西化華人與傳統華商，於十九世紀末、二十世紀初凝聚成一個我中有你、你中有我的獨特本土精英階級。（圖8.1）

華人在立法局中影響力日增，是促成這個演變的原因之一。不過，立法局中的非官守議員仍希望可有更大的權力。在一八八〇年代，白銀貶值，由於港幣因商人多與華通商而與白銀掛鉤，政府官員薪金

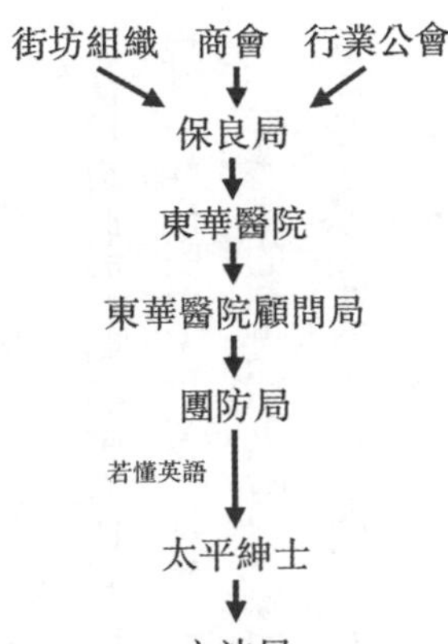

圖8.1——香港華人本土精英之行政吸納途徑

卻用英鎊結算，為政府帶來財政壓力。此時大英帝國要面對俄羅斯，以及後起之秀德國之帝國主義擴張，堅持要香港政府支付軍費。一八九四年，政府動用官守議員之多數，強行於立法局通過公務員加薪案，非官守議員忍無可忍，六月韋赫、遮打與何啟發起爭取政制改革的運動，主張非官守議席應佔立法局過半數，並當由城邦內的英籍華洋居民普選產生。

不過，在港西方人參與這場民主運動，懷著不純潔的動機：他們相信推動英籍人士普選，可以增加西方人在議會的影響力。因為未歸化英籍的傳統華商沒有投票權，立法局內的華人代表就沒有西人普選代表的認受性，而且會是少數。除了何啟等西化華人外，華人社會對這次政改運動興趣缺缺。

殖民地大臣里彭爵士（Lord Ripon）一針見血地指出方案對在港未入籍的華人不利：當然倫敦亦不會同意把投票權開放予非英籍人士。里彭建議行政立法兩局可各增兩個非官守議席，其中一席由華人擔任。威廉羅便臣認為新設非官守議席的行政局不宜即時引入華人代表，便在一八九六年委任兩位西方人入行政局，分別為領導政改運動的遮打及怡和大班貝伊榮（John Bell-Irving）。而立法局則各增一席官守及非官守議席，新設非官守議席由何啟之好友韋玉擔任。在港西方人欲藉機排擠華人，卻始料不及地使立法局自此設有兩名華人代表（Endacott 1964）。這樣華人精英參與香港公共事務的體系已經成形，呈現著一條從商會、行業公會經東華、保良、團防局一直爬升至立法局的權力階梯。

在香港的華人精英階級，逐漸凝聚成一個內聚的群體。群體內的家族透過結誼和通婚促進精英社群的團結，鞏固生意夥伴之間的合作關係，令各家族更易延續影響力（鄭宏泰、黃紹倫，二〇〇四a）。一九二二年之前的華人立法局議員，可歸納為三大家族。何啟與伍廷芳、黃勝與韋玉均有親屬關係：伍廷芳是何啟的姊夫，黃勝是其親戚，而韋玉既是黃勝的女婿，亦是何啟的好友。何東本身並非議員，但他胞弟何福及女婿羅文錦均曾獲委入立法局，而另一位議員陳啟明則是其二太太張靜容生父之結拜兄弟。周少岐及其子周埈年均先後擔任立法局議員，其姪周錫年亦於一九四六年獲委任（Chan 1991）。

這樣香港華人精英漸漸演變為一個以香港為主要居留地的小群體，並產生以香港為家邦的精英本土意識。雖然中央書院的規模有所擴充，並於一八九四年更名為皇仁書院，庇理羅士女子中學亦於一八九〇年成立，但華人精英還是於一九〇二年向政府陳情，希望能成立為其子女特設的新學校。他們覺得兩所官立學校招收太多來自清帝國的學生：事實上，當時官校的營運目標，亦是要透過培育清帝國青年男女，拓展英國在華影響力。何啟等人的陳情書如是說：

> 皇仁書院與庇理羅士女子中學固然是上乘的政府機構。但那兒有太多的學生，英文教師不足。而來自不同社會、倫理背景家庭之子女在此亦無分彼此並親密地混在一起。如此令這些學校顯得極之差勁，亦不適合給有名望的華人家族之子女入讀。（Law 2009）

驟眼看來，華人精英之訴求是基於對低下階層的階級歧視，不過這封陳情書的內容，與同期在港西方人爭建英童學校的陳情書極為相似：

> 歐洲人學童的教育因歐洲人與亞洲人的混合而大打折扣……學校中上千計的華人學生——請留意那是指大部分的華人學生——是來自震旦大陸，他們與這個殖民地毫無關係。（Law 2009）

華人精英家長區隔基層華人之論據，基本上就是西方人抗拒東亞大陸學生的論據。在港西方人的陳情書道出了華人精英未有道出的事實：在官立學校就讀的基層華人學生大都來自清帝國，畢業後就會返回清帝國，也許他們之後會為英國的利益服務，卻可以與香港不再扯上任何關係。這樣說華人精英對基層學生的看法，並不是階級歧視，而是族群區隔。他們自覺為香港土生土長的族群，來自清帝國的客居者既然不屬於同一族群，就不應享有應由香港人專享的社會福利（Law 2009）。

由此看來，香港的華人精英，於二十世紀產生自視為香港土生居民、並以香港為家邦的本土主義，覺得自己與來自清帝國各地的華人有異，並覺得香港的公共福利，應由土生香港人獨享。然而此時香港本土意識仍只見於精英階層，且與充滿精英偏見的階級認同混雜不清。

精英本土主義為普羅本土主義之先驅

精英本土主義雖只局限在精英階層，且混雜著具階級偏見的精英意識，不過我們若回顧各國國族主義之發展史，會發現國族主義思想的源頭，大都來自少數精英階層的命運共同體意識。被安德森（Benedict Anderson）譽為第一波國族主義運動的南美革命，發起人多為地主與奴隸主。一八一九年創建大哥倫比亞（Gran Colombia）的玻利維（Simon de Bolivar）本身來自委內瑞拉的貴族家庭，擁有大量奴隸及多座礦場。身為美國開國之父之一，並於一八〇八至一八〇九年任美國總統的傑佛遜，本身是維吉尼亞某莊園的奴隸主。

各地精英階層因地緣政治因素，共用著同一條上向社會流動的階梯，使用類似的口語，從同一批傳播媒介接收訊息，便容易產生大家均為同時、同地、面對同一命運、身為同一族群的集體想像。如果這種精英階層的想像，能透過傳媒、教育體系和普及文化滲透到基層，假以時日便會掀起國族主義的大浪潮（Anderson 1982）。

法清戰爭期間香港華人雖發生排外風潮，但由於戰事很快就離開在港華人的視線，令這些排外情緒迅速煙消雲散，未能發展為真正的中國國族主義。那麼在二十世紀初出現在精英階層的本土意識，最終會逐漸朝著香港國族主義的方向進化，還是會像一八八〇年代的排外情緒那樣灰飛煙滅？令情況更加複雜的是，清帝國在日清戰爭後開始中國國族主義思潮的大爆發（Zarrow 2012），各種不同版本的中國國族主義（Duara 1995），又會在香港這個在大陸以外、處大陸之旁的場地爭個你死我活。香港本土主義在二十世紀初的發展，著實耐人尋味。

第九章

中華鄰國萬歲：香港與中國國族主義

一八九四年，清帝國與日本為爭取朝鮮宗主權，爆發日清戰爭。清帝國引以為傲、吹噓為東亞最強海軍的北洋水師全軍覆沒，陸軍亦節節敗退，日軍得以向北京方面進攻。清廷只得於一八九五年四月十七日與日本簽訂《馬關條約》，除了承認日本對朝鮮的宗主權，亦喪失臺灣和澎湖這兩個屬土的主權。若非德、法、俄三國交涉，滿清龍興之地的遼東半島亦會遭割讓。這樣的戰果於清帝國激起議論：倘若連漢字文化圈邊陲的島國也打不贏，可能意味著千年來的東亞大陸帝國體系亦無以為繼。東亞大陸的知識階層，此後也只能效法西方和日本的國族主義，設法把東亞大陸的文明體系偽裝為國族國家（Pye 1990）。

事情並不隨《馬關條約》的簽訂而終結。西方列強見清廷勢弱，紛紛向清廷提出修約，他們怕清帝國會遭其中一方併吞，便在帝國內劃出猶如半殖民地的勢力範圍。一八九六年，俄國逼清廷簽訂《中俄密約》，將整個滿洲納入勢力範圍，俄國有權在滿洲修築鐵路，並可於鐵路沿線調度軍隊。次年，德國租借位於膠州灣畔的青島。法國則在一八九九年租借廣東西部的湛江。英國為制衡在旅順的俄國，以及在青島的德國，便在一八九八年租借於山東與旅順遙遙相對的威海衛，亦租借香港以北位於界限街與深圳河之間的土地，及附近的離島，並稱之為新界。不過，英軍次年與新界的大宗族打了六日激烈的戰爭

（Hase 2008），之後英國便決定將九龍山脈以北的新界以間接管治的方式，與香港其他地方分開管治，直到戰後發展新市鎮才逐漸結束新界分治的局面（Hayes 2006）。

這一連串事件，使清帝國的知識階層激起救亡意識，他們不得不面對清代中葉起困擾帝國的結構性問題，孔復禮（Philip A. Kuhn）將這些問題歸納為三大「根本性議程」(constitutional agenda)。首先，知識階層希望能擴大政治參與，並將這跟加強國家公權力及合法性的目標協調起來，亦希望以政治競爭促進公共利益。除此以外，在國家財政需求與地方社會發展之間作出平衡，亦是知識階層的重要考慮（Kuhn 2002）。

不同知識分子對這三個根本性議程有著不同的判斷，是以中國國族主義於一八九〇年代國難當前的興起過程，其實也是不同版本的國族主義之間的激烈競爭。不同派別對中國政治體系之構成、政治競爭的制度以及中央地方關係看法南轅北轍，各派之間互不相讓，文攻武鬥（Duara 1995）。香港位處大陸之旁，與廣東交往頻繁，免不了會受種種新思潮影響。而香港亦為中國之外，是個在言論上相對自由的中立場地，使香港成為中國國族主義各派系爭奪之戰場。因為香港是清廷力所不及的城邦，故此他們都在香港出版各式各樣的報刊書籍。香港與清帝國以及海外華社交往頻繁，既便利訊息傳播，亦有助各組織籌募經費。在不同版本的中國國族論述的拉扯之中，香港人漸漸發現自己不能服膺於取得最後勝利的國族論述，並因而肯定自己作為香港人的獨特身分。到一九二〇年代，精英本土主義步向成熟，並掌握著香港的傳媒和教育體系，令本土主義向基層迅速滲透。如此皆為戰後普羅香港國族意識的興起奠定基礎。

不過，在討論各種不同中國國族主義論述如何塑造香港本土意識前，我們暫且先把目光放在清帝國內部，以瞭解那些進擊香港的各種思潮是如何煉成的。

社會達爾文主義與立憲公民國族主義

自十九世紀中葉，清帝國朝野均開始討論國家現代化的問題，縱然這些討論引起保守人士教條主義式反彈，但自此追求國家富強就成為中國朝野的共同目標，直至今時今日（Schell and Delury 2013）。同治年間，清廷的洋務派就主張「師夷之長技以制夷」，而到一八九〇年代，東亞大陸知識階層把目光從西方科技擴展到西方社會思潮，當中又以翻譯家嚴復引入的社會達爾文主義影響至鉅。

嚴復出身於福建侯官縣的下層士紳家庭，但其父英年早逝，無法負擔書塾學費。他於一八六六年考進免學費的福州船政學堂，獲派進以英語授課的航海技術班。嚴復受英籍導師影響，一八八七年到於倫敦近郊格林威治的皇家海軍學院進修，並於兩年後畢業。赴英留學經歷使嚴復奉英式制度為帶領國家走向富強之典範，他認為英國成功之道，在於君主立憲制和自由主義政策。除了海軍的專門知識外，他亦博覽西方之文哲著作。可惜他返國後懷才不遇，屢試不第，鬱鬱不得志的嚴復一度染上吸食鴉片的惡習。日清戰爭後，嚴復放棄出仕，立心以引介西方思想為終身志業。

嚴復對史賓塞的社會達爾文主義最為推崇，著手翻譯其《群學肄言》（*The Study of Sociology*），將「物競天擇、適者生存」的概念應用在人類及社會群體之上：國家須鼓勵競爭，淘汰弱者，社會由強者組成，國家才會富強。嚴復認為中國之問題，源於戰國時期儒者對和諧的追求，使中國出現尊崇獨一皇權的超穩定結構。皇權既不容挑戰，道德教條亦壓抑個人對慾望的追求，如此不利於個人潛能的發揮，令中國成為獎勵弱者的社會，最終對西方的挑戰無力招架。

而英國的君王無至上權威，令人民有自由發揮的空間。個人之間為追求慾望而彼此競爭，令自由市場的無形之手能發揮作用。雖然這樣會增加國家的貧富差距，卻能令國家整體走向富強。根據這種社會達爾文主義的觀點，國際社會如叢林，國家就是掙扎求存的物種。中國必須放棄儒家穩定壓倒一切的倫理，引入西方著重競爭的作風，如此國家方能富強，方能立足於弱肉強食的國際社會。

透過翻譯赫胥黎的《天演論》（*Evolution and Ethics*），嚴復藉這篇演講辭中赫胥黎對人類歷史的描述，向中國讀者引介線性進化史觀。不過，赫胥黎本身反對社會達爾文主義，認為演化原則不適用於人類社會。嚴於是在書中加入一篇詳盡的導言，以史賓塞的理論「補充」赫胥黎的觀點。史賓塞本身只是用演化論詮釋社會現象，並無意向社會開藥方：史賓塞甚至覺得人為干預會破壞社會自然演化過程。嚴復選擇性地引用史賓塞的觀點，指出中國由於逾千年的反競爭傳統，故有必要動用國家體系由上而下地進行社會改造，使中國轉變為一個重視個人發揮的競爭型社會，扭轉千年來歷史的走向。

嚴復主張民主與自由，但他主要視之為促進社會競爭的工具，甚至還引用穆勒（John Stuart Mill）之功利主義（Utilitarianism）反對天賦人權的觀點。他認為中國人久受專制主義荼毒，既無民主自治能力，亦無法自力參與競爭，是以開頭須靠熟悉演化觀念的開明專制者進行由上而下的教化。政治改革要從引入地方議會開始，對國民進行民主教育，逼使其習慣參與公共事務。除此以外，還要有一個強而有力的集權國家，推行各種大刀闊斧的改革，比如廢除科舉、興辦西式學堂、開辦實業等。這種觀點近似列寧的先鋒黨理論，且對日後各派中國國族主義者影響深遠（Schwartz 1964）。未來幾十年中國政治理論之主題，都圍繞著該如何透過憲制和經濟改革，使中國能在弱肉強食的世界中生存。

各派人士的爭論焦點，一方面在於中國當實行的憲政安排，另一方面則在如何定義中國人。什麼是中國人？他們是所有清帝國的臣民，還是漢人，又抑或各省均屬於不同的國族？

第一批響應嚴復的中國國族主義者，為主張君主立憲的保皇派。一八九五年簽訂《馬關條約》後，在北京參加會試的舉人群情洶湧，來自廣東南海的舉人康有為與其門生梁啟超欲向清德宗上書，逾千位舉人參與聯署，並於都察院前集會請願。雖然當局拒絕把請願書呈給皇帝，但康梁二人於此役打響名堂，之後組織強學會並創辦《中外紀聞》，主張朝廷應變法自強。

康梁二人之立論與嚴復相近，雖則康有為是透過重新詮釋傳統經典以支持自己的見解。他根據《春秋公羊傳》，將歷史分為據亂世、升平世、太平世三個階段。康有為認為這是線性進化史觀，是要指出中國將要從專制演化為君主立憲的階段。康友為與嚴復一樣，將國際社會視為弱肉強食之林，中國若不變法則無以立足。他於《日本變政考》如是說：

> 有自大而小、自強而弱、自存而亡者，不可不察也。近者，萬國交通，爭雄競長，不能強則弱、不能大則小、不能存則亡。無中立之理。

康有為指西方之所以能日趨強大，乃源於五百年前人文思想之更新。亦因此中國必須參詳世界各國之經驗，不能再固步自封，這樣方有機會急起直追：

> 泰西自培根（Francis Bacon）變法，政藝之學日新而奧，閱今五百年，乃成治體。東方各國若捨而自讀，亦非閱五百年不能成。今但取資各國，十年可變。

他對日本明治維新的經驗特別推崇。康有為認為日本能急速現代化的關鍵，在於成功確立憲政程序，吸納各界精英人才進入政府。國家亦能由上而下移風易俗，以公權力推動全國上下向西方學習。他這樣總結日本的改革：

大誓群臣以定國是，立制度以議憲法，超擢草芳以備顧問，紆尊降貴以通下情，多派遊學以通新學，改朔易服以易人心。

雖然康有為主張變法，但仍然未有擺脫儒學的影響，並自視為儒家思想的改革者，相信儒家理想的君主能有促成天人合一的魅力。康有為希望能藉君主的權威推動改革，而自己則能擔當扶助明君的聖人，是以他一直的做法是設法向皇帝進言，期望會有明君採納其改革方案。

清德宗於一八九八年看到康有為的奏摺，深受打動，於六月十一日頒佈《明定國是詔》，圖推動政治改革，但如此卻觸動保守派神經，慈禧太后亦擔憂新政其實是企圖削弱其幕後影響力的陰謀。最終慈禧在九月十九日政變，清德宗被軟禁在中南海的瀛臺。慈禧太后退居幕後九年後，再度走到台前親政，並下懿旨搜捕維新派，包括康有為親弟康廣仁以及譚嗣同等六君子，並在九月廿八日遭押往菜市口問斬。康有為與梁啟超得到外國使節協助，流亡海外。他們於一八九九年創辦保皇會，於海外華社籌款，圖謀營救清德宗然後重啟變法。

梁啟超流亡日本後，開始接觸當地新思潮，逐漸脫離其老師的儒學思想。受到社會達爾文主義影響，梁強調世界各國弱肉強食的舞台，唯有民族國家能夠在競爭中得勝，這樣梁便成為首位提倡中國國族主義的知識分子。梁啟超認為中國人只顧及個人和家庭的「私」，缺乏「公」的公共觀念，如此中國社會缺乏公共倫理，難以團結成真正的民族，而這正是清帝國於國際戰爭中節節敗退的根本原因。梁啟超意識到西方國家的公共倫理源於基督教，但這卻是無法複製的，是以中國只能設法將其傳統家庭倫理擴充為公共倫理，使國民視國家如父母，愛國猶如孝敬父母。梁主張中國的國族建構，當以公民政治參與為基礎。清帝國原為多種族國家，若以血緣種族為民族建構之基礎，中國或有土崩瓦解之虞，是以梁啟超認為公民國族主義（civic nationalism）是較可取的進路。

雖然梁啟超主張以公民參與建構國族，可是他卻對政治平等與自由主義感到懷疑，認為中國人久受專制者壓制，已失去自理公共事務的能力。當後來革命派宣揚西方自由、平等的觀念時，梁啟超直斥他們無視中國的國粹，只能成事不足敗事有餘地損害既有社會倫理與秩序。對梁啟超來說，中國的問題不在於缺乏自由與平等，而在於社會上各個人均自行其是，無法為公益而團結一致。

梁啟超受日本右翼思想家加藤弘之影響，指出按照社會達爾文主義的觀點，確保國族國家的生存為國民首要任務。由於國民的生存有賴國族國家的存亡，國民因而必須順從國家的命令。而國家的存在，就必然代表政治上的不平等，因為掌管國家權力的，必然亦必須將其意欲加諸國民身上，國家亦不只是國民之總和，而是超越所有國民之實體，亦因此國家會有自身的意志。根據這種國家至上主義（statism）的觀點，梁啟超主張實行開明專制，以強制手段逼令國民為國族國家的利益犧牲，這樣國民才能夠在成為國家公民的基礎上，學會抱著公共精神參與公共事務。

國家對國民之絕對權力，卻是建基於憲政。國家作為法人，對國民有絕對權力，但國家官員作為自然人，卻與其他國民一樣同受國家管束。梁啟超認為國家的絕對權力並非集中在某位自然人，而與國民義務相伴隨的，是國民參與公共事務的權力。不過，梁啟超的公民參與觀卻是集體主義（collectivism）的：國民並非以自由個體的身分參政，而是以作為國族一分子的身分參政。群體的存活既是個人存活的先決條件，群體利益自然優於個人的利益和自由，也就是說，國民要犧牲自由以換取國家對社會秩序的保證。梁啟超認為至少在最初階段，中國的團結與秩序，比起中國人的自由和權利更加重要。而由於君主可以成為民族聚焦的標誌，君主立憲制比共和政治更為可取（Zarrow 2012）。

梁啟超被當代青年知識分子視為精神導師，他的著述亦使中國國族主義蔚為風潮。不過，由於他主張國家至上主義、集體主義和君主立憲制，使他備受接觸過自由主義與共和主義的學子抨擊。很快主張共和制度，並以種族國族主義（ethnic nationalism）掛帥的革命派便興起，成為有異於保皇派的國族主義運動。

共和革命與排滿種族主義

共和革命的首批參與者，多是受海洋文化影響的廣東人，有的曾在香港接受西方教育，有的是來自海外的華僑，有的是受同鄉排擠的基督徒，多非出身自士紳家庭，並選擇在香港這個在中國之外、處中國之旁的城邦開創其革命事業。

一八九二年，主張共和革命的人士在香港創辦輔仁文社，初期文社比較像討論中國政治的學會，而非嚴格意義上的革命組織。創會主席楊衢雲為聖保羅書院畢業生，曾在洋行擔任副經理，後來以教英文為生。與楊創辦文社的謝纘泰為澳洲華僑，是中央書院舊生，創會時於香港政府任文員，後來成為《南華早報》的買辦。輔仁文社之後能發展為革命組織，其中一個原因是他們招收了一名叫孫文的會員。孫文生於香山翠亨村，十餘歲時遷居至長兄孫眉於夏威夷的農場，但孫眉見孫文對基督教感興趣，一八八三年把他送返故鄉，但孫文與同鄉好友陸皓東隨即搗毀村裡的神像，只能避走香港。孫文先是於拔萃書室求學，並於香港公理堂受洗，次年轉到中央書院就讀。畢業後決心學習西方學問，一八八六年到廣州博濟醫院讀書，在那裡透過鄭士良介紹與三合會結緣。次年他入讀新開設的香港華人西醫書院，成為康德黎（James Cantlie）與何啟的學生，並結識陳少白、楊鶴齡和尤列。孫文常與陳、楊、尤三人倡議政治改革，時人譏為四大寇。

孫文在一八九二年畢業後，曾於澳門及廣州短暫行醫，但他早立心以政治為志業。一八九四年六月，孫文上書他素來景仰的李鴻章，建議進行西化改革，但李對他不瞅不睬，自此孫對君主立憲死心，成為共和革命提倡者。

孫文名義上是輔仁文社的新會員，但他早決定要把文社綁架為其個人的革命組織。他於一八九四年十一月廿四日在檀香山創辦興中會，並在次年於香港設置總部；實際上他是吞併了文社，並準備於廣州武裝起義。為保楊衢雲顏面，孫文讓他擔任興中會名義上的創會會長，卻由自己獨攬起義的指揮權。孫文的老師何啟並非興中會成員，但這位香港本土主義者覺得中國革命對香港華人有利，便擔任興中會的幕後軍師。

孫文領導的第一場起義卻只是一場完全缺乏計劃的鬧劇。一八九五年十月廿六日，孫文與其僱傭兵正於廣州等候原定由楊衢雲運送的軍火。孫文知道楊因事須延遲出貨，便解散部隊取消行動，但消息卻未能傳達到在香港的楊衢雲。這樣楊購置的軍火便在乏人接應的情況下抵達廣州，驚動廣東當局，陸皓東來不及撤退而遭拘捕，成為革命烈士第一人。

之後孫文流亡海外，並於一八九六年九月卅日抵達倫敦。他於十月十一日離奇失蹤，被關押在清廷駐英國大使館。孫收買使館僕役柯爾（George Cole），將消息傳給康德黎。康接訊後與友人孟生博士（Patrick Manson）向警方及外交部報案，但適逢當日為星期日，值班低級職員對此漠不關心，二人遂向《泰晤士報》（*Times*）披露此事，翌日收到風聲的《環球報》（*The Globe*）搶先報導此事，孫文被擄一案很快便成為英國各報章的頭條新聞。各報章記者及群眾包圍清廷大使館，而孫文亦於十月廿三日在眾人注視下獲釋，自此從嶺南寂寂無名的叛亂者，一躍而成媒體上的英雄。他善用新得的媒體形象，結交世界各地同情中國革命的朋友，並將自己包裝成中國革命的代表人物。當然在實際上，他只能得到海外的廣東人支持，並只能靠三合會及外國人的人力物力組織起義（Bergere 2000）。

日清戰爭後，不少江南士紳家庭的青年對明治維新甚為著迷，紛紛到日本留學。他們於日本接觸到西方共和革命思潮，將革命論述提升到另一層次。菲律賓於一八九六年爆發反對西班牙殖民統治的革命，不少革命領袖曾流亡到日本，與中國青年學生私交甚篤。到一八九八年，菲律賓人在美國的支持下，成功驅逐西班牙殖民者。心繫革命的青年學生甚為鼓舞，寄望能在中國重演一次反殖革命。問題是誰是中國的殖民者？

次年英國欲控制南非，便進攻由荷蘭裔白人建立的德蘭士瓦（Transvaal）及奧蘭治自由邦（Orange Free State）。兩地居民負隅頑抗，令當時如日中天的大英帝國陷於苦戰。英國用了四年時間，用上了包括開設集中營這類非常手段，死傷逾四萬人方能慘勝。而兩個白人國家均採用種族主義動員群眾，英軍的窘境正好說明種族主義的威力。在日本的中國學生的結論是：唯有建基於種族主義的反殖革命方能拯救中國人。若中國人是由種族定義，那中國人必然就是像江南士紳那樣的漢人，對中國實行殖民統治的，就是曾多次在江南屠殺漢人、滅掉漢人的明帝國而建立清帝國的滿族。而中國沉淪，未能抵抗西方帝國主義擴張，禍因是中國早已淪為滿族的殖民地，唯有排滿共和革命方能解決一切（Karl 2002）！

革命派受梁啟超啟發，同樣相信社會達爾文主義，但他們覺得世界是種族、民族競爭的舞台，那麼中國國族主義的目標，就是要令中國人成為具競爭力的高等民族，汪兆銘等人認為單一國族的國家，必然比多種族國家優越。國家若只有一個種族，就不會有異族統治的問題，其國民更容易享有自由和平等。革命派指出當時最成功的西方國家，都是單一族群國家：他們大概不知道除法國外，包括英國、美國和德國嚴格而言都是多族群、多宗教的國家。不論如何，革命派不齒滿族皇朝對中國的統治，覺得如此乃是讓原始的北方蠻族宰制東亞文明世界的歷史悲劇，唯有驅逐滿人，讓優秀的漢人成立單種族共和國，方能令中國重新擠進強國之林（Duara 1995）。

為提倡漢人至上的觀點，革命派重新詮釋明清之交的歷史。他們對王夫之、顧炎武、黃宗羲等明末名儒的學說推崇備至，認為他們正將儒家學說推向自由主義的方向，可惜他們的努力為滿人侵略所破壞。革命派歌頌明末名儒反對滿清的情操，並渲染滿人入關後對漢人的暴行：他們出版《揚州十日記》和《嘉定屠城記》等歷史故事，透過描述滿人進攻南明時的殘暴營造悲情。一九〇三年，曾留學日本的鄒容在上海結識來自浙江士紳家庭的章炳麟，合作出版盡情貶損滿人的《革命軍》。該書為清廷所查禁，卻因而洛陽紙貴。鄒容指出，爭取自由平等之革命，乃是因社會演化造成的天下大勢。他渴望中國能早日革命，亦相信中國最終必然會爆發革命：

> 聞之一六八八年英國之革命、一七七五年美國之革命、一八七〇年法國之革命，為世界應乎天而順乎人之革命，去腐敗而存良善之革命，由野蠻而進文明之革命，除奴隸而為主人之革命。犧牲個人，以利天下；犧牲貴族，以利平民，使人人享其平等自由之幸福。甚至風潮所播及，亦相與附流會匯，以同歸於洋。大怪物哉！革命也。大寶物哉！革命也。吾今日聞之，猶口流涎而心件件。

但當鄒容描述到清兵入關之歷史，其心情亦由激昂轉為沉重。他深信滿清對漢人的統治，正正就是當代中國一切苦難的源頭：

> 吾讀《揚州十日記》、《嘉定屠城記》，吾讀未盡，吾幾不知流涕之自出也。吾為言以告我同胞曰：揚州十日、嘉定三屠，是有豈當日賊滿人殘戮漢人一州一縣之代表哉？夫二書之記事，不過略舉一

二耳……吾人為言以告我同胞曰：賊滿人入關之時，被賊滿人屠殺者，是非我高曾祖之高曾祖乎？是非吾高曾祖之伯叔兄舅乎？被賊滿人姦淫者，是非吾高曾祖之高曾祖之妻、之女、之姊妹乎？

鄒容將所有漢人讀者描述為血脈相連之親族，指他們與滿人百年來有不共戴天之仇。滿人殖民漢人在先，之後又把漢人轉讓予西方人為奴隸，中國才會受到西方帝國主義之侵害：

> 嗚呼！我漢種，是豈飛揚祖國之漢種？是豈獨立亞細亞大陸上之漢種？是豈為偉大國民之漢種？嗚呼漢種！漢種雖眾，適足為他種人之奴隸；漢地更廣，適足供他種人之棲息。漢種，漢種！不過為滿洲人恭順忠義之臣民。漢種！漢種！又由滿洲人介紹為歐美各國人之奴隸。

根據這種觀點，中國當代的困局，在於滿人的異族統治。中國唯一的希望，在於政治上驅逐滿清，並在文化、風俗、學術上大舉革新。中國如此方有浴火重新的指望。正如章炳麟在《革命軍》的序言中云：

> 抑吾聞之：同族相代，謂之革命；異族攘竊，謂之滅亡；改制同族，謂之革命；驅除異族，謂之光復。今中國既已滅亡於逆胡，所當謀者光復民，非革命云爾。容之署斯名何哉？諒以其所規劃，不僅驅除異族而已。雖政教、學術、禮俗、材性，猶有當革命者焉，故大言之曰「革命」也。

《革命軍》很快便成為革命派的聖典。之後清廷針對由章士釗主編、章炳麟和鄒容有份撰稿的《蘇報》。由於該報社在上海公共租界，清廷只能令巡捕拘捕章炳麟和鄒容，無法把二人處死，亦要在西式法庭上審訊二人。最終二人褻瀆罪成，章炳麟獲判監三年，鄒容判囚兩年。一九〇五年四月三日，鄒容在獄中離奇死亡，使其成為革命派尊崇的殉道者。章炳麟於一九〇六年獲釋後，被送上往日本的輪船，之後與日本的革命派學生組織同盟會（Zarrow 2012）。

當時在日本的革命派多為青年留學生，擔心自己沒有足夠的號召力，故此邀請已有一定聲望，且已屆中年的孫文出任同盟會總理。革命派原本只讓孫文當名義上的領袖，但孫很快便重施當年綁架輔仁文社的故技，圖謀把同盟會據為己有。章炳麟則擔當同盟會機關刊物《民報》總編輯，宣揚共和排滿革命，並與梁啟超等人展開筆戰。保皇派與革命派互相競爭，促成中國國族主義風潮，並帶來了兩套互不相容的國族主義論述（Bergere 2000）（表9.1）。

地方主義與地方自決運動

除了保皇派和革命派提倡的兩套中國國族主義，清代末年地方主義興起，部分省份還出現要求前途自決的呼聲。這牽涉到朝廷中央與地方當局和士紳的角力，而保皇

表9.1——保皇派及革命派的中國國族主義論述

	保皇派	革命派
代表人物	• 梁啟超、康有為為首的保皇會	•《革命軍》作者鄒容，章大炎、孫文等人組織的同盟會
國民身分	• 中國國土上所有公民 • 願意為盡公民責任而犧牲個人自由權益者	• 承傳東亞文化之漢人 • 血緣上之漢人
國民價值	• 由傳統價值擴充而成的國粹主義 • 國家利益至上論 • 國民責任大於個人權益	• 自由主義、平等主義 • 部分人相信社會主義 • 漢人優越論
政治目標	• 團結國家以促進國家之競爭力，助國家與西方列強競爭	• 驅逐滿人，建立漢人民族國家 • 實踐自由、民主、平等

派與革命派均會嘗試和地方勢力結盟，令形勢糾纏不清。

根據革命派的漢人優越論，唯有漢人才是真正的中國人，由漢人統治的單種族國家方為真中國。但是漢人本身亦為混雜的群體。血緣上，漢族其實是中原多個種族的混合，這些種族間並無可辨的共同祖先（Yao et al. 2002）。廣東各族或有部分中原漢人父系基因，但母系基因有異於中原人士。東亞文化中諸子百家學說，各自受到春秋戰國期間諸國文化的影響（許倬雲，二〇〇九）。中國各省皆有其文化風格，而且口語不通。那麼我們要問：漢族真是一個民族？中國十八行省均應組成一個國家？就算堅持要統一，邦聯制、聯邦制都不是比單一制可取嗎？在十九世紀末，地方的權力比以往相對增加，地方士紳亦欲爭取地方自治的權利。如此又與住民自決的訴求，只有一步之遙。

地方掌握兵權和財權的情況，可追溯至乾隆末年與嘉慶年間。當時清帝國人口倍增，貧富懸殊，官場亦出現集團式貪污腐敗。如此中國民變四起，在華南沿岸有海上武裝集團割據，中原、四川和湖北亦爆發白蓮教民變，清軍不適應游擊戰，戰力亦因貪污腐化大為削弱，最終清廷要靠由地方士紳組織的團練，守衛農村據點實行堅壁清野，方能完全消滅白蓮教（Kuhn 1970）。鎮壓過後，英清戰爭又開打。廣東團練曾在廣州北郊三元里短暫擊退英軍，令廣東部分官員以為可以靠團練抵抗西方軍隊。主張對英國強硬的保守派官員徐廣縉於一八四八年上任兩廣總督後，便煽動團練向西方人示威，之後以民憤為藉口，拒絕按《南京條約》承諾開放廣州城（Wakeman 1966）。

地方團練這樣便在一八四〇年代末急速擴展。多條鄉村的民兵組成團社，多個團社組成大團，互相協防，並由有名望的地方士紳領導。之後清帝國內部爆發太平天國戰爭，對外又要與英法聯軍對戰，令清廷幾乎亡國。當時正於湖南守孝的曾國藩為對付太平軍，便參考公元十六世紀時戚繼光對付海上武裝組織的經驗，將團練改組為湘軍。湘軍運作上近似曾國藩的私人武裝，組織完全靠下屬對上級個人忠誠維繫。將領動用與下屬的私交進行招募和管理，倘若他不幸戰死沙場，其統領的部隊亦自動解散。之後曾的門生李鴻章以同樣方式組織淮軍，如此令地方士紳組織民兵成為一時風尚。為了支持這些地方武裝對太平軍的戰事，地方當局開始徵收厘金，授權地方士紳於交通要道設置收厘金的稅關，這樣地方士紳便開始掌握地方的兵權與財權（Kuhn 1970）。

之後同治年間展開的洋務運動，並非由朝廷中央規劃的現代化運動，而是由洋務派地方官員在其轄區推展的小型改革之集合。地方官員運用地方資源，聘請地方人士為幕僚，甚至直接與西方人打交道，這樣雖然當時文官有迴避本籍制度，地方官仍然能夠透過轄區士紳協力發展為地方勢力。在十九世紀最後幾年，義和團以神秘主義蠱惑人心，以「扶清滅洋」為口號於華北糾眾生事。清廷竟認為可借用暴民的民氣對抗西方，便勾結拳匪暴力攻擊在華北的西方人，甚至於六月廿一日向列強宣戰。但地方勢力希望維持與西方的友好關係，背著朝廷向西方各國求和。他們直指朝廷宣戰詔書為拳匪矯詔，拒絕執行攻擊西方人的命令。有湘軍背景的兩江總督劉坤一、閩浙總督許應騤和郵政大臣盛宣懷，有淮軍背景的兩廣總督李鴻章和山東巡撫袁世凱，以及湖廣總督張之洞與西方各國駐上海領事簽訂《東南互保章程》，協議保護東南各省的西方人及其利益。此時東南各省抗拒執行朝廷不合理的外交政策，自行與西方國家簽訂條約補救，使這些省份實際上成為脫離中央控制的自治政體（胡春惠，一九八三）。

如前章所述，廣東人素來有獨特的身分認同，亦是較早受現代化洗禮的地區，此時漸漸出現分離主義訴求。他們不希望日常生活受到遭拳匪迷惑的中國朝廷侵害，廣東的士紳亦向李鴻章建議割據兩廣獨立建國，穿梭港粵兩地的商人尋求香港政府的協助，香港政府亦有意推動，藉此擴張英國在兩廣的利益。與此同時，革命派亦打算趁清廷勢弱，於嶺南設立根據地。一九〇〇年六月初，李鴻章透過幕僚的廣東士紳劉學詢與孫文接洽，希望邀請孫到廣州商量合作事宜。但此時清廷已知道其愚不可及的政策將留下爛攤子，亟需李鴻章收拾殘局，便在月中發電報邀請李上京述職。李鴻章此時三心兩意，未能下決心建國。孫文於六月十七日晚抵達香港，派宮崎滔天等日本友人與劉學詢談判，但沒有成果。次日孫文即啟程，經河內前往新加坡。

香港政府希望李鴻章能留在兩廣建國，決心盡力阻止李北上京城。六月廿日，署任港督的加士居少將（William Julius Gascoigne）電報殖民地部，要求倫敦准許港府介入李鴻章的行程，但到廿二日英國首相梳士巴利侯爵（Lord Salisbury）下令禁止香港政府介入。之後港督卜力（Arthur Blake）結束行程，於七月二日返港後，即透過何啟接觸興中會，並繼續向倫敦遊說。李鴻章於七月八日再次接到清廷的電報，便決定放棄兩廣獨立的鴻圖大計，上京述職，之後李決定經香港由海路上京，即當面向香港政府表態（Chan Lau 1990，Chung 1998）。但卜力此時仍未放棄，亦得知孫文正從新加坡啟程到香港，便向倫敦發出一份緊急電報：

> 李鴻章曾向美國海軍上將請求帶他北上……我向這位美國海軍上將表示，女皇陛下的政府認為李鴻章現時應該留在廣州……美國海軍上將決定暫緩其行動。（讓）李鴻章留在南方是極其重要的。
>
> （Chung 1998）

此時與何啟同為立法局華人議員的韋玉與卜力會面，請求政府當不惜以武力挽留李鴻章，阻止他重投清帝國懷抱，但英國外相約瑟．張伯倫（Joseph Chamberlain）再三下令，禁止卜力採取任何行動，李鴻章便順利經上海抵達北京。

李鴻章離開後，孫文才抵達香港，他不欲空手而回，便向卜力請求協助興中會在廣東東部的起義。

當時康有為亦打算趁亂鼓勵湖廣總督張之洞，割據湖北、湖南，反對由慈禧太后把持的朝廷，興中會亦有暗中襄助。但張伯倫嚴令卜力要壓制孫文與康有為在香港的活動，而張之洞亦像李鴻章那樣決定效忠朝廷，保皇派與革命派隨即因合作問題而反目。興中會之後自行於十月六日聯同三合會在惠州起義，鄭士良苦撐了一個月，最終還是失敗收場（Chan Lau 1990，Chung 1998）。

保皇派和革命派雖然都是中國國族主義者，但兩黨均有成員傾向地方分離主義。部分原因是他們在建構國族論述時，或會提出較尊重地方自主的中央地方關係論。比如康有為便借用顧炎武和黃宗羲的觀點，指出孔子當年主張封建制度、反對中央集權制度，故此當以地方士紳為諸侯恢復封建，阻止中央派任的外來官僚魚肉本地人。這除了是出於復古情懷，康有為還覺得地方士紳可轉化為現代公民社會，讓權予士紳、讓士紳教化民眾，可以實踐還政於民，開放讓士紳議政，推廣西方政治思想，從而建立地方的公共領域（public sphere）。革命派的章炳麟同樣基於儒家封建觀念，主張恢復類似唐代的藩鎮制度，讓地方執掌兵權。章相信下放兵權能夠促進國防，因為他覺得只有來自地方本土的士兵，方會為當地賣力戰鬥（Duara 1995）。

由於廣東至明代中葉才完全漢化，亦有著與其他各省顯然有別的粵語文化，如此令自立自治的意識份外強烈。康有為的學生歐榘甲於一九〇二年撰《新廣東》，有力地指出廣東有異於各省的獨特之處：

> 然廣東地勢有獨立性質，異於他省者。一則北部諸省，或共黃河之流域；中部諸省，或共揚子江之流域；而廣東則特受珠江之流域。二則各省或為水陸交通之勢、或為背山面海之形，其間風氣皆可以相通。而廣東則背橫長嶺萬餘里焉，與中原聲氣邈絕，其語言風俗，往往不同。三則外國文明輸入中國者，以廣東為始，東西兩洋輪船所必經，海外萬島皆其種族所流寓，即謂之廣東殖民地，

> 亦非過也。四則廣東港口紛歧，與海外交通之便利，萬物皆可運入，無能留阻。不獨南部諸省所獨，則北、中兩部諸省亦所不能。此地勢之別於各省也。（歐榘甲，一九八一）

既然廣東於地緣、風俗上，皆有異於清帝國諸省，那麼視廣東人為獨特之國族，主張廣東獨立建國，就是至為合情合理的選擇。而這亦是歐榘甲的看法：

> 廣東者，廣東人之廣東也！非他人之廣東也！廣東為廣東人之廣東，非他人之廣東，是廣東人者，為廣東之地主矣。廣東人實為廣東地主，則廣東之政權、財權、兵權、教育權、警察權、鐵路礦山權、土地所有權、森林權、海權，莫不宜自操而自理之。（歐榘甲，一九八一）

而廣東建國根據歐榘甲的看法，對於東亞文明體系亦利大於弊。按照社會達爾文主義觀點，社會之所以能進步，全賴國際競爭所推動。小國比大國更易團結，亦因而更易於國際競爭上取勝，若東亞文明體系是由小國組成，對整個體系的進步比強行統一為佳。他日眾小國在成功推行現代化後，便可組成邦聯，促成東亞文明體系的終極重生：

> 此注意者，有四者焉：一因人心視其生省份之親切，易於鼓舞。二因專力一省，易為措置。三因一省自立，各省得以感動奇起，不致如泛言中國，各存觀望而無實志。四因一省自立即中國自立，人人視其省為中國之土地而圖自立。則視此中國，自為切實；將來聯合，亦自容易。（歐榘甲，一九八一）

不過，同為康有為的學生，梁啟超不同意老師的恢復封建論，更反對歐槳甲對地方自治的追求。他堅持中國要以大一統的姿態參與國際競爭，方有望成為強國。梁啟超指出封建制度是最早出現，亦因此是至為落後的制度，只能是壓逼與腐敗的源頭。中國的歷史演化，亦是從封建、分裂走向大一統中央集權的進程。根據線性進步史觀，中央必須建立由上而下改造社會的威權。地方士紳是統一的障礙，是中國國族主義的批判對象，決不會是國族主義的推動者。這種以大一統國家機器鏟平地方利益的想像，在保皇派及革命派中均大有市場。不過，一般而言，他們自覺有能力統一，就支持中央集權，處弱勢則主張地方自治（Duara 1995）。

八國聯軍平定義和團騷亂後，清廷仍能在西方各國默許下苟延殘喘，但現代化改革已是刻不容緩。清廷在一九〇〇年的憲政改革，卻矛盾地同時推行地方自治與中央集權。一九〇七年，清帝國於各省設立諮議局，並於次年制定省諮議局章程。諮議局由間接選舉產生，有一定財產的民眾可選舉選舉人，再由選舉人推選議員，是以當選者多為地方有名望的士紳。雖然諮議局在憲制上只是諮詢機構，卻已給予士紳前所未有的法定權力。議員在諮議局內的言論免受刑責，而未得議會同意官府亦不能隨意逮捕議員，此外議員還能動議要求總督和巡撫修正政策。諮議局中的士紳得選舉授權，多藉此向朝廷爭取權利；而地方官員亦常透過諮議局之手向朝廷施壓，從而令地方政治更難以讓中央政權掌握。

朝廷也許意識到即將來臨的分裂危機，便同時間收回總督和巡撫的權力。朝廷不再容許各省自練新軍，將新軍交由皇族管理的軍諮處指揮，並編組禁衛軍，以收回地方兵權。到一九〇六年，朝廷把戶部改為度支部，並頒佈《清理財政明定辦法六項》，禁止各省籌措外債，所有債務均要由度支部管理。各省財政及銀號均由度支部監管，省的開支要向中央報銷，亦廢除由地方士紳徵收的厘金。如此又削弱地方財政。而各省的現代化建設，亦歸中央管理。如警政和教育歸民政部管，地方實業由農工商部管，路政歸郵傳部管等。

此時督撫聯同諮議局反抗朝廷中央集權的新政，中央與地方的對抗日趨白熱化。一九一〇年，東三省總督錫良與湖廣總督瑞澄發起聯署，要求行責任內閣，速開國會。而到一九一一年，朝廷欲將鐵路國有化，觸發參與投資的四川、兩湖和廣東士紳的反抗，此事更觸發令清廷滅亡的辛亥革命（胡春惠，一九八三）。

保皇派與革命派在香港的角力

香港因其地理優勢，亦是清廷力所不及的地方，使其成為保皇革命兩派爭奪的戰略據點。在一九〇〇年代，兩黨為發展勢力，各自在香港發起大型社會運動，使中國國族主義風潮波及香港。

穿梭港粵兩地的香港華商與廣東士紳有共同利益，政治取態較保守，傾向支持保皇派。支持革命派的，多為受過西方教育的專業階層。在二十世紀初，美國和澳洲均出現排華風潮，不少四邑籍華僑移居到香港發展。他們接觸過西方思想，又多基督徒，亦因而多支持革命派。李紀堂、李煜堂和楊西巖等四邑商人於一九〇九年創立香港四邑商工總會，為最高調支持革命的香港社團，在港革命派勢力亦因而被稱為四邑派。何啟等具本土意識的華人精英，亦因相信中國若成為共和國，對香港人於中國的發展有利，從而站在革命派一方。不過，在香港的保皇派和革命派雖立場不同，卻大多希望廣東能得到更多地方自治權。他們投身中國政治，與其說是出於國族情懷，倒不如說是為了爭取香港以及廣東的政治空間（Chung 1998）。

美國自十九世紀末即推出一連串歧視華人的法案，以革命派為主的中國民族主義者趁機煽動反美情緒，藉此指出朝廷的軟弱無能。一九〇二年十月十一日，馮夏威於波士頓無故被捕，警方事前並無申請拘捕令。馮視自己為種族歧視的受害者，回到中國後即撰書描述其受辱經過，之後更於一九〇五年七月十六日於美國駐上海領事館前自殺抗議。中國在革命派煽動下爆發反美風潮，而香港民間亦出現罷買美國貨的訴求。香港華商階層意見分歧，大部分商人均不欲生事，但與美國華人社區關係密切的金山莊卻支持罷貨。從事製造業的商人更樂於趁機打擊進口貨。華商公會一方面左右為難，另一方面亦受制於香港法律，事件中只能擔當被動角色。到八月十四日公會見群情洶湧，才致函香港政府，要求政府准許召開集會討論事件。

保皇派與革命派的報章爭相報導杯葛美國的消息，以期將輿論誘導往有利方向。保皇派的《時報》和《香江日報》，與革命派的《中國日報》、《廣東日報》和《有所謂報》之間競爭激烈，亦炒熱杯葛美貨的議題。革命派在與美國華社關係密切的四邑人的支持下，輿論上略佔上風。當時香港售賣的美國貨，以煤油、布匹和麵粉最為大宗。不少餅店紛紛登廣告聲稱自己拒用美貨，澳洲麵粉的銷量激增，部分麵粉商只得將美國麵粉魚目混珠地包裝為澳洲貨。香港的華商亦出產本土製成品，以「民族企業」之名義招攬生意，這包括了廣生行的化妝品，以及南洋煙草公司的香煙。

但罷買美貨的運動終究傷害四邑派商人的利益。即使是本土「民族企業」，亦須從美國進口原材料和機器。他們希望風波盡快平息，便提出「文明抵制」和「文明排外」的口號，並將激進強硬派貶損為「野蠻排外」的「下流社會」。

一九〇五年九月一日，時任美國戰爭部長塔夫脫（William Howard Taft）與總統老羅斯福的女兒愛麗斯（Alice Roosevelt）率領一批參議員訪問香港，並就排華法案的問題與何啟、韋玉、劉鑄伯等華人領袖在港督彌敦（Matthew Nathan）見證下，於九月五日展開談判。此時華人領袖已不再堅持美國廢除歧視華人的法案，只望藉著罷買運動的壓力，向美國爭取華商的商業利益（Tsai 1993）。一九〇五年底，李煜堂與楊西巖組織反美拒約會，繼續與美國商人談判，但態度已完全軟化。由何啟起草的請願書，亦只軟弱無力地要求美國善待華僑，並無再就排華法案作出交涉。此時罷買美貨已經聲勢大減，不久後即自然消散。但部分革命派不滿親商的領導草草退場，使在港革命派組織出現內部鬥爭（蔡榮芳，二〇〇一）。

杯葛運動期間任同盟會香港分會會長的陳少白，與華商階層有私交，立場亦較右傾，但他在《中國日報》的舊同工鄭貫公卻著重動員華人基層，他於離開《中國日報》後創辦通俗路線的《有所謂報》，並採用混雜文言、白話和粵語的三及第文體。他們對杯葛運動的分歧，促使兩人決裂。陳少白為與美商談判代表之一，主張見好就收，鄭貫公卻堅持要美國廢除所有排華法案，指責陳少白未諮詢民眾即獨斷獨行，為商界朋友的利益出賣運動。次年《中國日報》因批評鐵路國有化而遭廣東當局禁止發行，亦輸掉與康有為女兒康同璧的誹謗官司。外有《中國日報》的經營困難，對內又要面對鄭貫公的攻擊，令陳少白意興闌珊，決定淡出革命活動。

馮自由之後接替陳少白的職位，並改行拉攏香港基層華人的路線，比如說會運用通俗戲劇爭取基層民眾注意（Chan Lau 1990）。在香港的革命派亦開始介入香港華人勞工運動。早期香港勞工多為契約勞工，流動性高，無法組成穩固的勞工組織，雖然仍然能偶爾發起集體行動，卻無法與資方長期抗爭（Chan 1991）。

在十九世紀末，香港開始發展工業，才出現於香港長期居留的華人勞工。在一八八〇年代，太古洋行於鰂魚涌開設香港第一個大型工業區，一八八四年在糖廠街設立太古糖廠，到一九〇六年又在今日太古城一帶開設船塢。太古洋行於區內興建員工宿舍，讓工人與家屬同住，鰂魚涌自此發展為人口數千的華人勞工社區（鄭敏華編，二〇一四）。

同一間工廠的工人於鄰近的社區長期聚居，為勞工組織產生的理想環境。曾任職機械工人的同盟會會員馬俊超自一九〇六年起，即積極聯繫太古船塢的機械工人（Chan 1975）。一九〇八年太古船塢接連發生了兩宗勞資糾紛。同年十一月，打磨工人黃桂鴻遭西方人管工誣告，指其盜竊公司財物而將其革職。工人於革命派協助下集體替黃聘請律師，向資方上訴。不久之後，船塢有華人勞工遭西方人管工虐打，機械工人得知後群情洶湧，威脅要展開罷工。最終資方對受虐員工作出補償，船塢的總工程師亦親自向勞工們道歉（Chan 1991）。

太古船塢的勞工在這次成功的抗爭中，體驗到團結的力量。他們在革命派的組織下，以聯誼的名義聚集議事，並於一九〇九年七月廿四日成立中國研機書塾。書塾名義上為交流機械技術的學校，但實際上亦暗中擔當工會的角色。一九一〇年，書塾更名為中國機器研究總會，為當時香港規模最大的勞工組織。透過支援香港本土勞工運動，在香港的革命派得以接觸新興的華人勞工階層，亦能透過勞工組織動員基層支持中國革命（Chow 1985）。

當在港革命派連繫上華人勞工運動時，保皇派亦部署對革命派的反撲。日本明治維新的經濟發展，令廣東面臨強大的競爭。日本出產的生絲、紡織品和陶瓷，以及其屬地臺灣出產的茶葉和蔗糖，質量均比中國的優勝。廣東的糖業和製造業受到的打擊尤其嚴重。日本輪船航線遍及中國及南洋各港口，這些航線大多繞過香港，損害香港的轉口貿易。保皇派打算利用日漸滋生的反日情緒，攻擊與日本政府較友善的革命派。

一九〇八年二月五日，日本商船二辰丸於澳門附近被廣東當局截查，官差發現該船走私軍火，便將之押往黃埔扣留，並扯下船上的日本國旗。日本當局指事發時二辰丸位於葡萄牙水域，而扯下日本國旗侮辱日本國格，反倒要求清廷賠償和道歉。清廷提出將事件交由國際社會仲裁，但日本堅決拒絕。日本惡人先告狀的做法，激起香港華人民眾的反日情緒。

廣東的保皇派團體粵商自治會趁機發起杯葛日貨運動，縱使香港政府禁止公眾集會，但香港的華商很快便響應杯葛。南北行公所在四月六日決議參與杯葛行動，代表金山莊的華安公所亦很快加入。各商會對違規販售日本產品的會員收取罰款，甚至成立敢死隊以暴力阻嚇不順從的商人。香港及廣東商人趁機促銷本土製品，比如先施公司的馬應彪成立商務研究社，以「利民興國」的口號推廣港中兩地的產品。而在三年前被杯葛的美國商品，此時諷刺地以愛國名義推銷，賺取善忘群眾的金錢（蔡榮芳，二〇〇一）。

港粵兩地對日本貨的需求，遠不如其對美國機器及原材料的依賴。除了海產商人外，大部分商人都能安心地全面罷買日貨。香港與廣東的保皇派均積極動員民眾。在香港發行的《商報》的徐勤和伍憲仔皆為保皇派黨員，他們於事件中高調發表反日言論，而在廣東起事的江孔殷，則是康有為和梁啟超的私交。如此皆令這次反日風潮的聲勢比一九〇五年的杯葛美貨運動更為浩大。然而，在香港的革命派卻集體失語，除了少數像馬應彪一類的商人積極響應，大部分革命派均不顧民情反對罷買日貨。當時日本政府透過右翼分子內田良平與孫文的交情，拉攏革命派的支持，而同盟會亦是二辰丸上軍火的潛在買家，馮自由、溫子純和林瓜五於二辰丸遭扣押前，亦曾密謀購買或劫取船上的軍火，事實上日本亦是同盟會武器的主要來源。這樣革命派於事件中就一直替日本護短，只能軟弱無力勸喻民眾專心排滿，莫為反日而分心。

杯葛運動使在港海產商人瀕臨破產，到十月有七間商行違反商會決議，與日本駐港副領事合謀以賄賂和偷運等手段復售日本海產，以迎接從秋天到農曆新年的傳統銷售旺季。廣州七十二行公會和香港《商報》齊聲譴責，而在港反日群眾則以暴力招呼相關商行的員工。昌盛行店員趙洪遭暴徒割去耳朵，而在此之後發行的《實報》涼薄地撰文嘲笑。海產商人需要尋求警方保護，不敢再偷買日貨。

但市面之後流出傳言，聲稱西營盤有貨倉偷偷混入幾千箱日本貨。廣州的粵商自治會旗下的國恥會，則派員南下香港鬧事。他們趁十一月一日為星期日，香港警力不足時生事，上午九時半到上環高陞街搶掠。警方拘捕廿二名滋事分子，但暴亂持續擴散。晚上暴徒攻擊西營盤的柏青哥店，到八時襲擊上環萬華里，最終發展成中西區暴亂。次日警方要在上環開槍鎮暴，槍殺約四至五名滋事分子。最後英軍須於下午三時出動平亂，凌晨前才平息，事件中共有十九人被捕。

在港國恥會會員，以及包括《商報》徐勤和伍憲仔等保皇派成員，被法院判驅逐出境。伍憲仔一直在逃，繼續撰寫反日文宣，直到十二月一日被捕為止。在四日提堂時，有逾百人聲援，法院只得撤銷控罪當庭釋放。到一九〇九年一月九日，法院再撤銷四名粵商自治會會員的驅逐令（Chan Lau 1990）。

二辰丸事件最終因國恥會發起暴動，引起香港政府的鎮壓而暫告一段落。雖然法院將多位在港保皇派領袖驅逐出境，但很快便因群眾壓力而撤回禁令。是以保皇派為事件的贏家。革命派因種種關係而集體失語，只能一直捱打，不過同一時間革命派從親商路線，改走基層路線，並開始與勞工運動串連。雖遇一時之挫折，但革命派在香港還是奠定了根基。

隨著保皇派和革命派的鬥爭越演越烈，香港的華人精英不免會陷入兩黨之角力。然而隨著中國政局劇變，此時在香港為保皇或革命而競爭的華人精英，很快便會一同失意中國、敗走香港。在下一章，我們亦會看到這群敗走香港的精英如何產生命運共同體意識。他們創辦的傳媒，以及得到他們資助去講學的前清遺老，既是精英本土意識的表現，亦是普羅本土意識的基礎。

第十章 同途異路：港粵風雲下的本土意識

二十世紀初，革命派發起多次武裝起義，惟屢戰屢敗。一九一一年四月廿七日，同盟會於廣州發起大規模武裝起義，但像之前歷次起義一樣，革命派計劃不周，內部協助不足，而朝廷的防衛亦比想像中更森嚴。同盟會慘敗，八十六位成員壯烈犧牲，遺體後來葬於廣州東郊黃花崗，被後人尊為黃花崗七十二烈士。革命派喪失大批精銳，經費亦捉襟見肘，士氣極為低落，但他們不知道清帝國的國祚只剩下七個月的時間（Bergere 2000）。

最後令清帝國覆亡的，不是革命派的努力，而是於地方勢力日益壯大的士紳與商人。二十世紀初，清帝國大舉擴展鐵路網路，為籌募資金而在民間集股，地方紳商為最主要的投資者之一。但清廷還是未能籌得所有資金，唯有向西方各國借款，因而需要以鐵路作為抵押。清廷於是於五月九日推出鐵路國有化政策，收回粵漢鐵路與川漢鐵路的路權。此舉損害投資者利益，紳商亦思疑事件涉及舞弊。

於八月至九月，在保皇會的支持下，四川紳商發起保路運動，朝廷決定血腥鎮壓，騷亂卻持續不止。到九月底，朝廷需要從湖北調動軍隊鎮壓。這樣又令湖北防務空虛，革命派便打算趁機動員潛伏在軍隊中的同志起義。十月九日，革命派成員孫武於漢口俄羅斯租界調製炸藥時，不慎引起爆炸，令革命派計劃提早曝光。軍隊中的革命派人士遂決定提早行動，於十日晚進攻武昌湖廣總督府，總督瑞澂倉皇逃命，起義軍之後推舉黎元洪為湖北都督。武昌起義的成功，於清帝國掀起連鎖反應，各省的地方精英均趁勢雄踞一方獨立。清廷於一個月內，即只剩下華北半壁江山。

辛亥革命與躁動的香港

當武昌起義的消息傳到香港，華人民眾想起官府對其故鄉親屬之敲詐，紛紛上街一吐多年來的冤屈氣。他們剪去代表滿人壓制的辮子，並拿起利剪強逼仍然留辮的市民剪辮。群眾在革命派煽動下，衝擊保皇會的喉舌《商報》，並在中國銀行等官營企業門外集會，要求除下代表清帝國的黃龍旗。十一月六日，市面流傳革命軍攻陷北京的謠言，親革命派的民眾陷入瘋狂，於街上通宵達旦地燒了兩天爆竹。

革命浪潮很快便席捲廣東。十月廿五日，駐廣州清廷將領鳳山遇襲，被炸至粉身碎骨，其部下水師提督李準於十月三日逃亡香港，之後轉投革命派。廣東形勢急轉直下，連駐廣東滿人軍官亦勸兩廣總督張鳴岐投降保平安。十一月九日凌晨，張鳴岐逃至沙面英租界，向英國駐廣州領事占武臣（J.W. Jamieson）求助。日出後他登上皇家海軍驅逐艦流亡香港，而廣東亦於中午宣佈獨立。同盟會胡漢民於次日經香港抵達廣州，擔任廣東都督。

新成立的廣州政府實際上為雄踞廣東的地方政權，財政上可謂從零開始。以楊西巖為首的四邑派商人發起募捐運動，海員在蘇兆徵領導下捐出薪金，而與同盟會關係密切的機械工人亦發起籌款運動。部分商人亦趁香港華人民族情緒高漲推銷中國物產。對革命素有保留的華商階層亦未能免俗，華商公會與東華醫院均為湖北內戰難民募捐。

受中國國族主義影響的香港華人開始滋生排外情緒。香港警察常被華人襲擊，部分地方甚至爆發反政府暴動，有暴徒高呼「香港回歸中國」的口號挑釁政府。與革命派有連繫的工人階級亦發起工業行動。十月廿日，《南華早報》有華人員工聲稱遭西方人上司毆打，印刷工人與排版員隨即發起罷工。之後《士蔑西報》（*Hong Kong Telegraph*）的華人員工加入聲援，工潮要到十二月十二日方告平息（蔡榮芳，二〇〇一）。

不過若果說當年的香港人都是狂熱的中國國族主義者，那恐怕是對歷史的過度詮釋。香港人當年為革命成功狂歡，很可能是因為他們憤恨清廷將鐵路國有化累他們投資失利，並將以往在清帝國面對貪官污吏、苛捐雜稅的怨氣投射其中。雖然的確有部分香港人受中國國族主義思潮影響，但大部分人對國族主義仍然未有什麼概念。遊走港粵兩地的精英階層於晚清改革時，初嘗政治參與的滋味，一直渴望能對公共事務有更大的影響力（Chung 1998）。對於他們來說，辛亥革命是一個讓他們主導實踐廣東獨立自治的機遇。就如於革命後擔任廣東民團總長的劉永福，就在安民公告中如是說：

> 夫吾粵，東接閩，西連桂，北枕五嶺，南濱大洋，風俗言語嗜好與中原異，固天然獨立國也。秦之趙陀，隋之馮盎、鄧文進，元之何真，接乘變亂時代，崛起一方，安輯人民，鞏衛疆圉。今兵力雄厚，獨立之局告成矣……廣東省，廣東人之廣東，斯言聞之熟矣（羅香林編，一九六九）。

清廷為平息革命，唯有邀請於軍隊具威望的袁世凱出任內閣總理大臣，袁卻趁機逼宮，並與革命派講和。中華民國於一九一二年元旦正式立國，袁亦於二月十五日按協議獲參議院委任為臨時大總統。香港基層華人大為鼓舞，洗衣工人、床褥工與油漆工人等均相繼發起罷工。華人趁革命成功之勢，發起爭取本土勞工權益的抗爭，卻令香港政府的英國人草木皆兵。曾任警務處長的梅含里（Francis Henry May）於一九一二年遭李漢雄開槍襲擊，幸而未有擊中。事後發現李漢雄行事動機純粹基於其父親與警隊的私人恩怨，與政治無關，香港政府亦將李釋放，以示寬大。但事件令政府上下神經更為繃緊。

雖然民國已正式成立，但廣州政府仍未能恢復廣東管治。未能有效徵稅的廣州政府，唯有在缺乏擔保的情況下，發行兩千兩百萬元鈔票，令廣東貨幣急速貶值三至四成。李煜堂為首的四邑派透過商會向香港華商施壓，強逼他們按舊幣值使用粵幣，而在港革命派亦圖替廣州政府發售愛國獎券，惟被港府下令禁止。為免廣東財政危機波及香港，政府在十月於憲報刊登聲明，提醒港人在香港只能採用法定貨幣交易，使用其他貨幣為違法行為。到十一月，電車公司按照憲報上的規定，禁止乘客以粵幣支付車費。

電車公司此舉無異於對排外風潮火上加油。而更重要的是當時華人勞工之僱主多以粵幣發薪，禁用粵幣勢必增加其日常開支。十一月廿二日起，市面多處張貼呼籲罷搭電車的大字報，到廿四日逾千名群眾佔據筲箕灣電車總站高呼口號。電車的乘客數量隨即大減，沿線群眾甚至襲擊僅有的乘客，並與前來制止的警察衝撞。最終政府須調派英軍在電車上擔任糾察。

香港政府在十二月十五日於立法局緊急通過《防止抵制條例》，授權政府向較多市民響應罷搭的社區徵收特別稅，以彌補電車公司的損失。電車公司於廿一至廿三日推行免費試搭，同時託何啟與韋玉等人向華人民眾遊說，但試搭期結束後，客量即回復低迷，政府終於在次年一月，向華人威脅將按法定權力徵收新稅。東華醫院於一月八日召開緊急大會，會後各商號均改以月票方式資助員工交通費，如此工人便不會因粵幣貶值而受損。自此電車的客量漸漸恢復正常。罷搭運動固然有民族情緒因素，但工人最關心的，似乎還是日常生活的煩惱。

辛亥革命帶來的中國國族主義風潮，終究未能持久，香港人對革命的企盼很快就煙消雲散。革命派奪得廣州政權後，即沉迷內鬥，比如胡漢民就與部下陳炯明一直不和。部分地區的內鬥演變為暴力清算，比如曾參加黃花崗起義的陳藝生和許雪秋，以及前《中國日報》編輯黃世仲均慘遭同志毒手（蔡榮芳，二

○○一）。

而革命期間，革命派曾動員民兵抗清，但民兵中多三合會成員和流氓，部隊遣散後，他們即成為廣東流民，多靠開賭、經營淫業和販賣鴉片為生，大壞廣東治安（Chan Lau 1990）。與此同時，廣州政府亦對支持者派發政治酬勞，使政治貪污腐化。香港四邑派透過借貸予廣州政府，賺取優厚利益。他們幫廣州政府籌款時，亦常中飽私囊。比如李煜堂，辛亥革命前其金山莊瀕臨倒閉，但到一九二〇年代卻躍升為香港「保險大王」，顯示李在革命派執政時應撈了不少油水。

非四邑籍華商見廣州政府對四邑派利益輸送，紛紛組織同鄉會保護自己。此時香港政府亦忌諱革命派勢力，並覺得何啟與韋玉這兩位華人立法局議員對革命派過於友好。政府一方面以《社團條例》將四邑商工總會定為非法組織，並邀請非四邑籍商人重組華商公會為華商總會（Chung 1998）。這個新商會便成為反革命派華商根據之地。

廣東越革命越混亂，令原本對革命有期待的香港華人民眾一百八十度改變。為應付一九一三年參議院選舉，同盟會等革命派團體於一九一二年八月廿五日改組為由宋教仁領導的國民黨。香港輿論對此新政黨極不客氣，報章社論將國民黨貶稱為暴民黨，廣州政府則被貶稱為暴民政府（蔡榮芳，二〇〇一）。除了少數受惠於利益輸送與裙帶關係的四邑派，大部分香港華商甚為討厭國民黨，他們亦願意與香港政府及袁世凱合作打倒國民黨。在非四邑商會主導下，劉鑄伯獲選為改組後華商總會的主席。港督梅含理深慶得人：

> 可以預見這個重組後的組織……可以瓦解四邑商工總會：（四邑派）損害華人社群的真正利益，並危害這片殖民地的和平與秩序……我承認自己需要極為倚靠劉鑄伯以及東華醫院選任主席的支持。（Chung 1998）

與香港政府合作反國民黨的商人中，最具名望的劉鑄伯和何東均是在香港出生，而何東更為具荷蘭血統的混血兒。他們視自己為土生土長的香港人，而香港開埠前隸屬於一九一四年更名為寶安縣的新安縣，他們便以寶安派自居，以抗衡親國民黨的四邑派。

一九一三年的參議院選舉，海外華僑可推舉選舉團代表，間接選出參議員，香港華商亦可派出一名代表進入該選舉團。四邑派在旗下會所召集華商開會，會上召集人指自己奉胡漢民之命，要在場華商協助選出參議員，並同時替廣州政府籌款。召集人亦要在座者聯署，支持某位名不經傳的國民黨員擔任選舉團香港代表。劉鑄伯得知此事，便向梅含理建議動員華商總會支持寶安派人士競爭。不過，香港政府不欲香港華商高調介入鄰國政治，沒有採納劉的建議（Chung 1998）。最終廣州政府見香港方面無人提出反對，乾脆自行任命一名國民黨員任選舉團香港代表（蔡榮芳，二〇〇一）。

袁世凱一直都想鏟除地方的國民黨勢力，亦因此與胡漢民的廣州政府爭奪廣東財政權。一九一二年，包括匯豐銀行在內的外國銀行團決定借款予袁世凱的北京政府，史稱善後大借款。袁世凱政權取得兩千五百萬英鎊貸款後，便打算透過重整廣東貨幣，收回廣州政府財政自主權。廣州政府被視為地方政權，無法取得外國借款，而身為其主要贊助者的香港四邑商工總會被港府查禁後，廣州當局更難對付北京的財政控制。香港四邑派商人運用法律上灰色地帶，透過互持股份取得信用向銀行借款，然後成立財務公司把資金轉借予廣州政府。香港政府為此曾多次透過前稱總登記官的華民政務司，向四邑派領袖李煜堂施壓。

一九一三年二月，袁世凱親信、交通銀行行長梁士詒帶著英國駐華大使朱邇典（John Newell Jordan）的推薦信，到香港會見港督梅含理。在梅含理穿針引線下，梁士詒於三月一日與劉鑄伯面談。二人協議從善後借款中撥兩千兩百萬港元，存進劉鑄伯的戶口。袁世凱不信任廣東官員，只好善用香港在中國之外、處廣東之旁的特性，利用劉鑄伯的香港戶口重整廣東貨幣。同年四月，袁世凱政權正式取得善後借款，寶安派亦按照梁士詒的計劃行事，成功幫助袁奪取廣東財政自主權。

由國民黨執政的廣州政府得知袁世凱的意圖，便極力抨擊善後大借款，希望能發動輿論反對以借款削弱地方財政自主的政策。他們指斥袁世凱以鹽稅為抵押以取得外國借貸，是喪權辱國的行為（Chung 1998）。但是香港華人卻不認同國民黨的立場。他們已經厭倦廣東年末的動蕩，並寄望袁世凱能穩定局勢。華商階層的傳媒亦讚揚袁世凱改革財政政策：

> 惑者不察，譏袁挾外以威內，不知李唐借回紇以卻吐蕃、清李鴻章用洋將以平江浙：古來借重外力，奠定國家，往往能收奇效……外人尊重中央命令，必中央命令有可尊重者。外人防範華人購械，必一輩子有應防範者。外人眼光，最為透亮。袁總統用何術，而能操縱左右，為所欲為也？港商各行紛紛電京推袁，其卓識熱忱，有足多者。港商即粵商之代表，足見吾粵人心理所傾向，直道在人，不容汩沒，彼不度德、不量力、不顧大局者，其亦可以廢然思返乎？（《華字日報》，一九一三年五月廿日）

隨著袁世凱收回地方財政權，北京與國民黨地方政權關係亦急轉直下。一九一三年三月廿日，國民黨黨魁宋教仁於上海打算搭乘火車赴京任議員前，被武士英槍殺身亡。案件審訊期間，漸漸浮現可能不利北京政府的證據。被告武士英於四月廿四日於囚室遭離奇毒殺，令國民黨上下認定行刺宋教仁是袁世凱的意思。（雖則宋屬不同派系的革命派人士，包括在流亡日本時就和他鬧不和的孫文，以及身為青幫頭目的陳其美，亦同樣有嫌疑。根據現有史料，無法一口咬定袁世凱授意殺人。）北京與國民黨關係隨即破裂。袁世凱於六月起即運用中央政府權力，將各省國民黨官員調職。廣東都督胡漢民於六月十三日遭去職，並侮辱地被調任到邊疆藩屬西藏任宣撫使。在孫文堅持下，七月中原由國民黨執政的省份宣佈獨立，掀起「二次革命」。

帶領粵軍的陳炯明覺得時機不合，但還是在七月十八日服從孫文的意思。但此時國民黨已完全失去民心，地方財政困難，軍心亦散渙。袁世凱輕易消滅國民黨勢力。龍濟光於八月十一日攻進廣州，結束革命派近兩年的統治（Chan Lau 1990）。孫文敗走日本，將國民黨餘部改組為中華革命黨。該黨為元首獨裁的列寧式政黨，黨員均要向領袖個人宣誓效忠（Bergere 2000）。

親袁廣州新政府計劃靠劉鑄伯幫忙，於香港借款兩千五百萬港元改革廣東貨幣。事成的話，寶安派可以在廣東開設銀行，並壟斷所有涉及政府的存款借貸業務。而英國人亦會獲邀到銀行董事局擔任要職，並讓香港政府和英國駐廣州領事館任仲裁者。劉鑄伯亦打算透過梁士詒，購買廣東電廠、自來水廠和廣州水泥廠。只是到一九一四年，梁士詒因功高震主失勢，合作計劃就此告吹。到梁士詒八月復出，第一次世界大戰亦已爆發，外國銀行自顧不暇，北京政府只好改以發行債券集資，是以寶安派雖打敗四邑派，卻是一無所獲（Chung 1998）。

香港與廣東的商人支持袁世凱，是希望令局勢穩定，能在穩定政局下，回復清末由紳商地方自治之局面，但袁世凱卻是中央集權主義者，對地方自治與民間社會均無好感。他於一九〇二至一九〇七年任直隸總督期間，就經常繞過地方士紳推行現代化改革。他不相信士紳，而是透過現代化警隊，讓官府直接統治人民，亦大力打擊民間宗教，以導人迷信之罪充公廟宇，改為政府用地（Duara 1995）。當袁世凱平定全國後，勢將會與主張地方自治的紳商衝突。

當袁世凱於一九一四年一月解散國會時，亦將各省地方自治機構一併取消，使地方紳商失去政治地盤。不單如此，袁還向紳商的社會組織開刀，除了禁止他們組織維持治安的武裝外，還一度想削減商會的數目。袁政權制訂《商會法》時，最初考慮限定一縣只准設立一個商會，並強逼多出的商會解散或合併，最終因為商人群起反對，才取消這項規定。

當袁世凱與國民黨鬥爭時，信誓旦旦地說要振興工商行業，但之後其工商政策未見成效，袁政府即開徵各種新稅，包括印花稅、契約稅、驗契稅、煙酒牌照稅等。北京政府要求各省上繳收入，令地方政府款項不足，逼使各地開徵新稅或強逼商人捐獻。此外，在袁世凱任內政府三度發債，每次都以半強逼的手段要商人認購。商人負擔沉重，使他們後悔曾經支持袁世凱。

袁世凱此時卻著手為稱帝做準備，於一九一五年八月策動支持者成立籌安會，發起要求更改國體的「請願」。商人怯於袁之權威紛紛表態贊成，但背後頗有微言。十二月十一日，國民代表大會全體通過將政體改為君主立憲，次日袁世凱作態三揖三讓後，接納「民意代表」勸進的請求。廿五日，蔡鍔和唐繼堯於雲南宣佈獨立，展開討袁護國戰爭。對袁世凱早已累積不滿情緒的商人紛紛加入討袁，捐款支持護國軍，向各國大使遊說不要向袁政權借款，甚至還聯名發電報要求袁退位（李達嘉，一九九七）。長期支持袁世凱的北洋軍將領，亦紛紛向袁逼宮。袁世凱次年三月廿二日宣佈取消帝制，到五月五日同意辭任總統。基於未能明瞭的原因，袁世凱於其政治生命結束後的一個月零一日與世長辭。

袁世凱離世後，北洋軍將領群龍無首，紛紛割據自立，與南方反袁軍閥合縱連橫，令中國之後十餘年處於內戰狀態。駐守廣東的龍濟光於一九一六年四月背叛袁世凱宣佈廣東獨立，但仍然受到雲南唐繼堯與廣西陸榮廷夾擊。大勢已去的龍濟光把中國銀行廣州分行洗劫一空後，才撤出廣州。廣東自此陷入無法管治的狀態，廣州政府由各懷鬼胎的軍閥把持，內鬥無日無之。

一九一七年，北京政府的總統黎元洪與國務總理段祺瑞不和。黎元洪罷免手執兵權的段祺瑞後，段策動華北各省叛變。黎元洪召張勳到北京調停，眷戀舊制度的張卻於七月擁立清遜帝溥儀。段祺瑞之後於馬廠誓師，派兵入京取締復辟的清廷，但他之後堅決拒絕恢復被解散的國會。張勳復辟前，代理總理伍廷芳因反對解散國會而辭職，此時伍及部分國會議員獲海軍總長程璧光護送，南渡廣州。孫文聞訊亦趕到廣州，在雲南、廣西及南渡海軍的支持下，率領不足法定人數的「非常國會」組織中華民國軍政府，史稱護法政府。孫文名義上為大元帥，實際權力卻由雲南與廣西軍閥掌握。軍閥只想從廣東榨取資源，便在廣府劃分勢力範圍，安插親信擔任官職。廣東自此淪為外省人的殖民地，軍閥貪污勒索，政府管治不力，令治安極為敗壞。

到一九一九年末，軍閥暗中與北京政府議和，決定架空孫文之權力。海軍程璧光於一九一八年一月遇刺，而在廣州的國會議員亦遭廣西軍閥收買。五月廿日，非常國會決定改組護法政府，廢除大元帥並改採合議制，孫文由大元帥淪為其中一位總裁。孫文與唐紹儀等人憤而辭職，此後孫文離開廣州，到上海與蔣介石會合。維持了一年多的政治鬥爭令廣東陷入無政府狀態，期間穿梭港粵兩地的華商只好自力救濟。一九一九年，日本稻米失收，日本米商到東南亞搶購大米，再加上第一次世界大戰的影響，令港粵兩地鬧米荒。兩地商人組織廣東糧食救濟會，由皇仁書院舊生、廣東總商會會長陳廉伯出任會長。當廣東官員沉迷政爭之際，救濟會商人便擔任廣東代表，穿梭北京與安徽，跟日本商人搶購安徽米。商人亦籌款自組財團以穩定幣值，並將貨幣基金存放在沙面英國租界的匯豐銀行，防止軍閥借故提款。港粵兩地商人的志願服務，令廣東的經濟活動尚且能夠維持（Chung 1998）。

救亡壓倒啟蒙的激進中國國族主義

在一九一〇年代末、一九二〇年代初，中國國族主義日趨激進化，這可追溯到民國初年的新文化運動。這股思潮源自知識分子對袁世凱稱帝的反思。他們覺得中國之所以未能成功走向共和，很可能是基於中國文化的缺陷，於是便開始全盤否定儒家文化，指其為帝制的文化基礎。這群前衛分子主張透過社會文化的變革，改進中國人之特質，從而以非政治的文化手段促進中國共和改革。這時他們以「民主與科學」為口號，對中國各種固有文化猛烈抨擊。

陳獨秀在一九一五年九月創辦提倡新思潮的《新青年》雜誌，使他成為青年學子的啟蒙導師。曾為同盟會會員的蔡元培於一九一六年接任北京大學校長，決心將大學發展為兼容開明、保守學人的學術園地，便在一九一七年聘用陳獨秀為人文科學長，讓其教授文學。雖然兩年後陳便因為得罪同僚，且因其喜好狎妓而丟掉教職，北京大學仍然能夠成為自由派的學術重鎮。不論是主張實用主義的胡適，還是鼓吹共產主義的李大釗，以至是左翼批判家魯迅，均能在大學佔一席之地。這群知識分子於西方各國引入各種新思想，並勇敢挑戰種種中國傳統教條，使民主與科學能為青年學子所渴求（Zarrow 2012）。

後人常把五四運動與新文化運動混為一談，甚至將新文化運動視為對五四的回應。這種講法顛倒歷史先後次序：新文化運動是一九一〇年代及一九二〇年代的思潮，五四運動卻是對一九一九年巴黎和會的反應。不過，五四的發生，卻使到如火如荼的新文化運動變質，使之淪為替激進國族主義者抬轎的「救國運動」。

段祺瑞執掌北京政權時，政府決定派華工支援協約國，這樣中國便以戰勝國身分參加巴黎和會，日本卻堅持接收德國在中國之利益，特別是青島的租借與山東的鐵路權和採礦權。中國未能爭取到戰勝國該有的權益，北京政府派出的代表卻打算同意簽訂《凡爾賽和約》。消息傳到北京後，各大學學生震怒，五月四日在天安門外集會，高呼「外爭主權、內除國賊」，放火燒毀被指賣國的交通部長曹汝霖之官邸趙家樓。之後學潮擴散全國，最終主事官員遭罷免，談判代表亦在壓力下拒絕簽字（陳學然，二〇一四）。

自此以後，新文化運動日漸變質。辛亥革命後中國亂象紛呈，青年知識階層認為那是傳統文化根深柢固的緣故，他們覺得非要把所有舊文化全盤否定不可，讓他們帶領國民從頭改造新中國，中國才會有希望。他們看見黎民的冷漠，就對自由主義及由下而上的民主失去信心。威爾遜以民主大國美國總統之尊參與巴黎和會，又提出國族自決原則，曾令青年寄與厚望。但中國未能取回山東權益的事實，令青年堅信先鋒黨理論：中國國族正在沉睡，非得要有一群先鋒黨喚醒民眾。讓民眾接受先鋒黨的領導建設國家，則是中國國族主義的奧義（Fitzgerald 1996）。

知識分子不再講民主與科學的啟蒙，而集中討論愛國與救國。救亡此後完全壓倒啟蒙，知識分子把追求國家強大視為首要任務，甚至渴求能有強勢領導人帶領，民主與科學的教育，反被視為風花雪月（李澤厚，一九八七）。他們開始相信要集合全國人民之力，建立全能國家，方能解決中國積弱的毛病。建立全能國家，其政治鬥爭就必然是勝者全取的惡鬥：這正是大一統國家至上主義的濫觴（鄒讜，二〇一二）。

既以救亡為先，學理以至自由、民主等價值均為次要，激進知識分子便多信奉種種烏托邦思想，比如是馬列主義。這些烏托邦思想堅持要讓全體人民行直接民主，而全民意志又能人定勝天。他們無視代議政制限權的憲制作用，堅持要拆毀代議制，實行全民意志下的直接民主，不講程序正義，反而主張政治為光明與黑暗的生死惡鬥。這種想法既可以推論出極左的民主集中制，亦可以推出極右的法西斯主義。這種激進思維種下了後來國民黨及共產黨威權政治的惡因（張灝，二〇一二）。

不過，香港主流民意對於這種令中國國族主義激化的思潮，卻沒有正面的回應。這意味著香港與中國，在國族建構上會走上兩條南轅北轍的道路。五四運動在香港只有未能帶來迴響的個別行動。一九一九年六月，陶英中學有九名學生手持寫有「國貨」二字的雨傘遊行。學生與校長均被捕，但法院只罰款警誡了事。雖然香港社會有反日情緒，亦有罷用日貨的行動，但與中國學潮相比，只算是蜻蜓點水。香港人對新文化運動更是毫無感覺。當時主導香港中文教育的，為思想傳統的前清遺民。香港人不能理解「打倒孔家店」的激進口號，只覺得激進國族主義是少數野心家的狂想（陳學然，二〇一四）。

功敗垂成的聯省自治運動

但當時不是所有人都接受這種大一統國家至上的論述。不少地方人士對袁世凱罔顧地方利益的中央集權政策歷歷在目。軍閥混戰期間，一些省份遭對本土毫不憐惜的外省軍閥侵佔，又有些省份徵收苛捐雜稅，並強徵男丁應付侵略他省的戰事。地方人士既厭惡中央對地方的侵犯，亦對各省之間的戰鬥感到厭倦。一些有識之士因而提倡聯省自治：各省首先承諾互不干涉，各自實行憲政，並專注省內建設。當各省成為穩定共和政體後，再以平等身分進行對談，締結中華聯邦。

湖南處於北洋軍閥與西南護法軍勢力範圍之間，其地緣位置使該省淪為兩大陣營的磨心。當地居民不欲捲入內戰，亦不願生活為中央或他省勢力侵擾，但組織湖南改造促進社，提出「湘人治湘」的主張：

> 湖南者湖南之湖南，湖南人不得干涉外省事，外省人亦切不可干涉湖南事，有干涉者仍抵抗之。（李達嘉，一九八六）

部分左翼分子更進一步主張湖南要獨立建國。湖南率先建國，成為各省的楷模。各省一起獨立後，專注省內經濟建設，在不受外界干擾下進行政治改革，中國才能夠從地方開始落實共和憲政。當時尚未為國家至上主義迷惑的毛澤東於〈湖南建設問題的根本問題：湖南共和國〉中，批判大一統迷思，主張各省獨立自決方為天下大勢：

> 全世界風起雲湧，民族自決高唱入雲，打破大國迷夢，知道是野心家欺人的鬼話。推翻帝國主義，不許他再來作祟，全世界蓋有好些人民業已覺醒了。
>
> 中國呢？也覺醒了（除開政客官僚軍閥）。九年假共和大戰亂的經驗，逼人不得不覺醒，知道全國的總建設在一個期內完全無望。最好辦法，是索性不謀總建設、索性分裂，去謀各省的分建設，實行各省人民自決主義。二十二行省三特區兩藩地，合共二十七個地方，最好分為二十七國。
>
> 湖南呢？至於我們湖南，尤其三千萬人個個應該醒覺了！湖南人沒有別的法子，唯一的法子是湖南人自決自治，是湖南人在湖南地域建立一個湖南共和國。我曾著實想過，救湖南、救中國、圖與全世界解放的民族攜手，均非這樣不行。湖南人沒有把湖南自建為國的決心和勇氣，湖南終究是沒辦法。（湖南《大公報》，一九二〇年九月三日）

其他各省亦對內戰厭倦。部分革命派亦對民國政治失望，因而投入宣揚聯省自治的陣營。章炳麟對由眾北洋軍閥把持的北京政權失望，但他在同盟會與孫文交手的經驗，使他知道身為護法政府大元帥的孫文可以為個人權勢不顧原則地耍手段。章希望能透過讓各省設立由本省人組成的軍隊與政府，能夠開拓兩大勢力以外的第三條路，匡正民國政治之錯誤。廣東受雲南、廣西軍閥佔據，孫文等人又常挑起政治爭端，這樣在香港及廣東穿梭的商人，亦多嚮往聯省自治的理想。

在實行上，聯省自治運動可分為兩個層次。在地方層面，各省推行以民主方式制定省憲，實行憲政自治。但最終只有湖南能成功推行。學者、專家組成起草委員會草擬省憲，再交由縣議會推選的審查委員會審議，之後湖南省憲於一九二一年十二月經全民投票通過。可惜因地緣形勢不變，這部以民主方式產生的省憲，最終只維持了四年。

在省際層面，各自治省份則建立聯防同盟。一九二〇年，湖北發起反對北洋軍督軍的自治運動，湖南和四川派兵援助，之後吳佩孚南侵，令湖南、四川損兵折將，四川還因戰後善後不當而陷入內戰。到十一月，雲南唐繼堯向廣州政府提出籌建聯省政府，但權迷心竅的孫文堅持要做統轄各省軍事外交權的大總統，各省見孫文漫天開價，便應章炳麟的呼籲予以抵制。聯防同盟之設立，原旨在防備大一統主義者對各自治省的侵害，但在實際運作上又即是干預別省事務，如此既違背聯省自治的初衷，亦使聯省自治蒙上挑起戰禍的惡名。

聯省自治運動的最大困難，是有太多並非真誠愛護本土的軍閥、政客混水摸魚。他們處於弱勢時，會借省自治之名劃地稱王，到後來站穩陣腳，又會蠢蠢欲動，變成信奉大一統主義的侵略者。比如於湖南主政的趙恆惕訂立省憲後，決定要與北京政權和解，令湖南自治功敗垂成。毛澤東接觸共產主義後，亦成為主張大一統國家主義的激進國族主義者，違背初衷地加入中國共產黨。除此以外，支持聯省自治者的士紳多謀求延續大族的地方特權，既不體諒佃農的處境，亦不瞭解憲政之要義在於以法限權。參與聯省自治運動人士的不濟，使運動未能達到其崇高的理想而功敗垂成（李達嘉，一九八六）。

粵軍總司令陳炯明是聯省自治運動中少有的理想主義者，真心相信能夠透過自治促進地方政治經濟建設。護法政府成立初期，陳獲派駐到閩南漳州成立閩南護法區。陳炯明大力推動現代教育，破除民間迷信陋習，興辦地方實業，推動市政建設，使他贏得民眾讚譽，部分左翼人士評之為「共產時代當亦不過如此」（段雲章、倪俊明，二〇一〇）。

一九二〇年八月，陳炯明奉孫文之命，返回廣東驅逐廣西軍閥，此時陳提出「粵人治粵」口號，爭取到港粵兩地商人的支持。香港銀行家陳賡虞向陳炯明捐款廿萬港元，與此同時廣東商人亦籌募一百五十萬元送別費，希望廣西軍閥能和平撤走，但軍閥堅持要收款兩百萬。討價還價之際，陳炯明率領的粵軍已於十月光復廣州。之後陳被孫文委任為廣東省長，並欲按漳州模式改革廣東政治（Chung 1998）。

陳炯明之後在廣東推動民主改革，第一步是推行縣長及縣議員民選。陳於一九二一年四月廿一日頒佈相關法令，八月一日舉行選舉，最終選出八十五位縣長於十一月上任。除此以外，陳炯明亦推動修訂省憲，六月委任省憲委員，並在十二月十九日交由省議會通過草案，準備全民表決。該草案規定保障廣東人民權。政府按例不得無故拘禁人民，被捕者必須於廿四小時內獲知被捕理由，其親友亦有權向法院申訴。廣東人依例享有言論自由，財產權、物業權亦得保障。

當時廣州城區由南海、番禺兩縣分治，陳炯明於一九二一年二月十五日設立廣州市，並委任孫文之子孫科為首任廣州市長。之後廣州開展大規模基建，原本廣州道路多為只有三米寬的窄路，市政府成立後，半年就修築了九英里七十至一百呎寬的現代化馬路。此外，陳炯明亦設立廣東省教育委員會，並委任陳獨秀為首任委員長。為了實行義務教育政策，陳設立省立師範學校培訓師資，並著手籌設廣東大學（段雲章、倪俊明，二〇一〇）。

陳炯明原定計劃訂立省憲後，進一步推行省長民選，期望能將廣東建設為模範省，讓各省按廣東模式推行憲政，事成後舉行聯省會議推選聯省政府，議定中央地方權限。陳希望最終可達成軍民分治，民政交由各省民選官員自治，軍政則由中央統一管理、地方只保留維持治安的警備隊。

但孫文卻不認同陳炯明的治省方略。孫文指真正的自治，應該在縣的層面進行，而陳炯明推行的省自治並非真正的地方自治。但孫的講法只是偽議題：一方面陳炯明亦有推動縣、鄉、村多層地方自治，另一方面沒有省自治的話，自治縣的規模根本無法與中央政權抗衡。孫文事實上仍幻想自己能成為全國的領袖，然後就會推行中央集權制度，實行大一統國家至上主義（李達嘉，一九八六）。雖然他之後參加聯省會議，但他的盤算是先取得國家領導的虛銜，然後像昔日綁架輔仁文社和同盟會那樣，綁架聯省政府，使自己成為統領全國的獨裁者（Bergere 2000）。

孫文在辛亥革命後經歷挫折，之後成為典型的激進中國國族主義者。二次革命失敗後，孫文以先鋒黨模式（vanguardism）創立中華革命黨，亦即是中國國民黨的前身。該黨強調內部紀律與服從，並自命為無知大眾的啟蒙者與領導者，正如孫文對黃埔軍校師生訓話時所講：

> 咨爾多士，為民前鋒，夙夜匪懈，主義是從。

孫文強調革命成功後，中國內部同樣要強調紀律與服從，國民有義務向領袖效忠，以對抗西方帝國主義。這種列寧式觀點著重國民服從命令，視民權為次要，甚至反對自由（沙培德，二〇一二）。之後孫文將其政見歸納為三民主義，論及民權時他如是說：

> 所以外國人說中國人是一片散沙，我們是承認的。但是說中國人不懂自由、政治思想薄弱，我們便不能承認。中國人為什麼是一片散沙呢？由於甚麼東西弄成一片散沙呢？就是因為各人的自由太多。由於中國人自由太多，所以中國要革命……我們是因為自由太多，沒有團體，沒有抵抗力，成一片散沙。因為是一片散沙，所以受外國帝國主義的侵略，受列強經濟商戰的壓逼，我們現在便不能抵抗。要將來能夠抵抗外國的壓逼，就要打破各人的自由，結成很堅固的團體，將把水和士敏土（按：水泥）參加到散沙裏頭，結成一塊堅固石頭一樣。（孫文，一九八八）

孫文的觀點，與其政敵梁啟超的國家至上主義越來越相似。他於一九二〇年重返廣州後，於四邑派勸進下，不理陳炯明勸告堅持就任非常大總統。四邑派花了三萬元收買國會議員，確保孫文於一九二一年一月成功當選，而孫則將廣州市中心珍貴地段批予四邑派作為報酬。孫文自視為中國全國的合法領導人，反對陳炯明專心建設廣東的方針，執意挑起事端興兵北伐。除此以外，孫文亦日漸傾向社會主義，並任命左傾的廖仲愷為財政部長。廖不同意陳炯明的重商政策，堅持要在廣東實施計劃經濟。他於一九二一年一月採用激進的貨幣政策，廢除由港粵兩地商人資金支持的舊貨幣，改為由政府發行新幣。但新貨幣沒有抵押品支持，只能靠政府發行債券維持，這樣廣東貨幣便在短時間內貶值七成（Chung 1998）。港粵兩地商人對孫文干預廣東政策的做法日益反感。除四邑派外，大部分華商均站在陳炯明那邊，之後與香港政府聯手，以求推倒孫文的領導權。

香港工人運動與激進中國國族主義

此時香港工人運動日趨壯大。在二十世紀初，同盟會已做好動員香港勞工的準備工作。到了一九二〇年代，孫文便透過與香港勞工運動的歷史聯繫，將香港華人勞工當作他於廣州作政治鬥爭的棋子。

雖然香港遠離第一次世界大戰的主戰場，但由於香港屬外向型經濟，香港經濟因而受到打擊。物價受戰爭影響飛漲，港幣亦於一九一〇年代貶值五成，但是香港勞工階層的薪金並無增長。戰爭結束後，在香港工作的西方人多獲加薪兩至三成，而他們一直都有免費住宿等福利，但華人勞工的薪酬仍是文風不動。而一九一九年的米荒，令香港華人勞工入不敷支，這樣他們必須為自己的生計團結抗爭。

一九〇九年在同盟會支援下成立的中國研機書塾，此時已正式發展成香港華人機器總工會。一九二〇年三月，工會的機械工人向僱主要求加薪四成，並於遭到拒絕後開始罷工。資方代表與華民政務司夏理德（Edwin Richard Hallifax）到各大船塢欲與工人談判，卻無功而還。四月五日清明節，華人勞工返鄉祭祖後，於廣州聚集而沒有回香港復工。當時廣州政府沒有介入事件，工人逗留廣州，只是因為廣州物價較低，且更易得到廣州工會的接濟，方便展開長期抗爭。之後夏理德繼續居中斡旋，最終成功遊說資方讓步，勞資雙方於四月十九日協議讓工人加薪百分之卅二點五。

機械工人抗爭成功，使香港勞工紛紛成立工會，並勇於向資方提出要求。香港勞工漸漸產生階級意識，信賴自己的工會，不再靠東華醫院等華人精英與政府及西方人協商。事實上，他們亦已經開始把華商視為與自己敵對的階級（Chan 1991）。

於香港公司工作的海員因常出國，較易瞭解到西方勞工運動的發展。他們與西方人共處一舟，經常遭受種族歧視，亦目睹不同種族同工不同酬的情況。船上的華人海員已習慣團結向同舟的西方人抗爭，令他們較易產生階級意識，而蘇兆徵等革命派海員亦起推波助瀾的作用。當時海員聘任採用雙重外包的制度：船東會託稱為辦館的承包商請人，辦館再委託稱為洗孖沙（Shipmaster）的下游聘請海員。海員找工作時要向洗孖沙交佣金，才會獲介紹予辦館及船東，很多時海員須要把一半薪金上繳。一九二一年，辦館向每位船員多收四元佣金，海員希望船東能為此加薪，但香港的船東多只願向西人船員加薪。

與革命派關係密切的中華海員工業聯合總會，在蘇兆徵的領導下展開抗爭，於五月組成爭取加薪委員會，並於同年九月提出三大訴求。首先，他們要求加薪一至五成，薪金越少者增幅越大。工會亦要求取代辦館和洗孖沙，成為幫船東聘請海員的中介人。此外，簽訂僱傭合約時，要容許工會代表現場見證，但資方拒絕答應。

海員工會於一九二二年一月十三日開始海員大罷工。到廿四日南北行搬運工人加入罷工，並要求加薪三成。縱然各南北行商同意加薪百分之廿五，搬運工人仍襄助海員繼續罷工。之後各行各業加入聲援，總共有十二萬人罷工，連海員工會在內有廿九間工會參加。當時香港華人人口約五十四萬，那就是說有逾兩成華人成為抗爭者。

夏理德與資方商討後，一月十七日發通告，指資方願意加薪百分之七．五至廿五，但海員工會卻要求百分之十七．五至卅二．五增幅。談判拉倒後，香港政府於二月一日宣佈海員工會為非法組織，並高調地查封工會於德輔道中一百卅七號的會址，亦拘押在街上的罷工者，強逼他們回到工作崗位，於是罷工工人只得往廣州暫避。雖然與華商友善的陳炯明不欲介入事件，但他怕工人會集體倒向孫文那邊，於是向工人提供日用物資。雖然海員工會會長蘇兆徵與革命派友好，但工人一直強調抗爭主要關乎本土勞工權益（Glick 1969）。罷工宣言雖聲言捍衛「中華海員工黨之光譽」，但關注的主要是「百物騰貴、工值有限」，強調的是「生命居一、名譽其次、經濟不足、生命何存」，焦點終究是勞工權益而非中國國族主義的訴求（《華字日報》，一九二二年一月十四日）。

東華醫院於二月八日召開緊急會議，原意是要以華人代表身分調停事件，實際上卻淪為華商階層聲討工人大會（*South China Morning Post*, 9 February 1922）。不論如何，東華醫院總理還是介入調停，於十三至十五日召開三場沒有結果的勞資會談。據報羅旭龢會於會上主張香港政府不應再作任何讓步，以免損害管治威信。港督司徒拔（Reginald Edward Stubbs）於十四日的行政局會議上透露欲向工人讓步，解封海員工會釋出善意。列席的華人立法局議員周壽臣，以及華商總會主席劉鑄伯，均堅決反對。劉鑄伯甚至建議派武裝人員到廣州潛伏，以挑起工人內部衝突（CO131/60:272-317）。

由於談判一直缺乏進展，警察又搜捕工人並迫其復工，華人勞工於二月底集體外逃。當時港粵航運已停擺，政府又封鎖九廣鐵路，那樣便有「行路上廣州」的壯舉。三月三日清晨，一批罷工工人沿大埔公路行至沙田，試圖衝過英國軍隊的封鎖線，最終軍隊開火釀成三死八傷的慘劇。沙田慘案後香港群情洶湧，香港政府與資方只好重啟談判。雖然談判一度膠著，但到五日何東聲稱得到耶穌啟示，向工人承諾支付罷工期間工人的一半薪金，終促成勞資雙方協議。資方同意加薪一成半至三成，准許海員工會擔任聘用海員的中介，並讓工會於簽訂僱傭合約時在場見證（Chan 1991）。香港政府則同意賠償沙田慘案死傷者，並解除對海員工會的禁制。政府於三月六日將工會招牌送返工會在德輔道中的會址，雖然何東之後食言，但海員於此役大獲全勝（蔡榮芳，二〇〇一）。

而其他各行業聲援罷工工人，亦多爭取到三成左右加薪（Chan 1991）。在廣州的革命派於海員大罷工期間見識到工人運動的政治能量，積極準備將這股力量留為己用，這也許解釋了何以革命派之後會選擇與共產黨聯手。

此時陳炯明與孫文的不和日趨白熱化。陳炯明因而打算與香港政府和香港華商結盟。陳曾經秘密接觸劉鑄伯與周壽臣，並準備模仿香港立法局，於廣東省政府設立諮政委員會。此時劉鑄伯亦與陳賡虞成立商業維持局，計劃籌款三百萬港元予廣東省政府，幫助陳炯明架空孫文。當時英國駐廣州及上海之領事均指出孫文正欲勾結工會、投靠蘇聯，而外國銀行團中的滙豐銀行代表亦建議向陳炯明借款。港督司徒拔向倫敦建議贊助陳炯明以制止孫文投共，但怕事的英國外交部竟然死守一個中國原則而不加理會。海員大罷工平息後，何東於四月訪問北京，外間揣測何東此行是為港督司徒拔穿針引線，拉攏北京政權與陳炯明聯手打擊孫文（Chung 1998）。

一九二二年三月廿一日，陳炯明副手鄧鏗到香港迎接其老師周善培造訪廣東，但回程遭刺客於廣州大沙頭火車站外伏擊。鄧負傷後返回省署向陳炯明交代後事，兩日後傷重不治。廣西軍閥與革命派為最有嫌疑的主謀，但陳炯明仍念著曾與孫文為革命並肩而上，對不懷好意的孫文多番忍讓。陳的部下葉舉義憤填膺，五月十八日將駐廣西的粵軍調往廣州，欲聲討孫文。陳炯明多番勸止，但葉舉還是於六月十六日派兵進攻廣州各大據點，並向總統府鳴炮示警。孫文獲攻城指揮官熊略通風報信，倉皇逃往停泊在珠江的永豐艦，敗走上海（趙立人，二〇一〇）。陳炯明此時仍寄望能與孫文和好，將其部隊停駐惠州裹足不前。但六日後見形勢已不可回頭，只好返回廣州自任都督，並任命陳賡虞為廣東省長，亦委派陳廉伯出掌財政公開委員會，僱何東為財政顧問，於此亂局中仍能守住廣東的貨幣穩定。

一敗塗地的孫文死心不息，不惜勾結宿敵雲南、廣西軍閥，借兵趕絕陳炯明。陳炯明不敵兩省軍閥攻擊，只得於一九二三年一月退往惠州。四邑派一直與革命派沆瀣一氣，此時亦得到回朝復辟的孫文重賞，成為廣州政府的信貸來源，亦得到管理財政及任用財經官員的權力。四邑派把持著廣東省官產清理局，運用公權力鎖定廟宇、祠堂、公所等，以沒有有效地契為理由隨意充公私人土地，透過裙帶關係以權謀私，炒賣廉價購得的官地，並投資地產業及抵押貸款。但四邑派的風光並未能持久，孫文於年內得到蘇聯的金援後，即重用廖仲愷等左翼分子，把四邑派趕出廣州政府（Chung 1998）。

孫文投共與粵商南遷

孫文於一九二三年二月廿一日返回廣州後，其政府不再以中華民國政府自居，改稱為中華民國陸海軍大元帥大本營。香港政府見陳炯明大勢已去，便設法拉攏孫文，並打算透過資助廣州政府以防止孫文鬧事。孫文返回廣州前，於廿日竄訪香港，與港督會面，並在香港大學陸佑堂發表演說，在演說中，孫文客套地稱讚香港昔日曾啟蒙其革命思想：

今日乘此時機，答覆各位一句。此句云何？即從前人問我，你在何處及如何得到革命思想。吾今直言答之：革命思想，從香港得來。（《華字日報》，一九二三年二月廿一日）

此時正為東北軍閥張作霖效力的梁士詒亦在香港。在何東引介下，孫文與梁士詒會面，密謀廣州政府與張作霖合作夾擊北京政權。與此同時，外國銀行團亦考慮撤回對北京政府的支持而資助孫文。但山東臨城於五月發生土匪搶劫火車、扣押外國人質的事件，列強此時欲取得對中國鐵路監督權，便指示外國銀行團恢復借貸予北京政權。孫文見錢泡湯，便向由西方人管理的粵海關打主意。粵海關當時把關稅扣除國債及賠款後，將餘款轉交北京，但孫文堅持要在十二月十九日由廣州政府取得關餘。孫文此舉得罪列強，美國、英國、法國和日本共派出十五艘軍艦巡邏廣州水域，警告孫文莫要輕舉妄動。孫文此役後仇視西方，決定全面倒向蘇聯的懷抱（Chung 1998）。

早在孫文敗走上海時，蘇聯外交部副部長越飛（Adolf Joffe）就已經和他有所接觸。二人於一月廿六日發表共同宣言，指蘇聯會和孫文合作促成中國統一。當孫文與西方的關係日趨惡化之時，第三國際的鮑羅庭（Mikhail Borodin）於十月六日抵達廣州後，很快就得到孫文的信任。鮑羅庭一方面勸告孫文改組革命黨，另一方面暗中安排中國共產黨員滲透革命黨。十一月孫文在蘇聯幫助下擊退陳炯明的反攻，令孫日益信任鮑羅庭，之後在所有黨政會議中均要求鮑在旁協助。鮑羅庭主張在基層民眾中進行動員，中國共產黨亦因而得以壯大，蘇兆徵等勞工運動領袖亦於此時加入中共。

革命黨於一九二四年一月底召開大會，並改組為中國國民黨。胡漢民等國民黨右派對鮑羅庭頗有微言，但孫文卻以其個人權威強逼黨員接受鮑羅庭改組國民黨的建議。國民黨此時允許共產黨員以個人名義入黨，並將分配土地等主張納入黨綱。孫文聲稱，共產主義其實與三民主義中的民生主義並行不悖。

國民黨採用列寧式的民主集中制，規定下級服從上級的黨紀。孫文被任命為獨裁的終身總理，而廿四位執行委員中，有三位為共產黨員，候補執委中更有七位中共黨員。這三位執委都擔任重要職務，分別是組織部、農民部和工人部的部長（Bergere 2000）。

國民黨既行聯俄容共之策略，孫文亦想將勞工運動的政治能量挪為己用，便背棄商界，專門向工人和農民尋求支持。國民黨左翼廖仲愷組織了工團和農團，到一九二四年秋天，農團招收了四千名團員、工團則有兩千四百名團員，兩者皆為支持國民黨的民間武裝力量。國民黨的傳媒則全力展開對商人的批鬥，指責華商是盲目跟從北京政權的反革命資本家，點名批評陳廉伯和陳賡虞為反革命買辦資產階級，並嘲笑何東不中不西。四邑派商人一直忠心支持孫文，此時亦未能倖免於難：孫文訓斥華僑商人，指他們離棄革命，並詆毀廣東為赤化之地。國民黨同年亦在蘇聯軍事援助下，在黃埔長洲島設立陸軍軍官學校，訓練一支忠於國民黨的軍隊。黃埔軍校校長由孫文親信蔣介石擔任，廖仲愷則負責對受訓軍人作政治教育（Chung 1998）。

這個時候，與廣州國民黨政權關係陷入低谷的商人，亦設立名為商團的私人武裝。民國初年，廣東治安大壞，商人唯有靠自組更練自保。到一九一九年三月陳廉伯任商團團長，之後規模大為擴充，亦加強實彈射擊操練，最終商團人數由數百擴充至近兩千人。一九二四年政商關係惡化，廣東省各縣市商人武裝成立防禦聯盟，該年年中，廣州常備商團軍有四千人，後備軍四千一百人，每人有長槍短槍各一。除此以外，廣州及市郊有其他商人武裝兩萬七千人，全省亦可有十七萬至十八萬人支援。當廣州政府日趨左傾仇商，商人也只能仰賴商團作武裝抗爭，令武力衝突一觸即發（邱捷，二〇〇九）。

全面左傾的廣州政府一再碰觸商人的底線。政府於一九二三年成立民產保證局，要求地主將地契連地價百分之三費用交予官員核實，合乎資格者才可發獲不收地保證書。相關官員乘機勒索地主，收受賄款。保證局甚至想核實租契，並以一個月租金為手續費，只是因租客拒絕合作而作罷。

而當時廣州商舖業權，分為舖面權和舖底權。舖面權即地權，舖底權則包括商號名稱、行業公會會籍、貨品、賬務和裝修等。政府此時卻登記舖底權，以收取道路興建費。到一九二四年三月，政府更推出統一業權政策，要求舖面或舖底持有人買下另一半業權，否則店舖將強制拍賣，並將交易費兩成當作道路興建費。商界組織舖底維持會，並獲陳廉伯任會長的廣東總商會聲援，商人到五月中更高呼孫文下台。到八月廖仲愷欲推出稅率為五成的土地交易稅，商團威脅動武，廖才收回成命（Tsin 1999）。

此時廣東商人已是忍無可忍。陳廉伯以沙面匯豐銀行買辦身分，與香港匯豐聯絡，密謀在香港政府默許下替商團增購軍火。粵海關中的西方人總監亦有合作，此外陳廉伯亦買通雲南軍官以換取入境證。可是該船軍火提早到達，並於八月六日為黃埔軍發現：那很可能是雲南軍官在通風報信。黃埔軍在行動中查獲四、八五〇支來福槍連百餘萬發子彈，四、三三一支毛瑟槍連兩百萬餘發子彈，六六〇支左輪手槍連十六萬餘發子彈，還有四十門機關槍連子彈。

此後陳廉伯逃到沙面英租界，而商團總部亦遷往佛山。八月廿日，廣州商舖休市抗議黃埔軍扣械。孫文宣佈廣州戒嚴，並打算派海軍轟炸商人聚居的西關，但為英國駐廣州領事勸阻。此時廣州商人要脅再罷市，並提出三點要求：首先黃埔軍要歸還軍火，廣州政府亦要廢除苛捐雜稅，此外還要讓商人有管理警隊及鑄幣廠之權力（Chung 1998）。

華北在九月三日爆發直奉戰爭，孫文打算乘亂混水摸魚，便準備放棄廣州，留守韶關準備北伐（Tsin 1999）。孫甚至考慮讓步，向商團發還軍火，但堅持固守廣州的蔣介石極力勸阻。到十月七日，黃埔軍收到大批蘇聯資助的軍火後，孫文忽然信心大增，下令蔣介石準備消滅商團。十月十日，親國共兩黨的工會發起紀念辛亥革命的遊行，途上遇到商團，雙方開火互相攻擊。商人再度發起罷市，孫文亦於次日設立由蔣介石及廖仲愷等人領導的革命委員會，準備與商團決戰。十五日下午五時半，孫文的部隊進攻西關，並大肆縱火破壞，當地繁華市街因而付諸一炬。商團無法招架配備蘇聯武器的正規軍，只好於廿四小時內棄械投降（Chung 1998）。

國民黨控制局面後，展開對廣東商人的秋後算賬。包括陳廉伯、鄧介石等商人領袖被打成通緝犯，他們多逃往租界，並輾轉流亡香港。當局進行清算時，充公商人土地中飽私囊，並到各大商會清剿「不良分子」（李達嘉，二〇一一）。原先由紳商自理的善堂，亦歸由市政廳統一管理，以打擊商人原有社會動員力量（Tsin 1999）。此時廣東瀰漫著赤色恐怖，大批商人與反對國共兩黨的民眾淪為政治難民，商團投降後的一星期內，已有超過五萬人逃亡至香港，差不多等於全港一成華人人口。

港粵大罷工與負隅頑抗的香港精英

香港政府與港粵兩地華商成為廣東政治鬥爭輸家。倫敦怪責港督司徒拔，指他冒進地介入廣東事務，他於香港的政治生涯亦步入倒數階段（Chung 1998）。

香港的華商階層無法再影響廣東政治，在香港避秦的廣東商人亦再回不了廣州，只好以香港為安身立命之地。昔日勢如水火的寶安派和四邑派，如今亦只能在香港同舟共濟。周壽臣與李煜堂等曾各為其主的領袖，如今一笑泯恩仇，組成「九老團」，不時聯誼敘舊（黎晉偉，一九四八）。舊事已過，都變成新的了，在舊時代互相攻伐的華商階層，如今都是與香港共存亡的命運共同體。惟獨在香港，他們才能得到自由和尊嚴。此心安處即吾家。

但華商階層才剛在香港喘息，國共兩黨就即將要在香港生事，勢要令他們再無立錐之地。雖然孫文於一九二五年三月十二日，於北京與北京政權進行徒勞無功的談判後病故，但國共兩黨仍然合作無間，準備透過群眾運動為即將展開的北伐壯大聲勢。

一九二五年五月，上海一間日資工廠發生虐待中國勞工事件，上海工會發起罷工，五月卅日遊行時在公共租界跟英籍巡捕衝撞，多名罷工者因而被捕。其他示威工人衝擊老閘捕房，要求巡捕放人，駐守的捕頭卻下令向群眾開槍。這場釀成十三死四十傷的衝突，令中國反英情緒高漲。共產黨看準機會，於香港發起反帝國主義運動，並於六月初按鄧中夏的建議發動罷工。此時已加入中共的海員工會領袖蘇兆徵與林偉民組織中共香港黨團，聯絡各工會領袖，然後以中華全國總工會的名義召開聯席會議，表決展開大罷工。中共與全總於廣州、深圳、江門、石岐等地設立招待站，並在廣州設有宿舍和飯堂，準備接待罷工工人。

香港的共青團以及新學生分社，亦以中共於中國動員學生的手法，暗中聯絡受激進中國國族主義煽動的學生。皇仁書院學生於六月十八日率先罷課，之後其他學校有的罷教罷學、有的因為校方不欲受波及而提早放暑假。廣東學生聯合會聯同中山大學接待罷課學生，廣東省教育會則接待參與罷教的香港教師。到六月十九日，包括海員工會、電車工會與印刷工會在內的工會發起港粵大罷工。

香港華人勞工固然是受到激進中國國族主義的影響，他們多是因為五卅慘案激起的反英情緒而投入罷工，但他們更在意的，也許是要借助中國的政治風潮，爭取在香港本土的政治經濟權益。是以工團委員會以香港各工會名義向香港政府提出的訴求，亦是以香港本土的事務為主，因為唯有這樣他們才可以得到香港華人勞工響應。他們提出的訴求包括：

一．華人應有集會、結社、言論、出版、罷工之絕對自由權。《中國新聞報》應立即恢復，被捕記者應立即釋放，並賠償其損失。

二・香港居民，不論中籍西籍，應受同一法律之待遇。務須立時取消對華人驅逐出境條例、笞刑、私刑等法律及行為。

三・華工佔香港全人口之五分之四以上。香港定例局（按：立法局）應准華工有選舉代表參與之權。其定例局之選舉法，應本普通選舉精神，以人數為比例。

四・應制定勞動法，規定八小時工作制、最低限度工資、廢除包工制、女工童工生活之改善、勞動保險之強制執行等制定。

五・政府公佈七月一日之新屋租例，應立時取消，並從七月一日起減租廿五%。

六・華人應有居住自由之權，其山頂應准華人居住，以消民族不平等之污點。（蔡榮芳，二〇〇一）

罷工運動要靠爭取本土政治經濟權益才能取得支持，這意味著香港華人勞工很可能已有視香港為家的本土意識。雖然他們仍未放棄衣錦還鄉的盼望，但至少也會視香港為長期居住的第二家鄉。香港勞工之所以參與港粵大罷工，主要是他們長期受西方人歧視，受到僱主剝削，罷工運動一掃他們多年的抑鬱，令他們有改善生活之希望。他們也許同情中國國族主義，但參與罷工的動力，很可能源於對此時此地（here and now）本土權益的追求，而不是抽象的大中華國族認同。只是香港華人勞工為本土不平事抱不平之心態，卻又使他們容易為割據廣東的國共兩黨所利用。

此時國民黨與共產黨於廣州在反帝國主義的旗幟下表面團結，兩黨暗中卻各懷鬼胎。共產黨對暗中擴展地盤尤其積極，組織廣東各界對外協會，以圖綁架罷工運動的主導權，一方面避免讓國民黨參與協會事務，另一方面又借用國民黨的資源和關係動員民眾。協會於六月廿三日舉行示威，當日的標語、旗幟和決議均全由中共發辦，工人及農民隊伍獲安排打頭陣，以突顯無產階級為反帝運動的主體（李達嘉，二〇一二）。

當日遊行隊伍經現為六二三路的沙基堤岸，與沙面的英國、法國租界隔水相望。最終雙方爆發衝突互相駁火，遊行隊伍及英法兩國士兵均指對方首先開槍。法國軍隊雖藏身沙包陣之後，卻仍有一死八傷，而遊行隊伍則至少有五十二死一一七傷。死者中有廿三人為協會幹部或軍人，部分人員持有槍械。此外有廿位死者為一般民眾，當中有四位為不足十六歲的少年（Commission for the Investigation of the Shakee Massacre 1925, Tsin 1999）。

沙基慘案也許是一場意外，但事件令廣州仇外情緒高漲，使共產黨能按計劃掌握形勢（李達嘉，二〇一二）。中共乘勢打擊國民黨右派，國共兩黨在中共主導下於七月一日召開「省港大罷工工人代表大會」，並成為罷工委員會。委員會為科層紀律組織，旗下武裝隊既接受軍事訓練，亦要受政治洗腦。中共黨員蘇兆徵獲選為委員長，委員會顧問包括中共的鄧中夏以及親共的國民黨左派成員廖仲愷。委員會從廣州政府收受經費，罷工工人登記後可取得資助，委員會所在的東園很快便成為另一個權力中心，幫助共產黨抗衡國民黨的權力（Chan Lau 1990）。

在香港的工團委員會向罷工工人發放上廣州的旅費，並為他們安排交通。廣州方面派員到香港散播謠言，指香港即將斷水斷糧，令華人紛紛到銀行擠兌、搶購糧食，甚至恐慌地逃離香港。工會亦組織糾察隊，以暴力恐嚇和滋擾未有參與罷工的工人，不少擔心生命受威脅的勞工只能無奈地離開工作崗位（蔡榮芳，二〇〇一）。廣州政府於七月起禁止向香港出口糧食，並逼使港粵航線停駛，更助長華人恐慌情緒（李達嘉，二〇一二）。

香港的華商階層普遍視港粵大罷工為廣州政府的挑釁，時任立法局非官守議員的混血兒羅旭龢如是說：

> 以效果論，廣州（政府）正在和我們開戰。只是他們動用了槍炮和毒氣以外的手段。（Caroll 2007b）

香港華商以及遷居香港的廣東商人同仇敵愾，凝聚出一種與中國作對、或至少是與政治中國作對的本土身分認同。他們視香港政府為唯一合法政權，處處表示對香港政府之忠誠，代表香港本土利益與中國的政權正面對抗。他們並非只是消極的支持政府，而是積極地義務配合政府對罷工之反制，以行動證明自己是只忠於香港的英屬香港人（Carroll 2007b）。

何啟生前好友曹善允義務擔任臨時工務局副總監，為開埠以來首次有華人任政府體制的總監。臨工局於大會堂設立招工局，招聘工人填補罷工工人的空缺，不少退休警員紛紛響應。在曹善允統籌下，警察於市面尋找無所事事者，勸喻他們早日復工，這樣在六月廿二日至七月廿六日之間，就招聘到兩萬五千位苦力復工。

基層街坊及各行業公會亦積極配合，應華人政務司邀請，自行組織街坊自衛團。自衛團向曹善允報名後，可領取警棍和警笛，負責巡邏及防火。香港政府亦召集一隊後備警察，最終召集到一支有七百廿人的隊伍，其中有一百七十人為華人。而面對糧食不足的危機，東華醫院義工則設立攤檔，向貧民廉價售賣糧食，免貧民受飢餓之苦（蔡榮芳，二〇〇一）。

周壽臣與羅旭龢於中環華人行設立華安洋行，該處實際上是反制罷工宣傳的心戰室，統一發佈反罷工資訊，透過傳媒向大眾發佈。除此以外，他們還向世界各華人社區發佈電報，直接影響國民黨從海外華社得到的捐助（Chan Lau 1990）。該聲明指：

> 查廣州此次風潮，以至省港百業凋敗、工商受害，實由廣州政府厲行其赤俄政策。現所有海陸軍權，概歸俄人主管。目下擬實行共產制，並行土木屋宇捐，種種殃民虐政，全省騷然。若不早為挽救，則赤毒越流越猛，波及全國，更難收拾。鄙同人等目睹慘狀，誠恐遠道未明真相，用特通電陳述，俾眾周知，幸勿受其煽惑，無任切盼。（蔡榮芳，二〇〇一）

部分較勇敢的華商甚至支持陳炯明舊部下梁永燊成立工業維持會，向威脅他人罷工的工會糾察以武制暴，保護堅持工作的香港勞工。工業維持會中有三分之二成員擔當秘密警察的角色，暗中威嚇及拘捕罷工領袖和滋事者，餘下三分之一成員則成為探子，向華商及香港政府通風報信（Chan Lau 1990）。該會亦於干諾道華僑旅店設立辦事處，協助復工者尋找工作。在工業維持會幫助下，不少被逼參與罷工的工人經澳門返港，重新投入工作。

匯豐銀行香港買辦何世光、華商總會主席李右泉聯同任法律顧問的羅文錦於七月中設立商業維持局，幫助受罷工影響的華商尋找貿易機會，幫助商人找買家出售存倉貨物。當時廣東對香港實行貿易禁運，縱然後來禁運範圍縮窄至英國船隻及英國貨品，香港的對外貿易不免大受打擊。商業維持局令香港華商稍為擺脫對廣東市場的依賴，使他們能勉強捱過工潮。

在華商階層的積極協助下，香港市面於七月中開始日漸回復正常。響應罷工的香港工人，有的是為香港本土的勞工權益抗爭，有部分則是被工會糾察強迫參加。他們厭倦在廣州的政治鬥爭，就設法返回香港復工。畢竟大部分華人勞工，都是想在香港尋覓自由和幸福，而不是要參與中國腥風血雨的權力鬥爭。義工及復工者逐漸填補罷工造成的空缺，七月八日電車恢復服務，其他各行各業商業活動隨即漸次回復。七月廿二日開始，求職市場甚至出現供過於求的現象，到七月廿四日，先施、永安和大新三大百貨公司亦回復罷工前的營業時間。部分商人亦透過聘請女性勞工解燃眉之急，比如當時的酒樓於罷工開始後聘請女知客，意外地締造香港酒樓業的新傳統。娛樂事業在七月過後，亦回復昔日風光。華商階層透過志願行動集體挽救香港的經驗，令精英本土意識得以定型，亦展現出為自己族群團結自救的原始公民意識。

香港局勢日漸穩定下來，而罷工一時間未能達到目的，漸漸發展成持久消耗戰。與此同時廣州各勢力的權鬥亦越演越烈。此時廣州同時出現四個權力中心：在東園主導罷工委員會的中國共產黨，蔣介石主管的黃埔軍校，胡漢民主導的國民黨右派，以及由汪兆銘和廖仲愷領導的國民黨左派。這四個陣營爭奪權力，甚至不惜使用暴力。一九二五年八月廿日，廖仲愷於前赴會議途中遇刺身亡，各方明爭暗鬥不斷升級。

在新形勢下，香港各同鄉會入秋後紛紛上廣州謀求與廣州方面談判，而廣東四大商會亦派代表訪問香港。兩地商會展開民間接觸後，香港政府與廣州政府卻一直為正式談判的方式討價還價（蔡榮芳，二〇〇一）。十二月卅日，香港華商代表抵達廣州欲展開對談，卻遭廣州政府冷待。時任廣州政府外交部長的伍朝樞從中作梗，堅持只肯與香港政府展開政府間談判。新上任的港督金文泰，大概得知廣州政壇將有巨變，堅拒廣州政府的要求，決定靜觀其變（Chan Lau 1990）。

一九二六年三月廿日，共產黨員李之龍把其統率的中山艦停泊在黃埔外圍水域，懷疑準備綁架蔣介石。蔣介石以企圖暴動的罪名拘捕李之龍，廣州一度戒嚴，而蘇聯顧問辦事處及東園罷工委員會亦一度被黃埔軍包圍。部分共產黨員於事件中一度遭扣留，國民黨右派亦在蔣介石支持下於權鬥中取得上風。

中山艦事件後，國民黨左派擔心他們會與共產黨一併被右派清算，急須與香港方面和談以解除後顧之憂（蔡榮芳，二〇〇一）。汪兆銘遂派親信傅秉常到澳門與周壽臣和羅旭龢會面。雖然會談未有實質成果，但周羅二人卻回報指汪兆銘態度友善（Carroll 2007b）。蔣介石於六月準備興師北伐，遂對外發表八點宣言，當中承諾停止對香港的抵制。蔣介石派代表會晤華人政務司夏理德等人，香港方面嚴正拒絕向罷工工人賠償的要求，但承諾資助廣東工業發展，包括協助興建連接九廣鐵路和粵漢鐵路的環市鐵路。廣州政府為專注北伐，便於七月釋出善意，禁止主要企業內的罷工活動，同時宣佈廣州戒嚴。

金文泰主張繼續強硬對付廣州政府，英國外交部卻相信廣州方面會信守平息工潮的承諾。最終廣州政府下令於九月廿二日停止罷工，並於十月一日全面恢復對香港的交通。十月十日廣州政府正式宣佈後，歷時一年零三個月的港粵大罷工終於畫上句號（Chan Lau 1990）。香港罷工工人淪為中國政治勢力的棋子，訴求無一得以實現，但忙於北伐的國共兩黨再也沒有為他們哼一句聲。香港政府之後加強打壓香港勞工運動，先是再度查禁海員工會，次年再通過《非法罷工與停業法令》。罷工領袖於香港無法容身，唯有到中國投靠共產黨。但蔣介石此時開始清黨，他們亦大多淪為白色恐怖下的亡魂（蔡榮芳，二〇〇一）。罷工領袖為激進中國國族主義所煽動，但所謂的祖國視之為芻狗，最終只得陷入無家可歸的窘境。

本土意識基層傳播之始

港粵大罷工亦促使華商階層透過傳媒動員基層，並以促進傳統教育防止民眾變得激進。如此皆令原先局限在精英的本土意識，得以向基層民眾傳播。罷工期間，華商階層先後創辦《工商日報》與《華僑日報》。兩份新報章均反對廣州政府和大罷工，當中又以《工商日報》的立場尤其明顯。該報在罷工期間，每天刊登離港及返港人數，藉此證明罷工不成氣候。頭版多為廣東新聞，之後緊隨著與罷工相關報導，向讀者說明中國政局之混亂。而在港聞版，該報多報導瑣事、趣聞，以彰顯香港社會的和諧。社評則多批評國共兩黨，對共產黨之批評尤其激烈（Carroll 2007b）。

比如在一九二六年四月一日的《工商日報》，頭條為〈廣州政變後之亂象〉，講述中山艦事件後蔣介石的動態。之後的廣東新聞都是負面新聞，報導包括〈廣州又擬實行開賭耶〉、〈藥酒又要歸政府專賣〉、〈政府壟斷煤油政策失敗〉和〈褚民誼（按：廣州大學校長）因畏共黨辭職〉。第二頁則為〈共產黨把持下的全國學生總會〉，批評共產黨迷惑無知熱血青年。在第二疊，第二頁為〈民共兩黨之宣戰聲〉，批評國共兩黨。之後第三頁，第一宗報導是〈尤列通電討赤〉，之後該疊就沒有再報政治新聞。之後的報導，包括〈昨日南華足球比賽記〉，以及粵劇、電影和演唱會的時間表。之後第三疊頭版的香港新聞，即多是社會新聞和社團消息。這編排似要說明香港在港粵大罷工期間，馬照跑、舞照跳、歌舞昇平。而最後的國際新聞，則為〈俄國共產主義之失敗〉，借國際事件揶揄廣東將自取滅亡。

《工商日報》這種論述，將繁榮安定的香港與赤化動蕩的中國二元對立起來。這其實是一種強調港中有別，而且視香港為福地的本土意識。讀者在耳濡目染下，亦會漸漸將自己視為深圳河以北中國人有異的華人。

除此以外，華商亦贊助旅港前清遺民，資助他們成立教授傳統經典的學校，委託他們教精英子弟古文（陳學然，二〇一四）。辛亥革命後，仍有批堅持「一臣不事二主」的儒士，堅持遵守儒禮，延續古人生活方式，當中比如是學海堂的儒士，則南遷香港逃避民國統治（林志宏，二〇〇九）。他們對九龍城宋皇臺和侯王古廟作考證，指東九龍原為官富場，曾為宋端宗皇帝的根據地，而侯王廟則祭祀扶助幼主的國舅楊亮節。香港因非民國領土，故此能繼承儒家道統。一眾遺民常往宋皇臺憑弔，互相酬唱詩文，並以南宋遺臣的事跡肯定自己拒事民國的情操（區志堅，二〇一〇）。

這些前清遺民在香港多以教書為生。區大典身兼多校教職，陳伯陶在皇仁書院任中文教師，而賴際熙則於香港大學文學院任兼職講師，講授史學和經學（方駿，二〇一二）。他們於一九二〇年代起在堅道設壇講學，一九二三年得何東、利希慎等人資助，購置般含道廿號以開設學海書樓。書樓既招生授課，亦設開放予公眾的閱覽室，以「存古、衛道、順人心、拯世道」為成立目標（區志堅，二〇一〇）。

港粵大罷工發生後，羅旭龢將之歸咎於香港缺乏儒家倫理教育，令工人易受激進中國國族主義迷惑。他因而主張要向所有華人學生教授傳統文化（Carroll 2007b）。新上任的港督金文泰是業餘漢學家，對傳統中華文化深感興趣，亦因此同意用傳統教育壓制激進思想。皇仁書院中文教師宋學鵬、麥伯芬編修《香港國家簡明漢文讀本》，隨即成為香港中學必修課程。一九二七年，香港政府設立官立漢文學校，亦即是金文泰中學的前身。該校為中文學校，師資包括前清舉人梁廣照、葉次周和黃慈博，並以研讀古經為課程內容（蔡榮芳，二〇〇一）。

香港大學於金文泰主導下，於一九二七年成立中文系，教職員多為學海書樓的遺老。賴際熙成為系主任兼教中史，而區大典則教授經學。中文科的師資加強了，但前清遺老著重背誦，少研究創新，未能合乎大專中文教育要求。這情況要到一九三五年許地山接任系主任後方有改善。不論如何，香港大學中文系創辦後，就成為香港發揚傳統中華文化的重鎮（方駿，二〇一二）。

在傳統文化教育之下，香港文壇多採用古文，或是半文半白的文體。一九二一年創刊的《文學研究錄》，撰稿人有章炳麟等反對新文化運動的文人，文章多宣揚復古，反對新文化運動。香港的社會氣氛在保守文人薰陶後，對新文化運動興趣缺缺，對於新文化引申的激進中國國族主義，亦不如深圳河以北之中國人那般熱心。來香港訪問的中國文人，多驚覺港中兩地極大的文化差異，如友生所言：

> 英人之經營殖民地者，多為保守黨人，凡事拘守舊章，執行成法。立異趨奇之主張、或革命維新之學說，皆所厭惡。我國人之知識淺陋與思想迂腐者，正合其臭味。故前清人之遺老遺少，有翰林、

> 舉人、秀才等功名者，在國內已成落伍，到香港走其紅運，大現神通。各學校之生徒，多慕此輩。（蔡榮芳，二〇〇一）

前清遺民固有食古不化之處，比如說他們多對民權思想有偏見（區志堅，二〇一〇）。不過，這正是嶺南人士肯定自身身分的策略：他們主張自己保留了於中原失傳的華夏傳統，藉此說明嶺南人之獨特和優越（程美寶，二〇〇六）。亦因此清遜帝於一九二二年大婚收到的逾千份賀禮中，有八百餘份是來自廣東（林志宏，二〇〇九）。

五四之後，中國逐漸走上激進國族主義的不歸路，新文化運動還成為國共兩黨意識形態的根基（陳學然，二〇一四）。廣東於陳炯明被打敗後，就是激進國族主義的天下，與嶺南既有本土文化越走越遠。唯有香港因在中國之外、處中國之旁，得以延續嶺南傳統文化，出現了華夷變態的現象。在香港得以保存的傳統文化，再加上港粵大罷工期間出現的港中有別論，使本土認同逐漸流向基層，令香港國族主體意識亦開始萌芽。與此同時，中國國族主義者亦把香港人視作他者，認為香港人是食古不化的愚民、覺得香港人是不東不西的文化雜種，基本上是把香港人視為中國國族建構的反面教材。他們會基於領土收復主義（irredentism）而把香港視為中國的一部分，心底裡卻極其蔑視香港人，並未有把香港人視為敬愛的同胞（駱穎佳，二〇一六）。港中兩地民眾的身分認同，自此漸行漸遠。

在港粵大罷工後，精英本土主義透過教育與傳媒向基層擴散，令本土身分認同開始在普羅階層出現。只待香港政府進行促進公民權的改革，再把港中邊界稍為封閉，接受同樣的教育、有著同樣的人生歷程的香港人，就有條件成為新生的國族（Anderson 1982）。這樣，香港就會成為一個實質上的國族國家。

第三部

繽紛時代：邁向現代都會

銅鑼灣利園山戰後式唐樓群，建於1950年代，
因特殊的土地轉讓條款而避過重建的命運。（作者攝）

第十一章 脆弱的榮景：戰前香港的現代化進程

第一次世界大戰時，西方各國只要是身體健全的男性，不論貧富大都要並肩上前殺敵。這種不同階級共負一軛的經驗，再加上美國總統威爾遜提倡自由平等的戰後新秩序，使一戰後西方出現追求社會平等的風潮。

在香港的西方人開始主張社會改革，此新興社會運動隨後又由香港華人傳承。香港政府縱然不太情願，最終仍是推行了社會改革，並有限度地提供社會福利。這些改革使華人民眾不再只視香港為寄居之地。各種社會福利使民眾的生活安定下來，他們能夠在香港安居樂業，就不再視自己為客旅，逐漸建立起本土身分認同。

香港經濟亦在一九二〇年代轉型，植根本土的工業開始蓬勃發展，成為香港經濟的新支柱。與中國的轉口貿易不再是香港經濟唯一一道板斧，與此同時香港政府亦大力促進基礎建設，這樣香港到一九三〇年代已經成為一個繁盛的現代工業都市。

可惜好景不常，日本帝國主義亦於同一時段急劇擴張，先是侵略中國，到一九四一年末更揮軍侵略香港，開始三年零八個月的殘酷統治。香港的現代化進程，亦因這場戰禍而中斷。

戰前香港的社會改革運動

爭取童工法的運動，為香港戰前的社會改革運動揭開序幕。早於一九一一年，在香港執業的律師包利（Francis B.L. Bowley）便在報章主張引入英國的兒童憲章（Children's Charter）。律政司隨後立法規定，不再將十六歲以下罪犯判處入獄，並禁止虐待、疏忽照顧及遺棄兒童。不過，政府此時未有就童工作出規管，事情則暫時不了了之。

在香港傳教的匹茲女士（Miss Pitts）於一九一八年十二月到聖公會男士協會，與會眾討論香港童工問題。會上她主張禁止販賣兒童，以傭工註冊制度限制童工，並實施義務教育。匹茲的言論引起輿論注意，包利隨即提倡對童工及收養兒童作登記，立法限制童工可從事的工種，並以工廠發牌制度監察僱主。身為潔淨局議員的包利於局中動議，最終在一九一九年四月二日潔淨局成立委員會，以調查香港工廠擠逼及童工問題。五月廿七日，委員會提交報告，建議禁止十四歲以下童工每天工作超過十小時，並限制十三歲以下童工從事高風險行業。報告亦建議規定工廠要為員工預留充足的人均空間。潔淨局隨即通過略作修改的建議，但由於該局沒有立法權，他們唯一可以做的是把建議轉介行政局。

奧布雷醫生（Dr. Aubrey）於一九二〇年四月在舊山頂道遇到兩名把石灰和泥土抬上山之童工，分別為十一及十三歲，其中一位不堪重擔，邊走邊哭。奧布雷隨即報警，警方拘捕了幾名受僱於承包商監督童工的婦女。奧測試了負載物的重量，並按其專業經驗指那對兒童過於沉重。但法庭上裁判官卻指對事件無能為力，強調童工問題只能透過立法解決，那幾名逼兒童做苦工的婦女獲當庭釋放。

這次事件獲香港英文媒體廣泛報導及評論，《士蔑西報》（*Hong Kong Telegraph*）甚至將解決勞工問題及推行普及教育形容為大英帝國的使命。消息傳到英國後，當地防止虐待兒童協會（National Society for the Prevention of Cruelty to Children）的機關刊物《兒童衛報》（*Child Guardian*）以香港兒童權益為專題，並轉載了包利在聖公會男士協會中之演講辭。協會主席於十一月向殖民地大臣請願，要求他召見香港殖民事務官討論兒童福利政策。國會議員亦就此議題質詢殖民地大臣，並揭發行政局一直拖延處理潔淨局的提議。

香港政府面對來自本土及英國的雙重壓力，唯有於一九二一年三月成立專責委員會。羅斯（S.B.C. Ross）獲委任為主席，成員則包括反童工的匹茲、倫敦傳道會的威爾士牧師（Rev R.H. Wells）、麥肯尼醫生（C.W. McKenny），華人代表則包括華商周壽臣與承包商李平。委員多贊成現有童工狀況不夠人道，但代表華商及承包商利益的華人代表則反對全面廢止童工，並指出這樣只會損害基層華人收入，亦怕會招來大批中國移民，故此亦反對推行義務教育。最終委員會只建議禁止十一歲以下兒童做工，其他童工每週不得工作多於五十四小時，不可連續工作五小時，並且不得於晚間工作。工廠必須向童工提供膳食、休息場所和急救用品。玻璃廠及鍋爐室等危險工作場所不得聘用童工。政府則應強制登記工廠，並派工廠檢查員巡查。

一九二二年九月廿一日，律政司將《兒童工業僱傭條例》（Industrial Employment of Children Ordinance）交予立法局首讀。條例大體上依照委員會的建議，與此同時亦規限童工之負重。條例最終三讀通過，在一九二三年一月一日正式執行（Smith 1995）。

改善童工工作環境後，社會改革運動把焦點放在反對蓄婢制度之上。當時富有華人會向貧民購買俗稱妹仔的婢女。理論上，婢女要幫助女主人從事家務，但婢女為女主人虐待之事時有所聞。部分好色的男主人甚至會性侵犯婢女，將之納為妾侍。

一九一九年八月，海軍少校希士活（Hugh Haslewood）的夫人克拉拉（Clara）於報章批評香港政府縱容婢女受虐，並發電報遊說英國慈善群體，宣揚香港仍有兒童被賣身為婢。感到尷尬的港督司徒拔借故將希士活調返英國，但希士活夫婦仍未有放棄，反而組織頗具規模的群眾活動，並不時向國會議員遊說（Ure 2012）。

希士活夫婦的社會運動在香港惹起極大爭議。華商階層依賴婢女做家務，故極力主張保留蓄婢制度。何福與劉鑄伯於一九二一年七月在太平戲院召開大會，與會華商多為蓄婢制度辯護，否認這是變相的奴隸制度，認為富有的僱主多會顧全名聲，因而沒有虐婢的動機。而婢女在富有人家中的生活總會比留在貧窮的老家好。

華商亦指出中華民國推行廢婢，令大批婢女失業，並聲言有窮困家長寧可將贖回的女兒送交警察局長求代為照顧。何福更訴諸文化差異論，指斥希士活夫婦不懂中文，亦不瞭解華人風俗，根本無法就事論事。為了與反蓄婢的社會運動抗衡，華商建議可成立一鼓勵善待婢女的組織。

但在場的婦女運動、勞工運動人士卻據理力爭，反駁華商對蓄婢的輕描淡寫。潘日基即場報告了三宗虐婢個案，令支持蓄婢者老羞成怒，兩派於會場上不斷叫陣。楊少泉醫生則公允地指出婢女之所以少作投訴，只是因為她們處於不平等的權力壓制下，根本無法暢所欲言。而據他本人瞭解，會同情婢女的僱主是難得一見的善人。反蓄婢者批評，蓄婢並非東亞文明的優良傳統，反而是墮落的徵兆。反蓄婢者欲動議大會議決廢婢，但為主持所阻止。最終大會在支持蓄婢者主導下，決議成立以善待婢女為名反對廢婢的「防範虐婢會」。

反蓄婢陣營質疑「防範虐婢會」只是掛羊頭賣狗肉，決定另起爐灶，於一九二一年九月成立反對蓄婢會，為首個由華人主導爭取本土社會改革之組織。會員多是基督徒、基督教青年會會員或勞工組織成員，他們指英國作為《凡爾賽和約》簽署國，有責任按照當中國際勞工條約的規定，讓香港兒童能在公正、人道的環境下工作。反對蓄婢會認為，為錢財販售女兒的家長，以及虐待婢女的僱主，皆是喪盡天良，企圖以道德感召此等施虐者善待婢女，只會徒勞無功。是以該會主張必須靠制度保障婢女。為免婢女失業，反對蓄婢會建議婢女可為僱主多工作一段時間，但她們要改稱為傭妹，而僱主亦要取消之前的買賣文件。在新僱用合約屆滿前，婢女的生活狀況要定期讓檢查員巡查。除此以外，反對蓄婢會還建議成立工業教養院，收容重獲自由的婢女及其他無業青年女性，並訓練其謀生技能。政府亦應設立職業介紹所，幫助這些女性找到工作。如此一來，反對蓄婢會不單關注婢女人道狀況，還是香港第一批倡議實行社會福利政策的壓力團體（Smith 1995）。

希士活夫婦的社會運動隨後亦取得成果。英國反奴會（Anti-Slavery Society）於一九二二年聯同聖公會根德伯里大主教（Archbishop of Canterbury）和約克大主教（Archbishop of York）向國會請願，要求成立委員會調查香港蓄婢制度。時任殖民地大臣邱吉爾指示港督司徒拔成立調查委員會，並要求香港政府公開宣佈廢止蓄婢制度（Ure 2012）。為了準備配合倫敦的要求，華民政務司夏理德（Edwin Richard Hallifax）便打算邀請反對蓄婢會和防範虐婢會進行協商。

反對蓄婢會於三月廿六日為此召開了創會以來的第一次大會。屈臣氏公司買辦黃茂林為主持大會的主席，而大會執行委員包括先施公司主席馬應彪的夫人霍慶棠，以及基督教青年會的林護。廣州最高法院院長許乾亦派了兩名代表出席。而此時希士活亦聯同英國壓力團體，與國際聯盟以及國際人道組織進行遊說。香港政府於四月十四日成立十四人調查委員會，反對蓄婢會和防範虐婢會各佔七席。反對蓄婢會的代表，包括黃茂林、禮賢會的王愛棠牧師、以及楊少泉醫生。而防止虐婢會的代表包括羅文錦和周竣年（Smith 1995）。

當時香港政府正與華商階層結盟，幫助陳炯明與孫文角力。司徒拔對倫敦的命令甚為不滿，相信如此會得罪華商階層，令英國無法再鞏固對香港的統治。他如此向殖民地部投訴：

> 終局現已開始了。早前本人曾告訴你們，我相信我們能多統治香港五十年。如今本人相信那最多只有二十年……他們不喜歡我們，只是消極地順從。如果我們干預他們的風俗，去到他們覺得不可理喻的程度，那（他們）消極的默許將或多或少會轉變為積極的反抗。（Ure 2012）

不管司徒拔有多不情願，《管制家庭服務形式條例》草案還是於十二月廿三日刊登憲報，並於廿八日在立法局首讀。華商總會為此於一九二三年一月召開特別會議，會上立法局議員周壽臣揚言會堅決反對法案，會後華商總會亦決定會在條例二讀時提出反對。但部分華商無意為此事與政府不和。羅文錦之後在《孖剌西報》（*Daily Press*）批評華商總會的論調，指防範虐婢會早已與政府在調查委員會中達成協議，特別會議之決定是強逼該會放棄承諾。東華醫院數日後召開大會，董事局的華商希望能藉此反對草案，但由於捐款人均有權赴會，教會、基督教青年會和勞工組織均動員反蓄婢人士參與。會上羅文錦表態贊成法案後，群眾要求即時投票表決，反對法案的東華醫院主席羅長肇卻宣佈腰斬會議。一輪騷動後，羅文錦再次上台發言，主張另選大會主持，然後再投票表決。羅長肇只好讓步，恢復會議並進行表決，最終大會以壓倒性多數支持法案（Smith 1995）。

在群眾壓力下，周壽臣並無於二月八日時反對法案。他在立法局中表示支持法案：

> 惟該例第二款已釋明「妹仔」之意義，而虐婢之事仍時有所聞，故政府宜特殊保護妹仔。虐婢之人最堪痛恨，雖罰以巨款仍不足以蔽其辜。或謂此等殘忍成性之少數人，非此例所能阻其虐婢。吾

然其說，故宜判虐婢者以長期苦工監禁。（鄭宏泰、周振威，二〇〇六）

但周壽臣的支持，卻又顯得不情不願。他隨即批評以法律改變風俗的主張：

> 鄙意欲改良此由來已久之社會習慣，非猝然厲行之變革所能收效。蓄婢之制，根於生活經濟之情形而發生，已歷數千年，宜以教育與論之方法，從漸而改革之……贊成此例之人，雖本於高尚之觀念，但吾恐其熱誠禁婢，而無暇平心靜氣以研究此問題所需之重要。（鄭宏泰、周振威，二〇〇六）

事情之發展，亦不如司徒拔所想那麼悲觀。當時陳炯明已經失勢，華商階層必須倚靠香港政府的幫助，方能夠與把持廣州政府的孫文抗衡。是以他們對法案並沒有很大的反彈。《管制家庭服務形式條例》於二月十五日在無人反對的情況下立法會三讀通過。條例禁止香港居民購買或轉售婢女，而已身為婢女者，若不足十歲則須即時釋放。年紀較大的婢女可繼續為僱主服務，但必須在限期前向政府登記。不過，魔鬼總在細節上，該法案之執行日期，訂在港督覺得合適的時間，如此一拖就是六年。

政府在一九二四年發表報告，指根據團防局之統計，香港婢女的數目再無增加。但需要說明的是，當時團防局乃是由華商階層主導，也許對統計數字會造成影響。不論如何，公眾對法案獲通過感到滿意，而英國國會亦暫沒有再過問。直到一九二八年，英國反奴會與原住民保護協會（Aborigines Protection Society）調查後發現香港仍存在蓄婢制度，婢女的數目亦持續增加。兩會於《衛報》（*Guardian*）投稿，殖民地大臣於東窗事發後敦促港督金文泰（Cecil Clementi）處理。初時金文泰一直拖延，但工黨於一九二九年六月在麥當諾（James Ramsay McDonald）領導下贏得英國大選，左傾的新政府比較注重殖民地的人權問題。新任殖民地大臣韋實彌（Sidney Webb）為費邊社（Fabian Society）成員，上任後便指令金文泰落實一九二三年立的法案。立法局隨即通過修正案，政府開始登記婢女，並聘請相關執法人員。初時登記的進度甚為緩慢，而金文泰死心不息遊說倫敦改弦易轍，但工黨政府始終堅持要落實廢婢。

此時反對蓄婢會持續監察政府執法。一九三〇年登記期限過後，有四、三六八位婢女已進行登記，這意味著有接近一半婢女未有依法登記。反對蓄婢會透過反奴會向倫敦施壓，並欲再進一步爭取養女登記。接替金文泰任港督的貝璐（William Peel）提出官方數據申辯，為殖民地部所接納。到一九三四年，國際聯盟的常設專家諮詢委員會考察過香港和馬來亞的婢女問題，其報告內容對香港政府作出批評。

香港政府於十二月就此成立調查委員會，委任保護兒童會九龍分會總監樂施比（F.H. Loseby）為主席，委員則包括鄧肇堅等人。但是這委員會的報告卻被指偏袒僱主而飽受輿論批評。有鑒及此，英國殖民地大臣決定成立自己的委員會。在倫敦調查的壓力下，新任港督郝德傑（Andrew Caldecott）不待調查委員會報告出爐，即於一九三六年五月提交新例予立法局通過，規定虐婢的僱主必須判處監禁。

在英國的調查委員會乃是由曾任錫蘭財政司的活士（Wilfred Woods）主持，而希士活夫婦則是首批證人。調查委員會最後提交兩份報告。主流報告提議增加華民政務司保護婢女的權力，但不對養女作登記，而少數報告則主張要登記養女。殖民地部遂指示香港政府盡快落實主流報告建議，並最好考慮少數報告建議。當時香港又換港督，新港督羅富國（Geoffrey Northcote）是位改革者，他按主流報告替華民政務司擴權，並計劃登記獲轉讓的養女。與此同時，羅富國亦說服團防局，使他們接受全面登記養女。在羅富國提出的條例通過後，香港婢女數目大減，從一九三八年十一月的一、一四一名，到一九四一年五月減至一二七名（Ure 2012）。

一九二〇年代末至一九三〇年代，香港政府亦有推出多條社會及勞工立法，比如一九二七年《工廠條例》、一九二九年《婦女、青年及兒童工業僱傭修訂條例》和一九三二年《工廠及工場條例》（Carroll 2007a）。反蓄婢運動是香港首場華人自發的社會改革運動，此運動非關私利，而是關乎人道、平等這類抽象而非物質的普世價值，是要讓香港人能活得有尊嚴。

這場運動喚起社會對改革的訴求，在這種壓力下，香港社會福利政策的雛型亦應運而生。香港政府的福利開支，在一九一二年佔支出百分之零點二，到一九三九年則佔百分之三點一。這雖然與真正的福利國家建設有一定距離，但終究是從無到有的大躍進（呂大樂，二〇一〇）。改革派港督羅富國曾考慮徵收入息稅（所得稅），以擴展香港社會福利服務，可惜在日本軍國主義的進逼下，如此宏圖大計只得暫時擱置。

現代化的工業城邦

在十九世紀末，西方商人就已經在香港開設船塢和糖廠，為香港工業化掀開序幕。到二十世紀初，華人資本亦開始於香港設立工廠。香港當時為糖薑的主要生產地，工廠將來自廣東的薑加糖漬製，然後出口到西方各國，作為製作薑餅等甜食的原材料。而南洋兄弟煙草公司在一九〇五年開設的香煙廠，則為當時香港最具規模的華資工廠。

到一九二〇年代香港工業發展一日千里，一九二二年香港開始有紡紗業，到一九二七年亦開始出產手電筒（饒美蛟，一九九七）。雖然在一九二八至一九二九年，國民黨政權統一中國後恢復關稅自主，並提高關稅保護上海的工業，但香港工業很快便克服難關。

一九三一年在香港開設的工廠數目創歷史新高，之後一九三〇年代一直維持高增長。當時香港以食品工業最為大宗，製衣業的規模緊隨其後。除此以外，香港的印刷業、機器製造業、紡織業與化工業甚為蓬勃（梁謙武，一九三六）。

香港於一九二〇、一九三〇年代出現不少現時香港人仍耳熟能詳的工業品牌，包括於一九二二年創辦的先施化妝品和陳李濟藥廠，一九三〇年創辦的淘化大同食品公司，於一九三二年創辦、生產駱駝漆的國民製煉漆油公司和生產菊花牌漆油的中華製漆公司，以及於一九三三年創辦的捷和鋼鐵廠。除此以外，一些中國企業亦在香港開設分廠，比如商務印書館於一九二四年在堅尼地城設印書廠，到一九三四年遷廠至北角，也就是在今日書局街旁邊。英國與各自治領及殖民地於一九三二年簽訂渥大華協議（Ottawa Agreement），自此香港工業產品於這些英聯邦成員均享有特惠稅權利，更為香港工業發展打上強心針（饒美蛟，一九九七）。

香港華資工業在一九二〇年的資本總額為一、七五〇萬港元，到一九三五年則已增加至五千萬。如此代表著華資工業已於這段時間成為不能忽視的產業，而香港華人工業家亦於一九三四年組織香港中華廠商聯合會以爭取業界權益（張麗，一九九九）。蔣介石於港粵大罷工接近尾聲時興師北伐，一九二七年攻佔長江流域，並在次年統一全國，同年與共產黨決裂，於國民黨內清洗親共派，其南京政府亦一改昔日廣州政府的左傾政策，與商界修好。雖然國民黨各派系於一九三〇年在華北爆發中原大戰，但經濟高度發展的長江三角洲政治穩定，因而締造了被稱為「南京十年」的經濟奇蹟，一九三〇年代亦是中國有史以來經濟增長最快的時期（Dikotter 2008）。

廣東於一九二九至一九三六年期間，由國民黨軍人陳濟棠在效忠南京的名義下雄踞自治，陳因而被時人稱為「南天王」。雖然此時中國回復關稅自主，令香港工業產品因關稅的緣故開始滯銷，不過陳濟棠與香港政府及華商階層關係友好，並在廣東推行重商政策，吸引香港廠商到廣東開設工廠。這樣香港廠商既可繞過關稅壁壘進軍中國市場，又能將部分工序移往工資較低的廣東節省成本（Kuo 2014）。這樣香港於一九三〇年代初，工業與轉口貿易均能持續興盛，並發展成一個現代化的工業社會（Chan Lau 1990）。

一九三七年七月七日蘆溝橋事變後，中日戰爭爆發。日本軍隊八月中在上海附近登陸，中日兩國軍隊展開淞滬會戰，戰況空前激烈，一直打到十一月底。戰役後上海淪陷，工業受到戰火摧殘。首都南京於十二月十三日失守，日軍之後血腥屠城，中國軍隊則退到內陸持續抗戰。大批中國工廠為逃避戰亂而遷到香港，並為香港引進新產業。這些新工廠包括香港火柴廠、位於坪洲的大中國火柴廠、以及天廚味精開設的酸鹼廠。西醫藥業、電機業以及無線電業亦是於此時引入。香港的工業規模再進一步，一九三六年工業佔香港出口總值的百分之三．一，到一九四一年則增至百分之十二．一。香港出產的膠鞋、防毒面具和手電筒此時成為國際知名商品（張麗，一九九九）。

當時英國與日本關係急速惡化，香港政府於一九三〇年代末實行外匯管制，這樣日本產品既無匯率優勢，亦因冒犯華人情緒而銷情欠佳。義大利亦因入侵衣索比亞而被國際聯盟實施禁運，令義大利產品銷聲匿跡。如此皆增加香港產品內銷的數量。此時東南亞各地經濟繁榮，華僑購買力增加。他們因中日戰爭買不到中國製品，而族群情感又使他們抗拒價廉質優的日本貨。他們便因著與香港的商貿人口交流，偏好香港華資工廠的製成品（張曉輝，一九九六）。英聯邦以及隨後南洋市場的增長，令香港工業於一九三〇年代中擺脫短暫的不景氣，出口大規模增長。到一九三七年起英國及其殖民地指香港產品的原料部分為來自廣東的半製成品，不是百分百的大英帝國物產，逐漸撤回渥大華協議的優惠。到一九三九年更因香港不處於英鎊區，限制香港產品出口往英國以及新加坡等殖民地。不過此時香港工業已經站穩陣腳，出口量不減反增（Kuo 2014）（表11.1）。

香港政府亦在這段期間展開大規模基本建設。政府於一九二五至一九三一年修築九龍水塘群，而一九三六年落成的城門水塘，更為當時大英帝國最大的水塘。自來水的供應因而得以普及。香港的公共交通網路亦開始成形。原先香港的公共交通工具，只有來往中環與山頂的纜車、行走香港島北岸的電車、來往中環與尖沙咀的天星小輪，以及尖沙咀至羅湖的九廣鐵路。油麻地小輪於一九二四年取得渡輪專營權，將中環與九龍的深水埗、油麻地和旺角連接起來，之後亦經營來往長洲、坪洲、大嶼山等離島航線（陳志華等，二〇二二）。香港政府亦於一九三三年批出公共汽車專營權，讓中華巴士公司經營香港路線、讓九龍巴士公司經營九龍和新界的路線。這樣市區各地以至新界主要鄉鎮，均可靠公共交通工具抵達（馬冠堯，二〇一六）。

在九龍灣北岸的填海區，原為何啟與區德的失敗投資，故有啟德濱之名。皇家空軍於一九二七年三月徵用此地，隨後香港政府購置該處土地以興建機場、空軍基地和飛行學校。啟德機場於一九三五年興建指揮塔與飛機庫，並在次年開始營辦定期民航航線（宋軒麟，二〇一三）。能源與通訊在一九二〇、一九三〇年代皆有舉足輕重的發展。香港電燈公司於北角興建發電廠，中華電力於紅磡亦設發電廠，而香港電話公司和大東電報局則各自建設對內及對外的電訊。香港政府亦進行大規模民生建設，一九二六年開辦九龍醫院，一九三七年開設大英帝國在東亞規模最大的瑪麗醫院，並在一九三九年開辦之後改稱為羅富國教育學院的香港師資學院。

表11.1 ——香港成衣出口（千港元），一九三二至一九四〇年

	1932	1933	1934	1935	1936	1937	1938	1939	1940
馬來亞	2553	1790	1799	1087	1817	2842	3198	3915	4080
英國	21	498	1827	1169	2373	3366	4164	6545	12768
中國	3635	1982	948	416	310	387	1009	336	452
總出口	12784	8488	8487	6223	12591	19685	20561	28520	41438

資料來源：Kuo 2014

香港於一九三〇年脫離對港中轉口貿易的依賴，轉型為現代化工業城邦，卻與英國視香港為對華貿易基地的國策相抵觸。香港政府的官方論述對工業發展輕描淡寫，亦未有支持華資工業的政策。不論如何，香港華人工商資本家均對自己的成就感到自豪，在一九四一年趁香港開埠百週年，聘文人編撰《百年商業》與《香港百年史》。香港華商透過撰寫香港歷史，反駁政府獨尊轉口貿易的主流論述，指出華資工業早已是香港經濟的支柱。

與此同時，香港華商階層亦透過歷史論述，肯定自己作為英屬香港忠誠支持者的身分。在這兩本歷史著作中，作者均強調香港之歷史始於香港開埠，若然沒有英國管治以及殖民地體系之建設，香港就不會存在。而華人與西方人的衝突，以及西方人的種族歧視，均被輕描淡寫。但作者亦強調香港華商在英國制度下之角色，指出華人並非單純地向英國稱臣，而是有能力管理社區事務的公民。華人特別是華商階層的勤奮拼搏與公民素質，是香港能維持政治穩定、確保經濟欣欣向榮的重要因素。

這套論述亦強調港中兩地在政治制度及經濟發展上的區別。香港華商強調他們一直幫助中國的現代化發展，但他們之所以能夠幫忙，正是因為香港一直遠比中國先進。他們對中國仍有手足之情，但亦都是與其不同的香港人；他們對中國抱有特殊使命，但這正正因為他們是比中國人更前衛、更優秀的特種華人。香港的華商之所以抱有這種優越感，正是因為香港是一座在中國以外、處中國之旁的英屬城邦。而這個特別的領域就是華商的家鄉，他們人生所有成就，都在這裡獲得（Carroll 2007b）。

太陽旗的陰影

香港一九三〇年代的繁榮景象，卻只是建築於浮沙之上。西方列強在第一次世界大戰大受打擊，無力兼顧遠東事務，日本趁機一躍而成東亞主要帝國主義勢力。一九二〇年代大正天皇統治期間，日本曾推行民主化改革，但始終未能約制軍方勢力。一九二三年關東大地震以及一九二九年經濟大蕭條後，大正民主走到末路。社會躁動、軍人跋扈，民選政府無力掌管，令政治暗殺頻生。一九三二年五月十五日，身為民主化推手的首相犬養毅遭少壯派軍人行刺，自此日本走上義大利、德國之道路，成為極右軍國主義國家（Shuichi 1974）。

就在大正民主奄奄一息之際，駐紮滿洲的關東軍儼如軍閥，並在一九三一年九月十八日起釁。到九月廿三日，中國失去遼寧和吉林，不久後整個滿洲均由日本侵佔。次年一月廿八日進攻上海華界，惟十九路軍負隅頑抗，日軍唯有暫時撤走，不過還是於三月一日擁立清遜帝溥儀為虛君，於滿洲成立滿洲國。自此日軍經常騷擾華北，直到一九三七年七月七日中日戰爭正式爆發。到一九三八年十月，日軍在香港東北附近的大亞灣登陸後，迅速佔領廣東。香港此時成為日本勢力範圍中的孤島。當時日本與英、美兩國關係惡化，國內有人提倡「南進政策」，主張奪取英、美、荷、法四國的東南亞領地，取得石油、橡膠、錫礦等日本急需的資源。香港雖未淪陷，處境並不比中國理想太多。

自日本開始對中國的侵略，香港華人反日情緒持續高漲。九一八事變後，灣仔莊士敦道一帶於九月廿三日爆發反日騷亂。當時華人正發起罷買罷賣日本商品的運動，有暴徒趁機生事，搗毀大佛口一帶日本商店的櫥窗，甚至破壞當地華人居民擁有的日本貨。在九龍，有日本人家庭遭暴徒滅門，亦有無賴於街上借機鬧事。政府要到九月卅日才能夠恢復秩序。而在一二八事件後，香港再發起杯葛日貨運動。當時不少左派及自由派文人為逃避中國國民黨獨裁統治而旅居香港，在香港報章上撰寫反日中國國族主義文學。在此以前，香港報章主要採用文言文，較通俗的會用三及第文體，南來文人的愛國文學令白話文得以在香港流行。而在港粵大罷工後一度沉寂的勞工運動，亦在此時以反日運動的姿態重生（蔡榮芳，二〇〇一）。

不過，雖然香港華人有反日情緒，亦有捐助中國的抗日工作，但整體來說他們的熱情比不上南洋各地華人。這是因為國民黨政府要員多在香港安頓其家屬，但當中國水深火熱之際，他們卻公然在香港過著奢華的生活。香港處於中國之旁，令香港人對中國的陰暗面歷歷在目。沒有距離帶來的美感，香港華人自然也不會像南洋華人那樣全情投入地熱愛中國（Chan Lau 1990）。

自中日戰爭於一九三七年爆發後，有更多文人為逃避日本人而流亡香港。他們於香港展開文化抗日運動。許地山與林語堂等學者於一九三七年十二月組織高等教育維持會，次年六月全國漫畫作家協會於香港成立分會。許地山、茅盾和葉靈鳳於一九三九年三月聯合旅港文藝界人士，創辦中國全國文藝界協會香港分會，舉辦宣傳反日的文藝活動。此時避居香港的上海電影工作者亦開拍反日電影，吳楚帆、白燕等香港藝人亦有參與。

大批於佔領區被日軍查禁的傳媒亦在香港復辦，包括共產黨的《華商報》與中國通訊社，以及中國民主政團同盟的《光明報》。香港政府對各界在港反日大體上持默許態度，但亦對傳媒進行新聞審查，偶而會禁制反日言論（蔡榮芳，二〇〇一）。英國當時一方面欲限制日本帝國主義擴張，但此時英國於歐洲忙於與納粹德國周旋，不欲過分刺激日本。這樣香港政府對香港抗日活動的管制時鬆時緊，一方面透過他們暗助中國抗日，另一方面又要不時打壓，向日本表明英國中立的官方立場（Chan Lau 1990）。

中國各政治勢力借用香港地利，於香港成立支援抗日的機構，並乘機擴張勢力。國民黨海外部駐港辦公室以「榮記行」名義運作，陳策將軍則以「華記行」之名設立駐香港軍事代表處。國民政府的教育部、中宣部、交通部及僑務委員會皆派駐港澳專員留守香港。在親國民黨黑幫首領杜月笙的合作下，中央賑濟委員會於香港設立辦事處，與日本爭相收買在中國失意的政客。該辦事處曾於一九四〇年策反服務汪兆銘傀儡政府的陶希聖和高宗武，並協助二人經香港出逃往重慶投奔國民政府。除此以外，戴笠的軍事委員會調查統計局亦於香港成立半山招待所，一方面掩護往來重慶和佔領區的特務，另一方面亦設電台監聽佔領區的日軍通訊。一九三六年西安事變後與國民政府合作抗日的共產黨，亦於一九三八年一月以「粵華公司」的名義設立八路軍辦事處，通過香港向其勢力範圍運送物資，並展開對華僑的宣傳工作。而宋慶齡、宋子文與廖承志亦於一九三八年主導成立跨陣營的保衛中國同盟，支援中國抗日。

在國共合作的旗幟下，兩黨卻暗中在香港角力。共產黨派員滲透香港各行各業的工會，旗下傳媒除了批評日本以及與其勾結的汪兆銘，亦批評重慶的國民政府（蔡榮芳，二〇〇一）。《華商報》的社論，於此時大力提倡中共日後所否定的民主與自由：

> 人民身體的自由、居住的自由、思想信仰的自由、言論集會結社的自由、最低生活條件的保障、以及人民自己要管理國家事情的自由。這些都是最低限度的民主權利……人權運動……民主政治……二為一體不可分離。（《華商報》，一九四一年五月廿九日）

汪兆銘在南京的傀儡政權，亦跟香港與國共兩黨的反日動員作對。親汪勢力於香港創辦《南華日報》，並發起聯日反共的和平建國運動。他們訴諸臭蟲論，指責共產黨亦與蘇聯勾結，呼籲香港華人勿與國共兩黨合作。如《南華日報》社論所言：

> 要挽救目前中國的危機必須反共，要實現東亞和平結束中日戰爭必須反共，這已成了今日最正確的理論。共產黨人自知狐狸尾巴露出來了，急急想辦法去遮蓋，於是……影射反共主和的人與日人

漢奸骯髒在一起，以遮掩它自己做了赤色傀儡的醜態。這正如妓婦講貞節，欲蓋彌彰。（《南華日報》，一九三九年三月五日）

香港有不少華人對共產黨甚有保留，亦親眼目睹國民黨官員的腐敗，但更對汪兆銘與蔣介石權鬥落敗後，為爭回權力而與殘暴的日本軍國主義者勾結之做法甚為不齒，部分人士選擇以武力懲戒親日者。一九三九年一月十七日，《南華日報》社長林柏生於德輔道中遭人以鐵枝與鐵鎚打至重傷。八月廿二日，汪兆銘之姪兒沈崧亦在香港被人槍殺。雖然香港華人大多對汪反感，但親汪勢力仍能爭取到部分華人精英的友誼，並成功收買部分黑幫。

中日戰爭開打後，有七十萬至八十萬難民遷居香港，到一九四一年香港人口倍增至一百六十萬。香港此時工商業繁榮，但房屋數量不足，難民露宿者眾，與盡情消費的本地富人形成強烈對比。嚴重的貧富差距令香港社會充滿張力（蔡榮芳，二〇〇一）。

一九三九年九月一日，納粹德國入侵波蘭，英法兩國對德國宣戰，第二次世界大戰終於爆發。次年四月，德國入侵法國並擊潰英法聯軍，到六月法國淪陷。之後日本、德國和義大利於九月廿七日簽訂三國同盟條約，自此三國成為軸心國。此時日本侵略英國管治的香港，只是時間上的問題。

當時英國四面楚歌，亦因而曾猶豫是否要棄守香港。但在一九四一年初，美國與日本的關係急速惡化，美國國會於三月通過援助英國、中國和蘇聯的《租借法案》（Lend-Lease Act），並將太平洋艦隊移駐夏威夷珍珠港。英國於是決定固守香港以阻嚇日本，並向身為大英帝國自治領的加拿大借兵。美國、英國、中國與管治印尼的荷蘭於八月中組成ＡＢＣＤ包圍網，對日本進行經濟封鎖。英、美、加三國協調於東亞進行戰略轉移，英軍亦加強對九龍以北醉酒灣防線之防衛。英加聯軍打算聖誕後進行聯合演習，但未準備好，日本已經展開對香港的攻擊。

香港時間十二月八日，日本偷襲珍珠港的美國太平洋艦隊，並同步攻擊菲律賓、馬來亞和香港。日軍空襲香港後，十日攻陷醉酒灣防線的要塞城門碉堡，並在十三日攻陷九龍，然後持續炮轟香港島。到十八日上午，日軍在筲箕灣和鰂魚涌登陸，之後沿金督馳馬徑向黃泥涌峽進犯。英加聯軍十九至廿日奮力抵抗，雙方陷入血戰。加拿大軍人奧士本（John Robert Osborn）為救同僚，以肉身覆蓋即將爆炸的手榴彈，粉身碎骨為國捐軀。而一群中年西方人則組成義勇軍死守北角發電廠，直至全軍盡墨。

英軍試圖廿一日反擊，一度令日軍不知所措，惟英軍大勢已去，遭分為東西兩旅。東旅在淺水灣激戰後，退守赤柱。西旅則據守跑馬地及黃泥涌峽以西的地段。日軍屢次勸降，但為港督楊慕琦（Mark Aitchison Young）所拒。

到廿五日聖誕節，西線的銅鑼灣與南朗山失守，英加聯軍繼續在灣仔街頭迎擊日軍。而東線聖士提反書院失守後，書院內臨時醫院的傷兵遭日軍虐殺，護士則被輪姦。楊慕琦到上午還堅持死守，但很快便陷入無兵可用之困境，唯有於下午六時向日本投降。不過，因為通訊斷絕，赤柱守軍一直戰鬥至廿六日凌晨才肯棄械。

戰役結束後，一三、五三九名英加聯軍中，一、六七九死，一、〇四二人失蹤，折損率逾百分之十五，絕對不是某些論者所誣衊的不戰而降。日軍有二二、一一八人，六九二人死，死亡率為百分之二．九三。香港島八十萬平民之中，則死了兩萬（鄺智文、蔡耀倫，二〇一三）。

九龍淪陷時，早前被日方收買的黑幫「勝利友」四出鬧事，姦淫擄掠無惡不作，並強逼居民揮舞日本國旗迎接進城日軍。香港島的黑幫亦乘機生事，令香港市區一度陷入無政府狀態。日軍入城後，維持秩序的多是朝鮮兵和臺灣兵，他們於軍中飽受歧視惡待，這些小人物只能拿戰敗國的無辜平民出氣。時日軍軍紀敗壞，士兵姦淫濫殺，但軍官以放縱為獎賞而對其不聞不問。香港淪陷後，陳策將軍帶領少數英兵乘快艇突圍逃往國民政府根據地，共產黨的東江縱隊則營救滯港南來文人。雖然東江縱隊其後設港九大隊，但他們在香港多是刺探情報，或是在鄉郊打游擊戰。至於餘下香港人，則只能自求多福（蔡榮芳，二〇〇一）。

三年零八個月的滄桑歲月

香港淪陷後即陷入糧食短缺的困境。佔領地總督酒井隆推出歸鄉政策，目標是把香港人口從一百六十萬減至五十萬。強逼遷移的路線有兩條，一路沿海路經澳門航往湛江，另一路則沿九廣鐵路北上。初時日軍先是靠同鄉會幫助會員回鄉，但之後則派憲兵強行將無業遊民押解出境。這樣香港人口從一九四一年中的一百六十四萬，跌到一九四三年底的八十萬，到終戰時更只有六十萬人。除此以外，糧食亦行配給制，白米、油、鹽和糖皆要配給，令黑市貿易猖獗。此時香港亦缺乏燃料，公共交通服務一直未能回復（劉智鵬、周家建，二〇〇九）。

香港華人寄望可盡快恢復秩序與繁榮，只能留在香港的更只能寄望日佔政府能有作為。一九四二年的公共節日，大多能夠組織到萬人大集會。部分華人是被逼參與，亦有些是抱著誰贏就支持誰的心態。日佔政府嘗試與滯港精英合作，三月廿八日設類似行政局之華民代表會，以及再低一級的華民各界協議會。只有少部分精英因處於境外而置身事外，比如香港戰役發生時到澳門訪問的何東、以及淪陷後逃脫的曹善允。其餘的都被逼要與日佔政府同流合污。

被逼參與日佔政府行政吸納者，有的身在曹營心在漢。養和醫院院長李樹芬被任命為日華醫師公會會長，卻在就職前冒險逃往桂林。而效忠香港政府的精英起初則拒絕與日本人合作。到一九四二年元旦，日軍安排被俘的華人政務司那魯麟（Roland North）、律政司阿拉巴士達（Grenville Alabaster）和防衛司傅利沙（John Fraser）三人與周壽臣及羅旭龢會面。三位被俘官員希望周、羅等代香港政府與日本人周旋，潛伏於日佔政府中照顧香港民眾（鄺智文，二〇一五）。這些無奈要與佔領者合作的精英多選擇消極參與，比如周壽臣和羅文錦常被日軍監視、形同軟禁，就只好稱病在家休養，消極抗爭。同樣受人委託的羅旭龢則比較高調，既在善後處理會及華民代表會均任主席，又多次發表支持大東亞戰爭的演講，以親日言行掩飾其潛伏者的身分。

不過，有極少部分精英早就與日本打好交道，成為日佔政府的傳聲筒。陳廉伯於日軍入侵時，向香港政府提倡議和，隨即被政府扣押。在香港淪陷後成為華民代表，與日本人通力合作。日佔政府亦加強香港社區行政管理，以便對華民進行監視。他們在香港、九龍和新界各設一地區事務所，每地區下又劃分為小區，由當地華人居民擔任正副區長，負責任免區役所的官吏。小區亦設叫區會的諮詢架構。除此以外，日佔政府亦推行保甲制度，讓小區居民推舉鄰保。某程度上，當時的社區管治制度，與香港政府於一九六七年暴動後的地區行政改革有相似之處，只是在實際運作上，日佔政府卻是逼使華人互相監視，並非真心要諮詢華人意見（蔡榮芳，二〇〇一）。

日佔政府在淪陷初期，曾經考慮認真經營香港。香港剛好位於日本、中國佔領區以及新攻佔的南洋中間，日佔政府認為可將香港發展為「大東亞共榮圈」的貿易中心。當時日佔政府內部又分為中國派與東南亞派。中國派主張在香港推行政治改革，藉此鞏固中國佔領區的管治，促成「大東亞團結」。東南亞派則視香港為支援東南亞戰事的補給基地。之後由於戰事持續，支援戰事壓倒一切，令東南亞派得勢。日佔政府自此完全放棄團結香港華人，對香港採取掠奪政策，凡事以日軍及日本商人的利益至上，並縱容憲兵隊與親日黑幫欺壓民眾（Snow 2003）。

一九四二年六月中途島海戰後，日本就一直處於守勢。美軍於八月七日登陸所羅門群島的瓜達康納爾（Guadalcanal），展開對日本的反擊。一九四四年，美國光復塞班島、關島和菲律賓，並大舉攻擊日本船隻。香港物資嚴重短缺，民眾須以野菜、蕃薯藤、花生麩、樹皮等物充飢，市民甚至流傳食人肉之傳言，因飢餓或疫病而死之民眾不計其數（劉智鵬、周家建，二〇〇九）。日軍為確保軍需糧食存量，強行押解市民到廣東和海南島，由他們自生自滅。

當時日軍軍紀敗壞，常借故虐待民眾，亦會強搶民產。一九四三年六月，日佔政府宣佈禁止使用及私藏港幣，強逼市民兌換無保證金支持的軍用手票以換取外匯，這些軍票戰後全部變為廢紙。香港華人民眾自此對日佔政府徹底失望，一九四二年常見的萬人親日集會，一九四三年後再沒有出現。部分香港人則協助英軍服務團（British Army Aid Group）的情報工作，或是加入共產黨的東江縱隊，以游擊戰反抗日本。

日本於一九四五年瀕臨崩潰。硫磺島與琉球群島相繼被美軍攻克，中國軍隊光復緬甸，美國與澳洲聯軍亦開始進攻婆羅洲。美軍於八月六日用原子彈轟炸廣島，到九日再核炸長崎。蘇聯見狀亦於九日攻進滿洲，日本兵敗如山倒，到十一日蘇聯攻佔庫頁島南部，正準備要進攻北海道。日本既被核攻擊震懾，更憂心會被蘇聯赤化，但主戰派卻威脅政變。日本天皇裕仁於十五日擺脫主戰派威脅，凌晨錄製終戰詔書，並於正午十二時在東京廣播電台進行「玉音放送」。日本此時向盟軍宣佈無條件投降。

在赤柱集中營囚禁的布政司詹遜（Franklin Charles Gimson）與部分在囚官員離開集中營，組織臨時政府，並指示日軍暫時維持秩序。夏愨少將（Cecil Harcourt）於八月卅日率皇家海軍艦隊抵達香港，接受日軍投降後組織軍政府，並委任淪陷後與陳策突圍的麥道高（David Mercer MacDougall）為主理民政的布政司。

部分戰前遷居香港的華人希望戰後香港可交由中國統治，但在香港土生土長的居民則多希望香港回歸大英帝國。他們表示香港若交給中國統治，便會移民往新加坡等地。因為他們知道國民黨政權的腐敗，又對共產黨有戒心，如此令他們偏好英國人種族歧視之餘仍有相對公正的管治（蔡榮芳，二〇〇一）。

香港華人較多偏好英國管治，但仍是在街上掛滿青天白日滿地紅的中國國旗。當時中國身為戰勝國，晉身為戰後五強之一，令華人產生自豪感。日本之前擊敗英國，打破英國人不可戰勝之想像。而日佔政府邀請基層華人參與管治的做法，雖然實際上只是政治化妝術，但這樣又使華人想像到沒有西方人主導的政治。華人此時充滿自信，覺得自己能夠以民主自治促進良好管治，不再像戰前那樣把英國人的種族優越感視為理所當然（Duara 2012）。巨大的社會政治改革，似是事在必行。

第十二章 終戰、冷戰與失落的民主

香港於一九四一年聖誕日淪陷後，次年二月十五日英國再失去新加坡這個東亞大埠。之後日軍乘勝追擊，四月攻擊駐錫蘭（現為斯里蘭卡）的皇家海軍。雖然錫蘭幸保不失，但英國海軍亦只能退守東非沿岸。英國失去了所有在遠東的根據地，隨後的太平洋戰爭，主要是美國與日本之間的角力。

此時中國成為協助美國夾擊日本的盟友，見英國勢力被逐出東亞，便著手準備戰後奪取香港。蔣介石派外交部長宋子文長駐美國。宋為哥倫比亞大學與哈佛大學畢業生，曾在花旗銀行工作，與美國政商界人物有交情。蔣介石寄望宋子文與美國簽訂協商租借協定（Lend-Lease Agreement）後，能遊說美國逼英國簽訂廢除在華特權的條約。宋子文的妹妹、蔣介石的夫人宋美齡為衛斯理學院（Wellesley College）畢業生，與美國傳媒關係甚佳，《時代雜誌》（*Times*）編輯路思義（Henry Luce）更是其好友，蔣氏伉儷因而在一九三七年一月獲選為年度風雲人物。宋美齡多次向美國國會演說，反應極為理想。宋氏兄妹的努力使蔣介石政權深得美國總統羅斯福信任，美中兩國此時已打算讓中國取得香港主權，條件是香港必須保留自由港地位，以保障英國戰前的既有利益（Tsang 1997）。

英國內部初時對戰後香港歸屬問題意見不一，有意見主張放棄香港以確保英國在華利益。一九四二年十月，英中兩國協商戰後廢除在華租界及治外法權事宜。中國欲將新界租約納入討論議程，但因英國反對而讓步撤回提議，但中國仍保留戰後就新界租約作協商的權利。但到一九四三年，世界大戰的形勢逆轉，盟軍在中途島、北非、義大利和緬甸均能反守為攻。由於有望戰勝，英國在香港問題上亦轉為進取和強硬。英國政府於一九四三年中設立香港規劃組，籌備戰後管治香港人之方針。規劃組先是由退休布政司史美（Norman Lockhart Smith）主持，一九四四年起則改由淪陷後與陳策一起突圍的麥道高（David Mercer MacDougall）主持。在惠州的英軍服務團（British Army Aid Group）亦秘密與囚於赤柱集中營的布政司詹遜（Franklin Charles Gimson）聯絡，倫敦方面指示他於日本投降後即盡快籌組臨時政府（Chan Lau 1990）。

此時中國在抗日戰事上遭遇挫折。一九四四年四月，日軍發動「一號作戰」，以打通從華北到越南的補給線，並消除中國西南部空軍基地對日本本土的威脅。中國軍隊錯判形勢，丟失河南、湖南、廣西和貴州大片土地，只得丟臉地展開豫湘桂大撤退。中國於此役指揮失當，令美軍失去能對日本進行戰略轟炸的基地，使美中合作關係受損（鄺智文，二〇一五）。

英國此時趁勢宣示戰後對香港的主權。副首相艾德禮（Clement Attlee）十一月高調宣佈英國將重返香港。一九四五年四月首相邱吉爾向美國駐華大使赫爾利（Patrick J. Hurley）表示，中國如果要奪取香港，非要先跨過其屍體不可。與蔣介石友好的羅斯福於四月十二日腦溢血身故，繼任的杜魯門對蔣極不信任，使中國企圖奪取香港的野心大受打擊。

日本電台於八月十五日中午進行「玉音放送」，天皇裕仁於錄音片段中表示向盟國無條件投降。此時英中兩國的軍隊均向香港方向前進。石覺在梧州的十三軍與孫立人的新一軍均向廣東集結，但目的為與共產黨爭奪原先由日軍佔據的土地。當時共產黨的東江縱隊位於深圳，如果國民革命軍向香港進軍，勢必讓共產黨捷足先登，國民政府寧可讓英國繼續管治香港。詹遜在日本投降後，迅速組織臨時政府，授權滯港日軍繼續維持秩序，令國共雙方均無機可乘。英國拒絕中國派員到香港受降的要求後，中國只能為保全面子而要求讓在港日軍向中國戰區統帥蔣介石投降後才向英軍投降。英國嚴正拒絕此要求，但最終還照顧中國顏面，讓率領艦隊駛進香港的夏慤少將（Cecil Harcourt）以中國戰區代表身分，於八月卅日接受日軍投降（Tsang 1997）。

在此之前，香港規劃組深知香港重光後，不能再按戰前舊有模式進行管治。英國亦需要討好美國，讓美國相信英國是為自由而與軸心國交戰，而非為延續其殖民帝國而戰。規劃組於是著手籌備政治改革，計劃在香港設廿一人市議會，除五位委任議員外，其餘各種族代表均由陪審團名單及豁免名單上的市民普選產生。

此外，亦會改革行政立法兩局，增加華人代表的比例。在集中營的詹遜與在囚官員討論政制改革後，更建議在立法局引入由華人普選產生的議席。當時倫敦的盤算是先讓市議會承擔部分政府功能，以培訓本土政治精英。如果計劃成功的話，香港政府可將其功能權力逐漸讓渡，使市議會發展為自治政府。倘若計劃有所差池，行政立法兩局亦可收回權力。

但英國商人卻不願與華人分享權力，並希望能增加對戰後香港政治的影響。他們傾向讓市議會一次取代行政立法兩局的職能，而市議會則會按上海公共租界工部局模式運作，由西方商人主導，而華人則由團體間接推選的議員代表。撤退至英國的香港英商組成中國協會（China Association），就戰後香港政策對英國政府進行遊說。

光復初期的香港政治

英國政府於光復後決定推行市議會計劃。香港於一九四六年五月一日結束軍事統治，楊慕琦（Mark Aitchison Young）返英休養後，重返香港擔任港督。他於重新就職演說中承諾推行政治改革：

> 英皇陛下之政府正考慮如何讓香港，像帝國別處那樣，給此地住民更全面、更問責地分享管治自家事務的能力。達成此目標其中一個可行方法，是將原先由政府執行的部分內政功能，移交予一個有全面代表性的市議會（a Municipal Council constituted on a fully representative basis）。（Tsang 1988）

楊慕琦亦表示會就政制改革諮詢社會各界，並指會盡快就此提交報告。

楊慕琦於結束首輪諮詢後，八月廿八日在香港電台公佈其市議局方案。他建議於香港島與九龍設四十八人市議會，西方人與華人代表各佔一半，雙方均設十六個直選議席及八個由團體間接推選的議席。位於陪審員或豁免名單上，或是年繳逾兩百港元差餉的華人市民，只要年滿廿五歲且於近十年內居港六年，均可享有投票權。市議會先會接管市政局職權，並計劃隨後再賦予管理公共衛生、教育、社會福利、城市規劃、公共建設、公共設施運作、牌照發放以及消防事務等權力。而立法局則會縮減規模，並由非官守議員佔多數。十五個議席中，有八個非官守議席，商會代表、太平紳士代表與市議會代表均各設兩席（Tsang 1988）。

高瞻遠矚的楊慕琦亦於此時引入稅制改革。戰爭爆發前政府曾為備戰徵用民產，戰後須向業主發放補償金，亦要修復戰事造成的破壞。如此令香港政府支出大增，在一九四六至一九四七年度，庫房支出為一億零四百一十萬元，同期收入則只有四千一百五十萬元。這樣香港便須靠英國補助，預算案亦要英國財政部審批，令香港喪失財政自主。香港是不收關稅的自由港，當時收入主要來自俗稱差餉的地租，稅基甚為狹窄。政府要徵收新稅方能確保財政健全，但立法局中代表商界的非官守議員卻都反對。

為了消弭非官守議員的政治阻力，楊慕琦於九月五日立法局辯論後，成立稅務委員會，讓委員討論如何縮減赤字。初時各委員對入息稅（所得稅）意見不一，羅文錦等人堅決反對，但吉斯比（R.D. Gillespie）卻認為入息稅難以避免。委員會提出各種增加收入的方案，但到十一月五日，最佳的方案仍會造成一千五百萬港元赤字。此時委員會唯有接受徵收入息稅乃事在必行：

> （入息稅）理論上是最能公平分擔稅責，在此地徵收入息稅是無可避免：假如這殖民地需要平衡預算，而香港是要跟從二十世紀中廣被接受的標準的話。（Ure 2012）

為了顧全委員對入息稅的疑慮，委員會主席提出可以根據戰前訂立的《戰爭經費條例》（War Revenue Ordinance）變相徵收入息稅。這種折衷做法，很可能是出於楊慕琦的授意。

香港政府於一九四七年三月七日將《稅務條例》草案刊憲，並同時擴充稅務委員會，委任兩局所有非官守議員為委員，新委員會認同香港須要徵收入息稅，但部分委員希望能延遲徵收，亦有意見指入息稅率越低越好。楊慕琦隨即委任銀行家、會計師與律師組織專家委員會，之後定出基本稅率應為百分之十。《稅務條例》於四月廿六日在立法局進行首讀，身兼行政局議員的滙豐銀行主席摩士（Arthur Morse）和香港大學校長史樂詩（D.J. Sloss），以及於立法局代表香港總商會的吉斯均公開表態支持法案。條例於五月一日在立法局辯論和表決，周埈年、周錫年以及葡裔代表廖亞孔（Leo d'Almada e Castro）均表示反對，最終條例在官守議員和英裔非官守議員支持下以十比三通過。

市議會方案與《稅務條例》似是互不相干，但其實皆源於相同的政治邏輯。市議會之設立，最終是為了建立予香港人自治的代議政府，而入息稅之徵收，則促進香港的財政自主，令社會福利的擴展奠定基礎。楊慕琦的施政方針，歸根究底是要將香港政府從為英國利益服務的政府，改造為一個為香港人服務的半民主政府。

可惜楊慕琦推行稅務改革後，任期便於七月結束，令他無法再推動市議會方案。港督的職位，之後由曾任立法局副秘書的葛量洪（Alexander Grantham）擔任。葛量洪上任後繼續為香港的財政自主據理力爭。他指出淪陷期間，香港政府暫時停止運作，是以香港這段期間的經濟損失，亦應由持續運作的英國政府承擔。在葛量洪爭取下，香港政府獲豁免支付一九四五至一九四六年軍事統治期間的開支，而倫敦對香港政府的三百廿五萬英鎊貸款亦改為毋須償還的撥款，亦對香港大學撥款廿五萬英鎊，並借款三百廿五萬英鎊擴建啟德機場。稍後葛量洪爭取到在機場貸款中，撥一百萬英鎊支付政府日常開支。香港政府隨後達到收支平衡，於一九四八年四月一日起財政不再由英國財政部控制。雖然直到一九五八年，香港政府每年均須將預算案交予殖民地大臣過目，但政府支出之審批權則已歸立法局財務委員會掌握（Ure 2012）。

不過，在政制發展上，葛量洪的觀點卻遠比楊慕琦保守。楊慕琦出任港督前，曾於錫蘭和千里達任職，已習慣於當地施行多年的代議政制。而葛量洪則是香港出身的政務官，與香港華人精英關係友好，因此深明精英多期望延續既有特權。他亦對華人民眾的忠誠深感懷疑：也許因為葛量洪親身經歷過港粵大罷工，使他相信華人會以選票支持激進中國國族主義者，而不會藉政治參與的機會促進本土自治。葛量洪對新界租約能否於一九九七年後延續不感樂觀，如此種種使他覺得只能嘗試以仁慈專政盡量延長英國對香港的管治。這樣葛量洪縱然上任時聲稱會繼續政治改革，但直到一九四八年初在政改仍未有作為，實際上是將市議會方案束之高閣（Tsang 1988）。

此時中國局勢起了巨變。蘇聯於一九四六年初自東北撤兵，國共雙方為爭奪據點而發生摩擦。國軍於四月向東北進軍，並於六月向共產黨控制的「解放區」全面進攻，但縱然國軍能攻下據點，中共中央卻能全身而退。國軍於一九四七年改為向山東與陝西北部重點進攻，並在三月攻陷共產黨的主要根據地延安。但共產黨軍隊化整為零保存實力，令國軍未能鞏固成果，到夏季形勢便完全逆轉。共軍於七月卅一日改稱中國人民解放軍，並向國軍發動攻勢。國民政府於一九四八年全線敗退，當時中共已佔據大半個華北，並在東北包圍固守長春、瀋陽和錦州的國軍。

東北各城軍民只能靠空投物資苦撐，活生生餓死病死者不計其數。共產黨跟隨明末清兵南侵的路線，一九四八年末打了三場大決戰。國軍於遼西、徐蚌、平津三大會戰中連戰皆北，國民政府到一九四九年初像南明朝廷那樣，只剩下搖搖欲墜的半壁江山。

國共內戰為一場全方位的戰爭，中國全國盡化焦土。南京政府為支付戰爭開支而濫發鈔票，引發惡性通膨，多次金融改革均無法扭轉局面。香港華人民眾失去了一九四五年重光時的自豪感，換來對前景之憂心，大批中國難民為逃避戰禍湧進香港。重光之前香港只餘七十萬人口，重光後很快便回復戰前的一百六十萬。內戰開打後，香港人口於一九四七年增至一百八十萬，到內戰結束後的一九五一年更增至逾二百萬。香港缺乏足夠房屋與工作，不少難民只得於市區外圍搭建寮屋，並仰賴救濟過活。

此時國共兩黨均派員到中立的香港收集物資與情報。不少共產黨員到香港逃避國民政府追捕，並借香港在中國之外、處中國之旁的地利，刺探在南方國軍的情報，並接應潛伏於華南的黨羽。共產黨的東江縱隊於香港設有辦事處，而在一九四六年移駐山東後，中共設立港澳工作委員會，並於一九四七年五月成立香港分局。在港共產黨員透過《華商報》與《文匯報》等親共傳媒從事文宣工作，但此時中共主要以香港為支援華南戰事的基地，未有吸收太多本地人入黨（江關生，二〇一二）。

國民政府此時亦在香港駐有專員，且常與香港民眾接觸，因而為香港政府所忌諱。一九四七年十一月廿七日，香港政府宣佈將要清拆九龍城寨的寮屋。在一八九八年的協議中，城寨被劃為中國在香港的飛地，雖然政府在新界租約開始後不久即驅逐在城寨的清朝官員，該地卻一直因外交壓力而淪為三不管地帶。城寨居民在國民黨支持下，組織寶安縣九龍城居民福利會持續抗爭。中國外交部特派員郭德華向葛量洪交涉，葛指城寨屬香港領地，當地居民則是於英國屬土上非法違建。警察於一九四八年一月十二日進入城寨，與居民衝撞期間開槍，殺死一名城寨居民。此時南京政府欲息事寧人，但國民黨內CC派為爭取派系鬥爭的本錢，於廣州發動示威並火燒英國領事館。雖然外交部下令CC派不得再生事端，香港政府卻已對國民黨極不信任。

於此亂局之中，葛量洪於一九四八年末接見立法局非官守議員，要求他們因應時勢推出替代市議會計劃的方案（Tsang 1988）。而他亦於十一月向倫敦發電報，指當前局勢不利落實楊慕琦方案（Ure 2012）。兩局非官守議員多對市議會方案有保留，但又不敢向楊慕琦直言。如今同樣保守的葛量洪當了港督，非官守議員樂得配合政府拖延政改。而西方商人的「中國協會」則對上海工部局模式念念不忘，希望替代方案可減少政制的民主成分，讓商界代表能擔當主導角色（Tsang 1988）。

立法局首席非官守議員蘭杜（David F. Landale）於一九四九年四月廿七日於局中提出替代方案。蘭杜表示：

> 在過去一年多……我的非官守同工一直難以相信（楊慕琦的）方案……是這殖民地真正居民所渴

望的。（Ure 2012）

替代方案建議擱置成立市議會，而立法局則增至廿人，其中十一位為非官守議員，當中部分由歸化英籍人士一人一票選出（Tsang 1988）。羅文錦修訂了這個方案，建議立法局維持十七人，其中十一位為非官守議員，當中有六位華人議員，其中四位華人議員是由英籍華人普選產生，而五個西方人議席中，則有三個由在港西方人民選。羅文錦修訂案獲得所有非官守議員的支持。不過，葡商代表廖亞孔的發言，卻坦白地道出議員的保守心態：

> （我）看不到證據。在過去條例首讀後那六週，沒有證據顯示此殖民地上大部分的長期居民，想要任何改革。（Ure 2012）

即或如此，廖亞孔於結尾還是禮貌地指政治改革不容延遲。官守議員表決時集體棄權，最終羅文錦修訂獲全體非官守議員支持通過（Ure 2012）。

此時香港社會正醞釀新一波的民主運動（Pepper 2008）。香港革新會（Reform Club）於一九四九年一月廿日正式成立，會員大多是支持改革的西方人，以及部分華人專業人士。創會會員包括貝納祺（Brook Bernacchi）、簡悅強，以及香港大學聖約翰學院舍監施玉麒等。該會的創會宗旨包括：

- 以任何可能手段於立法局中建立並維持一個能運作的反對派。
- 以任何可能手段尋求並促進（參與）公共事務的能力。

・持續支持合理的言論自由。

・提倡平台予心繫於合理、有建設性的改革之提倡者。（Reform Club of Hong Kong 1949）

革新會亦主張改革立法局。第一步是將立法局規模擴充至廿人，當中有十一人為非官守議員，其中八人透過普選產生。之後政府應舉行人口普查，釐定選民數目後，將立法局所有議席交由全民普選（Reform Club of Hong Kong 1949）。

雖然革新會以爭取民主為宗旨，但主席貝納祺的作風頗為專橫，令馬應彪之子馬文輝甚為不滿。馬文輝於三月決定另起爐灶，與陳丕士和莫應溎創辦華人革新協會。陳丕士是千里達華僑、孫文英文秘書陳友仁之子，是與共產黨友好的國民黨左派。莫應溎是太古洋行買辦莫幹生之弟，後來投靠共產黨。陳莫二人其後幫助中共滲透華革會，將之綁架為親共衛星組織。不過，在一九四九年初，華革會與革新會同為香港本土民主運動的領頭組織。華革會於七月十三日與一百卌八個社會團體舉行公開論壇發佈其政治改革方案，該方案近似革新會的建議，只是華革會亦主張華人代表應佔直選議席之大多數（Tsang 1988、Pepper 2008）。

冷戰與胎死腹中的民主

中國於一九四九年風雲色變，共產黨年初全面控制華北，並準備渡過長江消滅中華民國。皇家海軍的紫石英號（HMS Amethyst）奉命到南京附近的長江水域保護英國僑民，四月廿日卻於揚州附近遭共產黨炮擊，其他艦艇隨即增援，但均被中共擊退，最終紫英石號要入夜後偽裝成商船往黃海撤退。事件中有四十五名英軍犧牲，九十三人傷，一人失蹤。香港政府大為緊張，擔心中國赤化後中共或會侵略香港。

國民政府此時兵敗如山倒，南京於四月廿四日淪陷，政府隨即遷到廣州。中國最大城市上海於五月廿七日陷入共軍之手。到十月一日中共正式建政，於北京成立「中華人民共和國」。次日共軍入侵廣東，十四日廣州淪陷。國軍在西南的勢力亦迅速崩潰，此後中華民國僅有的領土，只剩下新取得的臺灣，福建沿岸的金門、馬祖，南中國海的幾座離島，以及即將相繼淪陷的海南島、大陳島與萬山群島。國民政府於十二月七日移至臺北，自此臺灣成為了一個由外來政權統治的遷佔者國家（settler state）。

中國於一九四九年末成為共產陣營一員，香港卻仍是由西方陣營的英國管治，使香港成為冷戰的磨心。自此華人不能再自由往返港中兩地，而兩地亦走上南轅北轍的發展方向。香港政府為加強對中國移民之管制，避免香港被共產黨吞併，便在八月三日將《一九四九年人口登記條例》提交予立法局首讀，並於十七日三讀通過。條例規定所有香港居民均須向政府登記、拍照並打指模，以辦理身分證。所有僱主均有責任代員工向人口登記局登記。任何居民若更改住址，家庭成員人數有任何變動，或是轉換了職業，均要向政府匯報。政府一方面掌握著市民之去向，另一方面同時實施邊境管制。香港人與中國人之間自此有著法律上的區別。雖然當時政府仍未完全限制移民，中國移民只要能成功闖關，身分雖處於法律上的灰色地帶，但大體上都能繼續在香港居留；不過，香港與中國毫無疑問已屬兩個相對隔絕的生活空間，如此使普羅華人民眾於一九六〇年代起，開始有著有別於中國人的命運共同體想像（鄭宏泰、黃紹倫，二〇〇四b）。

中共立國後不久，就已經為香港政府帶來麻煩。當時香港為中國航空業的主要轉運站，中國航空與中央航空均有到香港的航線。中央航空總經理陳卓林於十月投奔共產黨，而中國航空的劉敬宜亦在親共工會的脅逼下於十一月七日投共。十一月九日上午，兩航十二架飛機從啟德機場起飛，並於中午抵達北京和天津。當時兩航尚有七十架飛機滯留香港，並於機場旁邊設有維修場，這些資產的去向就激起了爭議。

國民政府於廿四日透過沈德璧與戴安國向法院申請禁制令，要求凍結兩航在香港的資產，而兩航親共的員工亦同時申請禁制令，這意味著國共雙方均不能動用這批資產，角力陷入膠著狀態。臺北當局將這批資產售予陳納德（Claire Chennault）與魏洛爾（Whiting Willauer），二人隨即將機隊轉移予新創辦的民航空運公司（CAT），陳納德並於十二月十九日入稟高等法院，要求接收滯留香港的機隊。

但英國於一九五〇年一月五日改為承認北京政權，使香港政府陷入兩難。香港政府對中國轉口貿易之發展仍存有幻想，因此不希望得罪北京，並寄望香港法院能依法平息風波。但美國亦是英國最重要的盟友，CAT與美國中央情報局有千絲萬縷的關係，陳納德是退休空軍將領，而魏洛爾則是美國外交官。CAT駐香港代表多諾文（William J. Donovan）於一月四日以美國對英國透過馬歇爾計劃提供的援助為要脅，要求葛量洪將兩航機隊交予CAT，令葛頗為懊惱。高等法院最終於二月廿四日駁回陳納德之申請，而上訴庭則於五月十三日駁回陳的上訴。法院指英國只承認北京政權為中國合法政權，是以臺北當局所作的買賣並不合法，滯留香港的飛機亦是北京政權的資產。兩次訴訟之間，有七架飛機於四月二日遭炸毀，這很可能是臺北方面的特務所為（江關生，二〇一二）。

但不久之後韓戰卻於六月廿五日爆發，當日金日成共產政權越過北緯卅八度線入侵韓國，很快便席捲朝鮮半島。早前於中國變天後，英美兩國協議限制對中國與朝鮮輸入1A類戰略物資，但之後英國卻一直拖延執行。要到七月十七日，英國內閣才因應美國多番施壓，於英國和香港同步執行對華禁運1A類戰略物資（Mark 2004）。是以雖然陳納德敗訴，北京政權還是無法取得兩航機隊。陳納德兩年後向英國樞密院司法委員會（Judicial Committee of the Privy Council）上訴，最終勝訴，香港政府之後於一九五二年七月廿日及十月八日強制沒收兩航資產，將之轉交CAT（江關生，二〇一二）。

一九五〇年十月十九日，北京政權將在東北投降的國軍部隊改編為中國人民志願軍，入侵朝鮮半島打救被聯合國軍逼至鴨綠江畔的金日成政權。中國的介入令聯合國軍很快便守不住朝鮮半島北部，韓國首都漢城隨後兩度易手，之後雙方隔著今日的南北分界線對峙。戰事至此發展為陣地戰，雙方且戰且談，最終於一九五三年七月廿七日於板門店簽署停戰協定。韓戰期間，美國擔心中國會經香港輸入戰略物資，亦擔心香港本身購置物資後，會將原有舊物資變賣予中國。這樣美國便對香港實施禁運。

美國的禁運不單影響轉口貿易，香港工業之原料和機器均依靠美國的供應。如今美國指香港沒有嚴格對華禁運，故此只能限制香港輸入美國戰略物資。香港只能逐次申請進口美國原材料和機器。香港政府為此推出認證制度，以證明香港購入之美貨供本土使用。最終美國商務部於一九五一年一月正面回應，但又指以美國原料生產的香港工業成品不得輸入中國。

麥克阿瑟於一九五一年解職後，五月三日及四日到美國國會作證，批評英國對華禁運政策過於寬鬆。在輿論壓力下，英國於五月十八日跟隨聯合國大會決議，徹底對華禁運石油產品、橡膠和藥物等。經英美多次談判，才於一九五二年初爭取到除進口戰略物資要逐次批核外，其餘均可自動批核，不過如果港商違規走私物資往中國的話，美國會拒絕再批核以後的買賣。

雖然美國放寬了對香港之禁運，對中國的轉口貿易卻一直限制多多。到一九五三年休戰前，連中國船隻路過香港水域亦受禁運令限制，香港的轉口業因此受到沒頂之災。共產中國於韓戰後亦減少通過香港與西方貿易，而改為直接與共產陣營國家通商，香港本土工業不能再以中國為主要市場，因而放眼世界尋找新商機。

雖然英國一直都擔心中國會侵略香港，但他們相信北京政權不會輕啟戰端，反而更有可能藉香港內部社會矛盾，煽動在港親共勢力鬧事（Mark 2004）。雖然中國當時對香港採取「長期打算、充分利用」之方針，利用香港在中國之外、處中國之旁的特性，突破美國的圍堵政策，但在香港活躍的親共工會之中，卻不乏密謀製造社會混亂的冒進之徒，而北京政權很多時都會配合。

一九四九年十二月，親共的電車公司員工為爭取相當於工資一半的特別津貼而發起工業行動。他們於廿四日發起總罷工，而資方於廿八日封閉羅素街車廠，令工潮進一步擴大。當時共產黨才剛於中國站穩陣腳，只能暗中支援罷工工人，並不願意直接涉及事件。中國中央人民政府副主席劉少奇於一九五〇年一月四日發出指示：

華北分局和香港黨委應密切注意工人這一鬥爭而加以策略指導，否則我們將陷入不利的被動地位。同時廣州工會和工人以同情態度去援助香港工人時應該是允許的，共產黨亦可以一部分經費交給廣州工會捐給香港罷工工人，以便使香港工人經濟鬥爭能夠勝利結束，因為香港工人罷工如果失敗，對我們也是不利的。但共產黨不要公開援助香港罷工。（江關生，二〇一二）

到一月卅日，有卅八個親共社團共三千餘人在親共「電車職工會」位於羅素街的會所發起集會。警方接報後到場拘捕集會人士，親共派與警方衝撞，最終有八十餘人因而受傷，並有四十七人被捕，「電車職工會」主席劉法與「糾察隊長」植展雲遭遞解往中國。事件驚動正於蘇聯訪問的毛澤東，最終長官意志凌駕策略理性，毛於二月十日指示劉少奇把行動升級：

對於此次慘案，除已發動輿論聲援外，應由全總本身並發動各人民團體各民主黨派通電聲援，抗議英警暴行，要求香港政府懲辦兇手，並擴大慰問工友行動。（江關生，二〇一二）除此以外，毛澤東亦指示中華全國總工會對親共罷工工人提供經濟支援。

「電車職工會」之後持續進行工業行動。香港政府於一九五一年立法規管員工津貼，要求僱主要將三分之二的津貼納入基本工資。電車公司按法例要求與員工簽訂新合同，親共工會卻指新約對員工不利，於是透過勞工處向資方要求談判。電車公司卻不承認電車職工會為工人代表，只願意與各部門員工代表進行協商。資方於一九五二年一月向員工讓步，承諾除非員工自願，否則不會強逼員工轉簽新約。

雖然資方讓步，但親共工會卻覺得不受資方尊重，執意以鬥爭手段要求資方承認工會為員工代表。資方並無就範，並鼓勵親國民黨員工於二月另組維多利亞城電車職工自由工會，創會後即獲資方承認為員工代表。之後三位親共工會成員在四月廿日與經理爭執後動手打人，終被公司辭退。電車職工會乘機鬧事，糾眾包圍羅素街車廠，最終資方只得讓其中兩名被辭員工向經理道歉後復工。香港政府無法忍受「電車職工會」的行徑，於六月把十五位工會幹部驅逐往中國，到九月電車公司亦進行肅清，解僱了卅五位工會成員（Lam 2004）。

除工會外，北京政權亦對香港的社會運動團體進行滲透。華人革新會於一九四九年五月八日成立，但親共派很快便在陳丕士和莫應溎的配合下綁架華革會，使馬文輝失去控制權，會內親國民黨人士紛紛退出。親共「華革會」於十一月一日發表宣言，對英國嗆聲要求承認十月一日成立的北京政權。而此時「華革會」亦開始向共產黨廣東省委統戰部長羅理實報告會務（江關生，二〇一二）。

「華革會」的莫應溎此時亦協助北京政權統戰新九龍居民。英國在一八九八年租借新界後，將新界與市區分開管治（Hayes 2006）。香港政府委派的理民官扮演著清帝國縣官的角色，尊重傳統風俗並透過鄉紳進行間接統治（Tsang 2007）。但政府卻將介乎九龍山脈與界限街之間的新界土地劃為新九龍，並儘可能將該地當作市區管治。這樣新九龍原居民便不能像其他新界原居民那般自由運用其祖地。

戰後大批難民湧進香港，原居民便在其土地上興建寮屋出租謀利。這些寮屋消防環境惡劣，時常發生火災，政府於是會在火災發生後收回土地重新規劃，並劃出不准興建房屋的防火帶，令原居民地主利益受損。共產黨在中國大舉清算地主階層，卻把新九龍地主視為香港原住民，積極籠絡其支持。當時香港政府仍未有完善的社會福利制度，中國亦因而可以透過發放救濟品收買人心。

東頭村寮屋於一九五一年十一月廿一日發生大火，令一萬五千至兩萬五千人無家可歸。次年春天，中共中央華南分局決定於三月一日，派廣東省廣州市各人民團體慰問九龍東頭村受災同胞代表團攜帶港幣十萬兩千元「救濟金」到港，中國政務院總理周恩來認為廣州方面過於冒進，便於慰問團於早上六點半出發前，緊急下令取消行程。莫應溎卻未知周的命令，當日率領群眾到羅湖迎接慰問團，列車卻於粉嶺被截停（Smart 2006）。莫應溎搞清楚來龍去脈後，即返回尖沙咀火車總站，向該處近萬名準備迎接慰問團的群眾解釋事件，群眾的反英情緒卻反而因此變得高漲。

群眾之後離開尖沙咀，走到佐敦道口時，一輛警車不慎撞到一名少女，車上的西方人幫辦下車檢查時，即遭暴徒拳擊倒地。他脫身後即登上警車開車離開，群眾認為該幫辦肇事逸逃，隨即起鬨鬧事，見到西方人就打，指揮交通的警員遭到襲擊，多部警車被砸爛，最終警方要開槍才能制止。事件中有一人死亡，多人受傷，逾百名暴徒被警方拘捕，最終有十八人被判有罪，連同莫應溎在內共有十二人遭驅逐往中國（江關生，二〇一二）。

動蕩的局勢令葛量洪能趁機遊說倫敦取消政制改革。英國工黨於一九四〇年代末要為延續執政權而煩惱，巴勒斯坦、馬來亞和肯亞等殖民地皆為殖民地部帶來更大的煩惱。倫敦方面再無心推行香港政改，亦憂心中國奸細會在香港奪權。葛量洪於一九五〇年四月與新任殖民地大臣桂斐斯（James Griffiths）達成共識，決定降低未來立法局中非官守議員的比例。葛於六月返回英國休假前，向行政局表示：

> 「開明」分子被嚇至寸步難行（had got 'cold feet'），如今風向已不利憲制改變至一九四九年方案提倡的程度。（Ure 2012）

葛量洪休假時順道向殖民地部述職，期間他們決定取消於立法局引入選舉的計劃，改為放寬市政局選舉人之選民資格，並讓市政局間接推選兩名立法局議員。

行政局卻嫌此方案不夠保險，希望能延遲放寬選民資格，並於立法局增加委任議席。葛量洪於十月返回香港後，即推出一個極其保守的方案。該方案中，立法局有四名官守議員、五名委任議員，以及六位間接推選產生的議員。六席間選席位中，市政局與太平紳士各推選兩席，香港總商會與中華總商會均推選一席，而作為立法局主席的港督亦有投票權。市政局則會設兩個官守、六個委任與四個直選議席，但職權仍只限於公共衛生政策，亦無任何擴充市政局權限的長遠規劃。

工黨於一九五一年十月英國大選贏票輸議席，邱吉爾亦因而能夠率領保守黨再度執政。保守黨在意識形態上不偏好讓殖民地進行政制改革，為葛量洪及香港保守精英帶來推倒政改的機會。新任殖民地大臣列堤頓（Oliver Lyttelton）於十二月十二日造訪香港，行政立法兩局華人議員周埈年向其表示香港華人只追求和平穩定，對政制改革既無期望亦無要求。中華總商會表面上贊同政府繼續推動政改，暗中卻要求立法局增加由其推選的議席。而香港西方人精英此時則透過《南華早報》社論，反對一切政治變革（Tsang 1988）。

香港於一九五二年五月卅日舉行戰後第一屆市政局選舉。革新會派出貝納祺和胡百全參選，使選舉成為變相的政制改革公投。當時包括陪審員名單及豁免名單共有逾九、〇〇〇名合資格選民，有三、三六八人參與投票，投票率為百分之卅五。貝納祺以一、一六八票最高票當選，而胡百全則以一、〇三一票第三名落選（Lau 2002）。單以數字而論，這次選舉的反應並不熱烈，但當時全香港只於美利球場設一個票站，而市政局職能少，選民人數不多，皆影響了投票氣氛。革新會主席貝納祺成為票王，多少反映了民情對政制改革之偏好。不論如何，冷淡的選情終究還是讓葛量洪及保守精英找到藉口，可以聲稱香港華人政治冷感，是以政制改革並不須急切推行。

葛量洪會同行政局於六月決議取消立法局改革，並把職能有限的市政局的直選議席增至四席。殖民地大臣如此記錄葛量洪的匯報：

> 只有人數不多、卻肯發聲的少數派正面看待改革。他認為這少數派能夠得以壓制，因為他們剛於市政局選舉遇到挫折。（Ure 2012）

殖民地大臣於九月核准香港政府擱置改革的安排。事情就按著葛量洪及其保守盟友的計劃發展，葛量洪向香港市民公佈決定時，卻暗示擱置政改是出於倫敦方面的壓力。

政制改革遭到腰斬，華人革新會又遭親共派綁架，令爭取改革的陣營士氣大挫。但革新會仍繼續爭取於立法局內增設兩個直選議席。一九五三年，革新會聯同多個社會組織搜集到一萬兩千個聯署支持推行立法局直選，但葛量洪卻嘲諷革新會無法代表多數市民，而聯署者則多屬販夫走卒之輩。香港政府只肯稍為放寬市政局選舉的選民資格，允許部分專業人士以及不擅英語而又歸化英籍的納差餉人士投票。

不少支持改革的社會團體為轉口貿易商會，他們受韓戰打擊，聯署運動後再無力跟進，只有革新會能在僅有的市政局議席上繼續作議會抗爭（Tsang 1988）。

介入式社會政策的開展

香港政府雖然為了討好保守商界精英而擱置民主改革，卻仍不得不正視市民生活上之困境。政府最初視湧進香港的移民為過客，因而不欲介入其事務。但隨著中國於政權交替後從上而下地改造社會，在香港的中國移民根本無鄉可歸。香港政府逐漸把華人視為長期定居的市民，在「積極不干預」的旗幟下，實際上推行高度介入華人社會的社會政策。而公共房屋的興建，是政府介入式社會政策的第一波。

由於戰後大量人口湧入，香港房屋供應嚴重不足，不少市民均要蝸居寮屋甚至露宿街頭。香港政府初時欲於更新土地契約時，規定要興建更多單位，但房屋仍然供不應求，且惹起業主不滿。戰後初期政府一直考慮與希慎興業發展利園山，但當時香港財政權仍由英國財務部掌握，倫敦方面卻不准香港政府動用公款建屋。最終政府只能做擔保人助希慎融資，倫敦亦明言禁止政府再資助任何私人建屋計劃。

香港政府庫房於一九四八年脫離財政部控制後，政府才再次考慮替勞工階層建屋，但保守的精英卻是推行公營房屋的主要障礙。精英反對加稅、反對會加重財政負擔的社會福利政策，亦因而對資助房屋政策沒有好感。正如羅文錦於一九四九年在立法局的發言所指：

> 如果……租金要靠若干資助來穩定，那我可以說的是，我不覺得納稅人——包括那偶爾吸幾支煙的卑微工匠——應該為此而付出。（Ure 2012）

一九四八年四月十七日，素來敢為貧苦大眾發聲的聖公會主教何明華（Ronald Owen Hall）收到來自英國的慈善捐款，成立香港房屋協會。房協打算興建為勞工階層而設的廉租屋，但當時收到的捐款不足，政府又因倫敦禁令不得撥款，最終只得找匯豐銀行資助。但何明華一向為民請命，得罪了銀行的高層，最終何明華以外的房協會員只好另設模範房屋協會，與匯豐合作在北角七姊妹興建模範邨。由於批地條件為匯豐主導，最終房租須收每月一百六十元，有能力租住的多已屬中產階層。

到一九五一年初，殖民地部建議設立房屋部門，以籌建多層廉租屋。葛量洪見倫敦施壓，便成立香港屋宇建設委員會，但相關法令要拖到一九五四年四月七日才在立法局首讀。此時香港的寮屋問題早已一發不可收拾。早期香港政府視難民為短暫停留的過客，有心令寮屋的生活環境變得不舒適，逼使居民返回家鄉，或是找一般樓宇定居。政府清拆寮屋後，容許居民改到指定地方重建寮屋，但多處於如牛頭角等較偏遠地區。在一份一九四八年的調查發現，寮屋居民中只有少部分是負擔得起一般樓宇的技工，其他都活在困境中：

> 大部分是新來到此殖民地，當中有不少或是窮困、或是品行不端。他們都不是殖民地所需的。（Ure 2012）

而行政局於一九五〇年二月的主張，則反映政府當時只希望移民能早日返回中國的家鄉，無意提供太多福利：

> 以陰乾政策（policy of attrition）阻礙寮屋居民在地區逗留。目的要盡可能令他們不舒適，希望他們

會返回中國。不應鼓勵任何形式的社會服務。（Ure 2012）

這樣政府除了消防、公共衛生事務、或是需要收地進行建設外，一概對寮屋採取不干預政策。時任布政司的柏立基（Robert Brown Black）於一九五三年一月指出：

> 寮屋區要考慮清拆的話，那被佔用的地方必先要有發展的需要、或是有非常嚴重的健康風險。與此同時必須立即有可安置的地方，而被清拆之地要立即分配用途。未清拆的寮屋區要整理，並包容地管治。（Ure 2012）

不過，香港政府很快便調整房屋政策。事緣石硤尾寮屋區於一九五三年十二月廿五日發生大火，造成三死五十一傷，逾五萬人因而無家可歸。這是戰後香港受災範圍最廣的寮屋大火，而親共集團很快便組織救濟工作，令政府甚為擔心（Smart 2006）。美國的救援組織亦有參與救濟，雖然他們的事工能防止中國滲透，但政府又擔心美國會趁機向災民進行反共宣傳，反倒會刺激北京政權反彈（Mark 2004）。

行政局於廿八日一改以往只向災民提供建築物料的做法，決定替石硤尾災民興建臨時房屋。葛量洪卻始終認為災民不是真正定居的香港人，不欲承擔興建房屋的費用，便要求倫敦方面撥款。殖民地部反倒願意即時撥款廿萬英鎊，縱然當時香港政府財政健全。

相較香港政府初期的議而不決，身任市政局非官守議員的和記洋行主席祈德尊（Douglas Clague）採取主動，於市政局會議上提倡更積極的房屋政策：

> （政府應）儘可能提供更多永久房屋給寮屋居民，此外亦可推論每一座半永久……房屋之落成，皆可直接紓緩整體房屋問題。（Ure 2012）

在祈德尊倡議下，市政局於一九五四年一月五日成立由祈擔任主席的緊急徙置屬下委員會（Emergency Resettlement Sub-Committee）。香港政府於二月已意識到，若非興建徙置大廈，就不會有足夠地方重置災民，但此時政府仍然不願作任何財務上的承擔。相較之下，祈德尊的委員會則甚為積極，於三月發表報告，主張由一位高級官員統籌徙置事務，而政府興建的徙置大廈，不單是對石硤尾火災單起事件的回應，而應該是解決香港房屋不足的長遠政策。委員會亦指出，如果不興建公營房屋，並在安置居民後清拆寮屋重新發展，將令香港珍貴的土地無法物盡其用，阻礙城市進一步發展。

委員會向政府提交報告前，香港政府徙置專員何禮文（David Ronald Holmes）卻提出，要把管理徙置事務的職責，由市政局轉移至新成立的徙置事務委員會。何禮文承諾會委任市政局議員入新委員會，但祈德尊始終堅持徙置事務要由市政局全權負責，政府最終讓步。四月七日，政府將《房屋委員會條例》送交立法局首讀，香港屋宇建設委員會將會由全體市政局議員、房屋署署長以及另外三位委任成員組成，而市政局主席亦為屋建會的當然主席。條例於四月廿八日在立法局辯論，部分精英對政府提供公營房屋抱有疑慮。接替兄長羅文錦任立法局議員的羅文惠表示：

> （將申請房屋的人）數目龐大，而我們既無法管制他們移入殖民地，亦不知道他們會逗留多久。（Ure 2012）

但最終議案還是獲得通過。市政局自此透過屋建會主導香港房屋政策，直到一九七三年市政局改組，屋建會才與市政局正式分家、並改組為香港房屋委員會（Lau 2002）。

行政局此時亦決定落實興建徙置大廈，立法局財務委員亦通過撥款。布政司柏立基於四月十四日提出法案，建議徙置專員成為市政局的臨時成員，並同意祈德尊委員會之意見，承認由一個專責部門統籌徙置事宜是較有效率的做法。柏立基亦表示香港政府不能再視新移入的華人移民為過客，而要視他們是於香港定居的市民：

> 寮屋居民再也不能被視為於香港暫時尋求庇護的難民。他們當然有不少是在邊界另一邊流離失所，但亦有不少是於我們過分擠逼的市區中無法容身的人。（房屋）問題已成為本土問題，亦因此我們有更多直接的責任。（Ure 2012）

雖然政府開始興建徙置大廈，但仍對是否以興建公營房屋為長遠政策有所保留。七月廿二日，大坑東寮屋區大火，令二四、六九八人無家可歸。令當局震驚的是，這次火災之火勢能穿越早前劃出的防火線而蔓延。這意味著政府若不清拆寮屋，並以鋼筋水泥興建的徙置大廈取而代之，類似的災害將不斷重演。這一點亦為隨後十月的李鄭屋大火證實（Smart 2006）。行政局於十一月十七日同意建設永久性的徙置大廈，自此以公營房屋解決香港房屋問題，就成為香港政府既定國策（Ure 2012）。

香港政府以公營房屋制度解決市民住屋問題，但香港處於冷戰兩大陣營的狹縫，亦偶有不安定之情況，國共兩黨均於香港從事地下活動，都與香港黑幫勾結，成為香港治安隱患。

一九五六年十月十日，新落成之李鄭屋邨的職員移除了放置於公共地方的雙十標記，激起當地親國民黨民眾不滿。他們包圍屋邨辦事處時，有黑幫分子混入群眾，煽動群眾生事。情緒失控的群眾四出放火搶掠。次日瑞士領事伉儷駛經深水埗大埔道時，被暴徒襲擊，令領事重傷，領事夫人身亡。親國民黨工人下午到荃灣寶星紗廠搗亂，指廠方阻止工人慶祝中華民國國慶，隨即到附近工廠鬧事，要求各廠懸掛中華民國國旗，並解僱親共的員工。親共派的工人醫療所、紡織染工會福利部以及搪瓷工會荃灣分會亦受到衝擊。暴徒四出搶掠縱火，甚至強姦親共女工。警方要到十月十四日方能平息事件，最終釀成六十死三百傷，逾千名暴徒被捕。

暴亂過後，香港政府大力掃蕩在港親國民黨勢力，不少親國民黨組織要員被政府驅逐，部分則自行逃往臺灣（Lam 2004）。雙十暴動後香港政府對國民黨勢力的打壓，使一小撮效忠國民黨的香港人頓時失去支援。而中國經歷由上而下的社會改造，毛澤東主義取代了儒家禮教，共產黨的科層組織則取代了昔日士紳的地位，已經變成一個陌生的國度。除卻少數國共兩黨的死忠支持者，香港人對中國的感覺，主要是關懷原鄉的鄉土意識、以及自覺與西方有異的文化意識。這與國共兩黨膜拜先鋒黨的中國國族主義風馬牛不相及。主流的香港人無法親國民黨，卻又不願支持共產黨，這樣他們必須在處於國共狹縫中的香港，重新探索自己的身分認同。

前布政司柏立基於一九五八年三月六日接替葛量洪為港督。這時香港政府得到全面財政自主，預算案不用再呈交予殖民地部過目，殖民地部亦不干預香港內部施政。此時香港與中國的邊界相對封閉，內政上政府亦將華人視為服務的對象。這時香港政府高度自主，縱然掌握自主權力的是政府官員而非市民。政府則以非政治化的技術問題打發市民，達成民享而非民治的仁慈專制（Faure 2003）。不過，香港此時已可說是一個政治實體，是一個不受英中兩國干預內政的次主權國家。此時香港亦持續穩步發展。雖然轉口業隨中國赤化而式微，但香港很快便發展出面向國際市場的工業，擺脫對中國的經濟依賴。韓戰過後，香港的國民生產總值持續正增長，自一九五九年起直到一九六〇年代中，增長率一直都超過百分之十，香港成為日本以外，東亞最繁榮的經濟體系（Schenk 2001）。

香港於一九五〇年代起與中國相對隔絕，香港華人無法自由往返中國，既無法再效忠中華民國，共產黨治下的中國亦非他們早前認同的中國。他們回鄉的路斷了，自此只有眼前路、沒有身後身，只剩下唯一一個選擇：成為一個完完全全的香港人。戰前已開始發展的傳媒及教育體系，均於戰後進一步強化，令原先局限在精英階層的本土身分意識向普羅大眾潛移默化。戰後出生的嬰兒潮一代，在這種環境下成為視香港為獨一家鄉的一群。香港國族亦將會於一九六〇年代末及一九七〇年代步入壯年。

第十三章 大中華文化主義與躁動新一代

在第十章曾提及遊走港粵兩地的華商精英，於一九二〇年代廣東的權力鬥爭中敗於國共兩黨，從此只能視香港為自己的家邦。這群精英於香港遇到仍然忠於清室的文人，華商精英覺得傳統教育能令青年人免受激進中國國族主義荼毒，便大力資助這群前清御史興辦文教。他們先是創辦了學海書樓，到後來還被香港政府招攬入香港大學中文學院。因為這群前清文人的教育，五四運動後冒起的激進中國國族主義，在香港激起的迴響遠不及中國各地。

類似的歷史亦在一九五〇年代再度上演，大批學者文人於中國易幟後避秦南渡，成為大專及基礎教育的中堅。他們對北京政權缺乏好感，雖然他們曾經是中國國族主義者，但此時他們已演化為愛文化不愛政權的大中華文化主義者：他們歌頌一九四九年以前的傳統中國、文化中國，卻極力抵制深圳河以北另一邊赤化的政治中國。這次學人南渡，規模比一九二〇年代前清御史之南渡更為龐大。隨著港中邊境之相對關閉，只有極少數香港學生能選擇到中國接受教育。戰後嬰兒潮出生的一代，大都受過大中華文化主義薰陶，使他們有種充滿曖昧的本土身分認同：他們在英國人面前，有種能自視為中華兒女的自豪感，但對傳統中國、文化中國的認同，又使他們難以將香港旁邊那日益赤化的中國視為親切的家鄉。

學人南遷與大中華文化主義

中共於一九四九年執政後，其教育方針就是要實行唯物社會主義的教育。有的學校因為與國民黨關係密切，或是著重傳統文化之保存，不欲被併入中國的公立大學體制。當中有的跟國民政府一起前往臺灣，但有不少則以香港為目的地，比較有名的包括華僑大學、私立廣州大學、廣州文化大學和上海大夏大學。這四間學院於一九五六年與平正會計專科學校合併為聯合書院，不久後即參與香港中文大學之創建。而廣州私立珠海大學，則在香港降格為珠海書院。

由基督教會開辦的學院為躲避無神論政權，亦紛紛到香港避秦。華西大學、嶺南大學、金陵大學、上海聖約翰大學等基督教大學南遷後，於一九五一年合組崇基學院，到一九五六年遷入馬料水現址，後與聯合書院、新亞書院合組香港中文大學。嶺南大學舊教員於一九六七年另設嶺南書院，後來遷往屯門藍地現址，並於一九九九年復名嶺南大學。

南遷香港的，亦有不少是未有院校聯繫的知識分子。這群南來文人為了謀生，不少成為了中學教師。他們相信中國在共產黨統治下，已經文明淪喪，唯有寄望能教化香港的學生，使中華文化的記憶能夠在這座處於中國之旁的城邦薪火相傳。當時受教於南來文人的中學生如此憶述：

> 我的老師們於一九五〇年代從中國大陸逃亡。他們於教授中國歷史時充滿國族情懷。他們堅持我們身為華人，理當對中國歷史有整全的認識。（Kan 2007）

另一位中學生的老師亦同樣地熱心於啟導學生的國族情懷：

在一九五〇年代我是個中學生。我的老師們是從大陸過來的。雖然他們教授中國歷史，他們都不是從中史系畢業。其他科目的老師，比如是教物理、數學、中文的，都充滿熱情地向香港學生教授中史。也許他們是以此為建立學生中國認同的手段吧。（Kan 2007）

值得留意的是，這群南渡教師大多本於傳統中華文化之立場，對當時實質統治中國的北京政權並無好感。而他們反共而傳統的史觀，則深受錢穆《國史大綱》影響。一位於一九六〇年代讀中學的受訪者指出：

在一九六〇年代我中學六年級時，我的老師都反對共產黨。他們是錢穆的門生，因而他們政見多親近國民黨。他們稱中國首都為北平而非北京。（他們亦）常以身作則。（Kan 2007）

這群老師所推崇的錢穆，本身亦為南渡香港的知識分子。像戰前學海書樓的前清御史那樣，他們亦是透過傳統教育，以香港為基地批判被他們視為離經叛道的政治中國。錢穆於一九四九年十月十日與同樣身在香港的新儒家思想家唐君毅和經濟學家張丕介創辦新亞書院，以此為文化抗共的學術重鎮。錢於書院開幕禮中稟明創校宗旨：

中國人應真正了解中國文化並要培養出自家能夠適用的建設人才……要替文化負責任，便要先把自己培養成完人。要具備中國文化的知識，同時也要了解世界各種文化。要發揚中國文化，也要溝通中西不同的文化。（周愛靈，二〇一〇）

錢穆指出，中國人要愛國，就必須要愛中國文化。他所指的中國文化，就是在中共建政前已流傳逾千年的中華文化。那麼他所指的中國，是指哪一個國家？顯然不是被北京政權把持的政治中國，因為共產黨奉行馬列主義，拋棄了傳統的中華文化。錢穆眼中的愛國者，是珍惜傳統中華文明的華夏遺民，他們因著愛護中華的緣故，就必然要將政治中國視為勢不兩立的仇敵：

> 在今日民主主義與極權主義鬥爭之下，中國青年在思想上應有正確的認識，以免誤入歧途，既誤其本身前途，亦遺害於國家民族以及世界和平。（周愛靈，二〇一〇）

錢穆的同事唐君毅於〈花果飄零及靈根自植〉中更指斥北京政權自甘墮落為蘇聯的跟班，縱然後來與蘇聯反目，國勢再強亦無國格可言：

> 中共雖強而大，然其初以蘇俄為老大哥，欲繼馬列主義之宗祧，死抱住馬列主義之神祖牌不放，即精神上仍為馬列主義之奴。而今既已知反蘇，而仍不肯歸宗，回到中國自己之文化學術思想以立振，而求立國於當今之世，可謂自相矛盾之極。（唐君毅，一九七四）

像戰前華人精英和前清遺民那樣，唐君毅對新文化運動之後的思潮甚有保留。這種取態與中共以至是中國主流知識分子皆有所不同。以大中華文化主義的觀點看，新文化運動展開了一連串對中華文化之破壞，不單未有建樹，長遠而言還為共產黨此類偏激者抬轎。而一切悲劇的源頭，就在於一群趕時髦的知識分子。唐於〈說中華民族的花果飄零〉中指出：

本來我們對中華民族今日所表現之一切事實，原皆無可責難，而只視為一悲劇。但對於此種知識分子之托名於學術上之觀點，對一切悲劇的事實，都加以理由化，持時代之潮流風勢之所在，皆為合理；並以加以迎合，即為進步之論，以推波助瀾者，卻絕對不能加以原諒。（唐君毅，一九七四）

大中華文化主義者察覺到中華文明早已非自立自足的體系，中華文化的傳人必然也要是世界公民，並且認同民主自由等普世價值。但他們強調沒有文化根源，就不可能認識世界，無法真正的心懷普世。而普世價值之推廣，不得不配合在地的風土人情。新文化運動後，批判儒家的思想成為主流。但如此否定中華文化根源，中國人就不能成為真正的中國人，亦沒有了認識世界的基礎，只能是無意義的躁動。唐君毅如此說：

中國人不愛中國之歷史文化者，此人絕不可言創造人類之新文化。其滿口天下一家，創造人類新文化之辭者，實皆毫無價值意識，亦無真正之文化意識、人道意識、自我意識者。其言進步創造而反對保守為頑固者，實皆見其只知喜變遷與務新奇，中無所守，內無德操，而只為隨時代風勢而轉之「顛狂柳絮隨風舞，輕薄桃花逐水流」而已矣。（唐君毅，一九七四）

大中華文化主義這樣便與新文化運動以來的中國主流知識界各走各路。而中共當局動用公權力，鼓吹所謂「破四舊、立四新」，更是等而下之，大中華文化主義者皆得誅之矣。

大中華文化主義者心懷中華文化，心繫中國故土，但中國已在北京政權治下，由上而下地推行文化改造、社會改造，錢穆、唐君毅這輩子是註定回不了去。他們心中的中國，早已湮沒歷史之中，北京政權治下的中國實際上是另一個陌生的國度。他們被逼寓居香港，在別人的土地上，講那已消失之中國。唐君毅如斯感嘆：

> 至於對此中華民族之文化之樹之花果飄零，則我自顧己身，同茲命運。香港英人殖民之地，既非吾土，亦非吾民。吾與友生，皆神明華胄，夢魂雖在我神州，而內軀竟不幸亦不得不求托庇於此。自憐不暇，何敢責人。（唐君毅，一九七四）

對於能否返回地理中國，奪回政治中國，大中華文化主義者日益悲觀。他們寄望寓居臺灣的國民政府能反攻大陸，撥亂反正，但反攻一直仍只聞樓梯響。美國海軍於韓戰時巡邏臺灣海峽，固然阻止了中國侵略臺灣，但亦阻止蔣介石輕啟事端節外生枝。到一九五三年七月十六日，國軍才在美國中央情報局授意下，由胡璉率領突襲福建漳州東山島。不過，這次國軍是為中情局做事，並非真正全面反攻大陸。而且國軍很快便潰不成軍，到十八日只好撤退到金門。自此反攻大陸只是個永不兌現的神話，淪為寓居臺灣的國民黨政權實行威權統治的藉口（若林正丈，二〇〇八）。

亦因如此，縱然大中華文化主義者主張愛國，他們熱愛的中國，已經不是地理上和法理上的中國。既然在大陸的政治中國已經為丟棄中華文化之北京政權控制，這個國家於大中華文化主義者的角度看，是外國也是敵國。他們愛的中國，是文化歷史上之中國，是以即使中國淪亡了，他們仍指望傳統中華文化能夠在香港、臺灣以及其他海外地方承傳下去。他們稱自己為愛國者，但既不認同中國政權，亦不著重保留中國國籍，愛的其實是能夠跨越國界藩籬的中華文明。如唐君毅於〈海外知識分子對當前時代之態度〉所言：

西方的國籍法，乃依人生下來，所呼吸的第一口氣，所在之地而定（按：屬地主義在當時比現在普遍）。此乃依唯物論，與依地理而定之國籍。此與依你們的生命本源與歷史而定的國籍，河水不犯井水。你們還是一樣的神明華胄，亦莫有甚麼先天罪業。歷史的意義，比地理的意義，當然深厚重大得多。地理意義的香港人，當然應該自覺到自己是歷史意義的中國人，而以之為自己生命的本質。（唐君毅，一九七四）

但是你們只想那山河即等於中國，以認同於此山河，為認同中國，亦仍然只是唯物的地理的觀點。文化生命的觀點，還要百尺竿頭，再進一步才是。（唐君毅，一九七四）

針對當時親共團體邀請年青一代到中國旅遊以進行統戰，唐君毅則強調大中華文化主義乃建基於文化、文明之傳承，並不在於親近地理中國的山河大地。國破山河在，城春草木深，盤據神州大地的，並非大中華文化主義者的祖國。亦因此參與中共辦的訪問團，其實只是愚昧的情感消費：

香港雖然不在政治中國的版圖，亦非地理中國的一部分，但只要能夠承傳中華文化，就是中華文明的榮耀。唐君毅於〈花果飄零及靈根自植〉中云：

以至在殖民地之香港與僑居世界各地之中華子孫中，只要有一人除不得已之就地適應行為外，能自保其是非之心，而有所自信自守：沉淪在下位，不以之自沮，見知於當地，不以之自榮；則此人即中華民族之瑰寶。（唐君毅，一九七四）

唐君毅甚至認為，按著中華文化之道德修養，於香港為著與地理中國、政治中國毫不相干的本土發展打拼，亦是愛護中華文明的表現。本土的社會實踐，也可以是中華文化價值之彰顯。他於〈海外中國知識分子對當前時代之態度〉如是說：

大家必須在文化生命上，作個「仰不愧於天，俯不怍於人」的中國人。然後無論在個人之思想、學問、德性上，作自我訓練，要改進香港教育，改進香港社會政治，要為七億之神明華胄，作開天闢地的事業，才能看見更遠更大的路。（唐君毅，一九七四）

根據大中華文化主義的觀點，香港的華人乃是一種特殊的中國人。他們生於香港這座由英國管治的城邦，因而與政治中國和地理上的中國割裂，但亦因此能夠免於中國赤化之禍，繼續堅持承傳中華傳統價值。中國在共產政權統治下背棄中華，而香港、臺灣以及海外華人社區，卻因而從中國以外的邊陲化身為真正的中國。這種觀點，近乎日本於明朝覆亡後主張的華夷變態論。他們認為自從滿清入關後，中國已從中華退化為蠻夷，是以中華文明之核心，亦已從中國東渡往日本。林春勝、林信篤父子於一七三二年替德川幕府編撰《華夷變態》，於其序言中云：

崇禎登天弘光陷虜，唐魯才保南隅，而韃虜橫行中原，是華變於夷之態也。

倘若我們將「崇禎登天」改為「大陸淪陷」，將「韃虜橫行」改為「中共竊政」，便不難發現大中華文化主義其實是近代版本的華夷變態論。雖然大中華文化主義者強調香港人要做愛國的中國人，但這套論述卻與政治上、地理上的中國針鋒相對，本質上是貶斥北京政權治下的中國，將香港捧為中華文明的示範單位；傳承中華傳統的香港人，亦因而與在北京政權治下背祖忘宗的中國人有著本質上的差異。倘若我們考慮到華夷變態論於明治維新後成為日本國族主義的精神養分，那麼便會明白在香港提倡的大中華文化主義，與香港國族主義其實只有一步之遙。

大中華文化主義者多從事教育工作，使香港出生的嬰兒潮世代自小就受其薰陶。雖然他們步入反叛期後，會對師長之講法提出批判，但這種自視為有異於中國的中華文化傳人之想像，早已深入骨髓（羅永生，二〇一一）。由於大中華文化主義反對共產黨把持的政治中國，香港教育當局亦樂見這套論述能於教育體系中流行，就如戰前港督金文泰樂於推廣中華經典教育那樣。戰後初期香港中學的歷史課程，基本上就是國民黨政府的課程，並深受錢穆《國史大綱》影響。一九五六年雙十暴動後，政府不欲國共兩黨透過中史課程煽動學生，便大幅修改課程，減少關於近代史的篇幅。除此以外，課程的史觀，亦採用漢族中心的正統史觀，並且還要以著重背誦事件、輕視宏觀理論的舊式方法教授（Kan 2007）。但這些改動，反倒使香港中史課程更符合大中華文化主義者的理想。正如錢穆在新亞書院推行的模式那樣：

> 我們把我們的學生訓練，限於學習東漢至清初這段時期……我們不鼓勵學生去學習現代時期，因為中國當前的問題須要以現代的方法和現代的概念去理解和解決，但當前的問題太多了；如果對較前的時期沒有清晰的概念與理解，便會有如在迷宮中迷失了一樣。（周愛靈，二〇一〇）

這樣香港的中史課程迴避與現實中國打交道，教師和學校多寄望學生能受中國文化薰陶，而不希望與中國政府有所交集。與此同時，由於信奉無神論的北京政權逼害宗教，南遷香港的傳教士大多抗拒北京政權，香港政府亦因而鼓勵他們辦學，一方面動用教會資源提供普及教育，另一方面又能阻延中國職業學生滲透校園（Leung and Chan 2003）。雖然這些學校皆欲傳播基督宗教，但多樂於聘請反共的大中華文化主義者教授文史科目。這樣香港的中小學於當時大多反共，亦是大中華文化主義者爭取青年人支持的講壇。

得到香港政府在明在暗支持的大中華文化主義者，亦有涉足大專教育，培訓未來的師資和知識階層。不少南來知識階層原為中國的大學教授，到香港避秦後設法復校，但礙於香港的教育政策，這些大專院校未能成為正式的大學。可是，隨著冷戰的對峙加劇，香港政府不欲考不上香港大學的青年學子赴中國升學，便開始支持這些院校進行文化抗共。部分大專院校因其文化抗共的作風獲得西方的基金會贊助，比如崇基學院獲美國亞洲基督教高等教育聯合董事會支持，新亞書院則獲雅禮協會、福特基金會和哈佛燕京學社贊助。到一九五六年，新亞書院、聯合書院與崇基學院成立香港中文學院聯合會，爭取香港政府的承認。港督柏立基（Robert Black）遂於一九五九年向殖民地大臣建議，將三間學院組成一間行書院制的大學，到一九六三年香港中文大學正式成立，成為香港第二間大學。這所新大學，尤其是身為創校成員的新亞書院，是在港大中華文化主義者的學術重鎮（周愛靈，二〇一〇）。

除了興辦教育，大中華文化主義者亦透過出版刊物宣揚理念，而最受嬰兒潮青年支持的，應為《中國學生周報》。與其他大中華文化主義者相比，《中國學生周報》對新文化運動的看法較為正面，並將之視為中國的文藝復興運動。不過，他們亦指出新文化運動隨後遭到野心家綁架，是中國文明淪喪的主因。而該運動墮落的主因，毫無疑問就是共產黨的介入。《周報》的創刊辭如是說：

> 「五四」（按：指新文化運動）以來，中國學生對於國家已貢獻了不少力量；曾以高度的熱情，天真的

嚮往，純潔的動機，力求國家的復興。但是，這些都失敗了，這些不僅未能主動地解決了中國的問題，反而被野心政客利用作政治工具，間接地助長了中國的苦難。（《中國學生周報》，一九五二年七月廿五日）

他們期望能在香港重啟一次未受中共污染的新文化運動，培育新一代的大中華文化主義者帶動中華文化復興。一九六〇年代擔任周報社長的陳特憶述，當年編委想要：

就像五四運動那樣，產生一個文化上的浪潮，你知道五四運動從沒有到過廣東，尤其是香港。所以我們想培養學生對中國民族、文化的感情。（Ip 1997）

《中國學生周報》明白香港之所以能夠於中國文化復興擔當重要角色，正正因為香港是英國人管治的城邦，亦因而可以暫離北京政權之魔掌。他們有著深刻的冷戰思維，視與北京政權的對抗為自由世界抵抗共產極權之戰役。以西方為首的自由世界之勝利，是中華文化復興之先決條件，而香港則是自由世界在鐵幕邊緣的橋頭堡。他們既視香港為自由世界一員，亦知道香港政府令香港不致陷入共產極權統治，因而對仍然壓逼香港華人的殖民制度和種族歧視輕描淡寫：

千千萬萬的中國學生，目前都被桎梏於共產主義的教條教育之下。中國學生尚能呼吸到一點思想自由空氣的地方除臺灣之外，就只有香港了……現在回國升學已難有深造的機會，同學們如想瞭解祖國的文化歷史，也還只有香港最為方便……大多數同學已失去接觸中西文化的機會，而在鐵幕邊緣的我們卻還保有這最後的自由文化的堡壘，這該多麼值得珍貴呢！（《中國學生周報》，一九五二年八月廿二日）

誠然，北京政權治下的中國已淪落為暴虐的極權主義國家，但這種將中國以外皆視為自由世界的想像，卻是未經思考的冷戰文宣。那時候臺灣對國民黨軍隊於二二八事件後的無差別屠殺仍歷歷在目，臺灣陷入白色恐怖，隨國民政府遷臺的中國國民黨黨員以高級外省人自居，土生土長的臺灣人則受到外來政權的殖民欺壓，而隨國民黨遷臺的外省基層亦要面對清算共諜的白色恐怖。香港的政治遠不及臺、中兩國那般壓制，但當時香港政府聯同精英再三拖延民主改革，市民的人權與言論均未受法律保障，與真正的自由社會仍有好一段距離。《周報》對香港政治的取態，是視一切能抗共的就是朋友，並竭力要令香港繼續成為自由世界的橋頭堡。這樣使《周報》在討論香港政治時，常有穩定壓倒一切的保守心態。他們這樣批評蘇守忠於一九六六年反對天星小輪加價的抗爭：

> 社會安寧，社會安寧，第三個還是社會安寧，讓我們一切都以此為大前提。（《中國學生周報》，一九六六年四月十五日）

而對於次年由親共派搞出來的暴動，《周報》則如是說：

> 香港顯然是一艘負荷過重的船。在這個有限的空間，裏面密密麻麻的擁著近四百萬人，其中難免發生許多問題，這些問題必須以容忍的精神、互諒的態度來解決。任何意氣和憤恨徒然造成混亂和動蕩不安。（《中國學生周報》，一九六七年五月廿六日）

既然香港是中國文化復興之希望，而這是建基於英國的保護，那麼大中華文化主義者縱然目睹殖民主義的遺害，亦當為復興中華文化忍辱負重，莫挑起麻煩令北京政權有機可乘（Ip 1997）。這種離地的想法，是大中華文化主義的死結。對於旅居香港的反共文人來說，感恩香港收容而包容香港的不公，是很自然的做法。但土生的嬰兒潮一代自小就以香港為家邦，對家邦的問題，又如何能完全無視？

嬰兒潮世代迷惘的身分認同

大中華文化主義之論述卻有著內部張力：這一方面強調傳統香港與赤化中國之間的割裂，另一方面卻死抱大中華情意結。大中華文化主義主張華夷變態論，指香港華人是華夏遺民，而北京政權治下的中國人則淪為自絕於中華文明的蠻夷，從而催生了自視為比中國優勝的香港身分認同。但與此同時，他們心中所關注的始終是中國的文化復興，而未有就香港本土的社會問題提出任何具體建議，甚至會因著視香港及英國政府為冷戰的盟友，盲目地擁抱香港的建制。喚醒香港人本土身分的自豪感後，卻對香港本土議題集體失語，這樣大中華文化主義者無異於拿石頭砸自己的腳。

除此以外，大中華文化主義者根本無法進入中國，在中國內部推動文化復興之大業。這樣他們的愛國論述只能流於空談，只能牽動戀慕前朝的懷舊情緒。他們復興中華文化的方案，實質上亦只是訴諸個人修養、欠缺沉實社會分析的玄虛之談。就如唐君毅於〈花果飄零與靈根自植〉中所言：

> 縱然世界黑暗瀰天，我仍居於黑暗之上光明之中，乘此光明之輪，以徹入於黑暗中而化掉之。此之謂信到不渝，純亦不已，以求明明德於天下。人即於此可寄託無限之希望與信心，而發出無盡之願力。（唐君毅，一九七四）

這種講法，其實不過為訴諸神秘的宗教信念。這對深信儒家倫理的上一代或許有吸引力，但卻不能令尚在人生摸索階段的嬰兒潮一代折服。

在大中華文化主義者的薰陶下，香港年輕一代很快便察覺到香港與中國之間有巨大差異。他們出生後，港中邊界就實行出入境管制，這樣年輕一代便不會像早期香港基層那般時刻想著要衣錦還鄉，因為香港就是他們想像中的故鄉。部分青年人開始關心香港的社會狀況，從而對師長對本土議題漠不關心、且懷古而保守的心態感到不滿。劉耀權是《中國學生周報》中較年輕的編輯，他如此批判周報中老一輩的大中華文化主義者：

> 六七年期間，我們的編輯在政治、社會方面的看法意見有很大分歧，自己內部也討論過很多次，但沒甚麼結果。史誠之、徐東濱、胡菊人等基本是大陸文人的心態，他們希望保存中國文化、推廣自由民主觀念、反共。但當時香港社會已到了一個轉變期，殖民主義與群眾運動一起衝來時，你會站在那一方？……我們不屬於左派（按：指親共人士），屬自由派，只覺得這個運動反映了香港有問題，但群眾有些心聲和要求，《周報》並沒有提，我們於是希望討論，譬如為何有暴動出現，有沒有其他的群眾基礎之類，他們卻不談，認為不應討論，這使我有點不快。（Ip 1997）

戰後出生且於香港成長的嬰兒潮一代，一方面因大中華文化主義而察覺到港中有別，同時又不滿其保守而訴諸神秘信念的政見，因而開展一段身分探索的歷程，過程中又令香港國族本體意識，從少數精英的信念轉化為普羅大眾的集體意識。而在一九五〇和一九六〇年代，香港急速現代化，又令香港大眾經歷著與中國迥異的共同經驗，亦建立起隨現代化進程而來的共同生活習慣。香港人的生活方式與生命歷程，既有異於受共產極權統治的中國，亦與中華民國所遷佔的臺灣不盡相同。對香港人而言，不論他們來自何方，他們都明白唯獨在香港，他們才會尋找到自由和幸福。到一九六〇年代末，「公民身分」、「社會」和「歸屬感」均成為大眾常提及的關鍵詞，這意味著香港的普羅大眾，已開始將自己視為獨特的命運共同體（Turner 1995）。

香港與中國之割裂，亦可見諸港中邊界日益嚴格的出入境管制。一九五〇年代末，中國共產黨發起大躍進，企圖透過群眾運動促進農業和工業生產，但當局意識形態掛帥，無視管理及科學，最終只能造成資源錯配。全民大煉鋼的結果，只是耗費人力物力鑄造了一堆不堪使用的爛鐵。農業生產亦不增反減，中國於一九五九至一九六一年因政策失誤而陷入饑荒，餓死者以千萬計，大批饑民逃亡。在華南的逃亡者，為了能滿足溫飽的幸福生活，冒險穿過深圳河或游過香港附近水域偷渡香港。為應付「大逃港」的偷渡潮，香港政府於一九六二年五月卅一日推行抵壘政策，規定偷渡者如在邊境或新界被截獲，就會被遣返中國。但是，政府又恩准能夠抵達市區的非法移民向政府申領身分證。

這種通融的權宜之策，是為了使香港的工業能夠以身體健壯的中國移民為廉價勞動力，從而促進香港經濟發展（鄭宏泰、黃紹倫，二〇〇四b）。一些知識青年厭倦了中國的極權統治及政治鬥爭，就勤練泳術，準備偷渡香港投奔自由（彭嘉林，二〇一六）。這些不惜代價要成為香港人的勇者，自然也會於香港這個新天地努力拼搏，是令香港急速發展的原動力。不過，抵壘政策卻向香港市民暗示香港人與中國移民有根本上之差別：中國移民可以申請成為香港人，但在此之前，他們要證明自己不會成為香港社會的負累，並且會為香港的發展作出貢獻。而中國移民於新界逃避追捕的經歷，既證明他們身體健壯，亦說明他們要融入香港社會的決心。抵壘政策之實行，實際上是逼使偷渡者決志歸化香港的集體儀式。

香港的社會、經濟均於一九五〇和一九六〇年代急速發展。香港的國民生產總值從一九五〇年的卅二億港元，於一九六一年倍增至七十四億港元。而根據世界銀行數據，到一九七〇年國民生產總值進一步倍增至卅八億美元。人均生產總值則由一九五〇年的一、三三五港元，增至一九六一年的一、八〇八港元，到一九六五年，達三、〇四四港元。根據世界銀行數據，一九六五年的人均國民生產總值為六七六·八一美元，到一九七〇年則增至九六〇美元。此後直到一九九七年，香港的國民生產總值持續正增長。而香港工人的平均每日工資，亦由一九五五年的四·三八港元，增至一九六五年的九·二七港元和一九七〇年的一二·五五港元（饒美蛟，一九九七）。香港人的預期壽命，亦由一九六〇年的六十七歲增至一九七〇年的七十一歲。香港人之生活水平得到實質改善，而中國則因中共治國無方且沉迷政治鬥爭而民不聊生。香港人因獲得自由和幸福而產生自豪感，在這種社會環境下成長的嬰兒潮一代，亦意識到香港人與中國人是兩個有著不同集體命運的獨特族群（表13.1、13.2、13.3、13.4、13.5）。

香港社會矛盾與本土抗爭之興起

雖然香港人生活得到實質改善，但就像其他中等收入國家那樣，伴隨著經濟發展而來的，還有日益擴張的貧富差距。一九六〇至一九六七年之間，香港勞工生產力增加百分之二〇七，但同期工人的工資增長只有百分之七一·五，意味著香港經濟發展成果大部分都歸於資產階層（Owen 1971）。這時候香港缺乏保障勞工的法律，工人之工作時間長，工作環境亦不注重職業安全。職工會聯盟的前任主席劉千石於一九六〇年代移民香港，於工廠中打工。他如此憶述當年的工作環境：

> 我的第一份工作是在荃灣的製衣廠裏做驗貨員。那裏的環境十分惡劣，然而很多工人就是在這樣

表13.1 ——香港國民生產總值（港幣時價），一九五〇至一九六五年

	國民生產總值（港幣時價）	人均國民生產總值（港幣時價）
1950	3,230百萬	1,335
1955	3,780百萬	1,315
1961	7,434百萬	1,808
1965	13,999 百萬	3,044

資料來源：Schenk 2001

表13.2 ——香港國民生產總值（美元時價及港幣二〇一三年價格），一九六一至二〇〇〇年

	國民生產總值		人均國民生產總值	
	美元時價	港幣二〇一三年價格	美元時價	港幣二〇一三年價格
1961	15.31億	911.41億	483.18	28,768
1965	24.35億	1,501.70億	676.81	41,738
1970	38.01億	1,952.72億	960.03	49,324
1975	100.48億	2,677.99億	2,252.11	60,023
1980	288.62億	4,621.89億	5,700.41	91,286
1985	357億	6,105.00億	6,542.93	111,891
1990	769.28億	8,859.61億	13,485.55	155,309
1995	1,446.53億	11,469.26億	23,497.49	186,307
2000	1,716.68億	13,053.84億	25,756.66	195,857

資料來源：香港統計處，世界銀行

註：於二〇一三年，一美元平均可兌換7.7567港元。

表13.3 ——東亞六國人均國民生產總值（美元時價），一九六一至二〇〇〇年

	香港	中國	臺灣	日本	韓國	新加坡
1961	483.18	75.05	414	563.59	91.48	448.95
1970	960.03	111.82	1268	2003.65	291.86	925.28
1980	5700.41	193.28	2367	9307.84	1778.48	4927.05
1990	13485.55	316.22	8178	25123.63	6642.45	11864.53
2000	25756.66	954.55	14877	37299.64	11947.58	23792.61

資料來源：世界銀行，國際貨幣基金組織

表13.4 ——香港人均預期壽命，一九六〇至二〇〇〇年

年份	人均預期壽命（歲）
1960	67
1965	69.56
1970	71.45
1975	73.37
1980	74.67
1985	76.43
1990	77.38
1995	78.68
2000	80.88

資料來源：世界銀行

表13.5 ——香港工人平均每日工資，一九五五至一九七〇年

年份	平均每日工資（港元）
1955	4.38
1960	5.71
1965	9.27
1970	12.55

資料來源：饒美蛟，一九九七

的地方幹了一輩子。棉屑四處飄浮，空氣中滿佈塵埃，看起來朦朦朧朧的……我每天工作大約十一個半小時，從早上七點半到下午六點半。每天的工資是四元五角，每月平均一百卅元。那時候在工廠附近的大排檔，每碟飯大約要一元或一元二角。我沒法吃得起早餐或充實的午飯，因此只能每三天裏，兩天吃飯，一天吃麵包。（Blyth and Wotherspoon 1996）

香港固然比臺、中兩國民眾享有更多人身自由，但殖民地法律對市民人權缺乏保障。香港式的法治，亦只限於對合約精神之重視，仍未能夠做到以法限權。當時的執法和司法均偏袒建制，注重社會秩序多於人身保護。雖然香港政府不會如國共兩黨的政權那般強逼市民效忠，但卻會對懷疑企圖反對殖民制度的市民施以重刑，甚至將其驅逐出境。香港憲制亦賦予港督推行緊急立法之權力，並能凌駕市民的人身及言論自由。雖然政府通常只是將這些權力備而不用，但亦已經能阻嚇市民，使其不敢參與政治（Wong 2011）。

執法人員亦因而得到不受制衡的權力，常恃勢凌人，警察敲詐市民的陋習尤其嚴重，經常針對小販和大排檔，威脅控以阻街罪名勒索賄款。一般大排檔每月均須預留四十港元應付警察苛索。他們容許違反交通規則的司機以賄代罰，甚至會威脅誣告未犯規者，每位司機平均須繳款卅港元。警隊內亦有涉及華洋高層的貪污集團，不欲同流合污的極少數警員，則會被投閒置散，調往文職部門，或是邊境或水塘當苦差。這些貪污集團與黑幫勾結，包庇毒品中心、色情場所和賭檔，警賊不分，令社會治安大壞（葉健民，二〇一四）。

警隊以外的政府部門，均盛行貪污陋習。寮屋的拆除與重新安置是其中一項最擾民的問題。當時寮屋的工廠及攤檔之安置及賠償，乃取決於其土地之面積。徙置事務處的職員會與黑幫勾結，進行清拆前的最後測量之前，向黑幫通風報信。黑幫會在測量前夕於寮屋區忽然落戶，藉此騙取政府之賠償。但如此又會霸佔真正商戶之土地，使其土地面積遭測量官低估，部分商戶因登記土地面積不足規定之數目，而喪失得到賠償之機會（葉錫恩，一九八二）。

香港的政治制度因市議會計劃遭腰斬，未能展開民主化。主導諮詢體系的西方商人與部分政府高官均死抱昔日的種族觀念。政府運作為公務員高官主導，而行政立法兩局均非由普及選舉產生。雖然華人精英於議會及諮詢架構的比重比以往增加不少，但這些精英已不再是唯一一批具有本土身分意識的華人，亦早已成為與基層民眾完全脫節的另類貴族（Rear 1971）。這樣縱然市政局之權責有限，而其民選議員的選民基礎狹窄，但亦成為當時市民於體制內參與政治的獨一渠道。

到一九五三年，市政局中的民選議席由兩席增至三席，到一九五六年進一步增至八席。從那時起民選議員任期為四年，每兩年改選四席（Lau 2002）。兩年一度的市政局選舉就成為市民作政治表態的僅有機會。革新會繼續議會抗爭，自一九五六年起取態保守的親政府政團公民協會（Civic Association）亦加入競選。到一九五九年，兩大政團平分四席民選議席，但兩黨對峙的局面卻未能持久。在此之後革新會逐漸妥協而變得溫和。公民協會創會主席加斯恩修士（Cassian Brigant）於一九五七年息勞後，會內保守派逐漸失勢。到一九五九年三位保守的西方人幹事退出後，張有興將公民協會改造成開明革新派，並開始主張政制改革。兩大政團於一九六〇年聯手訪問英國，向殖民地部官員進行遊說，提倡普選立法局一半議席，並讓民選議員主導市政局（Pepper 2008）。

但是這兩個溫和進步派政團卻同時合作壟斷議席，剝削市民以選票表態之機會。一九六一年改選前，兩大政團早已談妥條件，最終四個議席雙方各派兩人參選，使貝納祺（Brook Bernacchi）、張有興、李耀波和胡百富自動當選連任。選舉結果令輿論譁然，有社論批評：

> 兩地方政治團體「聯盟」，使屬於該兩地方政治團體的四名「民選」市政局非官守議員「蟬聯」下去，不必另行舉辦「民選」；更不必「競選」。社會輿論，對此多不表同情……必須有「競選」，才能有真正的「民選」。（《星島日報》，一九六一年二月廿五日）

馬文輝對兩大政團的批評更為簡單直接：

> 革新會和公民協會的做法殊不民主！（Lau 2002）

香港市民亦因而對市政局之制度深表失望，這可從一九六三年市政局選舉冷淡的選情反映出來。投票率由一九五九年的百分之卅，跌到一九六三年的百分之廿點六。而即使市政局民選議席的數目於一九六五年增至十席，該年投票率仍只有百分之廿二。革新會與公民協會因眷戀議席而進行的反競爭行為，令市民對選舉制度失去信任（Lau 2002）。

既然體制內言路不通，進行體制外抗爭就是另一種選擇。馬文輝在其創立的華人革新會遭親共派綁架後，繼續從事體制外抗爭。港督葛量洪（Alexander Grantham）於一九五七年離任時，大部分華人都向其歌功頌德，馬文輝卻公開向葛量洪下戰書，要與他公開就政治改革辯論。馬亦籌設聯合國香港協會，讓市民繳交一港元會費後入會，藉聯合國之力保護市民人權。當時公開集會會遭政府鎮壓，馬文輝便定期租借大會堂演講廳，模仿倫敦海德公園（Hyde Park）的演說者之角（Speaker's Corner），設「海德公園」時段讓市民暢所欲言。到一九六三年馬更成立民主自治黨（Pepper 2008），主張基本人權、種族平等、民主政治。該黨反對警察濫用職權、批評政府的貪污風氣，亦反對由富人壟斷經濟發展成果，主張以勞工權利法案與社會福利政策使利益均沾。雖然民主自治黨有政黨之名，卻從未參與市政局選舉，實際上是個規模比較大的壓力團體。該黨亦主張和平抗爭，所以其工作亦是以評論、發表聲明和與各界遊說為主。民主自治黨成立後，就與訪港的英國國會議員會面，希望他們能向殖民地部施壓，促成香港民主改革。到十二月廿一日，該黨還召開民眾大會（香港民主自治黨，一九六九）。

於這一年加入了革新會的葉錫恩（Elsie Elliot）當選市政局議員，糅合議會路線和體制外抗爭。葉錫恩來自英國紐卡素（Newcastle upon Tyre），於當地讀大學時成為保守的福音派教徒，之後隨丈夫葉威廉（William Elliot）到中國傳教。二人於中國赤化後來到香港，葉錫恩被香港之社會不公正所觸動，對教會以及丈夫漠不關心的態度深感不滿，遂離教並離婚。之後她到觀塘寮屋區任小學教師，並幫助居民向政府抗爭，申訴官員之腐敗不公。也許革新會想挽回一九六一年失去的聲望，便遊說已累積一定名聲的葉錫恩加入，以革新會成員的身分出選。一九六三年，葉錫恩得二、二八七票僅僅跨過當選門檻。之後她善用身為市政局議員之職權，除了在議會議政外，還在社區接見居民，協助居民抗衡政府人員的貪污濫權（葉錫恩，一九八二）。亦因如此，她深得市民支持，一九六七年取得六、九二四票順利連任，到一九七一年更得到七、五七七票，成為當屆最高票（Lau 2002）。

在本土成長的嬰兒潮一代有著本土身分意識，又對大中華文化主義之失語感到失望，使他們有滿腔怒氣無法抑壓。受到馬文輝和葉錫恩等人之鼓舞，他們便希望能透過直接行動爭取社會公義。一九六五年十一月，天星小輪向政府申請加價，頭等與二等均每程加五分，成人月票由港幣八元加至十元，兒童月票則由四元加到五元。天星小輪指若政府不批准加價，他們將取消來往中環與紅磡的航線以削減成本（Lam 2004）。這個加幅不能說是不合理，但是當年剛好爆發銀行擠兌危機，一月明德銀號因現金短缺停業後，各華資銀行爆發擠兌潮，連規模最大、作風最穩健的恒生銀行亦招架不住。單在四月第一個星期，恒生銀行流失港幣兩億元存款，銀行於八日只得派利國偉向匯豐銀行求援。最終匯豐銀行以五千一百萬港元購入恒生銀行百分之五十一股權，令恒生銀行變成一間由華人管理的英資銀行（Goodstadt 2007）。市民對香港經濟未能回復信心，亦擔心天星小輪若於此時加價，將會掀起加價潮，加劇通貨膨脹。而九龍巴士此時亦有打算加價。

葉錫恩於是發起簽名運動，要求天星小輪延遲一年後才加價，並得到二三二、二七二位市民簽名支持。香港政府為平息民怨，便設立交通諮詢委員會，並邀請葉錫恩擔任委員。但委員會仍是由精英所主導，是以他們多不反對天星小輪實行加價。

葉於一九六六年一月再度發起簽名運動，而當時議題正在發酵，很快便有一七四、三九八位市民支持。但委員會於三月提交的報告，只肯擱置二等單程及來回票的加價，頭等單程仍要多收五分。尤有甚者，報告建議成人月票加至十二元、兒童月票加至六元，增幅比天星小輪提出的還要高。如此令公眾感到自己遭政府愚弄（Lam 2004）。

四月四日，青年蘇守忠穿上寫著「絕飲食，反加價潮」、「Hail Elsie」字樣的外套，到中環天星碼頭絕食抗議，大批青年支持者到現場聲援。到五日下午，警方以阻街罪為由拘捕蘇守忠，引發青年群眾之抗爭。盧麒得知蘇被捕後，便帶領群眾遊行到港督府外示威。到晚上另一批青年在尖沙咀天星碼頭發起遊行，他們先到佐敦道碼頭招聚更多群眾，然後折返尖沙咀，再沿彌敦道向石硤尾方向遊行。警方於凌晨拘捕四名示威者，令抗爭青年情緒失控，使抗爭於六日晚演變為騷亂。

當晚約有四千人於油麻地和旺角集會，抗議警方無理打壓。到晚上十時，部分抗爭群眾與防暴警察爆發衝突，向警方擲石，警察則施放催淚彈還擊（張家偉，二〇一二）。據葉錫恩憶述，當時一位與她相熟的小販身處事發現場，目睹警察安排流氓混入群眾生事，為鎮壓製造藉口（葉錫恩，一九八二）。到七日凌晨騷亂進一步升級，旺角的巴士及車輛遭鬧事者破壞和縱火，瑞興百貨的櫥窗亦被人打碎。香港政府頒佈宵禁令，並派啹喀兵（Gurkhas）鎮壓，發射了近一百枚子彈後，到四月九日才完全穩定局勢。事件中有一、四六五人被捕，廿六人受傷，並有一位路過的市民遭警察活活打死（張家偉，二〇一二）。

或許是要逃避香港政府的秋後算賬，葉錫恩於九龍暴動後往倫敦向當局請願。當時工黨首相韋爾遜（Harold Wilson）為鞏固執政黨優勢，解散國會提前大選，並成功取得百分之五七·八大多數議席。由於工黨一般較同情各殖民地的反對派，使葉錫恩甫抵便遇上遊說當局之良機。馬文輝乘勢發起一元運動，呼籲市民每人捐款港幣一元支持葉錫恩之旅費，並成功籌得三萬元。英女皇於重啟國會儀式中的發言，表示支持各殖民地走向獨立、或施行某程度的自治。葉錫恩便以此為出發點，遊說英國政界人士支持香港實行民主改革（Pepper 2008）。

葉錫恩此行並未有爭取到實質的成果，不過她卻能結交好幾位工黨議員，並成功邀請藍堅（John Rankin）、盧雅德（Evan Luard）、多普（Jeremy Torpe）與莊遜（James Johnson）四人訪問香港（葉錫恩，一九八二）。藍、盧、多三人於九月到香港會見各公民團體，莊遜亦在一九六六至一九六七年的聖誕新年假期造訪香港（Pepper 2008）。莊遜返回英國後，就於國會中為香港政策致辭：

> 我要說的是，這些聰明、能幹而有學識的香港人覺得他們欠缺參與治理自身事務的機會。我不欲提太多瑣事去煩擾下議院，只是我曾與一些政治組織對談，比如民主自治黨、公民協會、革新會等，那兒有不少聰明能幹的人熱心地希望服務……在此殖民地中我找到數以千計的人熱切期望能更多的治理自身事務。但我亦見到一小撮公務員，他們處於社會的頂層，毫無意願去放棄其權力與特權。他們可堪與——縱然細節不同——非洲那些不欲放棄權利的白人拓殖者相提並論。（香港民主自治黨，一九六九）

此時英國外交及英聯邦事務部（Foreign and Commonwealth Office）亦草擬了一份方案，建議成立局部民選的地區法團組織，但以中國會反對為理由，否定香港實行自治並推行立法局直選之可能。香港政府的政制工作小組主席狄堅信（W. V. Dickinson）於一九六七年二月發表《地區行政工作小組報告》響應外交部建議，但在英國工黨議員的努力下，政府決定擱置報告書並重啟諮詢。革新會的市政局議員成立四人工作小組，並在八月提交方案，建議設立民選產生、涵蓋市區和新界的市議會，負責管理一切民政事務。香港島、九龍和新界亦各設一個民選地方議會。可惜此時六七暴動已經爆發，隨後的政制諮詢亦只能行禮如儀。最終這個新市議會方案亦步楊慕琦方案的後塵，無疾而終（Pepper 2008）。

一九六〇年代末，香港民怨與日俱增，民主發展亦無法展開。香港政府其實有著手補救，社會福利開支從一九五〇年代初的二七七萬港元，大幅增至一九六〇年代中的一、五二一萬港元。除此以外，政府亦設工作小組研究學位不足的問題，並就社會工作、社會福利政策作公眾諮詢（呂大樂，二〇一〇）。不過，香港仍是要面對中等收入國家常見之困局：市民的生活縱然是改善了，但他們的期望亦隨即增加，收入差距亦隨經濟發展擴大，令市民感到社會不公，從而削弱政府之認受性（表13.6）。

此時社會不公義之事情仍無日無之。九龍暴動平息後，天星小輪仍無視民怨堅持加價。而在隨後的調查中，警方甚至威逼證人作偽證，誣

表13.6——香港政府社會福利開支，一九五〇至一九六六年

財政年度	社會福利開支（港元）
1951	277萬
1956	411萬
1961	973萬
1966	1,521萬

資料來源：香港統計年報

指葉錫恩為派錢煽動暴亂的幕後黑手（葉錫恩，一九八二）。在蘇守忠被捕後發起抗爭的盧麒，亦遭警方秋後算賬，於一九六六年五月十日被誣告偷竊單車，使其入獄四個月。到次年三月廿三日，盧於其佐敦谷寓所離奇勒死。警方指盧麒為上吊自盡，並留下這樣的遺書：

> 今次盧麒非死不可了，難以傳奇性的絕處重生了，怎麼辦呢？飯又難找吃，當局又說我不適應此社會……我是半天吊的，我失掉了母國的倚靠，無主孤魂的到處飄浮，心靈的創傷，直到永遠？還是短暫的？

這段說話也許是盧麒的遺書，亦有可能只是他於日記本中的情緒發洩。不論如何，這反映著當時嬰兒潮一代的身分危機，以及對社會現狀的無力感。

此時中共政權逐漸站穩陣腳，開始其建立馬列主義帝國之霸業。一九六六年，毛澤東為獨攬大權，便以極左思潮煽動中國青年成為紅衛兵，武裝起來清除毛澤東在政府、共產黨內部以至是民間的政敵。香港的親共派亦受到中國寧左勿右的歪風煽惑，妄圖以恐怖手段驅逐英國人。香港社會的內部矛盾，使親共派與中國的冒進主義者蠢蠢欲動，密謀掀起中國對香港的侵略。

六七暴動與親共暴徒之禍港陰謀

中共於一九四九年建政後，主要以「長期打算，充分利用」的方針處理香港事務。一方面他們利用香港在中國之外、處中國之旁的特性，突破西方的圍堵，另一方面他們亦派親共派暗中潛伏，為未來竊取香港做好準備。不過，到一九五〇年代末，中國開始加強對香港事務的關注。一九五六至一九五七年，北京已透過非正式渠道，向英國以及香港政府表示中國將會反對一切能令香港走向自治或獨立之政治改革。

一九五八年一月卅日，周恩來向康特黎中校（Lt. Colonel Cantlie，其父為曾在倫敦營救孫文的康德黎醫生）表示中國希望香港政制維持不變。一九六〇年十月廿九日，廖承志更威脅英國不要在新界建立自治政府，否則中國會派兵侵佔香港（毛來由，二〇一四）。

文化大革命爆發後，原本較務實的中國外交部，亦受到寧左勿右的紅衛兵衝擊，使他們難以反對冒進者侵略香港和澳門的陰謀。澳門於一九六七年初遭赤化，更為香港的冒進分子打下強心針。

一九六六年十一月，澳門氹仔坊眾學校因行政局拖延其申請，便在無批文的情況下開始擴充校舍，卻於十五日被行政局代局長晏德地（Rui de Andrade）發現查禁。這引起了警民衝突，最終廿四人傷，九人被捕。澳門政府堅持要被捕者繳交罰款，氹仔居民便發起反帝國主義、反逼害抗爭，聚集在澳督府外抗議。警察於十二月三日驅散群眾，而群眾則衝擊市政廳、警察廳和法院。警方發放催淚彈，並向群眾開槍，兩名抗爭者因而身亡。一二三事件的騷亂之後還持續數天，最終有八人被打死，二一二人受傷，並有四十人被捕，令民怨沸騰。澳門的親共勢力見有機可乘，便介入綁架這場群眾運動。

親共的「澳門中華學生聯合總會」於十二月五日發表《告全澳同學書》，要求政府答應氹仔居民的訴求，懲辦指揮鎮壓的官員，向受害者賠償，並公開保證不會再發生同類事件。中國當局亦與澳門親共派勾結，派廣東省政府向澳門政府施壓。廣東省外事處於十日向澳門提出強烈抗議，同時要求澳門政府禁止國民黨在澳門活動，並將七位於一九六三年六月被澳門收留的國民黨特務轉交予北京政權。葡萄牙當局大為震驚，十一日召開緊急內閣會議後，到十二日晚澳門政府公佈會接受中方所有要求。澳門親共勢力得勢不饒人，要求澳督公開謝罪，澳督嘉樂庇（Jose de Carvalho）唯有屈辱地於一九六七年一月廿八日簽署《澳門政府對華人各界代表所提出的抗議書的答覆》，接納親共派的所有要求，並驅逐在澳門的國民黨勢力。雖然葡萄牙仍保有澳門統治權，但此時澳門實質上已淪為中國的海外殖民地（江關生，二○一二）。

原本周恩來的政策主張文化大革命為中國內部鬥爭，不應波及包括香港的海外地區，香港親共勢力宜只行文攻不行武鬥，亦不應搞大字報、揭發批判和群眾集會。但一二三事件的勝利令香港的冒進親共派沖昏頭腦，蠢蠢欲動地要在香港照本宣科。一九六七年一月中國國務院外事辦公室遭支持毛澤東的造反派奪權，廖承志等較務實的官員失勢，令冒進派的氣燄更為囂張。渣華郵船公司（Koninklijke Java China Paketvaart Lijnen）於二月發生種族衝突，在親共工會介入後，成功令資方答應所有要求。香港親共工會士氣大振，便不斷發起工潮，包括二月至三月的南豐紗廠工潮、四月計程車工潮和五月青州英坭工潮。香港市面氣氛有山雨欲來之勢。

唐鼎康經營的香港人造花廠於一九六七年四月十三日向工人公佈十項新規則，包括取消部分員工津貼、收緊發放獎金之條件、開除開工不足者、當機車損壞後員工要放無薪假直到修妥為止等。工人因而鼓噪，部分工人欲與資方交涉，資方卻於四月廿八日以生意收縮為由解僱包括員工代表在內的九十二位員工。次日資方更關閉西環總廠和新蒲崗分廠，再解僱五百六十六位工人，並按勞工條例的最低規定發放一天的工資為遣散費。

五月四日上午，有卅位工人代表闖進新蒲崗大有街分廠要求談判，發現資方已經將工序外包，並正將製成品運返工廠包裝。工人見狀便堵塞工廠入口，工聯會見事情鬧大，便主動與工人接觸，以圖混水摸魚綁架工潮。到六日有一百五十名工人於大有街集結，到下午四時他們發現廠方欲從後門運走貨物，便上前阻止運貨，期間雙方爆發肢體衝突，令事件變為騷亂。警方派防暴隊以警棍驅散工人，最終有廿一人被捕，多人被防暴隊打傷。之後在場圍觀的群眾鬧事，警方要到晚上八時廿分才能控制場面。

在香港的親共勢力乘勢將事件政治化，次日駐港中共機關報《大公報》發表了一篇極具煽動意味的社論：

> 港英當局前天剛剛在九龍城寨出動大批武裝警員強拆民居的建築物行兇打人捕人；昨天又造成這種血腥事件，顯見事非偶然。從事件發生前「防暴隊」出動和佈置的情況看來，也表明這是有計劃、有預謀的。（《大公報》，一九六七年五月七日）

該晚工聯會屬下的港九樹膠塑膠業總工會舉行控訴大會，指罵香港政府進行所謂「法西斯瘋狂鎮壓」，對當局叫囂要求釋放被捕人士並作出補償、緝捕鎮壓的執行者，並保證不再干涉香港的勞資糾紛。八日工聯會的聲明，更是上綱上線：

> 新蒲崗血腥鎮壓事件絕不是偶然的。這次事件是在香港已成為美帝加緊利用的侵越軍事基地，帝、修、反（按：指西方帝國主義，蘇聯修正主義和反共產革命分子）各種各樣的反華活動接連不斷的形勢下發生的，顯然港英當局有組織、有計劃、有預謀一手炮製出來。（張家偉，二〇一二）

被工聯會煽惑的工人於十日重返大有街，張貼寫著毛澤東語錄的大字報，他們的指控亦多針對香港政府，與資方的抗爭反倒變得次要。到十一日下午，大批親共工會的工人與親共學校之學生到大有街生事，六百廿名防暴警察以警棍與木彈驅散鬧事群眾，並追到黃大仙搜捕肇事者。事件中一名十三歲少年不幸喪生，親共者指斥為五一一血案，並煽動群眾於九龍東破壞秩序。政府於晚上七時半頒佈宵禁令，防暴隊於當日發射了七十枚木彈、五十枚催淚彈，有一百廿七人被捕，十一人受傷。

隨後幾日，新華社、《文匯報》、《新晚報》與部分中資公司均派員到港督府前抗議。在十二日下午六時半，工聯會召開緊急會議，成立由理事長楊光領導的「港九各業工人反對港英逼害鬥爭委員會」。鬥委會重施澳門親共派故技，妄圖香港政府賠禮認罪。騷亂於十二、十三日持續，到十五日已被紅衛兵奪權的中國外交部，指派副部長羅貴波召英國駐中國代辦抗議。在中國外交部撐腰下，楊光等十七位鬥委會成員於十七日到港督府示威，到十九日於召開慰問及控訴大會後，再次糾眾往港督府抗議。他們亦發表〈告全港九同胞書〉，向香港政府宣戰：

> 港英當局還有甚麼看家本領使出來，出動軍隊嗎？放出你們長期縱容、包庇的美蔣匪徒出來嗎？你們不過擁有不到兩萬的軍警，美蔣匪徒不過是一群烏合之眾，有甚麼了不起？中國人天不怕、地不怕、神不怕、鬼不怕，還怕他們這些東西麼？
>
> 我們只要把千千萬萬的同胞團結起來，把浩浩蕩蕩的反逼害鬥爭大軍組織起來，港英當局就會陷在香港中國居民抗暴鬥爭的汪洋大海之中，港英必敗，我們必勝！

中資三聯書店的廿餘位員工於廿二日在中環分店出發，打算遊行往港督府。數百名防暴警察於花園道口恭候，禁止他們繼續前進。示威者強行衝擊，隨即遭警方以警棍毆打。群眾之後繼續在中環鬧事，最終防暴隊要施放木彈和催淚彈平亂，拘捕了一百六十七人。之後香港政府根據《緊急情況條例》禁止張貼煽動單張和進行非法廣播。親共工會於廿三日起發動各行各業的工人罷工。廿六日郵政局被逼暫停派遞一日，到廿九日油麻地小輪於早上上班時間被逼停航，同日南豐紗廠、中央紗廠和偉倫紗廠均爆發工潮。天星小輪有四百位員工於六月六日罷工，到八日政府工務局亦爆發工潮。

《人民日報》於六月三日發表了一篇措辭強硬的社論，號召香港親共分子向政府展開全面鬥爭。該社論如是說：

> 我港九同胞既然展開了反擊，就一定要堅持鬥爭，抗頑敵、追窮寇，把英帝國主義鬥垮、鬥臭！英帝國主義是一個反面教員，他們用法西斯暴行，逼使港九同胞展開一場仇視、鄙視和蔑視英帝國主義的運動，從政治上、經濟上和文化上採取一切的行動，向英帝國主義的殖民統治發動強大的反擊……
>
> 港九愛國同胞們，進一步動員起來、組織起來、勇猛地向著萬惡的英帝國主義展開鬥爭吧！隨時準備響應偉大祖國的號召，粉碎英帝國主義的反動統治！港九愛國同胞們，英勇地戰鬥吧！在無產階級文化大革命取得了偉大勝利的祖國千百萬紅衛兵支持著你們，億萬革命群眾支持著你們。用毛澤東思想武裝起來的七億中國人民，誓作香港愛國同胞的強大後盾。（《人民日報》，一九六七年六月三日）

當時香港親共派閱畢這篇社論後，大多亢奮地以為中國即將侵略香港，與他們裡應外合。六月八日發生了多場暴力衝突，有三名暴徒遭警員擊斃，警方則於九日查封親共人士於觀塘開設的銀都戲院。次日政軍醫工會、海事處工會、郵務工會與水務工會等親共工會，與牛奶公司和天星小輪的親共員工發起聯合罷工。到廿四日，各行業親共工會發動聯合大罷工，中國中華全國總工會撥了兩千萬元經費資助罷工者食宿，並被指透過發放慰勞金利誘工人罷工。卅二間親共學校於廿七日發起罷課，而其他學校亦紛紛成立鬥委會。到廿九日，親共商販更宣佈罷市四天。

這樣六七暴動便以一連串癱瘓香港的行動開展第二個階段。民生活動於此時大受影響，在廿四日渡輪與巴士均只能維持有限度服務，雖然次日巴士公司聲稱已回復正常，但實質上只能維持日間的服務。中國方面亦作出配合，停止向香港出口糧食。雖然香港食米多由東南亞進口，但雞隻、雞蛋和豬肉等均短缺，蔬菜雖可自新界供應，但仍然漲價一倍。其他物資亦漲價兩成，使市民雪上加霜。

香港政府曾考慮過撤出香港的問題，但隨後得到英國駐華代辦的情報，知道目前只是冒進主義者在逼宮，中央仍未改變對香港之國策。政府最終決心強硬應付罷工，曾參與罷工的一、六五一位政府職工全部解僱，佔全體公務員百分之二·三五。私營機構亦仿效政府做法，九龍巴士解僱了三分之二的員工，中華巴士則解聘逾半員工，最終香港約一萬七千位員工因參與親共派的罷工而丟失工作。政府亦成立宣傳委員會與親共者爭奪民心，並成功得到社會各界表態支持政府。工潮於六月底逐漸平息，商業電台於此時推出名為《欲罷不能》的廣播劇，嘲諷親共分子不得人心。商台亦安排著名播音員林彬於《時事述評》中發表反共言論，批評親共分子「污糟邋遢、下流賤格」。

老羞成怒的親共派只得訴諸暴力和恐怖襲擊，而在中國的冒進分子亦蠢蠢欲動。七月八日上午，來自中國的武裝分子侵越國際邊界，包圍香港的沙頭角警崗，用土製炸彈和機槍攻擊，造成五死十一傷。隨後冒進分子屢次挑起邊境衝突，只是中國未有侵略香港的計劃，在廣東的正規部隊按兵不動。不過，消息還是令親共派欣喜若狂，以為中國即將派兵與他們會合，便變本加厲地破壞社會安寧。香港政府為對付親共派生事，便通過緊急法案阻止非法集會。

暴徒於七月九日襲擊北角糖水道電車總站，之後不斷有親共分子以石頭和硫酸襲警。在十二日親共派以魚炮對筲箕灣郵局進行恐怖襲擊，到十五日暴徒又把魚炮和硫酸投向警方，鬥委會亦煽動支持者以武裝抵抗政府。警方於八月四日在皇家海軍直升機的支援下，對北角僑冠大廈和新都城大廈的武裝分子總部發動總攻擊。警方在新都城大廈發現了一座戰地醫院，似乎親共派已準備好在香港發動游擊戰。

到七月中親共暴徒亦發動無區別的炸彈襲擊，在大埔鄉事委員會前放置第一枚土製炸彈後，香港各地陸續發現亦真亦假的炸彈。八月廿日，黃綺文和黃兆勳於北角清華街遊玩時，遭炸彈無辜炸至肚破腸流，二人被炸死時年僅八歲及兩歲，因而激起民眾對親共勢力之憤慨。但無視民情的親共暴徒卻變本加厲，於廿四日用汽油彈襲擊商業電台播音員林彬與其堂弟林光海的座駕，執行所謂的「民族紀律」。二人被嚴重燒傷，林彬於翌日傷重不治，林光海到卅日亦與世長辭。而「遍地菠蘿」的炸彈襲擊浪潮要到年底才完全結束。

北京的形勢此時卻有一百八十度之轉變。於早前的八月十七日，香港政府查封親共的《香港夜報》、《新午報》和《田豐日報》，拘捕了卅四人。中國外交部召見英國代辦抗議，但英方拒絕復刊放人的要求。到廿二日中國外交部及北京外國語學院的造反派發動反英騷亂，到黃昏時候紅衛兵衝入英國代辦處搗亂並縱火，事情進一步鬧大，令中國政府不得不反思其縱容造反派挾持外交部的做法，擔憂如此會擾亂其外交部署。主張「長期打算，充分利用」的務實派再佔上風，在周恩來主導下，英中兩國的官員重啟會談，並確實繼續維持香港現狀。

雖然在香港鬥委會於九月底發表〈我們必勝，港英必敗〉的宣言，並大鑼大鼓慶祝北京政權在十月一日的國慶，但失去北京支援的鬥委會無法長期鬥爭，最終在年底零星炸彈襲擊後，市面又回復平靜（張家偉，二〇一二）。

六七暴動後之香港國族意識

在香港人造花廠爆發工潮時，不少香港市民對抗爭者感到同情，而到親共派開始攻擊香港政府時，大部分人仍是坐山觀虎鬥，畢竟他們日常生活中常受資方剝削，而政府及警隊的貪污風氣亦異常擾民。只是當暴動發展為擾亂日常生活的癱瘓行動，或是無區別的恐怖襲擊時，他們對親共派先感厭煩，繼而完全反感。就像港粵大罷工時的華人精英那般，他們覺得暴動是中國發起的侵略，是對他們在香港日常生活之侵擾。縱然香港政府施政未盡如人意，但市民深信如欲捍衛他們之生活方式，就必須要支持政府平暴。當時《星島日報》之主編鄭郁郎如是說：

> 人民對港英並無好感，但是在目前形勢下，不支持港英，支持誰？這有如坐上汽車，一定要支持司機，港英是司機，港人只好支持他。（鄭郁郎，一九六七）

面對中國共產主義者的侵略，不少香港人重新思索其身分問題，重新確定自己是有異於其他中國人的特殊族群。身歷暴動的歷史學家冼玉儀如此憶述：

> 在暴動前，那些在香港出生成長的人雖然會覺得與中國有距離，但仍然沒有人提「香港人」這稱呼。「我是誰」這類的問題，並未真正為人提出。但六七暴動時，這問題卻成了當頭棒喝，很多人被逼要選擇到底是香港人還是中國人，或者是共產主義下的中國人。所以，在六七年，由只是在「香港居住的人」轉變成香港人這個變化是很突出的。（冼玉儀，一九九五）

六七暴動亦因而成為香港人共同抵抗中國馬列帝國主義侵略的集體經歷，使香港的基層普羅大眾亦像港粵大罷工期間的華人精英那樣，產生了自外於共產中國的命運共同體意識，令香港發展為一個自在的國族（nation in itself）。縱然香港人仍未能提出明確的國族自決主張，香港國族於此時已開始從香港人心底裡未能宣之於口的潛意識，演化為無可推諉的社會事實（social fact）。

而在香港的親共派，則成為了與真正香港人相對的他者。暴亂平息後，政府大舉搜捕親共人士，部分被驅逐出境。他們淪為過街老鼠，而香港人於暴動中集體創傷的經歷，又使親共者被描述為社會公敵。香港國族之建構，就這樣建基在香港人與共產中國之重大分歧上（孔誥烽，一九九七a）。就如周永新所憶述：

> 六七年暴動產生的破壞，過去有不少論述，不在這裏說了，但動亂無形中卻加強了香港人的團結精神，他們開始感覺應該保持香港特有的制度和文化。在動亂期間，很多團體自動地在電台和報章上發表聲明，譴責暴徒的行為，並對政府採取的行動表示支持。那時候，除左派團體外，香港人都變得十分團結。（周永新，一九九〇）

這意味著香港人此時正式成為一個別樹一格的新興國族：儘管這新生國族之意識，包含著保守怕亂的反動情緒，而這種意識暫時也只能默認香港人為有異於中國人的群體，還未能形成國族自決的主張。

不過，對於部分較前衛的青年人來說，他們的本土意識，並非安於現狀的反動情緒。他們相信香港之所以連續經歷兩次暴動，是因為香港社會出了問題。作為視香港為家的香港人，就當思索如何能令香港人有能力自行解決香港社會的自家事。在一九七〇年代參與學生運動的經濟學家曾澍基如此反思：

自從一九六七年香港的「五月風暴」之後，社會內的深刻矛盾，資本家和勞動者的矛盾，殖民地政府和受壓逼市民的矛盾，通通被暴露出來，殖民地主義和資本主義的尾巴幾乎再掩藏不了。（曾澍基，一九八四）

到一九七〇年代，於本土出生的嬰兒潮一代有的成為大學生，積極參與學生運動和社會運動。他們既受大中華文化主義薰陶，亦對其有著反叛心態。他們有的出於本土人當家作主的意識，而投入爭取社會改革的抗爭行動。不過，此時中國漸漸成為世界強國，而西方學界亦因距離製造美感，而流行吹捧中國政府以至是文化大革命的左翼思潮。如此令學生在香港認同與中國認同之間搖擺，最終產生一種曖昧的本土身分認同。這種投入本土抗爭的曖昧認同，亦逐漸於普羅大眾的本土認同結合，令香港普羅國族意識於一九七〇年代日趨成熟。

第十四章 相遇獅子山下：香港普羅國族意識之奮興

一九六七年暴動後，香港經歷了翻天覆地之巨變。嬰兒潮一代的青年人步入壯年，為香港社會運動注入新動力，有的投入著重華人身分之身分政治運動，有的則為本土的勞工和政治權益走上街頭。香港政府亦於經歷兩次暴動後檢視其管治風格，更積極地與民眾溝通互動，並推行社會福利建設。政府與社會運動之間產生了良性競爭，令市民的民生與民權獲得改善。香港政府高官亦為香港本土之權益，向英國爭取到更多自主空間，使香港成為一個準主權國家。香港此時經濟繁榮，社會風氣相對開放，社會發展亦與中國越走越遠，香港流行媒體便湧現大批香港本位的文化產品。香港人得享東亞罕見的自由、幸福和尊嚴，使他們建立起國族自豪感。宣示自己為香港國族之一員，亦成為新潮、帥氣、有型格、有品味的一回事。

香港的華人身分政治運動

當一九六七年親共暴亂逐漸平息之際，新界鄉議局於九月通過動議，呼籲香港政府將中文定為法定語言。黃夢花議員常於市政局中發言爭取中文法定地位，到十一月亦將其言論輯錄出版（Lam 2004）。

香港的大學生對此甚為關注，《盤古》和《七十年代》等青年刊物亦廣泛報導。大部分關注事件的學生均無親共背景，乃誠心探索身分問題，並因而欲參與關乎華人身分的社會運動（盧思騁，一九九七）。正如其中一位關注中文法定地位之學生所言：

> 透過運動，（同學）開始要對香港社會的「繁榮安定」及香港政府的本質作重新估計，也透過行動本身，使參加者認識到當權者並不會自動退讓，只有透過團結抗爭，才可以獲得大眾的利益。（吳兆華，一九八三）

青年雜誌與學運組織於中文運動期間組成聯盟，漸漸成為年青一代參與社會運動的領導者。香港政府於一九七〇年三月宣佈透過設立新職位，視察各政府部門的雙語政策。社會輿論多覺得這來得太少、太遲。黃夢花於六月聯同逾兩百個社會組織成立爭取中文法定聯會，到七月，十三份青年和學生雜誌亦成立爭取中文成為法定語文運動聯會。與此同時，專上學生聯會亦成立爭取中文獲得法定地位之陣線。

立法局非官守議員利國偉於八月質詢政府的語文政策，政府方面卻指「法定語文」並無清楚定義，惹怒中文運動之參與者。各中文運動組織決定為此舉行示威，而多個民間團體亦發表調查報告和聲明，並展開聯署運動。政府在公眾壓力下成立中文委員會，但公眾視之為緩兵之計而感到不滿。兩個中文運動組織和學聯組成聯合陣線，《七十年代》組織工人學生連線，而中文大學新亞、崇基、聯合三院學生會亦為此組織聯盟。他們發起多場集會和聯署運動，到十月底時便搜集到近卅萬聯署。市政局議員胡鴻烈則於市政局動議容許議員於會議中使用中文，並獲得通過（Lam 2004）。

到一九七一年，中文運動進一步發酵，並發展為一爭取本土權益之運動。部分人士呼籲杯葛三月的市政局選舉，他們於傳單上表示：

> 我們請求全港市民想想，香港政府曾否給予我們應有的基本民權？……杯葛市政局選舉，並不是表示我們對候選人不滿意，而是表示我們對香港殖民地政府失去了信心，而是香港市民的第一次不合作運動，抗議港府的不民主，抗議香港很多不平等、不合理的制度。（盧思騁，一九九七）

杯葛運動除了爭取中文的法定地位，亦提倡在政治制度、教育、社會福利、勞工與廉政等範疇推行改革。他們的論述視香港人為生於同一社會、分享共同生活經驗的民族。雖然此運動最終無疾而終，這亦可說是香港公民國族主義（civic nationalism）之先驅。正如香港大學學生刊物《學苑》於一九六八年的社論所言，香港人不應再糾纏在歸屬中華民國還是中共的問題，而應該負起對本土的責任，為三百六十萬香港人之福祉奮鬥（盧思騁，一九九七）。

中文委員會於一九七一年七月提交了四份報告書，建議於行政、立法、市政三局引入即時傳譯，並准不擅英語者加入政府委員會。委員會亦建議政府多以中文發表公告，並將法例翻譯為中文。雖然中文最終未有定為法定語文，但此成果已壯大了年青人社會運動之聲勢，他們於中文運動建立的組織與聯盟為日後社會動員奠定基礎。年青一代於運動中表達了一種既有異於西方殖民者，但同時又不受國共兩黨政治影響的文化認同。如果他們信奉大中華文化主義的師長著眼於中華文化的「花果飄零」，那年青一代則已決定在香港「靈根自植」（Lam 2004）。

不過，隨後的發展又使得年青人在香港與中國之間搖擺不定。太平洋戰爭後，琉球群島一直為美國所佔領。當中在臺灣基隆以北一百零二海里之群島，臺灣與中國均視之為宜蘭縣之屬島，並稱之為釣魚台列嶼，但日本卻視之為琉球諸島的一部分，並稱之為尖閣諸島。戰後該群島一直由美國實際控制。不過，臺灣於一九七二年出版第五版《中華民國地圖集》之前，臺灣地圖上並無標註釣魚台列嶼，而一九七〇年臺灣的教科書，更在臺灣與尖閣諸島之間劃上國界線。不管釣魚台是否由東亞大陸帝國首先發現，臺灣與中國於近代均未曾於其上行使主權，是以根據國際法，臺、中兩國均沒有把握能透過國際法庭取得該群島之主權（Yap, Chen and Huang 2012）。

此時美國打算將琉球群島連同釣魚台列嶼撥歸日本，海外的華人留學生便發起保衛釣魚台運動，主張該列嶼自古以來就是中國領土。香港年青人既承傳著來自師長的大中華意識，亦對國際法及國際關係知識貧乏，便隨海外保釣運動聞雞起舞，並於一九七一年二月十四日成立保釣行動委員會。該會與《七十年代》雜誌均發起到日本駐香港總領事館外示威，保釣風潮亦在大專學界中蔓延。海外保釣於四月十日發起全球大示威，保釣行動委員會響應號召到日本領事館外聚集，警方卻以非法集會之罪名拘捕廿一人。自此保釣運動多了一重本土反殖民、爭人權之含意。香港大學生群情洶湧，該廿一名被捕人士提堂時，有逾兩百位學生及公眾到旁聽席聲援。兩間大學學生會舉辦示威集會，公開爭取市民遊行集會的基本權利，有一千兩百名學生參與。五月四日，大學生與《七十年代》發起公民抗命，先後往美國駐港領事館抗議，行動中有十二人被警方拘捕。

美日兩國之後在六月簽署《沖繩返還協定》，協議於次年將琉球群島連同釣魚台列嶼交予日本。保釣行動委員會於七月七日在維多利亞公園示威。警方原本批准是次集會，但市政局於六日卻突然不准保釣人士集會。香港大學學生會因而決定不參與是次集會，但其他保釣人士仍有出席。當日有六千人於維園和平集會，但警方卻以武力驅散，率領清場的威利警司（Harry Norman Whiteley）拿著警棍見人就打，不少示威者遭打至頭破血流。警方向和平集會人士濫用暴力的畫面被傳媒廣泛刊登，使公眾普遍同情示威者。輿論多批評警方及市政局濫權，並要求釋放被捕人士並解僱威利警司。在公眾壓力下，政府於八月開放五個指定示威場地，但市民並不以此為滿足。受非暴力抗爭之感動，市民已不再視遊行示威為過激行為，開始視之為基本公民權利。

保釣行動委員會在八月與其他保釣團體組成保衛釣魚台聯合陣線，以反殖民、抗惡法為抗爭主調，於八月十三日舉行未向警方申請的遊行，以身試法進行公民抗命。是次遊行有兩千人參加，並無發生任何事故。之後陸續有聲援學生並要求威利去職的抗爭行動。在九月十八日九一八事變四十週年紀念日舉行八百人大遊行後，保釣運動就歸於沉寂。保釣運動中有兩個面向，一方面是爭取公民集會權的反殖民民權運動，另一方面則是出於大中華意識的中國國族主義運動。參與運動的學生各有不同著重點，使學界內部於保釣運動後爆發路線之爭（Lam 2004）。

這場論爭可追溯至一九六〇年代末於青年雜誌之間展開的回歸運動。嬰兒潮一代的青年人對於信奉大中華文化主義的師長無法回應香港和中國的實際問題而深感不滿。當時中共政權漸漸站穩陣腳，於國際社會中既反美亦抗蘇，使其成為左翼人士眼中對抗帝國主義霸權的榜樣。西方的進步思潮既以西方主流社會為主要批判對象，他們接觸到共產政權單方面的宣傳後，覺得共產主義或許是解決西方社會問題的替代模式。馬列主義以及毛澤東思想因而成為部分進步知識分子追捧的對象。部分香港大學生抽離處境地學習西方的前衛思想，亦趕時髦地接觸中國之片面宣傳。這種自詡進步的思維再加上大中華情意結，使他們對正在進行文化大革命的中國存有幻想，以為共產黨能使中國強大，是華人之盼望所在。這些推崇毛澤東思想的青年對大中華文化主義存反叛心態，與師長唱反調，否定只愛文化不愛政權之講法，並強調要以物質、技術和地理上之山河為愛國者寄托之對象。當時有同情中共的青年於《盤古》這樣投稿：

> 誰是中國人？這個問題也就是人類中甚麼人最適合把他們個人的寄託和進展——情感上的、物質生活上的——契合而且歸屬到一個有著特殊存在條件的——文化傳統的、物質和技術的、地理與歷史上的、社會價值的、社會發展方向上的——中國社會。只有當這個歸屬運動受到致命的阻礙時，這些命定的中國人才開始尋找代替品，才開始陷進一個個人生的虛位中，去蒙蔽自己歸屬的挫折。（包錯石等，一九六八）

這些同情中共的毛派青年反對大中華文化主義抽離現實而只講文化價值的中國認同，認為文化價值只是玄虛的理想，行動則必須在現實的政治中國之中動員群眾，使國家強大，這樣華人才能找到其歸屬：

> 我們當務之急卻在於如何把人力和物力和一切潛力動員起來。只當一個民族動員起來了，民眾們才知道自己的需要和自己的功能是多麼強大，有了這種自導自信，他們才能積極地歸屬自己的社會……如此看來，社會整合和社會動員才是現階段的現代化……在中共治下，大陸民眾達到中國有史以來最大規模的社會動員。（包錯石等，一九六八）

毛派青年多崇拜力量，他們的願望，是成為強國的一分子，強大是他們的目的而非手段。他們信奉國家主義，推崇中國由上而下動員、改造社會的做法，以理工術語進行包裝，美其名曰社會工程。毛派青年愛囫圇吞棗的借用西方現代化理論稱頌中共，並用科學主義肯定所謂「破四舊、立四新」的文化滅絕政策，如此又吸引了一些修讀理工科目的學生支持。

不過，可以肯定的是，縱然毛派青年有一定忠實的支持者，他們絕不能代表大部分同代人的想法。

不少青年人根本就認為所有愛中國的論述皆是抽象而離地的：大中華文化主義的中國，是過去曾經文化輝煌的中國；毛派青年的中國，則只是建基於對紅色中國之浪漫想像。這些都與年青一代的生命歷程沒有交集：他們的命運，繫於香港這座城邦，遠古的華夏、當今之中國，對他們來說都是別人的事。相較之下，香港部分外國教授和西方傳教士反倒更熱心地批判香港的社會弊端，對本土青年來說，這些外來者反倒比那自命愛國者更為可敬（羅永生，二〇一一）。

一位筆名為耕耘之香港大學學生，於《學苑》抨擊那些離地的中國國族主義者。香港才是香港人面對共同命運的地方，香港人必須是香港人、亦必須先顧香港事。耕耘指：

> 而我自己生於斯、長於斯，在香港大學唸書，用香港納稅人的錢，卻只空談愛國，對香港不平等、不合理的現象，孰視無睹，香港四百萬同胞，漠不關心。其實又談甚麼愛國……其實如果我們不能面對香港目前的問題，甚麼中國重建、回歸、文化重擔的口號，都只不過是自欺欺人的夢話。（耕耘，一九六九）

當說到重點時，他更是刻意用英文表達，可能是要表示他身為處於中國以外的英屬香港人。對他而言，中國只是個陌生的幻影，唯獨香港及這座城邦的公義問題，方能給他實在的感覺：

> China is but an empty shadow. Hong Kong is concrete. ... It is only recently that I realize I value a strong sense of justice much more than a strong national sentiment, that Hong Kong is more authentic to me than China.（中國是幻影，香港才實在……到最近我才意識到自

已著重堅實的正義感，多於強烈的（中國）國族情感。於我而言，香港比中國更真實。）（耕耘，一九六九）

雖然耕耘的文章激起各界圍剿，但在大中華文化主義仍被視為政治正確的社會氣氛下，此文確實反映大部分沉默年青人心中所想。他們一方面不滿足於師長的大中華文化主義，但又對義無反顧地擁抱共產中國之毛派青年充滿戒心。他們心底裡認同香港本土優先的理念，只是礙於政治不正確而未敢再進一步，成為主張國族自決的香港國族主義者。

如前所述，香港保釣運動有兩個不同的目標。第一個目標，是期望中國強大，能捍衛其領土主權，而另一個目標，則是要反抗香港政府對公民抗命之打壓，以求促進民權。毛派青年參與學運後，多只重視第一個目的，以「反帝愛國，統一中國」為口號，參與學運的目的，是要推動同學和市民認識中國，讓他們知道中國社會主義制度之所謂「優越性」。他們既視中國為社會主義的典範，另一方面亦以配合中國政策為大前提，對一九七〇年代初的本土勞工運動及反貪污運動皆漠不關心，並如此自圓其說：

> 感到關（心）社（會）並不能根本解決問題，解決問題唯有繫於中國，唯有社會主義道路。所以當前急務不是改革社會，而是認識中國。（盧思騁，一九九七）

毛派青年學生對中國存有浪漫想像，亦因而易受北京統戰。他們參與預先安排過的中國觀光團後，更確信自己對中國的幻想，反而與香港日漸疏遠。這些在香港成長的青年視香港為縱慾、墮落、黑暗之地，不如共產中國那般展現所謂遠大的「社會主義理想」，因而陷入自我否定、自我矮化，自以為前衛而清高，以共產中國為榮，以貶低香港為樂。這些毛派青年就被稱為學運的國粹派。

但另一批學運人士縱然未有否定大中華的霸權論述（hegemonic discourse），亦同樣受左翼思潮影響，但他們質疑中國所實行的是否真的合乎社會主義理想。他們否定由上而下的國家主義，偏向透過民間力量促成社會民主主義（social democracy），在保釣運動時，以「反帝反殖，示威合法」為口號，更注重的是表達意見的人權。而反對殖民主義，不能單靠強大的鄰國，而必須由本土做起，是以這群學運人士多投身於爭取社會改革的社會運動。亦因如此他們被稱為學運的社會派（盧思騁，一九九七）。

為本土權益奮鬥

社會派學運與於一九七〇年代興起的本土權益運動互相呼應，除了因為社會派多參與其中，亦因為社會派於畢業後，多投身於社會福利和教育等服務專業。他們於一九七〇年代末起，就在工作的社區組織居民為自己的權益抗爭，最終把一九七〇年代初的抗爭薪火相傳下去，甚至凝聚成下一波的民主運動（So 1999）。

勞工運動於一九七〇年代再次蓬勃，工人階級擺脫國共兩黨的惡鬥，組織本土的獨立工會，而白領人士亦開始參與工業行動。本來香港的工會，不是支持國民黨，便是支持共產黨。前者多代表僱主利益，而親共派於一九六七年元氣大傷，其工會改以會員福利及聯誼活動招攬會員，不再主導工業行動。是以兩派工會皆淪為無法為勞工抗爭的黃色工會。

香港基督教協進會於一九六八年成立基督教工業委員會。工委會初期是一個傳教組織，主張推動勞工、資方與政府三方合作平息工業糾紛。主事者主張教會應和勞苦大眾親近，但在實踐時，卻發現工人在資方與政府面前毫無議價能力，工委會隨即轉型，成為獨立工人運動的領導者，推動勞工教育以喚醒工人的權利意識，並爭取成立勞工法庭，令工人能對資方作制度上之抗衡。成功爭取政府於一九七三年成立勞資審裁處後，工委會亦繼續隨獨立工會跟進勞資糾紛案件。不論涉及勞資糾紛的工人是否工會成員，工委會皆會積極介入，而在工潮過後，則會幫助受助勞工未雨綢繆成立職工會。由工委會催生的獨立工會於一九七〇年代日益壯大，成為國共背景工會外之新興勢力。這些工會即是於一九八九年成立的職工會聯盟之前身（潘文瀚等，二〇一二）。

除工廠勞工外，白領專業人士於一九七〇年代亦發動工潮。一九六〇年代末，政府推行男女同工同酬的政策，但到一九七〇年代初改革仍未能吹到護理界。在香港護士協會與香港政府華員會護士分會聯手爭取下，政府於一九七〇年六月委託赫維爾（Charles Hartwell）研究調整護士薪酬，並於六月廿九日公佈調查結果，指男女護士均應按男護士之薪級水平發薪。華員會此時亦考慮向行政立法兩局以及英國國會陳情，並威脅可能會發起罷工。最終政府於七月廿七日答允推行男女護士同工同酬，但未有公佈最終的薪金水平。

香港政府於一九七一年三月公佈公務員薪級表，全體政府人員皆獲得加薪，但全體護士卻要減薪。護士感到遭政府愚弄，便向行政立法兩局議員辦事處申訴，而各公務員工會亦加入聲援。然而到七月，護士代表與政府的談判破裂，政府醫院護士便在醫院放置海報與橫額。政府方面卻態度強硬，堅持護士要先改變立場才肯重啟談判，並強行拆去張貼於政府醫院的抗爭標語。護士們於十月五日集會，也許是受七月六日保釣示威的啟發，與會者決定於翌日遊行往港督府外示威。逾三百位休班護士於六日遊行到港督府，並呈交一份獲九成政府護士聯署的請願書。

這是香港有史以來首次有公職人員上街遊行，意味著街頭抗爭已逐漸為香港人所接受。政府於晚上答應重整薪級表，並於十一日按護士代表要求，以加薪達成男女同工同酬。護士們抗爭成功，觸發香港一連串白領工潮（Lam 2004）。

政府為護士加薪後，不再將教師薪酬與護士薪酬掛鉤，並削減文憑教師起薪點。教師認為此舉侮辱教育專業，三所教育學院的師範生欲罷考畢業試抗議，但校方威脅不發放畢業證書予抗爭同學，令抗爭無疾而終。到一九七二年初，官立學校文憑教師發起抗爭，於校內張貼大字報，並於七月一日率領逾千位教師遊行至港督府。政府於年底成立三人調查團研究文憑教師薪金調整，而教師們則成立聯合秘書處準備回應，並選出司徒華為秘書處主席。調查團於一九七三年初發表的報告支持政府原方案，令教育界震怒。當時教師們正籌組香港教育專業人員協會，但召集人錢世年只視教協為助其參選市政局的動員機器，當選議員後，即站在政府一邊反對抗爭。司徒華此後接手教協，並於四月四日及十三日兩次發起罷課，並威脅會在五月四日升中試（中學入學考）當日再次罷課，令升中試無法舉行。

此時天主教徐誠斌主教、聖公會白約翰會督（Gilbert Baker）和中華基督教會的汪彼得牧師居中調停。徐主教向司徒華傳話，指政府打算派姬達（Jack Cater）談判，但要教師方面答允取消五月四日之罷課。聯合秘書處遂召開緊急大會，徐誠斌於會上保證政府談判之誠意，並指若政府背棄談判之承諾，天主教香港教區將支持教師無限期罷課。教師方面在表決後同意讓步。而姬達亦按協議與司徒華談判。討價還價後，雙方同意文憑教師之起薪點照舊，而在抵達原有頂薪點時，即可於七年內再加三個起薪點。最終該年的升中試得以順利舉行。挾著抗爭勝功之勢，教師們繼續爭取取消升中試，並落實由小一至中三的九年免費教育。教協亦於次年三月正式成立，並發展為全香港規模最大的白領獨立工會（司徒華，二〇一一）。

除了工業行動外，香港市民於一九七〇年代亦開始爭取公平公正之施政，反抗當時政府上下之貪污陋習。一九六七年暴動後，香港政府得悉貪污為民怨之主要來源，便打算推行反貪政策，有官員提議可成立獨立的廉政機構，可是警方卻反對這個建議，於是政府便讓警察重組反貪部，並將其主管晉升為助理警務處長。反貪部的編制，亦由一九六九年的九十四人增至一九七二年的一百九十四人。政府亦制定《防止賄賂條例》，並於一九七〇年十二月十六日在立法局三讀通過。該條例授權當局以公職與收入不相稱為理由定罪，令反貪部門更容易搜證，但當時警隊內部貪污集團當道，市民對隸屬警察之反貪部缺乏信心，是以條例通過後，舉報率、檢控率與定罪率均持續不振。

反貪部於一九七三年四月收到來自加拿大之情報，指總警司葛柏（Peter Godber）之海外戶口有異常之轉賬活動。經調查後發現葛擁有逾四百卅萬港元之財產，是其賺取薪金的六倍。反貪部視之為立功的機會，警方暫緩其退休申請，並把他調回警察總部以作監視。隨後律政司通知葛柏，要他準備為貪污罪名抗辯。然而，警方既沒有將葛停職，亦未有全程監視，而最失策的是未有註銷其機場禁區許可證。反貪部於六月九日發現葛伯夫婦失蹤，此時二人已分別經新加坡與法國逃返英國倫敦。由於英國並無限定收入要與官職相稱之法例，香港政府無法申請將葛柏引渡受審（葉健民，二〇一四）。

消息傳出後令輿論譁然，市民對反貪部亦完全失去信心。青年社運人士與社會派學運人士發起「反貪污、捉葛柏」之社會運動，要求引渡葛柏、公佈受賄警員的名單，以及成立獨立反貪機構。他們得到逾五萬名市民聯署支持，並懸賞四百七十萬港元鼓勵市民對葛柏施行公民拘捕。運動於八月廿六日發起兩場集會，其中一場並無向警方申請。有申請之集會有逾千人參加，另一場本應因天雨延期，但仍有抗爭者自發參與，最終有廿一人因非法集會被捕。抗爭者再於九月二日在未經申請之情況下集會，再有十二人被捕。青年與學運人士決定挑戰禁制集會自由之惡法，於十六日以「貪污有罪，集會無罪」為口號召集逾五百人公民抗命，集會後遊行往港督府示威，有廿六人因而被捕。

部分較保守參與者質疑大會以違法行為作公民抗命之做法，國粹派學運人士本已對此關乎施政公平之事置身事外，此時亦不忘攻擊社會派的政敵。運動便因這些爭論而陷入膠著狀態。不過，傳媒仍有報導反貪污運動之動向，而革新會亦有就反貪問題向政府窮追不捨（Lam 2004）。

最終政府委派法官百里渠（Alastair Blair-Kerr）調查葛柏潛逃案，百里渠於十月十一日發表第二號報告書，提出多項反貪建議。報告指市民覺得警方屬下的反貪部亦有同流合污，亦因此成立獨立反貪部門是值得考慮的方案。百里渠建議可按兩局議員辦事處之建議，由具行政經驗的非警務人員任反貪部門之主管。港督麥理浩（Murray MacLehose）不欲英國乘機介入香港內政，決定先發制人成立只向港督負責的廉政公署，於十月十七日公佈由姬達擔任首位廉政專員，並委任彭定國（John Prendergast）為負責調查的執行處處長。彭在此之前名義上為警務處副處長，但他隸屬政治部，實際上是英國軍情五處（ＭＩ５）之駐港情報員。《廉政公署條例》於一九七四年二月十三日在立法局三讀通過，廉政公署正式成立。

因貪污罪入獄的前警司韓德（Ernest Hunt）於四月十三日透過妻子與廉署接觸，指證葛柏曾於一九七一年三月收取鄭漢權兩萬五千港元的賄款，以幫助鄭升任灣仔警區警司。由於新證據證明葛柏收賄，根據英國法律亦能定罪，故此為引渡葛柏清除了障礙。英國警方隨即拘捕葛柏，而法院亦批准引渡，葛柏於一九七五年一月七日被押解回港，並在二月十七日開審。葛柏最終罪名成立，被判入獄四年，所收賄款亦須充公。

廉政公署隨即高調調查警隊內之集團式貪污，改變了警賊不分之惡習，多名警方高層於行動中被捕。廉署更於一九七五年起從英國招募人手，人事上減少對前反貪部警員之依賴。市民對廉署因而甚為信任，舉報貪污的數字亦隨即攀升。廉署的防止貪污處則審核各政府部門的流程，減少貪污發生之機會，促使各部門改變其施政風格，變得更公平、公開、公正。負責向市民從事反貪污教育之社區關係處，則故意不在政府合署辦公，於商舖及住宅區設辦事處，鼓勵市民與廉署接觸，打破了華人「生不入官門」

之成見（葉健民，二〇一四）。

廉政公署成功的反貪行動，以及其他諸如清潔香港運動等促進公共參與的宣傳，可說一場是催生香港人公民意識的社會運動。縱然麥理浩政府的原意，只是想令香港人可以有多一點歸屬感和公德心，幫助政府施政，而非著眼於民主與民權（Lethbridge 1976；呂大樂，二〇一二）。不過廉署的打貪政策，確實改變了公眾對政府之想像。在東亞文明的傳統中，縱然也曾有告官的事，但政權從不鼓勵民眾告官。即使偶然有民眾成功控告瀆職官員，他們也要為公義付上沉重的代價，甚至要家破人亡。但廉政公署卻鼓勵香港人舉報貪官，並保證告發者的安全。廉政公署在一九七五年的電視廣告，講述一位女小販拖著子女，怒氣沖沖地走進廉政公署辦事處，心中說著這樣的一句話：

> 我日捱夜捱搵兩餐，你仲嚮乞兒兜度拿飯食？我要親自去廉政署告你！我要親自去！

而在一九七九年另一則動畫廣告，則有以下的旁白，描述一位香港人如何鼓起勇氣舉報貪官：

> 最容易搞到香港烏煙瘴氣既，就係呢種人啦！不過今時唔同往日啦，好多人都好似佢咁，堂堂正正，舉報貪污。社會公正，大家得益。挺身而出，舉報貪污！

這種反貪論述，預示著新時代的來臨。政府不再是對民眾予取予攜的官老爺，而舉報貪官污吏，不但是香港人的權利，也是香港人的社會義務。在新時代的觀念中，官員是守護公眾利益的公僕，民眾則有監察的權利和義務。這種問責觀念，在東亞是前所未見的。雖然香港政府迴避民主改革的問題，但這種監督問責的觀念只要能植根，民主參與的訴求早晚都會出現。

在一九七〇年代，中國仍處於文化大革命的腥風血雨、韓國仍是由朴正熙施行軍事獨裁統治、臺灣仍是一黨專政且還在戒嚴。臺韓兩國民眾的民權，要到一九九〇年代初才追上香港的水平（表14.1）。整個東亞就只有日本是自由民主國家，而日本當年仍充斥著講究身分尊卑的階級觀念，需要靠一浪接一浪的社會運動逐漸匡正。放在東亞史的脈絡看，香港當年的成就不容低估。縱然香港未有民主，其政府乃不講民治的開明專制政權，香港人仍期望政府能實行民享、民有的善治。香港政府於麥理浩改革後亦越來越符合香港人之期望，令香港人能享有自由、幸福和尊嚴。市民有權、政府有責就這樣成為香港人的

表14.1——東亞五國的政治權利和公民權利，一九七五至二〇〇〇年

		香港	臺灣	韓國	日本	中國
1975	政治權利	三等	六等	五等	二等	七等
	公民自由	二等	五等	五等	一等	七等
1980	政治權利	四等	五等	五等	一等	六等
	公民自由	二等	五等	六等	一等	六等
1985	政治權利	四等	五等	四等	一等	六等
	公民自由	二等	五等	五等	一等	六等
1990	政治權利	四等	三等	二等	一等	七等
	公民自由	三等	三等	三等	一等	七等
1995	政治權利	四等	三等	二等	一等	七等
	公民自由	二等	三等	二等	二等	七等
2000	政治權利	五等	一等	二等	一等	七等
	公民自由	三等	二等	二等	二等	六等

最優為一等，最劣為七等。
資料來源：Freedom House

集體意識，並將會催生新的公民意識和公共倫理。

「諮詢式民主」的管治風格

除了推行反貪，香港政府亦於一九七〇年代設法促進官民溝通，並讓市民作有限度的公民參與。因應兩次暴動所引起之動蕩，政府決心改變過去官民間互不往來之作風。政府參考新界理民官制度，於市區設立民政處（City District Office），設民政主任（City District Officer）負責收集轄區居民之意見，既會幫助居民解決社區問題，並就民情向政府提交報告（King 1975）。各社區亦設由居民選舉產生的互助委員會，在民政處協調下處理地區事務。這一方面是要透過有限的公共參與培養市民之公民意識，另一方面又令政府之權力能伸延進個別大廈，並將地區領袖納入建制之中。政府撥款時，會將較多款項撥歸被視為友好的互委會，這樣政府便多了一重社會控制之手段（Scott 1989）。

香港政府於此時提倡的是一種高度設限的社會參與。政府無意與市民分享權力，並無實行民主化的時間表，而只是為了促成官民合作，從而達成政府所定之政策目標。政府希望提高市民對社會的責任感，無意促進民主精神，更不希望市民提出進一步的政治要求。不過，這種設限的社會參與還是打開了缺口，市民產生公民意識後，並不都會滿足於限制重重的現狀。部分社區人士展開抗爭，要求更大的公民參與空間，以至要求政治制度改革，這些社區運動日後逐漸凝聚並演化為全面的民主運動。

香港政府於一九七〇年代的管治風格常被稱為「諮詢式民主」（consultative democracy）。這說法固然有點誤導，畢竟香港當時未有代議民主政制。不過，縱然政制不民主，當時政府會盡用行政吸納制度的空間，積極地查探各界市民之民意，並在民怨未爆發前先發制人制定對策。這種管治風格重新界定了官民關係，使抗爭者在爭取權益時，有意無意地以香港公民之身分向政府施壓。政府按民意回應社會的作風，又使部分抗爭者相信其行動可以影響政府。當抗爭者越是以政府為抗爭對象，政府越是有機會能向市民證明自己。這樣社會抗爭逐漸會假設政府有能力、有責任、且有意願解決香港的問題，弔詭地營造了香港政府為香港合法政權之公眾印象。香港政府在市民眼中，亦由英國人的殖民政府，演變成為香港人服務的政府。市民視香港政府為自己的政府，將之視為香港人申訴的對象（呂大樂，二〇一二）。香港此時已有著重本土的公民意識，政府亦至少會在表面聆聽民意，而當時政府之運作亦不受英國干涉，如此皆令香港於一九七〇年代進化為一個準主權國家。

在這種新施政風格下，政府對社會福利亦比以往更為重視。這亦是出於外交策略上之考慮：新界之租約將於一九九七年到期，只剩下不足卅年的時間，這意味著英中兩國到一九七〇年代末就要為香港前途而談判。麥理浩於一九七一年上任時的治港大綱，便指出要使香港的社會經濟發展和生活水平於短時間拋離中國，令香港人樂於受英國管治，以此作為與中國談判的籌碼。這樣便必須於房屋、教育和勞工政策上推行全面改革。為免招惹中國反彈，麥理浩決定不去發展代議政制，但會在地區層面促進官民雙向溝通，建立問責公民權（responsible citizenship），也就是說，要以社會改革促進香港公民國族主義（李彭廣，二〇一二）。就如麥理浩於一九七三年向英國外相杜嘉菱（Alec Douglas-Home）表示：

跟其他政府相似，本政府必須得到市民的贊同而施政，而同時它是沒有得到一個選舉制度的協助而進行管治的。假如我們要維持市民這種認同與支持，則不單要滿足他們的合理訴求，還要令他們覺得訴求之所以得到滿足，乃政府也真心的以此為目標。這種需要並非只因為我們希望行政措施有實際的成果，而是我們也需要爭取市民的一種有力的信任。我們不可能將目標放在對國家（按：英國）

的效忠，但若能培養一份公民的自豪感（Civic Pride），則應該是有效的代替品。（FCO 40/439: Murray MacLehose to the Rt. Hon. Sir Alec Douglas-Home, KT, MP, 1 January 1973）

麥理浩的另一個考慮，是要將香港發展為一個國際城市。香港處於中國之外，但亦在中國之旁，這樣中國或會因香港的國際化得益，使其出於利益，保持香港現狀而不去竊取香港。就如麥於一九七二年週年報告中所言：

我認為我們應該盡一切方法打造香港為一個達國際地位，具備高質素的教育、科技與文化，以及有高水平的工業、商業、財經設備的模範城市，以至在它身上中國既能得益，而又因為考慮到這些實質利益的需要和本身國內條件之不同，而不願意把香港收回。這可幫助爭取額外的時間，令中國的情況逐步演進，甚至影響中國政府令它考慮或者日後在它的主權之下繼續給予香港的一個特殊地位，而這樣在一定程度可保障市民的生活方式和英國與其他國家在這殖民地的利益。（FCO/547: Hong Kong Objective, 1974）

為了推行大刀闊斧的社會改革，政府規模因而大為擴張。香港政府於一九七二年聘請麥肯錫公司（McKinsey & Co.）檢討政府架構，其後報告書建議在布政司、財政司和律政司下，設立六個決策科（Policy Branch）和兩個資源科（Resource Branch），三司與各科司長在港督帶領下成立近似董事會的內閣，負責政策上的規劃，而科以下的各署、處級部門則專責實務上之執行。雖然在實行上麥肯錫報告書（香港官方譯為麥健時報告書）之改革成效普通，但這為政府帶來新的公共服務部門，亦令公務員體系規模擴張

（Scott 1989）。政府亦從英國外交部和官僚體系聘請官員和專家到各科任職，以彌補香港高官與西方新思潮脫節的毛病。不過，由於英國當局不肯放人，而一流人才多不欲越過半個地球前往香港，麥理浩對最終獲聘的英國人才頗為失望（李彭廣，二〇一二）。不論如何，麥理浩終究還是建立了一支屬於自己的管治團隊。

香港之社會服務本來一直都靠志願團體自行籌募經費支持，戰後初期國際援助是社會服務經費之主要來源。但隨著香港成為中等收入國家，國際救援機構都將資源轉移到環境更惡劣的地區，社會服務機構亦只得向政府爭取資助。香港政府於一九七三年發表《香港社會福利未來發展計劃白皮書》，計劃增加撥予各機構的補助金，並與各受助機構合作制訂社會福利政策的五年計劃，設立社會福利諮詢委員會為政府與機構的合作平台。在實際運作上，政府則負責制訂社會服務發展之目標，並撥款予各機構按政府計劃執行，社會服務機構可以說是替政府提供服務的「外包商」。政府增加了對社會服務的承擔，開支亦節節上升。社會福利開支從一九七一年的三、五六三萬，增至一九七六年的三億四千零四十七萬，到一九八二年再倍增至八億一千三百五十七萬。（表14.2）。

香港政府亦於一九七三年發表《教育改革綠皮書》，次年發表相關白皮書，建議資助中一至中三的課程。麥理浩之後於一九七八年，

表14.2——香港政府社會福利開支，一九七一至一九八六年

年份	社會福利開支（港元）
1971	3,563萬
1976	3億4,047萬
1981	8億1,357萬
1986	22億9,905萬

資料來源：香港社會福利署年報

宣佈實行中一至中三的免費義務教育，令教育界爭取多年的九年免費教育得以落實。政府在公共衛生及醫療方面亦大舉改革，令全民皆得享受到廉價公營醫療服務。在房屋政策上，麥理浩更野心勃勃地推行十年建屋計劃，期望能一次解決香港居住環境擠逼的問題。該計劃建議於一九八二年前，每年落成十八萬個公營及私營房屋單位，為一百八十萬名市民提供居所。雖然最終建屋量未能達標，但政府已興建大批公共房屋，大大改善市民居住問題。在一九七三至一九七四年度，政府建成九、三七八戶公共房屋單位，到一九八一至一九八二年度，則增為三一、三四五戶（表14.3）。

為了配合建屋計劃，政府開拓大批新發展區，並修築了相應的基礎建設（Scott 1989）。早於一九六〇年代，政府已建議連接沙田的獅子山隧道、連接觀塘與荃灣兩大工業區的龍翔道和呈祥道、連接荃灣及葵涌新發展區的葵涌道以及當時全港最大的船灣淡水湖。到一九七〇年代，政府亦建設了連接香港島和九龍的海底隧道、連接屯門新市鎮的屯門公路、全港貯水量最多的萬宜水庫、市區捷運地下鐵路、將舊有九廣鐵路改為捷運的電氣化工程等。由於市區缺乏建設土地，政府只好改變過往將市區與新界分治的做法，反而積極地將新界市區化。

為了向新界原居民取得土地，政府首先於一九七二年推出丁屋政策，讓十八歲以上原居民男性取得丁權。得到丁權後，原居民可以不受

表14.3——香港公共房屋落成量，一九七三至一九八五年

財政年度	公共房屋落成量
1973–1974	9,378戶
1977–1978	13,000戶
1981–1982	31,346戶

資料來源：Scott 1989

建築條例管束，在自已擁有的土地上興建一座三層村屋，或可購置官地建屋。而在一九六〇年至一九八三年，政府在徵用原居民土地後，會向其發出換地權益書，讓原居民以五平方英呎農地換取兩平方英呎建築地，而收回的建築地亦由同面積的建築地補償。但到後期新界亦缺乏可換之地，政府便按《簡悅強報告書》之建議，一九七八年起要用五平方英呎農地來換一平方英呎建築地，並鼓勵原居民改取現金賠償（Hayes 2006）。

新界原居民本來就是明清之交圈地競賽贏家之後代。政府向其發出換地權益書時，亦是香港地產最暢旺之時光。地價於一九七〇年代暴升，令換地權益書甚受搶奪土地儲備的地產商歡迎，原居民因而得到可觀賣地賣權益書收入。丁屋又使原居民之置業不受樓市影響，甚至還能分租部分樓層牟利（Poon 2005）。這樣原居民絕不能拿來與印第安人或賽德克族這類原住民相比：首先，香港真正的原住民，是被原居民宗族趕走或融合的瑤人、畲人和蜑民等。縱然新界是被動地於一九六〇、一九七〇年代與香港市區融合，但原居民受惠於地產發展，是以既得利益者的姿態融入香港。原居民是新興特權階級，絕對不是其他國家那種被逼害的原住民。

在麥理浩的改革下，香港逐漸由一個中等收入工業國家，演化為高收入服務業國家。香港社會的中產階級急速壯大。在一九七一至一九八一年之間，專業及技術人員之數目增加了百分之八十四點七，行政人員和經理則增加了百分之七十點六，基層白領之文員增加了百分之一百廿八點五，基層服務業人員則增加了百分之六十三。雖然香港此時仍有發達的工業，與工業生產有關的人員只增加了百分之五十，而漁農界從業員則減少了百分之十四點八（呂大樂，二〇一二）。

普羅香港國族主義與潮流文化想像

自一九七〇年代起，香港人物質生活豐盛，社會迅速走向現代化。雖然政制不民主，但至少政治不會如國共兩黨那般興起文字獄，而政府也至少會在表面上回應民意。香港承傳來自廣東的粵語文化，這套傳統文化於廣東因北京政權文化改造以及推行普通話而逐漸失真，只有香港、澳門及其他海外華人社會保存得好。一般香港人的生活習慣與生命歷程，和深圳河另一邊有天壤之別。香港普羅大眾便視香港人為一個獨特的命運共同體（Baker 1983）。香港人可以在國民黨及共產黨以外，以效忠本土為第三種選擇。如此又使香港能形成一個自由、無拘無束且百花齊放的社會環境，造就了一個富有香港特色的民間社會（呂大樂，二〇一二）。

港中兩地之不同發展，使香港發展出一套全新的國族文化，這樣於一九七〇年代末才來到香港的中國移民，在這座城邦中顯得格格不入。據人類學家蕭鳳霞觀察，於此時到香港的中國移民，與早前的戰後移民有著根本上差異。這些新移民與香港的親屬關係較疏離，甚至在香港舉目無親。而長期於共產中國生活，亦使他們難以適應現代化、國際化、本土化而奉行資本主義的香港社會。這樣他們便難以在香港找到好工作，並作上向社會流動。這群新移民日後若能夠發跡，多是因為他們於一九七〇年代末至一九八〇年代重返故鄉，把握開放改革所帶來之機遇。如此令這些新移民缺乏融入香港社會的動機。有部分於香港中資公司或中國駐港機構任職的中國移民，更是活在其小圈子之中，無意與主流社會有任何交集。而出於文化差異以及來自經濟發展的優越感，香港人普遍視新移民為他者，甚至產生種族歧視之心態。新移民與被稱為「左仔」的親共派，就成為活在城邦中的陌生人，香港人則透過與這些群體的種種差異，界定香港國族獨特之身分認同（Siu 1996）。

在香港人之身分認同日趨清晰之際，香港政府亦收緊移民政策，為香港國族之獨特意識帶來法理基礎。政府於一九七二年四月一日實施新人口登記制度，規定於香港連續住滿七年的居民，可享永久居留權，其身分證上會蓋上黑印，而未居滿七年的則無永久居留權，並無權利享有如公共房屋等社會福利，他們的身分證則會蓋上綠印。政府此舉變相確認了香港土生土長者之公民身分。到一九八〇年十月廿六日，政府更進一步廢除抵壘政策，自此所有來自中國之偷渡客被捕後都會遞解出境。雖然讓中國移民合法居港的單程證制度，其審批權一直都在中國公安部，但在大部分情況下，香港人與中國人儼如兩個不同國家之國民（鄭宏泰、黃紹倫，二〇〇四 a）。

自成一國的香港亦於此時出現本土導向之潮流文化，粵語流行曲與港產粵語片大受歡迎，香港甚至成為東南亞潮流文化之主要輸出地。各種潮流文化成為香港人集體關注的話題，而享受娛樂亦因而成為儀式化的集體經驗。這些文化產品又多從普羅大眾的日常生活和文化想像中取材，長期透過大眾傳媒潛移默化，塑造香港人深層次的本土身分意識（吳俊雄，一九九八）。粵語樂壇殿堂級詞人黃霑（黃湛森）之名作〈獅子山下〉，頗能反映香港人當時開始產生歸屬感、且因自己白手興家而自豪的普羅國族意識：

人生中有歡喜
難免亦常有淚
我地大家　在獅子山下相遇上
總算是歡笑多於唏噓
人生不免崎嶇

難以絕無掛慮
既是同舟　在獅子山下且共濟
拋棄區分求共對

放開彼此心中矛盾
理想一起去追
同舟人誓相隨
無畏更無懼

同處海角天邊
攜手踏平崎嶇
我地大家　用艱辛努力寫下那
不朽香江名句

而歌詞最後一句，在初稿為「香港千秋萬歲」，反映詞人對其香港人身分深感自豪（《蘋果日報》，二〇一五年七月三日）。

而各種潮流文化之中，又以電視文化之影響至鉅。早期電視訊號要以銅線傳輸，市民要收看，既要交安裝費，亦要交月費，能負擔得起的並不多。到一九六七年，香港電視廣播有限公司開始播放無線電視，市民購置電視機和天線後，可以自行安裝，之後就可安坐家中享受免費娛樂。到一九七三年，麗的電視亦改以無線廣播。電視文化自此風靡全港，到一九七六年香港已有逾九成的家庭安裝了電視機。電視節目收視率高，比其他媒體之傳播更有效率，而電視節目中的文化成見（stereotype）亦能在短短幾年間塑造香港人之自我認同。當中以一九七九年無線電視的劇集《網中人》最為經典。廖偉雄於劇中飾演新移民程燦，他一直都未能融入香港的生活，被標籤為愚昧、貧窮、落伍的化身。程燦與香港人之文化差異，以及其適應新生活時遇到的挫折，則是該劇主要笑點。而由周潤發與鄭裕玲飾演的男女主角，相對上則是聰明、能幹且入時。周潤發飾演於程燦孩提時代即來港成長之兄弟程緯，他本是大學畢業生，卻因為要替母還債而身陷囹圄。出獄後程緯身敗名裂，卻仍能靠著其聰明才智於商場絕地反擊。這或多或少反映了香港人的自我想像：他們的先輩是曾經風光的廣東遺民，雖然因為中國內亂而失去一切，但最終仍能憑才智和努力，於香港這座城邦東山再起。電視文化中這種自視為比中國人優勝的文化想像，令普羅大眾集體重新確定其獨特身分認同（馬傑偉，一九九六）。

此時香港的潮流文化，固然有不少以中國為題材的產品，但要留意的是這些文化產品都未有涉及當時的現實中國。這些產品又可分為三類。第一類是古裝片，這些產品部分是以歷史為題材，但有更多是在描述虛擬的中國武俠世界。第二類是描述民國初年的產品，比如是一九八〇年由杜琪峰編導的《京華春夢》，以及同年由蕭若元策劃的《大地恩情》，不過這些故事的篇幅多不會涉及一九四九年中國易幟後的事。故事中的鄉愁，乃寄托於一個不復存在的國度，與共產黨治下的政治中國無關。最後，有少部分文化產品有論及當代的中國，但多以海外華人社群為背景。有一些產品則論及一個於虛構時空的中國，比如倪匡編劇的《中國超人》，那實質上可稱為時裝版的武俠故事。

香港電影之中，以一九七〇年代的李小龍電影最為國際知名。這些電影多有「中國人不是東亞病夫」一類充滿中國國族主義情緒的符號。但實情是多部李小龍電影均沒有對現實中國流露感情。《唐山大兄》

與《猛龍過江》的背景分別設定在泰國和義大利的海外華人社群。《龍爭虎鬥》則設定在一個虛擬的中華武術世界，而該虛擬世界相當國際化。而值得玩味的是李小龍於片中與英國特務合作無間。《死亡遊戲》原本的構思，亦設定於虛擬武術世界，以表達李小龍的武術哲學。李小龍忽然離世後，編導重新安排劇情，將故事設定於香港。只有《精武門》的劇情是明確地發生於中國，但背景卻設定於中日戰爭前夕的上海租界，嚴格來說這是關乎殖民地華人的故事，而非關乎中國人的故事。這些電影所指的「中國人」，並非政治中國的國民，而是相對於日本人和西方人的華人，意識形態充其量只能算是大中華文化主義。

觀乎電影中的華人，不是身處殖民地，就是身在海外，不涉及國共兩黨之政治，與香港政府亦關係友好。我們可以相信當片中李小龍指自己是「中國人」時，指涉的其實是「海外華人」，甚至是在暗示自己以身為香港人為榮。伯頓（Pierre Berton）於一九七一年的訪談中，曾問李小龍是否視自己為中國人，李明顯認為他是超越中國民族認同的世界公民：

> 你知道我會想如何定義自己？是人類。因為，我的意思是我不想像「子曰」那樣（I mean I don't want to be like "As Confucius say."），但在天空之下，在天堂之下只有一個大家庭。只是剛巧人之間有差異而已。

這樣，香港從政治、經濟到文化均能別樹一格。各階層的香港人都有著自豪的身分認同，這種普羅本土認同視香港為獨特的命運共同體，已經稱得上是香港國族意識。只是他們其於政治正確的理由，仍然囿於大中華文化主義的語言，亦未有進一步撰寫香港國族主義論述。而部分前衛抗爭者之行動，以動員香港人參與民主自治為目標，已有公民國族主義的影子。雖然香港政府高官多為英國人，亦非以民主方法組成政府，但其行事作風常常不惜與宗主國作對爭取自主，施政亦大體上以服務香港人利益為前提。此時香港這座工業殖民地，已可算是一個準國族國家（quasi-nation state）。將會在未來出任港督的英國外交部官員尤德（Edward Youde）於一九七四年如此描述香港政制發展的困境：

> 另一個問題是北京會對此立即有所反應，因為他們都知道如果香港可以作主，它會選擇獨立而不是回歸。（FCO 40/457: Annual Review for 1973: Hong Kong, 8 February 1974）

香港國族意識於一九七〇年代已經成形，而政府各種制度都有著獨立國族國家的影子，香港人在其獨特的領域中，享有自由、幸福和尊嚴。香港之所以未有成為名正言順的國族國家，部分原因是因為不少市民仍然食古不化，死抱大中華文化主義不放。但更重要的原因是中國始終不肯放棄竊取香港的野心，而中國之國力與國際地位亦與日俱增。

香港的黑霧

雖然香港於一九七〇年代進步神速，但我們並不應過分美化這段時期。雖然香港社會氣氛比一九六〇年代放鬆不少，但香港仍然奉行殖民地制度，市民之公民權利並未有確實的保障。香港人享有之人身自由，乃是出於政府的恩賜，並非來自法律的保障。一九七九年四月，日後成為立法局議員的革命馬克斯主義聯盟成員梁國雄多次遭當局政治逼害。四月一日他在用紅色油漆寫示威標語後，被當局以非法張貼標語為理由檢控，終被罰款兩百五十港元。五日他與其他革馬盟成員到灣仔中國新華社外示威，隨後被控以非法集會罪，最終於六月五日被判入獄一個月。

一九七八年，疑為同性戀者的警官麥樂倫（John MacLennan）與一位華人青年性交。該青年的家人得知此事後，向警方舉報。當時同性戀仍屬非法，麥樂倫亦因而被控八項粗獷性行為罪。一九八〇年一月十五日，麥樂倫被人發現倒臥於何文田警察宿舍內，身中五槍，並已經斷氣。律政司祈理士（John Calvert Griffiths）堅稱麥樂倫是自殺身亡，但這明顯不合常理，而之後政府成立的調查委員會仍然附和此說（Yang 1981）。從今日之觀點而論，麥樂倫顯然是因為其性取向而遭當局歧視以至是逼害。這些人權遭侵害的事件，顯示當年的政治制度仍未有充分保障民權，而建制中人的態度亦異常保守。

一九七七年發生的警廉衝突，充分顯示麥理浩改革之脆弱，因為在殖民地制度下，執法人員仍然有著死抱特權的思維。當時廉政公署的行動多針對警隊內部的集團式貪污，各警署均有警員受到牽連，部分涉貪警員因看不開而自盡。輸打贏要的警員代表於十月廿六日在九龍城警署召開「反逼害」研討會，隨後前往九龍警察總部請願，要求在協助廉署調查時，要有高級警官在場。被控警員應得到法律援助，並容許他們的同僚籌款協助。此外，他們亦要求當局准許設立員佐級人員協會。同日晚上，黃大仙警察宿舍亦舉行香港警察伸張「司法公正」座談會。警員次日於旺角花墟球場發起集會，現場人士紛紛聲討廉署針對警隊的行動。

警員代表於廿八日遊行往軍器廠街警察總部，期間部分警員聲稱要自首，糾眾衝往和記大廈的廉署總部。廉署職員見狀欲關上大門，身為執法人員的暴徒卻動手襲擊廉署職員，打傷了幾位職員，並將門外之招牌毀壞洩憤。而未有參與事件的警員，則幸災樂禍地暗示將要拒絕履行職責，以此威逼政府對他們之貪腐行為視而不見。

一連串討價還價後，港督麥理浩於十一月五日晚宣佈特赦令，決定不再受理一九七七年一月一日前警察貪污的投訴。不過，若相關警員之前已被接見、通緝或仍在潛逃，又或者是涉及嚴重罪行，則不會獲得特赦。政府亦委派簡悅強成立委員會，處理對廉署的投訴。港督重申不會再對警員進一步退讓，立法局、市政局與多個社會團體亦表態支持政府。最終廉署叫停了八十三宗案件之調查，但仍有三百零三宗於一九七七年發生的案件未獲特赦。而多名帶頭鬧事的警員，亦成功被檢控（葉健民，二〇一四）。事件顯示香港執法人員欠缺為民服務的公僕意識，亦眷戀著昔日濫用特權收受賄賂之風光。港督頒佈的有限特赦令，固然令香港盡快回復穩定，但同時亦忽略了反貪過後轉型正義的問題。

香港「諮詢式民主」制度要正常運作，首決條件是在位者要重視香港人利益，並且於香港境內未有持有利益。這樣以民為本的領袖便可以透過盡用諮詢體系，收集各方民意，再按市民利益及意願制訂政策。問題是這並非真正的民主制度。要是執政者心術不正，又於香港有利益衝突，同一套諮詢體系可以淪為對少部分支持者的政治酬庸，並成為阻止市民參政、維護少數精英特權之架構。香港一九七〇年代的善治，乃建立於浮沙之上，只要執政者換上不稱職之人，香港可隨時返回昔日政府人員貪污濫權的時代。

而新興的香港國族意識，亦有先天不足之處。香港人此時的身分認同，有一定程度上是基於經濟發展帶來之成就感，以及對中國人之種族偏見。也就是說，這種本土認同很可能只是一種消費主義的選擇（Matthews et al. 2008）。只是所有國族皆有盛有衰，香港國族亦不會例外。若然香港人之身分認同只是建基於富裕生活與種族偏見之上，那麼香港陷入不景之時，他們或會像那些盲目追捧強隊的勝利球迷那樣，放棄對香港效忠。

另一個令人憂慮的事實，是當時的香港公民國族主義，不論是公民意識還是國族認同，皆未成熟。

當時香港人多嘗試以個人手段透過家庭支持解決問題，這種現象被社會學家劉兆佳稱為功利家庭主義。一九七四年於美孚新邨進行的調查，有三分之二受訪者贊同各家自掃門前雪之說法。而一九七七年的另一項調查，有百分之卅六受訪者認為家庭利益大於社會利益，而認為社會利益更重要的只有百分之九點六，曾參與志願團體的，則只佔受訪者的百分之十九點六。有百分之四十一點八的受訪者表示願意居於社會穩定而欠缺公義之地，有百分之五十七點三受訪者認為政府的首要責任是確保社會穩定，並有百分之八十一點六受訪者希望能保持現有制度（Lau 1982）。這也許是因為香港人信任政府，並且滿意其施政，但這同時亦反映香港人個人中心且政治保守。除此以外，香港人仍未完全擺脫大中華的意識形態，他們心中知道自己有異於深圳河以北的中國人，卻仍然與中國藕斷絲連，未有明確主張香港國族自決。香港人公民意識未成熟，又未能放下心理包袱去成為獨立自主的國族，那他們又會否為香港國族將要面臨的不公義、為了香港人的自由、幸福和尊嚴，挺身而出團結抗爭呢？

在一九八〇年代，新生而脆弱的香港國族即要面對前所未有的衝擊。香港國族要維繫下去，必須先要經歷一場痛苦的蛻變。也許每一個獨特的國族，在茁壯成長前均要經歷強權壓迫的洗禮。唯有這樣，他們才會從甘於受他人宰制的順民，進化為掌握自己命運的公民。

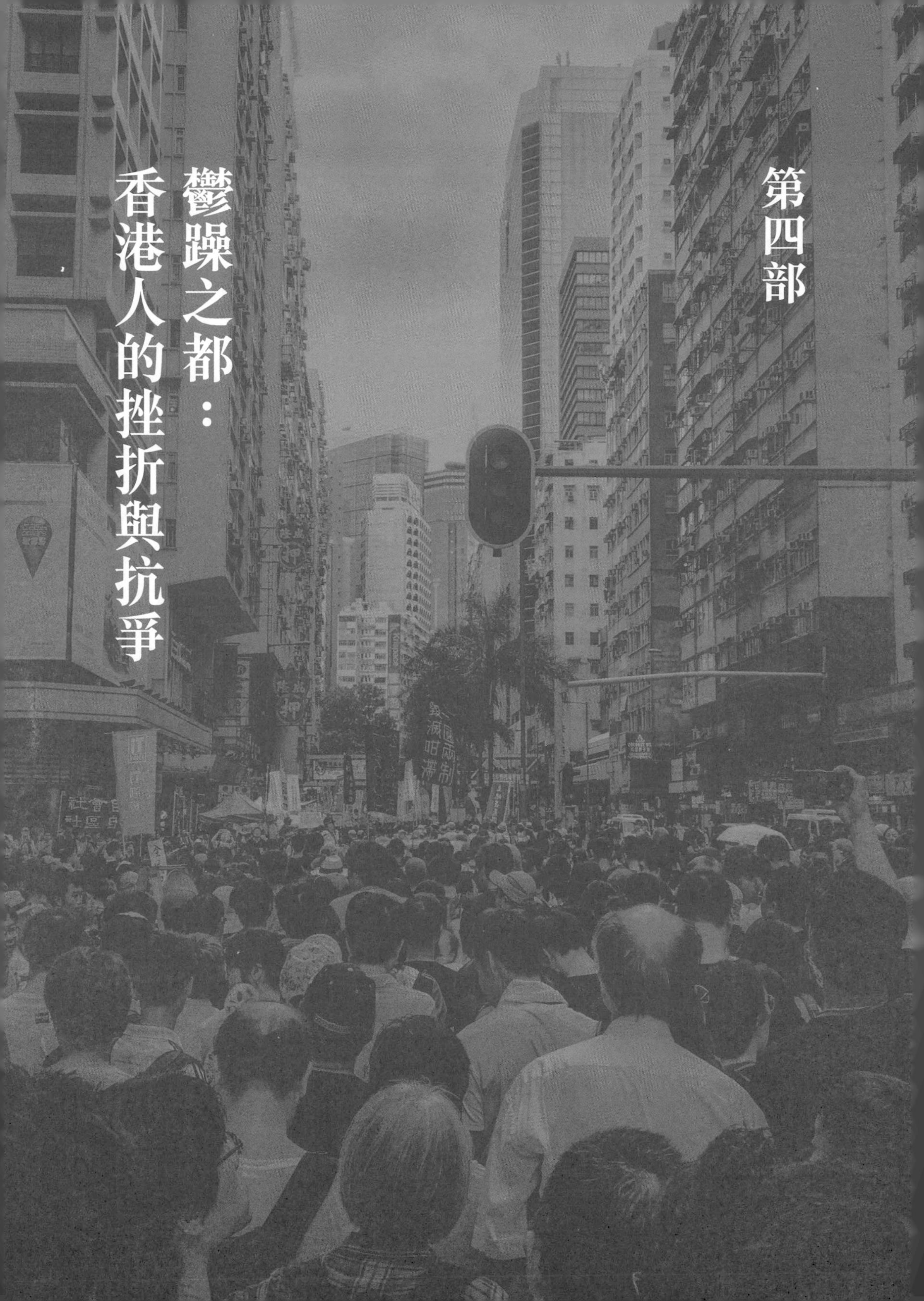

第四部

鬱躁之都：香港人的挫折與抗爭

2016年的七一大遊行。
2003年7月1日逾五十萬人上街抗爭，成功迫使政府擱置《國家安全法》。
之後的七一遊行，就成為香港公民社會的民間祭典。（作者攝）

第十五章 被賣的亞細亞孤兒：英屬香港之黃昏

新界的租約即將於一九九七年到期，而隨著香港之拓展，市區與新界早已密不可分。共產黨治下之中國，始終死心不息要吞併香港；縱然在經濟上，中國必須利用香港在中國之外、處中國之旁的特性。正當香港之發展走上軌道，而香港人亦習慣視香港為家國之際，英國在香港之管治就只餘下十幾年的光景。

香港於一九七〇年代末至一九八〇年代初，出現了兩股新興勢力。一九七〇年代社會派學運人士畢業後投身社會運動，到一九八〇年代凝聚為爭取民主改革的陣營，於選舉政治中漸露光芒。而香港的華商亦成功挑戰西方商人之優勢，成為香港經濟的主導者，並投身保守政治以保存新到手之特權。這兩派人馬於中國陰影下之競爭，塑造了英國管治時代末期那十餘年之香港政局。

始於社區抗爭的民主運動

香港一九七〇年代的學生運動為國粹派與社會派之二元對立。國粹派之參與者受西方左翼思潮影響後，接觸到北京政權於文化大革命時的政治宣傳，以為中國正在實踐左翼之理想，認為中國之強大為香港解殖之先決條件，亦因此只會放眼中國，盲從中國當年的極左路線，對香港之本土抗爭漠不關心。與他們相對的社會派雖然亦多左傾，但堅持反殖必須從本土開始，亦因此會強調走進社區接觸及服務香港基層民眾。社會派縱有大中華情意結，亦多依從大中華文化主義愛文化不愛政權的那一套，不會像國粹派那般將北京之片面宣傳照單全收。

毛澤東於一九七六年過世，失去靠山的四人幫亦隨即倒台，歷時十年之文化大革命終告結束。國粹派對文革中國之浪漫想像亦完全破滅，令國粹派學運迅速瓦解。有的國粹派中堅像包錯石那樣從此不問政事，全心發展事業。亦有的受到思想衝擊後，像練乙錚那樣改宗自由主義，成為擁抱資本主義的右派。自此香港學生運動就由有社會民主主義傾向的社會派主導。

大專學生畢業後，有的會投身管理和會計等工商專業，他們的利益與商界較為一致，政治取態亦較為保守。但在麥理浩時代公共服務擴張，教育與社會工作等服務專業之空缺比以前增加不少。各志願團體均於社區拓展社會服務，這些工作崗位之工作性質，比較貼近社會派走進社區親近基層之理念。而包括教育、醫療及社會工作在內的服務專業，皆有從事白領勞工運動的傳統。這樣不少曾參與社會派學運的畢業生，便投身於服務專業，在工作崗位上服務基層民眾。

當時各社區均要面臨公共資源分配不均之難題，而麥理浩時代之改革，亦增加市民對公共服務之期望。在寮屋拆遷補償、公屋分配和公屋管理等議題上，政府常與社區居民發生爭端。新市鎮之發展急速，亦令各新社區的民生設施、交通和就業等配套未能趕上。在各社區工作的服務專業人士，便根據學運時代的經驗，動員居民以抗爭手段爭取權益。服務專業人士在改善社區民生之餘，亦意識到要爭取社會之公義與平等，方能從根源上解決問題。在透過集體行動爭取權益的過程中，他們亦開始渴求民主自治之基本權利（So 1999）。

在社區崗位中推動社會抗爭之人士，對他們的角色有著不同的想法。李植悅原為地區工作之社工，後來決定參與選舉政治，一九八三年成為市政局議員。他如此憶述當年在身邊之討論：

當時有關社區發展，有一些理論大家常常會有爭論，一種是locality development（地區發展），多一點發展鄰舍聯繫，令居民明白自己社區的問題，來促進他們集體解決問題的能力。社會則在後面默默耕耘，做一個enabler（推動者），一個educator（教育者），一個facilitator（協助者），這就是當年locality development的理論。（馬嶽，二〇一二）

不過，李植悅之所以選擇從政，是因為相信社工可以擔當更主動的角色。當時不少服務專業人士亦有類似想法：

另一類就是social action（社會行動）。美國當時很有名比較激進的社運領袖Alinsky，他的口號就是call me rebel，「我不介意別人叫我反叛者」，帶領黑人作比較激烈的社會行動。這一派就是當時SOCO（社會組織協會）的一派。還有另外一類是social planning（社會規劃），認為社區應該帶動居民，甚至自己參與社會政策的釐訂，社會資源的重新分配工作，包括諮詢和議會。（馬嶽，二〇一二）

這樣自社會派學運出身的服務專業人士，便運用學運時代的人脈關係和抗爭經驗，動員基層市民抗爭爭取社區權益。社區運動自一九七〇年代末日趨頻繁，作風比以往更為大膽。部分社運人士則以社區為根據地，打算投身政治進行體制內抗爭（So 1999）。

一九七〇年代末距離一九九七只餘廿餘年，界限街以北之土地租約即將到期，令銀行難以向業主批出抵押書。銀行界及地產界因而希望租約問題能早日解決。港督麥理浩於一九七九年三月廿七日秘密訪問北京，以圖解決新界租約問題。中國領導人鄧小平雖云要尊重香港之特殊地位，卻主張中國最終要吞併香港：

> 我們正考慮通過法律來保護外資所獲得的利潤。我要求你們告訴投資者說請他們放心，中國保證它對吸引的政策不僅在本世紀不變，連下一世紀也不改變，香港可繼續施行資本主義，而我們則繼續我們的社會主義制度。一九九七年如果我們收回香港，也不會影響它的投資。（Roberti 1996）

麥理浩向香港人隱瞞對話的內部，只表示鄧小平呼籲投資者放心。不過，他心知肚明，知道英中兩國即將要為香港前途問題談判。為此麥理浩強化政府諮詢架構，並在地區層面推行代議政制。香港政府於一九八〇年發表《區議會綠皮書》，並在次年發表白皮書，建議成立三分之一議員由民選產生之區議會，以扶助民政署之地區諮詢工作。區議會於一九八二年進行首次選舉，雖然只有三分之一議席是由選舉產生，但這是第一次大部分市民均能參與的普及選舉（Lo 1993）。市政局於一九八三年的選舉亦放寬選民資格，凡年滿廿一歲並連續於香港居住七年或以上的永久居民，均有資格登記做選民。選舉亦採用分區直選制度，卅個議席中有一半會由直選產生（Lau 2002）。

不少參選地區選舉之人士來自傳統而保守的街坊組織，他們以人際關係或利益交換等方式拉票。部分社運人士憂心參選後會淪為建制一部分，遭政府行政吸納，但相信社會規劃的服務專業人士卻躍躍欲試，普遍視參選為動員民眾、教育街坊的手段，能否贏得公職反屬其次。李植悅如此憶述他當年之想法：

> 當時勝負其實都無所謂，因為目的是要推動一群居民，是一個團結街坊、社區教育的方法，令街坊們——特別是年輕一代——認識甚麼叫民主選舉。所以我們很著重招募義工，希望有一批年青人自己直接參與選舉。當時社工界流行講三P理論，就是People，Problem跟Participation（人民、問題和參與）。（馬嶽，二〇一二）

服務專業人士動用學運時代的關係網路，動員舊同學和師弟師妹助選，亦善用家訪這類於社區運動常用的社會工作技巧向街坊拉票。多年於抗爭中與對手激辯之經驗，亦使他們於選舉論壇中勝過對手。這樣他們首次出選區議會和市政局便能取得佳績，令其他社區運動參與者意識到投身代議政治乃一條合理之出路。

社區專業人士當選後，能憑著選票授權，以民意代表姿態與官員平等對話。他們作為議員，能參與專責委員會等公職，更能令政府官員無法迴避與他們合作。這樣服務專業人士能更有效地擔當市民與政府部門間的仲裁者。李植悅和馮檢基於市政局中成功爭取以公帑資助成立議員辦事處，每位議員每月可得一萬九千港元津貼，租用辦事處接見市民，並聘請全職助理服務市民。這些議員辦事處成為改革派在社區動員民眾、爭取市民支持的據點，並發展為政治團體。這些地區的改革派政團於一九八〇年代中整合為民主派，並成為日後民主派政黨之運作基礎（馬嶽，二〇一二）。

華資財團與精英保守政治

與改革派同時於一九七〇年代末、一九八〇年代初崛起的，還有新興的華資財團。雖然華資自十九世紀末已佔香港經濟最大比重，而一九二〇年代起的工業發展亦以華資為主力，但直到一九六〇年代，香港華資公司仍是以中小型企業為主。戰後香港規模最大的公司，除了滙豐銀行，就是包括怡和、太古、和記和會德豐的英資四大行。

但是一九六七年暴動後，英資對香港前景缺乏信心，便大量將資產外移。怡和洋行於海外大規模投資，而太古和會德豐均投資在可移動的資產，太古主要投資在國泰航空，會德豐則投資於航運業。不過，香港的英資四大行於本地受殖民地體系保護，在海外卻要從零開始，令英資公司於一九七〇年代蒙受不少損失。

四大行之中，只有太古仍能保持強勢。國泰航空剛好遇上一九六〇年代起的噴射機時代（Jet Age），業務隨客貨量蒸蒸日上。而鰂魚涌船塢於一九七〇年代末改建為太古城，成為最受中產階層歡迎的房地產，太古亦因樓市暢旺而得利。除太古外，怡和投資失利，會德豐則受航運業波動影響業績，其股票有藍燈籠之稱。和記多作本土投資，可惜過分進取，於一九七三年股災時過度借貸，身陷破產邊緣。和記之債權人滙豐銀行於一九七五年九月注資一點五億港元，取得百分之三三點六五控股權，以大股東身分進行債務重組。滙豐聘請人稱「公司醫生」的韋理（W.R.A. Wyllie）為行政總裁，作開源節流的行政改革，並與黃埔船塢合併為和記黃埔。和黃很快便能轉虧為盈，但滙豐卻無意長期持有，只打算解決債務危機後即放盤出售。

而此時最有潛力的華人買家，乃長江實業的李嘉誠。李原為塑膠廠東主，發跡後不斷進行企業併購擴展規模，他看好香港地產業前景，多偏好收購經營不善但又持有地皮之公司，以地產開發點石成金。一九七七年收購美國資本的美高公司後，曾打算購入當時屬於怡和集團之九龍倉，惟最終未有成事。李嘉誠於次年再出擊收購青洲英坭，並對持有大批地皮的和記黃埔感到興趣。最終李嘉誠與滙豐銀行於一九七九年九月廿五日達成協議，讓李旗下之長江實業以每股七點一港元的價格購入九千萬股和黃股份。匯豐容許長實先付兩成金額，兩年後再繳付餘額。如此慷慨之安排很可能考慮到中國因素。此時李嘉誠已獲委任為中資公司中國國際信託投資之董事，倘若中國能於隨後的英中談判竊取香港一九九七年後之主權，中國與香港華商之結盟似是勢在必行。

其他華商之後亦步李嘉誠之後塵，對風雨飄搖的英資公司展開收購戰。環球航運的包玉剛預見全球航運業即將陷入衰退，於是決定出手，於一九七八年購入李嘉誠持有的九龍倉股票，與怡和爭奪九倉的控制權。一九八〇年六月廿日，怡和旗下的置地公司趁包玉剛出國開會，發行新股及債券融資，企圖以一百港元一股購入三千一百萬股九倉股票，取得百分之四十九控股權。包玉剛聞訊中斷行程折返香港，到廿二日公佈以一百零五港元爭購九倉股份，最終以廿一億港元購入兩千萬股，得到百分之四十九控股成為九倉新主人。包到一九八五年三月再購入會德豐，將之重組為隆豐國際，並將九龍倉撥為旗下之子公司。

之後置地亦為華資所狙擊，怡和為保住置地控股權，便和這間子公司互持股份，但如此凍結掉怡和集團之資金，再加上之前的海外投資失利，令怡和出現債務危機。雖然怡和在一九八四年由西門凱瑟克（Simon Keswick）帶領下重組業務，令怡和逃過破產之厄運，但之後財力大不如前，已不是昔日那幾可壟斷香港經濟的洋行之王（馮邦彥，一九九六）。

此時其他華資企業亦透過地產投資及股票市場晉身為大企業（馮邦彥，一九九七）。這些華資大行取代了昔日英商之主導地位，並成為政府行政吸納之主要對象，其經濟優勢因而能延續為政治優勢。他們得到昔日由英商專享的政治特權，便希望能延續目前的殖民地體系。他們之特權心態使其抗拒民主，同時又深信民主政府將會加稅以擴張社會福利。這樣香港華商便開始與改革派針鋒相對。

英中談判與「民主回歸論」

這時英中兩國均準備好要就香港前途展開談判，唯獨香港人一直被蒙蔽，陷入近乎自我欺騙的盲目樂觀之中。英國國會於一九八一年六月通過《英國國籍法》，褫奪在港英籍華人於英國定居之權利。這條法律明顯對香港人存在種族歧視。條例規定在港英籍人士之父母或祖父母其中一方在英國出生，則可以申請為英國公民，保有居英權。直布羅陀（Gibraltar）與福克蘭群島（Falkland Islands）之英籍居民於隨後的修訂中，亦保住了其居英權。唯獨香港的英籍華人始終為其宗主國所忽視。

中國方面更是一直密謀竊取香港。當中國於一九七一年十月將以中華民國名義參與的臺灣逐出聯合國後，第一時間就動議將香港和澳門從聯合國殖民地名單中剔除，以斷絕這兩個殖民地自決獨立之可能。在麥理浩於一九七九年訪問中國時，鄧小平亦就中國竊取香港之計劃作出暗示。中國人大委員長葉劍英於一九八一年九月發表《統一臺灣九點計劃》，指出中國侵吞臺灣後，會「恩准」這島國以特別行政區身分享有自治權。葉亦指香港與澳門可從中擔當橋樑角色，暗示中國會先於港澳成立特別行政區，對臺灣起示範作用。中國於一九八二年中終於清楚表明其對香港前途問題之立場，令香港人無法再假裝一切將會如常。北京政權之公佈被人稱為「十六字解決」：

> 收回主權，制度不變，港人治港，維持安定。（Roberti 1996）

英國首相柴契爾夫人（香港官方譯名為戴卓爾夫人）於九月廿二日訪問中國，展開兩國就香港主權問題之談判。北京立場異常強硬，新華社激烈地批判英國欲繼續管治香港之打算，要英國先承認中國對香港之主權，才肯展開談判，以沒有硝煙的方式爭奪香港：

> 今天無論是誰企圖堅守這些不平等條約，都只會驚醒中國、英國及全世界的人憶起大英帝國侵略中國的惡行。（Roberti 1996）

當時英國之外交政策以蘇聯為首要敵人，是以希望能拉攏中國對抗蘇聯。英國商人亦對中國改革開放帶來之商機垂涎，貿易及工業部在遊說後亦本於英商之利益，指出香港既然是為與華貿易而開埠，此時亦可以為令英商能於中國改革分一杯羹而放棄香港。談判還未進入正題，英國方面就已經有人未打先輸。

英方代表於談判桌上打民意牌，指出香港居民多欲維持現狀，但中方卻反指香港未有民主制度，亦未有就前途問題啟動過公投。早前香港政府以中國反對為藉口推延民主改革，而英國亦未有決心督促香港民主化，如今香港政府雖已得到民心，卻無法將之化為反駁中國之論證。拖延民主化因而可說是英國百餘年管治中最失策之舉。不過，就算當時香港已實行民主自治，英方亦未必能佔得上風：中國政府厚顏無恥地自封為香港華人之代表，並指英中談判是主權國家之間的對話，與香港人無關。英國以經濟牌打動中國之算盤亦打不響：中國始終對昔日中華帝國之風光念念不忘，可以為了顏面而置港中兩地之經濟利益不顧，而主權終究是北京無可退讓的底線。這樣英中兩國的談判於一九八三年陷入膠著狀態（Scott 1989）。

中國於一九八三年對保守黨前任首相希斯（Edward Heath）進行統戰。希斯始終未能原諒柴契爾夫人背叛他以取得保守黨領導權，便見獵心喜地按中國之劇本行事，到訪北京並公開批評柴的談判策略，指英國應承認中國對香港擁有主權。前首相之賣國言論令香港市場信心崩潰，港元匯市從年初五點九港元兌一美元，到九月底急貶至九點五港元兌一美元。財政司彭勵治（John Henry Bremridge）只好於十月中實行聯繫匯率制度，動用外匯儲備將港元匯率定在七點八港元兌一美元之水平。

英國方面受到的壓力越來越大，令他們不得不向中國退讓（Roberti 1996）。不過，香港之主流民意，卻一面倒地抗拒中國之侵略。根據一九八二年三月革新會之民調，有七成受訪者希望香港繼續由英國管治，有百分之十五接受在英國託管下接受中國統治，只有百分之四接受由中國直接統治。如果在港中之間作出抉擇，有百分之八十六偏好居住在香港，只有百分之二偏好居於中國。偏好居於香港的，有百分之卅六是因為香港較為自由，有百分之卅九是因為習慣香港之生活模式。有百分之廿二受訪者討厭中國缺乏自由，有百分之十三認為中國生活水準太低，有百分之十二覺得中國有糧荒之問題。倘若中國最終竊取香港，有百分之廿受訪者希望移民，而廿至廿九歲的受訪者中之比率更高至百分之四十。總體而言，香港人憂慮中國之極權體系會威脅他們珍惜的人身自由，亦不相信剛走出文革陰影的中國會確保香港繁榮穩定（Reform Club of Hong Kong 1982）。

對於香港人於前途談判中缺席，市民感到甚為無奈。香港國族才剛在世界舞台嶄露頭角，其前途就任由英中兩國宰割。對於中國在未經諮詢下自任為港人代表之野蠻措舉，香港人更是大惑不解。就如香港大學《學苑》之社論所言：

> 五百萬人的命運，竟然決定於兩個巨人的角力之下，這是一宗荒唐的買賣。我們只是一部機器，一件貨品，有誰理睬我們的一聲異議？我們的命運，不過是巨人手中的泥團！……但說穿了，他們的所謂「香港人意願」，不過是哄人的騙局、棋局的一步而已……國家、民族，掛在我們的口中，不過是一些空泛的名詞。我不相信、更加不會接受因為所謂「國家前途」、「民族利益」，便可以捐棄一

己的尊嚴……中國、英國，都不過是希望在我們身上，撈一點油水；但真正的主人是我們，五百萬人團結在一起的力量是我們的武器。波蘭的人民告訴我們甚麼是爭取，除了自己，沒有人會為道義而考慮我們的意願。(《學苑》，一九八三年九月號)

即使香港受大中華文化主義影響而有大中華情意結，他們亦不會因而樂於接受中共統治。一方面這是因為中國是個極權國家，另一方面有大中華情意結之香港人，會視自己為一種特殊的中國人，仍希望以政治藩籬確保其獨特性。就如曾任中文大學副校長、新亞書院院長的史學大師余英時所言：

我長期以來有個看法，許多人包括徐復觀先生都不太贊成，我覺得被認為是天經地義的中國的政治大一統，無形中也淹沒了很多東西。很早的統一，書同文，車同軌，人們歌頌秦始皇的功業，把很多地方文化、地方特性都埋沒了……大傳統太強，把所有小傳統都吸進和取代了，見不到個別的地方文化……比如說，如果用政治強力來統一香港、臺灣，恐怕不用幾年，現在這些多姿多采的文化形態和生活方式便都消失了……如果講民主的話，統一的問題首先要尊重當地人的意願。但是，看樣子現在中共絕不會同意，它所反覆強調的似乎只是主權一項。(李怡，一九八三)

為了改變不利之輿論，北京政權加強對香港之統戰，並以改革派與華商為主要目標。改革派亦趁話題炒熱，以學運、社運為基礎成立新論政組織，比如一九八二年成立的新香港學會及太平山學會，以及一九八三年成立的匯點。他們提倡民主和社會福利改革，但由於一直以反殖為口號，令改革派未能高呼支持維持現狀。這種情意結遭滲入改革派的親共派利用，誘惑改革派出面反對英中兩國過去所謂的「不平等條約」。部分學運人士甚至在柴契爾夫人於一九八二年十月到香港時，到機場嗆聲抗議「不平等條約」。

改革派團體之後紛紛獲邀上北京探訪。新香港學會於一九八三年二月到中國出訪，到七月學聯亦到北京，他們回到香港後，向市民介紹中國政府的「治港藍圖」。他們受潛伏的親共派誘惑，主張將主權移交予中國後實行民主自治的所謂「民主回歸論」（So 1999）。當年有份向柴契爾夫人抗議的羅永生如此憶述他們當時如何被親共派誘惑：

其實學生提出「民主回歸」，是最易令社會接受的，因為大家覺得這是學生自己的想法，但事實當然不是這樣。例如另外有新香港學會這些組織，比我們成熟和年長很多，理論亦比我們強的人，如果再追溯這群人的人脈，可能就真的是國粹派的人在組織……其他人事後才知道，不公開名字了，那些人現在你發覺他和官方機構有很多連繫，這些人其實當時都在你身邊，起著一定的作用。（馬嶽，二〇一二）

改革派之所以會接受北京統戰，一方面是基於大中華文化主義之情懷，使他們視被中國吞併為比維持殖民政治制度更政治正確之抉擇。但與其說他們是中國民族主義者，倒不如說他們是希望香港社會能更上一層樓的社會民主主義者。雖然香港政府於一九七〇年代大幅改善民生，但改革派仍覺得政府政策右傾而缺乏民主，覺得換了宗主國也許會有新發展空間。羅永生如此反省：

我會覺得「民族主義」只是一個託詞，我們不需要論民族主義是甚麼，但我是不是這個動機呢？「民

> 族主義」是不是「大晒」呢？不是的，想深一層，後面是甚麼？是社會主義！換言之，有這個影子在裏面，因為社會主義，或者我們相信這些東西叫社會主義民主，或者民主社會主義，可能會在一國兩制、港人治港下是有空間的。（馬嶽，二〇一二）

支持民主回歸的改革派與部分傳媒編輯為學運時代之戰友，便營造輿論以爭取市民之支持。一九八三年四月的一項民意調查中，雖然有百分之九十五受訪者希望能維持現狀，但有百分之四十二受訪者亦指，香港若成為中國高度自治的特別行政區，那亦是個可接受的結果（Johnson 1984）。這時候親共媒體和輿論亦均舞弄香港人之大中華文化主義情緒，隱瞞中國在共產黨治下已非傳統文化守護者之事實，以文化認同包裝中國治港之合理性。吳靄儀如此描述當年的論爭：

> 公開評論中國在任何方面次於西方，儘管那評論是合理的，就要準備好面對一連串刻毒、嘈吵而無禮的抗議。將任何事物與「中國」或「華人」扯上關係，均能令議題變得極之情緒化。提出文化身分就如施放濃厚之煙幕，令每一位都於非理性的黑暗中爭吵。「香港自治可行嗎？」是一個極適合作理性探討的題目。但若將它改為「有甚麼原因令中國人不能將香港統治得像英國人一樣好，甚至是更好？」，那你的討論就毀掉了。（Ng 1983）

「民主回歸論」令香港社會未有對中國之入侵作太大反彈。但無論如何，民意對談判結果並不會有決定性影響。中國早就視香港人之意願如無物，對香港政府亦蓄意矮化，不論是香港人還是他們的政府均被排拒於談判之外。一九八二年五月就任的港督尤德（Edward Youde）欲代表香港政府參與談判，並於一九八三年七月成為英方談判代表之一。中國方面堅持尤德不能代表香港，並粗暴地拒發簽證予隨行的新聞處處長曹廣榮（Johnson 1984）。

此時中國政府亦接觸香港華資財團。北京基於馬列主義的理論，認為香港既然是資本主義社會，資本家就是香港實質的統治者，亦因此他們相信併吞香港後，就必須與香港華人資本家合作以鞏固統治（Goodstadt 2000）。除此以外，他們亦希望能吸引香港華商到中國投資，幫助中國展開經濟改革（Wong 1997）。從階級分析的角度看，中國是計劃縱容香港華商透過中國國家主導且欠缺人權保障之制度，剝削中國勞工謀取暴利，以此換取香港華商之政治忠誠。中國政府通過華商間接榨取中國勞工之剩餘價值，一方面能夠取得利潤推動國家發展，同時又能使受剝削的中國勞工將怒氣轉移往香港，如此又能離間港中兩地之基層民眾，中國勞工見香港人為直接之剝削者，就難以與香港民眾同仇敵愾地反抗中國。香港於一九八〇年代成為中國外資之主要來源。一九七七年，香港資本佔中國外來投資的百分之廿九點三，到一九八〇年急增至百分之卅六點五。而來自香港之外匯，則由一九七七年的廿七點二七六億美元增至一九八〇年的六十八點五七六億，在開放改革頭三年即暴增二點五二倍（Johnson 1984）。

許家屯於一九八三年五月擔任「新華社香港分社社長」，實質上為中國駐香港大使。許善於與商人打交道，上任後就透過酒會和飯局等非官式聚會，與香港華商建立起交情。中國在香港亦一反以往只著重親共工會之作風，主動與商人、專業人士與公職人員拉關係（Wong 1997）。

以青年工業家李鵬飛為首的十二人青年才俊團於一九八三年五月獲新華社邀請訪問北京，當中除李柱銘為改革派，其餘皆為保守的工商專業人士。才俊團如實向接見他們的中國當局反映香港人抗拒北京，亦指香港人無力自治，讓英國人繼續管治香港是唯一可行之出路。中國當局即時反駁他們，而香港兩間大學的學生會亦發表聲明批判才俊團，與中國裡應外合地散播「民主回歸」之原則（馬嶽，二〇一二）。

但中共似乎覺得才俊們既不求自治，甘於接受英國全權管治，那麼他們亦可以無條件地接受中國之殖民統治。經此一役後，中國就開始把李鵬飛列為頭號統戰對象（Chung 2001）。

此時行政立法兩局中的精英更多希望能維持現狀，擔心英國會棄香港而不顧。行政局首席非官守議員鍾士元多番勸告英國當局堅守原則保衛香港，但談判形勢對英方越來越不利，而議員又未獲告知詳情而憂心忡忡。立法局非官守議員羅保（Rogerio Hyndman Lobo）於一九八四年三月十四日提出動議，要求英國向立法局開誠佈公，獲全體非官守議員一致支持通過。該動議主張：

在任何關係到香港未來的事務未有共識前，這個議會應該被視為討論的地方。雖然討論後的結果未必會落實，但這才是香港人真正的意願和聲音。

但是事情之發展並未如香港人所願。英國外相賀維（Geoffrey Howe）在與中國國務院總理趙紫陽會面後於四月廿日訪問香港，他於立法局會議室證實了香港人一直以來之憂慮：

要達成一份能使香港在一九九七年以後仍然繼續由英國管治的協議，是不切實際的設想。（Roberti 1996）

而這並不是當時唯一的壞消息。在這個時候，中國領導人鄧小平當著記者面前撒野，大發雷霆地宣佈吞併香港後，將會在香港駐軍：

> 黃華、耿飆兩位胡說八道。香港駐軍問題不是中央的意見。你們去登一條消息，沒有那麼回事。香港是要駐軍的，既然是中國的領土，為甚麼不能駐軍呢？（Roberti 1996）

英國國會於五月中辯論香港問題。兩局議員辦事處組團到倫敦遊說，希望當局能向中國爭取一份更詳盡的協議，並設法保證協議能捍衛香港英籍華人之權益。但英國當局已立心要離棄香港，便向當地傳媒誣指兩局議員是要爭取讓香港人移民英國，以激起英國反移民情緒。於是，國會議員於五月十日上下議院聯席會議中，只管追問代表團香港人移民問題，無心聆聽代表團之訴求。次日代表團會見賀維時，更慘遭奚落，被指非由直選產生的行政立法兩局並不能真正代表香港人（Chung 2001）。不論英國是否基於某種苦衷愛莫能助，香港於此時已遭英國遺棄，淪為只能任由極權強鄰魚肉的亞細亞孤兒。

兩局議員到六月初再派鍾士元、利國偉和鄧蓮如訪問中國，打算以香港代表之身分向中國官員遊說，但三人剛抵達北京就受辱，當局堅稱三人只能代表他們自己，不能以香港議員之身分獲接見。之後三人又遭鄧小平當面訓斥，他重申反對讓香港有份參與談判的「三腳凳」主張，指香港前途談判只能夠是英中兩個主權國家之間的對談（Roberti 1996）。鄧小平指不論香港和英國怎樣想，中國就是要在一九九七年奪取香港。倘若香港人不肯就範而令局勢失控，中國就不惜提早強行侵奪香港：

> 就主權方面，不管談判怎樣，或各方面的反應怎樣，在九七年一定要收回主權……我曾和英首相說過，如在九七前，香港有大波動出現，則會考慮收回的時間和方式。（Chung 2001）

鄧小平恬不知恥地否認香港出現信心問題，將所有問題都推卸到親英精英「從中作梗」：

> 概括來說，你們說香港人沒有信心，其實是你們的意見，是你們對中華人民共和國不信任。（Chung 2001）

這樣香港將會於一九九七年不顧香港人之意願，在英國袖手旁觀下遭中國侵吞。

萬事既已成定局，英方亦只能盡力爭取讓香港人在中國統治下，儘可能透過自治保衛其利益和生活方式。英方成功於《聯合聲明》附件一第一項中加入以下條款：

> 香港特別行政區政府和立法機關由當地人組成。香港特別行政區行政長官在當地通過選舉或協商產生，由中央人民政府任命。香港特別行政區政府的主要官員（相當於司級官員）由香港特別行政區行政長官提名，報請中央人民政府任命。香港特別行政區立法機關由選舉產生，行政機關必須遵守法律，對立法機關負責。

當時鄧小平下令要在十月一日中國國慶前達成協議，否則中方就會擅自決定香港之前途。英方無法於《聯合聲明》中寫明行政長官由選舉產生，只能曖昧地訂明以「選舉或協商」產生，意味著行政長官可能是透過某種小圈子欽點的傀儡。雖然聲明中指定行政機關要向立法機關負責，但卻未有釐定何謂問責，而中國對問責之理解，很可能只是每年向立法會發表施政報告這種門面功夫。縱然立法機關按規定將會由選舉產生，但協議無指定那要是普及而平等之選舉（Roberti 1996）。《聯合聲明》之英文版以elections而非election形容選舉，更暗示立法會選舉將會採用多於一種的選舉方式，那就是說部分議席可能是在小圈子中推選產生（Chung 2001）。

阻礙民主的商共合作

英中兩國於一九八四年九月廿二日向外界公佈兩國已達成協議。英國駐華大使伊文思（Richard Evans）於廿六日上午與中國外交部副部長周南簽署草約。柴契爾夫人於十二月八日再次造訪北京，並於次日在人民大會堂會見鄧小平。柴與中國總理趙紫陽下午五時於人民大會堂西大廳正式簽署實際上為港中合併條約的《聯合聲明》。雖然香港淪為任由強國處置的亞細亞孤兒，但協議終究還是消除了不明朗因素，香港人亦因而如釋重負（Roberti 1996）。

但誤信「民主回歸論」的改革派，此時卻想起身為溫和派的趙紫陽曾承諾要在香港實行民主（So 1999）。他們相信這正是開始民主運動之大好時機，李柱銘如此憶述他當年的樂觀情緒：

> 頒佈前一星期左右，李儲文請我兩夫婦吃飯……他希望我在聯合聲明頒佈時，立即支持聯合聲明……我說我還未看過聲明……我看完很高興，因為我跟他們討論的東西都有在內，香港原有法律，包括普通法全部繼續，終審庭設在香港，有需要可到外國請法官。當時英文他們用judges，沒有說明是三個。所以公佈後我真的很高興地支持聯合聲明。（馬嶽，二〇一二）

香港政府見解殖勢在必行，便於一九八四年末推出《代議政制發展綠皮書》，建議立法局議席由功能組別及地區選舉產生之選舉團間接選出，但未有排除引入普選之可能。而行政局按建議亦由立法局推選部分議員（So 1999）。在十月底的行政局會議中，親商精英反對進一步民主化。鍾士元指富人繳稅較多，亦因而當有更大之代表權。他們亦擔心普選最終只會受中國操控、令親共派坐大。但布政司夏鼎基（Philip Haddon-Cave）卻偏好代議政制民主化。最終雙方在十一月公佈的白皮書中各讓一步。立法局要到一九八八年才考慮開始引入直選，而一九八五年立法局議席則由功能組別及選舉團推選（Roberti 1996）。

這樣一九八五年便是關鍵的選舉年。該年三月七日有區議會選舉，之後區議會議員、市政局議員和新界臨時區域市政局議員便會組成選舉團，於九月廿六日間接選出立法局議員。改革派積極參與區議會選舉，像一九八三年市政局選舉那樣動用學運時代人脈和社區組織助選。此時選民登記人數已從一九八二年之九十萬增至一百廿七萬，當中有四十八萬人參與投票。而在基層社區及新市鎮的投票率亦特別高，比如沙田區的投票率就有百分之五十一。當選議員多為改革派的年輕服務專業人士，匯點所有候選人均成功當選，而教協支持的候選人亦有八成當選。此時革新會和公民協會等老牌參政團體已經失去活力，部分人士亦忘卻初衷偏向建制，於這次選戰中未能得到太多議席。這意味著香港民主運動出現世代交替，改革派當選後得到資助於各區成立議員辦事處，於這些新據點中培育居民之民主意識。改革派漸以代議政制為常態，逐漸將自己定位為議會內之理性論政者，街頭抗爭亦暫時被視為次要之手法。

不過，改革派之勝利卻未能延續到立法局選舉。香港政府於區議會選舉後，委任大批親政府、親商界的保守人士進區議會，沖淡了改革派之政治影響。而區議會於一九八五年選舉中負責選出十位立法局議員，政府就將區議會重新組合為十組選舉團小組，每組可選一個議席。人數較少的改革派在比例代表制或多議席多票制下較易取得議席，但如今選舉團分十組行單議席單票制，令因獲政府委任而佔優的保守派勝者全取。在分組內的投票中，候選人獲五人提名即可參與。如無候選人取得過半數票，票數最低者會被淘汰，並於四十五分鐘後再開始下一輪投票，這過程將重複至有候選人取得過半數票為止。這種投票方法對憑利益交換恩庇侍從關係（patron-client relationship）而與各地區均有交情的保守精英有利。

最終改革派只能取得五席，餘下五席均由保守人士取得（So 1999）。

在功能界別選舉中，則由九個界別選出十二席，當中大部分均屬以組織為選民的工商界別。勞工界之兩席亦以一工會一票之方式選出，最終兩個議席由親共和親國民黨工會瓜分，獨立工會代表則無法當選（馬嶽，二〇一三）。改革派功能組別候選人中，只有法律界的李柱銘與教育界的司徒華能成功當選。雖然立法局選舉之結果對改革派不利，但立法局中少數改革派議員已經能夠打破立法局一直以來以共識為先的議事傳統，開始改革派與親商保守派二元對立之格局（So 1999）。

原先抗拒中國併吞香港之華商精英，於此時發現北京與他們有著共同利益。華商不欲改革派打破其既有政治特權，同時亦迷信民主政制會帶來稅率高的福利社會。中國則認為他們於一九九七年竊取香港後，應當有權主宰香港大小事務，而任何讓香港人分享治權的做法，均是對其主權的冒犯。中國肯授多少權利予香港，香港就有多少權利，香港人之民權與意願從不在其考慮之中。亦因如此，北京以小人之心懷疑香港政府推行代議政制諮詢，是要延續在香港治權之陰謀（Scott 1989）。

英中談判期間，中國處心積慮地增加在香港的投資。中國各省市開放改革後於香港開設「窗口公司」，替各地招商並吸引外資。而在香港的中資公司融資後，又以香港公司之身分在中國以優惠條件進行投資。中資公司利用香港在中國之外、處中國之旁之特性，繞過社會主義中國對國內企業之管制，以外資身分促進所屬地方之經濟（郭國燦，二〇〇九）。這些窗口公司以及取道香港作本地投資的中資企業，成為香港金融業和服務業之主要客戶。中資公司除協助中國開放改革後，亦於香港大舉投資。一九七〇年代末，仍未行股份制的中資華潤公司就與李嘉誠的長江實業合作，購置天水圍大片地皮，成為這座未來新市鎮之大業主（順叔，二〇一三a）。而在一九八三年，某位與中國政府友好的馮姓商人周轉不靈，許家屯親自在撥予港澳工作委員會的特別費中，將部分金額存進中國銀行香港分行為抵押，並著令中銀借款給馮氏（順叔，二〇一三b）。

中國資本亦大舉進軍香港銀行業。中國銀行於美利樓舊址興建一度成為香港最高大廈之集團總部，並趁香港地產交易暢旺，成為香港房貸的主要提供者之一。中銀亦與香港華資銀行合作，合組銀通櫃員機網路。中資在香港大舉投資，再加上香港華商北上投資，令華商與中國政府成為利益共同體。中國作為正在走向國家資本主義的社會主義國家，其經濟體與國家體制密不可分，這樣香港的中資公司，亦成為統戰華商、動員員工之機制（Chu 2010）。

不少原先向英國效忠的華商，亦因而於此時紛紛轉彎，改與中國結盟。英國國會於一九八五年一月十日通過《香港法案》，香港英籍華人自此只能享有無居英權的英國國民（海外）身分，而這個身分亦不能讓一九九七年主權移交後出生的港人後代繼承。羅德丞深感遭英國出賣，便辭去行政立法兩局的職務，之後到訪北京投靠當局，備受禮待。工業家安子介亦是第一批轉為親共的華商精英。其他香港華商一方面基於與北京之共同利益，另一方面又對民主制度持有偏見，亦紛紛步羅、安二人之後塵，與中國政府組成反對民主的不神聖同盟（Roberti 1996）。

此時中國正與香港政府和中華電力合作，在距離東平洲不足廿公里的大亞灣興建核電廠。雖然核能理論上可以很安全，但前提是廠方必須在監察下按指引行事，而共產國家和東亞國家的能源事業，卻以黑箱作業著稱。蘇聯佔領下的烏克蘭於一九八六年四月廿六日發生車諾比核事故，當地核電廠發生爆炸洩漏輻射，烏克蘭大片土地淪為不宜居住的核污染區，部分放射性物質亦隨風向飄至西歐。中電雖為英資公司，但董事及股東多為華商，與華資財團多董事交織關係（徐承恩等，二〇一二）。香港華商多出於商業利益而支持興建大亞灣核電廠。雖然香港改革派與環保團體聯手反對，亦得到逾百萬名市民聯署，中國卻以經濟發展為所謂的「硬道理」，罔顧香港人之意願任意妄為。

大亞灣核電廠之爭議，亦因而成為商共聯盟與改革派的首場對決。立法局組成兩個調查委員會到歐美各國考察核電廠，之後兩委員會均獲邀訪問北京。改革派與保守派就委員會應否訪問北京起了爭論，最終委員會還是不避嫌地到了北京，並隨後發表了支持續建核電廠的調查報告。改革派不肯接受這兩份偏頗的報告，但香港政府決定站在親商保守派那邊，拒絕收回對大亞灣核電廠之支持。

商共聯盟之後進一步阻止香港政府民主化之計劃，並欲制訂限制香港主權移交後民主權利之《基本法》。改革派雖在核電爭議上受挫，但很快就重整旗鼓，發起爭取民主政制的社會運動。九十一個改革派團體於一九八六年十月廿七日組成民主政制促進聯委會，並於十一月二日在高山劇場召開千人集會，要求一九九七年後在香港建立三權分立而高度自治的民主政府。民促會將總部設在教協會所，成員自稱為民主派，並以爭取一九八八年於立法局引入直選為短期目標。

港督尤德此時正在北京與北京政權商談交接安排，心力交瘁，十二月四日凌晨於使館內心臟病發不幸辭世。尤德之喪禮於九日上午在港督府舉行，之後送往哥連臣角火化，沿途市民同聲一哭。外交部中國通衛奕信（David Wilson）於次年四月接任，並於五月發表《代議政制發展綠皮書》重啟政制改革諮詢。一九八七年綠皮書之立論比一九八四年的保守，既未有提及行政局改革，亦對立法局直選方案冷處置。這明顯是屈服於中國之淫威下。民主派發起爭取八八直選的社會運動，並收集到二二三、八八六個連身分證號碼的聯署支持。除此以外，民主派亦委託具公信力之調查機構進行四次民意調查，有百分之四十五至五十四的受訪者支持一九八八年立法局設直選議席，而反對的只有百分之八至十二。

北京卻無視港人意欲，堅持反對八八直選。時任中國港澳辦副主任的李後反對在未訂立基本法前改動香港之政制，香港的改革亦只能以銜接為目標。中國將直選抹黑為社會矛盾之來源，強稱會帶來社會政治和經濟的動蕩。

香港的親共集團亦總動員，工聯會厚顏地聲言「只要飯票，不要選票」，中資公司則強逼員工簽署反對直選的樣板信，華商則拍了一段污衊民主的影片，假借臺灣立法院中的肢體抗爭和韓國學運的汽油彈，以視覺衝擊恐嚇不懂世界大事之愚夫愚婦，將民主抹黑為暴力動蕩之源。製片人大概想不到肢體抗爭幫助結束國民黨威權體系，而學運後韓國亦成為民主而富強之東亞大國。而各個工商專業團體則只望能為狹窄界別利益而增設新功能組別，自私自利地無視政制之公義問題。

香港政府向商共聯盟賤視民主的壓力屈服，只好於諮詢過程中耍老千，強指民意不希望急速民主化。親共集團及中資公司員工一式一樣的樣板信，政府將每一封信都當作獨特之意見，而改革派得到那廿餘萬連同身分證號碼的聯署，卻被強行歸納為單一民意（So 1999）。政府同時委託尼爾森公司旗下的A.G.B. McNair 進行民意調查，但該調查之問題卻具引導性。問卷之選項是這樣的：

一．官守、委任和選任議員數目及比例不作改變。

二．指出立法局不適合推行直選。

三．指出在原則上某種直選元素是理想的，卻不應於一九八八年引入。

四．如果希望於一九八八年改變（制度），則於以下各種轉變中取一項或更多：略為增加官守議員之數目；減少委任議員的數目；增加間選議員的數目；讓議員以直選產生。（Hong Kong Government 1987）

這樣受訪者便很難明確表態支持八八直選。問卷設問的方式架床疊屋，令近半受訪者因未能理解而放棄。最終該問卷調查塑造出反對八八直選的「主流民意」，該調查報告公開後使輿論譁然，學界群起抨擊。中國政府見群情洶湧，只得心虛地稍作讓步，准許立法局於一九九一年引入十個直選議席。

香港政府於中國表態後，一九八八年二月發表白皮書，正式宣判八八直選之死刑。雖然立法局將會於一九九一年引入十個直選議席，但這十席卻是透過削減區議會間接選舉議席而取得，進一步矮化區議會之角色。民主派於八八直選運動中受挫而士氣受損，他們於一九八八年區議會選舉的表現亦大不如前。中國趁機動員親共派統戰並滲透各街坊組織，並將部分鬆散的保守街坊組織為親共社團。親共派得中資公司之捐助，很快就於各地區建立據點，他們有三分之一候選人因而成功當選區議員。而改革派在選舉團中要面對親共對手之動員；因而在當年立法局選舉中遭到慘敗（So 1999）。

扼殺香港自主之《基本法》

而《基本法》之制訂，則為民主派與商共聯盟的另一個角力場。基本法起草委員會於一九八五年七月一日於北京召開首次會議。港澳辦主任姬鵬飛為主任委員，五十九名草委中，有卅六位是中國代表，只有廿三位是香港代表。而香港代表中，又以保守的華商、工商專業人士及親共人士為主。草委包括了政協常委安子介、《大公報》社長費彝民和廣東政協容永道等知名親共派，而包玉剛、李嘉誠和李國寶等富商亦為座上客。安子介、費彝民、包玉剛與李國寶四人則獲委任為副主席（Chu 2010）。民主派方面則只有李柱銘和司徒華二人負隅頑抗。

中國政府亦於草委會外，另設只有諮詢角色的基本法諮詢委員會，成員可由草委推薦，或是由社會各界組織推選，而理論上亦可由個人或個別組織自薦（So 1999）。雖然諮委會並無實權，但中國盡顯獨裁殖民霸權之本色，將反對聲音排拒於外。為了參選諮委，包括基督教工業委員會在內的獨立工會組成勞工界基本法聯席會議，該會常務小組早就作好協調，計劃組成由四位獨立工會代表和三位親共工會代表組成的七人名單，只待全體會員大會確定。但工聯會卻耍老千，於一九八五年十月十八日之大會前忽然動員親共集團加入聯席。最終確定出席大會的一百四十六個工會中，有八十個是親共工會，只有六十六個是獨立工會。在大會前夕，工聯會的譚耀宗囂張地要求工委會的劉千石顧全大局退出競選，眾獨立工會憤而杯葛競選，最終勞工界諮委由善於組織而拙於抗爭的親共工會所壟斷（潘文翰等，二〇一二）。

雖然諮委會比草委會有更多服務專業人士，但終究仍是由商人及工商專業人士所主導。諮委會的運作亦由新華社官員帶領的秘書處主導，執行委員亦是由新華社官員與草委共同挑選。《基本法》乃香港於主權移交後之憲法，但其起草過程卻視香港人之意願和利益如無物，最終使香港淪為商共共治之獨裁殖民地（So 1999）。

羅康瑞、羅德丞和張鑑泉等工商界諮委於一九八六年十一月提出一部極為保守的政制方案，建議由選舉委員會選出中國併吞後的行政長官以及部分立法會議員。選舉委員會建議由六百人組成，其中廿人負責提名，餘下五百八十人負責投票。選委中有三分之一成員來自商界和工商專業，其他專業人士佔八十席，立法會佔八十席，區議會和兩個市政局則佔五十席。由於各議會因委任議席之緣故均由親商保守派佔優，選委會亦將會親商人士主導（Chu 2010）。

而在較早前的十月十九日，民主派諮委發起獲一百九十人聯署的一九〇方案，主張由立法會提名行政長官候選人，然後交由香港人普選。而立法會於一九九七年則應有一半議席由直選產生，選舉團和功能組別則各選出四分之一的議席（馬嶽，二〇一二）。

面對民主派的挑戰，親商及親共人士再修訂其方案。八十九位工商界的草委與諮委於一九八八年提出八九人方案，堅持行政長官候選人必須由選委會提名，不過倘若立法會選舉投票率能超過五成，則會讓市民在篩選出來的候選人中普選行政長官（Chu 2010）。親共教育界代表程介南試圖拉攏民主派與親商派，他於十月與李柱銘會面後，工商界亦於十一月在程主導下與民促會協商。《明報》創辦人查良鏞亦加入斡旋，但民主派與親商派之分歧實在太大，會面並未有帶來實質成果。

筆名金庸的查良鏞與十八世紀英國自由主義者相似，一方面珍惜個人自由，另一方面卻對民主政治甚為猜疑。他此時決定提出自己的政制方案，主張循序漸進地推行民主改革。在第一個階段，行政長官交由工商金融、專業、勞工宗教社會以及政界四大界別組成的選委會推選，而立法會則有四分之一議席由直選產生。在第二個階段，選委會四大界別的成員減半，並由直選產生的選委取代，而立法會則有一半議席由直選產生。到二〇一一年則會以公投決定是否進入第三階段，將選委會轉變為提名委員會，負責提名行政長官候選人予香港人普選，而立法會則全體由直選產生。

此時香港興業創辦人查濟民修訂了查良鏞的方案。查良鏞尚可稱為真誠的漸進改良主義者，查濟民卻是立心不良地要拖延香港的民主進程。查濟民提高啟動公投之門檻，只有在得到三分之二立法會議員、行政長官及中國人大常委會共同支持，公投才得以啟動。而第三階段亦至少要得到三分之一登記選民投票贊成方能展開。這個門檻之高，意味著除非商界與中國均同意放權，香港政制才能夠進入民主的第三階段。草委隨後將雙查方案納入基本法草案中，令民主派甚為不滿。一九八八年十二月四日，四十四位民主派人士於新華社外絕食廿四小時抗議。草委於次年一月在廣州開會，李柱銘與司徒華於體制內抗爭，提出超過卅項修訂，但以親商及親共派主導的草委會多支持雙查方案，令兩人之修訂均無法納入會議章程。中國政府由始至終，均無意落實香港人應有的民主權利。

工商界草委假公濟私，將低稅率、平衡預算與反對濫發社會服利等有利商界之原則寫進《基本法》草案。北京亦於草案中加入幫助其干預香港內政之條款。當中授權中國人大常委會隨意解釋《基本法》

之規定，令香港法律界感到憂慮。大律師公會、律師會與部分專業團體於一九八八年七月到倫敦會見國會議員時，表示擔心相關條款會危害香港的高度自治。專業團體與部分較開明的工商界人士於九月發表聯署聲明，要求中國保證不在香港行中國法律，人大釋法只有涉及主權及港中關係之案件提堂後，由法院向人大常委會請求後，並於諮詢公眾後才實行。之後北京稍微讓步，承諾人大常委會不會宣佈香港現行法律失效，只會要求立法會按釋法之規定而立法。香港只會實行涉及首都、國旗、國歌、國慶、領土主權與外交事務之中國法律。除終審法院可請求人大釋法外，香港法院亦有權自行詮釋《基本法》（So 1999）。

不過，中國之統戰政策，令部分投共精英自以為是，自詡為獲領導人視為心腹的傳話人。當每位精英皆以為自己可以直達天庭，便不甘心與商共聯盟的其他成員合作，令聯盟出現內部裂痕。羅德丞於一九八九年三月組織新香港同盟，主張立法會行兩院制，上議院由功能組別選出，而下議院則由市民及選舉團選出。羅經常與中國官員會面，以嫡系分子自居，卻因而得罪其他工商界人士。中共對兩局方案甚感興趣，但卻因為眾怒難犯而不了了之（Chu 2010）。自此北京不時需充當和事老之角色，消弭商共聯盟的內部分歧。

不論在政治發展，還是《基本法》之起草，香港人之權益及意願屢遭忽視。香港政府與英國亦常息事寧人，使香港政府淪為屈服於中國淫威下的跛腳鴨政府，香港政府失去自主，並陷入認受性危機。香港人面對強鄰之欺壓，充滿著政治無力感，只有少數人能勇敢抗爭。當時香港人仍未充分認識到其民主權益。在一九八〇年代中，認同自己為香港人之受訪者中，有百分之五十五點一竟以為諮詢已可算是民主，只有百分之廿二點三明白選舉權是必要的民主權利（Lau and Kuan 1988）。香港保守民眾仍對開明專制者存有幻想，不知道維護本土的香港殖民地政府是特例而非泛例，團結自救的公民意識仍未夠普及。雖然香港發生了像八八直選等大型群眾運動，但在公民意識尚未穩固的情況下，市民稍遇挫折即潰散，能堅持長期抗爭之參與者不多。

香港人充斥政治無力感，不少有能力者皆選擇以移民逃避中國之獨裁統治。據政府專案小組保守估計，一九八七年有三萬人移居他國，到次年數目更增至四萬五千人（Roberti 1996）。移民者大多為中產專業人士，在一九八七及一九八八兩年，香港因移民流失了百分之卅五的程式員和系統分析師、百分之廿二的會計師和審計師、百分之十三的律師和法官、百分之十三的醫護人員以及百分之十的工程師（Sing 2004）。自英中談判開始起計，到一九八九年已有十五萬香港人移民（Scott 1989）。香港人自覺無力改變身為亞細亞孤兒的命運，只能坐困愁城，希望能盡快賺取移民所需費用投奔自由國家。

在八十年代末、九十年代初，距離主權移交尚有七、八年，北京就已經對香港政府的施政指指點點。在灣仔皇后大道東尾的新華社，此刻彷如香港另一個權力中心。香港人淪為在家鄉中的陌生人，他們只得無奈地眼白白看著事情的變化，或是移民逃離香港，去陌生的地方尋找自由和尊嚴。筆名林夕的詞人梁偉文，在〈皇后大道東〉道盡香港人在主權移交前那種對前景不明朗的悲觀心態：

皇后大道西又皇后大道東
皇后大道東轉皇后大道中
皇后大道東上為何無皇宮？
皇后大道中人民如潮湧

有個貴族朋友在硬幣背後

青春不變名字叫做皇后
每次買賣隨我到處去奔走
面上沒有表情卻匯聚成就

知己一聲拜拜遠去這都市
要靠偉大同志搞搞新意思
照買照賣樓花處處有單位
但是旺角可能要換換名字

皇后大道西又皇后大道東
皇后大道東轉皇后大道中
皇后大道東上為何無皇宮？
皇后大道中人民如潮湧

這個正義朋友面善又友善
因此批准馬匹一週跑兩天
百姓也自然要鬥快過終點
若做大國公民只須身有錢

知己一聲拜拜遠去這都市
要靠偉大同志搞搞新意思
冷暖氣候同樣影響這都市
但是換季可能靠特異人士

空即是色　色即是空
空即是色即是色即是空……

這個漂亮朋友道別亦漂亮
夜夜電視螢幕繼續舊形象
到了那日同慶個個要鼓掌
硬幣上那尊容變烈士銅像

知己一聲拜拜遠去這都市
要靠偉大同志搞搞新意思
會有鐵路城巴也會有的士
但是路線可能要問問何事

皇后大道西又皇后大道東

皇后大道東轉皇后大道中
皇后大道東上為何無皇宮？
皇后大道中人民如潮湧

第十六章

六四慘案與民主抗共：高度政治化的後過渡期

在一九八〇年代，香港人屢遭中國強權欺壓，而且屢戰屢敗，但此時中共亦面臨內政上的壓力。中國開放改革於一九八〇年代末碰上瓶頸，城市失業率增加至百分之廿五點五，通貨膨脹及貧富差距之再現亦激起社會矛盾（Tsang 1997）。當時中國實行市場經濟與計劃經濟並存的雙軌制，有官方聯繫者能透過貨品於兩個制度之間的差價牟利。這種官倒現象加劇了部分地方的物資短缺，令民生受損。共產黨內部亦出現開明派與保守派之角力。開明派主張市場化、自由化與民主化，為主張維持黨國體制及計劃經濟的保守派所猜忌。屬開明派的共產黨總書記胡耀邦因被指縱容大學生自由化傾向，而遭保守派於一九八七年逼迫下台。改革開放到一九八〇年代末因經濟不景和政爭無以為繼。

天安門學生運動的衝擊

胡耀邦於一九八九年四月十五日與世長辭，共產黨只肯為胡設立規格較低的「治喪辦公室」，而未有按國家領導人規格設立「治喪委員會」，令開明派支持者大失所望。北京大學生自發悼念胡耀邦，並逐漸凝聚為一場爭取改革的學生運動。四月十八日，在人民大會堂外集會的北京大學學生提出了七點要求：

一．重新評價胡耀邦同志的功過。
二．徹底否定反精神污染和資產階級自由化運動。
三．允許民間辦報和言論自由。
四．公佈領導人及其家屬的收入及財產。
五．取消北京市的遊行十條。
六．增加教育經費，改善知識分子待遇。
七．如實報導此次悼念活動。（香港記者協會，一九八九）

學生代表於廿一日晚跪在人民大會堂外，要求總理李鵬接收其請願書，但北京政權明顯無意向學生示好。學生隨後發起罷課，並獲知識分子聲援。抗爭者無意要挑戰中共的統治，但中國政府無視他們平和而合理之訴求，還將事件定性為動亂。《人民日報》於四月廿六日趁開明派的共產黨總書記趙紫陽外訪朝鮮，發表題為〈必須旗幟鮮明地反對動亂〉的社論誣衊學生：

這些事實表明，極少數人不是在進行悼念胡耀邦同志的活動，不是為了在中國推進社會主義民主政治的進程，也不是有些不滿發發牢騷。他們打著民主的旗號破壞民主法制，其目的是要搞散人心、搞亂全國，破壞安定團結的政治局面。這是一場有計劃的陰謀，是一次動亂，其實質是要從根本上否定中國共產黨的領導，否定社會主義制度。這是擺在全黨和全國各族人民面前的一場嚴重的政治鬥爭。（《人民日報》，一九八九年四月廿六日）

學生與群眾於廿七日環繞北京城遊行抗議當局之誣衊。到五月四日抗爭者再次發起遊行，以「反官倒、反腐敗、爭自由」為口號，並於遊行後佔領天安門廣場。數百名學生於十三日趁蘇聯總書記戈巴契夫造訪北京時開始絕食，他們不理醫護人員之勸告，拒絕飲牛奶或葡萄糖水，只肯以清水解渴。多名學生因血糖過低而不省人事。李鵬到十八日才敷衍地與吾爾開希和王丹等學運領袖會面，實質上是當面訓斥學生，如此缺乏誠意之會談自然缺乏成果。權力鬥爭失勢的趙紫陽在部下溫家寶的監視下，於十九日凌晨探望學生，之後即遭軟禁。學生於十九日暫停絕食，但李鵬還是於該晚宣佈北京戒嚴，並出動軍隊準備鎮壓。學生勇敢地留守天安門廣場繼續抗爭，而北京市民亦走上街頭勸軍人莫向手無寸鐵之抗爭者動粗（香港記者協會，一九八九）。

北京學生的抗爭，感動了情緒低落的香港人，使他們重燃對自由的渴望。當年在天安門廣場上，學生們都在聽崔健的〈一無所有〉。這首歌道出了學運人士的時代精神（Zeitgeist）：他們為自由而付出的熱情，使他們可以放棄一切，直到一無所有：

我曾經問個不休　妳何時跟我走？
可妳卻總是笑我　一無所有
我要給妳我的追求　還有我的自由
可妳卻總是笑我　一無所有

喔～妳何時跟我走？　喔～妳何時跟我走？

腳下這地在走　身邊那水在流
可妳卻總是笑我　一無所有
為何妳總笑個沒夠？　為何我總要追求？
難道在妳面前我永遠　是一無所有？
喔～妳何時跟我走？　喔～妳何時跟我走？

告訴妳我等了很久　告訴妳我最後的要求
我要抓起妳的雙手　妳這就跟我走！
這時妳的手在顫抖　這時妳的淚在流
莫非妳是正在告訴我　妳愛我一無所有？
喔～妳這就跟我走！　喔～妳這就跟我走！

北京學生生於極權國度，尚且堅持要爭取自由，那香港人的挫折，又何足掛齒？他們覺得自己與北京的抗爭者一樣，都在面對著仇視民意的中國政府。這種同病相憐的感覺，使香港人深信自己亦是參與北京學運之一員，大家都在追求同一個自由夢。民謠歌手盧冠廷此時與身為詞人的妻子唐書琛合撰〈為自由〉一曲，並邀請到香港演藝界人士大合唱：

騰騰昂懷存大志
凜凜正氣滿心間
奮勇創出新領域
拚命踏前路

茫茫長途憑浩氣
你我永遠兩手牽
奮勇創出新領域
濺熱汗　卻未累
濺熱血　卻未懼

愛自由　為自由
你我齊奮鬥進取　手牽手

揮不去　擋不了
壯志澎湃滿世間　繞千山

對這種渴求自由的感動，香港人一直未能忘懷，成為他們於未來幾年爭取政治改革和社會公義的原動力。後來在香港社會運動中經常唱頌的〈自由花〉，於一九九三年由詞人周禮茂撰詞，寄調臺灣歌手鄭智化〈水手〉一曲，描述的亦是一九八九年那跨越國界對自由的感動：

忘不了的　年月也不會蠶蝕
心中深處始終也記憶那年那夕
曾經痛惜　年月裏轉化為力
一點真理　一個理想永遠地尋覓

悠悠長長繼續前航不懂去驚怕
荊荊棘棘通通斬去不必多看它
浮浮沉沉昨日人群雖不說一話
不想清楚分析太多真心抑意假

但有一個夢　不會死　記著吧
無論雨怎麼打　自由仍是會開花
但有一個夢　不會死　記著吧
來自你我的心　記著吧

忘不了的　留下了不死意識
深深相信始終會變真某年某夕

如此訊息　仍賴你跟我全力
加一把勁　將這理想繼續在尋覓

悠悠長長繼續前航不懂去驚怕
荊荊棘棘通通斬去不必多看它
浮浮沉沉昨日人群雖不說一話
不想清楚分析太多真心抑意假

但有一個夢　不會死　記著吧
無論雨怎麼打　自由仍是會開花
但有一個夢　不會死　記著吧
來自你我的心　記著吧

與此同時，他們亦寄望北京學生能成功推動中國的自由化和民主化，這樣便可以扭轉香港民主運動近年之頹勢，或至少讓香港人可以面對一個較珍惜民意的中國政府。這種港中兩地同仇敵愾的共鳴，原為渴求自由的感動，但因身陷大中華文化主義迷思而缺乏詞彙的香港人，卻將這種戀慕自由的激情註釋為「愛國」。這樣香港人就將一場為普世自由價值吶喊的社會運動，描述為一場波瀾壯闊的「愛國民主運動」（Tsang 1997）。

關注北京學運的不只有民主派，連香港親共派亦因相信中國變天在即而「忽然民主」起來。民促會於五月廿日在維多利亞公園發起集會，抗議中國政府頒佈戒嚴令，有五萬人參加。當日風雨交加，天文台亦於下午懸掛八號風球，但市民仍無懼風雨，遊行往新華社外示威。次日有逾百萬人上街遊行，而香港市民支援愛國民主聯合會亦於同日成立，由司徒華出任主席。支聯會在廿四日於維園集會，十萬名參加市民齊呼「李鵬下台」。而在廿七日為支聯會籌款的「民主歌聲獻中華」音樂會，香港大部分藝人均響應梅艷芳之號召而出力，象徵著支援北京學運之運動已成為全民參與的運動。到廿八日的全球華人大遊行，則有一百五十萬人上街呼應，是香港有史以來最多人參與的政治集會。連串的大型動員，使香港人告別政治冷感（Wong 2000）。雖然這些集會所爭取的是鄰國的自由民主，但亦是香港人首次為自己的共同命運團結發聲，透過反抗中共之抗爭自力救濟。是以這場運動可謂是香港公民國族主義的標誌事件。

可惜北京局勢之發展並不如香港人之期望。北京宣佈戒嚴後，軍隊逐漸在北京集結，到六月三日包圍北京城。軍隊於晚上十時開槍屠殺平民，除了抗爭者外，連路過的民眾亦未能倖免於難，死傷者數以千計。在木樨地、復興門和西單的情況尤其慘烈。軍隊出動坦克車與裝甲車駛過長安大街，走避不及者被這些重型武器撞傷，部分受害者甚至被活生生輾成肉醬。軍隊於六月四日凌晨進攻天安門廣場，劉曉波和侯德健等人與軍方談判，希望軍隊能向學生手下留情。到凌晨四點半，軍隊血洗天安門廣場，倖存的學生只得應劉曉波等人之呼籲撤退。之後北京仍有零星衝突，軍隊於街上巡邏，偶然開槍震懾民眾。軍隊於六月八日撤走後，中國政府隨即秋後算賬，大舉搜捕參與抗爭的學生、知識分子和工運領袖（香港記者協會，一九八九）。

香港及西方各國傳媒目睹中國軍隊殘暴的鎮壓，並將種種暴行透過電視直播。香港人徹夜未眠，於螢幕上看到赤裸裸而殘酷的現實：香港人早已淪為亞細亞的孤兒，他們已被英國所遺棄，還有八年零廿六日香港人就要獨自面對這個草菅人命的暴虐強鄰。香港人與北京學生因共同面對中共而產生共鳴，但他們亦清楚明白因為香港仍非中國之地，才能保住性命與自由。一些香港人因而產生了倖存者的罪咎感，一方面強調香港人有異於中國的特殊身分，但同時又覺得特殊身分意味著對中國民主的特殊責任。如此塑造了一種有點自我矛盾的政治論述：香港人既要抗拒中國入侵，藉此捍衛本土的自由、幸福和尊嚴。可是因著大中華情結，卻要把這種胸懷本土的抗爭，註釋為「建設民主中國」（Tsang 1997）。

不論如何，六四慘案還是促成香港公民意識之覺醒。北京屠城，迫使香港人而對赤裸裸的中國帝國主義威權。但在肅殺的氣氛下，不少尋覓自由夢的香港人仍然會為著自己的尊嚴，像后羿射日、嫦娥竊丹那般挑戰霸權。詞人周耀輝在〈天問〉如此描述香港人當年的心境：

抑鬱於天空的火焰下
大地靜默無說話
風吹起紫色的煙和霞
百姓瑟縮於惶恐下

月宮安守青天
誰偷仙丹飛天？
射天空的火舌
誰挽起弓箭？

縱怨天　天不容問！

歎眾生　生不容問！

瘋顛的　漆黑的火焰下
沙啞的叫喊是烏鴉
洶湧起一天丹緋雪花
千秋的咒詛何時作罷？

誰斗膽挽起弓與箭？
射天空囂張的火舌
誰不惜偷仙丹飛天？
月宮孤單安守青天

縱怨天　天不容問！
歎眾生　生不容問！

眾生　天不容問！
眾生　生不容問！
眾生　天不能問！
眾生　終不能問！

六月四日，有一百五十萬人於跑馬地出席黑色大會。支聯會原定於六月七日舉行罷市、罷課和大遊行，但該日清晨油麻地和旺角爆發可疑的騷亂。暴徒破壞中資銀行及國貨公司，最終警方要施放催淚彈驅散人群。司徒華恐有變故，決定取消當日的遊行集會（司徒華，二〇一一）。倘若當日之遊行集會如常舉行，其聲勢也許會比以前的政治集會都來得浩大，可惜騷亂之幕後黑手破壞抗爭的陰謀能夠得逞。

六四慘案嚴重打擊了香港人對前途之信心。相信《基本法》能保障一國兩制的受訪者，由一九八八年九月的百分之四十四急跌至一九八九年十月的百分之廿五，而不信者則由百分之卅六急增至百分之六十九。與此同時，香港人亦對民主更為渴求。在參與五月廿一日百萬人大遊行的市民中，有百分之九十二點一希望《基本法》能更加民主，有百分之七十四要求要在一九九七年直選行政長官（Sing 2004）。而香港人之本土意識亦得以鞏固，於一九九〇年有百分之五十六點六受訪者自稱為香港人，只有百分之廿五自稱為中國人。既然黨國分家於六四慘案後已不再可能，那麼抗拒中共，就無可避免地意味著抗拒中國（So 1999）。

不過，計劃移民的專業人士亦比以往增加，有百分之六十的律師、百分之七十五的藥劑師、百分之八十的會計師及百分之九十的公立醫院醫生考慮在一九九七年前離開香港（Roberti 1996）。當時香港人的想法是：他們會參與建立民主而高度自治的香港，但北京若要強行將香港中國化，那他們會希望逃走，並在海外重建新香港。

在六月十九日，四十六位來自不同政治背景的人士發起港人救港運動，參與者包括民主派的李柱銘和司徒華，以及親商界的李鵬飛和張鑑泉。他們一方面爭取政制民主化及制訂人權法，另一方面又要求英國賦予香港英籍華人居英權（馬嶽，二〇一二）。部分爭取居英權人士曾高呼「建設民主中國」，這樣我們便不能將香港人對北京學運的關注，歸類為中國國族主義的社會運動。比較合理的解釋是他們由始至終都是以香港人為主體，他們爭取中國民主化，為的也是香港人的民主自由。若然中國無法民主化，他們會毫不猶豫地幫助香港人脫離中國：或是以高度自治阻擋北京之介入，或是乾脆讓香港人到海外重建新香港。愛中國，既是策略需要，亦是出於大中華文化主義的情意結，但港人自救才是所有運動的真正主題。

原先抗拒民主化的商界，於此時暫時對政制改革採取開明態度。行政立法兩局的非官守議員於七月達成兩局共識，主張在一九九一年引入廿個立法局直選議席，到一九九五年增至卅席，並於二〇〇三年實施行政長官和立法會雙普選。而以羅康瑞為首的商界則提出四四二方案，建議在一九九七年將立法會直選比例增至四成，到二〇〇一年增至六成，並於二〇〇五年在特區政府同意下實行雙普選。民促會認同四四二方案是可行且可接受的折衷方案，而這亦是大部分市民之想法。根據民意調查，四四二方案贊成率減去反對率的淨值為百分之六十二，而兩局方案的民意淨值則為百分之五十八（Sing 2004）。

港督衛奕信為挽回香港人之信心，於十月十一日發表施政報告時公佈要實行玫瑰園計劃，興建赤鱲角新機場、青嶼幹線、三號幹線等大型建設。香港政府亦擴展專上教育學額，並準備將理工學院、城市理工學院和浸會學院升格為大學（So 1999）。為了令香港人安心，政府決定按《公民權利及政治權利國際公約》的標準制訂《香港人權法案》，於一九九〇年提交立法局首讀，並於次年六月通過（Wong 2005）。

英國方面亦於一九九〇年通過《英國國籍（香港）法案》，但此法案只肯將居英權頒予不多於五萬個家庭，而其評分準則亦明顯偏袒商人及工商專業人士。港督亦親自邀請五百名企業家申請，並以酌情權使他們不用像其他申請人那樣參與評分，使他們更易申請成功。最終工商專業人士的家庭得到二六、四八六個名額，公務員家庭得到一三、三〇〇個名額，而包括醫生、律師、教師在內的其他專業人士則合共只能得到五、八一四個名額。輿論批評居英權計劃之執行過於精英主義，造成社會分化。

中國卻無視香港政府正面臨認受性危機之現實，將這一切的政策皆視為英國的陰謀。中國明知啟德機場容量飽和亦無法再擴展，卻誣指新機場是英國欲榨乾庫房的圖謀。而支聯會在香港之活動更使中共感到芒刺在背，共產黨總書記江澤民指支聯會意欲顛覆國家，要香港人注意「井水不犯河水」（So 1999）。當時支聯會在政府默許下，與西方外交人員合作營救被北京政權追捕之民運人士。藝人梅艷芳出錢出力支援這個叫黃雀行動的秘密營救行動，而在澳門人脈廣的「學生王子」鄧光榮亦無條件義助（司徒華，二〇一一）。北京因而對香港改取強硬政策。一九八九年十月卅一日，司徒華及李柱銘因高調支持天安門學運，而被逐出草委會。

但六四慘案令不少親共派信心動搖，中國便在一九八九年十一月至一九九〇年一月與港督、英國外相韓達德（Douglas Hurd）和前任駐華大使柯利達（Percy Cradock）秘密談判。中國容許一九九一年立法局直選議席由十席增至十八席，而功能組別則由十四席增至廿一席。北京亦准許一九九五年立法局不設委任議席，並由廿直選議席、十選舉團議席及卅功能組別議席組成。在一九九七年七月一日則會有「直通車安排」，讓一九九五年立法局自動成為特區第一屆立法會。而英國則禮尚往來，默許《基本法》增設關乎國家安全的廿三條：

> 香港特別行政區應自行立法禁止任何叛國、分裂國家、煽動叛亂、顛覆中央人民政府及竊取國家機密的行為，禁止外國的政治性組織或團體在香港特別行政區進行政治活動，禁止香港特別行政區的政治性組織或團體與外國的政治性組織或團體建立聯繫。

中國人大於一九九〇年四月四日通過《基本法》，並收緊對香港政制發展的限制，《基本法》四十五條規定：

行政長官的產生辦法根據香港特別行政區的實際情況和循序漸進的原則而規定，最終達至由一個有廣泛代表性的提名委員會按民主程序提名後普選產生的目標。

但政制改革的具體執行，卻是由附件一規定。在一九九七年後，由四大組別八百人選委會負責提名及選出行政長官。在二〇〇七年後，則要按雙查方案的建議，在三分之二立法會議員通過、行政長官及人大常委會皆同意之情況下才能啟動改革。最終仍必須由有廣泛代表性的提名委員會按民主程序提名候選人，但《基本法》並沒有說明何謂「有廣泛代表性」和「民主程序」。

而《基本法》六十八條則指立法會可按實際情況循序漸進達成全會普選。在附件二中規定，二〇〇〇年第二屆立法會中，有卅功能組別議席、廿四直選議席、另有六席由選委會選出。在二〇〇四年的第三屆立法會，則功能組別及直選議席各佔一半。理論上在二〇〇七年可開啟立法會改革，但像行政長官選舉改革一樣，同樣要過三分之二立法會、行政長官和人大常委會三關。事實上「循序漸進」不過是個虛詞：功能組別令親商人士能取得超過三分之一立法會議席，而人大常委會亦是改革之把關者，也就是說，商界及中方均有辦法無限期推延政制改革。

除此以外，基本法七十四條亦規定立法會議員若提出涉及特區政府政制之動議，必須得到行政長官書面同意。一般議案只須立法會過半數支持便可通過，但議員動議卻要由功能組別議員和直選加選舉團議員分組表決，在每組均能過半數的情況下才能通過。這樣立法會議員便只能被動地決定是否支持特區政府的議案，令立法會淪為偶然可拒絕蓋印的橡皮圖章。

儘管直選議席只佔一九九一年立法局的少數，但十八席直選已算是零的突破，民主派亦因而積極備戰。他們於一九九〇年四月二日成立香港民主同盟，以民主抗共論爭取支持。當時香港人因六四慘案而對中國反感，在本土意識情緒高漲下，民主派以本土福利民生議題贏得支持。經過六四慘案洗禮後，民主與自由已成為香港核心價值，令親共及親商政團都要冠以民主、自由之名以圖蒙混過關。

雖然親共派能透過保守街坊組織動員，但六四慘案之血跡未乾，亦只得被反共的選民懲戒。親商派長期慣於被政府行政吸納，脫離群眾的親商派政客亦只得借用親共派的地區據點，其選情更是慘不忍睹。最終民主派於一九九一年九月十二日的立法局選舉中大勝，取得十六個直選議席。李柱銘得到百分之七十四點六的選票，司徒華亦能取得七成選票。民主派亦一躍而成立法局中的主要勢力。

為了與民主派抗衡，港督衛奕信委任了十八名親商人士進入立法局。親商派的十二位委任議員與八位功能組別議員於一九九一年十一月組成後來發展為自由黨的啟聯資源中心。這時候親商派見中共重新鞏固，便故態復萌地反民主、保特權，再次與中國聯手打壓民主派。啟聯於一九九二年六月不惜打倒昨日的我，與親共派聯手以廿四票對廿二票，否決重新確認兩局共識之議案。此時立法局內，呈民主派與保守派二元均勢對立之局。選情受挫的親共派在中資公司的贊助下，於七月十日成立「民主建港聯盟」，為未來選戰中敗部復活積極籌謀（So 1999）。

綏靖政策之結束與彭定康新政

在一九九〇年代初，英中兩國繼續透過秘密外交就主權移交之安排達成協議。英國首相約翰．梅傑（John Major，香港官方譯名為馬卓安）於一九九一年十一月訪問中國，成為六四慘案後首位訪華的西方國家元首。梅傑與李鵬簽署《新機場諒解備忘錄》，象徵中國亦不再反對赤鱲角新機場之建設。但是英國退讓之姿態使梅傑備受英國輿論攻擊，英國政府開始擔心萬一中共步蘇聯後塵倒台，那英國或會於歷史上留下與中國極權帝國主義者勾結合謀之污名。保守黨主席彭定康（Christopher Patten）如此形容英國當時的屈辱：

> 中國羞辱與攻擊我的前任者（按：指衛奕信），尤其是關乎與建新機場的計劃，在政治上削弱他。他們使這位有禮而睿智的男士顯得軟弱，儘管他實際上嘗試做他相信能合乎香港利益之事，就是讓中國明瞭且認同他的政策倡議（Patten 1998）。

英國知道在香港之時日無多，希望能夠以開明改革者的姿態光榮撤退。外交部的中國通（Old China Hand）被指向中國施行綏靖政策而不再為梅傑信任，到一九九二年初倫敦亦已決定不再讓身為中國通的衛奕信續任港督。梅傑於四月九日的大選出乎意料地保住保守黨之政權，保守黨主席彭定康的選舉工程居功至偉。可惜彭走遍英國為保守黨拉票，卻忽略了本身所在的巴斯（Bath）的選舉，因而陰溝裡翻船不幸落選。依照慣例梅傑可請求英女皇封彭定康為男爵，那樣他便能以上議院議員的身分進入內閣。但可能梅傑這時候視香港政策為急需改革之要務，這樣他便將其心腹派往香港任港督，並於七月九日上任（Roberti 1996）。

彭定康作風親民，於香港以民選政治人物之姿態施政。他在就職典禮上穿上西裝而非傳統的殖民地官服，上任後亦經常走進社區，近距離與香港人接觸。彭在鏡頭前飲用一般西方人不敢飲用的涼茶，並津津有味品嘗地道街頭美食，令香港人對他甚有好感。

在一九九二年十月，彭定康於立法局提交首份施政報告，承諾會在《基本法》容許的框架下推動政治改革（Tsang 1997）。在實行其宏圖大計前，彭定康先對行政局下手。行政局首席非官守議員鄧蓮如按照慣例，率領行政局非官守議員向新任港督總辭。傳統上港督會將全部行政局議員重新委任，彭定康卻真的解散行政局，只重新委任鄧蓮如和匯豐銀行主席浦偉士（William Purves）二人。這樣彭定康便能完全掌握行政局，使其改革不會被保守而開始親中的商界精英掣肘。而此後立法局議員亦不再兼任行政局議員，以確保立法局之獨立（Miners 1998）。

彭定康取消了區議會和兩個市政局中的委任議席，並擴充區議會的職能和預算，促進地區行政民主化。港督亦不再擔任立法局主席，亦不會介入立法局運作，只會於提交施政報告及答問大會時到立法局回應議員質詢。立法局主席一職，則改由議員互選產生。彭亦增加一九九五年立法局的民選成分，負責選舉十位立法局議員的選舉團，改由民選區議員組成而將委任議員排拒在外。但彭定康改革最具爭議之處，在於其對功能組別的改革。彭增設了九個選民基礎較廣的功能組別，儘可能讓大部分選民均能參與投票，使新九組成為變相的直選議席。其餘功能組別亦取消團體票之安排，改以個人為投票單位（Tsang 1997）。

嚴格而言，彭定康的改革只是在《基本法》鳥籠框架下卑微的小改變。香港政治始終仍維持著保守親商、行政主導的格局，是以這次改革遠不如彭定康宣傳那般進步，不過只是對舊有行政吸納體制的小修小補。此時同為東亞沿海國家的臺灣和韓國，均先後走上民主化的道路，而香港的公民自由於一九九〇年代亦已不再獨步東亞（表14.1）。彭定康的改革，實際上是來得太少、來得太遲。不過由於此方案終究優於現狀，民主派大多對此表示支持。不過劉慧卿卻看出功能組別反民主的本質，認為新九組只是替親商政治掛上民主的偽裝，因而堅持要求立法局在一九九五年全面直選。匯點對民主派與中國政府和好存有幻想，亦因此對政改方案有保留。中國則為彭定康的改革暴跳如雷，堅持一九九七年的主權移交，是要令中央政府全權掌控而非要還政於民，亦因此變相直選是對中國主權之侵犯。

中國堅持功能組別必須設團體票，而選舉團中亦必須有非民主產生的委任議員。彭定康的改革，對中國而言乃違反《聯合聲明》、英中協議和《基本法》之三違反。北京方面要脅於主權移交後不再遵守未獲北京政權首肯的政府協議、租約和合約，逼使商人就政改方案向北京表忠。英國嘗試遊說中國接受方案，並進行了十七輪談判，但到一九九三年十一月因北京堅持己見而談判破裂（So 1999）。

此時港中兩地經濟亦逐漸融合。中國政府穩定局勢後，鄧小平於一九九二年南巡廣東，表示中國須走向市場經濟，在中國實行實質上為國家資本主義的「有中國特色的社會主義」。此時西方國家日漸淡忘六四慘案，隨著全球經濟一體化，西方企業便將生產鏈上勞動密集的工序外包他國，人口龐大而工資低廉的中國就成為工序之主要得益國。香港廠商趁勢於中國設廠，利用當地廉價勞動力爭取西方訂單，最終全港有五分之四的工廠遷移往鄰國。香港商人於一九九五年在中國投資兩百零二億美元，佔中國外來投資的百分之五十三。中國公司亦增加在香港的投資，於香港設立上市公司集資，在一九九三年中資公司已佔香港股市百分之六市值。中國政府在批出合約時，偶會以政治考慮凌駕商業決定。怡和就曾因與香港政府走得太近，遭中國官方媒體重提其販賣鴉片的歷史，並於一九九五年失去了已到手的貨櫃碼頭合約。香港商人要在這一輪中國熱中謀利，便要討好北京（Huang 1997）。而彭定康的改革，亦損害了商人原有之政治特權，他們亦因而樂於加入中共批鬥彭定康政府之行列。

彭定康政改方案於一九九四年六月卅日交付立法局表決。議會內為此爭持激烈，而民主派亦有可能基於劉慧卿等激進派的壓力而反對方案。民主派、親商派及親共派總共提出了十四條修訂案（So

1999）。彭定康只好動用他與倫敦的交情推動方案。在表決前夕，梅傑致電予身為怡和董事的委任議員鮑磊（Martin Gilbert Barrow）之上司，逼使原欲投反對票的鮑缺席（李鵬飛，二〇〇四）。最終方案在官守議員支持下，以一票之差僅僅通過。

面對新的政治形勢，香港民主同盟與匯點於一九九四年十月二日合併為民主黨。在早前的區議會選舉中，民主黨之成員取得七十五席。但此時民建聯已能善用其資源上的優勢，利用投共街坊組織之據點成功崛起。他們取得卅七席，當選率為百分之四十五，預示了香港政壇將呈民主派與親共派二元對立之勢。在次年九月七日的立法局選舉中，民主派在廿席直選議席中取得十七席。餘下三席，包括了當時仍傾向民主的港島中議員陸恭蕙、自由黨的新界東北議員李鵬飛、以及民建聯的新界北議員張漢忠。民建聯候選人取得的票數逼近民主派，但由於當年行單議席單票制，使他們未有取得太多直選議席，不過還是能在選舉團及傳統功能組別中取得六席。親商自由黨則在工商界別中取得十席。與以往相比，傾向民主改革的人士於立法局中得到前所未有的優勢（So 1999）。

一九九五年的立法局中再無官守議員及行政局議員，令議會空前自主。民主派成為議會中舉足輕重的力量，這樣政府便不再單以商界為結盟對象。民主、親商、親共三派於立法局中鼎足而立，在不同的議案中各派有不同之合縱連橫，令立法局比以往更能夠修訂或否決政府議案，從而在決策過程中有更大影響力（蔡子強、劉細良，一九九六）。自立法局引入直選以來，直選議員於一九九〇年代提出多條私人條例草案，令立法局在決策過程中能採取更主動之角色，增加其與政府討價還價的空間（周栢均，一九九五）。一九九五年立法局既有自主權，其成員亦比較開明，於是便通過大批保障人權及勞工權益之法案。立法局修訂了《公安條例》對集會自由之限制、修改了限制結社自由的《社團條例》，並賦予勞工集體談判權。

除推行政治改革外，彭定康亦參考英國政府的《公民約章》（Citizen's Charter），於香港推行公共服務改革。各政府部門均要公佈服務承諾，並設顧客聯絡小組與市民溝通並接受投訴。香港政府為增加公共服務透明度及公眾問責，於各部門制訂公開資料守則。除非有合理原因，公務員必須向市民公開資訊，以協助市民向申訴專員投訴。政府於一九九二年設立效率促進組以督促公共服務改革，要求各部門提升服務素質。除此以外，政府又以營運基金方式，讓郵政署、土地註冊處、公司註冊處與電訊管理局等部門以商業方式經營（Sankey 2001）。

這些公共服務改革仿效英國柴契爾政府的新管理主義改革（New Managerialism Reforms），但實行之原因卻與英國不盡相同。英國新管理主義改革的目的，是要引入市場力量改善官僚系統僵化而缺乏效率的問題，但這些都不是香港最迫切要解決的問題。香港的改革除了要改善公共服務品質，亦有政治上的考慮。這些改革以市場邏輯令公共服務去政治化，並使公共服務部門相對獨立，令中國更難介入服務部門之運作（Cheung 1996）。市場主導的公共服務邏輯固然有其問題，但無可置疑地令公共服務更為透明，市民能透過顧客聯絡小組投訴政府部門。如此均令市民得以充權，並能確實感到公共服務品質之改善。

政制局部民主化、公眾問責之加強、再加上六四慘案後興起的本土權益意識，為各種新社會運動提供土壤。此時民主已成為香港核心價值，但民主派此時全情投入議會政治，他們為求討好中間選民而漸與社會運動脫節。此時興起的新社會運動強調公民社會自發的直接行動，強調運動應由群眾主導，而領袖與民眾之間應關係平等。他們多透過衝擊行動吸引傳媒報導，從而爭取民意支持，並尋求與政府直接對話的機會（陸潔玲，一九九四）。香港人亦不再只為全港性議題抗爭，個別社區的單一議題抗爭日趨普遍。與此同時，社運界亦出現如環境運動、女性運動及同志運動等新風潮（Lui and Chiu 2000）。香港公民社會於一九九〇年代迅速壯大，公民權利意識日益普及，令香港社會產生質變，本土意識亦向公民國族主義的方向發展。

為了與彭定康治下的香港政府抗衡，北京設立了自己的行政吸納體系，與香港政府日趨開明化之體系抗衡。中國政府於一九九二年三月、一九九三年四月、一九九四年五月和一九九五年四月委任了四批港事顧問，參與者多為商界人士。背離英國而變得親共的前布政司鍾逸傑（David Aker-Jones），則獲委任為第二批港事顧問。上半生一直為民主打拼的杜葉錫恩（Elsie Elliot）囿於白人罪咎感，硬要視彭定康改革為英國延續帝國主義之陰謀，忘卻初衷改投反民主陣營。她因而獲委任為第三批港事顧問。杜氏聲稱她與中國友善是為了反殖民，但她似乎不知道英國未開始海外殖民，東亞大陸帝國就已經在邊疆進行逾千年的殖民拓展。基於偏見與無知，她竟糊塗地看不到中國正進行反民主的帝國主義侵略。不論她如何自詡，如此不分青紅皂白地把西方人都視為殖民者、把東亞國家都視為受害者，又何嘗不是某種東方主義（Orientalism）的定見？口雖說反帝反殖，這種認為東亞國家在西方面前只能是受害者的想像，卻弔詭地與昔日那些種族主義（racist）的殖民者一模一樣。而民主派中，只有屬民主民生協進會的馮檢基及民主黨的張炳良獲委任。張炳良屬匯點派，是黨內少數主張與北京和好的人士（Goodstadt 2000），他在主權移交後亦與中共愈走愈近，並於二〇一二年獲梁振英政府招募為運輸及房屋局局長。

值得留意的是不少傳媒老闆均被北京重點吸納。擁有《南華早報》的郭鶴年、電視廣播的邵逸夫、亞洲電視的邱德根以及有線電視的吳光正均獲委任為港事顧問。傳媒老闆被北京統戰，令香港傳媒自我審查漸成常態，他們合作誘導輿論走向對中國有利的方向（Lee and Chu 1998）。除港事顧問外，中國政府亦委任親共街坊領袖、地區領袖和區議員為區事顧問，令親共勢力更深入社區。

政改方案獲通過後，中國決定取消直通車安排，不讓局部民主化的一九九五年立法局過渡為首屆立法會。中國於一九九三年六月英中兩國仍在爭拗之際便為另起爐灶作好準備，成立預備工作委員會。當時已計劃於合法的立法局外，成立由北京操控的傀儡立法機關，待主權移交後將之升格為立法會。中國於一九九四年十二月終宣佈落實成立臨時立法會，並於一九九六年一月成立負責挑選推選委員會及臨立會成員的籌備工作委員會。

一百五十名籌委中，有九十四位為香港代表，當中有逾五十位為商人，他們的公司控制香港股市百分之卅六的市值。民主民生協進會的馮檢基是唯一一位民主派籌委，當籌委會於三月廿四日表決成立臨立會時，全場只有馮表態反對。港澳辦主任魯平大發雷霆，一度要禁止馮檢基參選臨立會，好不容易才肯收回成命。

籌委會亦負責從五、八三三位候選人中挑選四百人加入推選委員會。推委會除推選臨立會成員，亦負責推選首屆行政長官及一九九八年立法會部分議席。候選人分為四大界別以個人名義參選，交由五個中國籌委與四個香港籌委組推委會工作小組篩選後，再由籌委會投票產生。推委會於十一月二日成立，成員多商界大亨，比如李嘉誠、李兆基、郭炳湘、何鴻燊等均為座上客。在此之前，已有行政長官候選人高調宣佈參選。

行政長官遴選之主要競逐者，包括董建華、吳光正、楊鐵樑和李福善。在十一月十五日提名截止日，李福善因提名人數不足率先出局。到十二月十一日正式遴選，董建華取得三百廿票高票當選，楊鐵樑和吳光正分別取得四十二票和卅六票。楊吳二人之提名人，有接近一半正式遴選時改投董建華。

臨立會之推選於一九九七年初進行，候選人本身多為推委，令推選過程被譏為「自己選自己」，令這個傀儡議會缺乏認受性。在六十一位臨立會成員中，只有馮檢基、廖成利和莫應帆三人為民主派。在七月一日主權移交前，臨立會根據香港法律為非法議會，其成員在此之前都要在中國深圳開會，直到七月一日凌晨才能夠進佔立法局大樓。臨立會決議於七月一日後，恢復舊有的《公安條例》和《社團條例》，重新限制香港人的集會和結社自由。他們廢除勞工集體談判權、限制政團收取境外捐款、並取消《人權法》中具凌駕地位的保障。臨立會修改立法會選舉辦法，從單議席單票制改為最大餘額法，令較受支持的民主派無法於直選勝者全取。新九組被取消，部分功能組別重新引入團體票。臨立會亦訂立《國旗法》，以監禁刑罰威嚇香港人，強逼他們去尊敬一面既不代表自己、亦不由自己揀選的五星紅旗。

雖然臨立會盡廢彭定康時代之政制改革，但香港政府的主要官員在主權移交後多獲留任。與英國友善的布政司陳方安生，亦會過渡為董建華之副手。唯有律政司馬富善（Jeremy Fell Mathews）因身為英國人而無法留任，其職位將由親共婚姻法專家梁愛詩取代。

此時香港政府與英國均已達成目的。在定康之治下，香港政府成功挽回市民信心，安然渡過認受性危機。雖然彭定康有些努力歸於徒勞，但至少香港不會在主權移交前陷入不可管治之困局，英國亦可以告別繁榮穩定的香港光榮撤退。此時英國再次改變策略，彭定康退居幕後稍事休息，而與中國就交接事宜之談判，亦通過以外交官為主導的英中聯絡小組進行。此時英國商人亦想趕上中國市場改革之快車，亦有向倫敦當局施壓。到一九九五年韋富健（Malcolm Rifkind）接任外相，他並非彭定康之友好，令英中互動主導權重返英國外交部（So 1999）。

當時中國亦有本身的煩惱，不希望長期與英國爭拗。當時臺灣正結束威權管治進行民主化。臺灣人此時有強烈的本土身分認同，要求讓臺灣成為名正言順的獨立主權國家。時任臺灣總統李登輝是本省臺北三芝人，他提倡「中華民國在臺灣」，也就是確認臺灣已經是事實上的主權獨立國家，只是國號剛巧叫「中華民國」（若林正丈，二〇〇八）。李登輝於一九九五年到訪在美國的母校康乃爾大學，被中國指斥為搞事實臺獨的陰謀。中國一直拒絕承認臺灣政府，硬要指臺灣是其不可分割的領土，儘管北京政權從未統治過島國上兩千萬名國民。中國只好稍為放軟對英國的姿態，爭取英國公開重申一個中國原則。北京亦有嘗試與民主派示好，但中國既立心要「另起爐灶」，兩者亦難有成功對話。民主派就臨立會之法律依據提出司法覆核，但在法院拒絕受理後，民主派亦沒有太大動作。主權移交前那幾個月，香港市面氣氛出奇地平靜（So 1999）。

隨著七月一日即將來到，商共聯盟將要取得最後勝利。然而，商共聯盟能抵擋彭定康，但能於七月一日後組成管理團隊嗎？商共聯盟中成員背景迥異，有的是老土共，但亦多改投的親英保守人士，此外亦有不少機會主義者（Lo and McMillen 1995）。年資較長的親共者，多出身工會草根階層，對中國政府忠心，但缺乏專業管理才能。而新加入的工商專業人士，卻是於一九八〇年代才投共的。工聯會出身的鄭耀棠曾酸腐地批評：

> 愛國不分先後，但要分真假。（Wong 1997）

長期親共的廖瑤珠不滿統戰吸納大批機會主義者，之後辭任港事顧問。商共聯盟內部私怨多，令北京需在不同背景和利益的投誠者之間擔任仲裁（Wong 1997）。多年統戰過程中，不少商界皆以為自己可接通在北京之人脈，傾向透過人脈向行政長官施壓，令政策更合乎其利益。如此只能帶來爭相揣摩上意打壓對手，而不能扶助行政長官團體協作。如此為主權移交後特區政府之統治帶來隱憂（Fong 2015）。

本土抗共、「北進殖民」與社會兩極化

香港社會於彭定康時代急劇改變。六四慘案後，香港人本土抗共之意識日趨明顯。這種抗衡中國野蠻霸權之文化想像，縱要面對日趨猖狂的自我審查，卻仍可見於當時的文化產品。電視廣播公司於一九九二年播放由後來成為名導演的韋家輝監製的《大時代》，被譽為「港劇之王」，當中的想像卻能反映香港人之自我觀感。

《大時代》的主角們，是象徵著香港的方家。劉松仁飾演方進新憑自力白手興家，並於一九七〇年代打破英商壟斷，籌設華人股票交易所。這是對一九七〇年代之集體想像：當時華資崛起，憑勞力享發展成果，並開始跟西方人平起平坐。

故事中的歹角，是方進新家傭之子丁蟹（鄭少秋飾）。此人脾氣差而喜用暴力，又愛以歪理為自己開脫，而這正是香港人對常訴諸中國國族主義的中國政府之印象。丁蟹先指方進新橫刀奪愛而把他打成白癡，之後又因方堅持提告而把他打死，然後潛逃臺灣。方家自此一貧如洗。

故事然後轉到一九八〇年代。此時丁蟹的四個兒子成為隻手遮天的黑幫，值得留意的是當中有一位醫生和一位律師，也許是要暗諷投共的專業人士。他們將丁蟹接回香港後，雖然方家告上法庭令丁蟹入獄，但丁氏一族收買化驗所醫生，使他能以健康理由出獄。丁氏之後將方家滅門，唯獨由劉青雲飾演的方展博能倖存。這也許是暗示香港人於六四慘案後的倖存者情意結。

方展博之後逃亡到臺灣，在那裡他發現自己遺傳父親的投資本能，逐漸累積財富。在當時香港文化想像中，國民黨治下的臺灣為反共之標誌，也許這是暗指香港人的反共抗爭。（丁蟹雖亦潛逃臺灣，但他於當地得罪有權勢者，是以臺灣對這位中國政府之化身來說只是座大監牢。）最終方展博與丁蟹於股壇上對決，丁氏一族於「大奇蹟日」破產，丁蟹的四位兒子不是跳樓自盡，就是被丁從天台擲下，唯獨丁蟹自己自殺不成，並再度被囚。這反映了香港人對時局之盼望：縱然中國強勢而橫蠻，但香港人昔日既能努力白手興家，今日亦能自力抗爭彰顯公義（馬傑偉，一九九六）。

在一九九〇年代英中兩國爭拗期間，香港人產生於大國狹縫中抗爭求存的自立意識。就如文學教授周蕾所言，一些香港人認為：

> 要穿梭周旋於中、英這兩個侵略者之間，努力尋求自我的空間，而不要淪為英國殖民主義或中國威權主義的區區玩偶……香港必須建立自主性與獨立社會的觀念，來維持本身的繁榮發展。（周蕾，一九九五）

香港終於有人意識到中國為侵略者，而不是所謂的「祖國」。雖然大部分有本土意識的香港人尚未敢像周蕾那樣，向中國之侵略直斥其非，但抗中保港的意識已深植香港人腦海。

不過，部分左翼評論未有洞悉到中國的帝國主義侵略，反倒指經濟水平較高的香港人趁港中經濟融合之勢，到中國進行所謂的「北進殖民」（孔誥烽，一九九七b）。當時到中國投資工作的商人及工商專業人士，常將「北上掘金」掛在嘴邊，而在中國的香港人社群亦有「廣東香港化」之想像。香港商人因中國工資較低，而極權體系又不容勞工發起抗爭，便盡情利用廉價並無法議價的勞動力牟取暴利。他們得到北京縱容，公然違反勞工、消防和環保的法例，令港資工廠成為赤裸剝削中國勞工的血汗工廠。在這些工廠裡工作的，多是在戶籍制度下缺乏法定保障的農民工，倘若是女工的話，亦要同時面對父權主義的壓逼（Pun 2005）。港資公司的東主及管理層在中國的香港人圈子延續香港生活模式，其實是藉經濟優勢建立文化霸權。

但是我們並不能簡單地將這種現象，視為香港對中國的經濟殖民。我們不能忽略這些香港商人與中國政府之間的恩庇侍從關係。若然沒有政府首肯，沒有外資能獨力於國家資本主義體系中生存，更遑論要剝削他人。香港商人因為已經與中共結盟，反對民主政制並支持威權，中國政府才會縱容港商的種種惡行，並以優惠政策作為政治酬勞。港商得到之特權和暴利，是以犧牲普羅香港人的民主權利與自主權換來的。將「北進殖民」歸咎於香港整體，顯然是張冠李戴，是怪罪受害者的錯誤論斷。

於開放改革後港中經濟融合中得益的，主要是有能力跨越國界投資的資產階級，以及為他們服務的工商專業人士。他們有的還是於一九七〇年代末之後來港而不肯融入香港社會的中國移民（Siu 1996）。基層香港人非但未能受惠，還因為工業北移而加入失業大軍。單在一九八〇年代，香港就已流失掉六十萬個職位（Ngo and Lau 1996）。雖然香港於一九九五年的失業率名義上只有百分之三點五，但開工不足的情況極為普遍，有研究指若考慮這一因素，香港的實際失業率應達百分之十三（Chiu 1996）。

雖然中產多不愁失業，但熱錢的流入卻令樓價攀升，單在一九九二至一九九三年度就升了三成。香港出現了一批既無資格申請公共房屋，但又負擔不起私人屋宇的「夾心階層」（So 1999）。而樓價非理性暴漲，亦令香港經濟隨時受到泡沫爆破之威脅。「貧賤不能移」的香港民眾，是商共勾結合謀之中國帝國主義的受害人，絕非對中國進行所謂的「北進殖民」的加害者。

不過，香港人經歷過持續幾十年的經濟增長，令他們對上向社會流動存在幻想，對滴漏經濟（trickle-down economics）深信不移，相信只要憑著個人努力，人人都可以成為生活無憂的中產。即使他們受到壓逼，亦因存在改善生活的盼望，而抱有保守的心態。呂大樂將這稱為「後衛政治」（rearguard politics）的心態：縱然他們心底希望能得享民主權利，卻又不肯為爭取自己的政治權益付出太多（Lui 2003）。這又可從關於彭定康政改方案的民意調查中反映出來：支持改革的受訪者，只比反對者略多，而支持度亦時起時跌（Sing 2004）。

此時香港社會亦出現兩極分化之勢。資產階級與工商專業人士受惠於港中經濟融合，多相信經濟利益比政治權利重要，是親商派及親共派政客的支持者。而與此相對的，則是傾向本土自治與民主政制的普羅民眾。在主權移交前夕，這群民主派的潛在支持者仍對上向流動及滴漏經濟存有顛倒夢想，亦因而未有作太大的反抗。不過，英國撤退後，這兩個活在同一個社會內的平行時空，將因政治和經濟的劇變而碰撞，造成主權移交後的社會矛盾。（圖16.1）

一九九七年六月卅日下午，彭定康永遠地離開港督府，在英國國旗降下後，按傳統繞行三圈才依依不捨地離去。中國軍隊於晚上九時侵進香港，並佔據原先由英軍駐守的各大軍營。主權移交儀式於灣仔會議展覽中心進行，在各國政要見證下，會場中的英國國旗於凌晨十二時前徐徐降下，而五星紅旗則在踏進七月一日那一刻升起。儀式過後，英國首相布萊爾（Tony Blair，香港官方譯名為貝理雅）與威爾斯親王查理斯到啟德機場搭乘飛機返國。彭定

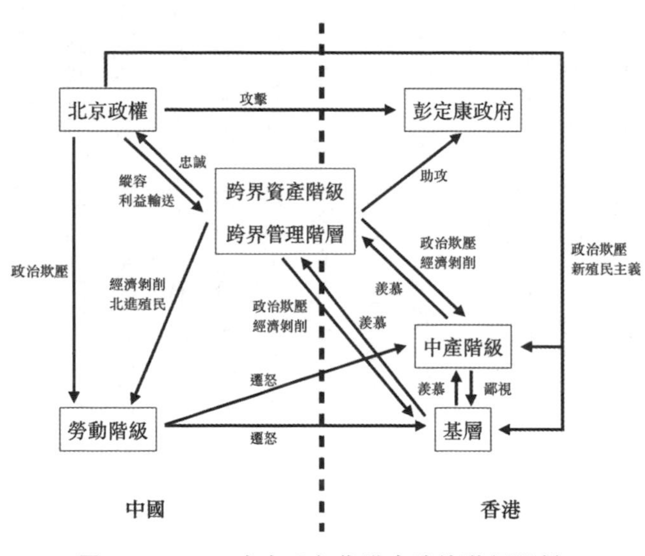

圖16.1——一九九〇年代港中跨境階級關係

康則從海路離開，踏上不列顛尼亞號（HMY Britannia）後，回頭用那哭紅了的雙眼回望香港。那夜下此滂沱大雨，似要為香港淪落為威權中國的殖民地而哀哭。香港市面有不少所謂「慶祝回歸」的活動，但參與的市民只是為慶祝而慶祝。他們對未來多持觀望態度，在這悲傷的夜晚，就只好今朝有酒今朝醉。香港人在明日能否保住自由、幸福和尊嚴，又有誰能知道呢？

民主派的立法局議員於晚上站在立法局大樓的陽台上。除了少數民協成員，他們到十二時就不再是香港人的代議士。他們向市民發表演說，矢言將會於一九九八年選舉後重返議會，繼續從事議會抗爭。而本為非法議會的臨立會，於十二時後亦水鬼升城隍，將以前種種限制香港人自由與民權的決議變成正式的法律。原先已經局部民主化、局部去殖民化的香港，淪為被中國再殖民的威權主義殖民地。但是易幟容易，要統治香港，卻是困難得多。在彭定康管治那近五年歲月，香港人已習慣了局部民主化且強調問責的政治。他們對政府的期望，比一九八〇年代增加了不少（Lee 1999）。一九九七年七月一日開始執政的特區政府，其成立過程卻是一直在迴避民主問責。這個服膺威權主義的傀儡政權，能滿足到香港人與時並進的期望嗎？

第十七章 歡迎中國！新殖民主義與香港人的抗爭

主權移交後發生的首件重大政治爭議，大概預示了香港未來十幾年的政治格局。隨著香港被中國併吞，港中兩地之交往亦日趨頻繁，香港人可能會遺忘其有異於中國的獨特身分。這種喪失自我之可能，令本土意識強烈的香港人甚為焦慮。而中共之極權主義特質，亦使香港局限重重的自治蒙上陰影，香港人擔心中國會干預香港內政，從而侵害香港市民的民權與自由。保存香港人之獨特身分，以及捍衛香港高度自治，亦因而成為香港抵抗運動之主調。但是居港權之爭議，卻顯示這兩個目標偶然會互相衝突。

自香港政府於一九七二年收緊移民政策，並為永久居民作出定義後，香港永久居民在實際運作上即為事實上的香港公民（鄭宏泰、黃紹倫，二〇〇四b）。但由於香港未能成為名正言順的國家，永久居民身分並不能算是國籍，非於香港出生而又未歸化英籍的永久居民，在法理上仍算是中國公民。一九八〇年取消抵壘政策後，凡是持有中國公安部審批之單程證的中國移民，皆可合法在香港定居，並於連續居港七年後自動成為永久居民。在法律上並無歸化這些新移民為香港人之程序，一切均靠隨時間而來的自然融入。

但中國自一九八〇年代起開放改革，新來港的中國移民取得永久居民身分後，可以選擇回家鄉發展。他們可隨時返回家鄉投資、生活以至是結婚生子，令他們缺乏動機，不像較早期的移民那般刻意融入香港社會。如此影響了這批中國新移民自然融入的過程（Siu 1996）。主權移交前，他們在中國的婚生及非婚生子女，均要先申請單程證，才可以到香港定居。而不論是非法入境者，還是逾期居留人士，即使她們在香港誕下子女，香港政府均會按《入境條例》拒絕給予其永久居民身分。那時香港還未有定義居民資格的憲制文件。

但主權移交後，《基本法》卻對永久居民有凌駕性的定義。根據《基本法》廿四條，永久居民之定義為：

一・在香港特別行政區成立以前或以後在香港出生的中國公民。

二・在香港特別行政區成立以前或以後在香港通常居住連續七年以上的中國公民。

三・在第一、二項所列居民在香港以外所生的中國籍子女。

第一項所指的「中國公民」，指的是在香港的華人，但條例並無指明他們的父母必須與香港有關連。若以普通法原則詮釋，深圳河以北的中國人若到香港生產，縱然父母皆非香港人，他們的「雙非嬰兒」仍可享有永久居民身分。而根據第三項，香港人在中國透過婚外情產下之子女，亦可成為永久居民。這也許並非立法之原意，但在實行普通法的香港法庭只可如此詮釋。

對於土生土長的香港人來說，這是令人難以接受的。在中國生育的永久居民，本來就不以香港為通常居住地，與大部分香港人不屬同一個生活圈子，亦有不同的生活模式。倘若容許永久居民在中國的婚生子女來香港，尚可以家庭團聚之人道立場說服香港人支持，但容許非婚生子女居港，則會令跨境商人及工商專業人士之情婦產下的子女成為永久居民，如此對這些人士之妻子而言實在難以接受。

而雙非嬰兒能夠成為永久居民，更是超出香港人之理解。以普通法原則解釋《基本法》廿四條，其結果是如此令香港人難受。但香港法庭不偏不倚地按普通法原則判案，是香港法治之基石，而法治則是香港能保持自治之基礎。身分認同與法治於此案中卻互不相容，令香港人陷入兩難之境。

臨時立法會在一九九七年七月十日即訂立《一九九七年入境（修訂）（第五號）條例》，規定男性永久居民在中國的非婚生子女，必須要先提交證明申請，獲批後才准在香港定居。證明書由特區傀儡政府發出，交由中國公安部附加於單程證上。那就是說，非婚生子女必須先排隊申辦單程證。吳嘉玲即日入稟高等法院作司法覆核，指相關立法違反《基本法》。到一九九九年一月，吳嘉玲獲判勝訴。法院除了指相關法規違憲，亦重申《基本法》廿四條中，並無指定欲居港人子女的父母是否要為永久居民，亦與他們來港時是否成年無關。

判決公佈後，全港譁然。照理，《基本法》之規定若有漏洞，正常的做法是啟動修憲程序，以公投這類民主方法確認新修改的條文。只可惜香港為主權淪喪的威權主義殖民地，主權移交後數年即行修憲，會有損強行將《基本法》加諸香港身上的中國之顏面。董建華與行政會議於一九九九年五月十八日決定提請中國人大常委會釋法，並引用一份誤差頗大之民意調查，指若不修法便要一下子承受一百六十七萬名中國移民。人大常委會隨後解釋，若要以廿四條第三項取得居留權，出生者之父母必須已經是香港永久居民，而他們進入香港前亦要先持有有效通行證。雖然香港人多因人大之釋法而鬆一口氣，但容讓境外行政機關隨意詮釋香港之憲制文件，卻衝擊了香港普通法法制，是以除了少數親共派，法律界大都對釋法甚有保留（Fokstuen 2003）。

而人大常委會之釋法，亦未有處理廿四條第一項之漏洞，意味著比非婚子女更不合理的雙非嬰兒問題仍為社會的計時炸彈。莊豐源的父母皆非香港人，他們誕下莊豐源後返回中國，將之交給剛移民香港的祖父照顧。入境處發現後，根據《入境條例》警告要將莊遣返。莊之祖父於是申請司法覆核，終審法院於二〇〇一年七月廿日宣判，正式確定人大釋法無法堵塞雙非嬰兒。中國婦女在香港生產，即使她們是非法入境者，其生父亦非香港人，其新生子女均會自動成為永久居民。特區傀儡政府也許有鑒於早前釋法曾激起爭議，亦沒有再提請人大常委會釋法（Chen 2011）。雙非嬰兒之困擾一直都未有解決，而香港人本土身分以及中國干政的問題，亦為以後各政治爭議的討論焦點。

主權移交後之管治崩壞

在香港人的期望中，主權移交只是宗主國之更替，原有行政機關及其政策均能在「港人治港、高度自治」的承諾下延續下去。可是香港到一九九七年末，即陷入連場管治危機，說明香港政治自主權移交後出現惡性變質。

主權移交前的政務官隊伍，其實是由兩個部分組成。除了在本土聘請的公務員外，亦有一支在英國聘請的海外公務員隊伍（Her Majesty's Overseas Civil Service），而最高層的政府職位一直由後者擔任。倫敦方面對香港政府亦有種種官式或非官式支援。在殖民地部及隨後的外交部內，設有由助理常務次官負責的研究部，聘請專家及研究員支援各殖民地施政。而英國的大學亦得政府資助，以學術研究支援各殖民地政府。在本地聘請的華人政務官，一直都只執行海外公務員上司之決策，要到一九九〇年代才開始擔任高層職位。主權移交後，來自英國的技術支援一下子消失，只剩下一群缺乏管治經驗的華人高官統率行政體系（李彭廣，二〇一二）。

香港華人高官深受東亞傳統講究關係的政治文化影響，於政府內部組織朋黨勾心鬥角，使政府充斥奉承獻媚文化。他們亦學效殖民地官僚之陋習，事事講求階級觀念，自視為高人一等之精英，縱然他們在各方面都比不上其海外公務員前上司。他們對內強調僵化的團隊精神，不容有異議者作內部批評，視獨立思考為不合群之表現。而對外他們又視民主問責及諮詢程序為增加工作量之苦差，對公眾之質疑以敷衍之態度面對。這種欠缺反省的官場文化，令主權移交後行政體系急速腐化。

主權移交後，香港爆發多宗公務員弊案。稅務署署長黃河生被揭發在處理其妻子任董事的公司之稅務時，並無依程序避嫌。公務員事務局調查後，證實黃河生涉及利益衝突，他亦因行為失當而在一九九九年八月被停職。但之後署任其職位的單羅玉蓮卻又涉及另一宗更嚴重之醜聞。單氏夫婦與友人開設空殼公司，並透過此公司擁有自住物業。單羅玉蓮向政府指她正租住該公司之物業，但又隱瞞她正是該公司東主之事實，從政府騙取港幣卅八萬元的房屋津貼。東窗事發後，法院於二〇〇〇年十二月判單氏罪名成立，須入獄九年。

中低層公務員之舞弊亦屢見不鮮。有房屋署建築師被揭發接受承包商提供的性款待後，動用公款以高價購入次等建築材質。市政總署的前線員工亦多次被揭發濫用職權。管理小販的一般事務隊被發現聘用戲子扮演非法擺賣人士，藉此謊報業績。殮房有職員盜取遺體上的珠寶，而負責通渠的員工亦被揭發虛報值勤紀錄集體怠工。

除個別舞弊案件外，高層官員之辦事不力亦惹公眾抨擊。香港於一九九七年八月出現首宗Ｈ５Ｎ１禽流感病例，疫情隨後迅速蔓延，但此時衛生署署長陳馮富珍卻未能意識到事態嚴重，仍然強調在香港的雞隻未有發現問題，並聲言她每天皆有進食雞肉。但此時疫病已在香港的家禽之間擴散，到紙包不住火時，特區傀儡政府才決定殺滅各街市、批發市場和農場逾一百廿萬隻雞。最終疫情要到一九九八年一月才受到控制，有六位香港人因染疫身亡。在殺雞過程中，環保署與漁農署之間缺乏協調，效率為人詬病。傳媒發現當局未有妥善處理被殺雞隻，部分理應被銷毀的死雞竟成為流浪狗之食物，有機會釀成公共衛生災難。諷刺的是，這時候被指辦事不力的陳馮富珍，於二〇〇七年卻在中國支持下接任世界衛生組織總幹事一職。

赤鱲角的新香港國際機場於一九九八年七月六日開幕，但電腦系統啟用後隨即失靈，行李系統亦不能正常運作。航空貨運亦大受影響，大批貨物滯留貨運中心，不少冷藏的貨品因延誤變壞。事後傳媒發現當時新機場之準備工作仍未辦妥，但政務司司長陳方安生要趕在中國國家主席江澤民訪問前啟用機場，因而力排眾議要求一定要於七月六日開幕。長官意志與奉承文化之禍害，在此可見一斑（Lo 2001）。

主權移交後不久，香港即要面對亞太金融風暴。泰國、印尼和韓國的貨幣於一九九七年七月起遭國際炒家拋售，令幣值大跌。到十月炒家試圖對港幣下手，雖然香港保住了聯繫匯率，但亞太區之經濟已因炒家之狙擊而瀕臨崩潰。到一九九八年八月，炒家大批沽售香港公司股票，金融管理局破天荒地入市干預，購入大批港股托市。這批股票在一九九九年危機過後，以成立盈富基金之方式重返市場。雖然香港守住了匯率及股市之穩定，但經濟卻陷入長期衰退。為了守住聯繫匯率，香港銀行利率大增，借貸成本大增。這除了令投資放緩外，更令樓市泡沫爆破（Jao 2002）。

而不幸地董建華於一九九七年十月之施政報告中，提出八萬五建屋計劃。利率居高不下再加上預期房屋供應會增加，令樓價迅速從高峰滑落。不少於樓價高漲時買房的業主，因樓價急跌，其物業價值比要還的房屋貸款少而淪為「負資產」，雖然大部分中產人士買房是為了自住，倘若他們仍繼續有工資收入，其損失亦只是限於賬面之上。可是經濟不景令不少公司倒閉或裁員，那便令香港中產階級人心惶惶。要是他們丟了工作還不了房貸，銀行收回其物業拍賣後仍未能抵消其債務，那麼他們就可能要傾家蕩產，甚至被逼要申請破產保護。如此中產人士對前景之信心大受打擊（呂大樂、王志錚，二〇〇三）。

隨著職位因工業移往中國而流失，香港之基層則要面對結構性失業之困局。香港之官方失業率，從一九九七年的百分之二點一急升至二〇〇二年五月的百分之七點四。將開工不足計算在內的實際失業率應遠高於此。香港之轉口業因中國大規模建設港口而衰落，創新科技等知識型產業亦一直搞不起，被臺灣、韓國、新加坡等國大幅拋離。中國於二〇〇一年加入世界貿易組織後，能直接吸引外來投資，令香港之中介人角色大不如前。如此種種皆令香港人叫苦連天（Sung 2002）。

無能的集權獨裁統治

行政機關腐敗無能，經濟又沉痾不起，理當為此負責的行政長官董建華，卻認為問題出自其權力不足。英國人留下太多的掣肘，因而令董施政時被前朝留下的官僚扯後腿。對董建華來說，當務之急是要鞏固行政權力，令自己可以組織自己的團隊，為所欲為。

局部民主化的地區行政體系被董建華視為眼中釘。在禽流感風波中，市政總署、漁農署與衛生署缺乏協調，這本應該是公務員的毛病，但由於市政總署是兩個市政局負責，董建華便「借雞殺局」，指兩個市政局是對行政效率之阻礙。由於直通車安排已因彭定康改革而取消，兩個市政局與區議會此時皆只是臨時機構，只能延續至一九九九年底。董建華決定不再舉辦兩個市政局的選舉，使這兩個監察地區行政的半民主機關死於非命。

特區傀儡政府於一九九八年六月公佈《區域組織檢討諮詢文件》，當中明顯偏重廢除兩個市政局，並將市政管理權收歸中央之方案。兩個市政局之議員力挽狂瀾，提出合併兩個市政局並加強監督市政總署的一局一署方案，並向香港人爭取支持。董建華十月發表施政報告時，明確表示要在二〇〇〇年一月一日解散兩個市政局，而市政事務則交由特區傀儡政府直接掌管的食物及環境事務署與康樂文化事務署執行。

兩市政局的議員不甘坐以待斃。兩個市政局於一九九九年三月廿二日發表民意調查報告，受訪者有七成滿意兩市政局服務，有百分之七十四同意兩市政局合併，更有百分之八十六同意應由民選議會監察市政。市政服務再差，市民亦希望能選出監察市政之代議士組議會。在民眾壓力下，此時大部分的政黨均聲言反對殺局：縱然這並非部分與董友善的親共政黨之想法。

《提供市政服務（重組）條例草案》於十二月二日交付立法會表決。三位原先表態反對的民建聯議員終於顯露其反對地區民主之本色，突然倒戈支持政府之殺局議案，令兩個市政局之廢除成為定局（Lau 2002）。殺局之決定為香港政治帶來極其惡劣之先例。特區傀儡政府漠視民選議會之意見，憑一己愛好隨意處置向市民負責之體制。兩個市政局遭廢除後，既令政黨失去培育新人之機會，亦令各政黨失去來自兩個市政局之議員津貼。得到中資及華資財團政治捐款的親共保守政黨所受影響也許微不足道，但這對資源緊絀又遭商界杯葛的民主派卻是沉重打擊。

董建華亦覺得公務員一直以程序理性為藉口扯其後腿，對身為副手的政務司司長陳方安生尤其不信任。董建華獲推選為行政長官後，時任布政司的陳太曾率領眾高官會見董，當面要求讓公務員體系平穩過渡。親共派認為此舉乃下剋上之舉，並覺得公務員曾忠誠地為被他們蔑為「千古罪人」的彭定康服務，都是包藏禍心的「港英餘孽」。董建華希望長官意志可壓倒一切，但陳方安生尚有程序公正之意識，令二人於主權移交後一直貌合神離。陳太反對董建華提倡的母語教學政策，反對董好大喜功地爭取二〇〇六年亞洲運動會之主辦權。在人事任命方面，董建華欲派中國銀行的盧重興接替黃保欣出任機場管理局主席，但最終在陳太介入下由馮國經出任。公營土地發展公司於二〇〇一年改組為市區重建局，董欲安插親信梁振英出任主席，但陳太堅持該職位應由公務員執掌，最終她讓劉華深擔任該公職（Lo 2001）。陳方安生亦看不起董建華的商界盟友，當李嘉誠以撤資向政府施壓後，她不屑地向記者表達其不滿：

> 我並不尊重我們香港大多數的大型生意人。（Studwell 2007）

陳方安生亦比董建華及支持他的商共聯盟更尊重香港人的言論自由。臺灣於二〇〇〇年三月十八日以公正平等之普及選舉選出本土政黨民主進步黨的陳水扁為該國總統。有線電視事後訪問候任副總統呂秀蓮，惹怒對臺灣有侵略野心的中國。香港中聯辦的王鳳超不顧香港之新聞自由，高調批評有線電視的新聞專訪。陳太公開支持有線電視，向公眾重申香港有新聞自由，令北京十分不滿。

董建華政權面臨經濟危機又辦事不力，使他遭香港人唾棄，民意調查顯示其民望持續不振，但董非但未有反躬自省，反而遷怒於香港大學民意研究計劃主任鍾庭耀博士。行政長官辦公室高級助理路祥安召見香港大學校長鄭耀宗及副校長黃紹倫，透過鄭黃二人向鍾庭耀施壓，要求鍾停止調查行政長官之民望。鍾於二〇〇〇年七月在報章撰文披露此事，令輿論譁然。香港大學於八月成立獨立調查小組，並於九月一日發表報告證實鍾庭耀之指控。陳方安生之後要求董建華開除路祥安，但路祥安是董建華仍從商時就跟隨他的舊臣，董初時不欲為公正而損害其裙帶關係。中國港澳辦主任廖暉為董建華護短，公開批評陳方安生未有支持董的施政。董建華與陳方安生很快便正式決裂。

董建華及其於商共聯盟的爪牙群起批鬥陳方安生及其下的公務員。「港區人大代表」徐四民及吳康民誣指香港人意欲顛覆董建華政權，而陳方安生則是其中一位幕後黑手。他們無視民怨，反倒玩起獵巫遊戲，將於二〇〇〇年中出現的倒董運動視作陳太策動之陰謀。董於行事上亦漸漸架空陳方安生，無視陳太作為公務員之首的制度，多次要求葉劉淑儀等投共公務員繞過陳太直接向他匯報。最終陳方安生忍無可忍，於二〇〇一年四月提早退休，讓曾蔭權接替其職位。

董建華除掉陳方安生後，便著手架空公務員體系，建立由親共、親商人士組成的管治團隊，助其實行中央集權。他曾嘗試讓行政會議非官守成員擔當部長角色，讓產業測量師梁振英主管房屋政策、讓銀行家梁錦松管教育、並讓工聯會的譚耀宗管勞工事務。但董不欲為三人賦權，令這虛擬的部長制成效不彰。三人並無任何法定權力，而作為業餘政客，他們均要靠公務員作政策研究及行政支援，但卻因缺乏法定角色而遭抵制。向立法會解釋政策之職責，仍掌握在身為公務員之局長（即現時的常務秘書）身上。行政會議成員亦無權取走政府文件慢慢研究。

董對行政會議成員亦缺乏信任，他最終想要的是在中共庇蔭下之一人獨裁，有行政會議成員投訴，他們在傳媒報導後才能夠得知行政長官之政策決定。曾擔任行政局議員的李鵬飛認為，此刻的行政會議，已從主權移交前的決策機關，淪落為無足輕重的諮詢機制（Lo 2001）。於一九九九年退休的行政會議成員鍾士元建議參考英美內閣制，推行高官問責制。高官不再屬公務員體系，讓行政長官委任親信出任，這些向行政長官問責的高官亦將組成行政會議，杜絕行會與高官互不協調的情況（Chung 2001）。董建華對此甚為認同，之後於二〇〇〇年及二〇〇一年施政報告中，均提及要實行高官問責制。

董於二〇〇二年在沒競爭對手的情況下連任，隨即公佈與問責制相關條例。根據條例，問責高官由行政長官提名，交由中國委任，獲委任者可為公務員，亦可為其他人士。高官獲聘後，不會加入公務員體系，而是以合約形式向當屆行政長官問責，其合約可被行政長官隨時終結，而行政長官卸任後他們亦要離職。三位司長與十一位政策局局長，則會與非官守成員組成行政會議。條例於二〇〇二年五月卅日以卅四對十九票在立法會通過，並在同年七月一日實施（Wong and Wan 2005）。

但高官問責制之實行，卻無助董建華組成其個人的執政團隊。董在商界的盟友多不欲加入政府，這樣他便未能組成完整的團隊，被逼要重新委任原公務員高官。十四位問責高官中，有六位為以前的政務官。商共聯盟能合作抵擋民主，卻無法合作組成能共同執政的執政者同盟（Lau 1999）。

主權移交前，縱然殖民地體制偏重商界，英屬香港政府卻會避免偏向某批特定商人，而只會實行重商政策，然後擔任各商人之間的仲裁者。言下之意，英屬香港政府會雨露均沾地親近整個資產階級，但卻與個別財團保持距離（Ngo 2002）。

但主權移交後，出任行政長官的董建華卻會向個別財團傾斜，激起未能受惠者之不滿。一九九九年，特區傀儡政府為發展資訊科技業，計劃於薄扶林興建數碼港，並在未經投標的情況下將發展權批予李澤楷新成立的盈科拓展。數碼港附設地產項目，亦即是今日的貝沙灣。盈科拓展在數碼港落成後，會將供資訊科技公司使用的部分轉讓予政府，之後可出售地產項目牟利。這優厚的條件令輿論懷疑這決定是否涉及利益輸送。盈科拓展是新公司，並非資訊科技界之老手，但其主席李澤楷是李嘉誠之幼子。李嘉誠在一九九八年，曾公開批評香港投資環境惡化，威脅要從香港撤資。輿論認為董建華與李氏關係特別好，揣測數碼港合約或為回應李嘉誠暗示之特別關照。不論這揣測是否屬實，各大地產商都認為政府偏袒，包括太古及新鴻基等八大地產商亦發表聲明批評（Lo 2001）。

與中國結盟的商界雖然都抗拒民主，但除此以外他們的利益並不一致。在西方資本主義社會，財團會委任其他公司的董事及管理層為非執行董事，這樣的董事交織（interlocking directorship）能促成資產階級的內部團結（Useem 1984）。但是香港華資企業卻都是家族企業，強調家族同時要掌管控股權及管理權，不會輕易讓外人介入董事會運作，與英資公司相比，華資公司董事交織之程度明顯較弱。這樣令華資公司之間傾向互不信任，難以建立互惠合作之企業文化，香港商界亦隨著英資淡出而比以前更難團結（Tsui 2008）。董建華政權向個別財團傾斜之作風，進一步加深商人之間的猜疑，商界於主權移交後亦變成山頭林立之鬆散群體（Lui and Chiu 2009）。據和記黃埔前董事總經理馬世民（Simon Murray）憶述，他上任後接到新世界發展的鄭裕彤邀請，希望二人能約時間面談。馬見其東主李嘉誠常與鄭在高爾夫球場上談笑風生，未有意識到這會引起什麼問題。但李嘉誠得知此事後，即嚴厲地訓斥馬世民：

> 對這些人要很小心，他們幾乎和我們一樣聰明。（Studwell 2007）

而北京對商界的統戰，使個別商人皆以為自己可直接向北京遊說，亦令事情變得更為複雜。在一九九八年至二〇〇二年的第九屆中國人大香港代表中，有十四位是商人，佔所有代表的四成。而在同屆「全國政協」的香港代表中，有近七成即七十九位為商人。在地區「政協」任職的香港商人，更是不計其數。不少商人在北京都有非正式的人脈關係，有時他們還會組團北上遊說官員，一九九八年至二〇〇一年間，每年都有九至十團商人遊說團。他們會透過這些渠道，通過北京向特區傀儡政府施壓。二〇〇〇年六月，地產商組團訪問北京反映對香港房屋政策之不滿，不久之後董建華即向記者透露，八萬五政策因久未被提及，已經「不存在」了（Fong 2015）。互不信任的商界精英爭相向中國政府表示忠誠，藉此換取其寵信，從而影響特區傀儡政府的政策。他們對其他商人以至是政府均看不上眼，造成惡性競爭。

商界覺得可靠中國壓倒對手，就難以團結起來組織執政者同盟。他們不肯與競爭對手同負一軛，便不肯加入政府成為問責官員，而在問責制實行後，他們亦進行暗戰。問責制實行後一個月，行政會議成員、來自親商自由黨的田北俊於八月即當眾批評問責局長，指局長亂開政治期票，施政既不與行會討論，亦未獲行會授權。除了非官守成員與局長間的衝突，問責局長本身皆來自不同背景，既有商人，亦有前公務員及親共工會成員。他們彼此互不相識，有的直到最後一刻才知道同僚之存在。部分局長亦有政治野心，希望能競逐下屆行政長官，令問責局長間常勾心鬥角（Wong and Wan 2005）。

而問責局長之工作表現亦令人失望。問責制實施後不足一個月，香港交易及結算所發表諮詢文件，建議將股價連續卅個交易日低於港幣五毫的股票除牌，令市場恐慌性拋售低價股，香港股市於七月廿六日損失一百零九億港元市值。港交所與證券及期貨事務監察委員會只得狼狽地放棄相關建議。財政司司長梁錦松與財經事務及庫務局局長馬時亨成為眾矢之的，雖然港交所與證監會的運作相對獨立，二人均被指監管不力。馬時亨於立法會上指他新上任，是以未有時間細看相關文件，此說令輿論譁然。雖然馬之後就仙股事件九十度鞠躬道歉，但公眾對問責制之信心已受到打擊。

梁錦松於二〇〇三年三月五日公佈財政預算案，增加汽車首次登記稅，但傳媒隨即揭發他曾於一月廿日購買新車，有利益衝突之嫌。梁向公眾解釋，他買車是因為曾為中國跳水運動員的妻子伏明霞臨盆在即，希望能換大車接載妻女，而他又因公務忙碌而未察覺出現利益衝突。此說未必能令人信服，但梁仍具有政治觸覺，於三月十日便向董建華提交辭職信，但董建華卻毫不敏感地堅決挽留梁錦松，並指梁情操高尚（Cheung Chor-yung 2005）。這樣令公眾產生問責制不問責之惡劣印象。二〇〇二年四月，有百分之卅八受訪者期望問責制能促進高官問責，但到次年六月，只有百分之十二受訪者相信問責制達成此一目標（DeGolyer 2005）。

連番施政失當重挫特區傀儡政府民望。滿意率減去不滿意率之特區政府滿意度，自一九九八年起皆為負數，到二〇〇二年末跌至百分之負卅一點二。港大民調於二〇〇二年起開始統計支持行政長官續任

之比率，其支持淨值在年底跌至百分之負廿五點一（表17.1、圖17.1）

但是低處未算低，特區傀儡政府在二〇〇二年末繼續挑戰香港底線。在九月廿四日，特區傀儡政府發表《實施基本法第廿三條諮詢文件》，建議依《基本法》二十三條訂立《國家安全法》，但其建議卻極具爭議。建議中「國家」與「政府」不分。諮詢文件主張立法禁制危害國家安全之言論，以言入罪，危害香港人珍惜的言論和出版自由。而建議亦主張可不經法庭審訊查封被中國政府定性為危害國家安全的組織，亦授權警方在無搜查令的情況下到私人地方搜證，侵害香港人結社、集會和人身自由。香港被中國併吞，香港人一直不情不願，只是基於五十年不變之承諾而忍氣吞聲，如今特區傀儡政府要香港人為北京犧牲其一直重視的自由權利，令香港人覺得欺人太甚。

但是相關局長卻只為中國極權體系護短，無視香港人之顧慮。律政司司長梁愛詩直言二十三條為香港人頭上的一把刀，叫香港人無謂逃避。保安局局長葉劉淑儀則要市民放長雙眼，聲言二十三條立法不會損害自由，但她未有提出理據釋疑，只大言不慚地說自己不會欺騙市民。到二〇〇三年二月特區傀儡政府再推出諮詢文件，態度強硬地堅持要在立法年度內完成二十三條立法，令香港民憤滔天（Wong and Wan 2005）。

此時另一場危機亦悄悄侵襲香港。在二〇〇二年末、二〇〇三年初，中國爆發奇怪的肺炎疫情，中國人聽信煲醋可殺菌的流言，爭先恐後搶購白醋。香港人多嘲笑迷信偏方的中國人，豈料一場席捲港中兩地之疫症即將爆發。

二〇〇三年二月，一位中國醫生來港參加朋友婚禮，但此時他身上帶著致命的冠狀病毒，並將之傳至酒店其他住客。一些染疫者出現病徵後到公立醫院求醫，令疫症於院內大爆發，大批醫護人士染病。而疫情亦同時在社區擴散，淘大花園E座因排水渠設計，令病毒急速擴散，有逾一百卅位住客染疫。

表 17.1 ——特區政府及行政長官歷年之民望淨值

	政府滿意度淨值	行政長官支持淨值
1997下半年	27.2%	
1998上半年	0.7%	
1998下半年	-14.3%	
1999上半年	-6.5%	
1999下半年	-7.4%	
2000上半年	-7.8%	
2000下半年	-20.3%	
2001上半年	-6.6%	
2001下半年	-23.8%	
2002上半年	-14.0%	-2.5%
2002下半年	-31.2%	-25.1%
2003上半年	-40.1%	-43.9%
2003下半年	-42.8%	-49.2%
2004上半年	-33.8%	-48.3%
2004下半年	-21.6%	-40.3%
2005上半年	0.3%	-51.5%
2005下半年	36.5%	63.2%
2006上半年	40.7%	60.6%
2006下半年	26.9%	47.3%
2007上半年	35.2%	56.4%
2007下半年	39.5%	48.3%
2008上半年	33.4%	40.3%
2008下半年	-3.1%	5.0%
2009上半年	-3.2%	4.7%
2009下半年	-0.3%	-1.1%
2010上半年	-9.7%	-10.1%
2010下半年	-3.5%	-6.5%
2011上半年	-17.6%	-23.9%
2011下半年	-25.8%	-40.9%
2012上半年	-25.6%	-48.4%
2012下半年	-18.0%	-8.3%
2013上半年	-15.3%	-19.7%
2013下半年	-23.6%	-30.7%
2014上半年	-16.2%	-29.2%
2014下半年	-16.0%	-35.5%
2015上半年	-15.7%	-35.9%
2015下半年	-22.5%	-36.1%
2016上半年	-25.7%	-41.4%

資料來源：香港大學民意研究計劃

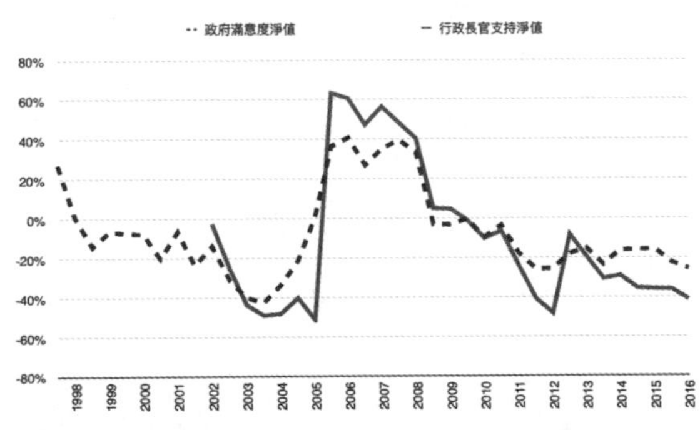

圖 17.1 ——特區政府及行政長官歷年之滿意度淨值

最終政府要將全棟大廈之居民送往鯉魚門度假村及麥理浩夫人度假村隔離。

威爾斯親王醫院為非典型肺炎疫情重災區，大批病患、醫護人員、教授及醫學生染疫，形勢危急。醫院管理局行政總監何兆煒醫生到現場視察後亦不幸染病（Abraham 2004）。令香港人擔心的是為何早前中國傳出疫情，但當局一直未有通報。他們亦對香港的檢疫措施未有阻止大爆發而擔憂。雖然市面人心惶惶，但衛生福利及食物局局長楊永強仍指非典型肺炎未有在社區擴散。之後中文大學醫學院院長鍾尚志教授含淚向傳媒披露真相，證實香港已有逾百宗案例，其中有十餘人是在社區受到感染。楊永強被輿論猛烈抨擊，指他隱瞞疫情，理當問責下台。受疫情影響，香港百業蕭條，其中旅遊業、零售業和餐飲業所受打擊尤其嚴重。香港要到初夏才能控制疫情，於五月廿四日再無發現新個案。疫潮中有一、七五五人染疫，二九九人死亡，死亡率為百分之十七，當中有幾位是殉職醫護人員。隱瞞疫情的楊永強非但未有受罰，還於廿八日獲任命為調查疫情的專家委員會主席，香港人怨聲載道（Wong and Wan 2005）。

而特區傀儡政府亦未有意識到民怨沸騰，竟提前將二十三條立法定於七月九日表決。民主派及社運團體組織民間人權陣線，計劃於七月一日主權移交七週年當日發起遊行抗議。當時民主派卻已處於劣勢，早前未能藉特區傀儡政府施政失誤取得支持。他們於一九九〇年代多次勝選後貪勝不知輸，投入議會政治後疏忽在社區的根據地。民建聯等親共政黨獲香港中聯辦居中協調（Kwong 2004），得到商界及中共之物質支持，於各社區發放福利、舉辦聯誼活動，並聘請地區助理解決街坊的民生問題。這樣他們便能買到市民的友誼，使市民較易接受親共派的保守觀點，甚至在選舉時投親共政黨一票（費臣，二〇〇七）。親共政黨以資源和人脈，與地區團體建立利益交換恩庇侍從關係（patron-client relationship），甚至吸引部分民主派團體倒戈，使它們成為替親共親中派動員的地區樁腳（Wan 2003）。各傳媒東主均為北京統戰，報導多自我審查，偏袒中國及特區傀儡政府（So and Chan 2007）。民主派在選舉中亦逐漸失利。民主黨於二〇〇〇年立法會選舉中所得票數比一九九八年少十七萬，跌幅為百分之八（Ma 2001）。而主權移交後立法會選舉中採用最大餘額法，除了減少民主派可取得的議席，這種對小黨有利的制度亦令民主派內部分歧浮出水面，民主黨內非主流派往往會選擇分裂自行組黨參選。這樣再加上殺局後失去議員津貼，令民主派陷入內憂外患（馬嶽、蔡子強，二〇〇三）。

但此時網際網路日趨普及，使七一大遊行能在民主派勢弱的情況下成功動員。香港人此時已開始於網上電台、新聞組（Usenet newsgroup）、網上討論區以及個人網站月旦時事，且特別受教育程度較高、從事專業及管理的市民歡迎。部分如高登討論區的網站之後亦一直為親民主派網民討論及作社會動員之場所。這種新動員方式對組織能力的要求較低，亦能作即時而互動之消息傳播，是以當民怨累積到一個程度，反政府的資訊就可以得到廣傳。港式嘻哈樂隊LMF的〈WTF〉，如此道出二〇〇三年的香港心聲，辱罵董建華及其傀儡政權，要求專制、無能、欺壓民眾的官員出來交代、下台問責：

我就係一個MC
我支咪嘅作用
就係要嚟講社會嘅問題
我就要嘮嘈　我就要控訴
你咪X當我冇到　我哋就係咁樣做
你唔X得　你就要落台！
你死都唔X肯走　咁咪等於獨裁

你哋一大班廢柴　佢哋個個都肺炎
你啲高官嘴臉　我就想贈你兩拳

官商勾結有大X把法律鏬走
趕盡殺絕唔會留返條路俾我走
大珠三角街外錢唔留俾阿豬阿狗
大魚大肉啲富商話知你賤過隻狗

啲雞有問題　你就殺曬啲雞
啲狗有問題　唔通你又殺曬啲狗？
啲人有問題　你會唔會殺曬啲人？
個社會咁多問題就有你班豆泥高層

你唔X得　你就要落台！
你死都唔肯走　咁咪等於獨裁
你哋一大班廢柴　我哋個個都要挨
你班粉腸睇檔　我哋實聽無望

我唔知道點解你要咁做

我唔知道你咁做背後有乜嘢企圖
細價股　八萬五　冇人出嚟負責
個個攤大手板　我問你呢鋪點拆？

冇咁大個頭就唔好戴咁大頂帽
你唔X到　快啲返去檢討
你渣　你差　你老婆丟曬你架
你呢亭人正一陀衰家

你唔X得　你就要落台！
你死都唔肯走　咁咪等於獨裁
你哋一大班廢柴　個個顧住擦鞋
不義不仁　恰X我哋啲低下層

What The Fxxk!
唔知你做乜　唔知你搞乜
你條仆街根本係度混吉
你就官字口面　我哋X口X面
你又拍心口話乜X都得

What The Fxxk!
我哋呢度講原則　X你嗰陣咪X口黑面黑
What The Fxxk!
我哋好有意見　你又唔聽人勸
要我收口就一定唔X得
What The Fxxk!

唔好諗住咁樣可以過骨　我X你都仲得
你話通過乜就通過乜？　我X你都仲得
你話你有邊一樣嘢　真係做得好好睇睇
搞到我哋幾百萬人都XX曬鬼
叫到拆天　忍無可忍
仲要剝削我哋人權自由　呢鋪真係火滾

你唔X得　你就要落台！
你死都唔X肯走　咁咪等於獨裁
你哋一大班廢柴　佢哋個個都肺炎
你啲高官嘴臉　我就想贈你兩拳

你唔X得　你就要落台！
你死都唔X肯走　咁咪等於獨裁
你哋一大班廢柴　個個顧住擦鞋
不義不仁　恰X我哋啲低下層

Say What The Fxxk!
你出嚟同我對質！
Say What The Fxxk!
我出嚟同你對質！

最終於七月一日出乎意料地有逾五十萬人上街抗議，規模僅次於六四慘案前後的社會動員。參與者大多不屬任何團體，只是自律自發地參與。調查指大部分遊行人士是因家人朋友的鼓勵而上街，其次是受傳媒啟發。有一半受訪者認為，網上訊息是促使其上街的重要因素。與此相比，只有百分之四十三點九的受訪者認為政黨號召重要，而認為所屬社會團體重要的更只有百分之卅四點三。有百分之四十五點二的受訪者與朋友一起參加遊行，與家人及伴侶同來的亦為數不少，但與所屬團體一起遊行的只有百分之四點七。這次大遊行之動員是靠快速的訊息傳播，而不是靠社會組織。傳媒對二十三條立法之報導，再加上民間自發之議論，營造了一種「自燃」的動員狀態。

參與遊行的市民大多是要反對二十三條立法，但他們亦是要趁遊行表達其他訴求。有百分之九十一點九的受訪示威者對政府整體表現失望，有百分之八十二點六認為董建華應該下台，而有百分之八十三點五贊成要以民眾力量發起倒董之社會運動。反對特區傀儡政府之香港人集體表態，令當局方寸大亂。

董建華於七月五日答允修訂二十三條立法草案，但次日與政府其他成員素有積怨的田北俊辭任行會成員，並公開表示會帶領自由黨提倡延遲立法。最終特區傀儡政府只得讓步，政務司司長曾蔭權於七日宣佈暫緩二十三條立法，並不設立法時間表，而楊永強亦於同日宣佈辭職。到十六日梁錦松與葉劉淑儀亦相繼辭職。原定於九日在立法會外舉行的反立法集會，改為乘勝追擊地爭取於二〇〇七及二〇〇八年普選行政長官和立法會，並有五萬人出席（Chan 2005；陳韜文，二〇〇六）。

七一大遊行之經歷，成為香港國族集體充權之體驗。香港人於二〇〇三年不靠政府、政黨的力量，透過自發行動應付危機，先是渡過非典型肺炎疫潮，然後又透過大型群眾運動成功迫使政府讓步。他們於抗爭自救的過程中，意識到與同為香港事勞心勞力的香港人有共同的命運，並發現團結真有力。這次集體覺醒的經歷令香港人成為重拾政治主體性之公民。民主派隨後於十一月的區議會選舉中大勝，令他們及其支持者士氣大振（Cheung Anthony 2005）。他們成功捍衛了自由，亦透過公民參與得到充權，重拾那失落多年的尊嚴。不過，可惜的是，這次勝利令民主派繼續忽視地區基礎不穩之毛病。在享受過短暫的勝利後，香港人將要面臨一連串的挑戰，還有隨之而來的挫折。

第十八章 再見中國！香港國族主義成長之痛

香港人之政治主體於七一大遊行後得以彰顯，令北京甚為不安，只得以中國國族主義大旗打壓香港之民主。蕭蔚雲、邵天任、許崇德、吳建璠這四位所謂《基本法》專家紛紛為中國政府護短，指政治改革之決定權在北京而不在香港，並無限上綱地批評民主派不「愛國」。新華社指港人治港是指由「愛國者」為主體的香港人治理香港，言下之意是只有親共派才有資格參與統治。雖然司徒華、張文光等支聯會領袖有濃厚的大中華文化主義意識，但親共派因他們不擁護共產黨，就指責他們不「愛國」。《文匯報》二〇〇四年二月廿五日的社論，指香港政治人物反對二十三條立法，是不夠「愛國」的表現。

中國國族主義與本土政治主體之爭

李柱銘為爭取國際社會關注香港民主，於三月毅然往美國出席聽證會，為香港人爭取應有之權益，卻被親共派視為「賣國」的證據。親共派整天以「愛國」之名攻擊民主派，但他們故意忽略香港人並非自願選擇讓中國統治。再者，他們所指的「愛國」，其實在愛什麼？中國商務部副部長安民說得很白，大中華文化主義並不算是愛國，「愛國」就必定不能反對中共：

> 有些人就愛國問題發表謬論……中國共產黨就是中國人民的代表，也就是香港同胞的代表……誰要想破壞香港的穩定、破壞中華人民共和國的穩定，都是休想！（《明報》，二〇〇四年二月十八日；《蘋果日報》，二〇〇四年二月十八日）

按中國政府立場，香港人在主權移交後要求民主，主張還政於民，是不信任中央的表現。他們認為民主運動是出於英國人的煽動，是部分政客為奪權而發動的陰謀。前新華社社長周南如此評論：

> 事隔六年，有人，其中包括曾極力反對香港回歸中國和激烈反對《基本法》的人，重新揀起英國人打出的「還政於民」的旗號，在群眾中進行煽動，製造混亂。人們不禁要問：是不是從英國殖民主義者手中交還給國家，並由中央授權特區實行「高度自治」都不算「還政於民」，只有把香港的政權交給那些「街頭政治家」來掌管，才算「還政於民」呢？（明報編輯部編，二〇〇四）

在中國政府眼中，愛國就意味著要擁護共產黨這個先鋒黨。敵對先鋒黨，就是叛國，沒有愛國不愛黨的空間。其實黨國不分、強調絕對服從的先鋒黨理論，自國民黨北伐以來，就是中國國族主義的核心價值（Fitzgerald 1996）。在崇尚集權的中國國族主義者眼中，香港人主張黨國分家、要求民主自治，就是企圖分裂中國、就是實際上的港獨。曾為「基本法草委會」委員的湯華如是說：

> 如有的人繼續參與甚至領導旨在否定憲法、反對中國共產黨的領導、顛覆中央政府的政治組織。他們打著追求民主的幌子，散布所謂「反對中共不等於不愛國」的謬論……在香港《基本法》第二十

三條問題上，某些人也充分地暴露出他們敵視國家的真實面目。立法維護國家的安全和統一，是香港作為國家的一個特別行政區應盡的責任……他們一直從事危害國家安全的行為，因而極力地阻撓《基本法》第二十三條的立法工作……他們攻擊第二十三條立法為「惡法」，鼓吹「戰勝二三條」，還妄稱要逼使第二十三條「永不立法」等……我們要認清他們的險惡用心，絕不能讓這種人竊取特區的管治權。（明報編輯部編，二〇〇四）

中國人大常委會於四月六日為政改問題主動解釋《基本法》。他們指《基本法》附件一和附件二，只是規定行政長官及立法會的產生辦法可分別於二〇〇七和二〇〇八年修改，但並不是非改不可。要啟動政改，行政長官要先向人大常委會提交報告，並在其授意下提出政改方案。該方案得到立法會三分之二議員贊成後，再於行政長官同意下奏請人大常委會，之後人大常委會仍然有否決權。這意味著政改之啟動權及通過權均在中國之手。到廿六日人大常委會更否決二〇〇七及二〇〇八年實行雙普選。香港民主運動大大受挫，民主派只得退而求其次，爭取政改的「時間表」和「路線圖」，要求北京表明於什麼時候以什麼方式實行普選（Loh and Lai 2007）。

此時中國亦調整對香港之政策，圖謀收緊對香港之管制。中聯辦研究員強世功毫不掩飾地將中國想像為復辟的中華帝國，視北京為帝國之中心，而香港則為邊陲之藩屬。他指出：

這種中心與邊緣、主體與補充、多數與少數、內陸與邊疆的關係，恰恰貫穿了類似父子和兄弟的儒家倫理的差序格局原則，它也同樣是國家所遵循的政治倫理原則：邊疆服從中央的主權權威，中央承擔起邊疆安全與發展的道德責任。（強世功，二〇〇八）

為了使香港納入中國的帝國主義體系，中國需要香港人效忠北京的「朝廷」。由於中國是帝國、香港是藩屬，香港人若要「愛國」，就必須擁護由共產黨專政的中國政府。只有國族國家之人民，才可以透過愛人民、愛土地、愛文化而愛國，但中國卻是一個喬裝成國族國家的帝國（Pye 1990）。有大中華情結的民主派，以為愛土地、愛文化、愛人民就是愛中國，但在北京眼中，這就如明月照溝渠。香港身為藩屬，若要愛身為帝國的中國，愛的必然就是「朝廷」：

所以，在愛國問題上，他們經常會說，他們愛的是祖國的河山和歷史文化，而不是包含國家主權在內的政治實體。這樣的愛國是我們在港英殖民地下的愛國標準，而不是香港回歸之後的愛國標準……這意味著香港回歸後，在中央對香港擁有的主權從主權權利變成主權行使的過程中，必然要將「一國」從一個歷史文化的建構變成法律主權的建構，這恰恰是基本法重要意義所在。（強世功，二〇〇八）

亦因如此，強世功認為要更積極地介入香港政治，壯大香港的親共勢力。當親共派排擠掉對中國抗拒的香港人，中國才能夠放心在香港推行受制於帝國體系的偽民主制度：

其一就是積極發展壯大愛國愛港力量，充分發揮統一戰線的政治功能，用政治手段來彌補法律手段的不足，使得中央對香港的主權行使轉化為香港愛國者對香港的治理；其二就是要循序漸進地推進民主發展，用時間來彌補政治認同的不足，使得香港市民的政治認同隨時間推移和代際更替而不斷加強。（強世功，二〇〇八）

強世功在中聯辦的同事曹二寶更於共產黨中央黨校的刊物撰文，主張中國政府要在香港設立特區傀儡政府以外的第二支管治隊伍，加強對香港的殖民主義宰制。這樣中聯辦便會像日本在日清戰爭後於朝鮮成立的統監府那樣，成為特區傀儡政權背後之扯線人（黃世澤，二〇一二）。曹二寶直接指出香港之高度自治，實際上是高度設限的假自治：

> 自治不能沒有限度，既有限度就不能完全。完全自治就是兩個中國，而不是一個中國……在管治力量上就必然是兩支隊伍。其中有一支體現一國原則、行使中央管治香港的憲制權力但不干預特區自治範圍事務的管治隊伍，這就是中央、內地從事香港工作的幹部隊伍。（曹二寶，二〇〇八）

自此中國開始毫不忌諱地積極在政治、經濟、文化各層面介入香港內部事務，而第一步則是加速港中經濟融合，以增加香港對中國的依賴。中國於二〇〇四年一月一日開始實施《內地與香港關於建立更緊密經貿關係的安排》（CEPA），減免三百七十四類香港產品之關稅，並容許香港服務業申請在中國開業。除此以外，中國亦開放「自由行」，容許指定城市的遊客可不跟旅遊團訪港，以催旺香港的旅遊業及零售業。這些政策於二〇〇五年再進一步擴展，令香港經濟擺脫多年衰退（Kan 2005）。但港中之經濟融合並不對稱，只是增加香港單方面向中國之依賴。香港經濟亦因而過分著重金融業、旅遊業和服務業，忽略必須的製造業轉型及科技研發（曾澍基，二〇一二）。表面上中國對香港「送大禮」，實際上卻是要對香港實施經濟殖民。

在中國收緊對香港操控之時，香港年輕一代卻因七一大遊行之經驗建立政治主體性，令他們甚為注重香港本土認同之政治意義。他們以社會行動守護香港人之本土集體記憶，展開了第一波本土運動。特區傀儡政府於二〇〇四年初計劃重建灣仔利東街。該處為小型印刷廠之集中地，其印製的囍帖、春聯和紅包已成為本土文化特色，市民多稱呼該地為囍帖街。年輕抗爭者希望保留此地方特色，便幫助居民與政府談判，提出「啞鈴方案」，只重建南端殘舊建築，並保留中間狀況良好的唐樓，讓印刷廠原地營業。政府拒絕他們的建議，一意孤行於二〇〇五年十一月五日收回利東街業權，再於次年十月統一全街業權予市區重建局，與信和置業及合和實業合作興建仿冒唐樓街，本土之印刷文化已於遷拆過程中一去不返。

此時中環第三期填海工程亦已展開，政府打算清拆將不再在岸邊的愛丁堡廣場天星碼頭。該處的鐘樓與對岸的尖沙咀鐘樓，是香港僅存的兩座機械鐘樓。而碼頭門外之有蓋通道，正是蘇守忠於一九六六年絕食抗爭之地。而鄰近之皇后碼頭及大會堂，於建築設計上與天星碼頭為一個整體。皇后碼頭是港督上岸履新之地，而於一九六〇年代遷至現址的大會堂，則是香港首個現代公共空間之一，亦是馬文輝舉辦海德公園論壇的地方。年輕抗爭者指三地承載著香港英治時代歷史，亦見證著本土社會抗爭之開端，有著深厚的歷史意義，不單不宜拆卸，連拆解後往別處重組亦不適宜。

但特區傀儡政府於二〇〇六年十二月執意拆卸天星碼頭，抗爭者便闖進碼頭與警方及清拆工人對峙。警方於十三日武力清場，十六日早上工人用吊機將鐘樓整個吊走，然後砸碎為建築廢料。之後抗爭者退守皇后碼頭，繼續要求與政府對話。特區傀儡政府見清拆天星激起民憤，便暫緩清拆行動，並委任專業人士和保育人士進入古物諮詢委員會。委員會於二〇〇七年五月評定皇后碼頭為一級歷史建築，但政府拒絕原址保留，只肯將碼頭分件存倉留待日後覓地重建。三位抗爭者於七月廿七日為此在皇后碼頭絕食抗議，但警方仍於八月一日早上強行清場（谷淑美，二〇一二）。

雖然這些保育運動未能完全成功，但令香港人開始反思其文化承傳，亦令他們意識到在主權移交後，不少香港引以為傲的特色亦在中國統治下逐漸流失。歷史建築一座又一座的遭拆遷，似是暗示香港亦同樣遭逐漸侵蝕，逐漸被中國殖民者改造為了無生氣的掠奪殖民地。詞人黃偉文在〈囍帖街〉一曲，以失婚婦人與利東街為喻，道出香港人看著時代崩壞那無奈的悲哀：

忘掉種過的花　重新的出發　放棄理想吧！
別再看　塵封的喜帖　你正在要搬家
築得起　人應該接受　都有日倒下
其實沒有一種安穩快樂　永遠也不差

就似這一區　曾經稱得上　美滿甲天下
但霎眼　全街的單位　快要住滿烏鴉
好景不會每日常在　天梯不可只往上爬
愛的人　沒有一生一世嗎？
大概不需要害怕

忘掉愛過的他　當初的喜帖金箔印著那位他
裱起婚紗照那道牆及一切美麗舊年華　明日同步拆下
忘掉有過的家　小餐枱沙發雪櫃及兩份紅茶
溫馨的光境不過借出到期拿回嗎？
等不到下一代　是嗎？

忘掉砌過的沙　回憶的堡壘　剎那已倒下
面對這　堉起的荒土　你註定學會瀟灑
階磚不會拒絕磨蝕　窗花不可幽禁落霞
有感情　就會一生一世嗎？
又再惋惜有用嗎？

忘掉愛過的他　當初的喜帖金箔印著那位他
裱起婚紗照那道牆及一切美麗舊年華　明日同步拆下
忘掉有過的家　小餐枱沙發雪櫃及兩份紅茶
溫馨的光境不過借出到期拿回嗎？
終須會時辰到　別怕

請放下手裡那鎖匙　好嗎？

一批年輕抗爭者不欲傷春悲秋，便想基於這種香港國族情懷，投入為普羅大眾政治充權的社會運動。就如抗爭領袖陳景輝所言：

本土行動認為，本土的主體性在於中下階層，及小人物的反抗。香港的文化不是中國傳統五千年

> 的文化，不是龍的文化。創造香港歷史的並不是大人物，而是通過中下階層的奮鬥，才有今日的香港。小人物的反抗是今天香港能有這樣地位的關鍵重點。比如說，如果沒有火紅年代的公民抗命，沒有那些現今被貶成、被邊緣化成微不足道的小人物的努力，今天中文絕不會有著今日的地位，遊行集會亦決不會如今日般自由自在。要知道七十年代以前遊行集會是在嚴密監控下進行，亦要冒著被毆打的風險。沒有這些小人物的付出，決不會有今日的香港。（陳景輝，二〇〇八）

這種本土認同開始超越主流大中華文化主義之想像：香港人就是香港人，而不是保存了某種失落華夏文化的特種中國人。此認同亦強調於此時此地（here and now）對普羅民眾之充權，令香港公民國族主義之發展更上一層樓。

但隨著港中兩地交往於主權移交後日趨頻繁，部分香港人卻嘗試學習成為中國人。胡錦濤與溫家寶於二〇〇二年十一月接替江澤民成為中華人民共和國第四代領導人，二人初時將自己包裝為開明派，而溫又曾任被廢黜的開明派總理趙紫陽之副手，令香港人對所謂的「胡溫新政」有所期待。董建華則於二〇〇五年三月十日以健康理由請辭，並由政務官出身的曾蔭權接任。曾以前做過彭定康和陳方安生之下屬，上任後又叫停有利益輸送嫌疑的西九龍文化區計劃重新招標。曾蔭權之施政在形式上模仿英治時代，其局長多為公務員出身，亦成立策略諮詢委員會對社會各界作行政吸納。市民對特區傀儡政府印象轉好，而北京在二〇〇八年舉行奧運會，亦令香港人幻想中國可趁機變得更自由開放。這樣再加上大中華文化主義之餘風，以及政府的中國國族主義宣傳，甚至令部分香港人自虐地產生自己不夠愛中國的罪咎感（Matthews et al. 2008）。

這種嘗試親近中國之想像，令香港人期待能善用自己獨特身分推動中國的自由開化。香港人一直未有忘記六四慘案，每年六月四日晚均會於維多利亞公園舉行燭光悼念會。主權移交後直到二〇〇八年，每年參加人數均會在四至五萬之間。在一九九九年六四慘案十週年以及二〇〇四年十五週年，更分別有七萬及八萬兩千人參與。這一方面是要紀念自己於一九八〇年代淪為亞細亞的孤兒，但亦同時在爭取中國的自由民主。支聯會每年的集會，均觸動目睹慘案的香港人，如此為香港人帶來糾結之情緒（陳韜文、李立峰，二〇一一）。香港人一方面察覺自己有異於中國人，因而一直在捍衛這種差異，但當中國有望更自由開放，他們又覺得自己的獨特身分意味著對中國開化之特殊責任。香港人腦海裡，出現香港公民國族對特區特別中國人之思想交戰。

二〇〇〇年起，自視為純粹香港人的受訪者比率，由二〇〇〇年初的百分之卅七點五跌至二〇〇八年初的百分之十八點一。廣義香港人之比率，則由百分之六十跌至百分之四十七點三。而廣義中國人之比率，則從二〇〇〇年初的百分之卅四點九，升至二〇〇八年初的百分之五十一點九，比同樣廣義香港人比率更高。

但中國認同上升的形勢在二〇〇八年末後逆轉，廣義中國人之比率，從二〇〇八年末的百分之四十七點四跌至二〇一六年末的百分之卅四點零，而純粹香港人之比率則由百分之廿一點八升至百分之卅五點零。這現象在年青一代更為明顯。十八至廿九歲受訪者中，廣義中國人比率從二〇〇八年末的百分之卅二點五跌至二〇一六年末的百分之十三點三，而純粹香港人之比率，則由百分之卅七點五升至百分之六十二點二，廣義香港人比率則從百分之六十六點三升至百分之八十三點八。如果香港人於二〇〇八年前是嘗試歡迎中國，那二〇〇八年後就是要告別中國了（表18.1、18.2，圖18.1、18.2）。

表18.1——香港人之身分認同，一九九七至二〇一九年

	純粹香港人	廣義香港人	廣義中國人
1997下半年	35.9%	59.5%	37.8%
1998上半年	33.0%	53.3%	43.2%
1998下半年	36.6%	58.9%	37.3%
1999上半年	41.4%	63.4%	30.7%
1999下半年	33.5%	56.1%	40.5%
2000上半年	37.5%	60.0%	34.9%
2000下半年	36.3%	59.3%	35.5%
2001上半年	33.8%	53.8%	43.0%
2001下半年	29.0%	53.2%	42.7%
2002上半年	29.9%	50.6%	45.9%
2002下半年	30.0%	51.7%	45.8%
2003上半年	32.6%	53.4%	44.1%
2003下半年	24.9%	48.3%	48.1%
2004上半年	28.0%	49.2%	47.3%
2004下半年	25.9%	49.0%	47.8%
2005上半年	24.0%	45.2%	51.1%
2005下半年	24.8%	51.3%	47.6%
2006上半年	24.8%	49.9%	49.4%
2006下半年	22.4%	46.8%	51.9%
2007上半年	23.4%	55.2%	43.1%
2007下半年	23.5%	54.9%	43.2%
2008上半年	18.1%	47.3%	51.9%
2008下半年	21.8%	51.4%	47.4%
2009上半年	24.7%	56.7%	42.7%
2009下半年	37.6%	61.5%	37.3%
2010上半年	25.3%	56.5%	42.5%
2010下半年	35.5%	63.1%	35.0%
2011上半年	43.8%	65.2%	33.8%
2011下半年	37.7%	62.9%	34.4%
2012上半年	45.5%	68.2%	29.9%
2012下半年	27.2%	60.1%	37.6%
2013上半年	38.3%	62.6%	34.8%
2013下半年	34.8%	62.6%	36.5%
2014上半年	40.2%	67.6%	31.1%
2014下半年	42.3%	66.5%	32.9%
2015上半年	36.5%	63.8%	35.2%
2015下半年	40.2%	67.7%	31.2%
2016上半年	42.0%	67.0%	30.7%
2016下半年	35.0%	64.2%	33.7%
2017上半年	37.3%	63.4%	34.9%
2017下半年	63.4%	67.6%	30.7%
2018上半年	34.9%	66.7%	29.9%
2018下半年	38.7%	66.3%	31.9%
2019上半年	67.6%	76.4%	23.2%

資料來源：香港大學民意研究計劃

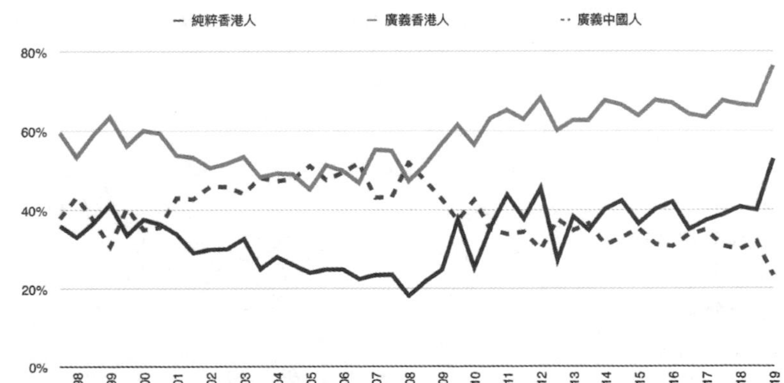

圖18.1——香港人之身分認同，一九九七至二〇一九年

表18.2 ——十八至廿九歲受訪者之身分認同，一九九七至二〇一九年

	純粹香港人	廣義香港人	廣義中國人
1997下半年	45.6%	67.6%	31.2%
1998上半年	40.8%	60.9%	37.3%
1998下半年	46.0%	66.6%	30.0%
1999上半年	49.6%	71.7%	25.3%
1999下半年	44.7%	64.1%	35.4%
2000上半年	48.1%	70.5%	27.8%
2000下半年	45.6%	66.6%	29.1%
2001上半年	45.1%	65.8%	32.2%
2001下半年	41.9%	64.9%	33.6%
2002上半年	42.3%	61.2%	37.0%
2002下半年	39.5%	62.8%	36.6%
2003上半年	44.5%	64.0%	35.2%
2003下半年	32.0%	59.8%	39.2%
2004上半年	35.9%	58.7%	39.0%
2004下半年	41.9%	67.5%	32.5%
2005上半年	42.6%	61.3%	37.7%
2005下半年	38.5%	64.5%	35.1%
2006上半年	35.0%	58.2%	40.6%
2006下半年	32.3%	60.6%	39.0%
2007上半年	36.1%	65.7%	33.2%
2007下半年	29.6%	69.1%	29.6%
2008上半年	22.9%	58.3%	41.2%
2008下半年	37.5%	66.3%	32.5%
2009上半年	35.6%	71.2%	28.8%
2009下半年	46.2%	73.5%	25.5%
2010上半年	35.8%	66.2%	33.3%
2010下半年	45.6%	75.1%	23.6%
2011上半年	56.8%	81.9%	15.8%
2011下半年	42.4%	75.2%	20.5%
2012上半年	69.3%	84.9%	13.8%
2012下半年	44.0%	85.0%	13.3%
2013上半年	55.8%	84.3%	14.6%
2013下半年	59.1%	87.6%	11.8%
2014上半年	53.1%	86.7%	13.3%
2014下半年	59.8%	81.6%	17.5%
2015上半年	62.0%	87.0%	13.0%
2015下半年	55.6%	86.2%	13.3%
2016 上半年	63.9%	88.6%	8.5%
2016下半年	62.2%	83.8%	13.3%
2017上半年	65.0%	93.7%	3.1%
2017下半年	69.7%	89.9%	7.3%
2018上半年	70.9%	96.4%	3.6%
2018下半年	59.2%	88.8%	9.5%
2019上半年	75.0%	92.5%	6.9%

資料來源：香港大學民意研究計劃

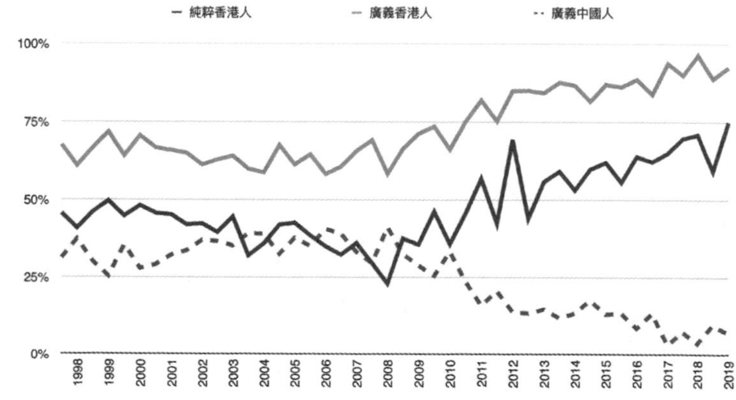

圖18.2 ——十八至廿九歲受訪者之身分認同，一九九七至二〇一九年

曾蔭權上台至二〇〇八年期間，香港人對前景空前樂觀。特區傀儡政府似乎已擺脫董建華年間的惡質政治，港中經濟融合亦遇上中國經濟之急速起飛，令香港人對港中兩地政府之好感大增。這短暫之榮景甚至令香港人丟下對民主政制的堅持。曾蔭權在二〇〇五年三月署任行政長官，並於六月廿四日正式宣誓就任後，曾嘗試推出極為有限的政改方案。該方案建議讓全體區議員加入選委會，而立法會則會增加十席。其中五席為直選議席，另外五個功能組別席位則由區議員直選產生。民主派不滿委任區議員亦能成為選委並負責選出功能組別議員，並希望特區傀儡政府能同時公佈推行雙普選的時間表和路線圖，於是在十二月四日發起遊行。他們在政府拒絕回應後，廿一日在立法會中投反對票，令方案因不足三分之二議會支持而流產。不過，民意卻不太認同民主派這種做法。根據香港大學民意研究計劃於遊行後進行的調查，有百分之四十三受訪者支持該政改方案，遠多於反對的百分之十六。雖然有百分之五十二受訪者希望在方案中加入普選時間表，但有百分之四十七反對民主派因沒有普選時間表而否決方案。支持否決方案的受訪者只有百分之廿五。

此時香港人多對公務員治港存有幻想，市民在董建華結束其八年統治後，亦相信很快便能否極泰來。如此令曾蔭權及其政府之民望於二〇〇八年前持續居高不下。曾蔭權的支持淨值於二〇〇六年初為百分之四十點七，而隨後一兩年一直都在百分之卅至四十之間（表17.1，圖17.1）。如前所述，這段時間亦是香港人中國認同最強的時候。也許對特區傀儡政府之美好想像，令市民不再為意中國之殖民宰制，加上香港人能受惠於中國的急速增長，皆令香港人對中國抱有好感。

但是一切均於二〇〇八年末轉變了。在此之後，香港人之中國認同拾級而下，而曾蔭權之民望亦同步下沉。曾蔭權的民望淨值於二〇〇八年末跌至百分之五，到二〇一二年初卸任前更跌至百分之負四十八點四。特區政府的民望淨值，亦從二〇〇八年末的百分之負三點一跌至二〇一二年初的百分之負廿五點六（表17.1，圖17.1）。緣何二〇〇八年中會成為香港人告別中國的轉捩點？

北京於二〇〇八年八月舉行奧林匹克運動會，奧運聖火於五月二日在香港進行火炬接力，令香港大中華情緒高漲，大批亢奮的民眾於接力路線旁圍觀。部分香港人響應丹麥雕塑家高智活（Jens Galschiot）的呼籲，沿途穿上橙衣抗議，以求引起公眾對中國人權問題之關注。但示威人士遭圍觀民眾圍攻，當時筆者一位朋友欲高舉標語抗議，但他未能接近接力路線就被民眾拉走。香港於此刻出現一種中國國族光榮壓倒一切的狂熱病，但這卻也是中國國族主義在香港的最後一次高潮。十日之後，中國四川汶川發生八級大地震，造成六九、二七七人死，三七四、六四三人傷，死傷者中有不少為正於學校上課之學生。災區大批學校倒塌，而瓦礫亦顯示校舍普遍存在偷工減料的問題。這些豆腐渣工程提醒香港人中共的貪腐，與早於一九七〇年代便能達成廉潔管治的香港不可同日而語。中國的乳製品亦於同年被揭發含有三聚氰胺，不肖商人於牛奶中加入這種化工原料，令品質低劣的牛奶能通過檢測。兒童飲用毒奶後，會罹患腎結石。部分涉事奶品商卻因與官方關係良好而獲得包庇。中國之兒童因政治腐敗而受苦劫，但北京卻為奧運會張燈結綵，形成極大反差。對於剛為大中華情緒觸動的香港人來說，這無疑是一個反高潮。

香港人寄望北京的奧運可以像一九八八年韓國漢城奧運會那般，成為促使中國自由開放之契機，但這個期望很快便落空。黃琦撰文批評汶川的豆腐渣工程，亦幫助蒙難學生家長向政府討回公道，但當局卻於六月十日把他關押，之後以所謂的「非法持有國家機密文件罪」判監三年。自發調查豆腐渣工程的譚作人，則於二〇〇九年三月廿八日被捕，以所謂的「煽動顛覆國家政權罪」判處監禁五年。同年十一月十三日，組織結石寶寶家長向政府及奶商索償的趙連海被捕，在被判監兩年半後獲准保外就醫，之後一直被軟禁。這顯示香港人之前對所謂「胡溫新政」的期望不過是一場春夢。北京的奧運不是漢城奧運，反而與一九三六年納粹德國展現其法西斯美學的柏林奧運極為相似。中國從來沒有走向自由開化的跡象，中共只是一個透過舞動大中華情緒而肯定其專制的法西斯強權，這個鄰國之發展根本不會走向香港期望之方向。

而港中經濟融合之負面影響亦逐漸浮現。CEPA及自由行皆令香港經濟一味偏重金融業、服務業和旅遊業，後兩者之蓬勃發展推高了商舖之租金。業主一窩蜂地將商舖轉租予自由行旅客喜歡光顧的店舖，比如是金行與藥房，趕走照顧香港人日常生活的街坊小店。服務業與金融業之發展，令大筆熱錢湧進香港，這些資金多投資於地產業，將樓價推高至一般市民負擔不起之水平。港中經濟融合帶來之收益，受惠者主要是大財團，特別是擁有大批商舖及房屋的地產商（曾澍基，二〇一二）。服務業趁CEPA北上開拓，能隨業界在中國發展事業的多為中年或以上的一群，並未能增加年輕人上向流動之機會（呂大樂，二〇一三）。這樣令來自普羅階層的年輕一代無法像一九八〇年代起到中國投資的商人那樣，把中國視為米飯班主。

大批自由行旅客訪港，令香港交通負荷大增，亦逼走香港人慣常光顧的小店。由於中國產品因制度腐化而常有品質問題，中國遊客乘自由行之便與香港人搶購民生物資，參與港中兩地的平行進口貿易，但這樣便騷擾香港人之日常生活。自戰後起，香港與中國走上了不同的發展道路，發展出不同的文化，在實際生活上有如兩個不同的國家。昔日香港人尚能以距離製造美感，以所謂的鄉情肯定自己大中華文化主義的浪漫想像。但如今中國旅客可自由來港，香港人再無幻想的空間，他們每天與中國人之相遇，都提醒他們香港與中國分屬兩種不同文化之不同民族。部分旅客來自教育程度較低的二、三線城市，缺乏教養與公德心，更令港中之文化差異升級為文化衝突。除此以外，部分較富裕的遊客抱有「有奶便是娘」的恩主心態，覺得自己可以透過揮金如土來展現國威，更令香港人察覺自己遭到中國經濟殖民（張春續，二〇一四）。

而中國內部於二〇〇〇年代後期，亦出現「國進民退」之現象。經濟發展之利益逐漸由與權貴家族關係密切的國有企業壟斷，中國政府在由權貴子弟管理的國有企業站穩陣腳後，對外來資本不再繼續昔日之優惠政策。在一九八〇及一九九〇年代，中國為吸引香港投資，便以近乎縱容的方式讓港商獲利。如今中國國家資本主義發展成熟，香港商人就被中國棄之如敝履。香港人投資中國，非但不一定能夠獲利，更會成為權貴集團剝削套利之對象（Walter and Howie 2011）。

特區傀儡政府於二〇〇九年提出要興建廣深港高速鐵路，造價逾六百五十億港元，而且有可能不斷超支。工程亦要拆除石崗菜園村以興建側線及緊急通道。此造價不菲之基建項目觸發一場反對港中融合的社會運動（陳景輝，二〇〇九）。在立法會財務委員會審批期間，年輕抗爭者於立法會大樓外集會，而部分抗爭者在香港各地區苦行，爭取到輿論的同情。民主派於議會內聲援抗爭者，以拉布戰術拖延表決，最終撥款從十二月十八日一直拖到次年一月十六日下午才能夠通過。廣東當局於二〇一一年一月公佈《環珠江口宜居灣區建設重點行動計劃》，將香港與廣東各地一併規劃，妄圖將香港融合為中國南方的一個小地區。如此全方位的港中融合，令不少香港人擔憂會損害一國兩制，令香港喪失本身的獨特性（Northeast 2011）。

在中國霸權主義步步進逼下，部分年輕民主派開始傾向採用激烈抗爭。激進派於二〇〇六年成立社會民主連線，當中梁國雄、黃毓民、陳偉業三人於二〇〇八年成為立法會議員。他們在議會中作肢體抗爭，其勇敢表現贏得一群忠實支持者。中國人大常委會於二〇〇七年十二月廿九日否決於二〇一二年實行雙普選，並只含糊地指出可以在二〇一七及二〇二〇年分別實行行政長官及立法會普選。不少香港人不滿到二〇一二年仍然未有普選，亦擔心所謂的行政長官普選是中國政府事先篩選的假選舉。而立法會則會以某種方式把功能組別延續下去。因應這種不滿情緒，社會民主連線於二〇〇九年七月提出民主派可在每個直選選區中各派一人辭職，藉之後的補選啟動變相公投，以選票向港中兩地政府施壓（社會民主連線，二〇〇九）。

民主派初時對五區公投之反應頗為正面。司徒華於八月六日在電台節目《自由風，自由Phone》中，公開表示五區公投「應該做、值得做、快啲做」。社民連與公民黨於十一月十九日高調宣佈合作推動五區公投，但此時司徒華卻不滿社民連搶佔道德高地，收回早前對五區公投的支持。雖然李柱銘、陳方安生、黎智英及李鵬飛居中遊說，司徒華仍不為所動（司徒華，二〇一一）。在司徒華一錘定音下，民主黨大會於十二月十三日以二百廿九對五十四票，否決參與五區公投，並不准黨員以黨之名義助選。司徒華之態度轉變，很可能是基於他對黃毓民及陳偉業之不信任。

雖然司徒華及民主黨之決定很可能是出於私怨，但五區公投在運作上確有難以克服之困難。親中派一方可以對補選冷處理，不派重量級人馬參選，令選舉缺乏氣氛。如果投票率太低的話，那麼民主派只能示弱，未能達成公投應有之效果。補選亦不是真正的公投，選票數字未能充分指出選民是為議題投票，還是為個別候選人投票。而如何定義公投之成敗，亦眾說紛紜，倘若投票率不夠高，爭議亦會越大。

民主派內部因對五區公投意見不同而分裂，部分溫和派組織終極普選聯盟，一方面否定五區公投，另一方面欲以談判方式爭取二〇一七及二〇二〇年的普選方案。而親中派亦如民主派憂慮那樣冷處理補選，曾蔭權發表聲明指他及其管治團隊均不會參與投票，親共政黨亦沒有派員參選。二〇一〇年五月十六日舉行的補選選情冷淡，投票率只有百分之十七點一九，社民連的梁國雄、黃毓民和陳偉業，以及公民黨的梁家傑和陳淑莊以低票重返立法會。五區公投未能達到預期的效果，雖能動員到一批忠實支持者，但始終難言成功。

五區公投過後，中聯辦邀請民主黨與終普聯就政改談判。中聯辦副主任李剛於五月廿四日與民主黨的何俊仁、劉慧卿、張文光會面，到廿六日又會見陳健民教授等七位終普聯代表。民主黨提出了區議會改良方案，建議立法會在二〇一二年增加五個直選及五個功能組別議席。該五個功能組別議席由新增功能組別選出，民選區議員均有權參選，而之前未劃入其他功能組別的選民均有權投票，使立法會增加五個變相直選議席。而原有區議會功能組別，則只讓民選區議員互選。中聯辦於六月廿日接納此方案，並於次日由曾蔭權公佈此決定。相關方案於六月廿三日提交立法會，在民主黨和民協贊成、社民連和公民黨反對下，於次日以逾三分之二多數獲通過。

部分激進派指溫和民主派出賣市民，便決定要在二〇一一年區議會選舉狙擊民主黨，派員參選與民主黨爭選票。社民連內部對此意見分歧，堅持要懲罰民主黨的黃毓民和陳偉業於二〇一一年一月廿三日退黨另組人民力量。

縱然激進思潮風起雲湧，但香港社會仍有不少人不為所動。董建華下台，香港經濟在曾蔭權治下，也有些表面風光。保守的民眾未有深究港中融合以及貧富差距的問題，他們覺得

表18.3——香港人於二〇〇八，二〇一〇及二〇一二年對社會發展路向的偏好

	二〇〇八	二〇一〇	二〇一二
民主發展	11.1%	17.3%	17.8%
經濟發展	25.8%	21.2%	22.6%
社會和諧	60.2%	58.8%	55.3%
其他	1.3%	1.4%	1.9%
不知道	1.6%	1.3%	2.5%

資料來源：香港亞太研究所
香港和諧社會民意調查計劃

表18.4——香港人於二〇〇五年對民主制度及強人政治的觀感

	民主制度	強人政治
很好	10.3%	2.9%
好	79.2%	28.8%
壞	8.89%	58.6%
很壞	1.6%	9.7%

資料來源：
World Values Survey 2005

最壞的時代已過去了，甘於現狀也沒有什麼不好。在亞太研究所的香港和諧社會民意調查計劃中，我們可看到縱然偏重民主發展的受訪者比例不斷上升，絕大多數受訪者仍然是偏重社會和諧。偏重和諧的始終比偏重經濟發展的多，而偏重經濟發展的亦比偏重民主發展的為高（表18.3）。在早前二〇〇五年的世界價值觀調查（World Values Survey）中，絕大多數的香港受訪者都贊同民主制度，只有大約一成的香港受訪者不認同民主制度。不過，雖然大部分的受訪者不認同強人政治，認同的受訪者卻仍有百分之卅一點七。這很可能就是香港保守政治的基本盤（表18.4）。

在兩股力量拉扯下，香港又是否會被撕裂為兩個社會？在二〇〇六年香港大學民意研究計劃的調查，有百分之廿八點三的受訪者覺得香港沒有條件實行普選（表18.5）。到二〇一二年同機構的調查，亦發現有百分之廿七點九的受訪者滿意香港備受制肘的民主發展（表18.6），那接近三成的保守基本盤再次出現。

在二〇一三年，有風聲傳出政府將提議行政長官候選人在參選前，要先交由非由普選產生的提名委員

表18.5——香港人於二〇〇六年對香港是否有條件實行普選的看法

條件足夠	58.7%
條件不足	28.3%
不知道／好難講	13.0%

資料來源：香港大學民意研究計劃

表18.6——香港人於二〇一二年六月對民主發展的滿意度

滿意	27.9%
一半半	21.2%
不滿意	44.9%
不知道／好難講	6%

資料來源：香港大學民意研究計劃

表18.7——香港人對在實行行政長官普選時，讓提名委員會揀選候選人的做法之看法

	二〇一三年四月	二〇一三年七月
支持	44%	43%
一半半	15%	11%
反對	35%	38%
不知道／好難講	6%	8%

資料來源：香港大學民意研究計劃，明報

表18.8——香港人在二〇一三年四月對由提名委員會整體提名行政長官候選人的看法

支持	39%
中立	11%
反對	43%
不知道／好難講	7%

資料來源：香港大學民意研究計劃，蘋果日報

會揀選，獲揀選者才能取得參選資格。在二〇一三年的四月及七月，有調查探討香港人對此的看法。反對的介乎三成半至百分之卅八之間，而支持的比例亦相當，都是略多於四成（表18.7）。而在四月的另一項研究，有百分之四十三的受訪者反對由提名委員會整體提名行政長官候選人，而支持的則有百分之卅九（表18.8），似是那三成基本盤再加一點中間派的比率。倘若這些調查反映的並非偶然現象，那麼現時香港經歷過兩種社會力量的拉扯後，很可能已經分裂為兩個陣營。其中一邊會較符合劉兆佳對香港保守文化的描述（Lau 1982）：他們支持強人政治，懷疑民主，覺得繁榮穩定就是一切。而另一邊則深受普世價值影響，相信勇武抗爭，開始懷疑繁榮穩定的論述。這兩批人人數相若，但誰也不能說服誰。在曾蔭權任期最後幾年累積起的民憤，使激進派乘勢冒起。但與此同時，保守派也是一鼓不容忽視的力量，也在伺機反撲。

在二〇一〇年末，三位菲律賓籍移民工入稟高等法院，要就《入境條例》限制外傭申請永久居留權的規定作司法覆核。他們透過法律援助署的聘請的法律團隊，以擅長打居留權官司的資深大律師李志喜為首（Vallejos v. Commissioner of Registration, HCAL 124/2010）。但李志喜本人為公民黨創黨黨員，使親中派的政客見獵心喜：他們故意忽略了法律界不得拒絕接案的行規，利用香港人歧視東南亞移工的劣根性煽動民粹，想藉此於二〇一一年區議會選舉打擊民主派。民建聯聲稱政府若果敗訴，將會有五十萬外來移民湧往香港（《明報》，二〇一一年七月廿七日），而新民黨則甚至主張要邀請人大再次釋法（《文匯報》，二〇一一年八月五日）。保守輿論不斷販賣恐懼，指讓外傭定居會大幅增加福利開支（《文匯報》，二〇一一年八月二日），甚至會釀成流血的種族衝突（《新報》，二〇一一年八月五日）。親中勢力發起反民主派遊行（《文匯報》，二〇一一年八月廿二日），並於八、九月發起簽名運動（《星島日報》，二〇一一年九月十二日）。他們亦於社區動員，蠱惑愚夫愚婦抹黑公民黨以至是其他民主派。據於當年參選落敗的碩士同學透露，在選舉前幾個月，都有人組織「唱衰團」在社區大肆抹黑，在助選團拉票時形影不離。

偏偏此時民主派忙於內訌，人民力量候選人刻意到民主黨參選的選區參選，誓要「票債票償」，要報復民主黨去年不支持五區公投。而民主派投放於地區工作之資源及人力均不如親共派。結果民主派於十一月六日的區議會選舉慘敗，公民黨幾乎全軍覆沒，令區議會近乎由親共派一手掌握。此時溫和派受兩面夾攻而勢弱，激進派又因爭拗溫和派是否同路人而分裂。雖然香港人對曾蔭權政權日益不滿，民主派暫已無力再領導反對運動。

唐梁相爭與激進本土派之興起

民主派於區議會選舉中慘敗後，社會的焦點亦放在二〇一二年的行政長官選舉。政務司司長唐英年出身紡織業世家，與曾蔭權政府合作愉快，又得商界支持，故此一直有意參選。不過，他身為富家子弟，脫離民情又缺乏溝通技巧。當時貧富差距因港中不對稱融合、利益不雨露均沾而加劇，青年人缺乏機會，因而對政府漸生不滿情緒。唐英年身為富二代，既曾任親商自由黨黨員，亦與曾蔭權政權關係密切，因而成為眾矢之的。

與唐英年打對台的，是自一九七〇年代於海外留學時就與中共關係密切的梁振英。香港人一直猜測他是共產黨地下黨員（梁慕嫻，二〇一二），對他頗為懷疑，部分人因而戲稱這場競選為「豬狼對決」。主流商界多支持唐英年，是以即使在親中陣營內梁振英亦屬邊緣人物。但梁此時藉民意對貧富不均與政治現狀之不滿，以破局者之姿態重新包裝自己。《明報》於二〇一三年二月十三日揭發唐英年於九龍塘大宅違建地下室。唐於十六日晚上召開記者招待會，指違建是其妻子郭妤淺的主意，而郭作決定時二人正處於感情低潮，使其一時不察建築條例之要求。輿論普遍認為唐英年缺乏承擔，把妻子當作擋箭牌。《東方日報》則於廿一日揭發曾蔭權曾接受富商款待，搭乘其私人飛機及豪華遊艇。到廿三日該報又揭露曾以低於市價租金租用黃楚標位於中國深圳的複式單位，而曾早前曾經向黃的香港數碼廣播發出電台牌照。

這些醜聞激起市民對唐英年及現政權之不滿，梁振英破局者之形象因而一度能籠絡人心。香港大學民意研究計劃的追蹤調查顯示梁振英的支持度由一月中的百分之四十二點九，增至二月底的百分之五十一點二，而唐英年的支持度則由百分之廿九點七滑落至百分之十八點五。根據有線電視委託港大民調於三月中進行的調查，二人的支持度分別是百分之四十四和百分之廿。唐英年大勢已去，不少支持他的盟友轉為支持梁振英。在三百九十名提名唐的選委中，最終只有兩百八十五人堅持投他一票。

但梁振英無法鞏固這幾個月的民望。在三月十六日的電視辯論中，唐英年絕地反擊，指梁振英於二〇〇三年七一大遊行後在行政會議中表示香港終有一日要出動防暴隊，以催淚彈對付香港人。當時唐身為工商及科技局局長，與梁振英同屬行政會議成員。唐英年亦指梁振英干預傳媒運作，欲以縮短牌照時限要脅商業電台。而常在商業電台抨擊特區傀儡政府的主持鄭經翰與黃毓民，亦在二〇〇四年於壓力下宣佈終止其電台節目。雖然唐英年無法扭轉乾坤，但他提醒香港人梁振英立場極為親共，對自由、民主、人權等核心價值缺乏尊重。梁振英未當選，其民望就已迅速崩盤。

香港大學民意調查計劃於三月廿三至廿四日舉行民間投票，但其電子投票系統卻被黑客攻擊。大批香港人無懼打壓，紛紛到實體票站投票表態，最終有二二二、九九〇位市民參與投票。考慮到實體票站之數目遠不及正規投票，這數字能反映出香港人對行政長官候選人有很強烈之意見。最終有百分之五十四點六投票者投棄權票，支持梁振英、唐英年和何俊仁的分別有百分之十七點八、百分之十六點三和百分之十一點四。香港人踴躍參與無法定權力的模擬選舉，為的是要宣示對所有候選人，以及香港不民主的政治狀況之不滿。

選舉委員會於三月廿五日推選行政長官。一、二〇〇名選委中，有六八九人支持梁振英，使其成為繼董、曾以後，當上行政長官的第三人。梁振英於二〇一二年上半年的支持率為百分之四十七點一，反對率為百分之四十一點五，支持淨值僅為百分之五點六。這意味著梁振英上任後不會有蜜月期。梁振英當選後，其山頂大宅亦於六月廿一日被《明報》揭發有違建物，令香港人有理由相信他早前破局者之形象，不過是為奪權而作的政治化妝。到梁振英上任後之後半年，其支持率降至百分之卅七點八，反對率增至百分之四十六點四，民望淨值為百分之負八點三。行政長官及特區傀儡政府之後的民望亦不斷拾級而下。

梁振英政權之親共作風，令香港人擔心港人治港將淪為共產黨治港。港中經濟不對稱融合，而中國官員在港日趨高調，強世功與曹二寶之見解似乎已正式成為中國殖民統治香港之方針。年輕一代因而產生抗中保港的意識。

陳雲之《香港城邦論》，於此時成為部分年輕人之聖典。陳雲主張港中區隔，以維持香港城邦自治的格局，道出了香港人潛藏於心底，卻又因政治不正確而不敢宣之於口的想法。陳雲勇於攻擊在港中國人影響民生的不文明行為，但卻會以激烈言辭把中國旅客和雙非嬰兒斥為蝗蟲。其論據亦多建基於香港人之族群優越感（陳雲，二〇一一）。陳雲於社交網路上，常會作出瘋狂言論，以怪力亂神之說批評中國（李葦，二〇一三），卻因而能招聚到一批激進本土派。激進本土派的年輕人未必完全相信陳雲之瘋狂言論，但這些言論卻又能替他們吐一口烏氣：畢竟他們的生活已被中國人打擾，求學機會遭來自中國的大學外來生搶佔，而香港的政治亦籠罩在中國的陰影下。他們聽見陳雲以逗趣之方式批評他們的敵人，亦不介意裝癲扮瘋地做個快樂的抗爭者（陳雲，二〇一〇）。

激進本土派常訴諸激烈言辭，並不時以瘋言瘋語自娛，使他們的抗爭淪為情緒上之宣洩。當陳雲偶然認真討論時，又會訴諸華夷變態論，主張要透過香港城邦自治復興華夏（陳雲，二〇一三a）。固然，嶺南自屈大均以來，就有以自命華夏正統來確立本土身分之傳統，但以現代觀點看來，這種做法流於大中華中心主義，無視嶺南自漢化前就流傳的固有傳統文化。香港除嶺南文化外，亦吸收了不少來自西方的價值觀。無疑這地方曾從避秦南來的文人那邊吸收華夏文化，但這只是香港文化的其中一種思想資源。香港文化，是百越文化、東亞文明與西方現代文明的結晶，三者缺一不可。香港文化強調的，是兼收並蓄，而不是死守正統。而這樣激進本土派的激烈言行，令溫和者側目；自命華夏正統的論述，又與香港人之生活脫節，未能壯大為香港社會之主流（參後記及跋）。

雖然激進本土派以憤恨動員，但世上沒有無緣無故的恨，與其將一切歸咎於民粹主義，倒不如溯本清源正視民怨。第一波本土運動之抗爭者多為左翼人士，只願意為普羅大眾作階級抗爭，卻偏向不肯正視國族間的衝突。他們多相信所謂的「北進殖民論」，認為香港人之前一直在中國「北進殖民」：他們忽略了北京是透過縱容香港商人進行剝削，以鞏固中國帝國主義規劃下的商共聯盟，並促進中國對香港之殖民（圖16.1）。他們看見在香港之中國移民生活困苦，但卻不知道中國自古以來就喜歡派貧民到邊疆拓殖，美其名為「實邊」。而中國亦以強制及自願之殖民增加漢人於內蒙古、西藏與新疆的人口比例，藉此欺壓原住民並鞏固其帝國主義統治。

他們開展了本土認同的社會運動，卻又不肯強調港中有別，不肯批評為香港帶來困擾的中國人。第一波本土運動的參與者在港中融合之大勢下集體失語，使他們被後來的激進本土派譏為「左膠」。雖然激進本土派之激憤言辭令人咋舌，但確是道出其他人不敢正視的事實：香港人與中國人屬於兩個不同的命運共同體，而香港正遭受中國的帝國主義侵略。年輕一代的香港人對中國的殖民統治甚為抗拒，開始渴望脫離中國獨立。在二〇一二年的一項調查中，支持香港在中國政府允許下獨立的年輕受訪者，僅比反對獨立的少百分之二點二四。而在受過大專教育的年輕受訪者中，支持獨立的比反對獨立的多，雖然兩者的差別仍在誤差範圍內（陳智傑、王慧麟，二〇一三）（表18.9）。這次調查也許是為了政治正確的緣故，採用了社會調查理當迴避的既定觀點問題（loaded questions），是為其不足之處[1]。不過之後香港中文大學新聞與傳播學院傳播與民意調查中心於二〇一六年七月中就二〇四七年前途問題[2]進行的調查，縱然沒有以既定觀點問題發問，亦有類似的發現。該調查顯示有百分之十七點四的受訪者支持香港於二〇四七年後獨立，而在十五至廿四歲群組中支持率接近四成、而且比反對的比率高。而受訪者學歷愈高，亦愈傾向支持港獨（《端傳媒》，二〇一六年七月廿五日）。

1 要避免既定觀點問題，問題的選項應為「應該獨立」，而不是「在中央政府允許下應該獨立」。不過接受陳智傑和王慧麟委託進行調查的香港大學民意研究計劃，其身分認同民調一直被親中輿論攻擊，指其意圖離間港中關係。這次調查以「在中央政府允許下應該獨立」為選項，應是為了避免「煽動港獨」的指責，也是無可厚非。

2 《聯合聲明》及《基本法》均指明香港的資本主義制度「五十年不變」，而二〇四七年七月一日就是這項承諾的期限。

表18.9——二〇一二年八月各年齡階層對香港前途的選擇

	所有受訪者	十八至卅歲	十八至卅歲，大專或以上學歷
香港居民自行決定	6.0%	8.99%	8.47%
在中央政府允許下應該獨立	35.0%	42.70%	45.76%
不應該獨立	52.2%	44.94%	43.22%
唔知／好難講	5.8%	2.81%	1.69%
其他	1.0%	0.56%	0.85%

資料來源：陳智傑、王慧麟，二〇一三

公民國族主義與功敗垂成的雨傘革命

雖然激進本土派只是躁狂的小眾，但他們並不是唯一一批注重本土身分的香港人。港大民調自二○○八年末，一直顯示香港人之香港認同越來越強，而其中國認同則如日落西山，這明顯不是少數激進派所能造成的。在共產黨治港日益猖獗的形勢下，香港人特別是年輕一代均有保港抗中之意識。一種以公民身分界定香港的公民國族主義逐漸成形。在這種國族主義觀點下，只要願意為香港本土獨特身分及公共利益而付出者，不論其階級血緣，都是香港的公民，都是香港國族的成員。二○一二年的夏天，這種公民國族意識激發新一波的本土運動。

自主權移交後，香港教育界的親共派一直都有所蠢動，在各科目教材中偷渡中國國族主義的內容，藉此荼毒香港學生。但這些洗腦教育一直都只在暗處鬼祟進行。特區傀儡政府於二○一一年中明目張膽地提出要在中小學設德育及國民教育科，並於次年五月公佈課程指引。該指引並不強調以批判思考理性地認識中國，只一味要求學生不經大腦地表達對中國之愛慕。中學生組織學民思潮對此表示不滿，並要求與新任教育局局長吳克儉對話。

此時傳媒揭發由親共學者薛鳳旋領導的浸會大學當代研究所在教育局資助下，編撰《中國模式：國情專題教學手冊》。該手冊片面地介紹中國之正面發展，並毫不羞愧將中共形容為所謂的「進步、無私與團結的執政集團」。民憤亦因而全面爆發。在八月初的民調，有百分之六十一受訪者表示國教科應被擱置。學民思潮等抗爭者於八月底開始在政府總部外的公民廣場集會，到九月一日林朗彥、黃莉莉與凱撤絕食五十六小時，隨後由大學生、家長及學者接力。到九月初公民廣場連夜均有萬人集會，到七日不少香港人穿上黑衣抗議，該晚有逾十二萬人包圍政府總部。最終梁振英只得於八日黃昏決定讓步，將國教科之開設與否交由學校決定，並承諾於任期五年內不會再推動國教科獨立成科。抗爭結束後，政府於十月八日按德育及國民教育科委員會之建議，擱置激起爭議的課程指引（學民思潮，二〇一三）。

年輕抗爭者奮起抵抗中國黨國主義之入侵，使他們超越了死抱大中華文化主義的上一代。他們明白在中共建政逾六十年後，中國早已是黨國不分，愛國不愛黨亦為脫離現實之空想。香港人特別是年青一代均樂於活在家國之外，決定要對自己誠實，做個百分百的香港人，拒絕任何形式的中國國族主義（羅永生，二〇一三）。部分較激進之人士，更直接挑戰大中華文化主義者，反對港式愛（中）國主義這種未能完全忠於本土之想法。在支聯會中的大中華文化主義者，卻未能感受到本土化之社會大勢。他們以「愛國愛民、香港精神」為二〇一三年悼念六四慘案燭光晚會之口號。這口號與中國政府的文宣出奇地相似，激進本土派固然憤怒地要杯葛大會，較溫和的參與者亦深感不安，令支聯會只得在群眾壓力下撤回口號。在次年六四慘案廿五週年的燭光晚會，支聯會邀請年青一代帶領集會，並強調六四慘案是本土回憶中之大事。不過，這年激進本土派決定另起爐灶，於尖沙咀文化中心外發起以「本土、民主、反共」為題之集會。

從表面上看，二〇一四年的維園燭光集會有十八萬人參加，而尖沙咀的晚會則只有七千人參加，但這並不代表大中華文化主義之勝利。自六四慘案以來，香港人每年均在維園集會，悼念自一九八九年來確定淪為亞細亞的孤兒之苦情，這個儀式即使充斥大中華文化主義意識，亦無可否認是香港國族精神（national psyche）不可或缺的一部分。而六四燭光晚會之參與人數，二〇〇八年前平均大約四至五萬人，但此後香港本土意識抬頭，參與人數卻增加至動輒逾十萬人。新參與者多為本土認同強烈的年輕一代。他們參加晚會，多是為了守護記憶以及向中共抗議，不太可能是受大中華文化主義感召。除此以外，舉辦尖沙咀晚會之熱血公民的領袖黃洋達為具爭議性之人物。他與黃毓民友好，令後者退出人民力量與他另組熱血公民，過程中與不少人結怨。尖沙咀集會較少人參與，與其說是本土意識之失敗，倒不如說是因為民眾對機會主義者之不信任。

在梁振英政權之配合下，中國大有要收緊對香港控制之勢，亦開始有消息指二〇一七年的行政長官普選，候選人要先為中國政府篩選。溫和派覺得溫和談判路線再無出路，便考慮採用更進取之抗爭手法。在二〇一三年，法律學者戴耀廷教授與朱耀明牧師，及曾於二〇一〇年步入中聯辦談判的陳健民教授發起佔領中環運動。他們建議以審議民主方式制訂政改方案，若北京不就此方式正面回應，則佔路抗爭。不過，這做法被激進派批評為書生論政，而三子亦久未發起社運，與前線抗爭早已脫節。不論如何，他們發起三次商討日之後，提出了三個政改方案，讓市民於二〇一四年六月底透過港大民調協辦的民間公投選擇。最終有七十八萬位市民參與投票，而真普選聯盟的方案則得到最多支持。該方案建議行政長官候選人可用三種方式產生：候選人獲得百分之一選民提名，或是得到政黨或提名委員會的提名，即可獲提委會確認其候選資格（羅永生，二〇一四）。

但北京無意向香港人退讓，反倒對香港採取強硬政策。中國國務院於六月十日發表《一國兩制白皮書》，斥責香港人對一國兩制和《基本法》缺乏「正確」認識。白皮書強調中國為單一制國家，中央政權享有統治香港之絕對權力：

> 中華人民共和國是單一制國家，中央政府對包括香港特別行政區在內的所有地方行政區域擁有全面管治權。香港特別行政區的高度自治權不是固有的，其唯一來源是中央授權。香港特別行政區享有的高度自治權不是完全自治，也不是分權，而是中央授予的地方事務管理權。高度自治權的限度在於中央授予多少權力，香港特別行政區就享有多少權力，不存在剩餘權力。（中華人民共和國國務院

新聞辦公室，二〇一四）

而中國政府在白皮書的結尾，亦不忘恐嚇香港人：

> 同時，還要始終警惕外部勢力利用香港干預中國內政的圖謀，防範和遏制極少數人勾結外部勢力干擾破壞一國兩制在香港的實施。（中華人民共和國國務院新聞辦公室，二〇一四）

言下之意，共產黨是鐵了心要對香港實行威權殖民統治，並強調中國對這片殖民地擁有絕對權力。除此以外，北京警告香港人若膽敢為自己的應有權益抗爭，就會被視為中國的敵人。

與中國政府強硬派關係密切的《環球時報》，亦發表貶損香港人民意之社論。該社論指中國對香港事務有發言權，而中國人的數目遠比香港人多，是以香港人只能向人多勢眾的中國帝國主義屈服：

> 香港非法公投人再多，也沒十三億人多……一個最簡單的道理是，香港《基本法》同時反映了整個國家的意志，在香港政改的核心問題上，十三億中國人同樣有發言權。（《環球時報》，二〇一四年六月廿三日）

這代表中國的外來殖民霸權，已立心要將自己之意志，橫蠻地凌駕土生土長香港人之意願。

中共動員香港的親共和保守勢力，以對抗佔領中環等公民抗爭運動。親共社會團體動員其社區網路，而中資公司亦強逼其員工參與這些反本土、反民主的運動。他們首先發起所謂的「反佔中簽名運動」，並聲稱收集到一百五十萬個簽名。這個數目雖大，但並不像民間公投或以往民主派的簽名運動那樣核對參與者身分，其公信力極其可疑。他們在八月十七日發起的遊行有七萬八千至八萬八千人參與，人數只有同年的七一民主大遊行的一半。有線電視記者偷拍到有團體派錢誘使他人參與遊行，而《明報》、《蘋果日報》和Now新聞的記者亦發現類似情況。遊行人士中有來自中國的來客，其中一位向記者表示她參與遊行是為了去購物。中國為了殖民香港，不惜以下流手段偽造民意，撕裂香港社會。

人大常委會於八月卅一日公佈二〇一七年行政長官的產生辦法。他們決定一千兩百人提名委員沿用現有選舉委員會的小圈子模式產生，每屆選舉只限有二至三位候選人，每位候選人均要得到超過一半提名委員提名方可參選。由於大部分提名委員將會來自親共或親商背景，而根據往績，民主派很難取得超過四分之一提委會席位，這意味著民主派根本沒有可能參選，而所謂「普選」亦不過是沒有選擇的偽選舉。在二〇〇八及二〇一二年，由於當年參選門檻只須八分之一選委提名，梁家傑和何俊仁能先後代表民主派出選。真正的民主選舉，不只是一人一票的投票權，亦包括了公平的提名權和參選權，令選民能夠有真正的選擇權。提名委員會的篩選，是要將選擇權置於由親共及親商人士主導之提委會，令選舉淪為讓民眾追認親共精英決策的空洞禮儀。

專上學生聯會於九月廿二日發起大專罷課，次日於中文大學大學廣場的集會有逾萬人出席。廿六日學民思潮發起中學生罷課，該晚召集人黃之鋒號召群眾奪回被政府以圍欄封閉的公民廣場。防暴隊清場後，黃之鋒等七十四人於次日被捕。市民於廿七日晚到金鐘政府總部外集會抗議，大批市民通宵留守，一直對佔街抗爭猶豫不決的戴耀庭教授亦被逼於凌晨宣佈開始佔領行動。但此時佔領中環團隊已失去抗爭行動的主導權，大批市民自發地加入抗爭，並在金鐘夏慤道佔路留守。警方於廿八日對抗爭者施以暴力，向佔路民眾濫發八十七枚催淚彈，並大批施放胡椒噴霧。手無寸鐵的和平抗爭者只能用雨傘遮擋警方的各種武器，市民負隅頑抗的畫面於國際傳媒廣傳，令這次抗爭被譽為雨傘革命（Umbrella Revolution）。

抗爭者以野貓式抗爭應付警方的鎮壓，他們不斷轉進，並伺機重新集結，這樣反而令佔街抗爭遍地開花。之後抗爭者一直佔領了金鐘、銅鑼灣和旺角的主要道路。警方鎮壓失敗後暫時休養整備。這時候，立場親共的流氓開始暴力襲擊抗爭者，當中又以旺角之戰況最為激烈。在場的警員目睹事發經過，卻故意袖手旁觀，甚至選擇性執法，眾目睽睽下放過鬧事流氓。即或如此，抗爭者仍暫能守住各個據點。十月八日，澳洲傳媒揭發梁振英上任前，將戴德梁行賤價賣予UGL公司，卻暗中收取該公司五千萬港元，作為促成交易之報酬。梁未有依法將相關收入向當局申報。如此進一步激起民憤，壯大抗爭之聲勢。

但佔路抗爭逐漸演化為陣地持久戰，令整場運動迷失方向。學聯及學民思潮在九月底錯過了把行動升級的最佳時機，到十月他們開始想要升級時，警察也已做好佈防、民心亦已開始動搖。[3]而同時部分激進抗爭者則開始指責學聯和學民思潮等主導抗爭的「大台」過於溫和，未有進一步將行動升級。當時港中兩地政府均無誠意對話，抗爭者亦擔心警方會使用橡膠子彈向民眾開槍，部分人更擔心中國會動用其駐軍。經過一輪討價還價後，學聯五位代表與政務司司長林鄭月娥等五位官員於十月廿一日在傳媒直播下對話。雖然學聯爭取到市民對抗爭者之好感，但基本上整場對話不過是雙方在自說自話。十一月十五日，學聯秘書長周永康等人欲啟程到北京，謀求與中國官員對話，但中方事先註銷他們的通行證，令他們無法登機。這時候抗爭已呈膠著狀態，抗爭民眾亦感到疲憊。到卅日學聯與學民思潮盡最後努力，

3 據悉當學聯和學民思潮終於能下定決心升級時，發起佔領中環的戴耀廷、陳健民等人卻指出民心浮動、警方又準備充足，他們不想因冒進而失民心，更不希望有抗爭者因行動升級受傷。這場爭議過後，戴、陳等人逐漸淡出決策圈子（參《端傳媒》，二〇一五年十月三日）。

動員民眾將行動升級，以圖包圍封鎖政府總部，但他們早前未有一鼓作氣，令民氣再而衰、三而竭，如今再也召集不到足夠的抗爭者對抗準備充足的警方。

而早前潮聯小巴向法庭申請旺角佔領區的禁制令，冠忠巴士則申請金鐘佔領區之禁制令。警方趁民氣轉弱，便以協助執行禁制令的名義清場，先在十一月廿五至廿六日驅逐旺角的抗爭者。黃之鋒等學民思潮成員於十二月一日起絕食，但未能挽回劣勢。警方於十一日在金鐘清場，拘捕逾兩百位抗爭者，到十五日清除餘下的銅鑼灣佔領區。雖然之後仍有示威者於旺角作突發式抗爭，但為時七十九日的雨傘革命無可挽回地要以失敗告終（區家麟，二〇一四；Ng 2016）。

雖然雨傘革命最終未有遭到血腥鎮壓，但過程中抗爭者與警察的衝突，卻令人印象深刻。抗爭者遭警察暴力對待之事，時有所聞。在十月十五日凌晨，抗爭者堵塞了龍和道，而那是當時中環與灣仔之間最後一條仍能行車的幹道。警方隨後增援打通龍和道，拘捕了涉嫌向警員潑不明液體的公民黨黨員曾健超。黃祖成、劉卓毅、白榮斌、劉興沛、陳少丹、關嘉豪和黃偉豪這七名警員，將曾健超拉到附近的暗角拳打腳踢，整個過程被附近的新聞記者拍下（《明報》，二〇一四年十月十六日；《立場新聞》，二〇一六年五月卅日）。在十一月廿六日，警官朱經緯以警棍從後頸襲擊手無寸鐵的路人，事後卻若無其事的宣稱警棍只是手臂的延伸（《端傳媒》，二〇一五年十二月十五日）。除了使用武力，傀儡政府亦濫用司法程序向抗爭者秋後算賬。在整場革命，警方拘捕了九百五十五人，但只有四十八人遭撿控，而當中超過一半案例經裁判後因證據不足而不能入罪，甚至需要撤銷控告。有論者認為當局透過濫捕濫控，以圖向抗爭者施以不必要的壓力（《蘋果日報》，二〇一五年六月十六日）。

不過，這樣失敗的革命卻是香港公民國族主義抗爭的第一擊。這場革命喚醒年青抗爭者的政治主體性，雖然他們是失敗了，但畢竟已感受到團結的力量。他們比在六四慘案受難的中國學生幸運，由於香港是國際都會，中國投鼠忌器而未有以軍隊鎮壓，香港抗爭者亦因而得保住性命。而對於香港這個高度發展的經濟體系，北京已不能像一九九〇年代在中國那樣，以高速增長收買人心。當年中國人從三餐不繼，到短期內得到溫飽，家中添置電視、冰箱和洗衣機，自然容易心存感激，但這招對物質生活豐盛的香港並不管用。而香港年輕一代之非中國化，已是不可逆轉之潮流。在雨傘革命發生的二〇一四年末，十八至廿九歲的受訪者之中，認同自己是廣義中國人的只有百分之十七點五，認同自己是純粹香港人的則佔大多數，有百分之五十九點八（表18.2，圖18.2）。在這種情況下，只要香港和中國的政治環境稍為改變，這群年輕抗爭者便會想將雨傘革命重演一次，寄望這一次可為香港帶來不同的命運。

雨傘革命結束後，部分年輕抗爭者開始尋找代罪羔羊，激進者怪罪主流派不夠進取，又未能棄絕大中華文化主義之餘毒。在金鐘的抗爭者，覺得旺角的抗爭者太衝動；曾在旺角直接對抗暴力的抗爭者，卻覺得金鐘那邊太理想主義、養尊處優。對於十一月卅日失敗的升級行動，溫和的覺得冒進、勇敢的覺得來得太遲、亦有參與者覺得遭「大台」的發起者「出賣」（Ng 2016）。這樣的路線之爭，雖是惱人的，但卻是每一個新興國族必經之陣痛。

雨傘革命的失敗，並非香港國族故事的終結，甚至亦非其終結之開端。這場革命見證著香港公民國族主義之誕生，標誌著香港故事正式開始。香港人並未有因一時的挫折而放棄。就如詞人林夕和Pan（羅曉彬）於革命期間填詞的〈撐起雨傘〉所言，雨傘革命喚起香港人對自由、幸福和尊嚴的堅持，將不枯也不散：

> 靜坐人海　你我非不怕
> 會畏懼這樣下去怎辦

但是人生　到了這一晚
更怕未表白內心呼喊

站在前方　勇氣驅不散
卻信越怕命運更黯淡
但是誰想　要看穿荒誕
卻會在催淚下睜開眼

一起舉傘　一起的撐
一起儘管不安卻不孤單　對嗎？
一起舉傘　舉起手撐
一起為應得的放膽爭取　怕嗎？
任暴雨下　志向未倒下
雨傘是一朵朵的花　不枯也不散

為著明天　要記得今晚
你我用鎮定面對憂患
若是人生　錯過這一晚
怕再沒機會任意呼喊

一起舉傘　一起的撐
一起儘管不安卻不孤單　對嗎？
一起舉傘　舉起手撐
一起為應得的放膽爭取　怕嗎？
任暴雨下　志向未倒下
雨傘是一朵朵的花　不枯也不散

後記

銅鑼灣書店
永利
SUM WING
大藥房
NG LEE DISPENSARY
銅鑼灣書店
請上一樓
銅鑼灣書店
永利大藥房
SUM WING
政府註冊
正貨
免稅藥房

銅鑼灣書店以出版及售賣關於中國政治內幕的書籍而聞名。
其負責人於2015年先後離奇失蹤，其店長林榮基於翌年逃脫，
並向傳媒披露中國當局於事件中的角色。（作者攝）

後記：革命過後

二〇一四年十二月十一日，雨傘革命即將步入尾聲。警察於該日執行法庭禁制令，在金鐘夏慤道的佔領區清場。早前學聯和學民思潮於十一月卅日宣佈將行動升級，動員民眾包圍政府總部。只是革命曠日持久，香港人的抗爭意志大不如前，令抗爭者遭遇滑鐵盧。大勢已去，抗爭者亦決定和平結束。在清場前夜，大部分留守者皆已搬走物資，並於路障留下「It's just the beginning」的標語，矢志持續抗爭。

約兩百名抗爭者則於夏慤道近添華街聚集，堅持不合作到底，靜待被警察拘捕的一刻。他們包括民主黨元老李柱銘、公民黨主席余若薇、壹傳媒主席黎智英，以及歌手何韻詩等人。清場步入尾聲時，立法會議員毛孟靜拿著揚聲器，高呼：「I'll be back！」（《蘋果日報》，二〇一四年十二月十二日）

金鐘清場後，佔領區即晚就回復車水馬龍，人事全非。旺角和金鐘的抗爭先後落幕，本非抗爭焦點的銅鑼灣佔領區，亦於十五日黯然落幕。歷時七十五天的雨傘革命，還未爭取到什麼成果，就無疾而終。雖然抗爭者多矢言繼續抗爭，但士氣低落，社會瀰漫著無力感。革命期間早已有種種路線之爭：旺角與金鐘之爭、勇武抗暴與非暴力抗爭之爭、本土關懷與普世價值之爭。挫敗的民眾，就在林林總總的路線中尋找代罪羔羊（Ng 2016）。而一直有份帶領金鐘抗爭的學聯，被一些青年指為怯懦而且具大中華情結，從而在翌年幾乎遭到滅頂之災。

於二〇一四年平安夜，香港大學學生會刊物《學苑》前副編輯王俊杰等香港大學學生成立「退出學聯關注組」。他們認為學聯於雨傘革命時領導無方，尤其要對十一月卅日升級失敗負責。而學聯作風有欠透明，又是以學生會而非學生為成員，個別學生無法下情上達，批評者認為如此令學聯脫離群眾，是革命失敗的原因。除此以外，一些大學生亦不滿學聯的意識形態，認為他們偏向左翼和大中華，未能代表本土派的學生（香港城市大學學生會退出學聯關注組，二〇一五年四月廿五日通告）。

據筆者一些支持退聯的朋友所言，他們只是想給學聯一些教訓，沒想過真的能掀起退聯風潮。在二〇一五年二月，香港大學一連五日舉行學生公投，結果有二、五二二票支持退聯，二、二七八票反對。香港大學學生會以些微票數，成為率先脫離學聯的學生會（《蘋果日報》，二〇一五年二月十四日）。

此後嶺南大學、香港理工大學、香港浸會大學和香港城市大學亦先後發起退聯公投。當中退聯議案於理大、浸大和城大均獲大比數通過（嶺南大學學生會退出學聯關注組，二〇一五年三月十二日通告；理工大學學生會評議會，二〇一五年三月十三日通告；《蘋果日報》，二〇一五年四月廿三日；香港城市大學編輯委員會，二〇一五年九月廿六日）。原先有八間大學學生會參與的專上學生聯會，至今只餘下四個成員。抗爭陣營紛爭不息，而一些機會主義者又於網路以激憤評論爭取支持，令網上論戰無日無之（參李葦，二〇一三）。民間社會的信任陷入冰點，要莫忘初衷、持續抗爭，很多人不禁疑惑：還可行嗎？

不過抗爭者的紛爭，可以說是路線之爭。親中派之表現，卻是一齣鬧劇。中國人大常委會於二〇一四年八月卅一日的決議，規定要由非普選產生的提名委員會提名二〇一七年之後行政長官選舉的候選人。每名候選人均須得到半數提名委員的支持，而每屆只能有二至三位候選人。香港人之後雖然能於行政長官選舉中投票，但實際上他們只能確認親中精英於選前作出的選擇。傀儡政權之後按所謂「八三一決定」，向立法會提交《基本法》附件一的修改法案。而該法案須得三分之二議員支持，再經行政長官同意後上報人大常委會批核，「八三一決議」的規定才會付諸實行。

傀儡政府於二〇一五年四月廿二日發表公共諮詢報告，並提交正式方案。也許香港人覺得能投票總比沒票好、也許於雨傘革命失敗後無奈接受現實，香港人對行政長官選舉方案意見分歧，而接受方案的香港人比反對者略多。根據香港大學、香港中文大學和理工大學於四月至六月的民意調查，有四至五成的受訪者接受方案，反對者則有四成左右。反對方案的香港人立場較為堅定，覺得「袋住先」就等同「袋一世」：方案通過後，中國政府就可以宣稱已經達成《基本法》中普選行政長官的目標，拒絕再承諾進一步改革。而通過方案，亦等於向國際社會宣佈香港人已欣然接受那限制重重的選舉制度。

民主派雖然剛好掌握三分之一否決權，但部分議員卻舉棋不定。他們不清楚應該跟從人數略多而接受方案的民意，還是接受意志堅定而非屬少數的反對意見。若然民主派陣營有議員變節支持方案，那就湊不足三分之一議員去否決方案。然而之後事態發展卻完全出乎意料之外。

立法會於六月十七日下午開始審議方案，到翌日中午，已經沒有議員要求發言。主席曾鈺成議員再三詢問是否有議員仍未發言，尚未發言的親中派議員默不作聲，主席就決定進入表決程序。在最後一刻，林健鋒議員突然提出要求休會十五分鐘，但主席以表決程序已開始而拒絕要求，可是一眾親中派議員似乎未有聽到主席發言，已紛紛離開會議廳，在場只剩下九位親中派議員。到表決時，一位在場親中派議員明顯未進入狀態，未有投票。結果行政長官選舉方案，就離奇地以八人贊成，廿八人反對的情況下遭否決。

親中派議員之後會見傳媒，指他們之所以表決時集體離場，是因為想等候尚未到場的劉皇發議員（《蘋果日報》，二〇一五年六月十九日），但之後親中派在網路群組的對話流出，卻顯示他們是因溝通混亂而意外離場（《東方日報》，二〇一五年六月廿四日）。原本傀儡政府可挾那四至五成接受方案的民意，抹黑民主派罔顧保守的主流民意，只是如今卻出現「等埋發叔」的鬧劇，令傀儡政府極為尷尬。

香港國族主義論述的大爆發

在雨傘革命前後，香港人亟欲尋找出路，亦想於中國帝國主義強權壓境之景況下為自己定位。香港人，尤其是自孩提時代就在香港長大的年輕人，因而受到新興香港國族主義思潮觸動。他們有的只是珍惜香港舊風物、或是想保衛香港既有優良制度，但一些進取者已思考到獨立建國的層次。而此時香港的國族主義論述，可分為三大流派：首先出現的，是陳雲提倡的文化國族主義（cultural nationalism）。隨後公民國族主義於《香港民族論》推出後就與陳雲《香港城邦論》並立，到後來一些民主派人士則提倡不觸碰統獨底線的溫和本土路線（Wu 2016）[1]。

（一）文化國族主義

民俗學者陳雲於二〇一一年十二月出版《香港城邦論》，是香港國族發展史上的關鍵時刻。不論之後其他香港國族主義如何看，也不能否認陳雲是主權移交後首位提出香港國族主義觀點的公共知識人。陳雲指出香港乃有異於中國的城邦，這一點可說是所有香港國族主義者以至是部分民主派的最大公因數。然而，陳雲選擇以族群政治的方式演繹香港首套國族主義論述，卻惹起極大爭議，亦令保守人士不分青紅皂白排斥隨後其他國族主義論述。但陳雲於二〇一三年的一篇著作中，如此為其政治路線辯護：

> 香港政治運動的主體，是本土政治，政治運動的動力，是族群政治。這是香港政治鬥爭唯一的生

> 路，沒有第二條……甚麼是族群政治？只要當你的抗議主題，成為無可反駁的本土族群利益依歸和政治禁忌的時候，就無人敢打擊你，因為打擊的人除了和族群為敵之外，也是打擊自己的利益。族群鬥爭是毋須說服就可以動員起來的。香港處於弱勢，係香港人，就要反雙非、反蝗蟲（按：指在港中國人）。唔反雙非、唔反蝗蟲，你就唔係香港人，係賣港賊。（陳雲，二〇一三a）

香港引入中國遊客自由行後，大批中國人濫用政策漏洞，到香港購買並走私民生用品、孕婦逾期居留產子與香港產婦爭奪醫院床位。大批中國遊客在香港街頭活動，亦使香港人親身見證港中兩地之文化差異。陳雲也許是想將這些民憤作為其政治本錢。然而，他排斥中國人，卻以華夏文化為其族群政治的理論根據。自共產黨以黨國主義再造中國後，中國就不再是華夏文明之中心，反倒淪落為文明淪喪的蠻夷之地，當中的住民亦無可避免會走向墮落：

> 地獄鬼國，匪黨賊民。中共是蘇聯境外殘餘的法西斯殖民政權，本性有如失去故鄉的盜匪、外太空投擲到地球的病毒。成立革命黨至今，中共做盡冠絕古今、慘絕人寰的凶殘事……被中共殘害幾代的大陸人，都因為幾代人啞忍暴虐而扭曲本性，成為中共的合謀人。（陳雲，二〇一一）

就如民族國族主義（ethnic nationalism）那樣，陳雲的論述將香港人的歷史作浪漫化的投射（Greenfeld 1993, Chapter 4, Part II, III）。不過陳雲並沒有訴諸於香港人的血緣，而是指出香港先民承傳正統的華夏文

1 吳叡人老師將此書初版歸類為第四條路線，惟晚生愧不敢當。畢竟此書只是香港國族史，並無提出政治主張。晚生會將自己歸類為公民國族主義者。因此本書將香港國族思潮，分為文化國族主義、公民國族主義和溫和本土主義三大路線。

化，並在英國管治下得以逃避共產黨的文化清洗，使香港成為蠻荒地帶旁邊的王道樂土。他指出：

> 香港最早的移民來自南宋……及後明、清、民國及共產中國的移民，都是不滿中原政權，南下香港避秦的自由人。由於地方偏遠，明清兩朝也並無直接統治香港，英國統治香港之後，更阻隔了滿洲以後的中國暴政，令香港休養生息，可以保持嶺南文化、閩粵精神及上海商業氣息，並融入英國的法治、理性務實及愛好大自然的西方文化。（陳雲，二〇一一）

這段敘述，雖帶點神秘樂觀，卻也算符合基本歷史事實。但陳雲並不滿足於把香港視為東西交匯的獨特區域。他認為香港保存了華夏正統，這一方面確立香港自治的正當性，另一方面也代表香港有著復興華夏的特殊責任。誠然，港中區隔是陳雲論述的中心思想。他認為當代中國已墮落得無可救贖，從而反對香港人參與或支持中國的民主運動。他認為：

> 香港偶逢歷史因緣，保留中華遺教，繼承英國制度，中英文化之精華，不意兩者兼得，有若微子之抱祭器出走，保存文明禮樂（「存祀」）。九七之後，香港亦遭逢不幸，要親自抗拒暴政，再無寄託英國之憑藉。中共來自蘇維埃境外殖民政權，所謂「王者不治夷狄」，香港與中共無親，不是比干之於紂王，不必撲上去保皇，不切實際地感化暴君，如此只會落得慘死收場……
>
> 香港人托庇於英國的殖民統治，「披髮佯狂以為奴」，忍氣吞聲，明哲保身，保存了華夏文化，也是現代憲制及英國典章制度，復興中華……華夏講究的，不是軍事，不是主權，而是道統。道統在香港，香港就可以自治自立，鞏固香港，復興華夏（陳雲，二〇一三a）。

香港保存了在中國淪喪的正統華夏文化，得到了道統，藉此可提倡香港自立的文化國族主義。這與清帝國一統東亞大陸後，日本人的華夷變態論、以及朝鮮的小中華思想頗為類似。但以華夏文化推行城邦自治，背後是附有條件的：香港要成為垂範天下的華夏復興基地。在後文會提及有批年輕的香港國族主義者希望能超越陳雲，不時會參考臺灣獨立運動的經驗，主張以公民國族主義爭取香港獨立為主權國家。陳雲卻很反對新一代「去中國化」的傾向：

> 香港能否去中國化？……日本是有自身的、深厚的日本本土文化，日本是用自身的文化來吸納中華和西洋的……香港沒有自身的本土文化，臺灣也沒有。臺灣不能去中國化，香港也不能，因為兩地都沒有一個在華夏文化進入之前、事先存在的文化主體……香港的本土政治，必須建基於真實的、沉厚的歷史之中，那就是香港人的（按：華夏）遺民身份。（陳雲，二〇一四）

陳雲的文化國族主義，即使再三強調港中區隔之必然，歸根究柢都沒有主張香港獨立。香港的城邦自治，只是重建華夏，創建華夏邦聯的第一步：

> 香港城邦自治，並非要獨善其身，而是要自我完善，成為中華現代化的楷模，使中華天下（華夏文化傳播區）可以締結邦聯，以現代的國體，恢復周朝的天下制度，輔助華夏以文化建國。（陳雲，二〇一三a）

而陳雲的盤算，是要令香港先做華夏文化的模範生，之後再將香港城邦自治的成功經驗向中國各地分享，最終使中國從黨國主義體系，回復周代封建的理想：

> ……中華天下的憲政應由周邊具備自治權力的遺民政權開始——香港、臺灣及澳門，由此三地之政權與中國本土訂立盟約，從而開啟華夏憲政之路……文化方面，也是用周邊地區的遺民文化來促進本土的華夏文化滋長，這是以外圍政治促進本土變化的方法，也是「禮失求諸野」的儒家政治。（陳雲，二〇一三a）

要在現代恢復周禮，似是痴人說夢。但如美國中國研究大師白魯恂（Lucian Pye）所言，中國是個偽裝成國族國家的文明（Pye 1990），而中國在這個過程中，有水土不服的問題。在十九世紀末康有為思索清帝國前路時，有想過如何恢復周代封建的問題（Duara 1995, Zarrow 2012）。當代如蔣慶等政治儒學推動者，亦想效法康有為，主張中國應由半桶水的國族國家復古為昔日的天下體系（葛兆光，二〇一五）。這樣講，陳雲所指的城邦，很可能是以周代城邦的語言，將神聖羅馬帝國的自由帝國城市（Freie und Reichsstädte）的概念以華夏用語本地化。而像法蘭克福、不萊梅等帝國自由城市，其市民的自治權，其實是帝國賦予的特權[2]。這樣，我們便明白一方面陳雲又以族群政治主張港中區隔，另一方面又反對去中國化、否定港獨，甚至在選舉時以「永續基本法」為口號。他那套文化國族主義的前提，是以「華夏邦聯」確立的新封建（neo-feudal）秩序。他終究是反對香港和中國成為一般意義的國族國家，而主張文化建國：中國要發展成鬆散的華夏邦聯，香港則是建基於新封建特權的城邦，兩者之間僅靠共同文化連繫。歸根究底，陳雲主張實踐一國兩制，只是他認為當以較寬鬆的文化連帶去維繫「一國」，而非訴諸於黨國體制的暴力。

陳雲於社交媒體常語出驚人，而且多怪力亂神之語（李葦，二〇一三）。對於未能接受本土思潮的民主派，他一概視為敵人，而無視他們雖然囿於情意結，卻也曾對香港本土權益貢獻良多。到了後期，他的批判對象擴展至其他香港國族主義者，強調他那套文化國族主義是香港唯一的活路。但陳雲之論述最大的問題，是將華夏文化在香港的歷史浪漫化，並意圖透過塑造神話去完成國族建構。然而就如本書所強調，香港文明是在帝國邊陲面對各方文化衝擊後辯證出來，並不應僅視之為華夏文化的傳承。若說沒了華夏，香港就沒有自身本土文化，那不過是大中華沙文主義的看法。而且，香港早已經歷西方現代文明的洗禮，縱然香港文化未有全盤西化，其公民文化早已與西方自由主義銜接。而大部分香港人都已解魅（disenchanted），即使部分香港人仍有宗教信仰，其行為模式已傾向世俗化，在這方面與仍然敬奉鬼神的臺灣有天淵之別。那要靠華夏神話、華夏文化去建構香港國族，又有幾多香港人會投入呢？

不過陳雲義憤填膺地罵盡天下人，倒為他招來了一大批忠心支持者。華夏文化那套雖與香港脫節，但終究是一個有趣而整全的世界觀。主權移交後，香港青年人不論在政治還是經濟都苦無前路，陳雲那套論述既罵盡天下人替青年人出氣，而論述中奇異而整全的世界觀，與千禧年主義（millennialism）的末日宗教論述有幾分相似。而熱血公民的黃洋達和普羅政治學苑的黃毓民，他們都是機會主義的民粹政治家（populist）[3]，比其他人更早意識到本土政治大有可為。兩位一老一少的黃氏，都是魅力型領袖

2 感謝張彧暋博士對此議題之洞見。

3 在政治學的定義中，民粹主義（populism）是一種主張群眾應直接參與政治，並反對建制及非建制精英把持政事的政治意識形態。至於民粹主義是好是壞，政治學家並無定論。歷史上固然有透過民粹主義建立威權政體之事，但亦有民粹政治與民主政治攜手並進的案例。以「民粹主義」為標籤抹黑對手，是不合乎學理之做法（參陳方隅，二〇一五）。本文稱黃毓民與黃洋達為機會主義的民粹政治家，是因為他們能夠因應民情靈活地修正其論述，並以此為反精英政治行動的根據，並無貶斥之意。

（charismatic leader）。雙黃一陳的結合，使文化國族主義發展為所謂「熱普城」[4]的政治路線。雖然這路線不為主流所接受，卻能夠凝聚到一群忠心耿耿的支持者，在採用比例代表制的立法會選舉中，這路線也有機會殺出一條血路。

（二）公民國族主義

雖然陳雲的文化國族主義，是主權移交後第一套整全的香港國族主義論述，而且也啟蒙了一代青年人，只是不少讀過《香港城邦論》或相關著作的青年人，卻對華夏文化沒有感覺，亦覺得標籤他人為「蝗蟲」或「左膠」沒有必要。於是他們閱讀與國族主義相關的學術研究，亦參考過臺灣爭取獨立自主的運動，想要提倡一套與陳雲有異的香港國族主義論述。他們想要的，不是去透過族群或是華夏文化去定義國族，而要透過公民國族主義（civic nationalism），以公民政治參與的方式創建香港國族。

香港大學學生會刊物《學苑》在二〇一四年初刊登了一些探討香港國族主義的文章。在雨傘革命爆發的九月，這些文章連同校外作者之評論（當中第八章為本書之大綱）結集成《香港民族論》一書。《學苑》同學開宗明義，要以社會契約的角度論證香港國族主義之必要。他們受到安德森《想像的共同體》（Anderson 1982）啟發，視香港國族為公民命運共同體。而此命運共同體之成員簽訂社會契約，則是現代民主制度的基石，是國民能享有社會福利之前提：

> 近代憲政民主國家以契約精神立國……每個人由孤立個體締結成政治共同體，成為一國之成員，一方面享受著因公民身份而來的權利，另一方面須履行其義務並效忠所屬的國家。共同體的概念規範出「我們」成為政治的主體，「他者」的概念亦由此產生，而這種「我們／他者」的身份分野成為

分配權責及利益的重要因素。

共同體內的成員以平等的公民身份參與公共事務，發展出互惠、友愛、奉獻、承擔命運等群體德性，共同捍衛一國之文化、傳統、天然資源、政治價值及公民的自由和尊嚴。即使成員屬老弱傷殘，均能受因社會連帶關係（social solidarity）而生的社會安全網所保障（香港大學學生會學苑編，二〇一四）。

《香港民族論》的香港國族主義論述，並非建基於香港人的文化或族群本質。香港之所以是一個新興國族，是因為香港人於參與公共事務的過程中，成為休戚與共的命運共同體。亦因如此，即使香港是個移民社會，其獨特的地緣政治已足以令香港發展為有異於中國的國族。而新移民只要認同香港的公民價值、參與香港的公共事務，履行公民應盡的義務，他就可以歸化為香港國族的一分子。國族身分既建基於公共參與，那麼被陳雲歸類為「左膠」或「港奸」的民主派及社運人士，其實也是香港國族的奠基人。《香港民族論》如此評論主權移交後的社會運動：

> ……零三年七一遊行，令中共意識到香港民心背向，加緊對港人高壓干預，但亦驅使港人之拒共思想抬頭，促成新一代本土意識。
>
> 本土文化意識冒起，可見於之後數年的保衛香港運動，包括零六及零七年間的保衛天星皇后碼頭行動，以及零九、一零年的保衛菜園村行動……新世代認為香港是自己的家園，立志要守護這片土地的歷史記憶，不再視香港為「借來的地方、借來的時間」。

4 指黃洋達的熱血公民、黃毓民的普羅政治學苑，以及陳雲的《香港城邦論》。

> 中共入主香港後，視本港的人權、法治及自由等核心價值如無物，特權橫行、用人唯親、官商勾結。不甘受辱的港人則以行動回應，堅決抵制任何對公義自由的踐踏。方興未艾的民主運動，不僅是對「新殖民者」的反撲，更重要是其象徵住港人主體意識的孵化（香港大學學生會學苑編，二〇一四）。

亦因如此，《香港民族論》一方面感激陳雲開拓香港國族主義論述之新風氣，另一方面卻批評他那套建基於華夏文化的文化國族主義論述：

> 二〇一〇年，陳雲提出了《香港城邦論》，在很短的時間主導了本土論述……城邦論確認了香港的自治傳統，使香港人明白了中港命運並不相連，為尚在迷霧的本土意識開拓了一片藍海。但是，陳雲在其後的著作側重於追溯華夏文化，提倡香港須傳承「華夏正統」，在文化上比中國大陸優越。這種文化理論對普羅市民而言顯得高深莫測。畢竟並非每位香港人也熟通四書五經，在生活習慣上也納入了很多西方文明的元素。以文化來團結香港人，無疑虛無飄渺……此外，陳雲的華夏理論更涉及以華夏文化反征服中國的部分，具體之操作仍需探究，表面看起來，更有不少帝國主義的味道（香港大學學生會學苑編，二〇一四）

根據公民國族主義的觀點，香港之所以是一個國族，不是因為香港人傳承著某種浪漫化的正統文化。香港人是在尋覓自由和尊嚴的抗爭中，成為一個休戚與共的社群，演化為想像的共同體。香港的國族精神，不是華夏文化，而是對公共事務的委身、是對民主自由的渴求、是對命運自主的堅持。亦因如此，香港人有權按國族自決原則，全民決定香港的前途：

今天，在基本法下的一國兩制快要走進民主止步的絕境之時，讓全港選民公投表態一次，無論前途是獨立還是維持一國兩制，皆會令香港前途更明朗。我們在八十年代錯過了機會……現時的當務之急，是香港人須走出既有的思維，認清自己的身份和在世界舞台上的位置，探索香港未來更多的可能性（香港大學學生會學苑編，二〇一四）。

這種公民國族主義的想像，吸引了不少受陳雲啟發，卻對華夏文化興趣缺缺的青年知識階層。一些由青年主導的新興政團，特別是本土民主前線和青年新政，都聲稱自己為公民國族主義者。誠然公民國族主義乃崇高的理想，但他們能否掌握並實踐公民國族主義的理想，卻仍是懸而未決的難題。這些新興政團當中固然不乏有志之士，但就如一切新興社會運動那樣，總有大批理念不清卻愛追趕潮流的投機分子。

陳雲於香港國族論述思潮中先發制人，不少公民國族主義者亦曾受其啟發，那麼他們的論述要擺脫文化國族主義者的陰影，就必須下更大的功夫。據筆者觀察，年輕抗爭者對香港被中國侵佔的現象深感不滿，亦對香港本土有深厚感情。可是他們卻不能梳理自己的躁動（frustrations）與情懷（sentiments），未能有一套理性化（rationalized）的論述。他們明確抗拒香港走向中國化，卻未能想像到香港的未來該要變得怎樣。結果他們只能「拿來主義」地使用「公民國族主義」一詞，將之作為宣洩情緒的術語，這樣他們就發揮不了公民國族主義的潛能，以新術語的包裝陷入舊觀念的窠臼而不自知。香港人多年來深受大中華文化主義影響，這些舊論述往往將國族、族群、民族混為一談（王科，二〇一五，第二章），令關懷本土的年輕人容易墮入民族國族主義（ethnic nationalism）的迷思。一些對國族主義有疑惑的論者，亦愛譏諷公民國族主義論述中並無「公民」可言（蔡玉萍，二〇一六）。這些批評雖然近乎吹毛求疵，卻道出提倡公民國族主義困難之所在。倘若對公民的概念不夠清楚明白[5]，那麼論及移民政策及文化政策這類敏感議題時，就很容易會誤用文化國族主義的邏輯。這樣「公民國族主義」的旗幟，只會淪為語意虛浮的口號，令國族主義運動陷入「言說即行動」的迷思。雪上加霜的是，公民國族主義不能像陳雲那樣訴諸浪漫化的神話，要建立一套整全的世界觀，就只能穩紮穩打地以學理探究。對於身為年輕學子的公民國族主義者來說，無疑極為吃力。

然而不管前路是如何的困難，公民國族主義終究已進入香港政治討論的議程之中。雨傘革命後，梁振英及其傀儡政府高調地針對公民國族主義的論述。梁振英於二〇一五年一月十四日在立法會發表施政報告時，點名批評《香港民族論》：

> 二〇一四年二月，香港大學學生會的官方刊物《學苑》的封面是《香港民族、命運自決》。二〇一三年（按：原文如此，應為二〇一四年九月），《學苑》編印一本名為《香港民族論》的書，主張香港「尋找一條自立自決的出路」。對《學苑》和其他學生，包括佔中的學生領袖的錯誤主張，我們不能不警惕。我們並要求與學運領袖有密切關係的政界人士勸阻。

這意味著中國在香港的殖民霸權，已經視公民國族主義為挑戰其統治合法性的威脅。《香港民族論》遭點名批評後洛陽紙貴，第一印二千五百冊遭一掃而空，須即時加印一萬冊。雖然公民國族主義的路線要發展下去，將會遭遇各方壓力以及內在困難，但這些都是可以努力克服的問題。作為一套抗爭論述，公民國族主義潛力無限。倘若這套香港國族論述能更深入探討香港該當有如何的公民價值，也許能吸引到一些原先對香港國族主義有疑慮的民主派。

（三）溫和本土主義

在本土思潮於二〇一〇年代席捲香港之時，一些比較年輕的民主派人士，亦覺得本土化應是傳統民主派革新的大方向。然而，他們覺得陳雲的文化國族主義充斥著狂想和仇恨，而青年學子的公民國族主義一方面仍未完善，另一方面這些民主派仍疑慮是否一開始就掛出國族自決的旗號。這樣一些受香港國族主義觸動的民主派，就想出一套較溫和的本土論述。他們以「民主自決」、「內部自決」的名義，借用加泰隆尼亞政治學家顧辨勞（Monsterrat Guibernau）「無國之國族」（nation without state）的概念（Guibernau 2013），嘗試提倡一種不會觸動港獨底線的香港國族主義。

原為溫和民主派的青年政治學者方志恒於人大宣佈所謂「八三一決定」後，覺得昔日民主派的「民主回歸論」已經破產，但又認為其他香港國族主義者論述之許諾，亦如空中樓閣。是以，他希望可以開

5 比如說一些自稱為「公民國族主義者」的本土派主張不要關心中國的民主運動，認為香港人對六四慘案的悼念應劃上句號。此等主張顯示他們不清楚對自由民主價值的堅持，是公民國族主義最核心的概念，他們因此不能把「先顧好香港自家事」掛在嘴邊。誠然，中國社會經歷過一個世紀的強權迫壓，其民主化的前景極不樂觀；其民主化若能開展，亦很可能會像威瑪共和國或蘇聯解體後的俄羅斯那樣，迅速崩壞為擴張主義的法西斯國家。香港國族主義者亦應該主張脫離中國自立，而中國的進步亦不是香港人爭取自決權益的前提。但香港作為東亞沿海自由世界之一員，亦當基於區域視野、基於睦鄰心態關注東亞大陸的苦難。我們不應對建設民主中國存有幻想，卻仍要設法建設民主湖南、建設民主廣東，諸如此類。我們縱然沒法關心整個東亞大陸，但對於同屬粵語區的廣東遭受中國政府更高壓的宰制，香港人難以無慟於衷。在公民國族主義的視野，國族自決並不意味要畫地為牢，而是要以獨立自尊的身分加入自由世界，為此就需要向國際社會證明香港對普世特別是東亞地區自由的貢獻。而六四慘案此類人間悲劇，就發生在香港人家門邊。追求自由、幸福和尊嚴的香港人，乃自由世界之一員，沒可能於此等人道危機置身事外。我們應當改革既有儀式中暗含大中華迷思的毛病，但大體而言，悼念六四慘案仍然是公民國族主義者的責任。

拓既能重視香港主體意識，亦能迴避統獨爭議的第三條道路：

香港人與大陸人，固然擁有血緣、文化及歷史上的共同淵源，但香港人的「主體意識」，根本體現在一種對我城核心價值的認同——任何香港居民，無論什麼時候來香港，只要認同香港這片土地、認同香港核心價值，就是香港人……

香港社會當前的最大共識，並非尋求改變目前的憲政地位，而是爭取實現「民主自治」——我們所追求的民主體制，必須產生一個全面代表香港人的政治首長，最大程度地讓香港人按自治原則，自行管理香港事務；而在民主政制以外，我們更需要尋求「以社會為中心」的民間自治想像，建立植根於社會的自治意識……

要回應時代挑戰，香港必須有全面代表香港人「主體意識」的政治力量，走「革新保港」的現實政治路線，以發動「在地抗爭」為經、以加強「香港優勢」為緯，立足公民社會全力爭取「民主自治」……

面對即將浮現的「二次前途問題」，香港人的「主體意識」，將是守護我城自治地位的最後防線——香港人必須建構和捍衛我城的「主體性」，爭取實現超越二〇四七年的「永續自治」（方志恒編，二〇一五）。

方志恒與一群青年學人於二〇一五年七月出版《香港革新論》，這本著作反映其論述的折衷特質。方志恒一方面強調「香港主體」，卻無意改動香港作為中國附庸的憲制地位，其目標也是卑微的「永續自治」。雖然整本書的方向乃方志恒的主意，但撰稿的青年學人卻各有不同取態。當中有死硬的獨派，有溫和保守的民主派，亦有對身分政治抱有疑惑的左翼。是以《香港革新論》嚴格而言只是一本文集，而非論述。但沒有論述，正正就是方志恒的中心思想：他想走胸懷本土卻願意折衷的漸進改革路線。

方志恒希望這套新論述能為溫和民主派所重視，只是初期的反應未如理想。老一輩的民主派也許有著大中華文化情懷，認為民主回歸論仍未破產，也不願意冒險走新路線。然而到二〇一五年十一月的區議會選舉，在野陣營未有慘敗，而打著本土旗號的候選人亦取得一定成績（後文述）。民主派當中的青年人沒有老一輩的情意結，覺得是時候趁機令民主派的路線更貼近本土思潮。這些青年民主派於二〇一六年四月廿一日在方志恒和王慧麟主導下，發表了《香港前途決議文》。他們指：

> 但「民主回歸」之路，到今已經走到盡頭。民主派在一九八〇年代支持「民主回歸」，是設想了中國大陸在經濟改革後，會逐步走上政治改革之路……但卅年過去……反而走上了結合威權專制政治和國家資本主義的「中國模式」；而中港良性互動的願望，亦在二〇一四年被「人大八三一決定」無情地壓碎……
>
> 我們認為，香港人民應該團結爭取「內部自決」，以實現由香港人民自行管理香港事務……根據《中英聯合聲明》第三條，中國承諾香港可享有廣泛的自治權，由一九九七年七月一日起維持五十年不變。我們認為，二〇四七年後香港的政治地位，必須經由香港人民透過有充分民主授權、以及有約束力的機制，自行決定；而只要香港人民能夠按「內部自決」原則實現自決權，「永續自治」將是處理二次前途問題的恰當選擇。（《立場新聞》，二〇一六年四月廿一日）

有份發起的王慧麟，則在《明報》寫了幾篇文章以作呼應。他指出國際法的限制，再加上英國於一九七〇年代替香港簽署國際條約的條款限制，香港無法以國族自決之名爭取外部自決。透過內部自決爭取最大自治權，是最可行的做法。他指出：

> 我希望大家明白，現在的香港，是按《中華人民共和國憲法》第卅一條下訂立之基本法內成立之香港特別行政區政府管轄。香港人即使明天一覺醒來，所有限制自決權的法律枷鎖一下子打破了，也難以跳出來說，香港人即刻擁有外部自決權，明天就宣佈公投尋求獨立。所以現階段只能拗得通的，是香港人能享有的自決權，是指內部自決權（王慧麟，二〇一六）。

那麼決議文所追求的，其實只是身為特別行政區的高度自治。在這個版本的香港國族主義，沒錯是看重國族身分認同，最終卻只是為了爭取成為「無國的國族」。不過王慧麟那篇文章，也留下了一道尾巴：

> 但是，假如香港人的自決權長期受到壓迫的話，香港人會不會轉為要求有外部自決權呢？又或者，有青年朋友能建構出一個有說服力、讓香港人有外部自決權的論述呢？這裏就很難說。香港青年的潛能，是不能低估的。（王慧麟，二〇一六）

方志恒及簽署了《香港前途決議文》的青年民主派，並不是唯一一批想於香港國族主義與溫和民主派之間走中間折衷路線的政治人物。學民思潮於雨傘革命後飽受批評，終於省悟到本土意識不容忽視，故此一直謀求轉型，去填補主流民主派與本土派之間的政治空間，到二〇一六年三月廿日暫停運作。黃之鋒、周庭等學民思潮成員聯合剛卸任學聯秘書長的羅冠聰，於四月十日成立名為香港眾志的新政黨。他們宣告：

> 雨傘運動黯然落幕，政改方案則在一場政治鬧劇中被否決。面對民主運動前路失焦、《基本法》認受性每況愈下、高度自治瀕臨崩潰之際，民主運動若再故步自封，香港民主進程停滯，「二次前途」去向未明，只會進而影響全港的政經發展。
>
> 主權移交後十九年，今日的民主運動亟待革新，香港眾志正式提出《民主自決路線圖》，我們會在來年特首選舉推動民間「公投」，然後爭取香港設立《公投法》、推動草擬《香港約章》，並爭取國際對香港重新履行自決權的認可，最後是透過爭取具國際認受和憲制效力的前途「公投」，以決定「五十年不變」後的香港前途。

一些在雨傘革命後投身選舉政治的社運人士，亦跟隨青年民主派和香港眾志的做法，以「民主自決」為政治綱領。大專講師劉小麗在雨傘革命期間，於旺角街頭開設「小麗老師民主教室」，向抗爭者及路人講解民主理念。革命落幕後，劉氏決定投身選舉，並參與了二〇一六年的立法會選舉。她在街頭所掛的直幡，就寫著「自決自強、推倒高牆」的標語（《蘋果日報》，二〇一六年八月廿二日）。而一直被視為左翼的朱凱迪，亦於選舉中提出「民主自決」的口號。他認同本土為先的理念，卻認為一些香港國族主義論述是排外和暴力的「本土右派」，是以希望能開拓另一種重視社區和保育的本土政治（《端傳媒》，二〇一六年九月七日）。

對於其他香港國族主義者來說，溫和本土主義也許過於溫和，溫和得未能稱得上是本土的論述。但溫和本土主義的出現，意味著本土自決的理念已開始步入主流，而這種溫和論述或能吸引溫和的普羅大眾接受香港國族主義之論述。激進香港國族主義者或會覺得這種「打折」的論述百無一用，但無用之用，正就是溫和本土主義的潛能所在。上一代的香港人深受大中華文化主義薰陶，需要一些折衷理論提醒，方能察覺到自己身為香港人的主體意識。若是一開始就向他們宣講「整全」的香港國族主義論述的話，很可能只會招致條件反射式反感。而中國政府亦能根據《基本法》中「一國兩制」的憲政規定，打壓香港國族主義者參政的空間。以模稜兩可的溫和本土主義作檯面上的政綱，或許是比較保險的做法。

三場出人意表的選戰

雖然行政長官選舉方案因為「等埋發叔」的鬧劇而遭否決，民主派對前景仍是憂心忡忡。二〇一五年十一月廿二日就是區議會選舉，之前二〇一一年的挫敗仍歷歷在目。他們擔心雨傘革命以至是政改方案的否決，會開罪偏向保守的中間選民。梁振英於三月出席一個公開論壇時，就高調批評民主派支持雨傘革命，並呼籲選民於未來的選舉「vote them out」（《蘋果日報》，二〇一五年三月廿六日）。傳統民主派與香港國族主義者之間的張力，亦可能會分薄進步選民的票源。信奉陳雲那套文化國族主義的熱血公民，更將其與民主派的分歧提昇為敵我矛盾，並派員到民主派參選的選區「狙擊」他們眼中的妥協分子。

主流民主派士氣不振，甚至顯得愁雲慘霧[6]。不過有一群於雨傘革命後才投身社會運動的抗爭者，在革命失敗後決心返回社區「深耕細作」，或至少不要讓親中派議員自動當選。結果在全港十八個區議會共四百卅一個選區中[7]，超過五十個選區有這類新參選的「傘兵」投入。於雨傘革命中的抗爭，使不少人得嘗尊嚴的滋味，因尊嚴找到了使命、因使命而看見希望。

點票之後，選舉結果令不少人跌破眼鏡。親中派得到的議席非但沒有增長，還比往年少了六席，而民主派席位增長廿一席，收復了一些於二〇一一年失去的議席。傘兵及本土派的表現甚為亮麗。灣仔好日誌的楊雪盈挑戰新民黨於大坑的根據地，最終以五比四的得票率勝出。傘下爸媽的徐子見「空降」漁灣，阻止民建聯鍾樹根自動當選，投入六星期拉票後，最終於一六三票之差贏得議席。而本土派政團青年新政亦攻堅親中派的地盤，其中鄺葆賢和游蕙禎到黃埔挑戰親中地方政團西九新動力，最終游蕙禎以三〇四票僅負於梁美芬，而鄺葆賢卻以三九票之差奪得黃埔西的議席。

區議會選舉的結果，說明香港人人心不死，縱然他們有保守的一面，在關鍵時刻還是會為民主而出力。只是在此以後不足一年，香港還要面對多兩場選戰。

在佔領中環籌備之時，湯家驊之取態與其他民主派越來越遠。湯認為在佔領中環及隨後的雨傘革命，過度的對立有損民主派與北京的溝通。不過在表決行政長官選舉方案那天，他還是投下反對票。到六月廿二日，湯宣佈退出公民黨，並將於十月一日辭任立法會議員。之後於湯原屬的新界東選區，則定於二〇一六年二月廿八日進行補選。之後報名參加補選的，其中一位是公民黨的楊岳橋，他在選後兩個月簽署了《香港前途決議文》，但在選戰時仍未與本土拉上關係。另一位則來自主張公民國族主義的本土民主前線，是香港大學哲學系學生梁天琦。而代表親中派參選的，是民建聯的周浩鼎。

新界東補選前的競選期，剛好遇上二月中的農曆新年。傳統上香港的食肆會於年夜晚收爐，待新年假期過後才啟市。是以在大年初一至年初三，流動熟食小販便會在旺區聚集，向路人販賣膳食，而相關部門傳統上亦會尊重民間風俗予以包容。深水埗桂林街以往為新年熟食小販聚集之所，由於氣氛有如友國臺灣的夜市那般，因而被譽為「桂林夜市」。但在二〇一五年的農曆新年起，當局卻以公共衛生之名禁止小販在桂林街聚集，令「桂林夜市」風光不再。

6 友儕當中，惟有張秀賢一人對選情感到樂觀。而最終他的估算，是認識的政評人之中最準確的。

7 根據選舉管理委員會於二〇一五年建議，區議會選區的人口應介乎一二、七二三至二一、二〇五人之間，規模大約等於一至兩個臺灣的里。

誠然，熟食小販若管理不善，容易成為社區的衛生隱患。但夜市文化乃東亞的民間習俗，熟食小販亦為民間經濟的一環，可讓香港人不用繳付昂貴租金就可經營小本生意。當局可以透過管理規範小販的衛生，而不一定要對新年夜市趕盡殺絕。劉小麗於年夜晚與被稱為「腸粉大王」的腸粉師傅推著木頭車到桂林街賣炒魷魚，迅即被食物環境衛生署的職員拘捕，劉被送往警署並被控無牌擺賣等三宗控罪，木頭車亦遭沒收（《蘋果日報》，二〇一六年二月九日）。

當局高調針對新年夜市的舉動，激起了一些香港人的憤怒。本土民主前線於翌日二月八日大年初一中午，號召支持者當晚到旺角砵蘭街，支持每年都會於該處擺賣的熟食小販。到晚上九時四十分，食環署職員在砵蘭街與小販爆發衝突，警察於十一時卅分左右到場增援，並驅趕在場買熟食的路人。警察向群眾施放胡椒噴霧並揮動警棍，而一些群眾亦按捺不住，向警察投擲雜物。到大年初二凌晨，梁天琦運用候選人的競選權力，即時於旺角舉行競選遊行，藉此召集支持者到現場增援（《端傳媒》，二〇一六年二月十日）。本土民主前線打算以和平抗爭的方式，希望警方能見眾怒難犯而撤離，讓旺角的新年夜市能平和地繼續營業。

本民前的黃台仰與警民關係科的警官談判，但警方未有退讓，而在場群眾亦開始鼓譟。不少群眾原本只是想湊熱鬧，一如以往地拜年後到旺角買點街頭小吃，卻因此嚐到警棍和胡椒噴霧的「滋味」。他們希望警方可以給他們一個說法，黃台仰無法平伏洶湧的群情，談判就於凌晨一時半左右破裂。雙方隨即有肢體碰撞，騷動亦從砵蘭街向外擴散（《立場新聞》，二〇一六年二月廿九日）。

雨傘革命的回憶，亦促使部分群眾採用高風險的對抗方式。一些抗爭者希望當局打壓小販的舉動，能觸發另一場大型群眾運動，再續之前雨傘革命未圓的夢（《立場新聞》，二〇一六年三月四日）。而警方的強硬，亦令一些記恨的抗爭者回想起雨傘革命時警方對群眾施行的暴力，想要趁機以牙還牙（《立場新聞》，二〇一六年二月廿七日）。不論如何，隨著群眾情緒日益高漲，讓事情和平結束的機會就此流失。

到凌晨二時三分，一位名叫黃慶威的警員動了殺機，向天開了兩槍示警後，手指繼續掛上扳機瞄準群眾。黃警員魯莽的挑釁行為，猶如火上加油，警民雙方的暴力亦隨即升級。在二時半開始，一些較為激動的群眾開始四處放火，並拆下路磚擲向警察（《端傳媒》，二〇一六年二月十日）。部分群眾甚至圍毆在場警員（《立場新聞》，二〇一六年二月廿七日）。而警方的行為亦稱不上克制，他們大量噴灑胡椒噴霧及催淚液體，而拿著警棍的警員則見人就打。梁天琦到凌晨三時遭警方拘捕，而警方亦派特別戰術小隊到現場增援。此後群眾就處於下風，到七時五十四分，本土民主前線於社交網站呼籲群眾顧念安全，從速撤退。之後群眾要到上午八時左右逐漸散去（《端傳媒》，二〇一六年二月十日）。

這次旺角事件，被一些媒體稱為「魚蛋革命」（Fishball Revolution）[8]。在大年初一就發生這樣的流血事件，似乎是種凶兆。香港人自一九八九年六月七日晚的騷亂後，再也沒有見過這樣的場面，因而甚為震驚。一些評論人聯想起一九六六年反天星小輪加價運動時的騷動（葉一知，二〇一六），但亦有人想起一九六七年暴動後，親共分子如何完全喪失支持，淪為過街老鼠。民主派擔心事件會觸及保守的中間選民，使整個在野陣營都要面對親共分子一九六七年後的困局。而在二月廿八日的新界東補選，楊岳橋和梁天琦都會吸引在野派的票源，若然在野派流失支持，民建聯的周浩鼎就能漁人得利。

不過補選結果卻令人鬆一口氣。公民黨的楊岳橋取得百分之卅七點二選票，即共一六〇、八八〇票，以萬餘票之差擊敗周浩鼎。本土民主前線的梁天琦取得百分之十五點四即六六、五二四票。這結果代表本土派已取得一定程度的支持，倘若梁能參與九月的立法會大選的話，他應該在比例代表制下穩奪一席

8 據悉那原本只是駐港外國記者於推特（Twitter）上所用的hashtag，卻意外被一些外國媒體用在標題。

（《立場新聞》，二〇一六年二月廿九日）。而民情的反彈，也許亦不是想像中那般嚴重。根據中間派政團「新思維」於二月中的民意調查，有百分之十二受訪者認同旺角事件，有百分之四十二點九受訪者不贊成卻體諒，餘下的百分之四十五點一則譴責事件。倘若這調查準確的話，那麼香港人雖然對旺角事件意見分歧，同情旺角群眾的香港人還是比較多。有一些新界東選民甚至會因為梁天琦於事件中展現的勇氣而投他一票，藉此向梁振英的傀儡政府抗議（《端傳媒》，二〇一六年二月廿二日）。

此時距離九月四日的立法會大選只有半年時間，楊岳橋的議席未坐暖，各路政團就要為選舉張羅，然而在野陣營的選情不容樂觀。除了本土派，還有不少於雨傘革命時冒起的政壇新秀，若然傳統民主派與這些新興勢力未能協調，在野陣營在比例代表制的大選中，就很容易贏得選票、輸掉議席。但傳統民主派與新興勢力之關係欠佳，令選舉協調變得極其困難。本土派的香港大學學生會會長孫曉嵐於五月廿五日在電台節目談論六四慘案時失言，以慘案為鄰國事務為由，指學界悼念六四應該有個完結（《立場新聞》，二〇一六年五月廿五日；相關評論參徐承恩，二〇一六）。此言論令傳統民主派極為憤怒，部分人士甚至不顧語境地指斥本土派為共產黨的同路人。雙方關係惡化至此，也難以寄望民主派與本土派在配票上能互相合作。

即使沒有新興政團，傳統民主派之間爭奪資源的勾心鬥角，亦令協調的構思淪為空中樓閣。超級區議會功能組別只得五席，卻有六條民主派名單參與角逐。除了新民主同盟，其他名單都是傳統民主派政團（張秀賢，二〇一六a）。這屆亦有不少立場保守、形象討好的中間派人士加入戰團。一些於雨傘革命後變節的民主派，分別組織了「民主思路」和「新思維」，前者則派員到香港島和新界東參選。長期徘徊在親中和民主派之間的方國珊，亦出選新界東。中間派之中最矚目的，是出選香港島的王維基。他曾因中辦電視台牌照的事與政府抗衡，又以撤換梁振英為競選口號，吸引不少原先支持民主派的中間選民。但是其政綱卻主張大興土木修築基建，支持港中經濟融合、支持被稱為「網路廿三條」的版權條例修訂。

除此以外，他亦講明反對港獨，亦表示若能指出立法理據就會支持廿三條立法（《立場新聞》，二〇一六年七月四日）。

在香港大學民意研究計劃與民主動力於六月底、七月初提名期之前所做的調查，民主派名單多配票不均，若形勢持續，在野派將會於大選期間慘敗。中間派的王維基及方國珊若形勢不變，將會有望各取一席。而本土派的梁天琦則有百分之八受訪新界東選民的支持，只有公民黨楊岳橋的支持度比他高。然而，中國政府及其在香港的傀儡，又怎會眼白白讓香港國族主義者進入議會呢？

選舉提名期於七月十六日開始，但傀儡政府卻於之前兩天發表聲明，要參選者先簽署一份確認書，向《基本法》及「香港特別行政區」效忠。簽署者要擁護《基本法》第一、第十二和第一五九（四）條，即規定香港屬中國不可分離部分、指香港直轄中央政府之類的條文。倘若參選人作虛假陳述，均屬犯罪（《立場新聞》，二〇一六年七月十四日）。

這項規定，明顯要針對梁天琦等本土派參選人。然而此時民主派認為規定荒謬，與大部分本土派參選人一起拒簽。而中間派候選人方國珊，之後亦拒絕簽署確認書。弔詭的是，信奉文化國族主義的熱血公民，卻在提交參選表格時即時簽署確認書。此後選舉事務處確認了大部分在野派的參選資格，惟獨是針對本土派的候選人。負責新界東選區的選舉主任何麗嫦於七月廿二日發信予梁天琦，要求梁澄清是否主張和推動香港獨立。梁天琦之後就此事向高等法院申請緊急司法覆核，卻遭法院拒絕。在諮詢法律意見後，梁天琦只得無奈補簽確認書，並委託律師撰寫一封律師信格式的書面回覆，為未來的司法抗爭做好準備（黃世澤，二〇一六）。

然而到了八月二日，何麗嫦卻指她未能信納梁天琦真心改變其關於香港獨立的立場，因而判定其提名無效。除了梁天琦外，香港民族黨的陳浩天、國民香港的中出羊子、正義行動的陳國強以及保守黨的賴綺雯均先後遭取消資格[9]。能倖免於難的本土派候選人，有青年新政的梁頌恆、游蕙禎和黃俊傑、東九龍社區關注組的陳澤滔、以及於遞交參選表格時就簽好確認書的五條「熱普城」名單。二〇一六年的立法會選舉尚未投票，就出人意表地淪為預先政治審查參選人的「伊朗式選舉」（《立場新聞》，二〇一六年八月二日）。

自由與強權的鬥爭

本土派雖然受到挫折，卻不肯言敗，誓要把香港國族主義的理念承傳下去。他們於八月五日晚召開了香港史上首場爭取香港獨立的大型集會，並邀請多名被取消資格的參選人發言。現場群眾反應熱烈，有逾萬位支持者擠滿整個添馬公園。梁天琦於演說中重申主權在民的原則，鼓勵香港人去奪回應有的公民權利：

> 我哋講緊嘅係要奪權，我哋要攞返社會上應有嘅權利。呢個社會、香港嘅主權，唔係屬於習近平、唔係屬於中央、唔係屬於共產黨，唔係屬於中國政府、亦唔係屬於特區政府。呢個社會主權係屬於香港人，主權永遠應該在民。（《立場新聞》，二〇一六年八月五日）

決志要奪回自己應有權利的，不只是本土派的支持者。不甘讓親中派因在野陣營碎片化而漁人得利的香港人，亦決定以自己的方式分配選票，讓更多在野派候選人能晉身議會。當年發起佔領中環運動的戴耀廷教授，於二〇一六年初提出「雷動計劃」，讓參與計劃的香港人根據民意調查作策略投票（戴耀廷，二〇一六）。不過，該計劃的反應不如理想，據戴教授於九月七日於香港電台節目《千禧年代》中回顧，只有約四萬位志願者參與計劃，遠少於原先預想的廿萬人。而該計劃亦以偏頗的方式解讀民調，亦未有考慮調查誤差的影響，在實踐上難以有效地分配選票（馬嶽，二〇一六；張秀賢，二〇一六b）。公民數據的調查發現雖然最終有百分之四十五點六的選民參與策略投票，但大部分策略投票者要到選舉最後四十八小時才決定配票，而當中只有百分之十一點七有參考「雷動計劃」的投票建議（《立場新聞》，二〇一六年十一月廿五日）。但香港人集體自救的意識，卻達成了「雷動計劃」無法達成的目標。雖然大部分在野派支持者均未有參與「雷動計劃」，但他們都比以往更踴躍地鼓勵親友投票，並以自己的方式與親友作策略投票。部分無私的民主派候選人，則放下門戶黨派之見，主動與同區在野派候選人配合宣傳，鼓勵支持者平均分配選票。

二〇一六年立院會選舉的投票率為歷屆最高，達百分之五十八點二八，即有逾二百一十六萬選民於九月四日出門投票。選情熱烈，使部分投票站外大排長龍。在太古城西投票站，選民要掛隊等候三個小時才能投票，最終該票站要到凌晨二時半才能讓所有排隊民眾完成投票（《立場新聞》，二〇一六年九月六日）。而動員而來的新選民，比較多是在野派的支持者。與上屆相比，親中派流失了百分之二點四九的地區直選選票、以及百分之三點四五的超級區議會選票，總計比上屆少了三個議席。而在野派共奪得廿九個議席，其中提倡文化國族主義的「熱普城」得一席、青年新政得兩席、香港眾志得一席、此外主張民主自決的朱凱迪及劉小麗各得一席。除此以外，公民黨的楊岳橋、譚文豪及陳淑莊[10]曾簽署《香港前

9 香港民主進步黨的楊繼昌亦聲稱遭取消資格，但他是因為未完成登記程序而未能參選，與其政治立場無關。

10 部分國族主義者質疑三人之誠意，但關鍵之處在於三人皆自覺地回應本土意識，不論那是出於真心還是計算。

途決議文》，而於選舉後退出公民黨的毛孟靜則一向同情本土派。那就是說有十位即逾三分之一的在野派議員，支持著某種具香港國族主義色彩的論述。

如此的選舉結果，反映香港人之抗爭意識不死。縱然形勢不利，香港人仍然努力透過集體智慧負隅頑抗。事關二〇一六年發生的連串事件，都顯示北京政權正肆無忌憚地要侵害香港人的自由。若要保有自由和尊嚴，香港人也只能背水一戰。

香港處中國之外、位中國之旁，因此自開埠以來不斷有知識人在這片相對自由的領域，出版評論中國政治的刊物。香港有一些書店專門出版及發行講述中國政治內幕的書籍，讓中國旅客訂購並偷運回國。銅鑼灣書店是這類「禁書」書店中較有規模的一間。二〇一五年末起，該書店的負責人陸續離奇失蹤。呂波和張志平在入境中國後失蹤，桂民海則是在泰國旅遊時被擄走，而隨後失蹤的李波和林榮基，他們失蹤時均處身香港。而他們二人亦是土生土長的香港人，不是旅居國外的中國異見人士。五人遭拐走後，均於中國受當局監禁或軟禁。而李波及林榮基的失蹤，更意味著中國執法人員曾在香港違憲「執法」，令全城震驚。此先例一開，即使是土生土長的香港人，他們也有可能因為違反了中國的法律、或是得罪了中國政界人物，而在香港被逮捕。這亦反映北京政權可以為了肅清政敵，而置「一國兩制」於不顧。

到二〇一六年六月十四日，中國當局准許林榮基回香港探親，條件是他要返回書店取得記錄顧客個人資料的硬碟，在探親後到中國交予當局。林榮基在入境香港後，一直忐忑不安，便在九龍塘車站出閘抽煙冷靜思緒，隨後心機一轉，就決心不再與中國當局合作。他聯絡上一直關心中國民主運動的何俊仁議員，在確保人身安全後，就於十六日召開記者會交代來龍去脈。

林榮基之後的公開言論，說明香港正發生一場自由與強權間的鬥爭。他於記者會中表示：

這件事不是我個人的事，是香港整個社會的人的自由訴求，中央政府迫到香港人無路可退……如果連我都唔出聲，香港就無得救……回看視頻，見到六千個人上街，這六千人都是香港人，我不認識的。他們可以為我們這五個書店的人上街，好大感觸，好感謝……希望香港人可以向強權說不，我都可以，你怎麼不可以？（《端傳媒》，二〇一六年六月十六日）

這一場捍衛自由與尊嚴的抗爭，喚醒了林榮基的香港國族意識，使之得以覺醒。當新加坡媒體於廿日問他香港有何出路時，他如此回答：

獨立。我並不怕說，獨立是可行的……共產黨想管治人，你憑咩管治人家啫？你又唔係通過合法渠道選舉出嚟，你合唔合法先，個政權？你唔合法㗎嘛。你尊重人權咩？你唔尊重。所以人哋想要求獨立有原因。（《立場新聞》，二〇一六年六月廿日）

銅鑼灣書店事件具體地呈現香港當前的處境。中國已自視為崛起的大國，無意再遵從國際體系昔日定下來的規範，反而要「以我為主」，要別人跟隨中國定下的新規範。「一國兩制」只是一九八〇年代為侵奪香港而作的虛假承諾，純為權宜之計，如今中國強大了、香港到手了，面具就可以撕破。他們可以干預香港的內政、甚至開始侵害香港人的人身自由，之後還要聲稱那是與外國無關的中國內部事務。香港人只餘下三條路可以走：他們可以選擇移民、可以自甘為順服的奴僕。香港人若要在自己的家園享有做人應有的尊嚴，他們就只得設法與強權持續抗爭。

這種自由與強權的鬥爭，於立法會選戰中再度上演。在八月廿五日，自由黨新界西候選人周永勤突然於選舉論壇上宣布棄選。他於論壇後接受訪問，表示因受到威嚇而退選，之後隨即情緒崩潰。翌日他即避走英國，到選舉後才露面接受訪問，期間暗示壓力源自中國高層政治勢力，而香港執法部門並無法保證他及家人的安全（《端傳媒》，二〇一六年九月七日）。而同樣在新界西選區參選的民主自決派候選人朱凱迪，之後亦表示他同樣遭惡勢力恐嚇。他因協助元朗橫洲被迫遷的居民而兩度收到恐嚇電話，恐嚇者指他們將會於選舉過後派人動手（《香港獨立媒體》，二〇一六年八月卅日）。

香港人於選舉日之所以能發揮集體智慧，並非有欠周詳且乏人參與的「雷動計劃」所能夠解釋。香港人發揮集體智慧，乃形勢使然，是在一連串的強權壓迫之下迫出來的。接二連三的事件，提醒香港人他們正處於自由與奴役間的生死搏鬥，叫他們不得不為捍衛身為香港人的尊嚴竭盡所能。朱凱迪受黑勢力威嚇，八四、一二一位選民就讓他成為二〇一六年立法會選舉的「票王」；在野陣營飽受內憂外患，香港人就自行配票讓更多在野派當選；選舉委員會要侵奪港獨份子的參選權，選民就把選票投給支持本土、主張自決的候選人。命途多舛的香港人偏不願認命，要爭一口氣告訴世人香港人絕不可欺。

在野派既難得爭回一口氣，部分議員就想趁十月十二日就職宣誓時宣示立場。「長毛」梁國雄在宣誓前後高呼口號，要求人大常委會撤回「八三一決定」，立法會秘書陳維安示意宣誓有效：梁自二〇〇四年首次當選立法會議員以來，在隨後每屆會期之初都會在宣誓時示威，而且一直相安無事。青年新政的梁頌恆和游蕙禎因此低估宣示立場的風險，在宣誓時展示「Hong Kong is not China」的標語，並將誓辭讀成「People's Republic of 支那」及「People's Refxxking of 支那」。陳維安隨即出乎意料地宣佈其宣誓無效（《立場新聞》，二〇一六年十月十六日）。稍後姚松炎於誓辭加入「定當擁護香港制度，爭取真普選，為香港可持續發展服務」字眼，其同樣被判宣誓無效。劉小麗則以龜速宣讀誓辭，雖然在當日成功過關，立法會主席梁君彥卻於一星期後裁定宣誓無效。親中媚共輿論的焦點卻放在梁游二人，指斥二人之立場宣示為「辱華」，而親中派不惜流會亦要阻止二人再次宣誓（《立場新聞》，二〇一六年十月十九日）。特區政府見獵心喜，而律政司甚至違反憲制慣例，向高等法院院提交司法覆核阻止二人再次宣誓（《立場新聞》，二〇一六年十月十八日）。最終「人大常委會」於十一月七日再次進行所謂「釋法」，對《基本法》一〇四條名為詮釋實為修法，禁止未能通過宣誓的議員再次宣誓。由於「人大常委會」指其「釋法」有追溯力，最終司法覆核的結果，也只能將二人逐出議會。禁止主張港獨的人士擔任立法會議員。梁游二人隨心的政治表態，最終令本土派於選戰期間的努力付諸東流。而梁天琦等人的司法抗爭，未開始就要劃上句號（《立場新聞》，二〇一六年十一月七日）。一些親中媚共的團體則於「釋法」後急不及待入稟法院，要順勢挑戰其他在野派議員的就任資格（《立場新聞》，二〇一六年十一月十日）。「人大常委會」副秘書長李飛於「釋法」後召開記者會，高調批評港獨：

這些年香港出現了港獨思潮，其中一種表現是一些人公開打出港獨旗號。昨天晚上在香港也發生了一件事，也有人公開打出港獨旗號，公然煽動香港獨立、香港建國。另一種表現是散布香港民族自決之類的主張，本質上也是港獨。這些人罔顧「香港屬於中國」的歷史事實和現實法律地位，公然挑戰憲法和香港基本法，直接危害國家統一、國家主權和領土完整。

在香港的直接影響後果就是衝擊香港法治，破壞香港社會秩序，阻礙經濟民生發展，擾亂居民正常生活，甚至用暴力手段製造流血衝突，損毀香港的營商環境和國際聲譽。這些港獨分子骨子裡就是反對國家、分裂國家，他怎麼能擁護香港基本法、效忠特區呢？香港社會居然還有一些人為這些港獨分子張目，造成立法會宣誓儀式混亂，致使立法會不能正常運作，他們的言行給香港帶來的破壞大家都有目共睹。對於那些熱愛自己國家和民族的中國人來說，對國家進行政治效忠是不言自明的道理。但是香港有些人存心搞分裂，又挖空心思找一些似是而非的法律理由，極力掩蓋他們企圖分裂國家的本質，希望大家能看清這些人的真實面目……

你們講的港獨問題，港獨問題不是香港有些人講的是不同政見，任何國家的政見必須守法，違反法律的就不是所謂的政見。基本法很多的地方都規定，香港是中國的一部分，是直轄中央的一個特別行政區，分裂國家、破壞「一國兩制」是違法，不是一般的政見。它是重大的法律問題，違法還不是法律問題嗎？違法要受到法律的追究。所以，現在不是上升不上升的問題。

其言下之意，亦暗示在香港爭取民主的各界人士，本質上都是未有宣之於口的港獨。北京政權這高姿態的「釋法」，不只是針對梁、游二人的宣誓，甚至不是要針對本土派。北京政權已立意要打擊包括民主派在內的「隱性港獨」，不惜一切高調打壓：

回歸之前，香港就存在著一股企圖顛覆中央政府、推翻中華人民共和國這樣的反動勢力和反對勢力，回歸以後香港出現這樣的情況，始終是這股反對勢力不認同「一國」，以各種所謂包裝的口號，侵蝕「一國兩制」、侵蝕基本法，架空人大。你們可以好好看看，這股思潮不是現在出現的，只是過去隱性港獨不敢公開，到現在這些人也不敢公開地打出港獨的旗號，但是它有一個非常險惡的辦法就是挑動年輕人。當然，香港回歸時這些年輕人還沒出生，他怎麼能夠受那個時候的影響呢？我想這些年輕人就受到了這些人的影響，受到他們的灌輸，而且是有組織的灌輸。所以，我相信這些年輕人再過若干年以後，也能看到背後挑動他、教唆他的這部分反對勢力的真實面目，他也會受到教育的。這是就你們講講的所謂港獨問題，這是第二點。（《中國評論新聞網》，二〇一六年十一月七日）

一如之前所料，最高法院於十一月十五日裁定特區政府於司法覆核案勝訴，宣佈撤銷梁頌恆及游蕙禎議員資格，其議席則於十月十二日起懸空。而立法會主席亦無權再為二人宣誓（《立場新聞》，二〇一六年十一月十五日）。上訴庭於十一月卅日駁回梁游二人的上訴後，律政司於十二月二日再次申請司法覆核，指梁國雄、羅冠聰、劉小麗和姚松炎四人之宣誓不夠真誠，要求法院頒令取消他們的議員資格（《立場新聞》，二〇一六年十二月二日）。

梁游二人經驗不足，被史無前例的司法迫害殺個措手不及，他們不知如何向民眾解釋，而本土派亦因沒有出路而軍心渙散[11]。而主流民主派內則有聲音抱怨被本土派連累，使在野派內部進一步分化，陷入群龍無首之困局。親中派乘亂煽惑民眾，令香港再現開明派與保守派二元對立之局面。根據嶺南大學公共管治研究部於十一月底進行的民意調查，有百分之四十二點六受訪者反對「人大常委會」於十一月七日的釋法，謹略高於支持釋法的百分之卅九點九。是次調查亦呈現著世代之爭，本土意識較堅定的年輕世代有百分之六十四點四受訪者反對釋法，而囿於大中華迷思的年長世代則有百分之四十六點五受訪者支持釋法（表19.1）。

面對北京政權高調打壓，統獨之爭自此成為香港最主要政治爭議。而香港統治階層的內部紛爭，則

11 本人曾經嚴厲批評梁游二人，甚至寫過一篇措辭強硬的檄文，並獲見獵心喜的黨媒引用。文中對本土同道人之批評，雖是責之深、愛之切，但明顯已過火位。那時候之所以如此光火，主要是因為本人的朋友在團隊中與梁、游出現摩擦，故自覺要為年輕朋友抱不平。然而含怒到落日，就是私怨而非義怒，也就種下瞋恚之業。當事人縱有可議之處，畢竟也是缺乏政治經驗的年輕人。面對如此的大環境，沒有人能夠誇口、沒有人能覺得自己的做法乃必勝法。雖然朋友在團隊中曾鬧得很不愉快，但他們亦早已放下，與梁、游重修舊好。後來本人拜會過游蕙禎，知道她當日之困境、也知道她此後有深刻之反省，對昔日的誑語愧疚不已。在此謹能為當日的莽撞懺悔，期望他朝能夠以仁愛彌補昔日的憤恨。

雪上加霜，為香港政治前景添加不明朗因素。梁振英於十二月九日出乎意料地宣佈將不會於二〇一七年的行政長官選舉競逐連任（《立場新聞》，二〇一六年十二月九日）。而於二〇一六年十二月定稿之時，各路人士正為三個月後的選舉磨拳擦掌，當中不乏像梁振英一樣極端親共之徒。比如葉劉淑儀於十二月十五日宣佈參選時，就矢言要按「基本法」廿三條制訂《國家安全法》：她在二〇〇三年擔任保安局局長時，就是廿三條立法的主要推手（《立場新聞》，二〇一六年十二月十五日；參十六章）。二〇一二年行政長官選舉期間本地資產階級與激進親共派之間的惡鬥，勢必再度上演（梁一夢，二〇一六）。而最終不論是誰人當選，北京政權也不會對香港改用懷柔政策。資深政治評論員劉銳紹如此評論：

> 當港獨被打壓了，北京的大利益滿足了，為什麼要理會你梁振英的小利益呢……中國政治就是這樣，充滿互相利用。梁振英也只不過是棋子而已。是不是用完即棄，就看日後他可否拿到利益了……（下屆誰當選）根本就毫無意義……（北京政權的治港路線）就是一個字，硬。
>
> 這是制度的可悲。一隻杯被捏到變形，不論倒牛奶，倒橙汁、倒清水，同樣是變形的……（梁振英無法連任）是策略性調整，而不是政策性的改變……中共肯定會繼續用封建王朝的思想統治香港，

表19.1 ——香港人於十一月底對十一月七日人大常委會釋法之意見

	反對	贊成	一半半	不知道	拒絕回答
所有年齡	42.6%	39.3%	6.1%	11.6%	0.4%
十八至廿九歲	64.4%	20.7%	6.8%	8.2%	0.0%
卅至四十九歲	45.4%	40.1%	6.8%	7.3%	0.4%
五十歲以上	30.9%	46.5%	5.3%	16.8%	0.6%

資料來源：嶺南大學公共管治研究部

香港人也肯定會抗衡下去，政局沒有改變。（《端傳媒》，二〇一六年十二月九日）

行過死蔭的幽谷

不論如何，那些為著香港的自由、幸福和尊嚴而奮鬥的香港人，起初仍未因重重挫折而氣餒。在十二月十一日舉行的選舉委員會選舉，在野陣營於個人投票的界別積極參選。結果投票率為創歷史新高的百分之四十六，並有逾三百位在野派參選人當選。連同當然選委及宗教界代表，在野陣營於一、二〇〇人的選舉委員會中取得三二六席。相比之下在二〇一一年那屆，民主派連同其友好只能取得二〇五席，在當時已是在野陣營表現最好的那一屆。選舉委員會選舉是偏袒親中媚共人士的小圈子選舉，是以在野陣營取得的少許成果，並稱不上是重大勝利。但選舉結果卻顯示縱然香港人遭遇逆境，仍有不少人拒絕放棄，並立志寸土必爭、奮戰到底（《立場新聞》，二〇一六年十二月十二日）。

在梁振英宣佈放棄連任後，政界普遍相信政務司司長林鄭月娥會參與同年三月舉行的行政長官選舉。她最終於二〇一七年一月辭職，據悉她於當日的午宴中，向與會者表示是上帝吩咐她辭職參選（香港《蘋果日報》，二〇一七年一月十二日）。我們無法得知上帝會否向她顯現，但她顯然已得到來自中國的祝福。然而，財政司司長曾俊華卻抱著逆天而行的決心，在二〇一六年十二月亦決定辭職參選。他聘請昔日的政治助理羅永聰為競選團隊的公關智囊，試圖以民意戰抗衡北京的乾坤獨斷。曾俊華以「信任、團結、希望」為口號，並提出「相信一個人，不如相信每一個人」。其團隊則擺出中間派的姿態，期望能同時得到溫和在野派和溫和建制派的支持，矢言要修補撕裂、團結香港（《香港獨立媒體》，二〇一七年四月十九日）。

曾俊華之參選，卻意外地令在野派進一步分化。溫和在野派出於策略考慮，大多願意支持曾俊華，期望能阻止中國屬意的林鄭月娥輕鬆勝選。曾俊華競選團隊亦一如所願，成功贏得民心。而根據香港大學民意研究計劃的滾動民調，民眾多偏好讓曾俊華擔任下屆行政長官，其支持度在三月初選舉論壇後更一度迫近六成，溫和在野派的選委亦因此傾向依民意投票。部分在野派支持者因雨傘革命未竟其功而灰心喪志，就把曾俊華視為最後一根救命草，甚至自居為其擁護者。就如支持曾俊華的評論員潘東凱所云：

> 我們要令中央知道，佢鍾意的人不等於香港鍾意的人，香港人在一國兩制的框架下，我們鍾意做乜就做乜……由九七年至今，我們是否被壓抑得好緊要？這是我們唯一一次可以好接近去顛覆一些東西（《立場新聞》，二〇一七年二月三日）。

然而，曾俊華卻未有反對人大常委會的「八三一決定」，激進民主派和自決派因而拒絕為策略需要支持曾氏。他們認為民主改革乃不可動搖的原則，亦認定曾俊華是擺出中立姿態的建制派，故此反對在野派為「開明專制」者背書。由於曾俊華外貌酷似品客薯片的商標，這些「原則派」就把曾俊華的支持者貶稱為「薯粉」。原則派認為反對「八三一決定」，是無可退讓的底線。支持溫和建制派的候選人，既是出賣民主原則、也在背棄雨傘革命。就如「長毛」梁國雄所言：

> 雨傘運動後，我哋仲點可以講「兩害取其輕」呢？唔通成場運動就係為咗揀一個「lesser evil」咩？係嘅話，咁有沒有雨傘（運動）都沒所謂啦（《立場新聞》，二〇一七年二月三日）。

「薯粉」則極力指責原則派，認為他們只會站在道德高地空言大志，但政治潔癖的後果，實際上只要替林鄭月娥助選。原則派與薯粉在二〇一七年初鬧得不可開交，甚至幾乎反目成仇，而大部分民眾則厭倦梁振英時代的低氣壓，寄望曾俊華能有打破悶局的機會。然而行政長官選舉制度之設計，本來就能夠確定中國屬意的人馬順利當選。不論是在野派的內部爭拗，還是民心之歸向，在既有遊戲規則中都是無關宏旨。林鄭月娥於三月廿六日的選舉中，取得七百七十七位選委支持順利當選，得票率接近三分之二。曾俊華挾著民望，又得到溫和在野派選委的支持，卻只能得到三百六十五票。有原則派選委在其選票上，寫上「屌」這個粵語髒字，剛好能反映民眾對選舉結果之評價（《上報》，二〇一七年三月廿六日）。

林鄭月娥的當選，標誌著威權主義之全面反撲。在她當選翌日，警方即高調起訴雨傘革命的運動領袖。被告包括佔領中環運動的戴耀廷教授、陳健民教授、朱耀明牧師和邵家臻，雨傘革命期間的專上學生聯會常委張秀賢和鍾耀華，民主黨的李永達，公民黨的陳淑莊，以及社會民主連線的黃浩銘（《立場新聞》，二〇一七年三月廿七日）。在此之前，黃之鋒、羅冠聰和周永康亦因在雨傘革命前夕發起重奪公民廣場的行動，被當局以非法集會為由檢控（《立場新聞》，二〇一五年八月廿七日）。特區政府亦積極地以司法程序清算雨傘革命和魚蛋革命的參與者。警方在雨傘革命期間拘捕逾千名抗爭者，當中逾二百人被檢控，其中一百廿七人被法庭定罪（《香港01》，二〇一九年九月廿八日）。當局對魚蛋革命的參與者尤其嚴厲，高調地以刑期較重的暴動罪檢控卅三位抗爭者。過往較常用的非法集結罪，最高刑期為五年，而實際刑期往往不會多於一年。而暴動罪的最高刑期為十年，亦須交由高等法院裁決，實際刑期往往多於三年（《香港01》，二〇一七年三月廿七日）。

魚蛋革命案於二〇一八年六月十一日審結，法官彭寶琴拒絕採納政治訴求為求情因素，堅持對被告施以重刑。梁天琦承認襲警罪，其中一項暴動罪亦被判罪成，因而須入獄六年。同案的盧建民因暴動罪成，被判入獄七年，刑期為眾被告之中最重（《立場新聞》，二〇一八年六月十一日）。容偉業襲警罪及兩項暴動罪罪成，因患有輕度智障和自閉症而押後宣判。然而到翌年五月九日，法官黃崇厚卻拒絕採納精神科醫生的報告，堅持不讓他接受感化，宣判即時入獄三年（《立場新聞》，二〇一九年五月九日）。面對嚴刑峻法，部分魚蛋革命參與者選擇流亡海外。與梁天琦組成本土民主連線的黃台仰和李東昇棄保潛逃德國，並於二〇一九年獲得政治庇護（*New York Times*, 21st May 2019）。李倩怡則東渡臺灣，惟因該國缺乏收容難民之機制，只得在民權組織協助下隱居（《立場新聞》，二〇一七年六月九日）。

雨傘革命和魚蛋革命後的司法迫害，正好說明香港的殖民地法制並非貨真價實的法治。香港的司法體系大體上尊重合約精神，卻未能做到以法限權。律政司司長擁有缺乏透明度且不受制約的檢控權，其人選則由行政長官提名、中國當局任命，可說是帝國駐殖民地的法律代表（《香港01》，二〇一九年八月廿六日）。而香港司法人員判案，則多傾向維護既有法制秩序，漠視權力制衡之必要。重奪公民廣場案的原審法官宅心仁厚，以感化報告正面為理由免去三位被告的牢獄之災：周永康被判緩刑一年，而黃之鋒和羅冠聰則分別被判八十和一百廿小時社會服務令（《明報》，二〇一六年八月十六日）。時任律政司司長袁國強竟以刑期過輕為由，向原審法官申請刑期覆核（《立場新聞》，二〇一六年九月廿一日）。在遭原審法官拒絕後，袁氏又鍥而不捨地將案件送往上訴庭（《明報》，二〇一六年十月十三日）。在二〇一七年八月十七日，上訴庭法官楊振權、潘兆初和彭偉昌一致批准律政司司長提出的刑期覆核，並判處三名被告六至八個月的刑期（《立場新聞》，二〇一七年八月十七日）。三人隨後決定向終審法院上訴，先是獲准保釋、繼而上訴得直，但他們在此之前還是因當局無所不用其極的檢控手法，無辜地承受兩個月的牢獄之災（《立場新聞》，二〇一七年十一月七日、二〇一八年二月六日）。

而佔中九子案則在二〇一九年四月九日宣判，西九龍裁判法院陳仲衡法官裁定九人罪成，並於廿四日決定刑期（《明報》，二〇一九年四月十日）。最終戴耀廷教授和陳健民教授被判囚十六個月，邵家臻和黃浩銘被判入獄八個月，張秀賢被判處二百小時社會服務令，其餘被告則被判緩刑（《立場新聞》，二〇一九年四月廿四日）。此時黃之鋒亦同樣官司纏身：他因於旺角清場時身處現場被控藐視法庭罪，遂決定承認控罪（《立場新聞》，二〇一八年一月十七日），並以事發時未滿廿一歲為由就刑期上訴。然而冤家路窄，負責此案的上訴庭法官，剛好就是去年批准律政司司長刑期覆核的潘兆初。潘官於五月十六日，將原有刑期由三個月減為兩個月，並須即時入獄（《立場新聞》，二〇一九年五月十六日）。在扣減假期後，黃之鋒最終坐進一個月零一日的監牢（《立場新聞》，二〇一九年六月十七日）。

因高舉港獨標語而遭取消議員資格的游蕙禎和梁頌恆，也無法避免遭到秋後算賬。二人被逐出議會後，立法會秘書處積極追討已分發的議員酬金及申請過之津貼。之後二人又因試圖闖進議事廳履行職務，在二〇一八年六月四日被法院判處非法集結罪成。游蕙禎與兩位助理決定放棄上訴，即時入獄四星期（香港《蘋果日報》，二〇一八年六月五日）。梁游二人之霎時衝動，被當局視為十惡不赦的彌天大罪，並以此作為向在野派發動總攻勢的藉口，無所不用其極地以司法手段迫逼在野派。

此時香港人屢戰屢敗，即使部分「薯粉」只想要換一個較溫和的專制者，日趨強硬的中國當局還是無情地拒絕這種卑微的訴求。在這種高壓政治下，在野派的支持者失去合眾之力抵抗強權的信心，甚至對政事感到厭煩。他們甚至刻意迴避新聞資訊，不問世事而寄情山水（《立場新聞》，二〇一八年五月十七日、二〇一八年五月廿二日）。他們之所以對政事感到無力，其中一個因素是在野派無日無之的內訌。在野派面對沒頂之災，倒未能團結一致，反倒在自家人中尋找代罪羔羊。本土派指責主流派因大中華情結而與中國暗通曲款，勇武派指責主流派「大台」因未有尊重前線意見而令雨傘革命功敗垂成，主流派指責本土派和自決派因冒進而破壞大局，「薯粉」則指責原則派因政治潔癖而放手讓局勢惡化。

二〇一八年兩次立法會補選前後的爭執，充份反映在野派的內部矛盾。第一輪補選在二〇一八年三月十一日舉行，以取替梁頌恆、游蕙禎和羅冠聰三人的空缺。在主流民主派主導下，在野派決定尊重香港眾志的意願，先讓周庭代表在野派在香港島出選。後來周庭因香港眾志曾提出要爭取民主自決，被選舉主任取消參選資格（《BBC》中文網，二〇一八年一月廿七日），在野派則自動讓香港眾志屬意的區諾軒以獨立候選人身分出選。然而在野派卻舉辦初選，藉此決定代表在野派爭取梁游二人在新界東和九龍西的議席：這樣的雙重標準，顯然是因主流民主派拒絕信任本土派之結果。在二〇一八年一月初選後，姚松炎和范國威分別取得替在野派出選九龍西和新界東的資格（《立場新聞》，二〇一八年一月十五日）。然而姚松炎的競選團隊擔心他會遭選舉主任取消資格，又不想讓初選第二名的馮檢基出選，就提出要由團隊自行決定備用人選。經過一番擾攘，馮檢基宣佈不會參選，而姚松炎亦獲選舉主任確認資格。然而姚松炎團隊意欲封殺馮檢基的建議，卻有得勢不饒人之嫌，亦令在野派的支持者反感（《立場新聞》，二〇一八年三月十六日）。最終補選當日投票率不如理想，使姚松炎以二、四一九票之差僅敗於親共派的鄭泳舜（《立場新聞》，二〇一八年三月十二日）。這次選舉結果，為在野派的政治前景敲響警鐘：在此以前，輿論普遍認為在野派在大選區的單對單選戰會佔有優勢。

而在二〇一八年十一月的另一場九龍西補選中，我們可以看到即使沒有本土派和激進派的挑戰，主流民主派內部同樣充滿裂痕。也許是因為年初的初選鬧得滿城風雨，要選出的又非本土派的議席，在野派這次決定基於受害者優先的原則不辦初選。劉小麗意欲親身奪回自己原有的議席，卻被選舉主任禁止參選。由於劉小麗在此之前已加入香港工黨，故此授意身為民主派元老的李卓人代其出征。然而，同為元老級的馮檢基對此深感不滿：他於年初的爭議中受辱，如今在野派又改變遊戲規則，使他決定不理會在野派的協議自行出選（《香港01》，二〇一八年九月五日）。最終在十一月廿五日的選舉中，李卓人以一三、四一〇票之差被親共派的陳凱欣擊敗。令人震驚的是，李卓人和馮檢基二人得票之總和，仍然比陳凱欣少九〇一票（《立場新聞》，二〇一八年十一月廿六日）。投票結果顯示，大批在野派的支持者都未有響應在野派之動員外出投票。在選舉之前，部分本土派評論人因不滿主流民主派的差別待遇，呼籲本土派以「焦土策略」阻止在野派候選人當選，此舉被部分論者視為李卓人落敗之因素（《BBC》中文網，二〇一八年十一月廿六日）。然而票站數據分析，卻顯示本土派支持者比率與在野派選票流失率並無顯著相關關係（《立場新聞》，二〇一八年十一月廿九日）。我們可以斷定，決定要「焦土」的選民，包括所有在野派派別的支持者。他們早已因社會抗爭屢受挫折而充滿無力感，當在野派各派別都沉迷於尋找代罪羔羊的內鬥，就傾向以放棄投票為消極抗議。

柳暗花明又一村

在二〇一八年十一月敗選後，在野派一片愁雲慘霧，幾乎潰不成軍。在雨傘革命後五年，親共派及特區政府成功削弱在野派的氣勢。他們深信香港公民社會已遭瓦解，就躊躇滿志地以融合之名幫助中國徹底侵吞香港。特區政府於二〇一八年中起積極參與中國的粵港澳大灣區規劃，想透過進一步經濟融合消融港中之間的國界（《香港政府新聞網》，二〇一八年十月廿九日）。部分強硬親共派甚至開始放試探氣球，聲稱中國人大常委會有意繞過香港的立法程序，透過釋法落實種種奉國家主權之名戕害民權的惡法（《香港01》，二〇一九年四月八日）。到二〇一九年中，一國兩制的門面也維持了廿二年。由於在野派在雨傘革命後兵敗如山倒，中國及在港親中媚共之徒深信收成期已至，認為是時候可以對香港予取予攜。他們不知這一種傲慢，最終會重新燃起香港人的反抗意志。

事情的轉捩點，卻在於一件非關政治史的命案。在二〇一八年二月，陳同佳偕女友潘曉穎同遊臺灣，期間因懷疑女方紅杏出牆而將她殺害。當臺灣警方在新北市發現潘氏的屍體時，陳已潛逃回香港，並因盜用死者的信用卡而被香港警察拘捕。由於香港的《逃犯條例》明文規定不適用於「中華人民共和國的任何其他部分」（香港法例第五〇三章），而香港當局亦附和中國的官方立場，拒絕承認臺灣乃事實上的獨立主權國家，因此既拒絕引渡陳同佳、亦未有協助臺灣當局的刑事偵訊。在二〇一九年二月十二日，親中派民主建港協進聯盟的李慧琼和周浩鼎高調地和潘曉穎的家人召開記者會，要求堵塞既有條例的漏洞。特區政府一反常態，在翌日就公佈會為《逃犯條例》修訂展開廿日的諮詢期。這種快刀斬亂麻的做法，令人懷疑這是親中派和政府串通好的劇本。

政府在諮詢期後提出的修訂草案，千瘡百孔、惹人非議。修訂案剔除「中華人民共和國的任何其他部分除外」之字眼，將黨治的中國與一眾法治國家等量齊觀，卻不知道殖民地政府之所以在一九九二年加入相關規定，是因為他們「只與司法制度、刑罰制度、人權狀況達標的政府建立引渡關係（《立場新聞》，二〇一九年五月三日）」。若政府的草案獲立法會通過，只要表面證供成立，縱使案情仍存有合理疑點，香港方面仍必須引渡被中國通緝的疑犯（梁啟智，二〇一九）。縱使政府未將政治罪列為可引渡罪行，到三月底又礙於商界壓力而將九項經濟罪行從可引渡罪行名單中剔除（*New York Times*, 3rd April 2019），但此舉並未消除民眾的疑慮。中國各級政府濫用刑事檢控處理商務錢債糾紛的事時有所聞，而政府和企業的關係在國家資本主義體系中亦往往糾纏不清。中國既缺乏司法獨立的概念，國家主席習近平甚至主張「決不能走西方憲政、三權鼎立、司法獨立的路子（習近平，二〇一九）」，中國的法院也不可能是中立的仲裁者（《BBC》中文網，二〇一九年六月十日）。

被稱為「送中條例」的《逃犯條例》修訂案若然獲得通過，將會使香港人人自危。對修例感到憂慮的，也不只是擔心民權受損的在野派。在修訂案通過後，於中國有業務往來的商賈將會面臨前所未有的風險，親商界的自由黨甚至指出商界「緊張過廿三條」（《香港01》，二〇一九年三月四日）。香港人即使未曾踏進中國半步，只要他們曾經使用中國的網絡服務，亦會有機會於境外干犯中國刑法（梁啟智，二〇一九）。而於香港設立辦事處處理中國業務的外資企業，自然亦不能獨善其身，是以外資商會及各國駐港使節均對修訂案大有保留（《立場新聞》，二〇一九年五月廿七日、二〇一九年五月卅日）。

然而自信滿滿的特區政府卻力排眾議，堅持在四月三日將修訂案送往立法會首讀（《立場新聞》，二〇一九年四月三日）。議案隨後於四月十二日送交法案委員會審議。《議事規則》規定在法案委員會選出主席前，須先由資歷最高的議員主持會議，而剛好符合規定的議員正是民主黨的涂謹申。在野派趁此機會發起議會內抗爭，以章程問題拖延遴選委會會主席。建制派試圖透過內務委員會，改由石禮謙主持會議，最終卻令法案委員會鬧雙胞（《立場新聞》，二〇一九年五月六日）。到五月十一日，建制派甚至因此與在野派在議會內大打出手，范國威於混亂中被推倒而一度失去知覺（《立場新聞》，二〇一九年五月十一日）。最終內務委員會在保安局局長李家超要求下，於五月廿四日宣佈直接展開二讀（《立場新聞》，二〇一九年五月廿四日）。當局亦依建制派建議對修訂案作小修小補，卻未有解決關鍵問題，因而未能使民眾釋懷（《香港01》，二〇一九年五月卅日）。

《逃犯條例》修訂案威脅著香港賴以為生的基礎，特區政府及建制派卻以傲慢的態度面對民眾，因而激起香港人的憂患意識。民間人權陣線於六月九日發起反修例遊行，有逾一百零三萬民眾上街響應。政府卻一意孤行，於晚間透過新聞稿表明將如期二讀（《立場新聞》，二〇一九年六月九日），並派防暴隊圍捕意欲留守政府總部的抗爭者。而立法會主席梁君彥則於翌日宣佈於六月十二日正式恢復二讀，並只預備六十一小時讓議員辯論。根據如此的進度，立法會到廿日即可表決修訂案（《立場新聞》，二〇一九年六月十日）。

民眾於十一日以「野餐」為名，在政府總部一帶重新集結。一群基督徒徹夜禱告，隔開警方與其他抗爭者，並不斷向警員頌唱《唱哈利路亞讚美主》。抗爭者於十二日早上八時起，開始在政府總部及立法會外佔路抗爭。警方執意用武力鎮壓，向民眾發射一百五十枚催淚彈、二十枚布袋彈和無計其數的橡膠子彈。防暴警察刻意近距離瞄準頭部，有抗爭者和新聞工作者頭部中彈重傷，亦有抗爭者因被擊中眼部視力永久受損。立法會因形勢丕變，須取消該周餘下會議，令修訂案無法如期展開二讀（《立場新聞》，二〇一九年六月十二日）。

民間人權陣線之後於十六日再辦遊行。在遊行前一日，行政長官林鄭月娥召開記者會，宣佈將暫緩二讀，卻不肯承諾撤回修訂案（《立場新聞》，二〇一九年六月十五日）。輿論多認為這不過乃緩兵之計，就如民建聯的蔣麗芸議員於政論節目中所言，「稍遲一兩個月，盡量去解釋清楚……很多人未了解清楚《逃犯條例》（《時事全方位》，now新聞台，二〇一九年六月廿一日）」，也就是說在風聲過後就會重新展開二讀。林鄭於記者會上氣燄囂張，反倒令民眾怒火中燒。當晚梁凌傑穿上寫有「林鄭殺港、黑警冷血」的黃雨衣，在金鐘太古廣場展示寫上「全面撤回送中，我們不是暴動，釋放學生傷者，林鄭下台，Help Hong Kong」的橫額，再從四樓平台墮樓死諫（《立場新聞》，二〇一九年六月十五日）。翌日逾二百萬民眾穿上黑衣走上街頭，並在梁凌杰捨生的現場獻花致意，而這亦是香港史上最多人參與的示威遊行（《立場新聞》，二〇一九年六月十六日）。

林鄭月娥於六月十八日召開記者會向民眾致歉，卻依舊不肯撤回修訂案。抗爭者遂要求當局於廿日下午五時前，回應他們於遊行時提出的五大訴求：

一、撤回《逃犯條例》修訂案。

二、收回將反送中抗爭視為暴動的定性。

三、釋放被捕抗爭者，並撤銷控罪。

四、成立獨立調查委員會，徹查警方濫用暴力之作為。

五、林鄭月娥下台。（《新頭殼》，二〇一九年六月十六日）

由於特區政府未有於限期前回應，抗爭者於廿一日起將行動升級。他們於廿一日包圍警察總部及各政府部門（《立場新聞》，二〇一九年六月廿一日），到廿四日再包圍稅務大樓（《立場新聞》，二〇一九年六月廿四日）。民間人權陣線於廿六日晚在愛丁堡廣場發起集會，但求在G20峰會期間向國際社會展現香港人爭取自由的決心（《立場新聞》，二〇一九年六月廿六日）。會後部分群眾再次發起包圍警察總部，卻因人數不足而被圍捕。翌日抗爭者包圍律政中心，要求律政司司長鄭若驊承諾撤銷對被捕抗爭者的控罪，迫使龜縮在中心內的司長取消和加拿大領事約定的行程（《立場新聞》，二〇一九年六月廿七日）。在廿八日和廿九日，抗爭者則佔據中國駐軍總部外的軍事用地，抗議特區政府片面地將此地劃歸中國軍方（《立場新聞》，二〇一九年六月廿九日）。然而令人感傷的是，盧曉欣和鄔幸恩先後步梁凌杰的後塵，先後以生命控訴當局的麻木不仁（《立場新聞》，二〇一九年六月廿九日、二〇一九年六月卅日）。

香港的社會抗爭捱打了好幾年，如今卻因著當權者的傲慢，在野派好不容易等到敗部復活的時機。特區政府的《逃犯條例》修訂案激起跨界別民眾的反感，而偏向溫和保守的中間派對修訂案仍是毀多於譽（李立峯，二〇一九a）。如此再加上警察濫用暴力等問題，使主流民意自二〇一九年中起，即趨向認同民主派以至本土派等在野意識形態（李立峯，二〇一九c）。主流在野派對近幾年的內訌記憶猶新，就學會儘量支持前線的決定，不再在後方的大台上指點江山。而在雨傘革命之後那五年成長的年青世代，縱使其本土香港人認同比前輩濃烈和純粹，他們使用社交媒體的習慣異於成人，故此亦沒有興趣參與派系間的網上論戰。他們對雨傘革命的參加者，亦多持較正面態度（李立峯，二〇一九b）。當老一輩放棄指點江山，而最年輕的新力軍又比雨傘革命的抗爭者寬容，如此反送中運動的抗爭者都矢志要避免過往的錯誤。此時抗爭者以「不割蓆、不分化」為綱領，強調沒有人能掌握必勝的方程式，而要取得成果就必須「兄弟爬山、各自努力」，放手讓其他抗爭者不斷嘗試。

香港人的抗爭時代

在七月一日主權移交廿二週年那天凌晨，悲憤的抗爭者重新於金鐘聚集，到中午開始衝擊立法會。民間人權陣線亦於當日下午發起有五十五萬人參與的大遊行，部分民眾走到金鐘，即趕往立法會外聲援。立法會發出有史以來首次紅色警戒，而到晚上九時半抗爭者闖進立法會會議廳發表《香港人抗爭宣言》，修改原有的第五個訴求，要求全面的政治改革（《立場新聞》，二〇一九年七月一日）：

> 我們是一群來自民間的示威者。萬不得已，我們並不想走上以身對抗暴政的路，以佔領香港特區政府立法會作為我們談判的籌碼；但滿口謊言、滿口歪理的政府卻無意回應香港人不斷走上街的訴求。我們只好以公義、良知、以及對香港、對香港人無窮無盡的愛，去抗衡橫蠻的政府。
>
> 香港特區政府成立至今廿年，政經民生每況愈下。現任特首林鄭月娥上台後，情況變本加厲，更漠視民間逾百萬民意，推出「送中惡法」。市民於六月起前仆後繼，各盡其力，或和平、或理性、或奮勇、或受傷流血，以一顆熱愛香港之心，懇求政府撤回修例，而政府置若罔若，不諳民情，竟置香港大眾於不顧，甚至以民為敵。

現任特區政府已非以港人行先，為使政府聆聽港人聲音，我等市民不得不進行各種佔領，不合作運動、乃至今日佔領立法會行動。社會或對我等佔領者有所批評，但追本溯源？社會撕裂之誘因為何？民怨每日俱增之本源為何？香港何辜？香港人何以被追逼至此？我等港人沒有武裝，沒有暴力，只能以秉持正義於心，無畏無懼，奮勇向正。希望香港政府能及時回首，重回正軌：

我們佔領者，要求政府完成五大訴求：

一、徹底撤回修例。

二、收回暴動定義。

三、撤銷對今為所有反送中抗爭者控罪。

四、徹底追究警隊濫權情況。

五、以行政命令解散立法會，立即實行雙真普選。

「反送中運動」發展至今，再有三位年輕市民殉道。我等未忘憂憤，然心存善念，不願香港再有為民主、為自由、為公義再添亡魂。希望社會大眾團結一致，對抗惡法，對抗暴政，共同守護香港。

前香港大學《學苑》總編輯梁繼平，當時正於華盛頓大學攻讀政治系博士，卻特意歸國參與抗爭。當日他在台上宣讀聲明時，特意除下面罩表露身分，呼籲民眾加入抗爭行列：

所以現在我們整個運動是不能割蓆。我們要贏，就一起繼續贏下去。要輸，我們就要輸十年。我們整個公民社會，我們整個公民社會是會有十年永不翻身。我們的學生會被捕，我們的領袖會被捕。所以這次我們要贏就一定要一起贏……我取下口罩是想讓大家知道，其實我們香港人真是沒有東西可以再輸了。我們香港人真是不可以再輸了。當我們再輸，是十年。你們想想看，十年。我們的公民社會就會一沉百踩。（《香港01》，二〇一九年七月五日）

當局於二日凌晨派防暴警察反攻，有抗爭者決定在留守現場殉死，但同伴則堅持「齊上齊落」，將留守者抬走並和平撤退（《立場新聞》，二〇一九年七月二日）。然而此後的抗爭，則已提升到另一個層次：他們現在要反抗的，不只是二〇一九年的送中惡法，而是自一九九七年起的中國殖民秩序。在七月七日的遊行，民眾由尖沙咀出發走到西九龍高鐵站，隨後在尖沙咀和旺角都發生警民衝突。這場遊行未有採用在香港島北岸的常用路線，標誌著抗爭於各社區遍地開花（《立場新聞》，二〇一九年七月七日）。各區民眾於各社區設立連儂牆，以張貼關於抗爭的文宣和海報。在隨後的週末，都有民眾於各社區上街抗爭，其不合作運動亦漸次升級。民眾於八月三日封鎖連接維多利亞港兩岸的海底隧道（《立場新聞》，二〇一九年八月三日），在八月中又到機場集會抗爭，迫使機場管理局取消航班（《立場新聞》，二〇一九年八月十二日、二〇一九年八月十三日、二〇一九年八月十四日）。在八月五日，則有卅五萬民眾罷工、罷市、罷課，於各區上街抗爭（《立場新聞》，二〇一九年八月五日）。在廿三日晚，則有廿一萬民眾仿效波羅的海三國卅多年前的獨立運動，在各幹道和獅子山山脊手牽手組成逾五十公里的人鍊（《立場新聞》，二〇一九年八月廿三日）。民眾在九月一日再度到機場聚集抗爭，當局隨即封鎖出入機場的公共交通、並派警察準備清場時，則有大批車主自發義載抗爭者逃離現場、無法上車的抗爭者則徒步二十多公里撤返市區（《立場新聞》，二〇一九年九月一日）。在翌日開學日，則有中學生發起罷課運動，並在學校附近集會示威（《立場新聞》，二〇一九年九月二日）。

而當局的鎮壓手段，亦日趨殘酷。警察於各區濫發催淚彈和胡椒噴霧，又瞄準抗爭者要害近距離發射布袋彈和橡膠子彈。警方亦派員喬裝抗爭者，甚至帶頭衝擊警察防線，然後反過來拘捕跟隨的民眾（《立場新聞》，二〇一九年八月十一日）。除此之外，親共派亦疑似動員不法勢力對付抗爭者。當抗爭者於七月廿一日圍堵在西營盤的中聯辦之際，大批身穿白衣的黑道人物手持藤條現身元朗，聲言要教訓抗爭後回家的民眾。事件卻演變成對街坊的無差別攻擊，在現場報導的記者亦遭到襲擊。白衣人亦進佔區內的鐵路站，甚至衝入車廂內見人就打。在現場巡邏的員警，卻選擇對此視而不見（《立場新聞》，二〇一九年七月廿一日）。警方的選擇性執法，使親共歹徒變本加厲，甚至意圖致人於死地：在八月廿日，有親共分子持刀到坑口連儂牆旁斬傷三人，其中一位更因為被命中要害一度性命垂危（《香港01》，二〇一九年八月廿一日）。到十月十九日，則有來自中國的刀手把留守大埔連儂牆的抗爭者斬至肚破腸流（《香港01》，二〇一九年十月十九日）。

到八月卅一日，太子鐵路站亦發生令人聯想起「七二一事變」的襲擊事件：只是這次施暴的不是黑道，而是全副武裝的防暴警察。他們聲稱要圍捕抗爭者，實際上卻無差別地用警棍揮打在車站和車廂中的民眾，又在密封的地方施放胡椒噴霧。警方於事後封鎖太子站七十三分鐘，並禁止救護員進站救人（《立場新聞》，二〇一九年八月卅一日）。當時站內的狀況不為外間所知，以致坊間一直盛傳當日有抗爭者於站內遭毒打至死，不肯相信警方事後的澄清（《明報》，二〇一九年九月十二日）。在八月被捕的抗爭者，有部分被押往位於邊境荒野的新屋嶺扣留中心，期間又不准與家人和律師聯絡。其後北區醫院的醫護人員發現有來自新屋嶺的被捕人士嚴重骨折，又有被捕抗爭者控訴遭警員性侵犯（香港《蘋果日報》，二〇一九年九月三日），使民眾普遍相信警方曾濫施酷刑。在夏秋之交，香港出現多宗離奇的屍體發現案。在九月廿二日，曾參與抗爭的十五歲少女陳彥霖被發現浮屍在魔鬼山對出海面，而且全身赤裸。然而警方卻將之定調為自殺案，並把遺體迅速火化（《上報》，二〇一九年十月十二日）。如此坊間盛傳著各種都市傳說，而民眾則多相信警方會以法外手段打壓抗爭。

林鄭月娥面對龐大的群眾壓力，只得於九月四日答允撤回《逃犯條例》修訂案，又承諾會與民眾對話（《立場新聞》，二〇一九年九月四日）。只是一切都來得太少太遲，又顯得心不甘情不願：民眾如今已不滿足於推倒送中惡法，除此以外他們還要改革侵害民權的一九九七年體制。在九月廿六日，林鄭在灣仔伊利沙伯體育館舉行「社區對話」，惟其安排卻顯示她誠意欠奉：只有一百五十位民眾能夠入場，大會隨後透過抽簽讓卅位民眾發言，每人限時三分鐘。在會場之外，則有大批警察佈防。然而即使當局機關算盡地過濾民意，大部分的發言者都質疑警方的濫暴行為，並批評政府未有尊重民意（《立場新聞》，二〇一九年九月廿六日）。

在林鄭撤回方案後，抗爭非但未有平息，反倒變得愈來愈激烈。激進派抗爭者認為警方已敗壞透頂，無法履行保護民眾的職責，就決定動手以武制暴。他們遇到親共歹徒圖謀不軌，就開始動用武力「私了」：比如在八月五日，大批持棍福建裔黑幫在北角向抗爭者叫囂，卻反被抗爭者打個落花流水（香港《蘋果日報》即時新聞，二〇一九年八月五日）。抗爭者開始向警方使用莫洛托夫雞尾酒，又破壞媚共企業、中資機構以及與黑道關係密切的商舖。抗爭者曾要求港鐵公司交出太子站在八月卅一日晚的閉路電視紀錄，卻不得要領（《香港01》，二〇一九年九月九日）。抗爭者指責港鐵幫助警方隱藏真相，在抗爭期間既封站阻止抗爭者撤退、又派列車運送防暴警察打壓，故此亦開始毀壞各車站設施。到十月一日，抗爭者以激烈行動為中國國慶「助慶」，香港各社區都爆發警民衝突。警員在荃灣向抗爭者近距離發射實彈，有高中生胸部中彈，彈頭距心臟只有三厘米之遙（《立場新聞》，二〇一九年十月一日）。警方罔顧人命的做法，使局勢火上加油，隨後幾日在香港各區都出現激烈的警民衝突（《立場新聞》，二〇一九年十月三日）。

縱使群情洶湧，林鄭月娥此刻卻堅持寸步不讓。她於十月四日會同行政會議宣布運用《緊急法》的行政權力，禁止任何參與集會的民眾蒙面（《立場新聞》，二〇一九年十月四日）。《緊急法》乃殖民地時期之產物，原意是給予港督宣布進入例外狀態的權力，藉此鎮壓任何挑戰英國在港主權的行為。然而自一九七〇年代石油危機後，殖民地政府則實行較寬鬆的政策，將此例備而不用。如今特區政府動用這條塵封逾四十年的法律，既是侵害民權，亦為香港殘缺不全的法治打開更大的缺口。動用《緊急法》的先例一開，以後行政長官亦能動用其不及時宜的條款，繞過立法會片面地訂立各種侵害自由、沒收財產、封鎖通訊、擴充警權的緊急法案（葉健民，二〇一九）。

經過逾百日的抗爭，香港的局勢逐漸走向火車對撞的局面：當局要麼是完全妥協，要麼是全面打壓。林鄭月娥顯然不會選擇妥協：在九月十七日的記者會上，她表示政府已經撤回《逃犯條例》修訂案，就無法再答應「和香港的核心價值相違背」的訴求。除此之外，她亦譴責抗爭者使用暴力，並肯定警方「不偏不倚、一視同仁」的嚴正執法（《眾新聞》，二〇一九年九月十七日）。在她發言之時，警方已累積拘捕一千四百名抗爭者（《香港01》，二〇一九年九月廿日），到十月底被捕者人數則暴增至逾三千人（《明報》，二〇一九年十一月四日）。林鄭大概認為只要將抗爭者全數拘捕，就可以令抗爭無以為繼。當局的支持使警方有恃無恐，其鎮壓手段日趨殘酷，圖謀以非常手段對抗爭者秋後算帳。

在十一月四日凌晨，警方鎮壓在將軍澳的抗爭，期間科技大學學生周梓樂於尚德邨停車場墜樓，警方卻攔截前赴救援的救護車（《立場新聞》，二〇一九年十一月四日）。周氏因硬腦膜下出血性命垂危，卻因警察濫權被拖延診治近半小時，最終於四日後傷重不治（《立場新聞》，二〇一九年十一月八日）。抗爭者矢志為周梓樂報仇，呼籲民眾罷工、罷市、罷課，並於十一日起佔路抗爭，而警方則決定以硬碰硬。在當日早上，警員關家榮於西灣河以實彈射擊兩名佔路抗爭者，其中大專學生周柏均因傷及肝臟和腎臟一度徘徊生死邊緣，而同日有親政權人士與抗爭者衝突被引火焚身（《立場新聞》，二〇一九年十一月十一日）。

警方亦針對各大專院校，企圖闖入校園拘捕抗爭者，警民衝突於中文大學發展為圍城戰。學生及前來增援的抗爭者以汽油彈對抗，警方則無節制地發放逾千枚催淚彈，使校園淪為硝煙彌漫的戰場。在師生多番催促後，中文大學校長段崇智於十二日晚間到前線與警方談判，事後卻被催淚彈襲擊（《立場新聞》，二〇一九年十一月十二日）。即或如此，抗爭者在隨後仍能守住校園及科學園之間的高架橋，而各區的抗爭者亦為「圍魏救趙」而上街抗爭，迫使警方放棄入侵校園的行動（《立場新聞》，二〇一九年十一月十三日）。之後衝突稍為緩和，學生及抗爭者一度為是否繼續固守而爭論，但最終大部分人於十五日晚平安撤出校園（《立場新聞》，二〇一九年十一月十五日）。

在隨後的週末，警方出動裝甲車、水炮聲和音波炮，警員則佩上裝滿實彈的步槍，從四方八面攻擊位於海底隧道紅磡入口旁的理工大學。在理大的抗爭者於十七日晚被圍困，只能以弓箭和汽油彈自衛（《立場新聞》，二〇一九年十一月十七日）。警方在當晚亦拘捕五十一名於前線救援的義務急救員，當中有至少五名醫生，他們在被反手束上手帶後遭押走（香港《蘋果日報》，二〇一九年十一月十八日）。其他的抗爭者則嘗試反包圍警方，警民之間徹夜衝突，戰火漫延至九龍各區。在理大的抗爭者於十八日多次嘗試突圍，卻未能衝破警方防線。當晚成千上萬的民眾走到理工大學附近聲援，一批中學校長、神職人員和律師亦到場與警方談判。警方答允讓未成年抗爭者在登記個人資料後自由離開。然而警方卻堅持要拘捕所有步出理大的成年人，只願意承諾讓律師及校長團在場陪伴，以保證被捕者免遭暴力（《立場新聞》，二〇一九年十一月十八日）。警方亦暫緩對理工大學的攻勢，有逾百名抗爭者趁機突破游繩成功逃離現場（《明報》，二〇一九年十一月十九日），但亦有抗爭者在試圖經下水道逃走時吸入沼氣受傷（《香港01》，二〇一九年十一月十九日）。到十九日上午仍有數百名抗爭者留守理工大學，惟其傷員眾多、糧水亦將耗盡，當日有二百卅五名抗爭者需送院救治，而截至下午則有逾六百人棄守投降。即或如此，有約百名抗爭者決定死守到底：他們認為被捕難免、又不願為正義的事認錯，就決意以「齊上齊落」的心態與理工大學共存亡（《立場新聞》，二〇一九年十一月十九日）。雖然此後陸續有留守者因心力交瘁、體力不支而被迫棄守，但在一個星期後仍有少數抗爭者固守陣地與警方對峙（《明報》，二〇一九年十一月廿五日）。

香港局勢升溫，使民間外交尋求外援的努力取得成果：美國參議院於東岸時間十九日黃昏一致通過《香港人權及民主法案》（《立場新聞》，二〇一九年十一月廿日），翌日眾議院在以四百一十七票贊成、一票反對，通過參議院版的法案，並送交總統川普簽署。即使總統反對法案，在退回國會再次表決後，法案仍會自動成為法律（《立場新聞》，二〇一九年十一月廿一日）。然而中國一直輕視香港特有的國際身份，把黨國主權凌駕香港人之自由民權，從而認定香港的抗爭是美國撐腰的「顏色革命」（《人民日報》海外版，二〇一九年八月廿九日），因此深信任何退讓都是對分離主義示弱。獲北京撐腰的特區政府就根據這種邏輯動用各種法外手段打壓抗爭。即或如此，中國因需要從香港取得外匯，無法輕易派兵鎮壓（《香港經濟日報》，二〇一九年十月廿九日），就只能靠香港警方以超限戰的方式對付民眾。只可惜他們殘暴有餘、能力不足，既無力完全控制局勢、又經常因執法不公激起民憤。如此香港之局勢，與一九六〇年代末至一九九〇年代初的北愛爾蘭不無相似之處：抗爭縱使有時候會稍為沉敍，社會卻因政權鍥而不捨地鎮壓，維持緊張肅殺的氣氛，並定期爆發激烈的武裝衝突（冼樂石，二〇一九）。若然香港的反送中運動最終會變成長期抗爭，那麼香港的未來，就取決於香港人能否確立命運共同體的自主意識。

香港人在己亥春夏之交起，就一直為家邦的自由奮戰：這種自發的大規模群眾抗爭乃香港史之首次[11]。根據香港民意調查所[12]的民意調查，香港民眾對己亥事變之紛擾，多視為政府和警方之責任：自十月中起，有逾六成受訪者不信任北京政權、特區政府和警方，亦有逾半受訪者對警方零信任，認為警隊必須改革重組。民調亦顯示香港人愈來愈同情新興的武力抗爭：在十月中有近四成受訪者認為近期抗爭中並無令人難以接受的過激行動，有逾半受訪者贊成抗爭者以武力自衛，並只有四分之一受訪者堅持抗爭者不應採用任何武力（《明報》，二〇一九年十月十六日）。不過在理工大學之圍發生後，雖然社會仍普遍不信任政權和警方，但其不信任度稍有緩和之勢。而受訪者對勇武抗爭的評價亦趨向兩極化。這代表著親中媚共的勢力正努力從事反動員，以圖動員保守民意與抗爭者作對（《立場新聞》，二〇一九年十一月廿二日）。

在十一月廿四日舉行的區議會選舉，在這種社會形勢下演變成各種政治立場之間的總對決。過往由於區議員職權有限，區議會選舉之投票率一直偏低，使資源充足的建制派能輕易透過恩庇侍從關係取得優勢。但這次選舉卻有近三百萬選民踴躍投票，而投票率更達百分之七十一點二，為香港選舉史上之新高。選舉結果毫不含糊地反映主流民意傾向同情抗爭者，而對為政權暴力撐腰的建制派深惡痛絕。建制派完全喪失在區議會的固有優勢：在四百五十二個議席中，建制派只能取得五十九席，其重量級人物幾乎全軍盡墨，能成功連任的只有李慧琼、柯創盛和謝偉俊等人。原先不被看好的在野派卻以狂風掃落葉的姿態取得百分之五十七即約一百六十七萬的選票，從而得到三百八十八席，佔總席次的八成半。而大埔區議會和黃大仙區議會的議席，更是由在野派全數囊括。而多位社運出身的政治素人亦旗開得勝，比如在雨傘革命期間的學聯副秘書長岑傲暉當選荃灣區議會海濱區代表、佔中案被告張秀賢當選元朗區議會元龍區代表、民間人權陣線召集人岑子杰當選沙田區議會瀝源區代表、魚蛋革命案中為盧建民辯護的訟師劉偉聰則當選深水埗區議會又一村區代表、而留守理工大學的公民記者梁柏堅則當選灣仔區議會大佛口區代表（《立場新聞》，二〇一九年十一月廿五日）。

不論如何，有燈就有人，只要愛護家邦之心不息、捍衛自由與尊嚴的抗爭也不會無疾而終。根據香港大學民意研究計劃的調查，在二〇一九年六月反送中抗爭展開之時，香港人之本土意識空前高漲。有百分之七十六點四的受訪者認為自己是廣義香港人、有百分之五十二點九認為自己是純粹香港人、認為自己是廣義中國人的則只有百分之廿三點二。而在十八至廿九歲的受訪者中，有百分之九十二點五認為自己是廣義香港人、有百分之七十五認為自己是純粹香港人、認為自己是廣義中國人的只有百分之六點九（表18.1、18.2，圖18.1、18.2）。誠然香港人即使抗拒中國人身份，也不代表他們支持香港獨立（《香港01》，二〇一九年十月廿九日）：香港形勢日趨高壓，民眾也顯然沒有免於恐懼的自由，也就無法想像獨立建國的前景。然而，構成「香港獨立」的元素，比如不受干擾的民主自治、維護既有語言、文化和生活方式、以至在國際社會中有異於中國的獨特身份，這一切毫無疑問都是香港人的共識。

就如國族主義研究大師管禮雅（Liah Greenfeld）所指出，以世俗化的方式追求平等的普羅主權，這種思潮也就是公民國族主義（Greenfeld 1992）。香港人在反送中抗爭中，已經有無計其數的公民各司各職，同仇敵愾地為「還政於民」、「主權在民」的理念團結抗爭。香港國族已經誕生，並已在人類歷史中留下自己的足跡，此乃毋庸置疑的事實。在二〇一九年九月，一群熱心網民為了向抗爭者打氣，寫成《我願榮光歸香港》一曲。此曲一出，即風行全港，並以國歌之姿成為反送中運動的主題曲。這首香港國族主義色彩濃厚的頌歌，無疑乃當今香港時代精神（Zeitgeist）的寫照：

何以這土地淚再流

12 海員大罷工為本土自發，卻只維持五十六日。港粵大罷工維時一年零四個月，卻出於國共兩黨的煽動。為期七個月的六七暴動更是境外政治動亂的餘波。

13 前身為香港大學民意研究計劃，因主事人鍾庭耀教授榮休，於二〇一九年七月自香港大學獨立。

何以令眾人亦憤恨
昂首拒默沉　吶喊聲響透
盼自由歸於這裡

何以這恐懼抹不走
何以為信念從沒退後
何解血在流　但邁進聲響透
建自由光輝香港

在晚星墜落徬徨午夜
迷霧裡最遠處吹來號角聲
捍自由　來齊集這裡　來全力抗對
勇氣智慧也永不滅

黎明來到 要光復這香港
同行兒女　為正義時代革命
祈求民主與自由萬世都不朽

我願榮光歸香港

跋：香港國族之魂

香港國族主義的神靈，在維多利亞港的上空遊蕩，於太平山、獅子山和大帽山四周翱翔。祂是位年輕的神明，在此之前，沒有多少人聽過。然而，山不在高，有仙則名；水不在深，有龍則靈；年輕活潑的神靈，亦能滿有榮耀與權能。祂的歷史，也許不像鄰近蒼老的幽魂那般久遠。但祂的誕生史，卻如活水甘泉，有著無窮的生命。

一些居心叵測的中國國族主義者，總是喜歡以歷史之名，說什麼「香港自古以來就是中國不可分割的一部分」，或是「大家血濃於水不用分那麼細」。然而，他們就是不願意站在香港人的角度，看這片領域那精彩而獨特的歷史。他們愛批評抗拒中國的香港人對中國歷史無知，但事實上無知的，是那些用大一統迷思曲解東亞史的獻媚之徒。

要正確認識香港歷史，就非得以同情的理解（Verstehen），站在普羅香港人的角度細數前塵往事。在之前的十八章加上後記，我們以本土的觀點看過香港的歷史。從中我們可以得出以下的結論：

一、香港屬於東亞沿海世界而非東亞大陸帝國

香港以及鄰近的嶺南地區，並非一開始就是東亞大陸帝國的一部分。東亞大陸帝國的疆土，其邊界在過去幾千年不斷移動。滿蒙疆藏其實都不是自古以來就屬所謂的「中華大地」，嶺南、江南等地也是一樣。即使後來漢帝國吞併了嶺南，這個地區始終是帝國的邊緣藩屬，而非其核心地帶。直到十世紀，帝國對嶺南的直接管治，都只限於粵北及廣州周邊，朝廷必須靠本地領袖的幫助實行間接管治。到宋帝國失去華北半壁江山，帝國才開始認真經略嶺南，推行水利建設以及開拓土地。之後要到明帝國初年清除何真家族的勢力後，帝國朝廷才能完全倚靠官僚體系的流官統治嶺南。

若說香港人與中國人血脈相連，這種論述其實是不折不扣的種族主義。而且即使不論那七拼八湊所謂的「中華民族」，單是漢族本身就是一個來源混雜的民族，而在漢地邊陲的漢人會與周邊民族通婚，又或者本身就是採納漢文化的周邊民族。嶺南人與越南人血緣上的相似度，恐怕不會比與華北漢人的相似度低。歷史人類學的研究，多會指出大部分廣府人的祖先，其實並不是北方漢人移民，而是帶著百越血緣的原住民。而近年的遺傳學研究，亦指出嶺南人的血緣（尤其是母系血緣）與原住民更為接近。

嶺南的精英階層，也許比較多南遷漢人，或是有漢人的父系血統。然而，直到十世紀，越南的情況也是相若。而在東亞大陸帝國統治越南那一千多年的歷史中，率領越南人起義脫離帝國的領袖們，當中有不少有具漢人血統（Taylor 1991）。嶺南和越南，都是與嶺北有異的邊陲社會，少數漢人精英不但未必能令兩地民眾漢化，他們反倒更可能會被原住民同化。漢化要成功推行，必然要靠國家暴力以及經濟剝削的雙重壓迫，方能有望成功。

這樣嶺南地區要到明清之交，才能完成漢化。但對於嶺南人的漢化程度，我們必須有一定的質疑。

嶺南人之所以會自稱華夏傳人，很大程度只是託古之言，為延續既有風俗及文化而強稱其為失落的華夏古風。我們亦不能忘記在十五世紀的漢化過程中，有大批嶺南人於圈地競賽中落敗，因再無立錐之地而舟居水上，淪為被稱為蜑家人的賤民。雖然他們是嶺南的少數族群，但這些邊緣族群在香港開埠前後，擔當著重要的歷史角色，是開創香港這片領域的先頭部隊。當英國人於十九世紀來到香港，將之建設為東亞沿海世界的樞紐，這些海洋族群及嶺南移就能擺脫邊陲賤民的身分，在帝國之間的狹縫建立自身的主體。

將千年以來東亞大陸帝國統治香港以及鄰近的嶺南地區的歷史，視為嶺南人融入中華民族的歷史，是與事實不符的錯謬觀點。嶺南由始至終都是不獲帝國重視的邊陲地帶，東亞帝國統治嶺南的歷史，顯然是嶺北核心壓制、剝削嶺南邊緣民眾的血淚史。嶺南及香港以往只是帝國的藩屬，若視之為中國所謂「自古以來不可分割的一部分」，那只是帝國主義的侵略思維[1]。

1 不少囿於大中華理念的人，都愛批評香港國族主義者對歷史無知，但其實他們對「認識歷史」的理解，不過是要求別人沿用他們的陳腐觀念曲解歷史。「納四裔入中華」的迷思，令不少學者及評論人罔顧事實，硬要把嶺南及香港的住民攀附為炎黃世胄，並否認其毋庸置疑的百越承傳。只要道出所謂「中國自古以來不可分割的一部分」，大部分都是透過帝國主義擴張巧取豪奪得來的歷史事實，信奉中國國族主義的知識人就會開始怒吼、停止思考。「不要把聖物給狗，也不要把你們的珍珠丟在豬前，恐怕牠踐踏了珍珠，轉過來咬你們。」和這些人爭論又有何益處？他們戀慕帝國的榮光，否定本土文化自身的價值，認為華夏才算文明、周邊盡皆野蠻，就想篡改自家祖宗的歷史。歸根究底，這不過是出於扭曲的自卑心態。我們必須反思：何為文明？何為野蠻？自由才是真文明，霸權壓迫盡是野蠻。為虛榮而認同霸權，只能反映論者人格卑劣。

二、香港未有參與中國的國族建構

那些大中國的論述，往往會將中國國族主義視為既自有永有之物，而當今的中國政府則承先啟後「帶領中華民族的偉大復興」。然而，將前現代的身分認同、文化認同等同於當代國族認同，只是張冠李戴。歷史學家姚大力教授如此評論這種謬誤：

> 民族主義（包括族裔民族主義〔ethnic nationalism〕），則是一種近現代才有的思潮。傳統社會內可能會存在從某些表現看來很像近現代民族主義的言論、情緒和意識，但那最多只是伴生性的原民族主義思潮……中國近代民族主義運動的興起，理所當然地會以傳統時代的伴生性原民族主義的種種呈現作為其歷史資源，或者說歷史素材。但我們可能不應當因此就把近現代中國的民族主義思潮看作是傳統時代的伴生性原民族主義在新歷史條件下的變身或衍生物。法國革命後傳遍全球的西方民族主義，才應當是中國近代民族主義的真正淵源。（姚大力，二〇一五）

如前所述，香港一直以來都只屬東亞大陸帝國的邊陲，嶺南人又有異於華北漢人。以地理、血緣論證中國國族源遠流長，恐怕只是緣木求魚。而大中華文化主義者則會訴諸於延續五千年的「華夏文化」，主張「愛國不愛黨」的文化國族主義。問題是「華夏文化」並不由中國獨享，它亦屬於日本、韓國和越南的傳統文化。雖然這些國家的文化與中國的有微妙差別，但中國內部地域文化的差異，也是不遑多讓。如此我們便難以用文化解釋何以日韓越三國不是中國。假如文化真是國族認同之根源，那麼隨著華夏文化向外擴散，日韓越三國理當會與中國越走越近。但事實卻剛好完全相反，當三國的儒學發展日益發達，離心力卻愈來愈大。就如歷史學家葛兆光先生所言：

> 明清時期，日本、朝鮮和中國，從文化上「本是一家」到「互不相認」的過程，恰恰很深刻地反映著所謂「東方」，也就是原本在華夏文化基礎上東亞的認同的最終崩潰，這種漸漸的互不相認，體現著「東方」看似同一文明內部的巨大分裂。（葛兆光，二〇〇一）

在進一步討論前，我們必須先釐清何為國族主義（nationalism）。坊間一些庸俗的講法，會認為國族是自有永有的，或至少有源遠流長的歷史。少部分學者亦認同這種原生論（primordialism）觀點。當代最具影響力的原生論者，乃倫敦政經學院的歷史社會學家史安東（Anthony Smith）。他根據中國和以色列的國族建構史，主張國族建構雖然是近代的歷史過程，國族卻須要由歷史悠久的族群（ethnies）演化而成（Smith 1986）。然而史安東的論證，只能說明國族建構會受前現代的族群文化影響，卻無法說明國族建構是由這些族群文化所決定。事實上，前現代的族群文化，一直都會受到社會權力架構影響，其邊界從來都是浮動不定（Barth 1998）。亦因如此，我們無法用前現代的族群分界解釋當代的國族建構。中國與以色列的案例，亦未能支持史安東的觀點。前述葛兆光先生的講法，已指出同一樣的華夏文化，可發展出幾種互不相認的國族認同。而在第二聖殿於公元七〇年被毀後，猶太身分一直都只是宗教認同，猶太人亦甘於成為其他國家的少數族群。到十九世紀錫安主義興起，才有部分猶太人成為真正的以色列國族主義者。

這就是說，國族主義是現代社會的產物，而前現代的族群文化充其量只是近代國族主義者可用可不用的思想資源。這亦是大部分研究國族主義的學者之共識。一些學者會以唯物觀點解釋何以國族主義要到現代才成型，比如蓋爾納（Ernest Gellner）認為國族主義是現代社會為適應工業化勞動力的需求而衍生的現象（一九八三），而霍布斯邦（Eric Hobsbawm）則指出國族主義是資產階級於十九世紀掌握西方國家政經主導地位後創作出來的意識形態（一九九二）。這些唯物觀點論證了國族主義與現代化過程密不可分的關係，卻將國族主義者視為物質文明的囚徒（Greenfeld 2005）。然而，現代化歷程並不只是關乎物質文明中生產模式的轉變。就如社會學大師韋伯所言，現代化雖有其物質基礎，決定現代化歷程走向的，卻是非物質的意識形態。而西方社會現代化歷程，亦是始於新教徒的倫理觀（Weber 2001）。

安德森則嘗跳出唯物主義的框架，指出社會行動者之集體主觀想像，就是社會事實（social facts）。而國族就是是想像的共同體。這並不是說國族是虛構的。與此相反，只要地緣政治因素令某地的精英和民眾有著獨特的集體經歷，他們自然就會想像自己為同時同地面對著共同命運的社群，最終發展為爭取於同一自治政體下共同生活的國族。就像其他社會現象一樣，國族雖然出自想像，卻是真實的，而且其存在很多時都是正當的（Anderson 1982）[3]。國族主義之所以正當，是因為國族國家（nation state）之成立，幾乎可說是民主善治的必要前提。民主化研究大師林茲（Juan Linz）和史捷潘（Alfred Stepan）曾指出，沒有主權就無以言民主：威權國家的藩屬，沒有可能走出自己的民主路（Linz and Stepan 1996）。而民主國家的非白人海外屬地的民主化，亦要待宗主國採取去殖民政策才有望能夠開展。而這些民主自治的海外屬地，只是原有殖民帝國於解殖過程中未能獨立建國的剩餘部分，是特例而非慣例。獨立當然不能保證民主，但未能實踐國族自決則決無民主化的可能[4]。

管禮雅（Liah Greenfeld）則進一步強調：不是所有共同體認同都算是國族主義，只有現代的共同體認同才算是國族主義。現代的國族共同體，其價值必需是世俗化的。即使某些國族仍設有國教，國民追求的也必然是國族在物理世界的利益和價值。而國族內部的政治，既要主張國民同質性（egalitarianism）、亦要實踐將國民與政治連繫起來的大眾主權（popular sovereignty）[5]。不同國家在實踐上，會有不同的面貌，但共同體認同仍必須要有以上三個特點，才能算是真正的國族（Greenfeld 1993, 2005）。即是

2 在二〇一六年，全世界有一千四百七十萬至一千七百卌萬猶太人，當中只有六百四十八萬人住在以色列。而在美國有五百卌萬至六百八十萬猶太人，大部分都認同自己為美國人。當年認同錫安主義的猶太人，顯然不屬多數。猶太人之族群文化，並非必然會導致以色列國族主義的結論。以色列的國族建構，可說是歷史的意外。若非納粹德國當年迫害猶太人，令大批歐洲猶太人逃亡巴勒斯坦，錫安主義能否成為氣候，尚未可知。

3 反對國族主義的論者，常會以二十世紀的兩場世界大戰為反對理由。然而，國族主義在二十世紀，也為西方國家帶來了國民經濟、福利國家和全民普選。而一九八〇年代末中歐的民主化浪潮，同時也是反蘇聯侵略的國族主義運動。若說國族主義弊多於利，那明顯不是事實。與此同時，我們亦當反思兩次大戰的成因，究竟是因為國族主義，還是因為無視他國國族自決權的帝國主義、殖民主義和霸權主義？國族主義當然不是萬靈丹，亦有走偏的可能，但將之視為萬惡不赦，只是攻擊稻草人而已。

4 何為民主？民主就是主權在民。主權在民，就是指在特定領域內的一切公共事務，當由其疆域之內的公民以平等參與的方式共同決定。倘若在這領域之上，還有別的權柄能凌駕其公民的民主決策，那必然是對民主的侵害。當一個地方已經有著有異於近鄰的命運共同體，那該地要實踐民主，就必須推動或明或暗的獨立運動。「爭民主毋須論統獨」，終究不過是鄉愿的迷思。若論者堅持「統獨只是假議題」，他若不是思維不清，就是壓根兒敵對民主。

5 據管禮雅分析，當國族主義在英格蘭首先出現時，乃基於世俗化版本的新教倫理，主張全體公民的民主參政權及平等地位。英格蘭之所以能走上公民國族主義（civic nationalism）的道路，其中一個因素是貴族階級在薔薇戰爭後元氣大傷，令國王不得不依靠平民出身的地方領袖進行管治。這些人因著公共參與和民主充權而覓得尊嚴，覺得全體公民皆屬於同一個尊貴的群體，這種歸屬感亦就是國族意識。但當其他國家打算透過模仿國族主義以走上富強之路，部分國家的統治階層卻抗拒與平民分享政治權力。於是他們便強調國民於血緣及文化上的連帶，以血統及文化之純正定義國民同質性，並將大眾主權詮釋為國民服從國家，主張國家強盛就會榮耀整個族群。而這些國家的民眾彼此為因文化及血緣連繫一起的血親，他們或是在對族群歷史的浪漫主義想像尋獲自尊、或是想透過洗脫族群歷史屈辱而重拾尊嚴。此乃民族國族主義（ethnic nationalism）之濫觴。公民國族主義與自由民主相輔相成，而民族國族主義卻往往會帶來威權主義以至是法西斯主義。

說，國族認同不可能只是文化認同、歷史認同，它還必須涉及政治認同。國族主義與現代性（modernity）是銀幣的兩面，而國族建構亦就是社會現代化的歷程。

根據以上討論，筆者會將國族建構的過程歸納為五個階段：

一．在第一階段，地方社會因地緣政治因素成為相對自主的領域，令當中的精英成為擁有獨特共同命運的群體。

二．這些精英隨後會意識到自己面對著共同的命運，令精英本土土意識得以成形。

三．在現化代過程展開後，本土意識會從精英擴展至普羅大眾。本土精英要推行現代化，就需要嘗試動員大眾，並提出某種主張國民同質性及大眾主權的世俗論述。而在過程中，他們會在傳統族群文化、外國經驗或社會科學理論等尋找思想資源。不同版本的身分認同論述，此時亦會互相競爭。

四．在第四階段，社會大眾亦開始產生命運共同體想像，並開始有自己的普羅本土論述。國族建構的主力，亦會從少數本土精英，轉移到民眾身上。這種普羅國族意識，使該社會發展為「自在的國族」(nation in itself)。

五．到第五個階段，有著普羅國族意識的大眾會開始為社會公益集體行動，並希望進一步提昇國族及其國民的政治權利[6]。此時該社會已發展為「自為的國族」(nation for itself)，令新興的國族主義運動正式展開。

在日清戰爭之前，世界上並沒有一個稱為「中國」的國族國家。清帝國的民眾一直只有局限於某縣某鄉某家族的原鄉意識，並不會視帝國其他地方的民眾為同等的國民。雖然日清戰爭不是清帝國第一場敗仗，但東亞大陸的帝國被東亞海洋邊陲的日本打敗，卻徹底顛覆東亞體系幾千年來的秩序。列強見清帝國勢弱，亦開始於東亞大陸劃分勢力範圍。帝國知識階層認為東亞大陸此時已淪為西方列強和日本的「次殖民地」，並擔心清帝國若果瓦解，東亞大陸就會被正式瓜分。這種被殖民的憂慮令中國國族主義思潮風起雲湧。這些前所未有的新思想主張清帝國必須重新思考它在國際秩序上的定位，無可避免地要發展成日本和西方列強那樣的國族國家。之後中國於辛亥革命後走向共和，卻想要全盤接收清帝國的疆土，只得將各國語言、文化各不相通的民族湊合為「五族共和」的「中華民族」。就如漢學家白魯恂（Lucian Pye）所言，中國知識階層基於救亡意識，將東亞大陸文明勉強裝扮成國族。於一九一二年元旦

6 一些反對香港國族主義的民主派支持者，會認為提倡國族主義只會帶來爭議，唯有聚焦於爭取民主，才能得贏得更多支持。公民之所以會渴求民主，是因為他們意識到自身的命運當由自己掌握、而非由他人決定，是以民主訴求本質上就是對主體尊嚴的追求。而這種追求必然會引伸成公民群體的主權問題：若然在公民群體之上還有淩駕一切的權柄，這算是哪門子的民主呢？公民群體於政治參與時的同仇敵愾，也必然會引致命運共同體的意識：當公民在民主參與時高呼 we the people，又豈能沒有「我們是誰」的疑問？是以對民主的渴求，必然會引伸至國家主權及國族認同的問題。在帝國的邊陲爭民主，本質上就是邊陲爭取擺脫中央而獨立的過程。部分民眾（特別是上一代）抗拒香港國族主義論述，其實只是一個表徵：這代表他們很少思考主體的問題，因此才無法意識到自己的香港國民身分。沒思考到主體，亦即反映他們本身對民主沒有太多的思考。他們支持民主派，很可能純粹為找代理人去了宣示對現政權的不滿，並沒有想到自己可以是親身參與社會事務的公民。他們怎樣說也不能算是民主運動的堅實支持者。在短期策略上，我們或要以較溫和的手法爭取他們的支持，避免向他們講「明獨」的香港國族主義。但以溫和的方法開導了他們之後，就必須繼續鞏固他們對民主的信念，這樣最終還是會誘導他們向「暗獨」的方向走。這終究是宣傳策略的問題，而不是國族主義論述的對錯問題。當民主運動步向成熟，其參與者必然會想到國族身分與命運自主，林林總總的國族主義思潮就會風起雲湧。而此時民主運動也必須進化為或明或暗的香港國族主義運動，否則只會陷入自我設限的窠臼。

成立的中華民國有著國族國家的外觀，但當時東亞大陸各界對於中國國族的內容，卻仍然未有共識。

此時追尋自由和幸福的香港人，亦視中國國族主義思潮的興起為機遇。他們有的支持立憲、有的支持革命。但他們之所以關懷中國，是因為他們希望推動由下而上的變革，藉此主導粵港兩地的公共事務、促進嶺南粵語區的自主自治。

可是五四運動後，救亡壓倒啟蒙。青年知識階層看見黎民的冷漠，就對自由主義及由下而上的民主失去信心。威爾遜以民主大國美國總統之尊參與巴黎和會，又提出民族自決原則，曾令青年寄與厚望。但中國未能取回山東權益的事實，令青年堅信先鋒黨理論：中國國族正在沉睡，非得要有一群先鋒黨喚醒民眾，讓他們帶領國民從頭改造新中國，中國才會有希望。讓民眾接受先鋒黨的領導建設國家，則是中國國族主義的奧義。一些愛國青年接受了共產主義，孫文亦趁機拉攏蘇聯，先是扭轉劣勢打敗陳炯明，再在蘇聯協助下將國民黨改造為列寧式的先鋒黨。隨後國民黨又與新成立的共產黨合作，將廣東建設為先鋒黨國族運動的前進基地，圖謀用暴力統一中國。

北伐之後，整個中國都是先鋒黨的天下，其他不服膺於先鋒黨的論述，都遭受暴力打壓，再也無法抬頭。國民黨的中國國族主義，就是由上而下、服從領袖、完成革命。共產黨有了自己的武裝，才能透過以暴易暴延續下去。他們在打贏國共內戰上台後，新的國旗是代表社會各界的小星[7]拱照代表共產黨的大星，愛國就是從服從共產黨的指導建設國家。在五星旗下的新中國，黨就是國、國需要黨，愛國也必然意味著愛黨。共產黨透過黨國體系，由上而下地推行「毋忘國恥、服從國家」的愛國主義教育。到一九九〇年代，這種黨國為先的中國國族主義，已無可爭辯地是中國社會的主流思想。雖然中國至今仍不乏信奉自由主義的抗爭者，但大體上他們並未有脫離黨國國族主義的社會結構（Wang 2012；沈旭暉，二〇一五）。

可是香港並未受中國先鋒黨國族主義的荼毒。在十九世紀末，香港的精英階層已經是擁有獨特共同命運的群體，而精英本土意識亦已經出現。香港的普羅大眾在五四運動期間，雖然亦有反日情緒，但除卻少數激進分子，大體上都與當時中國的國族主義論爭絕緣。國共兩黨無疑曾於一九二五至二六年發起「港粵大罷工」，罷工規模固然是史無前例，但亦有為數不少香港勞動階層不認同這次罷工。雖然大罷工由一九二五年六月一直維持到次年十月，但在各方張羅下，香港市面到七月左右就回復正常。港商及落難香港的粵商覺得廣東的政敵非要把他們趕落大海不肯罷休，便決定挺身而出，動用人力物力維持社會秩序、恢復工業生產。他們自覺打了一場香港保衛戰，在過程中認定香港才是他們的家。值得留意的是，縱使初時大批港人參與打著中國國族主義旗號的大罷工，他們卻多放眼本土的族群平等及勞工權益。當罷工淪落為國共兩黨之間的權力鬥爭，工人就陸續回港復工。此後香港本土意識雖然最初只見於精英階層，但大部分香港人的身分認同，主要是關懷某縣某村的鄉土意識、以及自覺與西方有異的文化意識。少數服膺於國共兩黨國族論述的，亦在一九五六和一九六七年兩場暴動後遭邊緣化。隨著香港走上一條有異於中國的現代化道路，香港本土意識也逐漸進化為普羅意識，令香港成為一個「自在的國族」。

雖然香港人的祖先多來自東亞大陸，卻沒有參與中國國族建構的過程。事實上南來避秦的移民，大部分都是因為抗拒中國國族建構過程的腥風血雨，才會到香港這片新領域尋獲新生。移民香港，本質上就是拒絕中國、逃避中國的集體經歷。如此再加上戰後兩地民眾南轅北轍的生命歷程，香港與中國，也自然會發展為兩個性格迥異的國族。而近年本土思潮的興起，以及一連串爭取命運自主的社會運動，亦意味著香港正從「自在的國族」進化成「自為的國族」。我們不能因為香港是個移民社會，就錯誤地否

7 那四顆小星分別代表工人階級、農民階級、城市小資產階級和民族資產階級。

定香港國族的真實[8]。

三、香港文明是在百越、華夏與西方文明交融下的創新文明——●

香港人的祖先，大都是來自嶺南的移民。如此所述，嶺南的廣府族群和蜑家族群，都是嶺南原住民的後人。他們的文化皆有異於嶺北漢人，保存了不少原住民既有風俗。客家族群雖自稱為北遷漢人之後，但實際上卻是由粵、閩、贛交界的畲族人與少數漢人融合而成，亦是於明清之交才完全漢化。而來自潮汕、福建的閩南族群，亦是福建原住民的後人。嶺南的本土文化，本質就是漢越和集：粵語是漢語族語言，卻有古百越語的音調；叉燒包是粵式飲茶的必備點心，它的皮由華北的小麥粉製成，包餡的叉燒卻是嶺南特有的產物；廣府族群奉重視今世的儒家理學為正統，但鄉間民眾誠心拜祭的，卻是披著漢名的本土神明（Watson 1985）。

當西方商人來到嶺南沿岸貿易時，就與當地海洋族群打交道。到英清戰爭時，他們就與英國人合作，成為在香港第一批冒起的華人精英。而在華南的邊緣族群，他們沒法可以在清帝國參加科舉，就於香港接受西方教育，甚至會接受基督教信仰。這些西化華人是第一批視香港為家鄉的香港人。受過西方教育的華人，多於洋行任職買辦。他們於洋行中學會西方的管理技術，亦能累積資本以作投資。雖然香港是一個殖民地，但它亦是西方現代文明在東亞的前哨站。儘管這種殖民地摩登只是半套的現代文明，香港人還是能夠嚐到文明的幸福，讓他們思索如何以自己的方式完成現代化的拼圖。香港的公民文化，亦受到英國政治文化的薰陶（Hampton 2015）。香港人在戰後，逐漸意識到自由、法治和民主的可貴，縱然他們對這些現代文明價值的理解，仍然有進步的空間。

香港處大陸之外，位大陸之旁。在十九世紀後，東亞大陸政局不變，多元混雜的清帝國土崩瓦解，最終轉化為黨國專權的現代中國。香港因著地利，成為了遺民避秦之樂土，承傳著被東亞大陸排斥的傳統華夏文化。百越文明、西方現代文明與華夏文明之間的碰撞，固然會帶來衝突。但三大文明一百多年的辯證，令香港人學會兼容並蓄，於三大文明各取所長，並以合適的比例調和，將之轉化為本土文明。就如香港茶餐廳飲品鴛鴦那般，西方的咖啡混和東方的茶，卻沒有絲毫違和感。詩人也斯（梁秉鈞）在新詩〈鴛鴦〉，以這種飲品比喻香港文化的多元特質：

五種不同的茶葉沖出了
香濃的奶茶，用布袋
或傳說中的絲襪溫柔包容混雜
沖水倒進另一個茶壺，經歷時間的長短
影響了茶味的濃淡，這分寸
還能掌握得好嗎？若果把奶茶

8 陳學然（二〇一六）在《思想》期刊的一篇文章中，以香港是移民社會為理由，貶斥香港國族主義者參考臺灣經驗爭取獨立為歷史無知的盲目抄襲。可是他本人於《五四在香港》（二〇一四）一書中，正正就指出香港人在五四運動時的經驗，明顯有異於同期的中國人。那就正正說明香港人沒有經歷過中國國族建構的關鍵過程，那麼香港人與中國人，又怎能稱得上是同屬一個國族呢？香港有異於臺灣，是無可爭議的常識。但香港與臺灣都未有經歷中國國族建構的關鍵過程、亦同樣面臨中國帝國主義的威脅，是以兩國自身的國族建構，當然有可參考、可比較之處。何以香港國族主義者能感受到香港國族之真實？他們不是對歷史無知，而是肯跳出大一統的狹隘視野去思索歷史，亦因如此他們亦能掌握到某些「飽學之士」久缺的洞察力，能正確地意識到港中兩地早已漸行漸遠。

混進另一杯咖啡？那濃烈的飲料
可是壓倒性的，抹煞了對方？
還是保留另外一種味道：街頭的大牌檔
從日常的爐灶上累積情理與世故
混和了日常的八卦與通達，勤奮又帶點
散漫的……那些說不清楚的味道

一些堅持正統文化的原教旨主義者，會認為香港的多元文明不算是真正的文明，嘲笑多元只是沒有章法的東拼西湊。然而此等偏見，只反映論者對歷史的無知，以及其沙文主義的傲慢。歷史上偉大的文明，大部分都是多元混合的文明。希臘文明，混合了埃及文明和腓尼基文明；羅馬文明，混合了希臘文明與伊特魯里亞文明；德國文明，混合了希羅文明、日耳曼文明以及塑造基督教的希伯來文明；英國文明，更是集希羅、希伯來、塞爾特、維京和諾爾曼文明於大成。即使放眼東亞，唐帝國的文明，何嘗不是鮮卑文明與華夏文明之混合？若然香港文明沒有變得偉大，那不是因為香港是個沒有文明的文化沙漠。那是因為知識階層未有好好愛護自身的文明，帶著有色眼鏡去貶低自身的文化成就，而鄰國殖民霸權亦以中原中心主義多番打壓。

四、香港國族主義的核心價值，是對自由、幸福和尊嚴的追尋——•

香港處大陸之外，位大陸之旁。在專權政治橫行的東亞世界，香港是片自由的樂土。誠然，英國人在香港實行的，是不民主的殖民地制度。而這個殖民地的自由民權，要待一九九〇年代通過《人權法》後，才算是符合現代文明的要求。但環觀整個東亞，又有那個地方能比香港自由呢？日本要到一九四五年終戰，才在駐日盟軍總司令之督導下，轉化為自由民主國家。之後直到一九八〇年代的民主化浪潮前，整個東亞就只有這一個自由民主國家。香港不只是比鄰國自由，在整個東亞亦是無出其右。除了中國的革命派，菲律賓國父黎刹、化名為宋文初的越南國父胡志明，都視香港為喘息避難的自由地。

到二十世紀，先鋒黨專權的黨國體系在中國橫行。國共兩黨的國族建構，就是要國民絕對服從黨的領導，萬眾一心地為中華民族的偉大復興前進。在這個背景下，要成為中國人，就是要放棄自由與尊嚴，物化為國家構築血肉長城的磚頭。在國共兩黨奪權後，都有大批逃避中國國族建構的民眾移民香港，要在這片新領域尋獲新生。在共產黨奪權後，中國政府意識形態掛帥，實行大躍進與全民大煉鋼等有違經濟原理的政策，弄得民不聊生。中國民眾為尋求幸福，紛紛逃亡，不少人選擇偷渡往香港。他們橫渡深圳河或港中接壤的海域時，猶如接受了洗禮，以行動集體決志皈依香港社會。這些移民不論出身，只要在香港站穩陣腳，舊事已過，都變成新的了。在這片自由的新領域，這些新香港人紛紛忘記背後，努力面前的向著幸福的標竿直跑。

港中兩地的交流，於中國赤化後沉寂了幾十年。香港自成一國，並逐步發展為先進的現代社會，有著一套強勢的本土文化。香港人不再視自己為旅客，反倒視香港為安身立命的地方。他們不再只滿足於個人的幸福，而是想掌握自己的命運，要透過政治充權覓得做人的尊嚴。一九七〇年代香港政府的改革，雖然背後有著殖民者的深謀遠慮，卻令香港人意識到民眾本當為社會的主人翁。一九七〇年代的社區運動、一九八〇年代起的民主運動、一九九〇年代後興起的新社會運動、以至是廿一世紀初的各種本土運動及二〇一〇年代的港獨風潮，都是爭取還政於民的公民運動。而面對中國帝國主義強權壓境，香港公民社會亦茁壯成長，為香港人的自由和幸福持續抗爭，寄望能以真正的民主制度彰顯身為香港人的尊嚴。

五、香港的鬱躁，在於其國族建構內外交困

然而，香港人尋覓自由、幸福和尊嚴的努力，卻在近幾十年遭遇挫折。香港之所以能夠成為一片相對自由幸福的樂土，乃是因為香港的獨特的地緣政治。香港一直位處兩個帝國之間的狹縫：英國帝國主義的勢力，擋住了中國帝國主義對嶺南邊民的欺壓；而中國帝國主義的威脅，則在某程度上制衡了香港政府，令他們不能像其他殖民地政府那般實行高壓統治。但這種帝國主義之間的權力制衡，卻是異常脆弱。到香港前途談判時，英國已非昔日的日不落帝國，而中國則是與美國、蘇聯鼎足而立的強權。香港自此完全陷入中國的勢力範圍，再沒有其他帝國勢力能與之抗衡。香港人只能靠自己直接與中國殖民霸權周旋。

香港的經濟格局，亦為香港人挫折的根源。東亞的資本主義，從來都不是由資產階級主導，而是由國家主導[9]。香港雖然號稱為最自由的經濟體系，但在自由經濟的假象下，卻是倚靠國家護蔭的殖民地經濟體系，而當中的資產階級在某程度上乃殖民地政府的延伸。不過在香港特殊的地緣經濟格局下，殖民地經濟體系卻弔詭地促進了香港資產階級的自主性。中國赤化前，在中國做生意的香港資產階級能憑著與殖民地體系的關係，免受中國官員的恐嚇勒索，減省了苛捐雜稅的支出。到戰後，自主而又秉承因地制宜原則的香港政府，則幫助香港工業家打進走向全球化的國際市場。只是在《聯合聲明》簽訂後，中國接收了殖民地原有的政治吸納體系，卻令香港資產階級不再自主，淪為中國帝國主義的馬前卒。中國政府縱容北上投資的香港資產階級剝削中國的勞動階層，讓他們能趁中國經濟改革開放謀取暴利。但

這種「北上殖民」只屬表象，只是中國殖民者向效忠者的回報。香港資產階級之後憑著他們在殖民地體系的地位，幫助中國達成各種政治目標，特別是阻撓香港的民主化。在主權移交後，這些通敵者則成為權力精英之一員，成中國殖民體系的一部分。

管禮雅在討論荷蘭黃金時代（Dutch Golden Age）的資本主義發展時，指出若然一個社會的資產階級缺乏國族意識，甚至假自由經濟之名為私人短期利益出賣國族利益，那當地的資本主義經濟將會步向衰落（Greenfeld 2003）。這正是香港的情況。香港於二〇〇〇年代末引入自由行及CEPA後，中國資本就大舉入侵香港。港中兩地經濟的不對稱融合，令香港經濟民生日益依賴中國，使香港淪為中國的掠奪殖民地。香港資產階級在中國殖民體系中的尊貴地位，只是表面風光。一群沒有國族意識的逐利者，

9 香港的左翼論者，常會批評香港國族主義是偽議題。但他們只是將西方社會的階級分析，生硬地套在東亞社會之中。然而，東亞的資本主義發展，都是由國家由上而下地推動。雖然香港沒有國家企業、沒有像日韓兩國那種由國家扶植的財閥，但其殖民地經濟體系，卻同樣是由國家體系在幕後操盤。香港的「資產階級」，不是西方社會那種主導政治的布爾喬亞，他們或是在帝國的狹縫下掙扎求存、或是成為替帝國體系服務的代理人。他們可以與中國（及以前的英國）帝國主義者討價還價，卻從來都未有制訂過遊戲規則（馬克思的階級理論囿於十九世紀英國的經驗，傾向假設資產階級乃真正的統治階層。但這種假設，就不適用於他的祖家德國。韋伯曾對此作出批評，並強調社會地位、政治地位可以有異於經濟上的階級地位）。要在當代香港反對「資產階級」的壓迫，就非得先要批判中國的帝國主義不可。在東亞的國家資本主義經濟體系，國家權力是真議題，階級政治才是偽議題。香港基層面對的欺壓，不是資產階級對無產階段的剝削，而是殖民者聯同本地通敵者對香港民眾的帝國主義侵略（圖16.1）。要討論東亞政治，我們應當模仿史國普（Theda Skocpol）的語調呼喊：「Bringing the state back in!」而在國族國家的國際體系中談國家權力，又怎能不談國族主義？香港的「階級壓迫」，既是源於中國的帝國主義侵略，那麼香港的「階級鬥爭」又怎可能不是反帝反殖的獨立運動？而事實上，當東亞的政客突然大談階級政治，我們反倒要小心提防，因為當中十居其九都是奪權的陰謀。梁振英上台前，也是透過炒作「地產霸權」議題而扭轉乾坤，結果香港的管治日益高壓，貧富懸殊的問題卻未有絲毫改善的跡象。

就只會互相攻伐、無法合作執政。香港資產階級一直無法組織一支真正的管治團隊，而當中國帝國主義者決定要在香港建立「第二支管治隊伍」，這些馬前卒一夕之間就可以淪為棄卒。香港資產階級於二〇一二年行政長官選舉前後遇到的屈辱，只會一再重演。

以自由經濟為名縱容通敵行為的想法，並不只限於香港的資產階級。不少普羅大眾亦誤信滴漏理論，以為自己能有機會在中國經濟殖民體系上向流動，就站在親中的資產階級立場觀察世情（圖16.1）。他們得享自由，卻只懂將自由詮釋為玩樂消費的自由。他們只會透過消費的拜物教肯定自我，沒有興趣透過公共參與確立主體性。雖然香港公民社會於過去幾十年持續發展，但社會上仍有三至四成的保守民眾（表18.4、18.5、18.6、18.7、18.8），他們只會顧著自己一家的私利和享樂，甚至會認為其他重視公益的香港人妨礙他們賺錢玩樂。

這樣香港之困局，除卻外憂，還有內患。阻礙香港人捍衛自由、尋覓尊嚴的，除了中國帝國主義的外在壓迫，還有兩種令香港人作繭自縛的思維。香港人一直未有認真思考何為國族，往往下意識地將國族（nation）、民族（ethnic group）和種族（race）混為一談，亦不知中國國族主義只是模仿西方國家的近代建構、是當權者為了繼承清帝國的勢力範圍而勉強湊合出來的論述。如此他們容易受大中華文化意識誤導，誤將文明當作國族，以為自己與中國同屬東亞文明體系，就算是政治意義上的中國人。這樣令他們為香港人的權益抗爭之時，去到國族自決的節骨眼上，就進退失據、集體失語。一些進步人士囿於左翼教條，將國族主義、種族主義和帝國主義混為一談，並批評香港國族主義為排外極右思潮。他們不知道公民國族主義是自由民主的必須條件（雖然不是充分條件，參Greenfeld 1993, Canovan 1996）、不知道公民參政時那同仇敵愾的命運共同體想像就是國族意識，因此不能明白香港公民對抗中國帝國主義的民主運動，在本質上已經是香港國族主義運動[10]。

香港在戰後就已經有自視為命運共同體的國族意識，到一九八〇年代就有以住民自治為目標的民主運動。然而，國族主義論述及國族主義運動，要到二〇一〇年代才興起。香港人對國族主義的知識貧乏、定義不清[11]，是這種現象的成因。

然而這只是認識上的不足，之後隨著本土論述日趨成熟，這些偏差還是有可能修正過來。在殖民經濟體系下培養出來的功利心態，才是香港國族的心腹大患。他們妄想可以成為經濟體系中的成功者，認為自己顧自己是大道理，覺得安份守己的人就不應多理社會政治的「閒事」。面對為公共權益擺上自己的香港人，他們或是冷嘲熱諷、或是無理指責。若當權者施以蠅頭小利，他們就會樂於通敵，或是支持親中媚共的政客、甚至是傷害為公益努力的香港同胞。香港之劫難，固然是中國帝國主義之過。但當一個社會有三、四成人可以為求私利置公益於不顧，那整個社會也要承受共業之苦。出於功利主義的奴民

10 一些受後殖民理論影響的論者，常會嘲諷本土派「用國族主義對抗國族主義」，只是「將自己變成和敵人一樣的怪物」。筆名安徒的嶺南大學文化研究系副教授羅永生，就指「中共從來都不會害怕港獨成功」，暗指港獨思潮只能幫助北京找藉口打壓香港，還要說「港獨等激進主張氾濫，正好反映公民社會被侵蝕」（安徒，二〇一六）。這種講法並不公允，而且忽略了在二〇〇四至二〇〇五年的「愛國論爭」時，中國方面就已指出抗拒中國政府的，不管其文化、地理、歷史認同，都是廣義的港獨分子（參十八章）。他也忽略公民社會參政時的同仇敵愾，就是國族意識的來源。同情地理解，羅老師等後殖民理論者都是支持本土，只是因為其傅科式的成見，不喜歡國族主義的宏大敘事（grand narratives）。他們覺得香港以往那種「迴避國族主義大論述的本土」，不是在特定時空的過渡狀態，而是領先全球的「後國族主義」典範。但是當香港建立起一套真正屬於自己的國族主義，他們就不視之為進化，反視之為一種倒退。然而理解歸理解，筆者並不認為香港過去那種在特殊地緣格局才能維持的亞穩定狀態（meta-stable state），可足堪為人類文明的典範。

11 香港的學者及評論人喜歡引用安德森先生的《想像的共同體》（Anderson 1982），可是他們從未讀通此書，只會標題黨地引伸出「想像即虛構」的結論。但事實上，安德森先生要探討的，是「想像如何出現，並成為社會事實」，和那些標題黨結論完全相反。

心態，是最難對付的錯謬思維，只因你永遠無法叫醒裝睡的人。

面對內外交困，令意欲投身香港國族運動的年輕人焦躁不安。看著思維受縛的香港人，他們哀其不幸、怒其不爭。他們提倡各種香港國族主義論述，要香港擺脫其思想籠囚，亦是事在必行。然而焦躁不安，就容易心浮氣躁。怒其不爭過了頭，就會誤將應當爭取過來的香港人，都視為不可理喻的敵人。然而國族建構的每個階段，都要用至少幾代人的時間。將香港建設成「自在的國族」的那一代，亦未能一時三刻就能瞭解要建設「自為的國族」之年輕世代。但對前人批判之餘，年輕人亦須知他們能更上一層樓，是因為他們正站在先人的肩膀上。香港國族主義運動的目標，是要讓香港人透過國族自決，奪回應有的自主政治空間，藉此守護香港人的自由、幸福和尊嚴。本土派近年進取的政治表態已取得一成半至兩成香港人的支持。這是個好的開始，但要面對世界上其中一個最強大的帝國，單憑他們的力量卻遠遠不夠。要達成國族自決的政治目標，非得團結大多數香港人不可。是以香港國族主義者不得不爭取民主派以至是部分中間派的諒解，而不應自負地擺出眾人皆醉我獨醒的姿態。縱然民主派及部分中間派的民眾仍未能接受國族自決的必要，但他們畢竟還是會支持香港人透過民主自治確保其獨特性，保障香港人的自由、幸福和尊嚴。

香港國族自決運動的路線早就已經確立。標新立異以界定自我的階段早就過去了，香港國族主義者是時候與潛在的支持者和解：凡是著緊香港人人自由、幸福和尊嚴的，即使他們一時間未能接受國族自決的理想，也要視他們為盟友、也要努力把他們爭取過來。國族建構必然是一個跨世代的過程，國族主義運動的參與者要懂得分辨那些人是為私利出賣國族的敵人，那些人僅僅是因時代限制未能瞭解國族理念的先賢。「不要驚動，不要叫醒我親愛的，等他自己情願。」對於後者，除了批評，還須要有耐性、體諒和友誼，要相信他們最終會為香港的自由、幸福和尊嚴而改變。在昔日的路線之爭，香港國族主義曾打了很多場不必要的罵戰。而部分本土派未經深思的冒進舉動，亦會為整個在野陣營帶來困擾。香港國族主義者必須深切反思、坦承錯誤，並誠懇地為種種冒犯公開致歉。

年輕一代對抗爭的想像比上一代廣闊，那本是好事。然而當「勇武抗爭」淪為教條主義，就是左傾盲動主義。激烈的抗爭手段，必然要伴隨著更沈重的責任。假設真是要進行武裝起義，領導人就有責任儘可能讓同伴能安全回家，此外亦要讓行動能達成其政治目標，免得讓犧牲的同志鮮血白流。沒有責任心、沒有數算代價、沒有深思熟慮，那激烈的勇武抗爭，不過是沒有意義的洩憤，只能讓參與者自我感覺良好而已。就如克勞塞維茲於《戰爭論》中名言所云，「戰爭僅是政治伴以另一個手段的延伸」，勇武是手段而不是目的。勇武行動也好、溫和抗爭也好，行動者都需要有充足的政治智慧，都要遵從負責任的政治倫理。身為香港國族主義者，就是以爭取香港國族自決為志業，而召命就必然伴隨著責任。政治之藝術，是令不可能化作可能；而政治之倫理，則是為此等目標夙夜匪懈的責任心。該溫和還是勇武，也都是形勢使然、策略使然，沒有哪種方法比別的更高尚，問題在於決策者能否審時度勢、是否有責任心而已。

面對中國帝國主義強權壓境，香港國族主義的抗爭者就沒有太多犯錯的空間。我們不能因為焦躁不安，就冒進盲動。反倒要學會忍耐、沉著應戰、充實自己、培養品格。患難生忍耐，忍耐生老練，老練生盼望，盼望不至於羞恥。若是焦躁不安，就看看香港國族的歷史，看著前人是如何一步一腳印，艱苦而努力地達成國族建構的每一個階段。香港國族之建構，是長時段的過程。在這過程之前，我們只是微塵。香港國族主義者的目標，不是要成為劃時代的英雄，而是要努力參與這個宏大的歷史進程，為香港國族作出微小而確實的貢獻。當我們意識到自己正身處於這個跨越時空的命運共同體，並有份決定這共同體的命運，就能安身立命、覓得尊嚴。

回顧香港自開埠以來一百七十五年的歷史，便可知過往沿路雖跌跌碰碰，香港人的身分卻一直在承傳，而香港國族在長時段的觀點看來，也一直在成長。香港目前固然面對著重大的挑戰，但我們無需過份悲觀，也不用因一時的挫折而焦躁。香港的本土身分認同，在十九世紀已在精英階層出現，到戰後更成為香港的普羅意識。五十年代要求落實楊慕琦計劃的連署、六十年代反對天星小輪加價的抗爭、七十年代的反貪污運動和社區運動、八十年代起的民主運動、主權移交後的公民抗爭、以及近年的雨傘革命，都是香港人爭取命運自決的努力。在這個爭取自主過程中，香港公民社會逐漸成型。這個公民社會其成員，都相信他們是有著共同命運的香港人，都相信這個群體的公眾事務當由香港人自行決定。安德森所指的想像共同體，就是這樣的命運共同體。縱然當中有人未脫大中華情結，而大部分人都只想追求更大的自治權、使香港發展為「無國之國族」，但這樣的命運共同體毫無疑問會發展為決心自立的香港國族。面對中國的二次殖民，比較進取的香港人提倡香港獨立，是自然的結果、乃正義之執行[12]。

從歷史的觀點看，香港人的自由、尊嚴與發展，均取決於香港有異於中國的特性。即使不是主張香港獨立，只要是支持高度自治、要求還政於民的，都是在追求香港的自立自主、都算是廣義的香港國族主義者。只是強鄰的中國國族主義，容不下對先鋒黨絲毫的質疑、不允許那怕是最溫和的香港主體意識，此乃身為香港人的悲哀。那麼要捍衛香港人的尊嚴，就只得走自己的路，擺脫鄰近威權帝國的宰制，建立屬於香港人、為香港人服務、由香港人管治的政治實體，確立香港人獨立自尊的身分。讓香港國族之靈以獨立主權國家的身分在世界大舞台上粉墨登場，是香港人盼望之所在，也是香港七百萬國民應享的權利。

二〇一六年十二月廿日

寫於俊豚齋

12 香港人要保有自由、尋獲尊嚴，就當百尺竿頭、更進一步，不能死守舊日的老黃曆。一九八〇年代的民主回歸論，固然有其時代背景，而持此論者亦曾對香港民主自治的發展作出過貢獻。然而，到了二〇一〇年代，民主回歸論顯然已進入死胡同，也是時候要重新檢討，轉用本土為先的論述，如此方能適應時勢、回應時代的需要。

增修版跋

本冊所論的香港歷史，也就是東亞沿海世界與東亞大陸帝國抗衡之歷史。因地緣格局之限制，包括香港在內的東亞沿海世界，在歷史上大部分時間都是東亞大陸帝國的邊陲。受困於帝國的遊戲，一生不可自決，是為香港的鬱躁、亦為東亞之困局。

橫觀東亞歷史，邊陲地區面對帝國的進迫，其回應不出以下三種模式：逃避管治的藝術、接受管治的藝術、或模仿帝國的藝術。

所謂逃避管治的藝術（The art of not being governed），簡要而言就是逃跑的藝術。逃跑，就是要透過地理的阻隔避開帝國的影響。這種回應模式，多用在東亞大陸西南及東南亞的高地。在這樣的地理環境，可耕地都分佈於狹小的谷地，每片可耕地都只能養活一個小群體。而在聚落之間，盡為山嶽峽谷和叢林。亦因如此，每個部落都自成一角，其住民亦能高歌「帝力於我何有哉」。要是帝國剛好跨越在部落旁邊的山頭，那部落最理性的做法，就是收搭細軟，落跑到更遠的處女地。他們並不傾向組織反抗：一來大組織不易遷移、再者挑戰強鄰的成本遠比尋找處女地高昂。而大型的反抗組織，亦可能會淪為另類的平行帝國，故部落對此多避之則吉（Scott 2018）。逃跑並不可恥，而且有用。

至於接受管治的藝術（The art of being governed），其實就是「上有政策、下有對策」，一方面對帝國卑躬屈膝、另一方面則利用帝國制度的缺口圖利。在現代初期的帝國，大都存在若干的雙軌計，邊陲民眾只要能加入成為帝國體系之一員，就有會透過種種監管套利的手法累積財富（Szonyi 2017）。接受管治的藝術與反帝不可並存：倘若向帝國虛與委蛇即能有發展的機會，那麼奮起反抗自然就是庸人自擾。是以採取這種應對模式的族群，傾向仇視為公益抗爭的族人：因為帝國之存活，乃其利益之所在。

在中世及現代初期，不論採用逃避之術還是投誠之術，皆為理性之抉擇。在現代國家體制出現前，即使是以中央集權見稱的東亞大陸帝國，亦無法將其意志伸展到每一個角落。由於官兵難以抵達遠離交通幹道的地方，這些地域就成為實際上的無主之地。即使在在帝國牢守之地，其地方治理亦必須仰賴某種間接管治。亦因如此，邊陲族群才有可能以低成本的應對術維持自己的生活方式。然而到了現代，世上再無所謂的處女地，而國家體制亦能直接操控地方。當代的帝國，與昔日的帝國自然亦不能同日而語。如今能實踐逃避之術的，若非富有的投資及技術移民，就是被迫流離失所的難民。「貧賤不能移」，乃當代社會的常態。現代帝國亦運用各種技術，對其臣民作全方位的監控：比如以大數據社會信用評分評核屬民是否忠誠、或是以人臉辨識技術監視屬民的一舉一動。面對已服用類固醇的利維坦，一般民眾要運用制度的漏洞，將會日益困難。

邊陲族群的另一種應對模式，則是在帝國國力稍為衰退之時，模仿帝國的樣式建立自己的平行帝國（Parallel Empire）（Barfield 2001）。然而帝國的包袱，對小國來說不過乃不稱身的衣裳。臺灣無法承載替中華民國反攻大陸的重任，香港和韓國亦沒有能力驅除韃虜、光復華夏。粵諺有云：「無咁大個頭，唔好戴咁大頂帽。」小國模仿帝國之樣式，只會水土不服，或是使國家無法正常發展、或是為國民帶來無盡的壓迫。

建立平行帝國最大的問題，在於對帝國的壓迫缺乏批判。如此一來，即使能藉此擊敗東亞大陸的帝國，亦只會使自己成為問題的根源。明治維新後的日本，就是這樣的平行帝國。當時日本知識精英以各種民族同源論，為無止境的帝國擴張背書，又以「文化中心移動論」自詡為東亞新秩序的王者。邊陲在日清戰爭擊敗了帝國，換來的卻顯然不是解放：不平等的帝國體系依舊老神在在，不過是換了主子而已。當邊陲成功轉化為平行帝國，最終只會使其他邊陲族群受害。東亞依舊是鬱躁的東亞。

要跳出這個困局，東亞沿海世界必須學會第四種應對之術：也就是自我管治之術（The art of self-governance）。東亞沿海世界之各族群，必須意識到自己乃有著共同歷史承傳的主體，從而決志掌握自己的命運，並以主權在民的平等互利原則建立自己的政治實體。而這些政治實體之間，則當以對等身份互相協力，團結抵抗帝國的壓迫。惟獨如此，方能有望使東亞成為自由民主的跨國共同體。

千里之行，始於足下。東亞之自由大業，必須從本土開始實踐。本書之撰寫，志在紀錄香港人人逐漸擺脫逃避之術、投誠之術及帝國之術，並以歷史主體的角色實踐命運自決的過程。祈望香港人之經驗，能幫助東亞沿海世界的朋友思索自身之處境，在前人之挫折中學習，為東亞的自由、幸福和尊嚴奮鬥。

己亥陽月廿九

寫於柏山山麓

香港 鬱躁的家邦

蒲台
柏架山
扯旗山
橫瀾島
太古
西環
鯉魚門
中環
東龍島
黃大仙
尖沙咀
將軍澳
飛鵝山
獅子山
道風山
西貢
蚺蛇尖
車公廟
沙田
馬鞍山
塔門
船灣
鴨洲
八仙嶺
吉澳

南丫島
石鼓洲
鴨脷洲
長洲
昂平
青洲
交椅洲
坪洲
馬灣
青衣
東涌
赤鱲角
旺角
荃灣
屯門
筆架山
葵涌
大帽山
元朗
錦田
草山
南生圍
中文大學
大埔墟
打石湖
林村
大埔
康樂園
粉嶺
上水
古洞

作者手繪
現代香港地圖

左岸歷史　301

香港，鬱躁的家邦

本土觀點的香港源流史（增修版）

作　　者　徐承恩
總 編 輯　黃秀如
特約編輯　王湘瑋
行銷企劃　蔡竣宇
美術設計　黃暐鵬

出　　版　左岸文化／遠足文化事業股份有限公司
發　　行　遠足文化事業股份有限公司（讀書共和國出版集團）
231新北市新店區民權路108-2號9樓
電　　話　（02）2218-1417
傳　　真　（02）2218-8057
客服專線　0800-221-029
E-Mail　service@bookrep.com.tw
左岸臉書　facebook.com/RiveGauchePublishingHouse
法律顧問　華洋法律事務所　蘇文生律師
印　　刷　呈靖彩藝有限公司
初版一刷　2017年4月
二版一刷　2019年12月
二版五刷　2024年5月
定　　價　650元
I S B N　978-986-98006-6-2

歡迎團體訂購，另有優惠，請洽業務部，（02）2218-1417分機1124

香港，鬱躁的家邦：本土觀點的香港源流史／徐承恩著
－二版.－新北市：左岸文化出版：遠足文化發行，2019.12
面；　公分.－（左岸歷史；301）
ISBN 978-986-98006-6-2（平裝）
1.歷史；香港特別行政區
673.82　　108020320

參考書目

Abraham, Thomas (2004). *Twenty-First Century Plague: The Story of SARS*. Hong Kong: Hong Kong University Press.

Airlie, Shiona (2010). *Thistle and Bamboo: The Life and Times of Sir James Stewart Lockhart*. Hong Kong: Hong Kong University Press.

Anderson, Benedict (1982). *Imagined Communities: Reflections on the Origin and Spread of Nationalism*. London: Verso.
（臺灣版：《想像的共同體：民族主義的起源與散布》，吳叡人譯，臺北：時報出版，二〇一〇。）

Anderson, James A. (2007). *The Rebel Den of Nung Trí Cao: Loyalty and Identity along the Sino-Vietnamese Frontier*. Seattle: University of Washington Press.

Andrade, Tonio (2008). *How Taiwan Became Chinese: Dutch, Spanish, and Han Colonization in the Seventeenth Century*. New York: Columbia University Press.
（臺灣版：《福爾摩沙如何變成臺灣府？》，鄭維中譯，臺北：遠流出版，二〇〇六。）

Antony, Robert J. (2002). *Like Froth Floating on the Sea: the World of Pirates and Seafarers in Late Imperial South China*. Berkeley, CA: Institute of East Asian Studies, University of California.

Baker, Hugh D.R. (1983). "Life in the Cities: the Emergence of Hong Kong Man," *The China Quarterly,* 95.

Barfield, Thomas J. (2001). "The Shadow Empires: Imperial State Formation along the Chinese-Nomad Froniter," in Susan Alcock (ed.), Empires: Perspectives from Archaeology and History. Cambridge: Cambridge University Press.

Barth, Fredrik (1998). *Ethnic Groups and Boundaries: The Social Organization of Culture Difference*. Long Grove, IL: Waveland Press.

Becker, Carl L. (1932). "Everyman His Own Historian," *American Historical Review*, 37.

Bergere, Marie-Claire (2000), trans. Janet Lloyd. *Sun Yat-sen*. Stanford: Stanford University Press.
（臺灣版：《孫逸仙》，溫洽溢譯，臺北：時報文化，二〇一〇。）

Blyth, Sally and Ian Wotherspoon (1996). *Hong Kong Remembers*. Hong Kong: Oxford University Press.

Bourdieu, Pierre (1984), trans. Richard Nice. *Distinction: a Social Critique of the Judgement of Taste*. London: Routledge.

Canovan, Margaret (1996). *Nationhood and Political Theory*. Cheltenham: Edward Elgar.

Carr, Edward H. (1964). *What is History?* Harmondsworth: Penguin Press.
（臺灣版：《何謂歷史？》，江政寬譯，臺北：五南圖書，二〇一四。）

Carroll, John M.(2007a). *A Concise History of Hong Kong*. Hong Kong: Hong Kong University Press.

——(2007b). *Edge of Empires: Chinese Elites and British Colonials in Hong Kong*. Hong Komng: Hong Kong University Press.

Chan, Kin Man (2005). "Civil Society and the Democracy Movement in Hong Kong: Mass Mobilization with Limited Organizational Capacity," *Korea Observer,* 36(1).

Chan, Ming Kou (1975). "Labor and Empire: the Chinese Labor Movement in the Canton Delta, 1895–1927", Ph.D. Thesis, Stanford University.

Chan, Wai Kwan (1991). *The Making of Hong Kong Society: Three Studies of Class Formation in Early Hong Kong*. Oxford: Clarendon Press.

Chan Lau, Kit Ching (1990). *China, Britain and Hong Kong, 1895–1945*. Hong Kong: Chinese University Press.

Chen, Albert Hung-yee (2011). "The Rule of Law under 'One Country, Two Systems': The Case of Hong Kong 1997–2010," *National Taiwan University Law Review,* 6(1).

Cheung, Anthony Bing Leung (1996). "Efficiency as the Rhetoric? Public Sector Reform in Hong Kong Explained," *International Review of Administrative Sciences,* 62(1).

——(2005). "The Hong Kong System under One Country being Tested: Article 23, Governance Crisis and the Search for a New Hong Kong Identity," in Joseph Y.S. Cheng (ed.), *The July 1 Protest Rally: Interpreting a Historic Event*. Hong Kong: City University of Hong Kong Press.

Cheung, Chor-yung (2005). "The Principal Officials Accountability System: Not Taking Responsible Government Seriously?", *The July 1 Protest Rally: Interpreting a Historic Event*. Hong Kong: City University of Hong Kong Press.

Chin, James K. (2010). "Merchants, Smugglers, and Pirates: Multinational Clandstine Trade on the South China Coast, 1520–50," in Robert J. Antony (ed.), *Elusive Pirates, Pervasive Smugglers: Violence and Clandestine Trade in the Greater China Seas*. Hong Kong: Hong Kong University Press.

Chiu, Sammy W.S. (1996). "Social Welfare," in Mee-kau Myaw and Si-ming Li (eds.), *The Other Hong Kong Report 1996*. Hong Kong: Chinese University Press.

Choa, Gerald H. (1981). *The Life and Times of Sir Kai Ho Kai*. Hong Kong: Chinese University Press.

Chow, Lo Sai Pauline (1985). "A Study of the Chinese Engineers' Institute from 1909 to

1947", B.A. Thesis, University of Hong Kong.
Chu, Cindy Yik-yi (2010). *Chinese Communists and Hong Kong Capitalists: 1937–1997*. New York: Palgrave Macmillan.
Chung, Stephanie Po-yin (1998). *Chinese Business Groups in Hong Kong and Political Change in South China, 1900–25*. London, Macmillan.
Chung, Sze Yuen (2001). *Hong Kong's Journey to Reunification: Memoirs of Sze-yuen Chung*. Hong Kong: Chinese University Press.
Cohen, Paul A. (1988). *Between Tradition and Modernity: Wang T'ao and Reform in Late Ch'ing China*. Cambridge, MA: Harvard University Press.
Commission for the Investigation of the Shakee Massacre (1925). *June Twenty-third: the report of the Shakee massacre, June 23, 1925, Canton, China*.
Crisswell, Colin N. (1981). *The Taipans: Hong Kong's Merchant Princes*. Hong Kong: Oxford University Press.
Daily, Christopher A. (2013). *Robert Morrison and the Protestant Plan for China*. Hong Kong: Hong Kong University Press.
DeGolyer, Michael E. (2005). "Demonstrating Failure: How the Accountability System Failed in Less than a Year," *The July 1 Protest Rally: Interpreting a Historic Event*. Hong Kong: City University of Hong Kong Press.
Dikotter, Frank (1992). *The Discourse of Race in Modern China*. Stanford: Stanford University Press.
——(2008). *The Age of Openness: China before Mao*. Hong Kong: Hong Kong University Press.
Duara, Prasenjit (1995). *Rescuing History from the Nation: Questioning Narratives of Modern China*. Chicago: Chicago University Press.
——(2012). "Hong Kong and the New Imperialism in East Asia, 1941–1966," in David Goodman and Bryna Goodman (eds.), *Twentieth Century Colonialism and China: Localities, the Everyday, and the World*. Oxford: Routledge.
Dutton, George (2006). *The Tay Son Uprising: Society and Rebellion in Eighteenth-Century Vietnam*. Honolulu: University of Hawaii Press.
Eitel, Ernest John (1895). *Europe in China: The History of Hong Kong from the Beginning to the Year 1882*. London: Luzac & Co.
Endacott, George Beer (1964). *Government and People in Hong Kong 1841–1962: A Constitutional History*. Hong Kong: Hong Kong University Press.
——(1973). *A History of Hong Kong*. Hong Kong: Oxford University Press.
Faure, David (1989). "The Lineage as a Cultural Invention," *Modern China*, 15(1).
——(2003). *Colonialism and the Hong Kong Mentality*. Hong Kong: Centre of Asian Studies, University of Hong Kong.

———(2006). "The Yao Wars in the Mid-Ming and Their Impact on Yao Ethnicity," in Pamela Kyle Crossley, Helen F. Siu and Donald S. Sutton (eds.), *Empire at the Margins: Culture, Ethnicity and Frontier in Early Modern China*. Berkeley, CA: University of California Press.

———(2007). *Emperor and Ancestor: State and Lineage in South China*. Stanford: Stanford University Press.

Fitzgerald, John (1996). *Awakening China: Politics, Culture, and Class in the Nationalist Revolution*. Stanford: Stanford University Press.

Fokstuen, Anne R. (2003). "Right of Abode Cases: Hong Kong's Constitutional Crisis," *Hastings International and Comparative Law Review*, 26.

Fong, Brian Chi Hang (2015). *Hong Kong's Governance under Chinese Sovereignty: The Failure of the State-Business Alliance after 1997*. London: Routledge.

Gellner, Ernest (1983). *Nations and Nationalism*. Ithaca: Cornell University Press.
（臺灣版：《國族與國族主義》，李金梅、黃俊龍譯，臺北：聯經出版，二〇〇一。）

Glick, Gary Wallace (1969). "The Chinese Seamen's Union and the Hong Kong Seaman's Strike of 1922," MA dissertation, Columbia University.

Greenberg, Michael (1969). *British Trade and the Opening of China 1800–42*. Cambridge: Cambridge University Press.

Greenfeld, Liah (1993). *Nationalism: Five Roads to Modernity*. Cambridge, MA: Harvard University Press.

———_(2003). *The Spirit of Capitalism: Nationalism and Economic Growth*. Cambridge, MA: Harvard University Press.

———_(2005). "The Trouble with Social Science," *Critical Review: a Journal of Politics and Society*, 17(1–2).

Goodstadt, Leo F. (2000). "China and the Selection of Hong Kong's Post-Colonial Political Elite," *The China Quarterly*, 163.

———(2007). *Profits, Politics and Panics: Hong Kong's Banks and the Making of a Miracle Economy, 1935–1985*. Hong Kong: Hong Kong University Press.

Guibernau, Montserrat (2013). *Nations Without States: Political Communities in a Global Age*. Cambridge: Polity Press.
（臺灣版：《無國家民族與社群》，周志杰譯，臺北：韋伯文化，二〇〇九。）

Habermas, Jurgen (1991). *The Structural Transformation of the Public Sphere: An Inquiry into a Category of Bourgeois Society*. Cambridge, MA: MIT Press.

Hamilton, Sheilah E. (2008). *Watching Over Hong Kong: Private Policing 1841–1941*. Hong Kong: Hong Kong University Press.

Hampton, Mark (2015). *Hong Kong and British Culture, 1945–97*. Manchester: Manchester University Press.

Hang, Xing (2015). *Conflict and Commerce in Maritime East Asia: The Zheng Family and the Shaping of the Modern World, c.1620–1720*. Cambridge: Cambridge University Press.

Hao,Yen-ping (1971). *The Comprador in 19th Century China: Bridge between East and West*. Cambridge, MA: Harvard University Press.

Hase, Patrick H. (2008). *The Six-Day War of 1899: Hong Kong in the Age of Imperialism*. Hong Kong: Hong Kong University Press.

Hayes, James (2006). *The Great Difference: Hong Kong's New Territories and Its People, 1898–2004*. Hong Kong: Hong Kong University Press.

——(2012). *The Hong Kong Region 1850–1911: Institutions and Leadership in Town and Countryside with a New Introduction*. Hong Kong: Hong Kong University Press.

Ho, Ke-en (1959). "A Study of the Boat People," *Journal of Oriental Studies,* 5(1&2).

Hobsbawm, Eric (1992). *Nations and Nationalism Since 1780: Programme, Myth, Reality*. Cambridge: Cambridge University Press.
（臺灣版：《民族與民族主義》，李金梅譯，臺北：麥田出版，一九九八。）

Hong Kong Government (1987). *Green Paper: The 1987 Review of Developments in Representative Government*. Hong Kong: Government Printer.

Huang, Xuehui, Nori Kurata, Xinghua Wei, Zi-Xuan Wang, Ahong Wang, Qiang Zhao, Yan Zhao, Kunyan Liu (2012). "A map of rice genome variation reveals the origin of cultivated rice," *Nature* 490 (7421).

Huang,Yasheng (1997). "The Economic and Political Integration of Hong Kong: Implications for Government-Business Relations," in Warren I. Cohen and Zhao Li (eds.), *Hong Kong under Chinese Rule: The Economic and Political Implications of Reversion*. Cambridge: Cambridge University Press.

Ip, Iam Chong (1997). "Where are the 'Natives' from? : Hong Kong Social Imagination in the 60's," Third International Conference on Cultural Criticism: Culture, Media and the Public, The Chinese University of Hong Kong.

Jao,Y. C. (2002). "The Financial Sector: Crisis and Recovery", in Siu-kai Lau (ed.), *The First Tung Chee-hwa Administration: The First Five Years of the Hong Kong Special Administrative Region*. Hong Kong: Chinese University Press.

Johnson, Chalmers (1984). "The Mousetrapping of Hong Kong: a Game in Which Nobody Wins," *Asian Survey,* 24(9).

Kan, Chak-yuen (2005). "Mainland China and Hong Kong Closer Economic Partnership Arrangement (CEPA): Its Impact on the Future of Hong Kong's Economy," *The July 1 Protest Rally: Interpreting a Historic Event*. Hong Kong: City University of Hong Kong Press.

Kan, Flora L.F. (2007). *Hong Kong's Chinese History Curriculum from 1945: Politics and*

Identity. Hong Kong: Hong Kong University Press.

Karl, Rebecca E. (2002). *Staging the World: Chinese Nationalism at the turn of the Twentieth Century*. Durham, NC: Duke University Press.

King, Ambrose Yeo-chi (1975). "Administrative Absorption of Politics in Hong Kong: Emphasis on the Grass Roots Level," *Asian Survey,* 15(5).

Kuhn, Philip A. (1970). *Rebellion and its Enemies in Late Imperial China: Militarization and Social Structure, 1796–1864*. Cambridge, MA: Harvard University Press. （臺灣版：《中華帝國晚期的叛亂及其敵人：一七九六－一八六四年的軍事化與社會結構》，謝亮生、楊品泉、謝思煒譯。臺北：時英出版，二〇〇四。）

——(2002). *Origins of the Modern Chinese State*. Stanford: Stanford University Press.

Kuo, Huei-ying (2014). *Networks beyond Empires: Chinese Business and Nationalism in the Hong Kong-Singapore Corridor, 1914–1941*. Leiden: Brill.

Kwong, Hoi Ying (2004). "Party-group Relations in Hong Kong: Comparing the DAB and the DP," M.Phil thesis, Division of Social Science, Hong Kong University of Science and Technology.

Lam, Wai Man (2004). *Understanding the Political Culture of Hong Kong: The Paradox of Activism and Depoliticization*. Armonk, NY: M.E. Sharpe.

Lau, Siu-kai (1982). *Society and Politics in Hong Kong*. Hong Kong: Chinese University Press.

——(1999). "From Elite Unity to Disunity: Political Elite in Post-1997 Hong Kong," in Gungwu Wang and John Wong (eds.), *Hong Kong in China: The Challenges of Transition*. Singapore: Times Academic Press.

Lau, Siu-Kai and Hsin-chi Kuan (1988). *The Ethos of the Hong Kong Chinese*. Hong Kong: Chinese University Press.

Lau, Yung Woo (2002). *A History of the Municipal Councils of Hong Kong, 1883–1999*. Hong Kong: Leisure and Cultural Services Department.

Law, Wing Sang (2009). *Collaborative Colonial Power: The Making of the Hong Kong Chinese*. Hong Kong: Hong Kong University Press.

Lee, Eliza W.Y. (1999). "Governing Post-Colonial Hong Kong: Institutional Incongruity, Governance Crisis, and Authoritarianism," *Asian Survey,* 39(6).

Lee, Paul Siu-nam and Leonard Chu (1998). "Inherent Dependence of Power: The Hong Kong Press in Transition," *Media, Culture and Society,* 20(1).

Lee, Vicky (2004). *Being Eurasian: Memories across Racial Divides*. Hong Kong: Hong Kong University Press.

Leong, Sow-theng (1997). *Migration and Ethnicity in Chinese History: Hakkas, Pengmin, and Their Neighbours*. Stanford: Stanford University Press.

Leung, Beatrice and Shun-hing Chan (2003). *Changing Church and State Relations in*

Hong Kong, 1950–2000. Hong Kong: Hong Kong University Press.

Lethbridge, Henry (1976). "Corruption, White Collar Crime and the ICAC," *Hong Kong Law Journal,* 6:150–277.

——(1978). *Hong Kong: Stability and Change*. Hong Kong: Oxford University Press.

Linz, Juan J. and Alfred Stepan (1996). *Problems of Democratic Transition and Consolidation: Southern Europe, South America, and Post-Communist Europe*. Baltimore: Johns Hopkins University Press.

Lo, Jung-pang (2012). *China as a Sea Power 1127–1368: A Preliminary Survey of the Maritime Expansion and Naval Exploits of the Chinese People During the Southern Song and Yuan Periods*. Hong Kong: Hong Kong University Press.

Lo, Shiu-hing Sonny (1993). "The Politics of Democratization in Hong Kong," Ph.D. thesis, Graduate Department of Political Science, University of Toronto.

——(2001). *Governing Hong Kong: Legitimacy, Communication and Political Decay*. New York: Nova Science Publishers.

Lo, Shiu-hing Sonny and Donald Hugh McMillen (1995). "A Profile of 'Pro-China Hong Kong Elite': Images and Perceptions," *Issues and Studies,* 31(6).

Loh, Christine and Carine Lai (2007). *Reflections of Leadership: Tung Chee Hwa and Donald Tsang, 1997–2007*. Hong Kong: Civic Exchange.

Lovell, Julia (2012). *Opium War: Drugs, Dreams and the Making of China*. London: Picador.
（臺灣版：《鴉片戰爭：毒品、夢想與中國建構》，潘勛譯。新北市：八旗文化，二〇一六。）

Lui, Tai-lok (2003). "Rearguard Politics: Hong Kong's Middle Class," *Developing Economies,* 41(2).

Lui, Tai-lok and Stephen Wing-kai Chiu (2000). "Introduction: Changing Political Opportunities and the Shaping of Collective Action: Social Movements in Hong Kong," in Stephen Wing-kai Chiu and Tai-lok Lui (eds.), *The Dynamics of Social Movement in Hong Kong*. Hong Kong: Hong Kong University Press.

——(2009). *Hong Kong: Becoming a Chinese Global City*. London: Routledge.

Ma, Ngok (2001). "The Decline of the Democratic Party in Hong Kong: The Second Legislative Election in the HKSAR," *Asian Survey,* 41(4).

MacCulloch, Diarmaid (2011). *A History of Christianity: The First Three Thousands Years*. London: Penguin Books.

Mark, Chi-kwan (2004). *Hong Kong and the Cold War: Anglo-American Relations 1949–1957*. New York: Oxford University Press.

Matthews, Gordon, Eric Kit-wai Ma, Tai-lok Lui (2008). *Hong Kong, China: Learning to Belong to a Nation*. London: Routledge.

Miners, Norman (1998). *The Government and Politics of Hong Kong*, Fifth Edition. Hong

Kong: Oxford University Press.
Moffett, Samuel Hugh (1998). *A History of Christianity in Asia: Beginnings to 1500*. Maryknoll, NY: Orbis Books.
——(2005). *A History of Christianity in Asia, Volume 2: 1500–1900*. Maryknoll, NY: Orbis Books.
Munn, Christopher (2009). *Anglo-China: Chinese People and British Rule in Hong Kong, 1841–1880*. Hong Kong: Hong Kong University Press.
Murray, Dian (1987). *Pirates of the South China Coast: 1790–1810*. Stanford: Stanford University Press.
Ng, Jason Y. (2016). *Umbrellas in Bloom: Hong Kong's Occupy Movement Uncovered*. Hong Kong: Blacksmith Books.
Ng, Margaret (1983). "Cultural Pride of the Hong Kong Chinese," *South China Morning Post*, 25th August 1983.
Ng Lun, Ngai-ha (1984). *Interactions of East and West : Development of Public Education in Early Hong Kong*. Hong Kong : Chinese University Press.
Ngo, Tak Wing (2002). "Money, Power, and the Problem of Legitimacy in the Hong Kong Special Administrative Region," in Francoise Mengin and Jean-Louis Rocca (eds.), *Politics in China: Moving Frontiers*. New York: Palgrave Macmillan.
Ngo, Hang Yue and Chung Ming Lau (1996). "Labor and Employment," *The Other Hong Kong Report 1996*. Hong Kong: Chinese University Press.
Owen, Nicholas C. (1971). "Economic Policy in Hong Kong," in Keith Hopkins (ed.), *Hong Kong: The Industrial Colony: A Political, Social and Economic Survey*. Hong Kong: Oxford University Press.
Patten, Chris (1998). *East and West: The Last Governor of Hong Kong on Power Freedom and the Future*. London: Macmillan.
（臺灣版：《東方與西方：彭定康治港經驗》，蔡維先、杜默譯。臺北：時報文化，一九九八。）
Pepper, Suzanne (2008). *Keeping Democracy at Bay: Hong Kong and the Challenge of Chinese Political Reform*. Lanham, MD: Rowman & Littlefield.
Platt, Stephen R. (2012). *Autumn in the Heavenly Kingdom: China, the West, and the Epic Story of the Taiping Civil War*. New York: Vintage.
（臺灣版：《太平天國之秋》，黃中憲譯。新北市：衛城出版，二〇一三。）
Poon, Alice (2005). *Land and the ruling class in Hong Kong*. Richmond, BC: A. Poon.
Pun, Ngai (2005). *Made in China: Women Factory Workers in a Global Workplace*. Durham, NC: Duke University Press.
Putnam, Robert D., Robert Leonardi and Raffaella Y. Nanetti (1993). *Making Democracy Work: Civic Traditions in Modern Italy*. Princeton: Princeton University Press.
Pye, Lucian W. (1990). "China: Erratic State, Frustrated Society," *Foreign Affairs*, 69(4).

Rear, John (1971). "One Brand of Politics," in Keith Hopkins (ed.), *Hong Kong: The Industrial Colony: A Political, Social and Economic Survey*. Hong Kong: Oxford University Press.

Reform Club of Hong Kong (1949). The *Memorandum and Articles of Association of the Reform Club of Hong Kong*. Hong Kong: Yau Sang Printing Press.

——(1982). *Future of Hong Kong: Summary of a Telephone Survey*. Hong Kong: Survey Research Hong Kong Limited.

Roberti, Mark (1996). *The Fall of Hong Kong: China's Triumph and Britain's Betrayal*. New York: Wiley.
（臺灣版：《出賣一九九七香港經驗：中國的勝利和英國的背叛》，塗百堅、陳怡如、郭敏慧譯。臺北：智勝文化，一九九五。）

Rowe, William T. (2009). *China's Last Empire: The Great Qing*. Cambridge, MA: Harvard University Press.
（臺灣版：《中國最後的帝國：大清王朝》，李仁淵、張遠譯。臺北：臺灣大學出版中心，二〇一三。）

Sankey, Colin (2001). "An Overview of Public Sector Reform Initiatives in the Hong Kong Government since 1989," in Anthony B.L. Cheung and Jane C.Y. Lee (eds.), *Public Sector Reform in Hong Kong: Into the 21st Century*. Hong Kong: Chinese University Press.

Schell, Orville and John Delury (2013). *Wealth and Power: China's Long March to the Twenty-first Century*. New York: Random House.
（臺灣版：《富強之路：從慈禧開始的長征》，潘勛譯。新北市：八旗文化，二〇一四。）

Schenk, Catherine R. (2001). *Hong Kong as an International Financial Centre: Emergence and Development 1945–65*. London: Routledge.

Schwartz, Benjamin (1964). *In Search of Wealth and Power: Yen Fu and the West*. Cambridge, MA: Harvard University Press.

Scott, Ian (1989). *Political Change and the Crisis of Legitimacy in Hong Kong*. Honolulu: University of Hawaii Press.

Scott, James C. (2010). *The Art of Not Being Governed: An Anarchist History of Upland Southeast Asia*. New Haven: Yale University Press
（臺灣版：《不受統治的藝術：東南亞高地無政府主義的歷史》，李宗義譯。臺北：五南圖書，二〇一八）

Shuichi, Kato (1974). "Taisho Democracy as the Pre-stage for Japan Militarism," in Bernard S. Silberman and H.D. Harootunian(eds.), *Japan in Crisis: Essays on Taisho Democracy*. Princeton: Princeton University Press.

Sing, Ming (2004). *Hong Kong's Tortuous Democratization: A Comparative Analysis*. London: Routledge.

Sinn, Elizabeth (1989). *Power and Charity: A Chinese Merchant Elite in Colonial Hong*

Kong. Hong Kong: Hong Kong University Press.

——(2012). *Pacific Crossing: California Gold, Chinese Migration, and the Making of Hong Kong*. Hong Kong: Hong Kong University Press.

Siu, Helen F. (1996). "Remade in Hong Kong: Weaving into the Chinese Cultural Tapestry," in Tao Tau Liu and David Faure (eds.), *Unity and Diversity: Local Cultures and Identities in China*. Hong Kong: Hong Kong University Press.

Siu, Helen F. and Zhiwei Liu (2006). "Lineage, Market, Pirate, and Dan: Ethnicity in the Pearl River Delta of South China," *Empire at the Margins*.

Smart, Alan (2006). *The Shek Kip Mei Myth: Squatters, Fires and Colonial Rule in Hong Kong, 1950–1963*. Hong Kong: Hong Kong University Press.

Smith, Anthony D. (1986). *The Ethnic Origins of Nations*. Oxford: Blackwell.

Smith, Carl T. (1985). *Chinese Christians: Elites, Middleman, and the Church in Hong Kong*. Hong Kong: Oxford University Press.

——(1994). "Protected Women in 19th-Century Hong Kong," in Maria Jaschok and Suzanne Miers (eds.), *Women and Chinese Patriarchy: Submission, Servitude and Escape*. Hong Kong: Hong Kong University Press.

——(1995). *A Sense of History: Studies in the Social and Urban History of Hong Kong*. Hong Kong: Hong Kong Educational Publishing.

Snow, Philip (2003). *The Fall of Hong Kong: Britain, China and the Japanese Occupation*. New Haven: Yale University Press.

So, Alvin Y. (1999). *Hong Kong's Embattled Democracy: A Societal Analysis*. Baltimore: John Hopkins University Press.

So, Clement Y. K. and Joseph M. Chan (2007). "Professionalism, Politics and Market Force: Survey Studies of Hong Kong Journalists 1996–2006," *Asian Journal of Communication*, 17(2).

Spence, Jonathan D. (1996). *God's Chinese Son: The Taiping Heavenly Kingdom of Hong Xiuquan*. New York: W. W. Norton.
（臺灣版：《太平天國》，朱慶葆等譯。臺北：時報文化，二〇一六。）

Stokes, Gwenneth G. and John Stokes (1987). *Queen's College: Its History 1862–1987*. Hong Kong: Queen's College Old Boys' Association.

Studwell, Joe (2007). *Asian Godfathers: Money and Power in Hong Kong and Southeast Asia*. New York: Atlantic Monthly Press.
（臺灣版：《亞洲教父：透視香港與東南亞的金權遊戲》，劉盈君譯。臺北：天下雜誌，二〇一〇。）

Sung, Yun-wing (2002). "Hong Kong Economy in Crisis," *The First Tung Chee-hwa Administration: The First Five Years of the Hong Kong Special Administrative Region*. Hong Kong: Chinese University Press.

Sweeting, Anthony (1990). *Education in Hong Kong, Pre 1841 to 1941: Fact and Opinion*.

Hong Kong: Hong Kong University Press.
Szonyi, Michael (2017). The Art of Being Governed: Everyday Politics in Late Imperial China. Princeton: Princeton University Press.
Taylor, Keith Weller (1991). *The Birth of Vietnam*. Berkeley: University of California Press.
Ticozzi, Serigo (ed.) (1997). *Historical Documents of the Hong Kong Catholic Church*. Hong Kong: Hong Kong Catholic Diocesan Archives.
Tilly, Charles (1985). "War Making and State Making as Organized Crime," in Peter B. Evans, Dietrich Rueschemeyer and Theda Skocpol (eds.), *Bringing the State Back in*. Cambridge: Cambridge University Press.
Tsai, Jung-fang (1993). *Hong Kong in Chinese History: Community and Social Unrest in the British Colony, 1842–1913*. New York: Columbia University Press.
Tsang, Steve (1988). *Democracy Shelved: Great Britain, China, and Attempts at Constitutional Reform in Hong Kong, 1945–1952*. Hong Kong: Oxford University Press.
——(1997). *Hong Kong: an Appointment with China*. London: I.B. Tauris.
——(2007). *Governing Hong Kong: Administrative Officers from the Nineteenth Century to the Handover to China, 1862–1997*. Hong Kong: Hong Kong University Press.
Tsin, Michael (1999). *Nation, Governance, and Modernity in China: Canton 1900–1927*. Stanford: Stanford University Press.
Tsui, Sing Yan Eric (2008). "State-business Relations in Hong Kong through Executive Council, 1982–2005: A Network Perspective," M.Phil thesis, Department of Sociology, The Chinese University of Hong Kong.
Turner, Matthew (1995). "60's/90's: Dissolving the People," in Matthew Turner and Irene Ngan (eds.), *Hong Kong Sixties: Designing Identity*. Hong Kong: Hong Kong Arts Centre.
Ure, Gavin (2012). *Governors, Politics and the Colonial Office: Public Policy in Hong Kong, 1918–58*. Hong Kong: Hong Kong University Press.
Useem, Michael (1984). *The Inner Circle: Large Corporations and the Rise of Business Political Activity in the U.S. and U.K.*. New York: Oxford University Press.
Van Dyke, Paul A. (2005). *The Canton Trade: Life and Enterprise on the China Coast, 1700–1845*. Hong Kong: Hong Kong University Press.
Wakeman, Frederick Evans Jr. (1966). *Strangers at the Gate: Social Disorders in South China, 1839–1861*. Berkeley: University of California Press.
（臺灣版：《大門口的陌生人》，王小荷譯。臺北：時英出版，二〇〇四。）
——(1993). "The Civil Society and Public Sphere Debate: Western Reflections on Chinese Political Culture," *Modern China*, 19(2).
Waley-Cohen, Joanna (1993). "China and Western Technology in Late Eighteenth Century," *American Historical Review*, 98(5).

Walter, Carl and Fraser Howie (2011). *Red Capitalism: The Fragile Financial Foundation of China's Extraordinary Rise*. Singapore: John Wiley & Sons.
（臺灣版：《中國金融大揭密：異常崛起的大銀行真相》，王小荷譯。臺北：時英出版，二〇〇四。）

Wan, Kwok Fai (2003). "Beijing's United Front Policy toward Hong Kong: An Application of Merilee Grindle's Model," M.Phil thesis, University of Hong Kong.

Wang, Zhang (2012). *Never Forget National Humiliation: Historical Memory in Chinese Politics and Foreign Relations*. New York: Columbia University Press.

Watson, James L. (1985). "Standardizing the Gods: The Promotion of T'ien Hou ("Empress of Heaven") Along the South China Coast, 960-1960", in David Johnson, Andrew J. Nathan and Evelyn S. Rawshi eds., *Popular Culture in Late Imperial China*. Berkeley: University of California Press.

Weber, Max (2001), trans. Talcott Parsons. *The Protestant Ethic and the Spirit of Capitalism*. London: Routledge.
（臺灣版：《新教倫理與資本主義精神》，于曉等譯。臺北：左岸文化，二〇〇八。）

Wong, Timothy Ka-ying and Shirley Po-san Wan (2005). "The Implementation of the Principal Officials Accountability System: Efficacy and Impact," *The July 1 Protest Rally: Interpreting a Historic Event*. Hong Kong: City University of Hong Kong Press.

Wong, Man Kong (1996). *James Legge: A Pioneer at Crossroads of East and West*. Hong Kong: Hong Kong Educational Publishing.

Wong, Pik-wan Helena (2000). "The Pro-Chinese Democracy Movement in Hong Kong," in Tai-lok Lui and Stephen Wing-kai Chiu (eds.), *The Dynamics of Social Movement in Hong Kong*. Hong Kong: Hong Kong University Press.

Wong, Wai-kwok Benson (1997). "Can Co-optation win over Hong Kong People? China's United Front Work in Hong Kong since 1984," *Issues and Studies,* 33(5).

Wong, Max Wai Lun (2005). "Re-Ordering Hong Kong: Decolonisation And The Hong Kong Bill Of Rights Ordinance," Ph.D. Thesis, School of Oriental and African Studies, University of London.

——(2011). "Social Control and Political Order: Decolonisation and the use of Emergency Regulations in Hong Kong," *Hong Kong Law Journal,* 41(2).

Wu, Rwei-ren (2016). "The Lilliputian dreams: preliminary observations of nationalism in Okinawa, Taiwan and Hong Kong," *Nations and Nationalism*, 22(4):986–705.

Yan, Shi et al (2013). "Y Chromosomes of 40% Chinese Are Descendants of Three Neolithic Super-grandfathers," *arXiv,* 1310.3897 [q-bio.PE]

Yang, T.L. (1981). *A Summary of the Report of the Commission of Inquiry into Inspector MacLennan's Case, 1981*. Hong Kong: Hong Kong Government Printer.

Yao, Yong-Gang, Qing-Peng Kong, Hans-Jürgen Bandelt, Toomas Kivisild and Ya-Ping Zhang (2002). "Phylogeographic Differentiation of Mitochondrial DNA in Han

Chinese," *American Journal of Human Genetics*, 70(3).

Yap, Ko-hua, Yu-wen Chen and Ching-chi Huang (2012). "The Diaoyutai Islands on Taiwan's Official Maps: Pre- and Post-1971," *Asian Affairs: An American Review*, 39.

Zarrow, Peter (2012). *After Empire: the Conceptual Transformation of the Chinese State, 1885–1924*. Stanford: Stanford University Press.

Zeng, Jize (1887). "China: The Sleep and the Awakening," *The Asiatic Quarterly Review*, 3.

Zhao, Gang (2013). *The Qing Opening to the Ocean: Chinese Maritime Policies, 1684-1757*. Honolulu: University of Hawaii Press.

Northeast (2011)。〈規劃快車殺到埋身：簡評《環珠江口宜居灣區・建設重點行動計劃》〉，《香港獨立媒體》，二〇一一年一月卅日，取自 http://www.inmediahk.net/node/1009496/。

丁新豹（1997）。〈歷史的轉折：殖民體系的建立和演進〉，王賡武編，《香港史新編：上冊》。香港：三聯書店。

丁新豹、盧淑櫻（2014）。《非我族裔：戰前香港的外籍族群》。香港：三聯書店。

王明珂（2006）。《英雄祖先與弟兄民族：根基歷史的文本與情境》。臺北：允晨文化。

王宏志（2000）。《歷史的沉重：從香港看中國大陸的香港史論述》。香港：牛津大學出版社。

———（2005）。〈南來文化人：「王韜模式」〉，《二十一世紀》，二〇〇五年十月號，第九十一期。

王柯（2015）。《民族主義與近代中日關係：「民族國家」、「邊疆」與歷史認識》。香港：中文大學出版社。

王菡（2016）。〈香港故事：一場浮出水面的記憶之爭〉，張潔平、鍾耀華編，《香港三年》。香港：牛津大學出版社。

王慧麟（2011）。〈廢妾四十年：殖民體制與現代性的曖昧〉，《思想》，第十九期。臺北：聯經出版。

———（2016）。〈內部自決：維穩與不歸路？〉，《明報》，二〇一六年五月一日。

毛來由（2014）。〈為何英國不早給香港民主？英國檔案提供的答案〉，《輔仁媒體》，二〇一四年一月十一日。

方駿（2012）。〈賴際熙的港大歲月〉，《東亞漢學研究》，第二號。

方志恒編（2015）。《香港革新論》。臺北：漫遊者文化。

孔誥烽（1997a）。〈論說六七：恐左意識底下的香港本土主義、中國民族主義與左翼思潮〉，羅永生編，《誰的城市：戰後香港的公民文化與政治論述》。香港：牛津大學出版社。

———（1997b）。〈初探北進殖民主義・從梁鳳儀現象看香港夾縫論〉，陳清僑編，《文化想像與意識形態：當代香港文化政治論評》。香港：牛津大學出版社。

———（2012）。〈大嶼山屠殺八百年：蛋族的一一九七至一九九七年〉，《浮誇中華：大國雄起與香港主體的前世今生》。香港：圓桌精英。

中華人民共和國國務院新聞辦公室（2014）。《「一國兩制」在香港特別行政區的實踐》。北京：人民出版社。

包錯石等（1968）。〈海外中國人的分裂、回歸與反獨〉，《盤古》，第十期。

司徒華（2011）。《大江東去：司徒華回憶錄》。香港：牛津大學出版社。

朱德蘭（1986）。〈清初遷界令時中國船海上貿易之研究〉，《中國海洋發展史論文集》，第二輯。臺北：中央研究院。

江關生（2011）。《中共在香港：上卷（1921–1949）》。香港：天地圖書。
———（2012）。《中共在香港：下卷（1949–2012）》。香港：天地圖書。
沈旭暉（2015）。《解構中國夢：中國民族主義與中美關係的互動（1999–2014）》。香港：中文大學出版社。
何啟，胡禮垣（1994）。《新政真詮》。瀋陽：遼寧人民出版社。
何淑宜（2000）。《明代士紳與通俗文化的關係：以喪葬禮俗為例的考察》。臺北：臺灣師範大學歷史研究所。
宋軒麟（2013）。《香港航空百年》。香港：三聯書店。
安徒（2016）。〈威權壓境，何求獨立？〉，《明報》，二〇一六年八月七日。
邢福增（1989）。〈晚清中國基督徒對宗教信仰與文化環境的調適〉，香港中文大學歷史學部，哲學碩士論文。
邢福增，梁家麟（1997）。《中國祭祖問題》。香港：建道神學院基督教與中國文化研究中心。
沙培德 (Peter Zarrow)（2012）。〈民權思想與先鋒主義：民國時期孫中山的政治主張〉，《中央研究院近代史研究所集刊》，第七十八期。
呂大樂（2010）。《凝聚力量：香港非政府機構發展軌跡》。香港：三聯書店。
———（2007）。《四代香港人》。香港：進一步多媒體。
———（2012）。《那似曾相識的七十年代》。香港：中華書局。
———（2013）。〈這麼近，那麼遠：機會結構之轉變與期望的落差〉，《明報》，二〇一三年九月卅日。
呂大樂，王志錚（2003）。《香港中產階級處境觀察》。香港：三聯書店。
呂大樂，陳健民（2001）。〈在家庭與政治社會之間：香港公民社會的構成〉，陳祖為，梁文韜編，《政治理論在中國》。香港：牛津大學出版社。
谷淑美（2011）。〈香港城市保育運動的文化政治：歷史、空間及集體回憶〉，呂大樂，吳俊雄，馬傑偉編，《香港·生活·文化》。香港：牛津大學出版社。
社會民主連線（2009）。《五區總辭、全民公決：二〇一二年雙普選政治說帖》。香港：社會民主連線。
李立峯（2019a）。〈逃犯條例修訂，民意到底站在誰的一邊？〉，《端傳媒》，二〇一九年六月十三日。
———（2019b）。〈「突如其來」的新一代：後雨傘大學生如何看社運〉，《端傳媒》，二〇一九年六月廿二日。
———（2019c）。〈抗爭運動下市民政治傾向的轉變〉，《明報》，二〇一九年十月廿四日。
李怡（1983）。《知識分子與中國（訪問錄）》。香港：七十年代雜誌社。
（臺灣版：臺北：遠流，一九八九。）
李東華（1988）。〈秦漢變局中的南越國〉，《中國海洋發展史論文集》，第三輯。臺北：中央研究院。
———（1997）。〈五代南漢的對外關係〉，《中國海洋發展史論文集》，第六輯。臺北：中央研究院。
李敬忠（1990）。〈粵語是漢語族群中的獨立語言〉，詹伯慧主編：《第二屆國際粵方言研討會論文集》。廣州：暨南大學出版社，頁二二至二九。
———（1991）。〈粵語中的百越語成分問題〉，《學術論壇》，一九九一年第五期。
李達嘉（1986）。《民國初年的聯省自治運動》。臺北：弘文館。
———（1997）。〈袁世凱政府與商人（1914–1916）〉，《中央研究院近代史研究所集刊》，第廿七期。

———（2011）。〈左右之間：容共改組後的國民黨與廣東商人，1924–1925〉，《中央研究院近代史研究所集刊》，第七十一期。
———（2012）。〈敵人或盟友：省港罷工的商人因素與政黨策略〉，《中央研究院近代史研究所集刊》，第七十八期。
李澤厚（1987）。《中國現代思想史論》。北京：東方出版社。
（臺灣版：臺北：三民書局，二〇〇九。）
李鵬飛（2004）。《李鵬飛回憶錄》。香港：CUP。
李彭廣（2012）。《管治香港：英國解密檔案的啟示》。香港：牛津大學出版社。
李葦（2013）。《陳雲激語錄》。香港：次文化堂。
村上衛（2008）。〈閩粵沿海民的活動與清朝：以鴉片戰爭前的鴉片貿易為中心〉，《中國海洋發展史論文集》，第十輯。臺北：中央研究院。
余英時（1987）。《中國近世宗教倫理與商人精神》。臺北：聯經出版。
———（2003）。《士與中國文化》。上海：上海人民出版社。
邱捷（2009）。〈民初廣東的商人團體與社會動亂：以粵省商團為例〉，李培德編，《近代中國的商會網路及社會功能》。香港：香港大學出版社。
吳建新（1987）。〈珠江三角洲沙田若干考察〉，《農業考古》，一九八七年第一期。
吳兆華（1983）。〈路是怎樣走出來的〉，香港專上學生聯會編，《香港學生運動回顧》。香港：廣角鏡出版社。
吳承志（1968）。《唐賈耽記邊州入四夷道里考實》。臺北：文海出版社。
吳俊雄（1998）。〈尋找香港本土意識〉，《明報月刊》，一九九八年三月號。
明報編輯部編（2004）。《愛國論爭》。香港：明報出版社。
周永新（1990）。《目睹香港四十年》。香港：明報出版社。
周栢均（1995）。〈非官方議員條例草案對行政主導政府作出的考驗〉，蔡子強，劉細良，周栢均編，《選舉與議會政治：政黨崛起後的香港嶄新政治面貌》。香港：香港人文科學出版社。
周蕾（1995）。《寫在家國以外》。香港：牛津大學出版社。
周愛靈（2010）。《花果飄零：冷戰時期殖民地的新亞書院》。香港：商務印書館。
林天蔚，蕭國健（1977）。《香港前代史論集》。臺北：臺灣商務印書館。
林志宏（2009）。《民國乃敵國也：政治文化轉型下的清遺民》。臺北：聯經出版。
林滿紅（2011）。《銀線：十九世紀的世界與中國》。臺北：國立臺灣大學出版中心。
冼玉儀（1995）。〈六十年代：歷史概覽〉，田邁修（Matthew Turner），顏淑芬編，《香港六十年代：身份，文化認同與設計》。香港：香港藝術中心。
———（1997）。〈社會組織與社會演變〉，《香港史新編：上冊》。香港：三聯書店。
冼樂石（2019）。〈社會撕裂下的警政問題：以北愛衝突為例〉，《眾新聞》，二〇一九年七月廿四日。
姚大力（2015）。〈中國歷史上的族群和國家觀念〉，《文匯學人》，二〇一五年十月九日，二一五期。
胡春惠（1983）。《民初的地方主義與聯省自治》。臺北：正中書局。
馬傑偉（1996）。《電視與文化認同》。香港：突破出版社。
馬冠堯（2016）。《車水馬龍：香港戰前陸上交通》。香港：三聯書店。

馬嶽（2012）。《香港八十年代民主運動口述歷史》。香港：城市大學出版社。
———（2013）。《港式法團主義：功能組別廿五年》。香港：城市大學出版社。
———（2016）。〈用民調配票，聰明嗎？〉，《香港01》，二〇一六年八月廿三日。
馬嶽，蔡子強（2003）。《選舉制度的政治效果：港式比例代表制的經驗》。香港：城市大學出版社。
段雲章、倪俊明（2010）。〈陳炯明與粵閩地方建設〉，陳明銶、饒美蛟編，《嶺南近代史論：廣東與粵港關係1900–1938》。香港：商務印書館。
香港民主自治黨（1969）。《民治運動報告書1963–1968》。香港：香港民主自治黨。
香港記者協會（1989）。《人民不會忘記：八九民運實錄》。香港：香港記者協會。
香港博物館（1978）。《香港南丫島深灣考古遺址調查報告》。香港：香港博物館。
香港大學學生會學苑編（2014）。《香港民族論》。香港：香港大學學生會。
若林正丈（2008）。《台湾の政治：中華民国台湾化の戦後史》。東京：東京大学出版会。
（臺灣版：《戰後臺灣政治史：中華民國臺灣化的歷程》，洪郁如等譯，臺北：臺灣大學出版中心，二〇一六。）
郭國燦（2009）。《香港中資財團》。香港：三聯書店。
徐松石（1939）。《粵江流域人民史》。上海：中華書局。
徐傑舜，李輝（2014）。《嶺南民族源流史》。昆明：雲南人民出版社。
徐承恩，伍子豐，易汶健（2012）。《精英惡鬥：香港官商霸權興衰史》。香港：東宝製作。
徐承恩（2016）。〈讓六四記憶與大中華觀念脫鈎〉，《明報》，二〇一六年五月卅一日。
強世功（2008）。《中國香港：文化與政治的視野》。香港：牛津大學出版社。
唐君毅（1974）。《說中華民族之花果飄零》。臺北：三民書局。
候彥伯（2009）。〈清代廣州慈善事業之發展演變〉，國立中正大學歷史研究所，哲學碩士論文。
陸潔玲（1994）。〈不一樣的天空：尋求群眾力量的新社會運動〉，《社區發展資料彙編，1993–1994》。香港：香港社會服務聯會。
陸艷，蔡曉雲，李輝（2011）。〈苗瑤與孟高棉人群的遺傳同源〉，《現代人類學通訊》，第五卷。
許倬雲（2009）。《我者與他者：中國歷史上的內外分際》。香港：中文大學出版社。
（臺灣版：臺北：時報文化，二〇〇九。）
費臣（2007）。〈什麼人訪問什麼人：區選無間道〉，《明報》，二〇〇七年十一月廿五日。
孫文（1988）。《三民主義》。臺北：中央文物供應社。
習近平（2019）。〈加強黨對全面依法治國的領導〉，《求是》，二〇一九年第四期。
陳方隅（2015）。〈台灣充滿民粹嗎？談「民粹主義」做為名詞和形容詞〉，《菜市場政治學》，二〇一五年九月廿六日。（http://whogovernstw.org/2015/09/26/fangyuchen12/）。
陳志華，李青儀，盧柊泠，黃曉鳳（2012）。《香港海上交通一七〇年》。香港：中華書局。
陳智傑、王慧麟（2013）。〈香港人的國家認同態度〉，本土論述編組委員會編，《本土論述二〇一二》。台北：漫遊者。
陳序經（1946）。《蛋民的研究》。上海：商務印書館。
陳韜文（2006）。〈港式「人民力量」：七一的動員形態與民意政治的重構〉，吳俊雄，馬傑偉，呂大樂編，《香港・文化・研究》。香港：香港大學出版社。

陳韜文，李立峰（2011）。〈香港不能忘記六四之謎：傳媒、社會組織、民族國家和集體記憶〉，《香港·生活·文化》。香港：牛津大學出版社。
陳景輝（2008）。〈本土運動的緣起〉，《本土論述二〇〇八》。香港：上書局。
———（2009）。〈坐高鐵迎接新一輪地換山移？從融合說起〉，《明報》，二〇〇九年十二月二日。
陳欣（2010）。《南漢國史》。廣州：廣東人民出版社。
陳雲（2010）。《走出政府總部：做個快樂的抗爭者》。香港：花千樹出版。
———（2011）。《香港城邦論》。香港：天窗出版。
———（2013a）。《香港遺民論》。香港：次文化堂。
———（2013b）。《筲箕灣，大家想住嘅地方》。香港：花千樹出版。
———（2014）。《香港城邦論II：光復本土》。香港：天窗出版。
陳國棟（2013）。《東亞海域一千年》。臺北：遠流出版。
陳學然（2014）。《五四在香港：殖民情境、民族主義及本土意識》。香港：中華書局。
———（2016）。〈香港的城市變貌與思想困局〉，《思想》第卅一期。臺北：聯經出版。
耕耘（1969）。〈我是個「香港人」〉，《學苑》，一九六九年十一月號。
鄒讜（2012）。《二十世紀中國政治：從宏觀歷史與微觀行動的角度看》。香港：牛津大學出版社。
賀喜（2008）。〈土酋歸附的傳說與華南宗族社會的創造〉，《歷史人類學學刊》，第六卷，第一、二期合刊。
區志堅（2010）。〈香港學海書樓與廣東學術南下〉，《嶺南近代史論：廣東與粵港關係1900–1938》。香港：商務印書館。
區家麟（2014）。《傘聚》。香港：天窗出版。
馮邦彥（1996）。《香港英資財團，1841–1996》。香港：三聯書店。
———（1997）。《香港華資財團，1841–1997》。香港：三聯書店。
梁謙武（1936）。《香港中華廠商出品指南》。香港：香港中華廠商聯合會。
梁其姿（1997）。《施善與教化：明清的慈善組織》。臺北：聯經出版。
梁慕嫻（2012）。《我與香港地下黨》。香港：開放出版社。
梁啟智（2019）。〈通識導賞：《逃犯條例》帶來的隱患〉，《明報》，二〇一九年四月十四日。
曹永和（2000）。《中國海洋史論集》。臺北：聯經出版。
曹二寶（2008）。〈一國兩制條件下香港的管治力量〉，《學習時報》，二〇〇八年一月廿八日。
程美寶（2006）。《地域文化與國家認同：晚清以來「廣東文化」觀的形成》。北京：三聯書店。
曾華滿（1973）。《唐代嶺南發展的核心性》。香港：香港中文大學。
曾澍基（1984）。《香港與中國之間》。香港：廣角鏡出版社。
———（2012）。〈光暗時空：從歷史看香港本土自主〉，《明報》，二〇一二年二月五日。
彭嘉林（2016）。〈逃港知青舊地重逢：通往彼岸的夜路有懸崖、鯊魚和軍警〉，《端傳媒》，二〇一六年五月十九日。
黃仁宇（1993）。《中國大歷史》。臺北：聯經出版。
黃金鑄（1999）。〈六朝嶺南政區城市發展與區域開發〉，《中國史研究》，一九九九年第三期。
黃世澤（2012）。〈中聯辦與兩個太陽〉，《蘋果日報》，二〇一二年四月十日。

———(2016)。〈梁天琦對香港殖民政府：梁天琦書面回覆何解〉，《MO's notebook 4G》，二〇一六年七月廿八日。(https://martinoei.com/?p=7303)。
黃偉國 (2010)。〈香港的中國歷史科教科書裡的「六四事件」: 介乎曖昧與避諱之間？〉，鄭宇碩、羅金義編，《那夜無星：八九民運二十年顧後瞻前》。香港：香港城市大學出版社。
順叔(2013a)。〈我的好友李嘉誠〉，《本土論述二〇一二》。臺北：漫遊者出版。
———(2013b)。〈《香港黨委書記回憶錄》再讀後感：「穩定華資」到「壯大中資」？地產黨硬撼共產黨？〉，《本土論述二〇一二》。臺北：漫遊者出版。
喬素玲(2008)。〈晚清以來廣東商業團體研究〉，邱海雄，陳健民篇，《行業組織與社會資本：廣東的歷史與現狀》。北京：商務印書館。
張曉輝(1996)。〈近代香港的華資工業〉，《近代史研究》，一九九六年第一期。
張麗(1999)。〈1937–1941年香港華資工業的發展〉，《近代史研究》，一九九九年第一期。
張榮芳，黃淼章(1995)。《南越國史》。廣州：廣東人民出版社。
張彬村(1988)。〈十六世紀舟山群島的走私貿易〉，《中國海洋發展史論文集》，第三輯。臺北：中央研究院。
張秀賢(2016a)。〈「超區」不協調，泛民無法打響「守住關鍵票」口號〉，《香港01》，二〇一六年七月廿日。
———(2016b)。〈「雷動計劃」不如停一停、諗一諗〉，《香港01》，二〇一六年八月廿五日。
張增信(1988)。〈明季東南海寇與巢外風氣，1567－1644〉，《中國海洋發展史論文集》，第三輯。臺北：中央研究院。
張家偉(2012)。《六七暴動：香港戰後歷史的分水嶺》。香港：香港大學出版社。
張灝(2012)。〈五四與中共革命：中國現代思想史上的激化〉，《中央研究院近代史研究所集刊》，第七十七期。
張春續(2014年2月19日)。〈大陸人的「恩主心態」從何來〉，《騰訊評論》，二〇一四年二月廿一日，取自http://views.news.qq.com。
湯錦台(2010)。《千年客家》。臺北：如果出版社。
———(2011)。《大航海時代的臺灣》。臺北：如果出版社。
———(2013)。《閩南海上帝國：閩南人與南海文明的興起》。臺北：如果出版社。
楊志剛(2010)。〈明清時代朱子家禮的普及與傳播〉，《經學研究集刊》，第九期。
葉一知(2016)。〈1966年騷亂與2016年騷亂比較〉，《香港獨立媒體》，二〇一六年二月十日。
葉錫恩(Elsie Elliot)(1982)。梁康藍譯。《葉錫恩自傳》。香港：明報出版部。
葉漢明(2000)。〈明代中後期嶺南的地方社會與家族文化〉，《歷史研究》，二〇〇〇年第三期。
葉健民(2014)。《靜默革命：香港廉政百年共業》。香港：中華書局。
———(2019)。〈回顧歷史：緊急法真的有用嗎？〉，《明報》，二〇一九年十月十一日。
葉靈鳳(2011)。《香海浮沉錄》。香港：中華書局。
鄭永常(2004)。《來自海洋的挑戰：明代海貿政策演變研究》。臺北：稻鄉出版社。
鄭郁郎(1967)。《在香港看香港》。香港：懷樓書店。
鄭宏泰，黃紹倫(2004a)。《香港華人家族企業個案研究》。香港：明報出版社。

———（2004b）。《香港身份證透視》。香港：三聯書店。
———（2007）。《香港大老：何東》。香港：三聯書店。
鄭宏泰，周振威（2006）。《香港大老：周壽臣》。香港：三聯書店。
鄭敏華編（2014）。《尋找港島東的往事》。香港：思網路。
趙立人（2010）。〈護法運動中的孫中山與陳炯明〉，《嶺南近代史論：廣東與粵港關係1900–1938》。香港：商務印書館。
鄧開頌（2005）。〈明清時期澳門海上貿易〉，《中國海洋發展史論文集》，第九輯。臺北：中央研究院。
盧思騁（1997）。〈民族主義與殖民統治：國粹派的民族觀念系統〉，《誰的城市：戰後香港的公民文化與政治論述》。香港：牛津大學出版社。
歐榘甲（1981）。〈新廣東〉，張玉法篇，《晚清革命文學》。臺北：經世書局。
廣東省珠江文化研究會（2013）。《英德牛欄洞遺址：稻作起源與環境綜合研究》。北京：科學出版社。
廣東民間工藝博物館（2008）。《世紀嬗變：十九世紀以來的省港澳廣彩》。廣州：嶺南美術出版社。
蔡子強，劉細良（1996）。〈九七回歸前夕的香港行政與立法關係〉，《香港社會科學學報》，第八期。
蔡玉萍（2016）。〈梁天琦的「誰是香港人」論〉，《端傳媒》，二〇一六年三月十日。
蔡榮芳（2001）。《香港人之香港史，1841–1945》。香港：牛津大學出版社。
潘文瀚，黃靜文，陳曙峰，陳敬慈，蒙兆達（2012）。《團結不折彎：香港獨立工運尋索四十年》。香港：進一步多媒體。
黎晉偉（1948）。《香港百年史》。香港：南中編譯出版社。
黎明釗，林淑娟（2013）。《漢越和集：漢唐嶺南文化與生活》。香港：三聯書店。
劉平（2003）。《被遺忘的戰爭：咸豐同治年間廣東土客大械鬥研究，1854–1867》。北京：商務印書館。
劉志偉（1999）。〈地域空間中的國家秩序：珠江三角洲「沙田—民田」格局的形成〉，《清史研究》，一九九九年第二期。
劉智鵬，周家建（2009）。《吞聲忍語：日治時期香港人的集體回憶》。香港：中華書局。
蔣祖緣，方志欽（1993）。《簡明廣東史》。廣州：廣東人民出版社。
葛兆光（2001）。《宅茲中國：重建有關「中國」的歷史論述》。臺北：聯經出版。
———（2015）。〈對「天下」的想像：一個烏托邦想像背後的政治、思想與學術〉，《思想》，第二十九期。臺北：聯經出版。
錢鋼，胡勁草（2003）。《大清留美幼童記》。香港：中華書局。
戴耀廷（2016）。〈直選二三席、全體達半，「雷動」立會〉，《蘋果日報》，二〇一六年二月二日。
學民思潮（2013）。《鐵屋吶喊》。香港：明窗出版社。
穆根來，汶江，黃倬漢譯（1983）。《中國印度見聞錄》。北京：中華書局。
駱穎佳（2016）。《邊緣上的香港：國族論述中的（後）殖民想像》。香港：印象文字。
謝慶生（1998）。〈基督教村的形成和發展：中國基督教的一種獨特皈依型態研究〉，香港中文大學研究院社會學部，哲學碩士論文。
鄺智文，蔡耀倫（2013）。《孤獨前哨：太平洋戰爭中的香港戰役》。香港：天地圖書。
鄺智文（2015）。《重光之路：日據香港與太平洋戰爭》。香港：天地圖書。
濱下武志（1996）。《香港：アジアのネットワーク都市》。東京：筑摩書房。

羅志田（1996）。〈先秦的五服制與古代的天下中國觀〉，《學人》，第十輯，一九九六年九月。
羅香林（1955）。《百越源流與文化》。臺北：中華叢書委員會。
———（1961）。《香港與中西文化之交流》。香港：中國學社。
羅香林編（1969）。《劉永福歷史草》。臺北：正中書局。
羅永生（2011）。〈1960–70年代香港的回歸論述〉，《思想》，第十九期。臺北：聯經出版。
———（2013）。〈從後殖民主體看「不從國教」的香港〉，《本土論述二〇一二》。臺北：漫遊者出版。
———（2014）。〈香港本土意識的前世今生〉，《思想》，第二十六期。臺北：聯經出版。
饒美蛟（1997）。〈香港工業發展的歷史軌跡〉，《香港史新編：上冊》。香港：三聯書店。
龔群虎（2001）。〈南方漢語古越語底層問題新探〉，《民族語文》，二〇〇一年第三期。